El Palestino

Antonio Salas

El Palestino

الفلسطيني

temas·de hoy. en primera persona

Obra editada en colaboración con Ediciones Planeta Madrid – España

© 2010, Antonio Salas
© 2010, Ediciones Planeta Madrid, S. A.
Ediciones Temas de Hoy es un sello editorial de Ediciones Planeta
Madrid, S. A. – Madrid, España

Derechos reservados

© 2010, Editorial Planeta Mexicana, S.A. de C.V.
Bajo el sello editorial TEMAS DE HOY M.R.
Avenida Presidente Masarik núm. 111, 2o. piso
Colonia Chapultepec Morales
C.P. 11570 México, D.F.
www.editorialplaneta.com.mx

Primera edición impresa en España: mayo de 2010
ISBN: 978-84-8460-859-2

Primera edición impresa en México: junio de 2010
ISBN: 978-607-07-0448-2

Impreso en los talleres de Litográfica Ingramex, S.A. de C.V.
Centeno núm. 162, colonia Granjas Esmeralda, México, D.F.
Impreso en México - *Printed in Mexico*

QUINTA PARTE
Año 2008 d. C., año 1429 de la Hégira

EPÍLOGO
17 de junio de 2009, juicio contra Hammerskin

Con toda mi gratitud, a los amigos que han sabido comprender mis ausencias, durante meses, sin darles explicaciones, y han seguido estando aquí. A los que no las han comprendido, mis disculpas. Esta es la explicación que esperaban.

نَحْنُ أَوْلِيَاؤُكُمْ فِي الْحَيَاةِ الدُّنْيَا وَفِي الْآخِرَةِ وَلَكُمْ فِيهَا مَا تَشْتَهِي أَنفُسُكُمْ وَلَكُمْ فِيهَا مَا تَدَّعُونَ.

41, 31 لقرآن الكريم

A todos los camaradas y hermanos muertos durante la realización de esta infiltración: Omar, Gato, Andrés, Arquímedes, Esteban, Isa Omar, Santi... Con el respeto de un compañero de camino, distante en la ideología.

فَآتَاهُمُ اللَّهُ ثَوَابَ الدُّنْيَا وَحُسْنَ ثَوَابِ الْآخِرَةِ وَاللَّهُ يُحِبُّ الْمُحْسِنِينَ.

3, 148 القرآن الكريم،

A mis camaradas revolucionarios y hermanos musulmanes, que me ayudaron a abrir la mente y comprender un mundo que me era extraño, y cuyos nombres no puedo pronunciar sin ponerlos en peligro... mi agradecimiento. A los que no me ayudaron, y considerarán este trabajo una traición al Islam, al socialismo o a la independencia de su país, merecedora de la pena capital... mi esperanza de que, al llegar al final de estas páginas, comprendan que la violencia nunca trae la paz. Solo más violencia.

قُلْ يَا أَيُّهَا الْكَافِرُونَ. لَا أَعْبُدُ مَا تَعْبُدُونَ. وَلَا أَنتُمْ عَابِدُونَ مَا أَعْبُدُ. وَلَا أَنَا عَابِدٌ مَّا عَبَدتُّمْ. وَلَا أَنتُمْ عَابِدُونَ مَا أَعْبُدُ. لَكُمْ دِينُكُمْ وَلِيَ دِينِ.

109, 1-6 القرآن الكريم

بيض اليوم خير من دجاجة الغد.

Es mejor el huevo de hoy que la gallina de mañana.

Proverbio árabe

El 17 de abril de 2009 salí de la mezquita, como cada viernes durante los últimos años, sereno en mi espíritu, reforzado en mi fe... y desarmado. Me incomodaba la idea de acudir a la mezquita con la pistola. No solo porque las posturas y genuflexiones que implica el *salat*, el rezo en el Islam, podrían dejarla a la vista, y, teniendo en cuenta que desde el 11 de marzo de 2004 todas las mezquitas europeas están llenas de soplones y confidentes de la policía, no tardaría ni cinco minutos en ser detenido de nuevo, sino porque, en lo más profundo de mi identidad musulmana, la que tanto me esforcé por asumir estos años, introducir un arma en la mezquita me parecía una falta de respeto hacia ese lugar sagrado y hacia mis hermanos. Dijesen lo que dijesen mis instructores en la lucha armada. Así que cada viernes, al acudir al rezo del mediodía, la dejaba en el coche, en el hotel o en la taquilla y la recogía al salir del templo. Durante mi formación paramilitar en Venezuela, mis camaradas guerrilleros me habían inculcado la rutina de las armas, imprescindible —según ellos— tanto para todo revolucionario como para todo mártir del Islam. Y más aún en circunstancias especiales como las de aquellos días, en que se suponía que debía escoltar de nuevo a un camarada libanés, ex responsable de inteligencia de Hizbullah, de visita en España...

Aquel viernes estaba en Madrid, esperando al oficial de Hizbullah, y había escogido la mezquita de Abu Bakr, en el número 7 de la calle Anastasio Herrero, más discreta que la famosa mezquita de la M-30 aunque entre sus paredes hayan rezado, infiltrados entre los cientos de musulmanes auténticos que la atestan cada día, algunos de los personajes más siniestros y emblemáticos de la historia del terrorismo internacional. Al salir, y una vez recuperada el arma, me dirigí a la oficina de correos en la cercana calle Mariano Fernández. Tenía una misión que cumplir antes de reunirme con mi hermano libanés para escoltarlo.

Otro hermano, el boliviano comandante Eduardo Rózsa Flores, veterano combatiente en la guerra de los Balcanes y líder de la Comunidad Islámica de Hungría, me había dado órdenes muy precisas para que enviase un paquete a su hermana Silvia, en Bolivia, y yo siempre cumplía las órdenes. Sobre todo si venían de tipos como Rózsa. Así que, después del *salat*, mandé el paquete a la dirección que me había dado el comandante Rózsa en su último e-mail esa misma semana.

Al salir de la oficina de correos solo tuve que caminar unos metros y cruzar la calle para llegar a un cibercafé que conocía del barrio. Como palestinovenezolano, mi presencia en el locutorio frecuentado por inmigrantes siempre había pasado desapercibida, cuando me tiraba ocho o diez horas seguidas ante el ordenador. Y esa tarde tenía mucho trabajo pendiente. Mi «padrino», Ilich Ramírez Sánchez, más conocido como *Carlos el Chacal*, me había enviado varios textos y fotografías que debía subir a su página web oficial: *www.ilichramirez.blogspot.com*. Hacía meses que el Chacal me telefoneaba desde su prisión en París para darme instrucciones, al menos una o dos veces por semana. Teodoro Darnott, líder de Hizbullah-Venezuela, condenado a diez años de cárcel por colocar una bomba en la embajada norteamericana en Caracas, y cuya página web también controlaba yo,[1] aún tenía acceso a Internet desde su celda en la central del espionaje venezolano, el helicoide de la DISIP,[2] pero Carlos no tiene permitido el acceso a la red en la cárcel francesa donde cumple pena de cadena perpetua, acusado de más de ochenta asesinatos, así que me enviaba por correo postal todos los textos o fotografías que deseaba incluir en su web. Y yo seguía al pie de la letra sus instrucciones.

El comandante Ilich Ramírez se sentía especialmente satisfecho con mi labor, y así me lo había hecho saber repetidas veces. Sobre todo desde que, cinco meses antes, asistí en su nombre a una reunión en Suecia, para que él pudiese participar en dicho encuentro a través de mi teléfono móvil, permanentemente pinchado por los servicios secretos franceses. Poco antes le había informado de que, gracias a mis contactos en Al Jazeera y en grupos islámicos radicales, por fin había conseguido una copia de la única entrevista concedida por el jeque Osama Ben Laden después del 11-S, y nunca difundida. Valorábamos la posibilidad de incluir ese vídeo inédito en su página web.

---

1. *www.teocraciavenezuela.blogspot.com*
2. DISIP: Dirección General Sectorial de los Servicios de Inteligencia y Prevención, ahora SEBIN, Servicio Bolivariano de Inteligencia. Su sede central está en el siniestro edificio helicoidal de Caracas... en el que yo me había «colado» dos veces.

Gracias a esa web pudieron contactar conmigo miembros de los principales grupos «revolucionarios» del mundo: ETA, Hizbullah, FARC, Hamas, ELN... Y también miembros del movimiento neonazi, revisionistas y antisionistas, implicados en la causa palestina. Faltaban menos de dos meses para que yo tuviese que declarar como testigo protegido en el macrojuicio contra Hammerskin España, una de las organizaciones neonazis en las que me había infiltrado para mi anterior reportaje, *Diario de un skin*. Y ahora, sin proponérmelo, había tenido que volver a infiltrarme en el movimiento nazi, y a frecuentar los mismos lugares y personas que durante mi investigación sobre los skinheads NS. Pero esta vez bajo la identidad de un activista palestino...

A través de la web oficial de Carlos el Chacal, precisamente, también habían contactado conmigo personajes como Eduardo Rózsa, compañero suyo durante las legendarias operaciones europeas que protagonizó Ilich Ramírez en los años setenta y ochenta. Desde entonces, y siguiendo las órdenes de Carlos, yo me había convertido en un intermediario entre el Chacal y su viejo camarada de aventuras en Hungría.

Me acomodé ante el ordenador dispuesto a pasarme las siguientes horas respondiendo los e-mails que llegaban desde todo el globo para Carlos el Chacal, y actualizando su web, pero antes consulté mi correo. Y entonces el mundo se me cayó encima...

Desde que empecé esta infiltración, y en parte gracias a Eduardo Rózsa, había aprendido a manipular las redes sociales de Facebook, MySpace o Messenger, para tejer una comunidad internacional compuesta por miembros de diferentes grupos armados. Y además utilizaba el servicio de alertas de Google para rastrear a los hermanos y camaradas más afamados, con los que llevaba compartiendo mi vida desde el 11 de marzo de 2004. Cualquier noticia que se publicase en cualquier periódico del mundo sobre el líder de las Brigadas de Al Aqsa, Aiman Abu Aita; el fundador de Hizbullah-Venezuela, Teodoro Darnott; el «hombre de Al Zarqaui en España», Abu Sufian; el *Chacal* Ilich Ramírez, el tupamaro Chino Carías, el etarra José Arturo Cubillas o el comandante Eduardo Rózsa, entre otros muchos, llegaba automáticamente a mi e-mail. Los otros, los clandestinos, los que no eran terroristas famosos o fichados por los servicios de información, nunca llegaban a Google. Sin embargo, ese viernes 17 de abril se habían publicado cientos de noticias en la prensa internacional sobre Eduardo Rózsa, y las alertas de Google desbordaban mi buzón de correo electrónico.

No podía dar crédito, pero las fotografías de mi hermano musulmán, cosido a balazos esa madrugada en un hotel de Santa Cruz (Bolivia), eran muy elocuentes. Según los titulares de la prensa internacional, Rózsa y varios camaradas del comando que lideraba habían caído bajo el fuego de la policía boliviana, durante una violenta operación antiterrorista, destinada a abortar los supuestos planes magnicidas de mi hermano. Según aquellos titulares, la célula liderada por Eduardo Rózsa planeaba asesinar al presidente Evo Morales y convertir el estado de Santa Cruz en una nueva Euskadi, un nuevo Kosovo, libre e independiente del Estado boliviano, utilizando las técnicas de guerrilla que Rózsa había aprendido en la guerra de los Balcanes primero, y en sus viajes a Iraq después.

No era ni el primero ni el último de los camaradas que había conocido durante mi infiltración en las redes del terrorismo internacional que moría acribillado a balazos durante esta investigación. Antes de Rózsa, media docena de mis compañeros en este mundo violento y sangriento habían sido tiroteados. Y otros lo serían posteriormente. Pero el caso de Rózsa era distinto. Según aquellos titulares, mi camarada comandaba una célula terrorista que pretendía asesinar al presidente de una nación, así que era obvio que los servicios secretos bolivianos primero y los de otros países después comenzarían de inmediato a rastrear la pista de Rózsa. Y esa pista, estaba claro, les llevaría al Chacal y por lo tanto a mí.

Además, el paquete que había enviado esa misma mañana a la hermana del comandante, en Santa Cruz, llegaría pronto a Bolivia. Exactamente el 25 de abril, según me confirmaría Silvia más adelante. Y eso aún apuntaría más en mi dirección las pesquisas policiales y periodísticas. De hecho, mi nombre árabe aparecía en numerosos medios de comunicación bolivianos, desde el mismo día de la muerte de Rózsa. Mis colegas periodistas, al intentar averiguar algo sobre el líder del comando terrorista que presuntamente planeaba asesinar a Evo Morales, se habían encontrado con la última entrevista que Eduardo Rózsa había concedido antes de morir... y esa entrevista se la había hecho yo. En menos de cuarenta y ocho horas me convertiría en uno de los objetivos de mis colegas latinos, e incluso sería entrevistado, clandestinamente, en varios medios del país, donde defendí una y otra vez la memoria del comandante Rózsa y la inocencia del comandante Ilich Ramírez en los supuestos planes de matar a Evo Morales... Eso era lo que se esperaba de mí. Por supuesto, todo aquello reforzaba aún más mi identidad árabe en los círculos terroristas.

Pero la muerte del líder de la Comunidad Islámica de Hungría, a quien Carlos el Chacal se guardaba como un as en la manga y para el que tenía planes de futuro, marcó un antes y un después en mi infiltración. A partir de entonces mis relaciones con miembros de ETA, Hizbullah, Hamas, Yihad Islámico, las FARC, los Tupamaros, el ELN, las Brigadas de los Mártires de Al Aqsa, etcétera, no podrían ser mejores. Aunque ahora no solo corría el riesgo de ser descubierto como un periodista infiltrado en esas organizaciones, sino que podía terminar tiroteado, como mis camaradas, si los cuerpos de seguridad me confundían con un auténtico terrorista. Y no exagero.

Casualmente, un mes después de la muerte de Rózsa, el coche que yo solía conducir en Caracas voló por los aires. Ya en enero habían dejado un artefacto bajo el mismo, que en aquella ocasión no explotó. Pero en el segundo intento el viejo Seat Ibiza 1500 trasladado desde España y testigo de tantos encuentros clandestinos con grupos armados colombianos, vascos o venezolanos, en diferentes ciudades del país, ardió como una antorcha. Por fortuna no hubo heridos. Todavía hoy ignoro si aquel atentado fue obra de algún vecino escuálido, de algún otro grupo armado o de algún servicio de inteligencia.

Todos ellos tenían en su lista de objetivos a un tal Muhammad Abdallah, que había sido visto en Palestina, Líbano, Venezuela, Egipto, Siria, Cuba, Jordania, Marruecos, Túnez, Mauritania y parte de Europa, tras el 11 de marzo de 2004, relacionándose con líderes de conocidas organizaciones terroristas...

Muhammad, *el Palestino*

بسم الله الرحمن الرحيم الحمد لله رب العالمين الرحمن الرحيم مالك يوم الدين
اياك نعبد واياك نستعين اهدنا السراط المستقيم...

En nombre de Dios, el Clemente, el Misericordioso. Alabado sea Dios, Señor del Universo. El Clemente, el Misericordioso. Soberano en el día del Juicio. A ti adoramos, de ti imploramos socorro. Dirígenos por el camino recto...

El Sagrado Corán I, I

لسانك حصانك ان صنته صانك. وان خنته خانك.

Tu lengua es como tu caballo: si le eres fiel te será fiel, si le fallas te fallará.

Proverbio árabe

Mi nombre es Muhammad Alí Tovar Abdallah, Abu Aiman, *Al Falistini*. Soy gocho. Nací en Egido, estado de Mérida, en la «Venezuela Saudita» de Carlos Andrés Pérez. Aunque mi mamá y mis abuelos eran palestinos. Y como miles de palestinos huyeron de las fuerzas sionistas de ocupación israelíes, dejando atrás, en un pequeño pueblo cercano a Yinín, casa, tierras y olivos regados con la sangre derramada de los mártires. Pero no la memoria.

Mis abuelos maternos se encontraron con la Venezuela guerrillera y comunista de los años sesenta, adelantándose a la ingente inmigración atraída por la bonanza petrolera de los setenta y la naciente PDVSA. Y allí conocieron a la familia de mi papá, comunista y agnóstico, pero que terminó convirtiéndose al Islam para poder casarse con mi mamá.

Hasta que conoció la palabra del profeta Muhammad (SAAS), mi padre, marxista de convicción, se codeaba con la guerrilla venezolana, luchando contra los adecos de la cuarta república del presidente Betancourt y de su entonces ministro de Relaciones Interiores, y futuro presidente, Carlos Andrés Pérez. Días de plomo y selva. Compartiendo escaramuzas, o eso me contaba de niño, con el ya entonces legendario guerrillero Douglas Bravo... El destino querría que muchos años después fuese yo quien entablase amistad y colaboración con este último, en la Caracas chavista del siglo XXI. De ahí mi relación con las guerrillas latinoamericanas.

Mi papá se enamoró de mi mamá al primer vistazo. Y dejó las armas para abrazar el Corán, porque un buen musulmán no tiene sitio entre sus brazos para ambas cosas, o eso creía. Aunque le costó convencer a mi abuelo para poder desposarse con ella. Y entonces llegué yo.

Nunca conocí a mi madre. La maté al nacer. Murió en el parto, y supongo que mi papá jamás me lo perdonó. De ahí que siempre haya sido un niño rebelde y conflictivo.

Solo conocí a mi mamá a través de la memoria y los recuerdos de mi abuelo palestino, un incondicional de Yasser Arafat, superviviente de la resistencia en Yinín y Nablus, que me hablaba siempre de ella y de nuestra tierra, Palestina, ocupada y saqueada por los israelíes desde 1948, con frustración y añoranza. Fue mi abuelo, el elegante Wassin, quien me inculcó el Islam desde niño, y quien se empeñó en que aprendiese la lengua del Sagrado Corán. Aunque tras su muerte olvidé durante muchos años todo lo que me había enseñado... y también la lengua del Corán. De ahí mi torpeza con el árabe.

A finales de los setenta, Luis Herrera Campins, de la mano de los conservadores católicos de COPEI, releva a Carlos Andrés Pérez en el poder, mientras busca «los reales», desaparecidos en las arcas del Estado, que tanto empobrecieron al pueblo de Venezuela. Y los sueños de la izquierda venezolana se desvanecen durante treinta años, manteniendo a los camaradas de mi papá como guerrilleros clandestinos hasta la llegada de Hugo Chávez. Así que mi familia, como otras familias comunistas, decide dejar Venezuela antes de 1979 y establecerse en España, donde estudié y viví casi veinte años. De ahí que apenas quede acento latino en mi español.

Fui un estudiante rebelde. Con un marcado conflicto de personalidad entre la herencia comunista de mi padre y la educación musulmana de mis abuelos. Y como buen musulmán y como buen comunista, sentí desde muy joven la vocación de servicio. Por eso, con solo dieciocho años comencé a trabajar como cooperante en diferentes organizaciones humanitarias en África y Oriente Medio. De ahí mis útiles contactos para el yihad en los países árabes.

Siendo voluntario del TRC en Yinín, Palestina, que dirige mi admirado amigo el doctor Mahmud Sehwail desde Ramallah, conocí a mi primera esposa: Dalal Majahad S., la mujer más hermosa de todo el mundo árabe, o infiel. Y la historia de mis padres se repitió en nosotros. Nos enamoramos nada más vernos. Pero su papá, miembro activo de Hamas, no aprobaba nuestra relación. Y menos aún mi formación comunista y mi vinculación familiar con Al Fatah. Así que nuestra relación fue clandestina. Y breve.

El 9 de marzo de 2004, mi amada esposa, embarazada del que sería nuestro primer hijo, se encontraba en Yinín durante una de las habituales incursiones de una patrulla israelí en suelo palestino. En el curso del enfrentamiento con la resistencia, una bala judía perdida entró por la ventana de la casa y acabó con la vida de mi esposa y de mi hijo Aiman, y también con mis sueños de futuro. Ahí surge mi deseo de convertirme en un muyahid y luchar en cualquier parte del mundo, contra los sionistas y sus aliados norteamericanos y europeos, hasta alcanzar el martirio.

Abandoné la cooperación, radicalicé mi formación islámica y recibí entrenamiento paramilitar en Venezuela. Y decidí que la solidaridad no protegía a los inocentes de las balas imperialistas. Solo otras balas, de mayor calibre, pueden hacerlo. Desde entonces mi intención es vivir y morir por el yihad, llevándome por delante a todos los infieles posibles.

Evidentemente, todo lo que acabas de leer es falso. Sin embargo, esta es la identidad ficticia con la que he vivido los últimos seis años, infiltrado en organizaciones terroristas internacionales, desde el 12 de marzo de 2004.

PRIMERA PARTE

Año 2004 d. C., año 1425 de la Hégira[1]

---

1. El año nuevo musulmán, 1425, se celebró el 22 de febrero de 2004.

Capítulo 1

El camino del muyahid

إنَّ الْحَسَنَاتِ يُذْهِبْنَ السَّيِّئَاتِ

En verdad, las buenas acciones arrojan a las malas.
El Sagrado Corán 11, 114

الإنْسان عدو ما يجْهل

El hombre es enemigo de lo que ignora.
Proverbio árabe

Assalamu Alaykum

—¡Salas, no digas estupideces! ¿Cómo que te quieres infiltrar en el terrorismo islámico? Pero ¿tú eres imbécil o te crees Superman? ¿O las dos cosas?

El inspector Delgado siempre era muy elocuente cuando le planteaba mis proyectos y acostumbraba a escandalizarse por igual. Tuvo la amabilidad de presentar mi libro *Diario de un skin*, junto a Esteban Ibarra,[1] y me ayudó cada vez que necesité consejo. Y aunque hacía más de un año que había roto relaciones con él por razones que no vienen al caso, cuando volví a llamar a su puerta no la mantuvo cerrada. Yo no sabía nada sobre terrorismo, y menos aún sobre terrorismo islámico, así que le pedí ayuda para iniciar la investigación. Aunque aquel día de marzo de 2004, poco tiempo después de que la pista islámica saltase a los medios tras los atentados del 11-M, su reacción no fue la que esperaba.

—Definitivamente, estás loco. O borracho. O las dos cosas. Pero ¿tú te has visto? ¿Cómo vas a pasar tú por un terrorista árabe?

—Esto... yo... Bueno, si pude hacer lo de los skin y lo de las mafias, no creo que esto sea mucho más complicado —intenté replicarle. Y fracasé.

---

1. Presidente del Movimiento contra la Intolerancia.

—No tienes ni puta idea de lo que estás diciendo. Pero ¿adónde vas con esa pinta de chuloputas? ¿Cómo vas a pasar tú por un musulmán radical? ¿Tú quieres que te maten?

—Hombre, puedo dejarme la barba, cambiar el vestuario... no sé...

—No sabes, claro que no sabes. Pero si pareces un copito de nieve. ¿Cómo vas a aparentar que eres árabe?

—Puedo ir al solárium... Hay tratamientos para oscurecerte la piel, autobronceadores... no sé.

—Ya, ya sé que no sabes. No tienes ni idea. Pero ¿tú sabes algo del Islam?, ¿sabes algo de Al Qaida?

—Puedo aprender.

—¿Y también vas a aprender árabe? Listo, que eres un listo.

—Te prometo que estoy dispuesto a hacer todo lo que sea necesario. Y si hay que aprender árabe, pues aprenderé árabe.

—¡Los cojones! Vas a aprender árabe por los cojones. ¿Y con la polla...?

—No, hombre, aprenderé estudiando. Para eso está la facultad, hay cursos...

—¡No, idiota! Digo la polla, tu polla. ¿Te la vas a cortar?

Ahí me pilló. Me quedé con la boca abierta un momento y solo pude repetir:

—¿Cortar?

—¡Sí, sí, cortar! ¡Los musulmanes, como los judíos, se circuncidan! ¿Tú eres judío?

—Pues no.

—¿Te has circuncidado?

—Pues no.

Reconozco que los argumentos del inspector eran convincentes, pero lo de la circuncisión me parecía exagerado. No tenía ninguna intención de ir mostrando mi pene por las mezquitas, así que me tomé el comentario de Delgado más como un exabrupto espontáneo que como un inconveniente a la infiltración.

—Estás dispuesto a dejar el alcohol, el tabaco... y, lo que es peor, ¿vas a dejar de comer jamón, chorizo, morcillas, beicon...?

Después de un año conviviendo con traficantes rusos, rumanos, latinos o africanos, reconozco que me había acostumbrado a tener una copa de vodka y un cigarrillo en las manos a cualquier hora del día. «Un cigarrillo encendido con la colilla del anterior y un vodka a media mañana son testigos de su confesión», escribían M. Pampón y S. Barriocanal, en el <u>diario Qué</u>,[2] tras

---

2. Todas las palabras subrayadas en el texto cuentan con una continuación documental en Internet. Basta con entrar en la web del autor: *www.antoniosalas.org*, y añadir el término indicado para acceder a los informes, documentos, vídeos y otros contenidos extras.

entrevistarme para su periódico. En aquellos días el alcohol y el tabaco, por mal que suene esto, me ayudaban a anestesiar mi memoria tras todo lo vivido en las mafias del tráfico de mujeres. Por lo tanto, aquello de dejar de fumar y beber me sonaba utópico. Pero también innecesario. Tan innecesario como esa tontería de no comer cerdo, o circuncidarme. Bastaría con que los «moros» no me viesen fumar, beber, comer... u orinar. Está claro que en aquella época sabía tanto sobre el Islam como sobre el terrorismo. O sea, nada, pero estaba dispuesto a aprender.

A mí el 11-M me había pillado en Madrid, no muy lejos del piso, propiedad de su cuñado, desde el que la cantante colombiano-libanesa Shakira presenciaría las brutales escenas del atentado que conmocionó a España. Tres días antes, el 8 de marzo, se había presentado mi libro *El año que trafiqué con mujeres* en medio de una despiadada e injusta polémica. A pesar de que en él relataba mi infiltración en las redes internacionales de tráfico de niñas y mujeres para su explotación sexual, los medios de comunicación habían puesto el acento en la prostitución de famosas, y durante los días anteriores y posteriores a la publicación del libro, en todos los programas de todos los canales de televisión, no se hablaba de otra cosa.

Entre el 8 y el 11 de ese mes creo que quizás me convertí en el personaje más buscado por todos mis compañeros de la prensa, y la pregunta se repetía una y otra vez en todas las entrevistas: «¿Cuál será la próxima investigación de Antonio Salas?». Pero yo no tenía respuesta. La infiltración en las mafias de trata de blancas me había dejado emocional y psicológicamente tocado. Aún lo estoy. Así que me limitaba a permitir que mis compañeros especulasen sobre mi próxima investigación, con idéntico tino que en sus conjeturas sobre mi identidad real: ¿narcotráfico, tráfico de armas, corrupción política, prostitución infantil...? Así fue durante tres días. Luego vinieron el ruido y el silencio, el miedo y la solidaridad de todos los ciudadanos, la rabia y también la determinación de salir adelante. Con el caos de las bombas llegaron muchas lágrimas, pero también hubo milagros...

La mañana del 11 de marzo se produjeron muchos milagros en Madrid: el retraso de alguno de los trenes, la explosión de dos de las bombas más tarde de lo previsto, viajeros perezosos que perdieron el tren... Algunos de esos milagros son tan sorprendentes como el protagonizado por Sebastián Alburquerque, que esa mañana ingresó de urgencia tras la explosión en su vagón. Pasó una semana casi en coma, pero los análisis que le hicieron entonces detectaron un cáncer de riñón, que habría sido fatal de no haberlo descubierto a tiempo. Sebastián dice que sigue vivo gracias al 11-M. Quizás yo pueda decir lo mismo. Para todos los que, de una forma u otra, fuimos señalados por la providencia el 11 de marzo, las cosas no volverían a ser iguales; nuestras vidas, como las de cientos de familias, cambiaron. Y yo decidí que tenía que ayudar haciendo lo único que sé hacer.

Abandoné Madrid esa misma mañana, aún en estado de *shock* por lo que acababa de ocurrir y por mi particular milagro, pero teniendo muy claro que no dispondría de tiempo para desconectar de la cámara oculta, como había planeado tras el infierno en las mafias de la trata de blancas. Mis planes de un descanso en un hospital psiquiátrico, no exagero, se vieron indefinidamente pospuestos tras el 11-M. En su lugar, aún con el eco de las sirenas y los gritos en mis oídos, comenzó a gestarse *El Palestino*... aunque tardaría varios días en dirigir mis pasos hacia el terrorismo islamista. Primero vino la pista de ETA, y con ella llegaron las prisas. El gobierno del PP atribuyó a la banda terrorista el atentado, y yo no tenía por qué dudar de la versión oficial. Así que tendría que aprender euskera, mudarme a algún piso en Bilbao o San Sebastián y recuperar todos mis antiguos contactos en la izquierda antisistema, para empezar a acercarme a los abertzales.

Casualmente, tras la publicación de mi anterior libro, se había puesto en contacto conmigo desde la prisión donde cumplía condena Juan Manuel Crespo, líder ultraderechista valenciano y ex empleado de Levantina de Seguridad.[3] Crespo no solo escribiría desde la cárcel *Memorias de un ultra* para la Colección Serie Confidencial,[4] sino que además había hecho en prisión muy buenas migas con miembros históricos de ETA como Urrusolo Sistiaga o Idoia López Riaño, *la Tigresa*. Aún no sabía cómo, pero Crespo podría ayudarme a acercarme a la banda. Ni siquiera tuve tiempo de formalizar mi matrícula en los cursos de euskera, en la escuela de idiomas de la plaza San Pablo de Bilbao.

El mismo 11 de marzo me había llamado mi amigo David Madrid, el miembro del Cuerpo Nacional de Policía que quizás me salvó la vida al alertarme de que un oficial superior me había delatado a los skinheads, cuando yo estaba infiltrado en el movimiento neonazi. Movilizado al lugar de las explosiones, como todos los policías de Madrid, me describió una escena atroz y ya entonces me habló de un coche abandonado y supuestamente relacionado con los terroristas, y una casete con algo en árabe, pero en aquel momento el gobierno del PP insistía en la autoría de ETA, y les creí. Y continué haciéndolo un par de días, hasta el 13 de marzo de 2004.

El escándalo estalló justo antes de las elecciones nacionales. Cada vez más

---

3. *El año que trafiqué con mujeres*, pág. 21 y ss.
4. *Memorias de un ultra: la historia secreta de la extrema derecha española*. Temas de Hoy, 2006. Colección Serie Confidencial de Antonio Salas.

indicios apuntaban a que los autores del atentado eran terroristas árabes y no vascos, y yo decidí dos cosas: que no acudiría a las urnas ese 14 de marzo, en vista de cómo los políticos se empeñaban en instrumentalizar el 11-M desde todos los partidos; y que aquel día empezaría mi diario de ruta a las entrañas de la internacional terrorista. Un viaje que se realizó con poco equipaje. Apenas una cámara de vídeo y un ejemplar del Sagrado Corán.

Los primeros pasos

¿Cómo puede un europeo normal y corriente, no demasiado listo, sin formación ni experiencia en el mundo árabe, sin entrenamiento ni cobertura de ninguna agencia de inteligencia, sin más presupuesto económico que el derivado de la venta de sus libros anteriores, y sin más contactos que los de un periodista normal, infiltrarse en el terrorismo internacional? Era obvio que quien esto escribe tendría tantas posibilidades de acercarse a grupos terroristas árabes como un camarero, un informático o un obrero cualquiera. O menos. Así que lo mejor era empezar por el principio: la teoría.

Me propuse seriamente aprenderlo todo. Utilicé a todos mis contactos en los cuerpos y fuerzas de seguridad del Estado para matricularme en todos los cursos que se organizasen en España sobre terrorismo. Especialmente sobre el terrorismo yihadista. También tendría que aprender la lengua árabe. Y debería acceder a todos los informes, dossieres y bibliografía posibles sobre islamismo.

Y así, poco a poco, semana a semana, me fui haciendo con una voluminosa biblioteca. Y leí, leí muchísimos libros. Me pasaba las noches robándole horas al sueño, empollándome docenas y docenas de volúmenes. Todo lo que encontré sobre el terrorismo islamista, desde el punto de vista político, histórico, teológico, económico, policial... Sin embargo, en ninguno de aquellos libros conseguía encontrar la información psicológica que necesitaba para comprender qué pensaba, qué sentía un terrorista islamista. Algo imprescindible para poder convertirme en uno de ellos.

Casi todos los libros que leí estaban escritos por analistas occidentales, no musulmanes, que ofrecían una información fascinante, erudita, académica. Útil pero distante. Incluyendo a los expertos españoles más prestigiosos: Reinares, Irujo, Arístegui, etcétera. Todos terminarían siendo mis «profesores» en los cursos de terrorismo a los que asistí durante los siguientes tres años. Y, además, devoré sus libros, subrayando párrafos, tomando notas. Pero sin llegar a encontrar en aquellas páginas lo que necesitaba. Mi objetivo no era luchar frontalmente contra los islamistas, sino comprenderlos para poder convertirme en uno de ellos.

Y recuerdo a la perfección que el primer libro que leí, y en el que encontré un enfoque más cercano a mis objetivos, fue *Confesiones de un loco de Alá*,[5] de Khaled Al Berry. Publicado tras la tragedia del 11-S, y traducido al español en 2002, describe la evolución emocional y religiosa de un joven miembro de Yamma Al Islamiyya, organización radical egipcia. Khaled Al Berry desnuda su alma, relatando su adolescente descubrimiento de la sexualidad, sus dudas espirituales, su participación en la comunidad religiosa. Al Berry dibuja perfectamente el entramado radical islámico en el sur de Egipto, la competencia entre organizaciones como la Yamma Al Islamiyya y otras, como los Hermanos Musulmanes, y las rivalidades entre sus miembros. Sus reflexiones, sus esperanzas, sus miedos... Todo sorprendentemente similar a lo que podría describir el adepto de una secta judeocristiana radical. Y ese es el tipo de información que yo necesitaba, pero que me resultaba muy difícil encontrar.[6] Por supuesto también leí a los grandes teóricos del yihad,[7] como Sayyib Qutb, imprescindible para comprender el pensamiento islamista. Y por supuesto tiré mi maquinilla a la basura... no iba a necesitar volver a afeitarme en mucho tiempo. Seis años, para ser exacto...

Inmediatamente después del 11-M, muchos institutos y universidades organizaron cursos sobre terrorismo islamista, y creo que yo me matriculé en casi todos. Lo de volver a la universidad, después de tanto tiempo, no entraba en mis planes. Al principio me resultaba un poco complicado compatibilizar mi trabajo como periodista con la asistencia a todos esos cursos, y también a las clases de árabe en las que me matriculé ese mismo año. Pero no era el único. La rabia y la frustración generadas por el 11-M no solo hicieron que los presupuestos del Ministerio del Interior y el Ministerio de Defensa cambiasen. Los recursos que el CESID, actual CNI, la Guardia Civil y la Policía destinaban anteriormente a la lucha contra ETA se derivaron, en gran medida, a la lucha contra el terrorismo yihadista. Y muchos, muchísimos funcionarios de policía, o del CNI, decidieron motu proprio estudiar árabe y matricularse en los cursos de terrorismo organizados por Defensa, Interior o diferentes universidades españolas. Así que no era extraño que viejos conocidos volviésemos a encontrarnos.

---

5. La Esfera de los Libros, 2002.

6. Desde ese punto de vista, solo encontré un par de títulos más que me resultasen útiles: *My Jihad*, de Aukai Collins, un muyahid norteamericano que luchó en Chechenia junto con Al Jattab (The Lyons Press, 2002), y más tarde *Mi vida en Al Qaeda*, de Omar Nasiri, un colaborador marroquí de los servicios secretos franceses que recibió adiestramiento en Afganistán (El Andén, 2007).

7. La palabra árabe جهاد (yihad) significa literalmente «esfuerzo» y es de género masculino, aunque en Occidente con frecuencia se utiliza en femenino, traduciéndolo de manera errónea como «guerra santa». Yo prefiero ser fiel al género original y al significado real en árabe, empleándola en masculino.

Mientras esperaba mi turno para matricularme en uno de esos cursos y de forma absolutamente casual, volví a encontrarme con mi viejo «maestro», el agente Juan, con quien no había vuelto a hablar del tema desde que, en marzo, aún creía que ETA estaba detrás del atentado de Atocha. Juan es una auténtica anomalía en la plantilla de los servicios de información españoles. Creativo técnico informático y veterano profesional de la información, no solo había creado una red de «antenas» en el África subsahariana por encargo del Ministerio del Interior, y más concretamente de la Comisaría General de Extranjería y Documentación, sino que otras agencias de información habían llegado a contratar sus servicios de «espionaje», tal y como describí en *El año que trafiqué con mujeres*.

En cualquier caso y a pesar de que su especialidad son las mafias del tráfico de seres humanos, tras el 11-M habían decidido que sus informaciones también podrían ser muy útiles en el campo antiterrorista. Al fin y al cabo, África era su especialidad, y el norte del continente negro se estaba convirtiendo ya entonces en uno de los principales campos de cultivo de Al Qaida (La Base). Así que no debería haberme sorprendido encontrarlos a él y a su mejor colaboradora en la misma fila que yo.

Elegante, corpulento, siempre pegado a sus teléfonos móviles o a su agenda electrónica, nada podría hacer sospechar que aquel tipo, para quien se inventó la descripción de «absolutamente normal», era un agente de información. Nada salvo, quizás, sus vivaces ojos azules, que reconocí al segundo por encima de sus gafas de sol, de último modelo. Y su exótica acompañante era la más brillante de sus colaboradoras, Benedicta, una joven africana de belleza solo comparable a su inteligencia. Experta analista, terminó siendo la mejor alumna de nuestra clase; trabajaba como traductora en una comisaría de policía analizando grabaciones de intervenciones telefónicas a traficantes subsaharianos, y nos aventajaría a todos en su fluidez con el árabe. Pero Benedicta nunca podría ser una agente de campo. Demasiado atractiva para pasar desapercibida. A pesar de que la presencia de Juan y su mejor agente en aquella cola solo podía significar una cosa, me mostré sorprendido.

—¿Juan? ¿Eres tú?

—¡Hombre, Toni! ¿Qué haces aquí? —respondió, quitándose las gafas de sol.

—Vengo a matricularme en unos cursos. ¿Y tú?

—Yo también. ¿En qué cursos te matriculas?

—Los de terrorismo islámico. ¿Y tú?

—Yo también.

Y así fue como volví a reencontrarme con el agente Juan. Desde entonces, y hasta el momento de redactar estas líneas, coincidiríamos en varios episodios de nuestras respectivas investigaciones sobre el terrorismo internacional. Él, para el gobierno español. Yo, para mis lectores.

Lo mismo me ocurrió con el agente David Madrid. Con mi amigo, el policía autor de _Insider_,[8] llegué a compartir pupitre en la misma universidad madrileña durante alguno de esos cursos sobre terrorismo islamista en los que ambos nos habíamos matriculado. En aquel entonces, David estaba preparando un doctorado sobre análisis y prevención del terrorismo.[9] Y durante 2004, 2005 y 2006 coincidiría con él, y con varios de sus compañeros del Cuerpo Nacional de Policía (CNP), en diferentes cursos de lengua árabe y de terrorismo islamista. Incluido Juanma, otro agente del CNP con quien viviría una increíble anécdota unos meses más tarde. En ese mismo curso, por cierto, Juanma, David y yo tuvimos como compañeras de clase a un grupo de abogadas, opositoras a juezas, que durante alguna tertulia se confesaron admiradoras del periodista Antonio Salas y que nunca supieron que lo tenían sentado en el pupitre de atrás. Y también al juez Abdelkader Chentouf, amigo y compañero de Baltasar Garzón, y juez de la Corte de Apelación de Rabat e instructor de la investigación de los atentados de Casablanca, en mayo de 2003. Con el juez Abdelkader retomaría ese contacto, un tiempo después, cuando yo mismo viajase a Marruecos para hacer mis primeros estudios del Corán, y para seguir la pista de los atentados en Casablanca, Meknes y Marrakech personalmente...

Resultó casi conmovedor ver cómo muchos funcionarios de policía o del antiguo CESID habían decidido por su cuenta aprender árabe o formarse en materia de terrorismo islamista después del 11-M. Como yo, tenían que robar horas al sueño para poder estudiar, se pagaban por su cuenta los libros y los cursos, y todos los gastos añadidos que generaban. Lo que habían visto en las estaciones de Madrid, el día del atentado, había sido la mejor motivación para aquellos jóvenes idealistas que todavía se creían que la función de la policía es luchar contra los «malos», y proteger y servir a los ciudadanos. Los años y los políticos, y los mandos policiales, aún más politizados que los políticos, acabarían por asesinar todas aquellas ilusiones. Y casi todos terminarían abandonando los estudios del árabe y la formación antiterrorista en menos de tres años. Juan y David incluidos.

Buscando mis raíces: del Sahara a Israel

A pesar de los sabios consejos de mi amigo el inspector Delgado, mi intención de infiltrarme en las redes del terrorismo internacional era absolutamente

---

8. _Insider: un policía infiltrado en las gradas ultras._ Temas de Hoy, 2005. Colección Serie Confidencial de Antonio Salas.

9. Ver prólogo de Antonio Salas al libro _Insider, un policía infiltrado en las gradas ultras_, Temas de Hoy, 2005, pág. 17.

inquebrantable. Tenía buenas razones, pero poca información. Así que mis primeros intentos de crearme una identidad ficticia como terrorista islámico resultaron una sucesión de errores y fracasos. Partía de prejuicios absurdos sobre el Islam, los mismos que tal vez tenía la mayoría de los norteamericanos tras el 11-S, y la mayoría de los europeos tras el 11-M o el 7-J.

Pretendía hacerme pasar por un terrorista árabe que además hablaba perfectamente español, y mi primera intención fue la de convertirme en un musulmán saharaui radicalizado por la ocupación marroquí. Esta antigua colonia española, situada en el desierto del Sahara, entre Marruecos y Mauritania, fue abandonada a su suerte en 1976. Desde entonces más de un cuarto de millón de seres humanos malviven de la caridad internacional en miserables campos de refugiados, mayoritariamente en Tinduf.

No era una mala opción. جبهة البوليزاريو (el Frente Polisario), acrónimo de Frente Popular de Liberación de Saguia Al Hamra y Río de Oro, probablemente sea una de las organizaciones armadas que despiertan más simpatías en Occidente. Sucesor del Movimiento para la Liberación del Sahara, el Polisario lucha desde los años setenta por la independencia del Sahara Occidental, de los colonizadores españoles primero y de los marroquíes después. Además, como comprobé personalmente, en el Sahara Occidental una buena parte de la población habla español, con bastantes modismos y acento canario, y eso explicaría mi acento y conocimiento del castellano cuando intentase infiltrarme en las organizaciones terroristas árabes. Por otro lado, un amplio porcentaje de la población europea expresa su solidaridad con los saharauis de diferentes maneras. Desde el apadrinamiento de niños, que todos los veranos visitan a sus familias adoptivas en España, Francia, Italia, etcétera, hasta la celebración anual del famoso Festival Internacional de Cine del Sahara. Un festival en el que se implican activamente un gran número de actores, directores o productores, tan famosos como solidarios, encabezados por el oscarizado Javier Bardem.

Como es evidente y por razones logísticas, me resultaría mucho más accesible, seguro y barato construir mi nueva identidad en el Sahara Occidental, mucho más cercano a España en distancia, lengua y cultura, que en ningún país de Oriente Medio. Pero aquella opción tenía dos pegas; la primera, que tras el 11-M los terroristas islamistas sin duda sospecharían intensamente de todo lo que pudiese sonar a España; todos los servicios de información españoles se concentraron en «cazar terroristas» islámicos al precio que fuese necesario. Y, por otro lado, el mayor enemigo de los rebeldes saharauis es Marruecos, y yo intuía que Marruecos era una de las principales canteras de muyahidín (مجاهدين),[10] o «guerreros» del Islam. Y es evidente que en Marrue-

---

10. Aunque en casi todos los ensayos sobre terrorismo que he leído se utiliza la expresión

cos no existe una simpatía especial por los saharauis, considerados una suerte de «gitanos» del desierto. Al final, decidí que arrancar esta investigación con la identidad de un saharaui iba a complicarme las cosas en Marruecos primero y tal vez en el resto del mundo árabe después. Así que opté por la segunda opción. Más lejana, más cara y mucho más distante culturalmente: Palestina.

Como le ha ocurrido a la mayoría de mis amigos, tan ignorantes y desinteresados por el mundo árabe como yo, siempre supuse que todos los musulmanes eran unos terroristas potenciales, pero los palestinos aún más. Nunca me había preocupado por conocer en profundidad el conflicto palestino-israelí y solo recordaba vagamente titulares de prensa o cabeceras de informativos, dando cuenta de tal o cual atentado terrorista contra los sufridos israelíes, a manos de algún fanático palestino suicida. Así que esa era una opción, de entrada, tan buena como la del radical saharaui. Aún tardaría un poco en descubrir que mi prejuicio sobre los palestinos terroristas musulmanes era una falacia, como la mayoría de las cosas que había escuchado tras el 11-M. La mayor parte de la resistencia palestina no es terrorista y ni siquiera es musulmana.

Como en todas mis investigaciones anteriores, soy *freelance*, empecé a buscar aliados en todos lados. No iba a contar con ningún apoyo económico, oficial ni humano en esta infiltración, así que tampoco le debía fidelidad ni obediencia a ninguna línea de investigación. De modo que llamé a todas las puertas para buscar información. En el año 2000, cuando intentaba acercarme al movimiento neonazi, había hecho lo mismo, acudiendo entre otras posibles fuentes al agregado de prensa de la embajada de Israel en Madrid. Y ahora volvía a retomar una fuente que ya había tocado entonces, solo que esta vez buscando información sobre terrorismo y no sobre los skin. Y fue un error. Uno de los muchos que he cometido en esta aventura. Pero pudo haber sido de los más graves. Con lo que hoy sé, quizás no habría rescatado de mi agenda el teléfono de Abraham A., un antiguo alto oficial del MOSSAD israelí a quien había conocido cuando intentaba reunir información sobre los movimientos neonazis internacionales.[11]

A pesar de haber conocido a infinidad de neonazis, traficantes, proxenetas y terroristas durante mis infiltraciones, Abraham es el primer hombre que he

---

muyahidín para referirse al combatiente islámico, y *muyahidines* para el plural de esa palabra, en realidad *muyahidín* (مجاهدين) es ya el plural de *muyahid* (مجاهد). Por lo tanto, yo utilizaré el término *muyahid* para referirme al guerrero islámico y *muyahidín* para su plural, que es la transcripción del árabe que considero correcta.

11. *Diario de un skin*, pág. 23.

conocido en mi vida cuya sola mirada me ha infundido temor. El segundo sería un jefe de inteligencia de Hizbullah con quien confraternizaría años después en Caracas. Los dos muy altos y fuertes, más allá de la cincuentena y del metro noventa, y con un número indeterminado de muertes a sus espaldas. Muy parecidos física y moralmente, ambos poseen unos ojos grises, fríos como el hielo. Por su apariencia exterior, el israelí Abraham y el libanés Issan S. podrían muy bien haber sido hermanos; sin embargo, son enemigos irreconciliables. A muerte. A un extremo y otro del conflicto árabe-israelí.

Supongo que, cuando le dije a Abraham que pensaba infiltrarme en los skinheads NS allá por 2002, le parecí un «chico simpático pero un poco chalado». Es evidente, o eso creía yo, que los judíos como Abraham son los principales interesados en la lucha contra el antisemitismo nazi. De hecho, desde aquel entonces nos reunimos en unas ocho o diez ocasiones, y compartimos comidas y tertulias cordiales en Barcelona, la ciudad donde reside a día de hoy, supuestamente retirado del espionaje israelí. Pero creo que no me tomó muy en serio.

—¿Quieres infiltrarte en los skinheads? —me había dicho el del MOSSAD—. Bueno, son solo la tropa de base de personajes más siniestros y poderosos, que no llevan la cabeza rapada.

—Pero ¿podéis orientarme, darme alguna idea? No sé por dónde empezar.

—La verdad es que no, Antonio. Nosotros no nos ocupamos de los peces pequeños... —me dijo en aquel momento, dejándome a mi suerte.

Curiosamente, recuerdo con claridad que en aquella primera conversación me comentó que a su «agencia» le interesaban personajes más influyentes que los skinheads, y prometo que mencionó de manera explícita a Ahmed Rami, un oficial del ejército marroquí refugiado en Suecia, que dirigiá Radio Islam, un poderoso medio de comunicación revisionista y antisionista, con contactos en todas las organizaciones neonazis del mundo. La providencia querría que unos años después yo tuviese la oportunidad de conocer a Ahmed Rami, precisamente en Barcelona, y durante el transcurso de la presente infiltración.

Cuando en 2003 le expliqué a Abraham que pensaba infiltrarme en las mafias del tráfico de mujeres, me tomó un poco más en serio. Pero cuando en 2004 cometí el error de pedirle ayuda para mi nuevo objetivo, él ya sabía que no bromeaba. Ya le había demostrado en dos ocasiones que cuando decía que pensaba infiltrarme en un colectivo criminal, terminaba haciéndolo. Sin embargo, Abraham, como los demás servicios secretos, no estaba dispuesto a ayudarme gratis. Hasta aquella noche de 2004, la última vez que lo vi en persona, Abraham y yo siempre nos habíamos reunido en locales públicos de Barcelona. Normalmente autoservicios. Pero cuando le dije que estaba haciendo cursos sobre contraterrorismo y estudiando árabe para infiltrarme, su actitud cambió. Y el último día que lo vi me invitó a cenar en su casa. Me mostró su estudio, equipado con lo más moderno del espionaje electrónico. Me presentó a su esposa, a su hija y al novio de la misma. E intentó convencerme de que aceptase viajar con él a Tel Aviv para recibir formación «especial» con la inteligencia israelí. Me habló de un mundo nuevo, de lujo y glamur, que podría conocer de su mano. Me prometió introducirme en el *lobby* judío norteamericano, presentarme a Steven Spielberg, a David Copperfield y a no sé cuántos famosos judíos más. Incluso juró ser amigo íntimo del juez Baltasar Garzón... «Toni, se acabaron las infiltraciones sin medios, sin recursos, ahora vas a conocer un mundo diferente», fueron sus palabras literales. Pero me asusté.

A pesar de todas las imaginativas tonterías que se han escrito sobre mí, nunca he trabajado para ningún servicio de información español, y mucho menos iba a hacerlo para un servicio extranjero. El relativo éxito que han tenido mis últimos trabajos me ha permitido una independencia económica y una libertad que no tenía intención de perder, y menos aún por una causa que me era tan ajena como la israelí. El éxito de *Diario de un skin* me permitió sufragar la investigación de *El año que trafiqué con mujeres*, sin necesitar la ayuda de ninguna cadena de televisión, línea editorial ni mucho menos agencias de información. Y *El año que trafiqué con mujeres* ha sido la única fuente de financiación de esta infiltración en el terrorismo internacional, con la misma independencia. Sin embargo, esa no fue la única razón por la que agradecí y rechacé la generosa oferta de Abraham. Había algo más. Tal vez fuese el frío gélido que inspiraba su mirada gris. O quizás mi amarga experiencia con los responsables de un servicio policial, como el que me delató a los nazis. O a lo mejor fue solo ese sentimiento etéreo e indefinible que llamamos intuición, y que me ha salvado de situaciones difíciles muchas veces. El caso es que cuando salí de la casa de Abraham, tras aquella cena tan cordial, fue la última vez que lo vi en persona. Y solo volví a hablar con él, por teléfono, en una ocasión.

Ammán: la puerta de Palestina

Ya había decidido que mi identidad en esta nueva infiltración sería la de un radical palestino, así que necesitaba preparar una biografía creíble y un *atrezzo* lo más auténtico posible para la puesta en escena de mi nuevo personaje. Desechada la opción saharaui, habría sido demasiado evidente, caro y difícil hacerme pasar por un iraquí, un iraní o un afgano. Además, ni los iraníes ni los afganos hablan árabe. Y por eso viajé a Jordania.

En Ammán, una ciudad tan cosmopolita y moderna como cualquier capital europea, y a la que debería regresar en varias ocasiones durante esta investigación, adquirí todos los «complementos» necesarios para mi personaje.

Compré ropa, libros, objetos de decoración y todo lo que, en mi profunda ignorancia, debería servir para habilitar mi nuevo hogar como la casa de un musulmán radical. Cuadros con imágenes de la Kaaba (الكعبــة), el templo sagrado de La Meca; un teclado de ordenador con los caracteres árabes; diccionarios; mapas, ropa tradicional, etcétera. A decir verdad, lo único que iba a conseguir con todo aquello es parecer un occidental que intentaba pasar por árabe, mientras que los verdaderos terroristas yihadistas son árabes que intentan parecer occidentales. Así que, en realidad, yo debía convertirme en un occidental, que pareciese un árabe, que intenta parecer occidental... Algo bastante más sutil y complicado. Como todo en esta infiltración.

Desde Ammán crucé a Israel con la intención de hacerme algunas fotografías en Belén, Jerusalén o Ramallah que pudiesen fortalecer la biografía de mi nueva identidad, como la de un palestino radical.

Viajé en coche desde Ammán hasta el paso fronterizo del puente del Rey Hussein. Y crucé del lado jordano al israelí en el transporte que une los dos puestos fronterizos. En mi autobús viajaban varios israelíes y también varios árabes; jordanos, palestinos o de otras nacionalidades. Supongo que mi aspecto todavía podía recordar más al de un occidental que al de un árabe.

En aquel momento desconocía la enfermiza pero comprensible paranoia de los servicios de seguridad israelíes y sus extremas medidas de seguridad en las fronteras del país. Yo no soy ningún funcionario del CNI, ni tengo ningún adiestramiento ni formación especial. Estoy tan cualificado para «jugar» a los espías como cualquier ciudadano europeo que trabaja en algo que no tiene nada que ver con el espionaje. Y aquella situación me vino grande. Los controles israelíes son muy exigentes: hay que pasar varios detectores de metales, revisiones del equipaje y entrevistas con funcionarios de seguridad, y cuando crees que has concluido el ciclo, vuelve a comenzar. Llegué a pensar, que todos los militares de la aduana sabían que era Antonio Salas intentando entrar en el país para hacerme pasar por un terrorista palestino. Así que, después de cuatro horas y media de constantes interrogatorios y de registrar una y otra vez mis maletas, caí en el error de los novatos y telefoneé a Abraham para pedirle ayuda.

—¿Shalom, Abraham? Soy Antonio Salas. Perdona que no te haya llamado en tanto tiempo, pero ahora tengo un problema. Estoy en el paso de la frontera del puente del Rey Hussein, llevo más de cuatro horas intentando entrar en Israel pero no hay manera. ¿Puedes ayudarme?

—No te preocupes, ahora mismo te mando a alguien. No te muevas de ahí —me respondió el del MOSSAD, cortante y contundente.

En una ocasión, Abraham me había contado que uno de sus hijos era piloto de combate en Israel. Uno de los responsables de los bombardeos a los asentamientos terroristas palestinos, quizás uno de los autores de los últimos bombardeos a la Franja de Gaza. En aquel momento todavía me creía a pies juntillas la versión israelí sobre el conflicto, y por un segundo pensé que quizás sería el hijo de Abraham o alguno de sus antiguos subordinados del MOSSAD quien vendría a recogerme. Sin embargo, intuí que si permitía que la inteligencia israelí se pegase a mí en aquel primer viaje a Palestina, después iba a ser muy difícil quitármela de encima. Además, en cuanto viesen mi pasaporte se habría acabado mi anonimato. Y sé por experiencia que un periodista infiltrado puede convertirse en la mejor moneda de cambio prescindible con la que negociar un intercambio de información. Me lo enseñó el mando policial español que me delató a Hammerskin. Así que, como siempre, me dejé llevar por la intuición.

Hice esa llamada, la última vez que hablé con Abraham, por culpa de los nervios y la inexperiencia. Si hubiese esperado solo cinco minutos más, habría descubierto que esos controles tan estrictos son habituales en Israel, que nadie sospechaba de mí a pesar de mi incipiente barba y mi cara de culpable. Por eso, cuando me entregaron mi pasaporte y mi maleta, y me dijeron que podía continuar, salí lo más rápidamente posible del puesto fronterizo, me metí en un taxi y me marché sin esperar al contacto que Abraham enviaba en mi ayuda, apagando el teléfono móvil y quitándole la batería.

«¡Si Salas tiene huevos... que se vaya a Palestina!»

En Jerusalén (Al Quds) me conciencié del miedo con el que vive la mayoría de los israelíes, siempre recelosos de los autobuses, las cafeterías o cualquier otra concentración humana donde un terrorista suicida palestino pudiese detonar su carga explosiva. En aquel momento me parecían comprensibles todas las medidas de precaución que Israel tomaba para evitar el paso de terroristas a sus territorios... Aún no tenía muy claro de quién eran realmente dichos territorios.

En Ramallah adquirí buena parte del *atrezzo* para mi álter ego palestino. En las calles Al Irsal, Palestine, Al Ma'es o Al Nahda, que rodean la emblemática plaza Menara y su emblemático monumento de los cuatro leones, existen montones de tiendas y comercios, y también puestos callejeros, donde es posible adquirir desde pasamontañas con el anagrama de Hamas a vídeos con las últimas voluntades de los terroristas suicidas o las últimas hazañas del escurridizo Yuba, el francotirador de Bagdad.

Y fue allí, en un ordenador de mi hotel en Ramallah, donde me di cuenta de que realmente tengo compañeros periodistas a los que les gustaría verme muerto y donde encajé algunos de los ataques que mis abundantes críticos me dirigían desde España. En mi país había estallado una feroz polémica tras la publicación de mi libro *El año que trafiqué con mujeres*: se abrió un debate encarnizado sobre la prostitución, que se prolongó durante meses e hizo que los proxenetas y sus clientes se sumasen a los neonazis en su odio hacia *Tiger88*. Internet se llenó de descalificaciones, insultos y ataques, y también de especulaciones, conjeturas y divagaciones sobre mi identidad real, mis motivaciones y mis objetivos. Incluso surgieron páginas web enteras dedicadas a desacreditarme, aunque lo más interesante es que se nutrían de conjeturas, basadas en rumores, fundados en suposiciones totalmente falsas, que unas webs reproducían de otras. Y que ponían a mi servicio aquellas especulaciones sobre mi paradero, mi identidad o mi próxima infiltración, muy alejadas de la realidad, que me permitían continuar infiltrado. Sin proponérmelo y como mandan los preceptos del arte de la guerra de Sun Tzu, mis detractores, con el fin de perjudicarme, se iban a convertir en mis mejores aliados en esta infiltración. Desde un propietario de burdeles que intentaba eliminar competencia hasta un judío antifascista, pasando por una mujer despechada, un grupo de periodistas, un parapsicólogo visionario o un agente del MOSSAD encubierto, se me otorgaron todas las identidades imaginables.

Esos días, en un conocido periódico levantino, un comentarista que resultó ser colega y paisano de José Luis Roberto, presidente del partido ultraderechista España2000 y cofundador de la federación de burdeles ANELA,[12] me dirigía todo tipo de descalificaciones, anunciaba acciones legales contra mí e incluso especulaba con una de mis supuestas identidades reales. Pero lo mejor es que, tras desearme la suerte de mis compañeros asesinados Julio Anguita Parrado, Salvador Ortega o Xosé Couso, se indignaba porque dedicase mi libro a Couso, a quien yo conocía desde años antes de su muerte y que había sido mi cámara en alguna ocasión. El colega de Roberto terminaba invitándome, «si tenía huevos», a infiltrarme en América Latina o en Oriente Medio... Otra conocida figura del periodismo incluso precisaba más, afirmando: «Si tiene huevos, que se vaya a Palestina». Lo tragicómico es que yo leía aquellas críticas desde Ramallah, y después me pasaría meses y meses en América Latina y en todo Oriente Medio. Pero no podía utilizar eso en mi defensa.

He tenido que esperar seis años para poder responder a aquellos ataques. Yo ya estaba en Palestina cuando mis críticos, desde sus cómodas oficinas en Europa, me retaban a infiltrarme en Oriente Medio con la esperanza de que una bala perdida consiguiera lo que no lograron los skin o las mafias. Y esa es una de las pegas de este tipo de periodismo. La única forma en la que puedo defenderme de mis detractores es con mi trabajo. Yo no puedo, ni

---

12. *El año que trafiqué con mujeres*, pág. 21 y ss.

quiero, ni debo, enzarzarme en acalorados debates para justificar mis investigaciones. Mi único argumento es el fruto de mi trabajo. Y, por desgracia, el anonimato es imprescindible para realizar una investigación como infiltrado dentro de grupos criminales. Aunque habría bastado que aquellos comentaristas, escandalizados con mi denuncia contra la prostitución, hubiesen leído el libro que cuestionaban. De haberlo hecho verían que en el cuadernillo *Diario de un traficante de mujeres* incluido en la última edición del libro y también accesible en *www.antoniosalas.org*, mi última anotación estaba redactada en Jerusalén. No habría sido demasiado difícil deducir, como hizo alguno de mis lectores más sagaces, que ya estaba en Palestina.

Hoy confieso que el único objetivo de aquel primer viaje a la tierra de Jesús era completar el *atrezzo* de mi personaje, familiarizarme con algunos lugares que después utilizaría para dar credibilidad a mi biografía palestina y fotografiarme en ellos, así que no me preocupé mucho por conocer el conflicto árabe-israelí. Siempre había leído que los palestinos eran terroristas suicidas que obligaban a los sufridos colonos judíos a vivir armados hasta los dientes. Hoy no veo el problema con tanta simpleza y frivolidad como lo continúan haciendo muchos de mis colegas.

Me limité a escoger un pequeño pueblo cercano a Yinín, en el norte de Palestina, como el origen de mi familia y de mi linaje: Burqyn (بــرقين). Era un buen lugar para establecer mis raíces. Tranquilo y muy discreto, pero con una larga historia. Situado a unos tres o cuatro kilómetros al suroeste de Yinín, por la carretera 6155, tiene unos siete mil habitantes. La mayoría son musulmanes, aunque existen unas veinte familias cristianas (ortodoxas), que mantienen con orgullo la iglesia de San Jorge, el mayor tesoro de Burqyn, cuyo origen está entrelazado con el relato bíblico. Visité dicho pueblo, paseé por sus calles, memoricé su historia e intenté autoconvencerme de que aquel era el pueblo de mis padres y de mis abuelos. Tenía que conseguir la forma de implicarme emocionalmente con aquel lugar, para que en el futuro, cuando tuviese que hablar de mis raíces palestinas, mi discurso resultase coherente.

Volví a España para retomar las clases de árabe. Y también para empezar a dibujar el perfil de mi nueva identidad, aunque ese perfil tendría que ser retocado una y otra vez a medida que iba profundizando en mi conocimiento del mundo árabe, el Islam y el terrorismo, y me desprendía de todos los tópicos y prejuicios que tenía sobre ellos antes de iniciar esta aventura.

Muhammad Abdallah Abu Aiman... viudo y muyahid

Tenía claro que mi nuevo nombre sería Muhammad Abdallah. Escogí Muhammad por ser el nombre del Profeta del Islam, traducido despectivamente en

Occidente como Mahoma.[13] Al mismo tiempo es un nombre tan sencillo y corriente como llamarse Jesús en cualquier país cristiano. Y Abdallah porque casi todos los nombres árabes tienen un significado, y Abdallah significa «el siervo de Dios». Me parecía un nombre perfecto para alguien que pretendía convertirse en un terrorista yihadista y en un mártir del Islam.

También tenía claro que necesitaba un argumento de peso para justificar mi intención de llegar a inmolarme, como terrorista suicida. Así que se me ocurrió que un traumático drama familiar podía ser una razón verosímil. Por ejemplo: los judíos habían asesinado a mi familia, y de ahí mi odio hacia Israel y hacia sus aliados europeos y norteamericanos. Ahora solo necesitaba documentar esa tragedia. Y por eso, ya de vuelta a España, acudí a Fátima, una *escort* de lujo ceutí, de origen marroquí, que conocí gracias al año que trafiqué con mujeres. Fátima —que como es natural no se llama Fátima— es una joven muy bella, con ese atractivo exótico de la mujer árabe. Morena, de ojos negros y piel tostada, era una de las prostitutas más requeridas en la agencia de Barcelona donde ofrecía sus servicios de compañía. Y ella creía, errónea-mente, estar en deuda conmigo.

Tras un año en una de las agencias más conocidas de la ciudad, su padre, un marroquí de férreas convicciones islámicas, amenazaba con viajar a Cata-lunya para visitar a su hija y conocer su forma de vida en la Península. Fátima le había dicho a su familia que trabajaba de secretaria, y ahora necesitaba encontrar urgentemente una tapadera para que su padre no descubriese la montaña de mentiras en las que había transformado su vida. Y por eso acudió a mí en aquella ocasión. Según ella, si su padre descubría que su querida y única hija ejercía la prostitución, algo tan reprobable para el Islam como para el cristianismo, las consecuencias serían fatales.

Hice algunas llamadas y un viejo amigo, director de una revista catalana, accedió a prestarse al engaño, ofreciéndome incluso, si era necesario, una mesa en su oficina para mi amiga. De esta forma pudimos cubrir las espaldas de Fátima para que su padre no la descubriese. Así que, cuando algún tiempo después le pedí que se hiciese pasar por mi primera esposa árabe, accedió. Y lo que es más generoso por su parte, no hizo preguntas.

En realidad solo necesitaba que Fátima se hiciese pasar por mi mujer un par de horas. Lo justo para preparar nuestro «álbum familiar». Alquilé un

---

13. El nombre محمد es uno de los más frecuentes en los países árabes. Dependiendo del dialecto y la transcripción al inglés, francés, español, etcétera, se traduce como Mohamed, Mohamé, Muhamed, Muhammed e incluso, para referirse al Profeta del Islam, como Mahoma. Según mi criterio, la transcripción correcta es Muhammad (ya que las vocales e y o no existen en lengua árabe), pero respetaré los nombres propios de algunos personajes de esta investi-gación tal y como ellos los utilizan en sus países de acogida.

apartamento en la Barceloneta. Austero, sin ostentaciones. Nada que pudiese identificarlo como una vivienda europea. Decoré toda la casa con elementos del *atrezzo* que había traído de Oriente Medio. Retratos de Yasser Arafat, cuadros con imágenes de Palestina, grabados del Corán, una *shisha* o *narguila* (la tradicional pipa de agua árabe) y hasta ejemplares del *Al Quds* (uno de los principales diarios palestinos de Jerusalén) o revistas árabes, que desperdigué sobre los sofás o las estanterías de forma aparentemente casual. Todo lo que en mi corto conocimiento podía imaginar que daría credibilidad a la decoración de una casa palestina, si alguien examinase con lupa las fotos que nos íbamos a hacer. Incluso coloqué a Fátima en el cuello un pequeño colgante, una Kaaba de plata, que después yo utilizaría en mis viajes como si fuese una herencia emotiva de mi esposa muerta.

Me había traído también un par de *hiyabs* (el velo que cubre el cabello de la mujer, habitual en muchos países musulmanes) y ropa femenina y masculina de estilo árabe. Y Fátima accedió a hacerse varias fotos conmigo. Con diferentes vestuarios, en diferentes fondos, como si realmente aquellas imágenes pudiesen certificar una larga relación de pareja y una convivencia que se habría visto truncada por el asesinato de mi esposa a manos de los israelíes. Las fotos quedaron estupendas y siempre funcionaron como una coartada perfecta. En los años sucesivos, cuando las mostraba en cualquier mezquita europea, africana o americana, ya no necesitaba explicar el porqué de mi odio a los judíos y a sus aliados europeos o yanquis. Si una imagen vale más que mil palabras, las imágenes de aquel matrimonio palestino, truncado por los israelíes, valían por toda una enciclopedia. Coloqué las fotos de mi matrimonio en un pequeño álbum con fotos auténticas de mi infancia, fotos que me había tomado en viajes anteriores por algún país árabe, y las fotos de los nuevos viajes durante la actual infiltración. El objetivo es que, cuando me registrasen el equipaje en mis sucesivos viajes, aquel álbum pudiese probar mi vida como musulmán. Y ese <u>álbum de fotos</u>, que también puede colsultarse en *www. antoniosalas.org*, terminaría obrando milagros...

Ahora solo necesitaba encajar en mi coartada una historia real que pudiese superponer a las fotos de mi supuesta esposa asesinada, por si alguien intentaba contrastarla, así que acudí a la embajada de Palestina en Madrid, a las ONG propalestinas y a los archivos periodísticos, hasta encontrar entre las víctimas palestinas de la ocupación israelí una que se correspondiese con el perfil de mi amiga Fátima.

No fue demasiado difícil. Las listas de jóvenes palestinas asesinadas durante la ocupación israelí son generosas, y di con muchas historias, todas ellas dramáticas, que podían encajar con mi traumática viudez. Como la de Husam Jalal Salim Odeh, de veinticuatro años, tiroteada cerca del *checkpoint* de Huwara; Sha'ban Tahrir Hisham, de dieciséis años, que recibió un tiro en la cabeza durante la incursión de una patrulla en el campo de refugiados de Jabalya; o Najwa'Awad Rajab Kalif, de veinticuatro años, bombardeada desde un helicóptero en su escuelita de Gaza, en la que murió con cinco de sus alumnos... La ocupación israelí me ofrecía docenas de jóvenes palestinas, muertas de forma traumática y brutal, para poder utilizar en mi coartada. Pero finalmente me decidí por el caso de Dalal Majahad. Una joven de veinticinco años que el 9 de marzo de 2004 se encontraba en su propia casa, en Yinín, cuando una patrulla israelí entró en la ciudad y se inició un tiroteo. Una bala perdida atravesó la ventana y arrebató la vida de Dalal en un suspiro. Daño colateral lo llaman.

Escogí a Dalal por varias razones. Primero porque Dalal es también el nombre de la primera guerrillera palestina muerta en combate contra la ocupación israelí (Dalal Al Maghribi), y era fácil recordarlo. Segundo, porque Yinín era una de las ciudades más emblemáticas de la resistencia palestina, y que yo había visitado en mi primer viaje. Tenía suficientes fotografías mías en sus calles y avenidas como para componer una historia creíble. Además, Burqyn (el pueblo que había escogido como el origen de mi familia palestina) se halla a solo tres kilómetros de Yinín. Por otro lado, Dalal fue asesinada el 9 de marzo de 2004. Solo dos días antes del 11-M y veinticuatro horas después de la publicación de mi libro *El año que trafiqué con mujeres*. No me iba a resultar difícil recordar la fecha en la que me quedé viudo.

Memoricé la historia de Dalal, y me esforcé mucho en implicarme emocionalmente en aquella tragedia. Tenía que conseguir que se me quebrase la voz, que me asomasen las lágrimas al relatar el asesinato de la Dalal real, superponiendo sobre ella el rostro de mi amiga Fátima. No se me ocurre un argumento mejor para justificar mi supuesto odio a los judíos y a sus aliados occidentales. Y mi deseo de inmolarme llevándome por delante a todos los infieles posibles.

La historia encajaba perfectamente. Dalal tenía casi la misma edad que Fátima. Fue uno de los infinitos «daños colaterales» de la ocupación israelí. Y, para darle un mayor dramatismo, incluí en mi relato que Dalal estaba embarazada de mi primogénito, que se llamaría Aiman. Creo que hasta el terrorista más insensible podría comprender mi odio hacia Occidente por la muerte de mi esposa y mi hijo nonato. Y lo comprendieron. Incluso el legendario Ilich Ramírez Sánchez, alias *Carlos el Chacal*, me daría su más sincero y sentido pésame cuando, cuatro años después y mientras cumplía una misión para él en Estocolmo, le relaté mi tragedia familiar.

Ese año estudié mucho. De hecho llegué a pensar que no se podía estudiar más. Tenía que robar tiempo a mi trabajo oficial para acudir a las clases de árabe. Buscar excusas para asistir a los cursos de terrorismo sin que mi familia se percatase. Quitar tiempo a los amigos para leer todo lo que podía sobre terrorismo, Al Qaida, Ben Laden, Palestina... Al final racionaba las horas de sueño, pasé de siete a seis diarias. Mi vida social iba menguando. Ni mis amigos, ni mi familia, ni mis compañeros de trabajo o de clase tenían la menor idea de lo que estaba haciendo, aunque mi barba —que no me había vuelto a afeitar desde marzo— inspiraba ya algunas bromas entre mi gente. Por fortuna, mi familia y mis amigos están acostumbrados a mis cambios radicales de *look*.

Era evidente que todavía me encontraba en una fase puramente teórica y de formación. Me limitaba a asistir a conferencias, ver documentales, leer y estudiar. Todavía faltaba mucho para que aprendiese a montar y desmontar, y a disparar un AK-47, un M-4, un lanzagranadas o una Uzzi, o me acostumbrase a dormir con un arma debajo de la almohada.

Infiltrados antiislamistas contra infiltrados anticristianos

Después del 11-S y más aún después del 11-M, la desconfianza, el desprecio e incluso el odio a los musulmanes se extendió por España, como antes lo había hecho en los Estados Unidos, y tras el 7-J por el resto de Europa. Aunque no llegué a participar en ninguna, ya que sería imprudente dada mi intención de infiltrarme en ellas, comprendía las numerosas manifestaciones que se convocaron en toda España contra la implantación de nuevas mezquitas o incluso contra las que ya existían. En Premià de Mar (Barcelona), en Felanitx (Mallorca), en Sales de Viladecans, en Madrid... Por todo el país, y como ocurriría en Reino Unido, Francia, Italia o Suiza, asociaciones de vecinos y ciudadanos anónimos, espontáneamente, se echaron a la calle para expresar su rechazo al Islam.

Eran hombres y mujeres sinceros. Ciudadanos honrados. Europeos educados en la tradición judeocristiana, y en su mayor parte católicos, sin ningún antecedente racista o xenófobo, pero que, como yo, identificaban musulmán con terrorista. Y en países de tradición cristiana, como Portugal, Francia, Bélgica o Gran Bretaña, ejercían su derecho a expresar su repulsa contra una religión y una cultura que les eran extrañas. Sin embargo, cuando los informativos emitían las imágenes de las manifestaciones populares en Argelia, Egipto, Irán o Turquía, donde otros ciudadanos honrados expresaban también su rechazo a una religión extraña: el cristianismo, a nosotros se nos antojaban fanáticos fundamentalistas...

En medio de aquellas manifestaciones contra las mezquitas y los centros islámicos, convocadas por honrados ciudadanos sinceramente preocupados (y desinformados), padres de familia, amas de casa y vecinos de todas las tendencias políticas, se infiltraron mis viejos camaradas de la extrema derecha, conscientes de que era un terreno fértil para sembrar su ideario racista y xenófobo.

En Sevilla, los vecinos del barrio de Bermejales llegaron a constituir una plataforma contra la construcción de una gran mezquita en la ciudad: *www. mezquitanogracias.com*, impulsada intensamente por el partido ultraderechista

Democracia Nacional, sin que los vecinos de Bermejales fueran conscientes de que estaban siendo instrumentalizados por los nazis. En Badalona, las protestas contra las mezquitas de Sant Roc, Artigues, La Salut y Llefià fueron convocadas por la Plataforma per Catalunya, movimiento liderado por el ex dirigente de Fuerza Nueva Josep Anglada. En Reus (Tarragona), y en una fecha tan simbólica como el 11 de septiembre de ese año 2004, mis antiguos compañeros skinheads, bastante menos diplomáticos que sus camaradas de Fuerza Nueva, directamente atacaron la mezquita del polígono Dyna —donde yo terminaría rezando más de una vez—, rompieron sus cristales y dejaron pintadas contra el Islam y los musulmanes.[14]

Algo parecido pasaría con la mezquita de La Unión, en Málaga. Mis antiguos camaradas skin de Alianza Nacional irían adquiriendo un enorme protagonismo en el movimiento neonazi español en el siglo XXI. Incluso acogerían entre sus filas a Eduardo Clavero, líder de Batallón de Castigo que llegó a componerme una canción llena de amenazas, tras *Diario de un skin*. Los ultraderechistas de AN atacaron varias veces la mezquita, reventaron la puerta y dejaron numerosas pegatinas decoradas con una caricatura del profeta Muhammad, caracterizado como un terrorista, y la leyenda: «El enemigo está dentro. Inmigrantes islámicos, ¡expulsión!». Esa mezquita sería importantísima para mi infiltración más adelante.

En Talayuela (Cáceres), mis otrora compañeros del Movimiento Católico Español y Acción Juvenil Española, con José Luis Corral a la cabeza, se unieron a las protestas vecinales contra la construcción de una nueva mezquita en el pueblo. La Guardia Civil les incautó las octavillas que los ultras de Corral estaban repartiendo entre los manifestantes, y en las que se podía leer el mensaje islamófobo que, en el fondo, muchos aceptábamos pero solo mis antiguos camaradas ultraderechistas se atrevían a expresar. Entre otras lindezas, las octavillas repartidas en la manifestación antimezquitas de Talayuela decían:

> Sufrimos una invasión de inmigrantes que no serían problema si tuvieran nuestra misma cultura, religión, modo de vida, o al menos respetaran lo nuestro y se integraran. Pero eso es imposible con el Islam. Lo saben nuestros antepasados, que lo sufrieron durante nueve siglos... El Islam es una religión fanática e intolerante, que no permite nada más. Lo saben todos los que conviven con ellos en cualquier parte del mundo. Donde hay musulmanes y otras religiones hay un conflicto inacaba-

---

14. En octubre del año siguiente, cuando los neonazis volvieron a intentar atacar la mezquita de Reus, seis adultos y tres menores fueron detenidos portando incluso una caja con nueve cócteles molotov para, presumiblemente, incendiar el templo. En marzo de 2010 el caso pasaría a la Audiencia Nacional, aplicándoseles el artículo 577 del Código Penal, después de que el macrojuicio contra Hammerskin, en el que yo participé como testigo protegido, sentase un precedente judicial al considerar a los grupos neonazis como bandas criminales organizadas.

ble. Desde Filipinas hasta Nigeria, en Indonesia, Timor, la India, Pakistán y Cache-
mira, Oriente Medio, Tierra Santa, Kosovo, Sudán o Etiopía. No importa la raza ni
la cultura, siempre, siempre, el Islam trata de imponerse violentamente en cuanto
se siente con fuerza para ello. Y los cristianos que quedan van siendo exterminados.
No se pueden hacer nuevas iglesias en los países musulmanes, ni predicar el Evangelio. Convertirse al cristianismo es condenado con la pena de muerte... Lo saben
muy bien los franceses, por ejemplo, con miles de pueblos y barrios donde no
puede entrar un francés ni tampoco la policía, convertidos en ghettos donde impera la Sharia, la ley islámica... Aunque no todos los musulmanes son fanáticos ni
violentos, ni siquiera la mayoría, engendrarán siempre, inevitablemente, otros que
sí lo serán. Y ahora, con el terrorismo, con las armas de destrucción masiva, con
las bombas, gases y suicidas, el peligro es gravísimo. No podemos albergar nidos
de terrorismo, de violencia y de intolerancia... Lo de menos es la delincuencia, las
violaciones, la competencia desleal en el trabajo y el consiguiente descenso de los
salarios, el crecimiento del paro y el aumento de alquileres. No importan tanto las
ayudas que se les dan con fondos públicos que pagamos los demás con nuestros
impuestos, ni la saturación de los servicios sociales, escuelas y hospitales. Lo grave
es el futuro. Si ahora se instalan, nuestros nietos tendrán que enfrentarse a ellos
inevitablemente, y expulsarán a los invasores o tendrán que irse de su pueblo, de
su tierra y de su Patria. Además, en aplicación de la democracia, cuando sean
mayoría podrán exigir la independencia. El Zapatero de turno conversará con ellos
y se lo concederá, sobre todo si acumulan muertos sobre la mesa de negociación...
Que se vuelvan a su país y nos dejen en el nuestro...

Un antiguo proverbio árabe dice: «Mientras vivamos en la ignorancia seremos
siempre enemigos». Hoy sé que este ejemplar conjunto de estupideces, mentiras,
prejuicios, tópicos y falacias es tan injusto como ofensivo para los musulmanes.
Pero después del 11 de marzo de 2004, muchos europeos estábamos más dispuestos a creérnoslo. Y sé también que las asociaciones de vecinos y los honrados ciudadanos europeos que convocaban o asistían a aquellas manifestaciones
antiislámicas no eran conscientes ni responsables del uso político y propagandístico que los neonazis hacían de ellas. Pero hoy también soy consciente
de que en las otras manifestaciones similares ocurría exactamente lo mismo,
aunque al revés. En las movilizaciones anticristianas que surgieron en todo el
mundo árabe, ante la creciente islamofobia que se extendía por Occidente, se
infiltraban también radicales, esta vez yihadistas, tan infames, violentos y fanáticos como nuestros neonazis. Y tan alejados de los honrados ciudadanos musulmanes de esos países como los fascistas lo están de nosotros.

En medio de esa tensión interreligiosa, en noviembre se produjo la segunda detención del periodista sirio Taysyr Aluny, pero a casi nadie le importó
demasiado. A pesar de que Aluny había sido el único periodista del mundo

que había conseguido entrevistar a Ben Laden después del 11-S y una pieza importante en este rompecabezas.

Su caso conmocionó a la comunidad periodística árabe, sin embargo a los colegas occidentales no nos preocupó demasiado. Y menos aún después de que, un mes más tarde, Pilar Manjón compareciese en representación de las víctimas ante la Comisión de Investigación del 11-M. Su testimonio, desgarrado, nos impresionó a todos. Por primera vez prestábamos atención, a nueve meses de la masacre, a la voz del sufrimiento, del tormento indecible de quienes perdieron en aquellos trenes a sus seres queridos. En el caso de Manjón, a su hijo. Y, a mí, aquel testimonio me renovó el ánimo. Si antes de aquella comparecencia había considerado la posibilidad de tirar la toalla un par de veces ante mi incapacidad para el árabe, escuchar a Manjón me hizo pensar que todo esfuerzo contra el terrorismo merece la pena. Y todos estamos invitados a hacerlo.

Manjón y las demás víctimas del 11-M nos evidenciaron la cara más amarga del efecto mariposa. Antes de esa fecha, las víctimas de la violencia en otros rincones del planeta llamaron a nuestra puerta para pedir ayuda y, como no les abrimos, la echaron abajo.

Hasta el 11 de marzo creíamos que la agonía y el sufrimiento de pueblos lejanos, las guerras libradas en países remotos, no nos afectaban. Los dramas que diariamente se viven en Afganistán, Palestina, Sudán, Pakistán, Chechenia, etcétera, parecían simples imágenes bidimensionales, sin olor, que se asomaban a nuestras pantallas a la hora de los informativos gracias a profesionales como mi compañero Xosé Couso. Pero el 11-M aprendimos, con sangre, que el eco de los gritos de un torturado en una cárcel iraquí, de las bombas en las montañas afganas o de los disparos en los territorios ocupados palestinos podía resonar, amplificado, en las estaciones de tren de Madrid.

Desde Israel con amor...

Sin duda el lector comprenderá que, metido en un proyecto tan ambicioso como este, cuando el 28 de diciembre de 2004 recibí un e-mail de la televisión israelí, creyese que la nueva infiltración se había ido al traste. ¿Cómo era posible que, precisamente el día de los Santos Inocentes, un canal de la televisión israelí se pusiese en contacto conmigo, mientras preparaba mi nueva identidad como radical palestino para infiltrarme en las organizaciones terroristas internacionales? ¿Cabía la posibilidad de que el MOSSAD israelí hubiese descubierto mis intenciones e intentase utilizarme de alguna manera? ¿Tenía mi amigo Abraham A. algo que ver con este contacto? Quizás pequé de paranoico, pero en mi oficio la paranoia puede salvarte la vida. El e-mail en cuestión era como para tener la mosca detrás de la oreja, y más dadas las circunstancias:

Para: tonisalas2000@yahoo.es
Fecha: martes, 28 diciembre, 2004 4:43 PM
Asunto: televisión israelí, canal 2

Estimado señor Salas,
En los últimos meses estamos produciendo una serie documental para el canal 2 de la television Israeli sobre el antisemitismo el mundo. Para el capitulo sobre España nos gustaria poder intrevistarlo sobre el tema de los movimientos neo-nazis en general y los ultra-sur en particular. Si este proyecto le interesa, por favor contactanos en uno de estos e-mails: rohilevi@..., lewi@..., ronatamir@... gracias, atentamente,

Rohi Bet Levi
Guionista

En los e-mails posteriores —que me limito a transcribir tal y como los recibí—, Rohi Bet Levi me amplió la información sobre su proyecto, y aparentemente mi paranoia con el MOSSAD parecía infundada:

Estimado señor Salas:
Antes de todo gracias por responder rápidamente. Aqui estan unos detalles sobre la produccion de nuestra compañia (TTV) Estamos produciendo una serie de documentales para la television Israeli sobre el antisemitismo, que sera transmitido en el canal 2 de television en horario central. la serie tratara sobre el antisemitismo moderno en Europa, America del Sur y los Estados Unidos, cada capitulo durara aproximadamente 50 minutos. Esta sera la primera vez que la television Israeli otorga 200 minutos en horario central para un tema tan dificil e importante. La produccion esta apoyada por la Fundacion Eli Wiesel, Y tenemos la cooperacion del Ministerio del Exterior de Israel, la Ajencia Judia (Sojnut), la ADL, como tambien la ECJC y otras organizaciones que luchan contra el antisemitismo en el mundo.

Las grabaciones en España serian aproximadamente desde el 20 al 30 de enero y queriamos saber las fechas probables en que nos podriamos encotrar en Madrid. Estamos consientes de la importancia de mantener su anonimato en el caso de que usted lo deseara. Tambien necesitariamos otra pequeña ayuda para contactarnos con algun representante o ex integrante de los Ultrassur en Madrid.

Para que nuestra comunicacion sea mas clara nos gustaria contar con su numero telefonico y tambien le pasamos los nuestros :

Rohi: 00972-52...
Rona(en ingles): 00972-54...
Otra vez gracias y espero que esteemos en contacto
Rohi Bet Levi

Mi editora me convenció de que el argumento de los israelíes era muy razonable. Al fin y al cabo, los judíos eran una de las víctimas preferidas del odio neonazi, y *Diario de un skin* se había convertido en un libro bastante conocido, dentro y fuera de España. Además, en 2004 se había concluido el rodaje de la película basada en mi infiltración en el movimiento skin, que se presentaría en el Festival de Cine de Málaga en abril de 2005. Y en enero de ese mismo año comenzaba el rodaje de la película inspirada en mi infiltración en las mafias del tráfico de mujeres. Así que parecía razonable, decía mi editora, que hasta Israel hubiesen llegado noticias de mi trabajo y esa fuese la razón de su interés en entrevistarme. Sin embargo, durante la grabación de dicha entrevista creo que los israelíes se dieron cuenta de mi incomodidad, aunque era imposible que pudiesen imaginar la razón de aquella tensión, hasta el momento en que lean estas líneas.

Más tarde, al regresar a Palestina para reunirme con altos mandos de Hamas, el Yihad Islámico o las Brigadas de los Mártires de Al Aqsa, me arrepentiría mucho de haber concedido aquella entrevista a la televisión israelí. Porque al emitirse en uno de los canales nacionales, todo Israel y Palestina estaba ya en disposición de conocer a un tal Antonio Salas, un periodista español que realizaba reportajes de investigación como infiltrado. Aunque para entonces yo ya había conseguido burlar los controles de la policía israelí colando clandestinamente en el país un equipo de grabación con cámara oculta...

SEGUNDA PARTE

Año 2005 d. C., año 1426 de la Hégira[1]

---

1. El año nuevo musulmán, 1426, se celebró el 10 de febrero de 2005.

Capítulo 2

Tras los pasos de Alí Bey

وَإِن جَنَحُوا لِلسَّلْمِ فَاجْنَحْ لَهَا وَتَوَكَّلْ عَلَى اللّهِ إِنَّهُ هُوَ السَّمِيعُ العَلِيمُ.

Pero si ellos se inclinan por la paz, inclínate tú también y encomiéndate a Allah porque Él es Quien todo lo oye, Quien todo lo sabe.

El Sagrado Corán 8, 61

لِكُلّ شمْس مغْرب

Cada sol tiene su ocaso.

Proverbio árabe

Al Qaida a juicio en España

La entrevista con los israelíes coincidió con el inicio del rodaje de la película inspirada en *El año que trafiqué con mujeres,* donde el veterano actor Nancho Novo interpretaba el papel de Antonio Salas. Y lo cierto es que resultaba francamente difícil compatibilizar mis tres vidas paralelas. Por un lado mantenía mi trabajo normal como periodista, la mejor forma de no levantar sospechas en mi círculo. Pero al mismo tiempo tenía que atender los compromisos de Antonio Salas, como aquellas entrevistas con los israelíes, el rodaje de las películas o dirigir la colección Serie Confidencial que mi editorial sacó a la venta ese año 2005.[1] Y, a la vez, debía dar vida a Muhammad Abdallah, asistiendo a las clases de árabe, los cursos y seminarios sobre terrorismo y demás. A principios de 2005 ya me parecía muy difícil compatibilizar las tres vidas a la vez... No tenía ni la más remota idea de cómo iban a complicarse las cosas a partir de ese año.

En abril, los ojos de los periodistas de todo el planeta se dirigieron hacia Madrid. El primer juicio celebrado en el mundo contra supuestos miembros de

---

1. Colección Serie Confidencial de Antonio Salas: *www.antoniosalas.org/confidencial/index.htm*

Al Qaida, sospechosos de participación en los atentados del 11-S, no se celebró en los Estados Unidos, sino en España. En 2001 y 2002, la <u>Operación Dátil</u> había sido una de la macrooperaciones policiales más ambiciosas de la administración Aznar, seguida atentamente por nuestros aliados norteamericanos. Dividida en tres fases, la primera tuvo lugar entre noviembre de 2001 y el mes de enero siguiente, y trajo consigo la detención de trece presuntos terroristas bajo la dirección de Imad Eddin Barakat Yarkas, alias *Abu Dahdah*, acusados de reclutar yihadistas que serían enviados a campos de entrenamiento de Al Qaida en Afganistán. La segunda fase se centró en la trama empresarial cuyas ganancias supuestamente financiaban a Al Qaida, en abril de ese año. En junio se desarrollaron cuatro nuevas detenciones en Madrid y Castellón, y se confiscaron vídeos con grabaciones de las Torres Gemelas y otros edificios emblemáticos.

El periodista de Al Jazeera Taysyr Aluny[2] había sido detenido posteriormente, el 5 de septiembre de 2003, e incluido en el proceso de la Operación Dátil por su supuesta implicación en la célula de Abu Dahdah. Probablemente, de tener una nacionalidad distinta, Aluny sería considerado un periodista excepcional, pero era árabe y sospechoso de colaborar con terroristas. Sin embargo, es mucho más que eso.

Nacido en Deir Ezzor (Siria) el 20 de marzo de 1955, Aluny se licenció en Económicas antes de viajar a España en 1985 para ampliar sus estudios. Trabajaba como comerciante en Ceuta y así conoció a su esposa, la española Fátima Zahra, con la que se casó dos años más tarde y a través de la que obtuvo su nacionalidad española. Aluny desempeñó diferentes trabajos, desde profesor de árabe a empleado de la oficina del fiscal municipal de Ceuta, pero en 1996 comenzó a colaborar como traductor de árabe con la agencia EFE, y de ese modo empezó su relación con la cadena de televisión Al Jazeera, todavía como *freelance*.

También trabajaba con el Instituto de Estudios de Paz y Diferencia de Granada, hasta que en 1999 Al Jazeera, que supo ver su madera de periodista, lo fichó en nómina, enviándolo como director de la oficina de la cadena en Kabul. Allí Aluny vivió, desde dentro, los momentos de mayor esplendor talibán. Y, gracias a su cámara y a su temple, todos pudimos conocer más sobre el régimen islamista que controlaba Afganistán. De hecho, pocos colegas saben que fue un periodista español, Taysyr Aluny, el único reportero que, disfrazado de talibán, grabó el trágico momento en que los radicales islamistas dinamitaron los magníficos budas de Bamiyan, en marzo de 2001. Y cuando, después del 11-S, todos los periodistas extranjeros abandonaron Afganistán

---

2. Aunque he visto su nombre escrito de muchas formas, considero que Taysyr Aluny es la traducción más fiel del árabe تيسير علوني.

ante la invasión norteamericana, Taysyr Aluny permaneció allí. Y fue el único periodista del mundo que consiguió una entrevista con Ben Laden, un mes después del atentado contra el World Trade Center. Una entrevista que nunca fue emitida, ni siquiera por Al Jazeera, que solo se atrevió a divulgar un breve fragmento ante la sensibilizada opinión pública internacional contra el líder de Al Qaida tras el 11-S. Yo tardaría muchos años en conseguir una copia de ese vídeo excepcional y la transcripción de dicha entrevista. Después de Afganistán, Aluny sería enviado a Iraq para cubrir la invasión norteamericana y la caída de Saddam Hussein. Tras su vuelta a España sería detenido por el juez Baltasar Garzón, por su presunta relación con Al Qaida.

Según informes policiales a los que he tenido acceso, y que reproduzco literalmente, los investigadores consideraban «hechos probados» que «ABU DAHDAH Y TAYSIR, mantenían contactos telefónicos, personales, ideológicos y orgánicos, desde 1995 a 2001...»; «Taysir mantenía una estrecha amistad y ayudaba en trámites administrativos al miembro de la célula de Al Qaida en España, Mohamed ZAHER ASADE ("muyahidín" que fue enviado a Bosnia para realizar la Jihad). Desde la casa de este último TAYSIR mantuvo una conversación con un tal ABU SALEH, con el que iba a viajar a Afganistán, a quien le preguntó "si OSAMA estaría en Islamabab (Paquistán) y si habría forma de comunicarse con él"»; «TAYSIR apoyó y dio cobertura al destacado miembro de la organización AL-QAIDA Muhamed MAHAIAH @ ABU KHALED. Le ayudó a conseguir su tarjeta permanente de residente legal en España en fraude de Ley (enero 1998), e hizo de intermediario, en al menos tres ocasiones (año 2000), para la entrega de dinero recaudado en nuestro país por ABU DAHDAH y otros medios de su célula, a ABU KHALED tras haber huido éste a Afganistán y ser descubierta su actividad en Turquía (junio de 1999)»; «TAYSIR mantenía en 1995 una estrecha amistad con el destacado miembro de la organización AL-QAIDA, Mustafá SETMARIAM NASAR, que por aquel entonces vivía en Granada, antes de trasladar su residencia a Londres (INGLATERRA). NASAR fue el máximo responsable de uno de los campamentos de entrenamiento terrorista-militar en Afganistán hasta la caída del régimen talibán»; «TAYSIR ALONI durante los años 1998 a 2000, mantuvo contacto personal y telefónico con los miembros de AL-QAIDA residentes en Hamburgo (ALEMANIA), Mamoun DARKAZANLI y Abdulfattah ZAMMAR, vinculados al comando de Mohamed EL AMIR ATTA»; «La recaudación de dinero (llevada a cabo entre el círculo de miembros y seguidores de la célula de AL-QAIDA asentada en España), y el envío del mismo a zonas donde actuaban los "muyahidín", como Afganistán y Chechenia...».

Casualmente, al mismo tiempo que Abu Dahdah, Taysyr Aluny y los demás procesados en la Operación Dátil eran juzgados en Madrid, en la antigua Al Andalus, y más concretamente en el Festival de Cine de Málaga, se presentaba la película *Diario de un skin*. No todos los días tiene uno la oportunidad de ver en una pantalla de cine una película basada en su trabajo; sin embargo, y a pesar de la amable invitación del director Jacobo Rispa y de Tristán Ulloa, el actor que interpretaba mi papel, no pude asistir al estreno. Mi ego debería esperar. Me había matriculado en unos cursos intensivos de árabe en el norte de África con la esperanza de acelerar un poco mi conocimiento de la lengua del Corán. Necesitaba aprender a leer y escribir árabe lo antes posible para poder acceder al menos a los foros y páginas web yihadistas en los servidores orientales de Internet.

En 2005, las academias de árabe en el norte de África, como en varios países de Oriente Medio, estaban repletas de espías europeos o norteamericanos, que aprendían la lengua, la cultura y las tradiciones del Corán. En mi caso, compartí aula y alojamiento con ocho funcionarios del servicio secreto italiano, el SISMI, que se pasaron varias semanas intentando averiguar si yo también era miembro de algún servicio de información europeo. Estoy seguro de que ninguno se creería que su compañero de clases era un simple periodista independiente, que no contaba con más recursos que los propios. La verdad es que durante aquellas semanas viví muchas anécdotas con los espías italianos.

Ellos eran ocho y yo estaba solo, y la verdad es que la soledad se multiplica infinitamente cuando estás en un país que no conoces, con una lengua que no dominas y sin nadie a quien poder acudir. Creo que jamás me había sentido tan solo como en esos primeros viajes por países árabes. No me hacía ninguna gracia que los del SISMI pudiesen intuir mi identidad, y por supuesto ni mis profesores ni mis compañeros tenían la menor sospecha de quién era yo. Así que me limitaba a asistir a las clases, y después me compraba algún bocadillo y alguna bebida, para encerrarme en mi habitación y pasar el resto del día y de la noche leyendo y estudiando. Incluso ideé un sistema con dos latas de refresco para poder prepararme café caliente sin tener que salir del cuarto. Pero me frustraba terriblemente mi incapacidad para con el árabe. Por cada letra del alifato que conseguía memorizar, olvidaba la anterior. Por cada palabra que aprendía, olvidaba dos. Mi pronunciación era espantosa, mi gramática horrible y mi ortografía aún peor.

Pero allí descubrí algo vital: mi acento latino. A pesar de mis aún parcos conocimientos, hasta yo me daba cuenta de que el árabe pronunciado por los italianos o por otros alumnos alemanes, ingleses o franceses sonaba diferente. Cada uno manteníamos nuestro acento nativo a pesar de cambiar de idioma. Exactamente lo mismo que ocurre cuando un francés habla en inglés, un alemán en español o un italiano en ruso. Todos sabemos identificar los acentos de un extranjero que intenta hablar en nuestra lengua. Y esto es muy importante, porque significaba que, por mucho que me esforzase, jamás podría pasar por un árabe nativo. Tenía que buscarme un argumento sólido y razonable para justificar mi árabe con marcado acento latino. Y, mientras buscaba una explicación creíble, continuaba estudiando.

Desesperado, por las noches me dormía con la televisión de mi habitación permanentemente encendida y sintonizada en el canal Al Jazeera. En ese momento no podía intuir lo importante que iba a ser el famoso canal de televisión qatarí y algunos de sus periodistas más prestigiosos en mi investigación. Ingenuo de mí, mantenía la esperanza de que, si dormía con Al Jazeera sonando toda la noche, quizás pudiese memorizar de manera subliminal algo más de árabe. Pero no funciona. Llegué a la conclusión de que todo eso del «aprende mientras duermes» es un camelo, y al final solo te produce pesadillas, jaqueca y falta de descanso. Como ejemplo de mi ignorancia, grabé horas y horas de programación de Al Jazeera y de otros canales árabes para luego poder revisarlas de vuelta en Europa, en cuanto aprendiese algo más del idioma. Todavía no sabía que Al Jazeera, como otros canales árabes, puede sintonizarse por satélite desde cualquier parte del mundo o seguirse en Internet.

Alí Bey *versus* Domingo Badía, mi maestro

Para descongestionarme del estudio y por recomendación expresa de uno de mis compañeros en los cursos de terrorismo, me había llevado a ese viaje la biografía de un tal Alí Bey. Y, por un nuevo capricho del destino, la providencia quiso que conociese la historia de este singular personaje justo en el mismo lugar donde había comenzado su magnífica aventura. Alí Bey fue el primer infiltrado occidental en el Islam de toda la historia. Otra coincidencia increíble es que ese infiltrado también era español. Y desde el día en que conocí su extraordinaria odisea, devorando las páginas de su libro bajo el mismo sol y las mismas estrellas del norte de África que fueron testigo de su infiltración, Domingo Badía se convirtió en uno de mis referentes para esta investigación.

Domingo Francisco Badía i Leblich nació en Barcelona el 1 de abril de 1767, pero con once años se traslada a Vera (Almería). Badía trabajó en Córdoba como administrador de la Real Renta de Tabacos, mientras dedicaba su tiempo libre, como autodidacta (no constan estudios universitarios), a su formación en diferentes ciencias. Prueba de ello son sus primeros escritos, como *Ensayo sobre el gas y máquinas o globos aerostáticos*, que firmó con el seudónimo de *Polindo Remigio*, en 1792. Texto este dedicado a Manuel Godoy, primer ministro de Carlos IV. Y fue Godoy precisamente quien, años después, recibiría la temeraria oferta de Domingo Badía: infiltrarse en los países árabes oculto bajo la identidad de un musulmán, para espiar y desestabilizar a los posibles enemigos de la Corona española.

Haciendo gala de una entusiasta fe en sus propias capacidades, que sin embargo yo comprendo, Badía pretendía aprender árabe y mandingo en pocos meses, para poder moverse con soltura entre los nativos. Y planteaba al primer ministro la posibilidad de urdir un plan para conspirar contra el sultán de Marruecos, aliando a sus enemigos con objeto de arrebatarle el trono. Dispuesto a meterse en el papel de viajero árabe, elaboró su coartada. Sería Alí Bey, heredero de una rica familia siria. Su imaginario padre, Othman Bey, sería un noble de Alepo que gozaba de una buena fortuna pero que, amenazado de persecución, se refugió en Italia con su familia. Solo sobrevivió uno de los hijos, Alí, que se habría formado en Italia, Francia e Inglaterra, pero sin olvidar su origen árabe ni la obediencia al Corán. Tras la muerte de su padre, en la floreciente Al Andalus, Alí Bey habría decidido viajar a los países árabes para recuperar sus raíces. La coartada que inventó Badía para su álter ego árabe a mí me daría ideas para el mío.

Con esta tapadera, Badía se sometió a una circuncisión —una mutilación sexual ritual practicada por los semitas (árabes, hebreos, arameos, etcétera) por la que debe pasar todo musulmán en su más tierna infancia, y que en un recién nacido no suele encerrar riesgos, aunque a la edad de Badía resultaba mucho más delicada y dolorosa, doy fe—. Además aprendió unas nociones de árabe y de cultura islámica y se dejó una larga barba. Así, oculto bajo el alias de *Alí Bey,* el espía de Godoy atravesó el estrecho de Gibraltar, entró en Tánger y comenzó una aventura sin precedentes en la historia de los exploradores, aventureros y espías europeos. Un viaje que le llevaría a Marruecos, Trípoli, Grecia, Egipto, Arabia, Palestina, Siria, Turquía y Rumanía, y que convertiría a Alí Bey en el primer espía europeo que visita y cartografía, bajo su disfraz musulmán, la sagrada Meca. A Badía debemos los primeros planos y descripciones de la Ciudad Santa del Islam.

Devoré su libro, *Voyages d'Ali Bey el Abbassi en Afrique et en Asie pendant les années 1803, 1804, 1805, 1806 et 1807,* que vio la luz en julio de 1814, junto con un atlas que incluía 83 láminas y 5 mapas, como si hubiese sido escrito para mí. Me sentía absolutamente identificado con los miedos, las angustias y las emociones que describía el primer infiltrado occidental en el mundo musulmán. Pero Domingo Badía no mencionó el nombre de Alí Bey al publicar su obra, ya que tenía previsto retomar su infiltración. Como hice yo.

En enero de 1818 inicia un segundo viaje a Oriente, de nuevo bajo la falsa identidad de Alí Bey, del que jamás regresaría con vida. En Damasco contrae diarrea y disentería, pero intenta seguir su aventura. A finales de agosto, y encontrándose muy cerca de Zarqa, a pocos kilómetros de la capital jordana, su salud empeora. Da órdenes a sus sirvientes Yasin e Ibrahim de quemar sus notas y de entregar al cónsul todos sus efectos personales. El 31 de agosto fallece en su tienda. Según la versión oficial, envenenado por agentes enemigos que habían descubierto que era un infiltrado europeo...

7-J: Al Qaida vuelve a golpear en Europa

Creo que cualquier lector que conozca mis trabajos anteriores podrá comprender mi total empatía con Domingo Badía. Con toda humildad, posiblemente pocos lectores de su obra habrán percibido, de la misma manera, los matices sutiles de ese libro. Ya cuando lo leí por primera vez, podía ponerme sin ningún esfuerzo en el pellejo de Alí Bey e imaginar su soledad, su miedo a ser desenmascarado, su sorpresa al descubrir dos nuevos mundos —el árabe y el del Islam— tan ajenos antes para él como para mí. Pero más tarde, cuando me convertí en musulmán, cuando empecé a frecuentar las mezquitas, a estudiar el Corán, una y otra vez recordaba la aventura de Domingo Badía y me preguntaba: ¿qué haría Alí Bey en esta situación?, ¿cómo saldría él de este problema?

Además, en los años sucesivos y como si tuviese que rendir un homenaje al primer infiltrado de la historia en el mundo árabe, mi propia investigación terminó por hacerme seguir sus pasos en Marruecos, Túnez, Egipto, Siria, Líbano, Palestina, etcétera, hasta el mismo pequeño pueblo jordano donde murió: Zarqa, hoy una próspera ciudad comercial muy cercana a Ammán. Solo que mi viaje a Zarqa al año siguiente no sería para visitar el lugar donde falleció el sorprendente Alí Bey, sino para intentar localizar a la familia y vecinos de Abu Musab Al Zarqaui, que en ese momento lideraba la resistencia iraquí y que había nacido a pocos kilómetros del lugar donde, dos siglos antes, la muerte consiguió dar caza a Alí Bey.

La lengua árabe es muy difícil. Al menos para mi torpe y limitada capacidad como alumno. Y la necesidad de mantener mis tres vidas paralelas a la vez me dejaba mucho menos tiempo para estudiar del que requiere el aprendizaje de una lengua tan compleja. Así que siempre fui el más torpe de la clase. Tanto en los cursos intensivos en África como en los cursos oficiales en España. Estaba claro que los espías italianos y mis demás compañeros tenían más tiempo o más inteligencia o ambas cosas. Pero en cuanto aprendí a leer y escribir en árabe, aunque solo fuesen unas pocas palabras, un mundo nuevo se abrió para mí.

Una antigua máxima sufí dice que «Libros, caminos y días dan al hombre sabiduría», pero los antiguos sufíes no conocían las nuevas tecnologías. Puedo asegurar que algo tan sencillo como introducir las palabras *Ben Laden*, *Al Qaida*, o *terrorista* en un buscador de Internet como Google o Yahoo cambia totalmente si esa búsqueda se hace en inglés, francés o español, a si se realiza en árabe. Y qué decir si la pesquisa se hace en buscadores íntegramente árabes como Ayna. Aunque no entendiese nada de aquellos primeros textos, simplemente las fotografías y sobre todo los vídeos que aparecían ante mis ojos me dibujaban una interpretación del yihadismo muy distinta a la que tenemos en Occidente. De pronto los vídeos de los abusos cometidos por las tropas norteamericanas, británicas, italianas o españolas en Iraq o Afganistán;

las torturas en Abu Ghraib o Guantánamo; o las enérgicas represalias israelíes en Palestina, relatadas por las mismas víctimas, me obligaban a reconsiderar mis prejuicios sobre la innata condición terrorista de todos los musulmanes. Había algo en esta historia que no me habían contado o no me había tomado la molestia de aprender. Y ahora, a través de aquellas primeras páginas web árabes llenas de fotos y vídeos que testimoniaban el otro punto de vista, empezaba a intuirlo. Sin embargo, aquellas reflexiones, en mis primeras incursiones por el ciberyihadismo de Internet, se vieron truncadas por el mundo real, que siempre es más cruel y letal que la pantalla de un ordenador.

El 7 de julio de ese año 2005 se iniciaba en Londres la 31ª Cumbre del G-8, solo un día después de que la capital británica hubiese arrebatado a Madrid la sede de los Juegos Olímpicos de 2012, dos días después del comienzo del juicio al imam Abu Hanza, el ideólogo yihadista más importante de Inglaterra.[3] Y, justo esa mañana, tres bombas en tres vagones del metro londinense explotaron a las 8:50 am, y una cuarta bomba lo haría 57 minutos después en un autobús situado en la plaza Tavistock: 56 personas perdieron la vida en los ataques, incluidos los cuatro terroristas; 700 más resultaron heridas. Y solo la providencia quiso que una de ellas no fuese mi amiga Marina Linares Noguerol, una hermosa y brillante granadina que algún día, estoy seguro, se convertirá en una gran actriz y/o una eficiente periodista. Marina era una de las lectoras que me escribió tras leer *Diario de un skin* y diseñar la primera web no oficial de Antonio Salas que apareció en la red. Días antes me había dicho que se marchaba a Londres a estudiar inglés, e imaginar por un instante que alguna de aquellas bombas hubiese podido...

Se trataba de la primera operación de martirio, es decir, utilizando terroristas suicidas, que se producía en Europa occidental. Y del atentado terrorista más mortífero del Reino Unido desde 1988, en que 270 personas fallecieron en Lockerbie cuando agentes libios hicieron saltar en pedazos un avión en vuelo. Fue por tanto inevitable que aquella matanza nos afectase especialmente a españoles y norteamericanos, al recordar nuestros 11-M y 11-S respectivos.

Me costó mucho contactar con Marina. Las líneas en Londres estaban saturadas, aunque sus padres me tranquilizaron un poco cuando pude hablar con ellos: mi amiga les había llamado justo después de la cuarta explosión. La bomba en el tercer tren no la había pillado de milagro. Esa bomba explotó en el vagón número 311 de la línea de Piccadilly que se dirigía hacia el sur, entre King's Cross St. Pancras y Russell Square, y ella se encontraba justo en el

---

3. A pesar de que en castellano se suele utilizar popularmente la palabra *imán*, y su plural *imanes*, para referirse al director de la oración en las mezquitas, considero que es otro de los errores habituales que reflejan nuestro desconocimiento del Islam. Opino que *imam* es la transcripción correcta de la palabra árabe إمام y por tanto yo prefiero utilizar esa forma, y su plural *imames*.

ascensor de esa estación, bajando hacia los andenes del metro. Marina vio también el amasijo de hierros de la bomba del autobús, que explotó a escasos treinta metros de la puerta de su hostal, así que esa mañana fue doblemente afortunada. El efecto mariposa se volvió a dejar sentir con feroz brutalidad en Europa. Los lejanos conflictos de Oriente volvían a llamar a nuestra puerta.

Por si no bastase, el 21 de ese mismo mes una segunda serie de explosiones en el metro y en un autobús de nuevo sembraban el terror en Londres. Por gracia de Allah solo explotaron los detonadores, y no hubo víctimas mortales. Todos los terroristas fueron detenidos. Pero aquel nuevo golpe del terrorismo yihadista en Europa me hizo volver a la realidad y recuperar de pronto todos mis prejuicios y mi animadversión contra los musulmanes. ¿Qué clase de religión podía justificar aquella masacre?, me preguntaba. Como si todas las religiones del mundo no hubiesen justificado las peores masacres de la historia antes y después del Islam.

De nuevo, protestas contra las mezquitas. Tensión, manifestaciones y nazis infiltrados entre los ciudadanos que expresaban su repulsa contra el terrorismo, la muerte y la injusticia. Muchos cometiendo el mismo error de percepción que yo mismo, al creer que todos los musulmanes eran iguales a los jóvenes terroristas de Londres, tan británicos como sus víctimas. Y los árabes y musulmanes, que con frecuencia también creen que todos los occidentales somos iguales, respondieron ante todo el desprecio, el rencor y el odio que les transmitíamos desde Occidente. Sobre todo cuando, sintiéndose más audaces, progresistas y liberales que nadie, los responsables del diario de mayor tirada de Dinamarca, *Jyllands-Posten*, con una evidente tendencia centro-derechista, deciden convocar un concurso de caricaturas del profeta Muhammad, siendo conscientes del tabú que existe en el mundo árabe para con la imagen del fundador del Islam. Y la tensión, acumulada desde el 11 de septiembre de 2001, explotó.

La crisis de las caricaturas del Profeta

En realidad, la crisis de las caricaturas del profeta Muhammad se gestó el 17 de septiembre de ese año 2005, cuando otro diario danés, *Politiken*, comentaba las dificultades del escritor Kåre Bluitgen para encontrar ilustradores que colaborasen en un libro sobre la vida del fundador del Islam que estaba escribiendo. A rebufo de ese comentario tan lícito de Bluitgen, el 30 de septiembre *Jyllands-Posten* abre la caja de Pandora. Los responsables del diario habían consultado a expertos en historia de las religiones que les advirtieron de las consecuencias que podía tener ese concurso, en un momento de tanta tensión entre Occidente y el Islam. Aun así, decididos a anteponer su derecho a la libertad de expresión a la crispada sensibilidad de los musulmanes, el *Jyllands-Posten* publicó doce caricaturas del profeta Muhammad que habían sido enviadas por los concursantes. Algunas de ellas a todas luces irreverentes, en las que se relacionaba directamente al fundador del Islam con el terrorismo. Tal vez la imagen más reproducida en diferentes medios occidentales fuese la de Muhammad con un turbante que disimulaba una bomba.

Los responsables del *Jyllands-Posten* ejercieron el mismo derecho a la libertad de expresión que Nikos Kazantzakis cuando escribió su novela *La última tentación de Cristo* en 1951, o que Martin Scorsese cuando la llevó al cine en 1988. La película de Scorsese desató una polémica internacional, violenta y encarnizada. Tanto Martin Scorsese como William Dafoe, el actor que interpretaba a Jesús de Nazaret en la película, recibieron serias amenazas de muerte, y los insultos y ofensas más soeces que una mente exaltada pueda pronunciar. Pero es que en muchos países las amenazas y los insultos eran dirigidos a todo aquel espectador que se atreviese a comprar una entrada para la película.

En muchos países cristianos, demócratas y tolerantes de Europa, América o Asia, los brotes de violencia fueron tan feroces que se incendiaron las salas de cine en las que se pretendía proyectar la película. Y al menos una mujer falleció en esos atentados. Desde Sudáfrica hasta Argentina, pasando por Israel, la película fue censurada oficialmente en muchos países, prohibiéndose su exhibición en salas de cine o canales de televisión ese año 1988. En Italia se presentó en los juzgados de Roma una denuncia contra la cinta por blasfema y por «vilipendio de la religión», intentando evitar su proyección en el Festival de Cine de Venecia. En Francia, el 22 de octubre un artefacto explosivo incendió el cine de St. Michael en el Quartier Latin e hirió a varias personas, una de ellas grave.

En un país tan moderno, cosmopolita y aconfesional como Chile, *La última tentación de Cristo* ha permanecido quince años censurada, prohibida por el Consejo de Calificación Cinematográfica en 1988, y hasta 2003 los chilenos no pudieron ver en sus cines a Jesucristo según Scorsese. La argumentación del Consejo de Calificación Cinematográfica de Chile para prohibir su proyección era «que la película "presenta la figura de Jesucristo... de tal modo deformada y humillada, que su honra aparece vulnerada gravemente" (c.11); que "el agravio a su honra repercute o trasciende en la honra de los propios recurrentes" (c.13), y que "al ofender, debilitar o deformar a la persona de Cristo, la película cuestionada ofende y agravia a quienes basan su fe en la persona de Cristo, Dios y hombre, y a partir de esa convicción y realidad asumen y dirigen sus propias vidas". La película, pues, está prohibida para proteger el derecho a la honra de los cristianos, fundamento del todo ajeno a la censura...».[4]

---

4. Puede consultarse la sorprendente sentencia de la Corte Interamericana de Derechos Humanos al respecto de la proyección de *La última tentación de Cristo* en *http://www.olir.it/ ricerca/getdocumentopdf.php?Form_object_id=3492*

Estoy seguro de que, si en ese mismo texto jurídico de los censores chilenos sustituimos a Jesús por Muhammad y cristianos por musulmanes, podría aplicarse perfectamente al sentimiento de indignación que tuvieron los devotos del Islam ante el concurso de caricaturas convocado por el periódico danés.

En marzo de 2006, en plena crisis de las caricaturas del profeta Muhammad, el cómico italiano Leo Bassi se salvó por los pelos de un atentado en el teatro Alfil de Madrid. Bassi ya había recibido feroces amenazas de muerte e insultos por la irreverente interpretación del cristianismo que exhibía en su obra *La Revelación*, originados por grupos de integristas cristianos. El 1 de marzo el jefe de sala descubrió un artefacto explosivo colocado cerca del camerino de Bassi. Según fuentes de la Jefatura Superior de Policía de Madrid, el artefacto consistía en un bote repleto de pólvora y aluminio, unido a una botella con gasolina. La mecha era de combustión lenta y, de no haber sido descubierta casualmente, habría tardado una hora en hacer detonar el artefacto, que tendría que haber explotado sobre las 22:30. Es decir, en plena representación y con el teatro lleno de público.

Un antiguo cuento sufí relata la historia de un anciano maestro del arte de la guerra de Al Andalus, capaz de derrotar a cualquier adversario pese a su edad. Un día fue retado por un guerrero con fama de invencible, mucho más joven y fuerte. Su técnica consistía en provocar la ira del adversario y aprovechar sus errores. Nunca había perdido un combate. El anciano maestro y el joven guerrero se reunieron en la plaza de la ciudad para batirse, y durante horas el joven guerrero escupió, burló, ofendió e insultó al anciano, a su familia y antepasados, pero el viejo maestro no se inmutó. Al final, agotado y humillado, el joven guerrero se retiró y los discípulos preguntaron al maestro cómo había soportado tal indignidad cobardemente, sin sacar su espada aun a riesgo de ser vencido por el joven. El maestro les dijo: «Si alguien te hace un regalo y tú no lo aceptas, ¿a quién pertenece ese regalo?». «A quien intentó entregarlo», respondió un discípulo. «Pues lo mismo vale para la rabia, la ira, los insultos y la envidia —dijo el maestro—: Cuando no son aceptados continúan perteneciendo a quien los cargaba consigo...» Desgraciadamente, ni los cristianos ni los musulmanes solemos hacer gala de la templanza de aquel viejo maestro de Al Andalus, y respondemos de forma violenta a las provocaciones, colocándonos al mismo nivel que los provocadores.

Encuentro antiterrorista en la Academia Militar de Jaca

A principios de octubre de 2005, en plena efervescencia de la crisis de las caricaturas, conseguí colarme en un prometedor curso sobre terrorismo islamista organizado por el Ministerio de Defensa y la Universidad de Zaragoza, y destinado a funcionarios de los cuerpos y fuerzas de seguridad del Estado fundamentalmente. Durante una semana, miembros de la Policía, la Guardia Civil, el CNI y los tres ejércitos, y un puñado de estudiantes de Derecho, Ciencias Policiales, etcétera, convivirían con los miembros de la Academia Militar de Jaca para formarse en materia antiterrorista. Gracias al buen hacer de amigos como el agente Juan o David Madrid, que también asistía al curso, yo podría «infiltrarme» entre todos aquellos uniformes azules, verdes, blancos... El nivel del profesorado no podía ser más elevado: desde Felipe González, ex presidente del Gobierno de España, hasta José Bono, ministro de Defensa, pasando por el general Aurelio Madrigal, ex secretario general del CNI; Telesforo Rubio, jefe de la Comisaría General de Información del Cuerpo Nacional de Policía; Pedro Muñoz, general de división del gabinete del director general de la Guardia Civil; general Fulgencio Coll, jefe de las tropas españolas en Iraq; Gustavo de Arístegui, diputado del Partido Popular, etcétera.

Fue una semana intensa, con interesantísimas aportaciones de personajes como Mohamed Bagher Karimian, agregado cultural de la embajada de Irán en España; el profesor Bichara Khader, de la Universidad de Lovaina; Felipe Sahagún, profesor de la Universidad Complutense de Madrid; Algimantas Prazauskas, catedrático de Ciencias Políticas de la Universidad de Vilna (Lituania); o Volkan Vural, embajador de Turquía en España, entre otros. Mucha información, muchos puntos de vista, y una convivencia obligada, compartiendo residencia de estudiantes con policías y militares, a la que no estaba acostumbrado.

No me gustan los militares. Nunca me han gustado. Quizás porque nunca había tenido oportunidad de convivir con ninguno. Mi generación ya no vivió el servicio militar obligatorio, así que yo jamás me había vestido un uniforme ni había empuñado un fusil, y tal vez por eso no tenía buen concepto de la disciplina castrense. Pero aquella semana en la Academia Militar de Jaca, conviviendo veinticuatro horas al día con miembros del ejército, me hizo replantearme algunos de mis prejuicios sobre los militares y reafirmarme en otros.

También sumé nuevas entradas a mi anecdotario, que ojalá algún día pueda compartir con mis lectores. Porque es evidente que un tipo con mi aspecto —llevaba más de un año sin afeitarme la barba y con un tratamiento intensivo de bronceados para oscurecer mi piel— no pasaba desapercibido entre los más de trescientos pulcros, elegantes y afeitados militares que tenía por compañeros. No puedo evitar mencionar, sin embargo, que, como había ocurrido en la universidad madrileña en las charlas entre alumnos, Antonio Salas y sus infiltraciones con cámara oculta volvieron a ser objeto de debate entre policías, militares y guardias civiles sin que ninguno de ellos, excepto David Madrid, supiese que estaba presente en la tertulia.

El día que llegamos a Jaca, David Madrid me había dejado muy claro que no quería que lo relacionasen conmigo: «Está bien, Toni, yo te ayudo a entrar, pero una vez dentro tú no me conoces, ¿vale? Si te detienen por esas pintas, a mí no me digas nada». Dicho y hecho. En la sala de conferencias David se sentaba dos o tres filas por detrás de mí, como si no nos conociésemos. Solo tenía que mirarme al espejo para comprender el porqué...

La organización del ambicioso curso había advertido que el primer día los alumnos podían asistir con los uniformes del cuerpo al que pertenecían, pero que a partir de la segunda jornada todos iríamos de paisano. Así que no era extraño que entre trescientos uniformes de la Armada, el Ejército de Tierra, la Guardia Civil o el Cuerpo Nacional de Policía, solamente los presuntos miembros del CNI, algún estudiante de la academia y yo apareciésemos de paisano. Afortunadamente, nadie me detuvo en aquel curso, pero sí es verdad que podía notar las miradas de mis compañeros clavadas en mi nuca, cada vez que entraba o salía del aula, siempre solo. O mientras aprovechaba los descansos entre conferencias para repasar mis apuntes de árabe.

Pero una tarde otro tipo bastante inquietante me esperó a la salida de las clases para intentar establecer directamente un contacto conmigo. Era un hombre alto y atlético, con un evidente porte militar. Él también llamaba la atención, y tampoco vestía uniforme. Y la tarde que me abordó, como si fuese una advertencia del destino, el sol se puso dos veces sobre Jaca, porque ese día se producía un eclipse que varios de mis compañeros contemplaron con sus gafas de sol reglamentarias. La imagen de un nutrido grupo de espías, agentes de policía, guardias civiles y militares con lentes oscuras mirando al cielo no deja de tener su gracia. Y entre ellos destacaba ese venezolano de espigada figura.

Solo dijo llamarse Pascualino y trabajar en la embajada venezolana en Madrid. Cuando aquel tipo me invitó a un café con la excusa de que le había parecido muy interesante la pregunta que había hecho a uno de los conferenciantes, no tenía ni idea de que quien me había interceptado a la salida del aula era el mismísimo teniente coronel Pascualino Angiolillo Fernández, agregado militar adjunto de la embajada de Venezuela en Madrid desde el 10 de mayo de 2004, y posteriormente jefe de Estado Mayor y segundo comandante de la 11ª Brigada de Infantería. Estoy seguro de que cuando el teniente coronel Angiolillo lea estas líneas, que las leerá, recordará a aquel muchacho de aspecto talibán al que contactó en el curso de Jaca. Yo no tenía ni idea de quién era él, ni él de quién era yo. Y ninguno de los dos sospechábamos que en los próximos años me pasaría muchos meses en su país, buscando, y encontrando, terroristas internacionales...

En aquel curso escuché por primera vez el nombre de Ilich Ramírez Sánchez. Primero de labios de mi espontáneo interlocutor y después en boca de algunos de los conferenciantes. Hasta ese instante, lo confieso con pudor, recordaba vagamente haber oído hablar de Carlos el Chacal, el terrorista internacional, en contadas ocasiones. Y siempre me había parecido alguien más cercano a un personaje de ficción al estilo de James Bond o Jason Bourne. Por supuesto, había visto películas como *The Jackal (El Chacal)* o *The Assignment* (titulada en español *Caza al terrorista*), en las que Bruce Willis y Aidan Quinn respectivamente daban vida al terrorista más famoso de la historia. Lo que no me imaginaba es que el personaje protagonista de aquellas películas era un personaje real. Y yo mejor que nadie debería saber que la realidad supera siempre a las ficciones cinematográficas.

Carlos el Chacal, el terrorista más peligroso del mundo

Ilich Ramírez Sánchez, conocido mundialmente como *Carlos el Chacal*, y en ambientes árabes como *Comandante Salem*, nació en Caracas el 12 de octubre de 1949. Hijo de Elba María Sánchez y del abogado Altagracia Ramírez Navas (1914-2003), ambos oriundos del estado Táchira. Altagracia Ramírez fue un convencido y consecuente marxista-leninista, que inculcó a Ilich Ramírez desde su más tierna infancia la formación ideológica y la fuente de inspiración para su futura vida de combatiente internacionalista. Sus dos hermanos menores, Lenin y Vladimir Ramírez Sánchez, también nacieron en Caracas, en 1951 y en 1958 respectivamente.

Se han escrito docenas y docenas de libros sobre el Chacal, atribuyéndole las biografías más fantásticas, estoy seguro de que repletas de incorrecciones, mentiras y exageraciones. Pero probablemente la que más se acerque a la verdad, al menos a la parte confesable, sea la biografía de Ilich Ramírez que su hermano pequeño Vladimir escribiría algún tiempo después para mí. Con ciertos matices, quizás sea el resumen más fiable de los aspectos biográficos de Ilich que a su familia le interesaba reconocer.

Ilich y Lenin cursaron estudios de secundaria en el Liceo Fermín Toro de Caracas, de donde ambos regresaron como bachilleres en ciencias en junio de 1966. Y fue allí, en el Fermín Toro, donde el pequeño Ilich comenzó a perfilar su carácter de líder revolucionario. Yo ni siquiera había nacido cuando, tras la separación de sus padres, Ilich, su madre y sus hermanos se mudaron a Londres. En septiembre de 1968, y por un azar del destino que nada tiene que ver con lo que relatan todas las biografías del Chacal escritas hasta ahora, Ilich y Lenin obtuvieron una beca para cursar estudios en la Universidad Patricio Lumumba de Moscú. Allí los hermanos Ramírez conocieron a jóvenes comunistas de todo el mundo, e Ilich empatizó sobre todo con los palestinos. Finalmente en el verano de 1970, después de algunas travesuras universitarias, Ilich es expulsado de la Lumumba. En lugar de regresar a Londres con su hermano, viajó a Oriente Medio para conocer in situ la causa palestina, implicándose en ese mismo instante con la lucha del Frente Popular para la Liberación de Palestina (FPLP). «Su mentor en dicha organización, Wadih Haddad, le confiere como seudónimo de combate el nombre *Carlos*, por ser un nombre hispano proveniente del árabe *Khalil*.»

Ilich *Carlos* regresa a Londres en febrero de 1971, ya convertido en agente del FPLP. En 1973 debe demostrar que ya está capacitado para realizar algo más que labores de espionaje para su organización. Su prueba de fuego consistirá en asesinar a Joseph Edward Sieff, dueño de las tiendas Marks and Spencer, y vicepresidente de la Federación Sionista de Gran Bretaña. El 30 de diciembre, el joven Carlos se cuela en la casa del magnate judío, le encañona con la Beretta de 9 mm que el FPLP le había confiado para la operación y le dispara a la cara a quemarropa. Sieff cayó al suelo con estrépito, pero cuando Ilich iba a rematarlo, el arma se encasquilló. Creyéndolo muerto, Carlos consiguió escapar antes de que llegase la policía. Milagrosamente, la bala, que entró a la altura de la nariz, quedó encajada en la mandíbula y Sieff sobrevivió. Pero Ilich Ramírez ya había demostrado al FPLP que estaba dispuesto a jugar fuerte en su compromiso con la causa. Mi mayor temor en esta infiltración era que algún grupo terrorista pusiese a prueba mi lealtad de la misma forma...

En octubre de 1974, según el relato «oficial» de su hermano pequeño, Ilich se mudó a París, desde donde continuaba su trabajo como agente del FPLP, mientras disfrutaba de una vida de mujeres, música y diversión. Es imposible saber cuántas operaciones terroristas protagonizó, hasta que el 27 de junio de 1975 la providencia decide acabar con su anonimato. Mientras se encontraba en una fiesta organizada por la comunidad latina en París, en un apartamento situado en el número 9 de la rue Toullier, tres funcionarios de policía franceses y un compañero de Ilich en el FPLP interrumpieron la celebración. El terrorista libanés Michel Moukharbal había sido detenido en el aeropuerto al serle descubiertos sus pasaportes falsos, y tras un efectivo interrogatorio había decidido conducir a los agentes hasta el escondite de Ilich en la rue Toullier. Carlos pierde los nervios al ver a los policías en la puerta del apartamento, junto a su camarada libanés. Se produce un tiroteo. Un minuto después, Carlos huye calle abajo, dejando atrás tres cadáveres y un policía malherido. ¿Cómo es posible que un pistolero novato como él acabase con tres agentes expertos y con el delator libanés sin sufrir un solo rasguño? Según el sumario del caso, porque los tres agentes iban desarmados.

Carlos escapa, pero la investigación policial y el interrogatorio a los amigos latinos del fugitivo en París —alguno de los cuales he tenido la fortuna de conocer durante esta investigación— no tardan en identificarlo como el venezolano Ilich Ramírez Sánchez. Su foto aparece en todos los informativos franceses, y de otros países, junto con la orden de captura internacional para el asesino de los policías y el delator. En Londres, María Otaola[5] reconoce la fotografía en la prensa. Ella es una joven vasca que había sido amante de Ilich, y que todavía le guardaba una maleta en su apartamento. El actual novio de María decidió forzar la cerradura de dicha maleta y descubrió en su interior todo un arsenal terrorista y diferentes pasaportes. El diario *The Guardian*, al cubrir la noticia del descubrimiento en casa de Otaola, se hizo eco de que allí habían encontrado un ejemplar de la novela *El día del Chacal*, de Frederick Forsyth, y a algún redactor se le ocurrió la brillante idea de etiquetar al fugitivo de la rue Toullier con el alias del asesino imaginado por Forsyth, y de esta forma tan absurda nació el mito de Carlos el Chacal.

Perseguido por las policías de media Europa, el Chacal reaparece gloriosamente el 21 de diciembre de 1976, cuando al frente de un comando internacional asaltó la sede de la OPEP en Viena y tomó 62 rehenes, entre los que se encontraban casi todos los ministros del petróleo pertenecientes a dicha organización. Y todo eso ante las cámaras de la televisión internacional. Tres personas fallecieron en el asalto, pero Carlos consiguió que las autoridades austríacas cediesen a todas sus demandas, emitiendo por radio un comunicado del FPLP y facilitando un autobús y un avión al comando liderado por Ilich. El Chacal se convirtió en el terrorista más famoso del mundo cuando consiguió abandonar el edificio de la OPEP y el país, con todo su comando y 42 rehenes. A partir de ese día, su nombre se hizo leyenda. Y todas las policías y servicios secretos del mundo le siguieron la pista durante dieciocho años, sin conseguir atraparlo.

Durante casi dos décadas, el nombre de Carlos el Chacal aparecía en los titulares de la prensa internacional con cierta frecuencia. Se le atribuyen docenas de atentados terroristas en todo el mundo, y relaciones directas con los gobiernos de diferentes países árabes y comunistas. Era el hombre más buscado del planeta hasta la aparición de Ben Laden; sobre su vida se han escrito docenas y docenas de libros, y se han rodado media docena de películas, más o menos fantásticas. Dejando de lado la ficción, y para comprender cómo pensaba el Chacal en aquella época, yo sugiero la histórica entrevista que Ilich Ramírez concedió al periodista sirio Assem Al-Jundi, en Beirut, en 1979, y que fue publicada en el diario *Al Watan Al Arabi*. Un documento periodístico comparable a la entrevista que Taysyr Aluny hizo a Ben Laden unas semanas después del 11-S. Tres años más tarde, presuntamente, Chacal atentó contra dicho diario y asesinó a una persona.

Ilich Ramírez vuelve a ser noticia de primera página el 15 de agosto de

---

5. En la película *The Jackal* (1997), inspirada en la figura —que no en la historia real— de Carlos, María Otaola es en quien se basa el papel de la etarra vasca interpretado por la actriz Mathilda May.

1994, cuando un comando del servicio secreto francés consigue capturarlo en Jartum, capital de Sudán, donde Ilich vivía refugiado desde hacía más de un año. Los sudaneses habían accedido a entregar al famoso Chacal a cambio del favor francés.

Su juicio fue seguido por toda la prensa internacional. Carlos no reconocía al tribunal y exigía que se le tratase en consonancia con su rango militar de general revolucionario. Incluso se mantuvo en huelga de hambre y de sed más de veinte días durante el juicio para protestar por su situación. Pero nada de eso impresionó al tribunal, que en diciembre de 1997 lo condenó a cadena perpetua por el homicidio de dos agentes policiales franceses y su ex camarada libanés en la rue Toullier de París. Ilich nunca negó esos hechos. Simplemente elude la pregunta diciendo que «el Estado francés es quien tiene que probar que yo lo hice, y no lo probó». Además, Ilich Ramírez aún tiene pendientes cinco causas más en Francia: un atentado con granada en el local Le Drugstore de París el 15 de septiembre de 1974; la explosión de una bomba en el tren de alta velocidad *Le Capitole* que viajaba de París a Toulouse, el 29 de marzo de 1982; la explosión de un coche-bomba en la rue Marbeuf de París, el 22 de abril de 1982; la explosión de una bomba en el tren de alta velocidad que se dirigía de Marsella a París, a la altura de la población de Tain l'Hermitage, el 31 de diciembre de 1983; la explosión de una bomba en el tren de alta velocidad que iba de París a Marsella, ocurrida en la estación ferroviaria de Saint-Charles en Marsella, el mismo 31 de diciembre de 1983... Así como otras muchas en otros países. En total se le considera responsable de más de ochenta muertes en diferentes atentados. Converso al Islam, es uno de los principales defensores de Ben Laden y de Al Qaida en el mundo.

Es más que comprensible que el nombre de Ilich Ramírez Sánchez, *Carlos*, se pronunciase en varias ocasiones durante aquel curso de terrorismo organizado por el Ministerio de Defensa en Jaca. Tanto en labios de su paisano, el teniente coronel Pascualino Angiolillo Fernández, como en boca de otros de los expertos en terrorismo participantes.

Ese día nació mi obsesión por Ilich Ramírez. En los meses sucesivos conseguí adquirir casi todos los libros publicados en el mundo sobre él. No solo en español, sino también en inglés, francés, alemán, etcétera. Recopilé todas las películas de ficción y documentales inspirados en Carlos, y me empollé hasta el último detalle sobre su biografía. Fue una revelación. Si yo necesitaba crearme un perfil de terrorista musulmán con origen latino, qué mejor fuente de inspiración, qué mejor modelo para mi yo musulmán que Ilich Ramírez. Juro que en ese instante no podía ni soñar con que tres años más tarde mi relación con Ilich sería directa y continuada. Y el Chacal, sin saberlo, se convertiría en la viga maestra, en el principal soporte de esta infiltración en el terrorismo internacional.

Al Qaida en Venezuela

Partiendo de la base de que el terrorista más famoso y más buscado de la historia antes de Ben Laden era un venezolano y musulmán, no me pareció ningún disparate la idea de que Venezuela se hubiese convertido en el refugio de los terroristas internacionales. Algo parecido a lo que ocurrió con Argentina y los nazis después de la Segunda Guerra Mundial. O al menos eso sugerían en Jaca algunos de los mejores expertos españoles en terrorismo. Y yo les creí.

Y por si me quedase alguna duda, ese mismo mes de octubre de 2005, la confirmación llegaba desde los Estados Unidos. El portal de Internet *www. ruedalo.org*, abiertamente opositor en Venezuela, así como el portal *www.youtube.com* y varias páginas web antichavistas se hacían eco de una escalofriante entrevista emitida solo tres días antes de que comenzase el curso de Jaca. Fue en el programa *A mano limpia*, del Canal 41 de América TV que dirige y presenta desde Miami el periodista Óscar Haza. Haza presentaba a bombo y platillo una entrevista exclusiva con Johann Peña, ex comisario de la Dirección General Sectorial de los Servicios de Inteligencia y Prevención de Venezuela (DISIP). Haza daba paso a su invitado en el plató de Canal 41 resaltando la trascendencia internacional de aquella entrevista, ya que habían «hecho falta meses de trabajo, por parte de los productores del programa, para convencer al ex comisario del servicio secreto venezolano de que hiciese estas revelaciones», y que las hiciese en *A mano limpia*. Lo que Johann Peña dijo, con la credibilidad que se le supone a un jefe de un servicio de información, no era ninguna broma. Exponiendo una fotografía de archivo, que los profanos creímos que había sido tomada en Venezuela recientemente, Peña identificó al hombre de la foto como Mustafá Setmarian Nasar, asegurando que se trataba del cerebro de los atentados del 11-M, y que se encontraba oculto en Venezuela, protegido por Hugo Chávez. Se puede decir más alto, pero no más claro:

—¿Quién es este señor? —pregunta Óscar Haza, mostrando a cámara una foto de Setmarian.

—Mustafá Nasar es un miembro activo de Al Qaida —explica Peña con voz serena y reposada—. Fue el encargado de coordinar las acciones, las explosiones terroristas en España.

—¿Las del 11 de marzo?

—Las del 11 de marzo —reafirma el ex agente de la DISIP, que añade—: Él está casado con una española, y ya está en Venezuela, bajo la protección del gobierno de Chávez...

Al Haj Muhammad Nasar, alias *Mustafá Setmarian Nasar*, alias *Omar Abdelkrim*, alias *Abu Musab al Suri*, no es un terrorista cualquiera. Nacido en Alepo (Siria), en 1958, su apellido es de origen egipcio. Según declaró en enero de 1999 en una entrevista publicada en el periódico kuwaití *La Opinión General*:

«En 1981 fui con los Hermanos Musulmanes a Bagdad para hacer un curso de entrenamiento militar. El Ejército Popular Iraquí me instruyó y me enseñó estrategia bélica e ingeniería de explosivos... También estuve en Jordania para otros cursos militares. El régimen jordano nos permitió abrir un instituto en Ammán para entrenamientos militares». Después se estableció un tiempo en Francia.

En 1985 llegó a Granada (España), y en octubre de 1987 adquirió la nacionalidad española al casarse con Elena Moreno, a la que conoció en la Escuela Oficial de Idiomas y con la que tuvo tres hijos: a uno de ellos lo llamó Osama, en homenaje al líder de Al Qaida. Según las informaciones policiales, entre 1985 y 1994 vivió y trabajó en España, considerándose que desde 1988 era el emir de los miembros sirios de Al Qaida... a pesar de que esta organización todavía no existía como tal. En Granada primero y en Madrid después, Mustafá Setmarian siempre fue un gran propagandista del yihad. En la mezquita de Abu Bakr, por ejemplo, en el barrio madrileño de Tetuán, Setmarian solía distribuir su libro: *Yihad en Siria*, mientras intentaba reclutar simpatizantes para su concepción bélica del Islam.

Tras salir de España, Setmarian y su familia se establecen en Londres, donde se convirtió en el director de la revista yihadista *Al Ansar*, porque siempre dijo que la información y la propaganda eran armas tan útiles como las bombas. Y el periodista Setmarian llegó a colaborar en Gran Bretaña con las cadenas televisivas BBC y CNN en reportajes sobre Ben Laden y los muyahidín, que después fueron proyectados en más de doscientos canales. Más tarde viajó a Afganistán para colaborar en la lucha contra los soviéticos y terminó comandando uno de los campos de entrenamiento de la resistencia afgana en Al Guraba, campo por el que llegaron a pasar más de cuarenta mil muyahidín, procedentes de todo el mundo. Su pista se había perdido en Kabul en 2001, tras el 11-S, y los Estados Unidos habían puesto una recompensa de cinco millones de dólares sobre su cabeza. Así que no era baladí que un responsable de la inteligencia venezolana afirmase conocer su paradero. ¿Cobraría Peña la millonaria recompensa?[6]

Con voz firme, el ex comisario de la DISIP afirmaba tener «parcialmente ubicado» en esos mismos momentos el paradero de uno de los hombres de confianza de Ben Laden, y uno de los terroristas más buscados del mundo: «Él está ahorita en el estado Bolívar, bajo la protección de un ciudadano de alto cargo en Venezuela, el presidente de Alcázar... Carlos Lanz Rodríguez».

---

6. En 2010, el juez Baltasar Garzón todavía busca a Mustafá Setmarian como sospechoso del atentado contra el restaurante El Descanso, de Madrid, pero dirige sus pesquisas hacia las cárceles secretas de la CIA, y no hacia Venezuela.

Johann Peña contradecía a todas las fuentes de inteligencia norteamericana y española, que situaban a Setmarian en Asia, aunque yo terminaría viajando a Siria tras su pista. Pero Peña insistía en que Setmarian había vivido en Isla Margarita, protegido por la comunidad árabe de la isla venezolana más famosa, y en esos instantes, septiembre de 2005, se encontraba protegido por el gobierno de Chávez en el estado Bolívar.

Estas declaraciones no pasaron desapercibidas, y en octubre ya se habían reproducido en medio mundo. En España, la prestigiosa agencia Europa Press se hacía eco de la entrevista a Johann Peña en Canal 41, emitiendo una nota el 17 de octubre, que fue reproducida por varios medios españoles. Hasta *El Confidencial*, una de las fuentes más consultadas por los periodistas hispanoparlantes, se hizo eco extensamente de la revelación del ex DISIP, ese mismo día. Otros medios traducían la noticia al inglés, portugués, etcétera. Y a mí me puso en la pista venezolana.

No fue difícil encontrar información que apuntaba a Venezuela como el principal refugio de terroristas yihadistas internacionales. Y me refiero a información oficial. El general James T. Hill, jefe del USSOUTHCOM (Comando Sur), todopoderosa sección de la inteligencia norteamericana dedicada a América Latina, emitió informes en los que se afirmaban cosas tan contundentes como que en Isla Margarita existían campos de entrenamiento de Al Qaida; que la comunidad de comerciantes libaneses de Porlamar financiaba grupos terroristas en Oriente Medio; e incluso que Ben Laden podía encontrarse escondido en Venezuela. Y James Hill no era ningún pazguato. Veterano de la guerra del Vietnam (en la 101ª División Aerotransportada), el general Hill poseía una espectacular hoja de servicios, en la que se incluían varias medallas y menciones como el Corazón Púrpura, la Medalla al Servicio Distinguido, una estrella de plata, una estrella de bronce al valor... Y en la sección correspondiente al Hemisferio Occidental del informe anual sobre terrorismo internacional titulado «Tendencias del Terrorismo Mundial en 2003», del Departamento de Estado de los Estados Unidos, publicado en abril de 2004, Hill expresaba su preocupación por «operativos radicales islámicos en Venezuela, especialmente en Isla Margarita».

A pesar de que el informe citaba fuentes periodísticas, lo cual me asombró, exponía casos concretos y documentados: «En febrero de 2003, un ciudadano venezolano consiguió viajar a bordo de un avión desde Venezuela a Londres con una granada en su equipaje facturado, pero todavía no está claro cuál era su intención». Dejemos de lado lo absurdo de sugerir un atentado terrorista con una granada que se lleva en el equipaje facturado y no en poder del supuesto terrorista. Lo cierto es que el general James Hill, en una conferencia pronunciada en Nueva York, el 24 de febrero de 2004, dos meses antes de la publicación del informe anual sobre terrorismo, ya había insistido en la existencia de terroristas yihadistas en la triple frontera entre Brasil, Argentina y Paraguay, y en Isla Margarita. Así que, si el general Hill sugería que en Isla Margarita (Porlamar) había campos de entrenamiento de Al Qaida, habría que irse a Isla Margarita...

A medida que seguía más y más pistas en ese sentido, me encontraba más y más información que reafirmaba las acusaciones de Johann Peña y de James Hill. Todo apuntaba a que Venezuela era el mejor lugar para seguir la pista del terrorismo yihadista. Y lo mejor es que allí no iba a tener problemas con el idioma, así que parecía evidente que tendría que continuar mi investigación al otro lado del Atlántico. Si hubiese sabido en aquel momento cómo funcionaban las operaciones psicológicas de la inteligencia norteamericana, las campañas de desinformación y propaganda y la prensa política, probablemente me habría ahorrado muchísimo tiempo y muchísimo dinero. Y, sobre todo, no me habría puesto en el punto de mira de un grupo armado venezolano, que llegaría a preparar mi secuestro en el aeropuerto internacional de Maiquetía.

El Decapitador golpea en Jordania

Mientras preparaba mi primer viaje a Venezuela, reuní muchísima información en Internet que apuntaba a Chávez como un simpatizante del terrorismo internacional, y a Venezuela como el refugio de todo tipo de terroristas. No solo de Al Qaida, sino de ETA, el IRA, Hamas, Hizbullah, etcétera. En el caso de estos últimos, y desde marzo de ese año 2005, funcionaba en Internet un foro de debate y una red de páginas web moderadas por una organización que se autodenominaba, sin ningún pudor, Hizbullah-Venezuela, liderada por el jeque comandante Teodoro Darnott, que en septiembre de 2005 precisamente evidenciaba en su lista de correo en Internet ciertas rivalidades internas por el mando.

Claro está, me di de alta en dichos foros utilizando una identidad falsa, para empezar a preparar mi infiltración en las organizaciones yihadistas venezolanas. Lo de Hizbullah-Venezuela no podía sonar más prometedor. Antes de Al Qaida, las milicias del Partido de Dios libanés Hizbullah estaban consideradas como la organización islamista más letal del mundo. El hecho de que desde marzo de 2005 una supuesta «sucursal» venezolana de Hizbullah operase desde el país de Hugo Chávez parecía ser la última prueba que faltaba para considerar a la República Bolivariana como el mejor lugar del mundo para que mi álter ego Muhammad Abdallah se acercase a los terroristas. En todo caso, mi primer viaje a Venezuela se iba a retrasar unos meses, por causas de fuerza mayor.

El 30 de octubre de 2005, el canal de televisión español Antena 3 estrenaba la película *El año que trafiqué con mujeres*, basada en mi infiltración en las mafias de la trata de blancas, y aquello me obligó a atender algunos compromisos con la productora y los compañeros de la prensa. Pero el 3 de noviembre, un teletipo reclamaba mi atención. Según todas las agencias de prensa internacionales, Mustafá Setmarian Nasar acababa de ser detenido. Aunque no en Venezuela, como sugería el ex comisario de la DISIP Johann Peña, sino en Pakistán. Trasladado a una de las cárceles secretas de la CIA para ser «interrogado» en profundidad, Setmarian jamás había pisado Isla Margarita, ni Venezuela, ni siquiera América Latina. ¿Cómo era posible esta contradicción entre la información del ex comisario de la DISIP y las agencias de prensa internacionales?

A pesar de haber huido de Venezuela, acusado de estar involucrado en el caso Danilo Anderson, Johann Peña era considerado, y sigue siéndolo, una fuente de información fiable para los medios antichavistas y anticastristas de Miami. De hecho, me consta que a finales de 2008 continuaba participando en el programa *A mano limpia* del Canal 41. Lejos de desanimarme, aquello me impulsaba aún más en mi intención de viajar a Venezuela para averiguar el porqué de aquella contradicción, pero un nuevo atentado terrorista, brutal y despiadado, me obligó a dar un nuevo volantazo a la dirección de esta investigación. Venezuela tendría que esperar. Al Qaida acababa de golpear de nuevo, atrozmente, en Jordania, el 9 de noviembre, menos de una semana después de la detención de Setmarian en Pakistán, así que mi siguiente objetivo sería regresar a Ammán. Si el ataque a las Torres Gemelas se produjo el 11 del 9, los atentados de Ammán se habían producido el 9 del 11. Y esa semejanza entre las fechas, 9/11 y 11/9, tampoco parecía casual.

El 9 de noviembre de 2005 casi sesenta personas murieron y más de un centenar resultaron heridas en un triple atentado suicida contra sendos hoteles de lujo de la capital jordana. La operación llevaba el sello de Al Qaida, e inmediatamente todas las opiniones de los expertos en terrorismo apuntaron a Abu Musab Al Zarqaui, líder de la resistencia iraquí, como el probable responsable de la masacre.

La primera explosión, y la más demoledora, se produjo en el hotel Radisson, un cinco estrellas ubicado en el oeste de Ammán, en plena celebración de una boda. Casi al mismo tiempo, otra bomba explotaba en el conocido hotel Grand Hyatt, donde casualmente yo mismo, como otros miles de turistas, me había alojado en un viaje anterior a Ammán por su estratégica situación en el centro de la capital. La tercera explosión se produjo en el hotel Days Inn.

En este hotel, situado en la calle Al Rabyeh OmarBin Abdulaziz, el atacante entró en el restaurante de la planta baja y allí trató de detonar su cinturón de explosivos, pero tuvo problemas con el detonador y un camarero se dio cuenta de sus intenciones, y alertó a la seguridad. El atacante salió corriendo y, ya en el exterior, consiguió activar el explosivo, que causó la muerte a tres miembros de una delegación militar china que se encontraban en la puerta del Days Inn en ese momento. Ni Al Qaida, ni Zarqaui ni el yihad tenían nada contra China, pero para los ignorantes terroristas lo importante era matar a alguien.

En el rotundo Grand Hyatt, en la calle Hussein Bin Alí, la explosión destruyó la entrada del hotel y derribó varias columnas y el techo de tejas, además de dañar gravemente las zonas de la recepción y del bar. Según los testigos, el mártir, de veintitrés años, había pedido un zumo de naranja en la cafetería mientras hablaba con otro hombre de acento iraquí. Después fue al baño, y cuando regresó «parecía más gordo, y que caminaba con torpeza». Se había colocado el chaleco explosivo que hizo detonar la bomba. Siete empleados del hotel, que también eran musulmanes, fueron asesinados en este atentado. Pero lo más paradójico, y todo un mensaje para quienes creen en la violencia como una forma de glorificación de Allah, es que a causa de la bomba en el Grand Hyatt también murió el productor de cine sirio-estadounidense Moustapha Akkad y su hija Rima. El destino a veces es cruelmente caprichoso.

Moustapha Akkad había sido el productor y director de, entre otras, la magnífica película *Mahoma, el mensajero de Dios*, protagonizada por Anthony Quinn e Irene Papas en 1976. Quizás la mejor y más respetuosa película realizada sobre la vida del Profeta del Islam, aplaudida por todas las autoridades islámicas y nominada a un Oscar. En el momento de su asesinato, en el atentado del Grand Hyatt, Akkad estaba trabajando en una película sobre Saladino, el líder musulmán que expulsó a los cruzados de Palestina, y cuya tumba, en Damasco, yo visitaría más tarde como auténtico lugar de peregrinación para todos los yihadistas. La película sobre el mayor caudillo árabe, referente histórico por sus victorias sobre judíos y cristianos, fue abortada por los explosivos de un mártir yihadista. Imposible representar más gráficamente el daño que hizo a la expansión del mensaje histórico del Islam la violencia yihadista. De no haberlo asesinado, la película sobre Saladino sin duda la habrían visto millones de personas en todo el mundo, que conocerían así otro punto de vista, el de los árabes, sobre las cruzadas.

Pero la mayor carnicería se produjo en el Radisson. Ammán no había vivido un atentado terrorista tan demoledor en toda su historia. Los objetivos del ataque probablemente fueron escogidos porque los tres hoteles, como muchos otros de la ciudad, recibían abundantes turistas occidentales. Sin embargo, la inmensa mayoría de las víctimas de los tres atentados, como ha ocurrido casi siempre, eran buenos musulmanes e incluso aliados afines a la resistencia iraquí y palestina. De hecho, entre las víctimas había seis iraquíes y cinco palestinos, además de dos ciudadanos de Bahrein y un indonesio. Entre los palestinos asesinados, para más colmo, estaban el general Bashir Nafeh, jefe de la inteligencia militar en la Ribera Occidental; el coronel Abed Alun, alto funcionario de las Fuerzas de Seguridad Preventivas y el agregado comercial de la embajada palestina en El Cairo. Es probable que los israelíes agradeciesen a Al Zarqaui, en silencio, la eliminación de aquellos objetivos. Difícil encontrar un argumento mejor de lo estúpido, inútil y contraproducente de la violencia terrorista. La metralla de una bomba nunca discierne a quién mata. El plomo de una bala, tampoco. Como dice un viejo proverbio árabe: «La crueldad es la fuerza de los cobardes».

Aun así, pocas horas después del atentado Al Zarqaui emitía un comunicado en Internet congratulándose de los excelentes resultados de la operación llevada a cabo en Ammán por cuatro de sus mártires. Un matrimonio y dos varones más. Sus nombres en la resistencia iraquí eran Abu Khabib, Abu Muaz, Abu Omaira y Omm Omaira. Sin embargo, en el lugar de los atentados solo fueron identificados los cuerpos destrozados de tres terroristas suicidas. Y los tres eran varones. ¿Mentía Zarqaui, o la mujer del comando no se había inmolado?

El viceprimer ministro jordano Marwan Al Muasher anunció inmediatamente en rueda de prensa un saldo de 67 muertos y 300 heridos en los atentados, que más adelante se quedaron en 59 muertos y 115 heridos. Aunque la prensa jordana publicó un auténtico baile de cifras.

Yo tuve muy buena suerte en mi nuevo viaje a Ammán, como la he tenido en toda esta aventura. A través de amigos comunes, compañeros en los cursos antiterroristas, conocí a quien resultó ser el contacto de los siete agentes del CNI español asesinados en Bagdad dos años antes. Wassin, como su propio nombre indica, es un hombre refinado y elegante, y con un exquisito sentido del humor. De origen palestino, lleva viviendo toda su vida en Ammán, donde ha terminado por convertirse en un respetado empresario. Estudió lengua española en Valencia, y la verdad es que habla un castellano perfecto. Sus contactos con el Ministerio de Defensa español terminaron por convertirlo en un enlace de confianza para los servicios secretos de mi país. Y entre nosotros surgió una amistad espontánea que conservo todavía. Wassin se convertiría en uno de mis contactos más valiosos en Jordania, y un apoyo impagable en mis siguientes viajes a Palestina, Siria o Líbano.

Solo mucho tiempo después, mientras compartíamos un delicioso *mansaf*, una botella de *arak*, y una *shisha* en un lujoso restaurante del centro de Ammán, me confesaría su relación con los agentes del CNI:

—Yo los recibía aquí, y los preparaba antes de pasar a Iraq. Todos hablaban muy bien árabe, y eran muy amables y muy simpáticos. Les enseñaba la ciudad y bromeábamos con casi todo... Me afectó mucho cuando supe que habían caído en Bagdad.

Gracias a Wassin conseguí reunir mucha información sobre los recientes atentados en Ammán. E incluso un material gráfico exclusivo, de un valor periodístico evidente. El director de uno de los hoteles que habían sufrido el ataque de Al Qaida, amigo íntimo de Wassin, había tomado varias fotografías de los efectos de las explosiones en su edificio, inmediatamente después de producirse. Antes incluso de que llegasen las ambulancias para evacuar a los heridos. Las fotos habían sido entregadas a los servicios de información jordanos, para ayudarles a analizar la escena del crimen, pero Wassin consiguió que el director del hotel me facilitase un CD con todas aquellas imágenes del horror. Los cadáveres de las víctimas, los miembros amputados, la cabeza del terrorista arrancada de cuajo de su cuerpo tras la detonación del cinturón explosivo, con la cara desgajada como la máscara de un payaso... Esas fotos eran la mejor evidencia gráfica, sin comentarios añadidos, de las brutales masacres originadas por el fanatismo islamista. Y a mí me reafirmaban en mi desprecio hacia la religión que justificaba esa crueldad. Claro que yo todavía no sabía que la religión no tenía nada que ver con todo aquello.

Además de aquellas fotografías exclusivas, pude reunir suficiente información como para reconstruir fielmente los sucesos del 9 de noviembre, que en realidad se iniciaron unos días antes, cuando Al Zarqaui, que ya había anunciado de manera reiterada su intención de llevar la lucha de la resistencia fuera de Iraq, organizó un comando para una operación de martirio en su Jordania natal. El comando estaba compuesto por Rawad Jassem Muhammad Adel, que se inmoló en el Grand Hyatt; Safaa Muhammad Alí, que detonó su chaleco-bomba en el Days Inn; y Alí Hussein Alí Al Shamari, y su esposa Sajida Mubarak Atrous Rishawi, hermana de uno de los hombres de confianza de Al Zarqaui.

Los mártires, todos iraquíes, entraron en Jordania con documentación falsa dos días antes del atentado. Por propia experiencia puedo afirmar que, en aquellos momentos, la frontera iraquí era un auténtico coladero y no suponía ningún problema atravesarla, por lo menos desde Jordania o Siria. De hecho, ante el cataclismo económico que supuso la invasión norteamericana, muchas mujeres iraquíes se vieron obligadas a cruzar la frontera para prostituirse en Jordania u otros países vecinos, cinco días por semana.

Ya en Ammán, el comando se alojó en un apartamento situado en un sótano del distrito de Tlaa Alí. Al alquilar el apartamento y cerrar el precio con el marido de la casera, llamado Umm Mahmoud Al Fayoumi, el comandante del grupo, Alí Hussein, argumentó que el objeto de su visita a Ammán era que su esposa, Sajida Al Rishawi, se sometiese a un tratamiento de fertilidad. Aunque no explicó qué pintaban Rawad y Safaa acompañando a la pareja.

El día del atentado, Alí Hussein y su esposa Sajida tomaron un taxi y se dirigieron al hotel Radisson SAS, que ya había sido objetivo de atentados terroristas anteriormente, dado lo habitual que resulta encontrar entre sus clientes a comerciantes o contratistas occidentales o israelíes. Por fortuna, los otros atentados pudieron ser abortados a tiempo. Sin embargo, en esta ocasión no fue así.

Cuando Alí Hussein y Sajida llegaron al Radisson, vistiendo chalecos cargados con entre cinco y diez kilos de explosivos, probablemente sonrieron y exclamaron:

الله أكبر («¡Dios es el más grande!»). Habían tenido suerte: en el salón Filadelfia del hotel se celebraba una boda, y eso significaba que su martirio alcanzaría a más víctimas de las que suponían. Y que Ashraf Akhras y su novia Nadia, que se casaban ese día, no tendrían un matrimonio duradero.

Con una cierta dosis de cinismo y sangre fría, los terroristas abordaron a un dependiente del hotel, presentándose como un matrimonio iraquí que nunca había visto una celebración nupcial jordana y pidiendo permiso para mirar. Una cámara de vídeo de la boda registró ese momento. Autorizados a participar en la fiesta y siguiendo la tradición musulmana, la pareja se separó, uniéndose Alí Hussein a los invitados varones, y su esposa a las mujeres. Al parecer, en los minutos siguientes, según relataron luego los supervivientes, Alí Hussein hablaba sin cesar por teléfono. Tal vez con el mismísimo Al Zarqaui, esperando la confirmación del líder de la resistencia para ejecutar el martirio. Los propios supervivientes relataron también que justo después vieron a Alí Hussein gesticulando, visiblemente contrariado, diciéndole a su esposa que saliera del salón, cuando esta le dijo que su detonador no funcionaba. Acto seguido, Alí Hussein saltó sobre una mesa y detonó sus explosivos. Su bomba sí funcionó y, al desplomarse el techo del salón Filadelfia sobre los invitados, murieron 38 personas en el acto.

Tras la explosión, y aprovechando la estampida de los supervivientes, Sajida consiguió escapar del hotel y tomó un taxi hacia su escondite. Aunque con los nervios dio mal la dirección y tuvo que dar un largo rodeo antes de poder esconderse en el sótano alquilado como piso franco. Sin embargo, la vio su casero, que se percató de su nerviosismo, y sobre todo de las manchas de sangre en su vestido. Y cuando todas las emisoras jordanas dieron la noticia de los atentados, avisó a la policía.

Las unidades antiterroristas jordanas no sabían si la sospechosa estaba sola o si podía recibir ayuda de otros cómplices tras el atentado, así que durante varios días se limitaron a vigilar la casa sin actuar. A esas alturas ya sabían que se trataba de la cuarta integrante del comando anunciado por Zarqaui en su comunicado, entre otras razones porque Sajida, presa del pánico, se había puesto en contacto con la familia del esposo jordano de su hermana, Nidal Arabiyat, pidiéndole ayuda para regresar a Iraq. En lugar de eso, el suegro de su hermana avisó a la policía. La temible Muhabarat[7] jordana, el servicio secreto nacional, sin embargo, decidió esperar tres días antes de intervenir.

A petición del gobierno jordano y gracias a las excelentes relaciones del gobierno alauita con la Casa Blanca, el 12 de noviembre un equipo de crimi-

---

7. Nombre genérico de los diferentes servicios secretos en los países árabes. Yo tuve que evitar a varios de ellos en mis viajes.

nalistas del FBI, compuesto por expertos en recuperación y análisis de restos explosivos, químicos o de ADN en la escena del crimen, llegó a Ammán. Asistidos por sus colegas jordanos, los CSI del FBI examinaron los efectos de las tres explosiones, y concluyeron que los tres sistemas explosivos, ideados para la proyección de la letal metralla —compuesta por bolas de acero—, habían sido construidos por las mismas manos terroristas, usando un sistema de detonación mecánico de espoleta.

Ese mismo día 12 se produjo el asalto al piso donde permanecía escondida Sajida Al Rishawi, que todavía portaba el cinturón explosivo que no había detonado en el hotel Radisson y que fue entregado posteriormente a los peritos del FBI para su análisis. Se trataba de un chaleco realizado con tela de muselina y sujeto al cuerpo con correas de nilón, que incluía una bolsa con explosivos plásticos, iguales a los restos encontrados en las tres escenas del crimen, así como las bolas de acero que deberían haber funcionado como metralla, despedazando su cuerpo y el de las víctimas inocentes.

Al día siguiente, la televisión estatal jordana emitía las imágenes de Sajida Al Rishawi, nacida en Faluya, ciudad icono de la resistencia iraquí, mostrando el chaleco explosivo que portaba en el hotel Radisson SAS, una retransmisión que dio la vuelta al mundo.

Meses después, el 24 de abril de 2006, al iniciarse el juicio contra Sajida Al Rishawi, la televisión jordana emitió nuevas imágenes de la fallida mártir de los hoteles de Ammán, que desataron una nueva polémica.[8] En los foros yihadistas de Internet, las mujeres simpatizantes de Al Qaida expresaban su frustración con el número dos de La Base, por no permitirles un mayor protagonismo en la lucha armada. A pesar de los interminables tópicos sobre la mujer en el Islam que han echado raíces en Occidente, las musulmanas viven su propio proceso de evolución hacia la igualdad entre los sexos, y la posibilidad de matar en el nombre de Dios, tanto o más que los varones, es una de las aspiraciones de algunas de ellas. Incluso a pesar de que, el 21 de septiembre de 2006, el tribunal jordano condenase a Sajida Al Rishawi a morir en la horca.

Durante el juicio, su abogado argumentó que la confesión de Sajida se había obtenido bajo presión y tortura, y que su cliente era inocente. Afirmó que había sido obligada a hacer el viaje a Ammán por su esposo, con el que se había casado solo unos días antes de partir hacia Jordania, sin tan siquiera haber consumado el matrimonio. Y dijo también que fue forzada a colocarse el cinturón explosivo que en ningún momento había pensado detonar. Sin embargo, la pericia forense de un experto en explosivos, aportada por la acusación, era concluyente: el mecanismo de activación del cinturón explosivo que

---

8. *http://www.bing.com/videos/watch/video/would-be-suicide-bomber-talks/6dl2deo*

Sajida aún llevaba puesto cuando fue detenida se había atascado. Así que, ya es casualidad, incluso aunque hubiese querido inmolarse no habría funcionado...

Ahora, cada vez que los turistas nos alojamos en un hotel jordano y tenemos que soportar los controles de seguridad, los detectores de metales y los tediosos interrogatorios de los agentes, ya sabemos cuál es la razón. Tras el 9 de noviembre de 2005, el turismo, una de las principales fuentes de ingresos de la economía jordana, se vio terriblemente resentido por los ataques terroristas. De hecho, el hotel Radisson cambiaría su nombre por el de Landmark Hotel para intentar paliar el temor de los turistas a alojarse allí donde se había producido la masacre. Durante meses, todos los jordanos vinculados de una forma u otra al sector turístico sufrieron la mayor crisis de su historia reciente. Todos perdieron. No hubo en aquel ataque nada que glorificase a Allah, ni que mejorase la calidad de vida de nuestros hermanos musulmanes en Jordania, ni en Iraq, ni en ninguna parte del mundo. Los musulmanes jordanos tuvieron que sufrir en su economía las consecuencias de la operación de martirio ordenada por Zarqaui. Y, desde entonces, los turistas occidentales el incordio de las nuevas medidas de seguridad que se implantaron en el país tras aquel ataque.

Al Zarqaui, biografía de un «héroe» de la resistencia

No faltaría a la verdad si dijese que, hasta los ataques a los hoteles de Ammán, Abu Musab Al Zarqaui era considerado un héroe para su familia y vecinos. Con frecuencia los occidentales asistíamos con estupor al baile de nombres y apellidos exóticos de los terroristas árabes que aparecían en los informativos. En el caso del famoso «Decapitador de Bagdad», su nombre no significa otra cosa que Padre de Musab, el de Zarqa. Probablemente, en aquellos días, solo otro miembro de la resistencia podía competir con él en fama y admiración, a causa de su lucha contra los invasores occidentales: Yuba, el francotirador de Bagdad. A él me referiré más adelante.

Cuando mis prejuicios occidentales y yo llegamos a Zarqa, a unos 21 kilómetros al noroeste de la capital, esperaba hallar un pequeño pueblo lleno de beduinos y camelleros, y me encontré con la tercera ciudad más grande de Jordania, solo superada por Ammán e Irbid. Con sus casi 450 000 habitantes, Zarqa es el centro industrial de Jordania y posee el 50 por ciento de las fábricas del país. Pese a ello mantiene uno de los mayores índices de criminalidad. Y aunque su nombre, Zarqa, hace alusión al color azul, la «Ciudad Azul» también es conocida como «el Chicago de Jordania» y «la Ciudad del Polvo». Lo que puede dar una idea de la marginalidad de algunos de sus barrios.

Un amplio porcentaje de la población zarqauita es de origen palestino, así que en ese sentido podía sentirme como en casa. Sin embargo, cuando llegué nadie que hiciese preguntas sobre el Decapitador era bien recibido. De hecho, casi salí de la ciudad con los pies por delante, después de interesarme por la familia del líder de la resistencia iraquí en su barrio. Tras los atentados de Ammán y en dos ocasiones ese mismo mes de noviembre, la familia y la tribu de Al Zarqaui emitieron sendos comunicados renegando totalmente del antes admirado héroe de la resistencia. «Al principio nos sentíamos orgullosos de él porque era un muyahid que luchaba contra los que agreden a los musulmanes, pero eso fue antes de que empezara a matar civiles. Ahora nos avergüenza», declararía públicamente su propio primo Ahmad Al Jalailé.

A pesar de que un dependiente, en una tienda del barrio Hai Kasarat, me aseguraba que la familia de Al Zarqaui se había ido a Europa, el conductor del taxi que cogí en Zarqa insistía en que en aquellos días todavía vivía en la ciudad Omm Muhammad, primera esposa de Al Zarqaui, con los cuatro hijos que había tenido con el líder de la resistencia iraquí. Entre ellos el mayor, Musab, que en aquel momento tenía siete años de edad. Omm Muhammad, según mi nuevo amigo, era ligeramente mayor que su esposo, apenas tenía cuarenta años. Pero la vergüenza, la angustia o quizás la culpabilidad por los crímenes de su marido la llevaron a la muerte en junio del año siguiente, poco después de conceder una jugosa entrevista a un periódico europeo. Aunque en aquel momento era obvio que ni su esposa ni ningún otro miembro de su familia mostraba interés en conceder una entrevista a un extraño, por muy palestino que fuese... Yo todavía ignoraba la mala prensa que tienen los palestinos, entre muchos grupos yihadistas, a causa de la gran cantidad de ellos que, víctimas de todo tipo de chantajes o sobornos maquiavélicamente ideados por el MOSSAD, se han visto obligados a colaborar con la inteligencia israelí, y por extensión con la norteamericana.

Cuando empecé esta investigación, siendo aún más ignorante en cuanto a la cultura árabe de lo que soy ahora, me llamaba la atención que muchos nombres de terroristas yihadistas famosos fuesen tan parecidos: Abu Musab al Suri, Abu Musab Al Zarqaui, Aiman Abu Muhammad Al Zawahiri... ¿Acaso todos los terroristas árabes se llamaban igual? ¿Eran todos de la misma familia?

No. La explicación ha de buscarse en la particular onomástica árabe, en la que el nombre y apellido de una persona varía a lo largo de su vida. Al igual que ocurre en Occidente con los cristianos más consecuentes con su religión, la familia es un valor social importantísimo. Entre las infinitas cosas en común que tienen cristianos y musulmanes están los idénticos puntos de vista sobre el aborto, la homosexualidad, el matrimonio, etcétera. Pero en el caso del respeto a la familia, los árabes nos aventajan mucho a los occidentales. En los países árabes, por ejemplo, existen muy pocos asilos de ancianos. Para los musulmanes resulta inconcebible que un hijo pueda encerrar a sus padres o abuelos, a los que debe su vida, en una residencia. Y ese amor y respeto a los mayores se refleja en su onomástica. Una persona llamada, por ejemplo, Muhammad Abdallah, durante su infancia puede añadir a su nombre el patronímico «hijo de» *(Ibn)*, e incluir el nombre de su padre; Muhammad Abdallah ibn Alí. Pero con los años, y al convertirse en padre, cambiará ese patronímico por «padre de» *(Abu)*, asumiendo el nombre del hijo. En mi caso, Abu Aiman. En el caso de las esposas, se sustituye *Ibna*, «hija de», por *Omm*, que significa «madre de». Es solo un ejemplo de la intensa unidad familiar de la cultura árabe, que tanto proclaman religiones cristianas como el catolicismo.

Por otro lado, también es muy frecuente, sobre todo en este contexto, utilizar en el nombre una referencia geográfica relacionada con el lugar de procedencia y/o el linaje de esa persona. En mi caso se trataba de Al Falistini (الفلـــــطيني) que significa «el palestino», o «el de Palestina». De esa forma, en casos como Mustafá Setmarian, alias *Abu Musab al Suri* (أبو موسى السوري), sabemos que es de origen sirio. *Al Suri* (الســوري) solo significa eso: «el sirio», o «el de Siria». Con esto quiero señalar que el nombre del terrorista más temido y buscado de Iraq, inspirador de los muyahidín de todo el planeta y admirado por ellos, no era un nombre real.

Abu Musab Al Zarqaui (أبومصـــعب الزرقاوي) nació el 30 de octubre de 1966 en Zarqa, con el nombre de Ahmad Fadeel al-Nazal al-Khalayleh. Miembro del clan Khalalyah, que forma parte de la tribu beduina Beni Hassan, había crecido en la calle Hamzá bin Abdulmutalé, jugando al fútbol con sus tres hermanos, sus seis hermanas y sus primos, en una zona particularmente austera de la ciudad. Cerca del cementerio y de una cantera abandonada.

En la escuela era un estudiante aplicado. Al menos hasta 1984, cuando fallece su padre y el joven Ahmad deja los estudios y se rodea de malas compañías. Aun así, se dedica con fervor a cuidar de su madre, Omm Sayel, y sus vecinos lo describen como un joven sensible, con arrebatos emocionales y lágrima fácil. Dicen algunos que tras la muerte de su padre empieza a coquetear con las drogas y el alcohol. Su carácter se va agriando hasta ganar fama de matón pendenciero en el barrio. Su historial criminal comienza con una detención por asalto sexual y otros delitos violentos. Cumple su primera condena y en la mezquita de Al-Ruseifah, en el cercano campo de refugiados palestinos, encuentra a Dios a través del salafismo. Son años de cierta tranquilidad en su vida. Consigue un trabajo de funcionario en una oficina municipal y se casa con Omm Muhammad, su prima materna. El primero de sus tres matrimonios.

En 1989, como miles de musulmanes de todo el mundo, Ahmad sintió la llamada del yihad en Afganistán, y dejó atrás a su esposa y a su familia para unirse a la lucha talibán contra los soviéticos, tras haber realizado su peregrinación a La Meca dos años antes. Sin embargo, Ahmad, el de Zarqa, llegó

demasiado tarde a la guerra. Los ocupantes soviéticos ya estaban prácticamente derrotados, y es probable que Al Zarqaui no llegase a entrar en combate,
aunque algunas fuentes sugieren que sí pudo haber luchado contra los rusos
en Khost, a las órdenes del comandante Abu al-Harith. Donde sí coinciden
todos los analistas es en que, al igual que otros famosos terroristas como el
saudí Al Jattab o el sirio Mustafá Setmarian, antes del fusil, la pluma periodística fue la primera arma de lucha de Zarqaui en Kabul.

Gracias al apoyo de los norteamericanos, los talibanes y sus aliados árabes
ganaron la guerra y expulsaron a los soviéticos de Afganistán. En aquellos
primeros años noventa, los norteamericanos consideraban a los talibanes unos
luchadores heroicos contra el comunismo y merecedores de su libertad. Y
hasta el icono cinematográfico yanqui Rambo, en su tercera entrega, ofrece
una imagen amable y entrañable de los guerrilleros talibanes, que diez años
después serían satanizados y convertidos en los mayores tiranos de la humanidad por esos mismos guionistas norteamericanos. Pero Al Zarqaui, que era
mucho más real que el Rambo de las películas, decidió regresar a Zarqa después de la guerra. Y en Jordania se integró en el movimiento rebelde que
acusaba al rey Hussein de ser un títere de los Estados Unidos y responsable
de terribles matanzas de palestinos en Jordania, y fundó su propia organización
Jama'at al Wal Tawhid Yihad (en árabe, جماعة التوحيد والجهاد), que significa
algo así como Grupo del Monoteísmo y Yihad. En marzo de 1994 es detenido
por esas críticas a la Corona, y por los explosivos y las armas encontrados en
su casa. Se le condena a quince años de cárcel.

Según relataron posteriormente sus compañeros de prisión, Al Zarqaui se
pasaba los días estudiando el Corán y haciendo ejercicio. Conforme a las declaraciones de algunos de esos compañeros, reproducidas en muchos medios
norteamericanos tras la invasión de Iraq, Zarqaui era un fanático islamista
radical, violento y pendenciero. Sin embargo, el periodista francés Jean-Marie
Quemener consiguió, en Zarqa, una serie de cartas manuscritas de Al Zarqaui,
que este había escrito a su madre en aquellos años de prisión, que distan mucho
de la imagen típica del matón carcelario. Aderezadas con dibujos multicolores
y con poemas y versos tradicionales, las cartas del temible Decapitador rezuman
amor y devoción a su madre. Son documentos maravillosamente valiosos para
intentar comprender la íntima psicología del terrorista jordano más temible de
la historia moderna, que hacía suyo el refrán árabe que dice: «Sé polvo bajo los
pasos de tu madre, puesto que donde pisan sus pies está el paraíso».

«Dedicado a mi madre —escribe Al Zarqaui con tinta azul, en un folio
decorado con un dibujo de un lazo rojo—. Un hombre engañó una vez a un
chaval ignorante. Le dijo: si me traes el corazón de tu madre, te daré muchas
joyas y dinero. El chaval da una puñalada a su madre, le saca el corazón y
vuelve con el hombre. Pero, disgustado, después de lo que ha hecho, el joven

tropezó y así se le cayó el corazón que llevaba. El corazón de su madre, lleno de sangre, le exclama: Mi querido hijo, ¿te has hecho daño? Pero a pesar de la ternura de la voz de su madre, el hijo enojó mucho al cielo. Y como consecuencia, el joven saca una daga e intenta apuñalarse. Pero el corazón de la madre, otra vez, le llama: Para y no lo hagas. No quiero recibir dos puñaladas en el corazón, una tras otra...» No parece, realmente, el tipo de versos que esperamos de un psicópata asesino como Al Zarqaui que las agencias de prensa norteamericanas presentarían al mundo en 2003.

En febrero de 1999 muere Hussein de Jordania, y su hijo Abdallah sube al trono. Con motivo de ello se produce una amnistía de presos y Al Zarqaui recupera la libertad. Sale de la cárcel, radicaliza, según algunas fuentes, su postura contra la monarquía alauita y planea el primer atentado contra el hotel Radisson, abortado por el servicio secreto jordano. Juzgado en rebeldía, es condenado a muerte por ese intento de atentado, aunque nunca fue detenido. A raíz de ello, abandona el país y viaja a Peshawar, llevándose con él a su adorada madre, que solo permaneció un mes en Pakistán. Tras su regreso a Jordania, Omm Sayel ya no volvería a ver nunca más a su hijo. La madre de Al Zarqaui nunca llegaría a creerse ni una palabra de las informaciones que la prensa y la televisión jordana publicaban sobre el que para ella siempre sería su pequeño Ahmad.

Tras su llegada a Pakistán, la biografía de Al Zarqaui se diluye en la leyenda y en la propaganda, dependiendo de quién sea la fuente que intenta relatar su historia. Para los analistas antiterroristas occidentales, Al Zarqaui comienza a organizar las células terrorista de Al Qaida en Pakistán primero y en Iraq más tarde, además de tejer una red de terroristas durmientes por toda Europa. Según estas fuentes, Al Zarqaui era el enlace entre Ben Laden y Saddam Hussein.

Para los periodistas afines al yihad, sin embargo, Al Zarqaui jamás tuvo relación con Ben Laden o Al Qaida, ni mucho menos con Saddam Hussein. Al menos hasta mucho después de comenzar la invasión norteamericana de Iraq.

Al Zarqaui, en realidad, es un personaje desconocido en Occidente hasta que, en 2003, su nombre aparece mencionado en aquellos lamentables informes de la inteligencia norteamericana, reproducidos, citados y utilizados como fuentes por todos los periodistas del mundo, en los que se enumeraban los terribles riesgos para el mundo civilizado que implicaba el gobierno de Saddam Hussein en Iraq. De la misma forma en que George Bush, Tony Blair y José María Aznar advertían de la existencia de armas de destrucción masiva en Iraq, que amenazaban de forma inminente a Occidente, esas mismas fuentes señalaban a Abu Musab Al Zarqaui como el líder de Al Qaida en Iraq, y lo responsabilizaban de todos los atentados terroristas que se producían en Europa. Incluso los que eran abortados cuando todavía no habían llegado a realizarse siquiera los preparativos de los mismos...

Desde el 11-M al 7-J, pasando por los atentados de Casablanca, las bombas en Indonesia o la masacre de Beslán, el nombre de Al Zarqaui aparecía inmediatamente relacionado con cualquier tipo de acto terrorista en un rincón u otro del planeta. Al Zarqaui fue, en cierta manera, el Chacal de la primera década del siglo XXI. A principios de 2004 ya se atribuía a su red la responsabilidad de seiscientos atentados o intentos de atentado en todo el mundo. A diferencia de Ben Laden, que es un místico y un teórico, Al Zarqaui era un hombre de acción, capaz de empuñar un fusil o decapitar con sus propias manos a los enemigos del Islam. En ese sentido inspiraba en los adolescentes árabes la misma admiración que Ilich Ramírez, *el Chacal*, despierta en los jóvenes revolucionarios occidentales.

Y su fama de hombre duro, que no teme mancharse las manos de sangre, se acrecentó cuando, tras la invasión de Iraq, comenzaron a aparecer los primeros vídeos de decapitaciones de rehenes norteamericanos, o de otros países, capturados por la resistencia iraquí. Oficialmente, se consideraba que el hombre tatuado que aparecía en varios de esos vídeos decapitando, con sus propias manos, a prisioneros como el joven Nick Berg era el mismísimo Al Zarqaui, quien se había hecho esos tatuajes durante su estancia en la prisión jordana. Pero sea él quien realizaba las decapitaciones que se atribuía o no, lo cierto en que entre 2003 y 2005 se publicó una cantidad astronómica de mentiras, tergiversaciones, fantasías y manipulaciones sobre el de Zarqa. Con lo que sabemos hoy, resulta estremecedor visitar las hemerotecas y volver a leer lo publicado en 2003 y 2004 para justificar nuestra intervención en Iraq.

En realidad, entre 1999 y 2004 las informaciones sobre Al Zarqaui son contradictorias y tendenciosas tanto en un sentido como en otro. Se supone que tras el 11-S volvió a Afganistán, se estableció en Iraq en verano de 2002 y luchó junto a los kurdos, contra Saddam Hussein, al lado de los nacionalistas de Ansar Al Islam. Improbable por tanto la versión norteamericana que convertía a Al Zarqaui en aliado de Saddam. Aunque en realidad no se han desclasificado, hasta la fecha, documentos que prueben la presencia de Al Zarqaui en Iraq antes de marzo de 2003.

En esa época se casa en segundas nupcias con Isra Jarrad, hija del yihadista palestino Yassin Jarrad, que tenía solo catorce años en el momento de la boda. Un año después le daría un nuevo hijo. Parece ser que ambos murieron en uno de los interminables bombardeos norteamericanos que intentaron, durante años, dar caza a Al Zarqaui por todo Iraq. Su tercera esposa, una joven iraquí, también fallecería en uno de esos bombardeos. Y con la muerte de cada una de sus esposas crecía el odio del Decapitador para con Occidente.

La noticia de la muerte de Al Zarqaui se publicó en la prensa occidental en muchas ocasiones, entre 2003 y 2006, pero el de Zarqa siempre conseguía sobrevivir. Aunque en el intento los aliados se llevaban por delante a cientos, quizás miles de inocentes. Y de la misma forma que los hombres-bomba de Zarqaui masacraron sin piedad los tres hoteles jordanos, los bombarderos americanos reducían a cenizas cualquier edificio en el que sospechasen que pudiese esconderse Zarqaui en Faluya, Basora o cualquier ciudad iraquí. Sabemos cuántos inocentes murieron en los hoteles de Ammán, a causa de las bombas del Decapitador, pero es mucho más difícil contabilizar cuántos inocentes murieron por las bombas occidentales destinadas a Zarqaui. De ellos no sabemos nada.

Quizás aquellas pérdidas personales influyeron en la radicalización de sus operaciones, cada vez más despiadadas, y en la leyenda del Decapitador que arrancaba las cabezas de sus enemigos con sus propias manos. Pero la fama de Al Zarqaui era cada vez mayor. Y esa fama, en buena medida, era fomentada y utilizada por la administración Bush y también por mi presidente José María Aznar, para justificar la invasión de ese foco de supuestos terroristas psicópatas que era Iraq. Pero el tiempo pasaba, y las armas de destrucción masiva y el Decapitador no aparecían por ningún lado. Y por fin, en un comunicado divulgado el 17 de octubre de 2005, tres semanas antes de los atentados de Ammán, Al Zarqaui se ponía a las órdenes del jeque Osama Ben Laden... Las armas de destrucción masiva seguían sin aparecer, pero por fin existía una prueba, de puño y letra del autor, que permitía vincular a Al Zarqaui con Al Qaida. Claro que si el de Zarqa aceptaba unirse a Ben Laden en octubre de 2005... ¿cómo es posible que todos los gobiernos aliados lo presentasen como la prueba de la relación de Ben Laden con Saddam Hussein desde un año y medio antes?

De una forma u otra, supongo que tras el comunicado de Zarqaui en octubre de 2005, sí puede considerarse el triple atentado de los hoteles de Ammán como una acción de Al Qaida. Y resulta comprensible que solo unos días después de la masacre de los hoteles, la familia de Al Zarqaui emitiese un comunicado renegando del pequeño Ahmad, al que expulsaban de su linaje, abominando de su nombre y su memoria.

A las 7:30 am, hora de Washington, del 8 de junio de 2006, el mismo presidente George Bush comparecía en rueda de prensa para anunciar, henchido de satisfacción, que un nuevo «bombardeo selectivo» de las tropas norteamericanas, en un edificio del noroeste de Bagdad, había conseguido por fin dar caza al líder de la resistencia. Tras el bombardeo, facilitaron fotografías del cadáver del Decapitador a la prensa internacional, como un trofeo. Para los yihadistas fue un duro golpe. De hecho, en muchos de los foros en Internet que yo frecuentaba pude ver durante varios meses supuestos informes y análisis que pretendían demostrar que el hombre que aparecía muerto en las fotos no era el verdadero Al Zarqaui. Algunos querían mantener la esperanza de que, como en tantas ocasiones anteriores, el escurridizo guerrillero hubiese podido escapar de las bombas, y en su lugar solo hubiesen muerto algunos civiles inocentes. Pero, con el paso del tiempo, poco a poco todos se fueron convenciendo de que Abu Musab Al Zarqaui ya no cortaría más cabezas.

Un yihadista en mi habitación

La última noche en Ammán me desperté de repente en plena madrugada al sentir una mano fuerte, grande, que me tapaba la boca, mientras otras cuatro manos tan fuertes y robustas como la primera me sujetaban los brazos arrancándome de la cama, semidesnudo, y obligándome a arrodillarme en el suelo del hotel, ante el espejo del armario. Pude notar cómo el filo de un cuchillo de hoja curva, frío y afilado, se apoyaba en mi garganta. Era el típico puñal beduino, muy parecido al que me había comprado unos días antes en el zoco de Ammán. Intenté gritar, pero aquella mano fuerte y grande impedía que saliese ningún sonido de mi boca. Y de hecho apenas permitía que entrase oxígeno en mis pulmones. Traté de zafar mis brazos de los hombres que me sujetaban, pero eran demasiado fuertes, y yo estaba agarrotado por el pánico. El que me tapaba la boca y apoyaba la hoja curva de la daga sobre mi cuello se acercó a mi oído y me dijo: «¿Sabes rezar? ¿En quién crees?», pero no me dio tiempo a responder. Ni a preguntarme cómo es posible que entendiese perfectamente lo que decía aquel hombre, que me hablaba en árabe. Antes de que pudiese reaccionar, el desconocido apretó la hoja del cuchillo sobre mi cuello y la desplazó enérgicamente alrededor del mismo. Sentí con toda claridad cómo mi carne se abría y cómo un chorro de sangre caliente salía disparado de mi yugular, impactando contra la puerta del armario y tiñendo de rojo la escena que ahora veía reflejada en el espejo. El hombre vestido de negro, que ahora movía el cuchillo adelante y atrás, profundizando cada vez más en la herida de mi cuello en un intento de serrar las vértebras, mientras me sujetaba la cabeza por el pelo, era el mismísimo Al Zarqaui, que sonreía sádicamente y volvía a preguntarme: «¿Sabes rezar?».

Gracias a Dios, antes de que terminase de separar mi cabeza del cuerpo, me desperté...

Esa última noche en Ammán y aquella horrible pesadilla, que estuvo a punto de provocarme un infarto, me hicieron alterar un tanto mis planes y retrasar unos meses más el viaje a Venezuela. La estancia en Jordania había sido muy fructífera, periodísticamente hablando. Pero era consciente de que mis limitaciones con el árabe suponían un problema. Apenas podía asistir a las clases, y como es lógico eso se notaba a la hora de los exámenes. Por mucho que me esforzaba en buscar tiempo para estudiar, era realmente complicado encontrarlo.

Pero había un segundo problema. Yo no era musulmán. Y no hace falta ser muy sagaz para darse cuenta de que es imposible infiltrarse en el terrorismo yihadista sin ser musulmán. Aquella sensación horrible, espeluznante, aquel sueño tan vívido en el que Al Zarqaui me preguntaba si sabía rezar mientras hundía en mi cuello su daga beduina, terminó de convencerme de que había llegado el momento de establecer una prioridad en mi preparación. Para mí resultaba imposible acceder a las mezquitas, a los centros islámicos y a los locales donde se reunían los integristas sin ser uno de ellos. Así que había llegado la hora de preparar mi conversión al Islam. Era la única forma de conseguir avanzar en la investigación. Debía volver al norte de África para una intensa y rápida formación coránica. Tal y como había hecho Alí Bey al inicio de su aventura árabe.

Si alguna noche Abu Musab Al Zarqaui volvía a colarse en mis sueños y me preguntaba si sabía rezar, debía responder afirmativamente. Así que tenía que aprender a rezar, y encontrar la forma de creer, de verdad, que solo existe un Dios, Allah, y que Muhammad es su profeta. Me jugaba la vida, y la cabeza, en ello.

La célula de Al Zarqaui en Al Andalus

Por otra cabriola del destino, alabado sea el nombre de Dios, mientras el 9 de noviembre de 2005 el comando de Al Zarqaui volaba por los aires los hoteles de Ammán, la policía española ultimaba la operación que, un mes después, desarticularía una supuesta célula de Al Zarqaui en España, a la que llevaban siguiendo desde enero de ese año. El líder de ese grupo, el iraquí Hiyag Mohalab Maan, alias *Abu Sufian*, era el sobrino de uno de los lugartenientes del Decapitador en Basora y terminaría siendo uno de mis hermanos más cercanos en España, tiempo después...

Unos días antes, el 9 de diciembre, operativos especiales de la Guardia Civil desplazados desde Madrid, junto con sus compañeros locales, habían realizado siete detenciones, seis hombres y una mujer, todos argelinos, en la Costa del Sol. Y se habían llevado a cabo registros en Málaga, Marbella, Torremolinos, Estepona, Benalmádena y Monda. La provincia de Al Andalus preferida por los multimillonarios jeques árabes del petróleo era escenario de una nueva operación policial en la frenética persecución de islamistas que siguió al 11-M. Los detenidos estaban acusados de pertenecer al Grupo Salafista para la Predicación y el Combate (GSPC), aunque para la mayoría de mis compañeros periodistas eso significaba lo mismo que pertenecer a Al Qaida. A pesar de que Al Qaida había rechazado explícitamente la oferta del GSPC de adscribirse a La Base repetidas veces.

Según el ministro del Interior, José Antonio Alonso, los presuntos yihadistas servían de apoyo logístico a terroristas islamistas de paso por España.

Pero la operación verdaderamente ambiciosa, esta vez a manos del Cuerpo Nacional de Policía, se preparaba para el 19 de diciembre. Según el comunicado oficial, emitido esa mañana por el Ministerio del Interior:

Agentes de la Comisaría General de Información de la Dirección General han detenido durante la madrugada de hoy a 15 individuos que formaban parte de una red islamista dedicada al reclutamiento y adoctrinamiento de «mujahidines» para Iraq. Esta nueva operación, llamada «La Unión» por la CGI, se ha desarrollado en Lleida, Málaga, Sevilla y Palma de Mallorca, y continúa abierta. En el dispositivo han participado casi 100 agentes de la Dirección General de la Policía y ha supuesto el arresto de 8 marroquíes, un iraquí, un saudí, un egipcio, un bielorruso, un ghanés, un francés y un español. (...)

Las investigaciones se iniciaron por la Comisaría General de Información de la Dirección General de la Policía en el pasado mes de enero del presente año, cuando se detectó en nuestro país a un grupo de individuos de distintas nacionalidades que presuntamente formaban parte de una célula islamista radical, entre cuyas actividades estaba la distribución de sermones religiosos de contenido radical (teorías referentes al salafismo combatiente), la captación y reclutamiento de individuos «mujahidines», dispuestos a combatir a favor de la «yihad», y la obtención de documentación falsa para su envío a lugares en conflicto, como el caso de Iraq. De esta investigación iniciada por la Unidad Central de Información Exterior (UCIE) se dio cuenta al Juzgado Central de Instrucción Cuatro de la Audiencia Nacional que procedió a la apertura de Diligencias Previas.

Estas actividades, ya observadas en otras investigaciones similares (nacionales e internacionales), responden a la actual estrategia yihadista del denominado «Movimiento Mujahidín», de la red de Al Qaida, con una dirección estratégica y un número indeterminado de células afines, repartidas por todo el mundo, dispuestas a llevar a cabo tales objetivos. Durante la investigación se ha podido detectar que la célula investigada en España está perfectamente estructurada y organizada. Dentro de ella existe un «núcleo duro», capaz de cometer una acción terrorista de carácter islámico. Otro grupo que se encargaría de la captación y reclutamiento de nuevos adeptos a la célula, entre cuyas actividades se encontrarían también las de «financiación». Además, hay un grupo dedicado a la falsificación de documentos y, por último, un grupo que formaría el «aparato ideológico» de la célula.

Igualmente se ha podido determinar que sus miembros se encuentran repartidos por varias provincias españolas, pero están perfectamente estructurados y en estrecha relación, vía Internet. Dichas comunicaciones se complementan con reuniones personales en mezquitas y casas particulares. Además, tienen relaciones en otros países, en los que se realizan gestiones para determinar su operatividad, funciones y reclutamiento por la célula. También se han podido recopilar datos e informaciones que avalan no sólo la existencia de una organización jerarquizada

cuyo objetivo radica en el reclutamiento de jóvenes musulmanes para hacer la
«yihad», tal y como expresa el denominado Movimiento Mujahidín de la red de Al
Qaida, sino también llevar a cabo acciones terroristas, bien de tipo suicida, bien
mediante su integración en grupos terroristas activos en Iraq u otras zonas de
conflicto islámico. No se ha constatado que dichos atentados tuvieran como objetivo el territorio español.

En este sentido, se han podido detectar diversos contactos llevados a cabo por
el principal investigado, y detenido en Nerja, Málaga, HIYAG M. alias «ABU
SUFIAN», un iraquí de 25 años, con personas que se encuentran relacionadas con
los grupos terroristas que operan en la actualidad en Iraq, contra los efectivos
militares allí destacados.

El citado documento policial sobre la Operación La Unión exponía, además,
algunas informaciones interesantes sobre varios de los detenidos en la célula
desarticulada:

HIYAG M., alias ABU SUFIAN, nacido en Iraq, de 25 años de edad. Este es el
auténtico líder de la red. Dirigía y mantenía las comunicaciones con los contactos
en el extranjero y en Iraq, donde disponía de acceso muy cercano al operativo de
Al Qaida, ABU MUSAB AL ZARQAUI. Abu Sufian guardaba estrechas medidas
de seguridad, utilizando filtros de acercamiento en las comunicaciones con él de
otros miembros de la red y trataba, a toda costa, de mantener oculta su presencia
en España. Controlaba personalmente a un grupo determinado de individuos dispuestos a iniciar su viaje a Iraq como mujahidines, probablemente en acciones de
carácter suicida. (...)

Oussama A., nacido en Oujda (Marruecos), de 22 años. Se trata de uno de los
primeros miembros de la red y muy cercano a Abu Sufian y es uno de los individuos que estaría dispuesto a viajar a hacer la «yihad» a Iraq, para lo cual había
repudiado a su propia familia y había permanecido oculto en la mezquita de Benalmádena, Málaga, hasta que se trasladó al domicilio donde ha sido detenido. (...)

Andrey M. alias AMIN AL ANSARI y SERGEI MALYSCHEW, nacido en Minsk
(Bielorrusia) de 30 años. Tiene antecedentes de entrenamiento en Chechenia y
Azerbaiyán, con paso por Pakistán donde se formó religiosamente. Individuo conocido y seguido por varios Servicios europeos, está considerado como un operativo
experto en armas químicas que está a las órdenes directas de Abu Sufian.

Abu Sufian, Oussama y Andrey, detenidos en Nerja, Málaga y Palma de
Mallorca respectivamente, tendrán importancia en esta historia. Historia que
no podía parecer más prometedora. Todos los medios de comunicación nacionales y también internacionales se hicieron eco de la detención de un «agente de Al Zarqaui» y toda su célula terrorista en España. Abu Sufian, según

informes policiales confidenciales a los que tuve acceso, se comunicaba frecuentemente con su tío en Iraq, quien pertenecía al grupo de combate del Decapitador. Lo que significaba una relación directa con el líder de la resistencia iraquí. Por desgracia, tendría que esperar hasta 2008 para poder acceder al círculo de Abu Sufian y ganarme su confianza, porque el joven presunto yihadista ya iba camino del Centro Penitenciario de Herrera de la Mancha, donde pasaría dos años de prisión preventiva acusado de ser el hombre de Al Zarqaui en España.

Sorprendentemente, horas después de las detenciones, los nombres completos e incluso las fotos de los detenidos se publicaron en la prensa, lo que implicaba una presunción de culpabilidad imparable. De inmediato, las casas de muchos de los detenidos fueron asaltadas, sus coches destrozados y su reputación despedazada. Para todos sus vecinos, amigos y familiares, se habían convertido en asesinos terroristas mucho antes de que ningún juez los condenase. Y después del 11-M, señalar a alguien en España como terrorista islamista implicaba un estigma indeleble. Pero de eso no habló ningún periódico. Como ningún periódico mencionó la implicación del MOSSAD en esta operación. Ni que un agente del servicio secreto israelí interrogó a golpes a Abu Sufian en el coche policial durante todo el trayecto de Málaga a Madrid... O eso me confesaría personalmente «el hombre de Al Zarqaui en España» un tiempo después, justo antes de enviarme uno de sus últimos sms, tras salir de Herrera de la Mancha y establecerse en Madrid en espera del juicio, celebrado el pasado abril de 2010.

Decía literalmente: «Hay un amigo mio se va a irak pronto, quieres irte con el...?».

TERCERA PARTE

Año 2006 d. C., año 1427 de la Hégira[1]

Capítulo 3

De Casablanca a Palestina

فَلا تَهِنُوا وَتَدْعُوا إِلَى السَّلْمِ وَأَنتُمُ الأَعْلَوْنَ وَاللَّهُ مَعَكُمْ وَلَن يَتِرَكُمْ أَعْمَالَكُمْ

No flaqueéis, pues, invitando a la paz, ya que seréis vosotros los que ganéis. ¡Allah está con vosotros y no dejará de premiar vuestras obras!

El Sagrado Corán 47, 35

من تسمّع سمع ما يكره

El que espía escucha lo que no le gusta.

Proverbio árabe

Creo en un solo Dios, Allah. Y en Muhammad, su profeta

A principios de 2006, Teodoro Darnott, líder de Hizbullah-Venezuela, extendía su pensamiento yihadista latino por la red desde el estado de Zulia, fronterizo con Colombia. Pero en España, un joven aragonés que respondía al alias de *Salaam1420* proclamaba desde Zaragoza cosas muy parecidas a las expresadas por Darnott, en otros foros islámicos de la red. Darnott dominaba el arte de la oratoria, y esa era su arma para extender su ideario yihadista y llamar a la implantación de la teocracia en América Latina. Salaam dominaba el arte del dibujo, y esa era la suya, para proclamar la recuperación de Al Andalus por parte de los muyahidín. Los dos eran conversos al Islam, los dos latinos y los dos predestinados a un futuro similar. Solo que aún no lo sabían.

Mi relación con Darnott y con Salaam comenzó en la red, y fue la mejor motivación para terminar de construirme una falsa identidad sólida y convincente. Empecé con un simple perfil de usuario en Google y Messenger, que me obligaría a fijar, definitivamente, la que sería mi biografía oficial en esta infiltración. Ya tenía claro que por muy larga que fuese mi barba, por muchos tratamientos de bronceado en el solárium, y por muchas clases de lengua y cultura islámica, yo jamás pasaría por un árabe nativo. Mi acento me delataba como latino. Pero tras el 11-M los yihadistas eran conscientes de que todos los servicios de información españoles les seguían la pista, así que no era recomendable confesar mi nacionalidad real. Lo ideal sería vincular mi nueva identidad con alguno de los países latinos manifiestamente antiimperialistas y que inspiraban más confianza en el pueblo árabe. Y la lista se limitaba a dos candidatos: Cuba o Venezuela. Tanto una como otra opción eran igualmente factibles, porque el enfrentamiento de Cuba y de Venezuela con la política norteamericana de Bush y sus aliados europeos resultaba tan evidente como sus simpatías y solidaridad para con los países árabes.

Lo lógico es que hubiese escogido Cuba como mi supuesta tierra natal, para justificar el acento latino de mi árabe. Conocía bien la isla y ya había utilizado la cobertura de un cubano en una infiltración anterior. Sin embargo, más instintiva que racionalmente, escogí Venezuela a pesar de que nunca había pisado ese país.

La historia de Carlos el Chacal, la fundación de Hizbullah-Venezuela y las abundantes informaciones sobre las células yihadistas en la República Bolivariana terminaron por convencerme de que, en mi perfil definitivo en la red, Venezuela sería mi país de nacimiento, aunque mi madre, mis abuelos y mi corazón fuesen palestinos. Y así, en esos primeros meses de 2006, creé mi primera página web: en un principio fue en castellano, aunque con el tiempo terminaría por realizar otras webs bilingües, o incluso una íntegramente en árabe: المعجزات (Al Mayasaat).[1] Como ya he dicho, acabaría siendo el único responsable y *webmaster* de las páginas oficiales de Carlos el Chacal y de Hizbullah-Venezuela, con lo cual toda la información que llegaba a Ilich Ramírez o a Teodoro Darnott, por canales electrónicos, pasaba a través de mí.

Actualizar semanalmente todas esas páginas web durante años implicó un esfuerzo brutal, ya que no contaba con la ayuda de nadie para el mantenimiento de todos y cada uno de esos *websites*. Pero mereció la pena. El volumen de información que pude reunir y, sobre todo, los siniestros personajes con los que pude contactar compensaron las miles de horas invertidas.

Una buena presencia en la red es útil. Y estoy seguro de que, de haber sido posible en el siglo XVIII, Domingo Badía habría sido el primero en forjarse un perfil de Internet sólido y creíble como Alí Bey, antes de cruzar el estrecho de Gibraltar en dirección a Tánger. Así que eso fue exactamente lo que hice a primeros de 2006. Y tras añadir mi recién estrenada web a los foros frecuentados por Teodoro Darnott y *Salaam1420*, seguí de nuevo los pasos de Alí Bey hacia el otro lado del Estrecho, salvando esos 14 kilómetros que separan Europa de África, pero en dirección contraria a las pateras y cayucos que buscan

---

1. *http://milagrosdeallah.blogspot.com*

en España el sueño de un mundo mejor. Como lo habían hecho los traficantes de mujeres, y las mujeres traficadas, con los que conviví el año que trafiqué con mujeres.

El paso del Estrecho empezó mal. El ferry «rápido» de las 17:00 se había cancelado, así que tuve que coger el siguiente, más barato pero más lento, y que zarpó con hora y media de retraso. Cuando tomé el ferry en Algeciras para cruzar a Tánger, no sabía que esas embarcaciones que unen por mar ambos continentes están provistas de un oratorio. Una pequeña mezquita en la que los viajeros musulmanes, que son la inmensa mayoría, pueden hacer sus oraciones durante el viaje.

Me las arreglé para situarme en un lugar estratégico que me permitiese observar, sin levantar sospechas, el interior del pequeño oratorio y a los musulmanes que aprovechan esas dos horas y media de travesía para rezar. En aquel momento no podía comprender el significado de aquella secuencia de movimientos, que todos los tipos que iban entrando en el pequeño templo repetían con la precisión de un reloj suizo. Tras descalzarse, antes de entrar, se colocaban en un punto determinado del habitáculo, se llevaban las manos a la cabeza un instante y luego las cruzaban sobre el pecho. Y después, en actitud reverente, comenzaban a mover los labios en silencio, como si recitasen alguna críptica jaculatoria en árabe que yo no podía llegar a escuchar. Seguidamente, se inclinaban como en una reverencia, para volver a incorporarse antes de arrodillarse en el suelo. Luego postraban la cabeza en una especie de señal de sumisión, dos veces. Y el ciclo volvía a empezar... Para mí se trataba todavía de un ritual indescifrable. Sin embargo, y esta es la clave para toda infiltración, tenía que encontrar en aquel mundo incomprensible, en aquella religión inexplicable, en aquella manera de entender el mundo tan alejada de la mía, algo a lo que agarrarme. Algún sentimiento, alguna forma de empatía, algo que coincidiese con mi propia forma de ser o de pensar, en lo que amparar los pilares de mi personaje. Y cuanto más analizaba a aquellos tipos de las túnicas y el gorrito ridículo, arrodillados en dirección a La Meca, menos probable veía que yo pudiese convertirme en uno de ellos.

Sabía que una vez llegase a mi destino, no podría fumar ni beber alcohol en presencia de los musulmanes con los que iba a pasar los próximos días, así que busqué el lugar más discreto en la proa del ferry para vaciar el último botellín de vodka y fumarme el último cigarrillo lejos de miradas indiscretas antes de que arribásemos al puerto marroquí. Apoyado en la barandilla del barco, contemplando cómo las costas de Europa quedaban atrás mientras las africanas se hacían cada vez más grandes, pensé en Alí Bey. Estoy seguro de que Domingo Badía sintió exactamente la misma excitación ante el mundo desconocido que le esperaba al otro lado del Estrecho, el mismo hormigueo en la boca del estómago y la misma mezcla de temor y ansiedad, cuando dos siglos antes hizo esa misma travesía para infiltrarse clandestinamente, como yo, en el mundo islámico, dejando en la popa la antigua Al Andalus.

En la antigua Al Andalus, hoy Andalucía, existe una abundantísima comunidad islámica. No solo la nutrida por inmigrantes magrebíes o subsaharianos afincados en España tras cruzar el Estrecho, sino también la de los españoles conversos al Islam, que es asimismo importante. No olvidemos que el «Padre de la Patria andaluza», Blas Infante, fue un devoto converso al Islam.[2] Suyas son las palabras: «Hay que aprovechar esos períodos libres para reencontrar el río de la genialidad, fuerzas sociales culturales, para hacer del hombre andaluz, hombre de luz, como lo fue antaño, cuando fue capaz de crear un foco cultural como Tartessos e inundó el mundo occidental con la sabiduría de Al Andalus».

Además de ser el destino preferido de los multimillonarios jeques árabes del petróleo que han frecuentado Marbella desde hace décadas, incluyendo al jeque Osama Ben Laden, desde Andalucía se mantienen algunas de las páginas web islámicas dirigidas a la comunidad hispanoparlante más influyentes del mundo. Quizás la más importante de todas ellas sea *www.webislam.com*. A Yusuf Fernández, su director y a la vez presidente de la Junta Islámica, tuve la oportunidad de conocerlo en uno de los muchos cursos sobre terrorismo que hice esos años. Así que no podía tener mejores contactos en la comunidad islámica andaluza. Especialmente en ciudades como Córdoba o Granada, here-

---

2. Autor de la actual bandera y la letra del himno de Andalucía, e impulsor del primer anteproyecto de Bases para el Estatuto de Autonomía de Andalucía, este sin par político, periodista, musicólogo, antropólogo e historiador malagueño fue reconocido por el Congreso de los Diputados y el Parlamento de Andalucía como el «Padre de la Patria» andaluza, y el máximo ideólogo del andalucismo. El 5 julio de 1936 fue elegido presidente de honor de la futura Junta de Andalucía, pero un mes más tarde, recién iniciada la Guerra Civil española, fue detenido y fusilado, sin juicio previo, por la Falange franquista. En el lugar de su asesinato, el kilómetro 4 de la carretera Sevilla-Carmona, se erige un enorme monumento en su memoria. Pero lo que muchos andaluces ignoran es que Blas Infante fue un devoto musulmán, que se convirtió al Islam públicamente el 15 de septiembre de 1924 en una pequeña mezquita de Agmahat (Marruecos) y adoptó el nombre árabe de Ahmad, ante varios testigos. Cada 28 de febrero, día de Andalucía, se homenajea su memoria. En uno de sus manuscritos inéditos (AEE,1- Enrique Iniesta) Blas Infante escribió: «Mi nacionalismo, como he dicho, no consiente, al contrario, estima grotesca la alabanza de un pueblo a sí mismo tanto como la propia alabanza individual. Mi patriotismo sigue otros derroteros; antes que andaluz es humano. Creo que, por el nacimiento, la naturaleza no circunscribe un recuerdo para el nacido sino que complementa, discierne a los soldados de la vida el lugar en donde han de luchar por ella. Yo quiero trabajar por la causa del espíritu, en Andalucía, porque en ella vine a nacer; si en otra parte me encontrare, me esforzaría por esta causa con igual fervor». Y sus fascinantes ensayos sobre el origen del cante hondo vinculan de forma irrefutable la cultura flamenca con la recitación del Corán y la supervivencia de los moriscos que escaparon a la persecución católica integrándose en las comunidades gitanas de Al Andalus.

deras del antiguo califato, donde abundan las mezquitas, asociaciones culturales, hermandades árabes, comunidades islámicas, etcétera. Y muchas de ellas
ofrecen cursos de árabe y de Islam para conversos, impartidos por nativos
tanto en Andalucía como en el vecino Marruecos. Yo me colé en algunos de
esos cursos, y en Al Magrib recibiría mi primera introducción al Corán.

En cuanto el ferry atracó en Tánger, busqué la parada del autobús que debía
llevarme a mi destino y me preparé para un largo viaje. Alí Bey había llegado
a aquel puerto con la cobertura de un príncipe sirio y los recursos ilimitados
de Carlos IV, pero yo iba por libre y quería pasar desapercibido e integrarme
en mi nueva identidad lo antes posible.

Era el único extranjero en aquel destartalado autocar. Todos los demás
viajeros eran marroquíes. Es cierto que existen formas más rápidas y cómodas
para viajar desde Tánger a Rabat, pero yo había escogido la más humilde por
la misma razón por la que había elegido el austero transbordador para llegar
al país. Quería empaparme lo antes y lo más profundamente posible de todo
lo que tuviese que ver con la cultura árabe, o en este caso marroquí, y experimentar el viaje tal y como lo realizan los que yo consideraba mis objetivos.
La idea era buena. Pero tardé exactamente cinco minutos en arrepentirme.

El viaje desde Tánger fue insoportable. El autobús carecía de lavabo, aire
acondicionado, hilo musical o cualquier otro tipo de comodidades a las que estamos acostumbrados los burgueses europeos, y unos cartones en el suelo nos
ocultaban de la vista los restos de vómitos de un viajero mareado, aunque no su
olor. Sin embargo, una vez en mi destino, que no precisaré demasiado por razones de seguridad, las cosas serían mucho peores. Recuerdo aquellos primeros
días de intensivo estudio del Corán con frustración, sueño y muchísimo frío.

Frustración por mi ineptitud e incompetencia para entenderme con mis
compañeros en mi más que elemental árabe. Afortunadamente todos hablaban
francés y varios de ellos, de origen saharaui, también español. La escasez de
horas de sueño, estudiando y leyendo hasta tarde y levantándonos antes del
amanecer para rezar, también contribuía a mi torpeza natural. Y mi ignorancia sobre el país, al que siempre había relacionado con el calor del desierto,
me hizo llevar una maleta llena de ropa de verano, y ni una prenda de abrigo.
No recuerdo haber pasado nunca tantísimo frío. Gracias a Dios, la familia que
me acogía terminó por apiadarse de mí y me regaló una gruesa pero más
que vetusta chilaba, que me hacía entrar en calor, además de conferirme un
aspecto absolutamente integrado en el ambiente. La mejor prueba para calibrar
lo integrado que está un infiltrado en un país árabe como Marruecos es pasear-
te por el zoco más cercano. Si no te asaltan mil comerciantes intentando
venderte cualquier tipo de producto, significa que no pareces un turista extranjero. Y con mi barba cada vez más larga y mi chilaba, absolutamente nadie se
me acercaba por la calle. Eso era bueno. Mi familia de acogida acababa de

regresar de su peregrinación a La Meca. Eran musulmanes rigurosos y estrictos. Todo el día tenían sintonizada la televisión en canales que emitían programas sobre el Corán, y en cuanto llegué a su casa supe que durante esa estancia no podría fumar, ni beber, ni comer cerdo, ni tampoco escuchar música occidental, ni por supuesto bailar. Y yo adoro bailar...

Algo que me sorprendió en aquel tiempo en Marruecos es que Abdallah, su esposa Samira y sus dos hijas Fatiha y Naima, mi familia de acogida, me prohibieron terminantemente hablar con nadie de ningún tema de contenido político ni religioso. Se me exigió de forma explícita que no mencionase Palestina, Iraq ni Afganistán nunca, con nadie. Ni tampoco a Hugo Chávez. Según ellos, Marruecos estaba absolutamente infiltrado por agentes de la CIA y el FBI, y toda una legión de colaboradores.

Marruecos, como Argelia, había sido una nutrida cantera de muyahidín, incluyendo a los asesinos del 11-M. Y las mezquitas estaban llenas de soplones de la policía marroquí, siempre dispuesta para detener e interrogar enérgicamente a cualquier sospechoso de colaboración con el terrorismo.

—Y no te gustaría, hermano Muhammad, que te interrogasen en los sótanos de una comisaría marroquí —me dijo mi primer maestro de estudio coránico, justo antes de confiscarme el *kufiya*, el pañuelo palestino que me había comprado en Ramallah, y que me ha acompañado durante toda esta investigación por medio mundo.

Según mis compañeros de *madrasa*, la escuela, una prenda como aquella era un dedo acusador que señalaba mi simpatía para con los palestinos, y eso en Marruecos podía ser contraproducente en aquellos momentos. Sobre todo porque uno de nuestros vecinos, según me contaron entre susurros, pocos días antes de mi llegada acababa de marcharse a Iraq para unirse a la resistencia. La obsesiva insistencia por que yo no hablase de temas conflictivos como Palestina o Iraq con desconocidos no era una actitud paranoica. La alianza de Marruecos con los Estados Unidos en materia antiterrorista se dejaba sentir hasta en la última mezquita del país. Y el control policial de los yihadistas se había radicalizado desde los extraños atentados de Casablanca, en 2003.

Todos los días me levantaban a las 5:30 de la madrugada para hacer la primera oración de la mañana. Y a partir de ese momento debía estudiar el Corán durante horas, a veces hasta ocho seguidas. Memorizaba capítulos y versículos en árabe. Capítulos y versículos que más tarde, antes del descanso para comer, debía recitar a mis profesores, que corregían mi torpe pronunciación.

Allí aprendí a purificarme. Antes de iniciar cada uno de los rezos diarios y antes de tocar el Corán, cumplía fielmente el ritual del *wudu* (وضوء), o pequeñas abluciones, que me enseñaron mis hermanos musulmanes. Lavándome las manos, la boca, la nariz, los ojos, los antebrazos y los codos, las orejas, el cuello, la cabeza y los pies, tres veces. También conocí la existencia de los hadices, o tradiciones transmitidas por los compañeros del Profeta, que tienen más o menos fiabilidad dependiendo de la escuela islámica a la que pertenezcas. Y estudié la vida del profeta Muhammad, sus milagros y enseñanzas.

Además, empecé a escribir el Corán, en árabe, a mano. Una actividad que continuaría tras mi regreso a España y durante mis futuros viajes. Me llevaría más de dos años. Tenía que practicar la caligrafía árabe, y qué mejor forma de hacerlo que copiando el Sagrado Corán. Así que cada día, después de levantarme y hacer la primera oración de la mañana, intentaba dedicar un tiempo a copiar una página del Corán en su lengua original. Al principio mi caligrafía era lenta y torpe, y tardaba casi una hora en copiar una sola página. Pero día a día, aleya a aleya, y sura a sura, iba ganando confianza, velocidad y sobre todo conocimiento de la Sagrada Escritura. Una vez completado el primer tomo, aquel Corán, escrito a mano de mi puño y letra, sería una muestra de mi devoción por el Islam, que también contribuiría a reforzar mi identidad como aspirante a muyahid e incluso a shahid (mártir). Los hermanos musulmanes que tiempo después vieron aquel Corán manuscrito por mí tendían a aceptarme con más facilidad en sus mezquitas. ¿Quién sino un devoto musulmán iba a invertir tanto tiempo y esfuerzo en copiar el Corán a mano en árabe?

Leí muchos libros sobre mística islámica, teología y filosofía suní, chiita, wahabí, sufí, etcétera. Descubrí a los grandes contemplativos musulmanes, como Al Ghazali (llamado el san Agustín árabe), el español Ibn Arabi, el amoroso Rumi, el sublime Dhul Num *el Egipcio*, o el mártir Mansur al Hallaj (torturado y crucificado) entre otros, cuyos versos místicos nada tienen que envidiar a los de san Juan de la Cruz o san Ignacio de Loyola. Y contemplativas, como Rabi'a Al Adawiyya, originaria de Basora (Iraq) y poseedora de una vertiginosa biografía, considerada por muchos la primera poetisa de la historia. Sus textos no se diferencian demasiado de los de santa Teresa de Jesús, solo que fueron escritos siete siglos antes. Nunca había imaginado que una religión, considerada en Occidente como violenta, radical y terrorista, pudiese generar obras literarias y místicas de semejante sensibilidad. Y también de tan preclara racionalidad. Porque solo quien ignora absolutamente la lucidez, el ingenio y el irónico sentido del humor de los cuentos sufíes puede afirmar que el Islam es una religión carente de autocrítica o irracional. Personajes como el desternillante antihéroe y antimístico Mullah Nasruddin, de origen presuntamente turco, y su literatura satírica pero repleta de verdades evidentes, utilizan el humor, la ironía y la crítica para transmitir una enseñanza. Representado siempre sonriente y a lomos de su burrito, desde el siglo XIII sus cuentos y anécdotas recorren todo el mundo islámico, y todavía hoy son aplicables.

Ocho siglos antes de que Ilich Ramírez Sánchez, *Carlos el Chacal*, se obsesionase con mi larga barba e intentase convencerme para que me la acortase con objeto de no llamar la atención en los aeropuertos europeos o americanos,

Nasruddin escribía: «Los verdaderos devotos llevan barba —decía el imam a su auditorio—. ¡Mostradme una barba espesa y brillante y yo os mostraré a un verdadero creyente!... Mi cabra tiene una barba más espesa y larga que la tuya —contestó Nasruddin—, ¿significa eso que es mejor musulmán que tú?». Quizás muchos yihadistas modernos deberían recuperar a Nasruddin de sus lecturas tradicionales obligadas, y volver a repasarlo. Pero, como no lo hacen, yo debía continuar dejando crecer mi barba.

Con mis hermanos musulmanes asistí sorprendido a conversaciones que se producían ante mí, exclusivamente porque mis compañeros creían que yo era palestino-venezolano, y no español. Escuché los relatos de jóvenes marroquíes que habían pasado mucho tiempo en España, Francia o Italia, estudiando o trabajando, y que se quejaban del racismo y la islamofobia que existía en la antigua Al Andalus y en toda Europa. Sobre todo después del 11-M. En alguna ocasión tuve que contener una sonrisa cuando hablaban de los skinheads y los neonazis que los perseguían para agredirlos en ciudades como París, Roma o Madrid. Me sonaba familiar. Lo que no me sonaba familiar era la historia de los musulmanes, marroquíes, que ayudaron a Francisco Franco a ganar el poder.

Hakim, uno de mis nuevos amigos, era nieto de uno de los cien mil marroquíes, de entre dieciséis y cincuenta años, que lucharon en la Guerra Civil española. Reclutados por el Generalísimo en las cabilas del Protectorado del norte y en los miserables poblados de Ifni, fueron trasladados a la Península en barcos y en aviones alemanes para combatir con los franquistas durante tres años, dejándose la piel, y muchos la vida, al servicio de dictador. Los que consiguieron volver a Marruecos con vida vieron cómo las promesas de Franco nunca se cumplieron. Los que sobreviven reciben una ridícula pensión, y sus nietos, como Hakim, son apaleados cuando visitan España por los ultraderechistas, que se confiesan afines al régimen que sus abuelos ayudaron a implantar en España.[3]

Oí sus opiniones sobre la incomprensible ignorancia que existía en España acerca de una religión y una cultura que durante ocho siglos había permanecido en aquel país. Y también sus quejas sobre los modales de los europeos y el descaro de las europeas, a los que mis compañeros consideraban primitivos, maleducados y sobre todo muy sucios. Para un musulmán, que se lava como mínimo cinco veces al día, una antes de cada una de las oraciones preceptivas, es evidente que una sociedad laica, o cristiana, que solo se asea una

---

3. El cineasta melillense Driss Deiback desarrolló no hace mucho en su documental *Los Perdedores* la fascinante historia de los «moros de Franco». Pude conocerle cuando presentó su película en el Festival de Cine Árabe AMAL, que se celebra todos los años en Santiago de Compostela, y que recomiendo vivamente.

vez al día, puede parecer falta de higiene. De hecho, yo no recuerdo haberme
sentido tan limpio nunca antes de mi conversión al Islam.

Pero lo que más me sorprendió, acostumbrado el tópico de la mala situación de la mujer en los países árabes, era escuchar cómo ellos pensaban lo
mismo de Occidente. Para mis hermanos musulmanes resultaba escandaloso
el trato que se daba a las mujeres en los países cristianos. Conocían las cifras
del maltrato machista y la violencia de género que en 2005 había llegado a 63
mujeres asesinadas por sus parejas en España. En 2004 habían sido 72 y ese
año 2006 volverían a superar los 70 crímenes sexistas. Y las cifras son iguales,
o mayores, en países judeocristianos tan modernos y progresistas como Francia, Italia o, sobre todo, Suecia, donde los hombres que no aman a las mujeres visten pantalones y americanas, no turbantes y chilabas. En América Latina, otro feudo cristiano, las estadísticas, aunque menos precisas, son mucho
más escandalosas. En lugares como Ciudad Juárez, el burka afgano, preislá-
mico que no musulmán, parece un chiste en comparación con la brutal casuís-
tica de violaciones, torturas y asesinatos de mujeres.

Yo no estaba acostumbrado a escuchar ese punto de vista. En Europa se
da por supuesto que las mujeres árabes están oprimidas y sometidas al varón.
Y es cierto. En la medida en que las mujeres continúan padeciendo la violencia de género en los cinco continentes. Sin embargo, esa cuestión, zanjada
socialmente en Europa antes de iniciar todo debate, nos obligaría a un diálogo
serio. Porque una vez más se confunden los países árabes con los países de
mayoría musulmana. Se mezclan las culturas orientales con otras tan occidentales como todo el norte de África. Se mestizan razas, religiones o ubicaciones
geográficas en un caos racista en el que la generalización y el desprecio hacia
aquel que es diferente a nosotros se convierten en norma. Y eso lo he visto
tanto en el mundo cristiano y occidental como en el mundo islámico y oriental. Hasta en esos prejuicios hacia el «infiel» somos muy parecidos.

Aunque desconozco las cifras reales sobre violencia de género en los países árabes, si es que tales cifras existen, yo no pude rebatir los argumentos
de mis hermanos musulmanes sobre la violencia de género y los crímenes
machistas en Europa, porque tenían razón. Y eso que mis compañeros no
tenían idea de los cientos de miles de mujeres prostituidas en los burdeles
de todas las ciudades de todos los países occidentales. Ellos no habían vivido,
como yo, la realidad del tráfico de niñas y mujeres para su consumo sexual
en Europa, por respetables occidentales cristianos y demócratas. No sabían
nada de Susi, la joven nigeriana que me vendían en Murcia por 17 000 dólares; ni de Clara, la adolescente rumana que me vendían en Galicia por 8000
euros; ni de las niñas vírgenes, chiapanecas, que me vendían en Madrid por
70 000 euros... Si mis hermanos musulmanes supiesen lo que yo sé después
del año que trafiqué con mujeres, probablemente su opinión sobre los occi-

dentales sería todavía peor. Como lo es la mía. Y hasta Sayyid Qutb parecería un moderado.

Tal vez, y aunque me gane muchas enemistades al decirlo, en el fondo no existen tantas diferencias entre las esperanzas de un islamista, es decir, un musulmán especialmente fervoroso e integrista, y las de un integrista cristiano. De la misma forma en que un supernumerario del Opus Dei, un padre de familia amish o un devoto copto quizás desean una sociedad regida por los valores de la Biblia (sin divorcio, sin aborto, sin promiscuidad sexual, sin drogas, etcétera), un musulmán radical añora un mundo bajo los valores del Corán. Pero un cristiano radical no necesariamente es un violento miembro de los Guerrilleros de Cristo Rey o un asesino del IRA. De la misma forma, un musulmán devoto e integrista no necesariamente es un yihadista.

Aquellos jóvenes musulmanes, además, me descubrieron una forma de ver el Islam moderno, cosmopolita, del siglo XX y XXI, muy distanciado de los moros con camello y turbante que yo imaginaba en mi profunda ignorancia. El Islam del rockero británico Cat Stevens, del boxeador norteamericano Cassius Clay, del futbolista franco-argelino Zinedine Zidane, del actor egipcio Omar Sharif, del filósofo francés René Guénon, del político afroamericano Malcolm X... o los premios Nobel Naguib Mahfuz, Mohamed Anwar al-Sadat, Mohamed El Baradei, Ahmed Hassan Zewail... Todos ellos musulmanes que triunfaron en el mundo del cine, la música, la ciencia, la literatura, la política o el deporte en Occidente, y son referente para millones de admiradores. Herederos de los matemáticos, astrónomos y literatos árabes que convirtieron Al Andalus en la civilización más desarrollada de su época, y que ahora son estigmatizados y satanizados en todo el mundo, solo por ser musulmanes. Yo confieso que nunca antes me había parado a ver las cosas desde su punto de vista.

Tampoco había charlado amigablemente con un musulmán árabe sobre el yihad, Ben Laden o Al Qaida, y al hacerlo descubrí dos cosas que me sorprendieron muchísimo en aquella convivencia. Por un lado, la existencia de dos tipos de yihad en el Islam: el Gran Yihad, que en el Sagrado Corán se define como «esfuerzo en el camino de Dios», es decir, la lucha interior para respetar los mandamientos del Profeta y ser un buen musulmán —y doy fe de que en el mundo en que vivimos no es nada fácil ser un buen musulmán; probablemente tan difícil como ser un buen cristiano o un buen judío—, y un Pequeño Yihad, que puede implicar la lucha armada en defensa del Islam, y la excusa de los yihadistas terroristas para su violencia.

Por otro lado, me impresionó el escepticismo generalizado de los musulmanes en torno a Ben Laden y Al Qaida. Para la inmensa mayoría de los musulmanes que conocí, Al Qaida era un invento de la CIA y del MOSSAD, Ben Laden su asalariado, y el atentado al World Trade Center una operación interna de los Estados Unidos para justificar el robo del petróleo iraquí. Más tarde descubriría que los miembros de los grupos terroristas latinos opinaban lo mismo. Excepto los que de verdad tenían criterio y experiencia para emitir un juicio de valor, como Ilich Ramírez, que me confesó haber conocido personalmente a los ideólogos de esa masacre. Sin embargo, mis compañeros en Marruecos, jóvenes devotos sin la menor relación con el terrorismo, suscribían las teorías escépticas del francés Thierry Meyssan, el norteamericano Morgan Reynolds, el español Bruno Cardeñosa o el italiano Giulietto Chiesa, entre otros.

Un día, cuando nuestra camaradería estaba consolidada, mis hermanos me invitaron a que los acompañase a su habitual visita al *hamman*, el baño árabe, y en ese momento se dispararon todas mis alarmas y recordé las palabras del inspector Delgado: «¿Te la vas a cortar?... Los musulmanes, como los judíos, se circuncidan... ¿Te has circuncidado?». Tuve que buscar una buena excusa, y no fue nada fácil, para evitar acompañar a mis hermanos al *hamman*, de lo contrario, en cuanto nos desnudásemos, toda mi tapadera como musulmán se habría ido al traste, porque evidentemente mi pene no estaba circuncidado, pero todos los de mis hermanos sí. Resulta paradójico que al final tuviese que interrumpir mi formación coránica por una cuestión genital. Pero estaba claro que si pretendía convivir con musulmanes veinticuatro horas al día, tarde o temprano tendría que someterme a la misma operación a la que tuvo que prestarse Domingo Badía, para convertirse en Alí Bey... aunque la descripción que hizo en su libro de aquella dolorosa operación no resultase nada alentadora. Él prefirió hacerlo en Europa (en Londres), en lugar de en ningún país árabe. Y yo haría lo mismo, pero en España y cuando ya no hubiese más remedio.

Busqué una excusa para abandonar a mis hermanos musulmanes y, tras comprobar que nadie me seguía, aproveché aquella estancia en Marruecos para contactar con un viejo compañero de estudios en uno de los primeros cursos de terrorismo que recibí en España, al inicio de esta investigación. Un curso en el cual David Madrid y yo habíamos compartido pupitre, y notas, con aquel hombre menudo, risueño y cordial, en la Universidad de Madrid. Solo hacia el final de las clases, en los últimos días, nos había confiado su estrecha relación con el juez Baltasar Garzón. «Siempre que vengo a España lo visito, y cuando él viene a Marruecos también me visita. De hecho, ayer estuvimos cenando juntos», nos confesaría, el mismo día en que Baltasar Garzón vino a la facultad para impartirnos una clase magistral sobre terrorismo y derecho. Y es que aquel hombre simpático y extrovertido, que hablaba perfectamente español, era el mismísimo juez antiterrorista de Marruecos Abdelkader Chentouf, juez de la Corte de Apelación de Rabat e instructor de la investigación de los atentados de Casablanca, en mayo de 2003. Tengo que reconocer que, gracias a Allah, soy un tipo con mucha suerte. Mientras marcaba el número de teléfono móvil de Abdelkader, mi antiguo compañero de pupitre, me preguntaba qué probabilidades estadísticas había de que una coincidencia tan generosa se produjese por puro azar. Realmente Dios es compasivo y misericordioso.

Llamé al juez Chentouf en cuanto llegué a Rabat y antes de continuar mi viaje hacia Casablanca, escenario del mayor atentado terrorista en la historia de Marruecos. Meses más tarde volvería al país para visitar Marrakech y Meknes, donde se ejecutaron otros atentados terroristas. Quería visitar, ver y sentir personalmente los lugares donde se habían desarrollado las operaciones de martirio.

A Abdelkader no le hicieron mucha gracia mis preguntas. Es normal. El atentado que aterrorizó Casablanca el 16 de mayo de 2003, y que oficialmente se atribuyó a mi viejo amigo Abu Musab Al Zarqaui, es uno de los episodios más extraños y anómalos del terrorismo internacional. Tras realizar varias entrevistas y visitar los lugares donde tuvieron lugar las explosiones, empezaba a hacerme una idea de lo que ocurrió aquella noche absurda de 2003.

Casablanca: el peor atentado islamista desde el 11-S

En la rutina del terror, 2003 fue un año de gran actividad asesina. Durante todo el año se produjeron atentados terroristas, yihadistas o no, en todo el mundo. Aunque la inmensa mayoría de aquellos crímenes a los occidentales no nos preocupasen demasiado. En realidad, solo prestamos atención al terrorismo cuando nos golpea en casa. Pero durante todo 2003, el terror llamó a otras puertas en los cinco continentes. El atentado más notable se produjo en Marruecos. Un ejemplo paradigmático de instrumentalización política del terrorismo y de sus consecuencias.

El viernes 16 de mayo de 2003 parecía un día normal en Marruecos. Casualmente, ese mismo día el ministro de Asuntos Exteriores marroquí Mohammed Benaisa recibe a Dick Cheney, Condoleezza Rice, Paul Wolfowitz, Richard Armitage y el subsecretario de Estado para el Cercano Oriente, William Burns, para debatir temas de interés común como los fosfatos, el hierro y el petróleo del Sahara Occidental ocupado por Marruecos desde que España abandonó a su suerte a los saharauis, treinta años antes.

Esa noche, una elaborada operación de martirio, que sincronizaba a varios suicidas en varios escenarios diferentes de la ciudad, dio comienzo a las 21:40. Un terrorista suicida se inmola cerca del Cementerio Judío de Casablanca y causa varias víctimas. Cinco minutos después, un comando de mártires detona dos bombas más en el Círculo de la Alianza Judía. A las 22:50, dos mártires se inmolan en el restaurante Le Positano. Cinco minutos más tarde, tres muyahidín atacan la Casa de España y se llevan por delante a diecinueve paisanos marroquíes, un italiano y dos españoles, Manuel Albiac y Francisco Abad, que mueren al momento —otros cuatro españoles fueron heridos graves y alguno falleció más adelante—. Casualmente, ese mismo 16 de mayo de 2003 la administración Aznar había considerado que el riesgo de ataques yihadistas a objetivos españoles en Marruecos había terminado, y retiró la vigilancia policial de la Casa de España...

Justo después de esta masacre, varios muyahidín llegan al hotel Farah y detonan en la recepción sus mochilas cargadas de explosivos. Uno de los mártires, Mohamed El-Omari, sobrevivió al ataque porque su mochila no explotó. Pero cuarenta y cinco personas murieron esa noche y más de cien resultaron heridas.

Como ocurre casi siempre, la inutilidad de aquella absurda e irracional masacre se evidencia en que todas las víctimas eran musulmanes marroquíes, menos dos españoles, un italiano y tres franceses. Es decir, el 90 por ciento de las víctimas mortales del ataque combinado a cinco objetivos simultáneos en Casablanca eran parte de esa misma Umma, la comunidad de musulmanes por la que los muyahidín dicen luchar. Al igual que en los ataques a los hoteles de Ammán. Es evidente que el terrorismo siempre se vuelve contra las mismas causas que lo utilizan y justifican. Matar por la implantación del Islam es una blasfemia. Pero matar a tus propios vecinos, hermanos musulmanes, por la implantación del Islam es una blasfemia estúpida.

El mayor perdedor tras un presunto atentado yihadista como el de Casablanca fue el Islam. Solo unas horas después de las explosiones, la policía marroquí procedía a realizar cientos de detenciones, siendo los principales damnificados los personajes más relevantes de la política islamista marroquí, en especial Abdelbari Zemzmi, Mohamed Fizazik y numerosos miembros del Partido Justicia y Desarrollo (PJD), tercera agrupación política en el Parlamento de Marruecos. Y tengamos en cuenta que los atentados se produjeron cuatro meses antes de unas elecciones municipales en las que los partidos islamistas tenían todas las ventajas en los últimos pronósticos de voto. Hasta que las bombas de Casablanca se las quitaron.

Oficialmente, como siempre, el atentado era obra de Al Qaida. Sin embargo, como siempre también, voces críticas se alzaron contra la versión oficial para expresar su teoría de la conspiración. Y dicha teoría se apoya en hechos reales, como por ejemplo:

1. El muyahid que oficialmente atentó contra el Cementerio Judío en realidad se inmoló en la plaza Sahat Al Arsa, en la que no hay absolutamente nada. A 150 metros hay una fuente, esta vez sí, cercana a un cementerio judío, pero que está abandonado desde hace cincuenta años. ¿Es lógico atentar contra un cementerio abandonado? ¿Puede un terrorista nativo equivocarse de plaza y suicidarse en el lugar equivocado?

2. Los muyahidín que atacan en el Círculo de la Alianza Judía lo hacen en sabbat, cuando el local está cerrado y no hay nadie en su interior. El día

anterior se había celebrado una boda con ciento cincuenta comensales, pero ellos atacaron cuando no había nadie, y además detonaron la bomba antes incluso de entrar en el local.

3. Los dos mártires que atacaron el restaurante Le Positano, en la calle Farabi, eligieron el mismo día festivo judío en que el restaurante estaba vacío. Y también se mataron en la puerta, ni siquiera entraron.

4. El comando que atacó la Casa de España tuvo más éxito... relativamente. De las veintidós víctimas mortales, diecinueve eran marroquíes musulmanes. Un precio muy alto, en mi opinión, a menos que esos mismos «guerreros de Allah» consideren que la vida de un cristiano vale tanto como la de seis musulmanes y pico. De no ser así, la operación no podría considerarse un éxito.

5. En cuanto a los atacantes al hotel Farah, de nuevo detonan sus explosivos, los que funcionan, en la entrada, sin llegar a penetrar a fondo en el hotel.

En una ocasión, dice Nasruddin en uno de sus cuentos satíricos, un vecino llamó a su puerta para pedirle prestado su burro, mas el Mullah no quería prestárselo y se excusó diciendo: «Lo siento pero ya se lo he dejado a otro vecino». En ese momento el burro comenzó a rebuznar desde el patio de la casa, y lógicamente el vecino exclamó: «¡Pero si lo estoy escuchando ahora mismo!». A lo que Nasruddin respondió indignado: «¿A quién vas a creer, al Mullah Nasruddin o a su burro?». Lo cierto es que a veces resulta complicado creer las versiones oficiales sobre algunos atentados terroristas, y por eso muchos marroquíes no las creían.

—Fueron los del MOSSAD —me explicaba Rashid, el taxista que se empeñó en enseñarme «pruebas» de la conspiración en Casablanca—. Ellos mismos montaron todo ese circo para luego poder deshacerse de su competencia política en las elecciones, y para dañar aún más la imagen del Islam.

Mientras decía esto, el taxista me llevaba al que pretende ser el único museo judío del mundo islámico. Una auténtica anomalía, situada en el barrio Oasis de Casablanca, a quince minutos del centro de la ciudad. El museo, que conserva valiosos tesoros artísticos, religiosos y documentales, tiene un valor cultural innegable. Según Rashid, si de verdad alguien quisiese atentar contra un objetivo de alto valor simbólico para el pueblo judío, buscaría objetivos tan valiosos como este y no se inmolaría inútilmente en la fuente de una plaza, en la puerta de un restaurante vacío, o en los aledaños de un centro judío en el que no había nadie...[4] Y, sobre todo, programar una serie de atentados conjuntos, en

---

4. Recientemente Omar Munir, nativo de Esauira y jurista de formación, que enseñó durante ocho años en la Facultad de Derecho de Casablanca antes de dedicarse a la investigación

nombre del Islam, en los que el 90 por ciento de las víctimas resultan musulmanes locales inocentes es una chapuza comparable al atentado, no resuelto,
cometido en el restaurante El Descanso, de Madrid, el 12 de abril de 1985. Aunque los autores en teoría querían atacar a los militares norteamericanos destinados en la cercana base militar de Torrejón, las dieciocho víctimas mortales de
la explosión eran españolas. El atentado se atribuye a Mustafá Setmarian...

El primer atentado de Casablanca tuvo lugar cuatro meses antes de las
elecciones, pero sus repercusiones políticas fueron similares a las del 11-M en
España. Tras las explosiones, la policía y la inteligencia marroquíes iniciaron
la caza del yihadista. Y la oposición islamista del Partido Justicia y Desarrollo
fue literalmente barrida del mapa político. Entre sus miembros y simpatizantes se produjeron miles de detenciones. Detenidos que eran trasladados a
oscuros calabozos, donde se veían sometidos a crueles interrogatorios. Y todos
confesaban lo que los interrogadores quisiesen oír. Es lo que tiene la tortura.
Puede que algunos de los detenidos y torturados tras los atentados de 2003,
como Abdelfettah Raydi, fuesen ya unos terroristas con vocación de suicidas
antes. Pero lo que está claro es que después de salir de aquellos calabozos
marroquíes, Abdelfettah sí lo era. Antes de 2003 sus vecinos, hermanos y
amigos decían que era un musulmán moderado, vendedor de profesión y un
hombre siempre sonriente. Después de su paso por los calabozos dejó de ser
moderado, dejó su profesión y dejó de sonreír.

Líbano: los destructores de la historia

Aquel viaje a Marruecos fue especialmente intenso. Más tarde volvería para
seguir la pista de otros atentados en Casablanca, Meknes, Marrakech, etcétera,

---

independiente y al periodismo, publicó un libro titulado: *Les attentats de Casablanca et le complot
du 11 septembre*, en el que llega a la conclusión de que los muyahidín inmolados el 16 de mayo
de 2003 estaban bajo los efectos de algún tipo de droga, que habría mermado su capacidad de
reacción y orientación. Y que las bombas habrían sido detonadas por control remoto, por manos
ajenas a los mismos muyahidín. Omar Munir, evidentemente, sugiere una teoría de la conspiración que a los españoles que sufrimos el 11-M nos resulta familiar. Yo, por supuesto, no tengo
forma de saber quién estaba detrás de los atentados de Casablanca, pero creo que es evidente
que, tanto si un grupo de malos musulmanes, radicales y violentos, organizó los ataques, como
si todo es fruto de una conspiración para culpar a los islamistas moderados marroquíes, al final,
de una forma u otra siempre que estallan las bombas se quiebra la Umma, y el Islam es el gran
perdedor. Como es lógico, mi ex compañero de pupitre, el juez Abdelkader Chentouf, no comparte la opinión de Omar Munir. Abdelkader insiste en que hay que contextualizar los atentados
de 2003 en el universo yihadista internacional, y en especial en relación a los atentados que se
producirían en Marruecos posteriormente. Y quizás ambos tengan razón.

pero cuando regresé a Europa tras aquella estancia en concreto, me llevaba sentimientos contradictorios conmigo.

Por un lado me sentía confuso por aquellas intensas jornadas de estudio del Sagrado Corán, y por la convivencia, veinticuatro horas al día, con musulmanes y musulmanas que me abrieron los brazos y las puertas de su casa y de su vida. Que me acogieron como a un hermano. Con los que compartí cama, comida y plegarias. Lo que me hizo replantearme algunos de mis prejuicios sobre el Islam. En aquellas personas no encontré fanatismo, ni intolerancia, ni por supuesto la barbarie asesina que esperaba, aunque sí una fe estricta y consecuente. Cuando nos despedimos, mi familia de acogida me hizo varios regalos que habían traído de su reciente peregrinación a La Meca, y que tienen el valor intrínseco de haber llegado desde la ciudad santa del Islam, como un rosario árabe (conocido como *tasbith*, *subha* o *masbaha* dependiendo del país), un gorro de *salat* y una pequeña alfombra para rezar. Una preciosa alfombra verde, el color del Islam, con la piedra sagrada de Kaaba bordada en ella. Esa alfombra me acompañaría a partir de entonces en mis viajes por muchos países árabes, acogiendo mis oraciones todos los días del año. Y muy especialmente en el sagrado mes de Ramadán.

Por otro lado, la información que había recopilado sobre el atentado de Casablanca me mostraba la cara más radical, infame y asesina del yihadismo fanático. Igual que me había ocurrido en Ammán, la investigación sobre el terreno de un atentado terrorista contagia una desagradable sensación de impotencia, de rabia y de desprecio por la religión que ampara o al menos justifica esa violencia. Una violencia estúpida, absurda y estéril. Como todas las formas de violencia. Y a pesar de esta incuestionable realidad y los sentimientos contradictorios que me producía, lo cierto es que algunas de las conversaciones que había escuchado en Marruecos entre mis compañeros de estudio me dibujaban un mapa del yihad muy diferente al que expresan los medios de comunicación occidentales. Para ellos, Palestina, Iraq, Afganistán, Chechenia, etcétera, son ejemplos de pueblos hermanos oprimidos, masacrados y humillados por la ambición occidental. En el fondo, la historia colonial siempre ha sido la misma. Desde su punto de vista les llevamos la «cultura», la «civilización», las enfermedades venéreas y la religión «verdadera», y a cambio nos traemos sus riquezas, sus mujeres y su dignidad. Resulta inquietante echar la vista atrás, en una hemeroteca, en un archivo o en la memoria de nuestros mayores, y ver cómo la historia se repite cíclicamente. África, América, Oriente Medio...

Para mi sorpresa, en Marruecos y a pesar de que mis compañeros de estudios coránicos eran todos suníes, hablaban en clandestinidad, con profunda admiración, casi con reverencia, de un líder chiita. El único hombre que, según contaban, había conseguido poner en tierra la rodilla de Israel. El jeque de una guerrilla, de un movimiento islámico, de un partido político cada vez más arraigado en su país y en todo Oriente Medio. En todo el mundo musulmán, diría yo. En un tiempo en el que los informativos occidentales nos habían acostumbrado a los enfrentamientos mortales entre suníes y chiitas, transmitiendo la idea de que el Islam de una u otra tendencia era igual de violento y autodestructivo, aquellos estudiantes suníes expresaban su admiración por aquel líder chiita, y aquello me sorprendió. Supongo que resultaba tan chocante como escuchar a un luterano admirando la obra del Papa católico en plena guerra reformista.

Ese líder chiita, elogiado por mis hermanos suníes, era el jeque Hassan Nasrallah, dirigente de Hizbullah, el «Partido de Dios». Una organización islámica considerada terrorista por la Unión Europea y los Estados Unidos, asentada en el Líbano, aunque sus tentáculos se extendían por todo el mundo. Hasta ese momento todas las organizaciones yihadistas que había conocido, en Jordania o Marruecos, eran suníes. Y me inspiraba mucha curiosidad un movimiento chiita, considerado como terrorista, que era admirado por los irreconciliables enemigos de esa «herejía» islámica. Decidí que intentaría conocer también esa otra forma de yihad, en el Líbano.

Y mientras el avión hacía la aproximación al aeropuerto de Beirut, intuí que iba a descubrir una forma diferente de entender el mundo. Desde la ventanilla del avión podía ver cómo se extendían miles de kilómetros plagados de historia y cultura. Siglos y generaciones de artistas, exploradores, científicos, poetas, que dejaron su legado para toda la humanidad en forma de papiros, tablillas, esculturas y monumentos arqueológicos. Al norte Siria, con las huellas de Zenobia, Saladino y Saulo de Tarso, y más allá Turquía, la del Imperio otomano inalcanzable. Al este, tras Siria, Jordania, Iraq y Arabia Saudí, desbordantes de historia sagrada antigua y moderna. Al sur Palestina, la patria de Jesús, y después Egipto, cuna del cristianismo, del judaísmo y del imperio de los faraones. Y al oeste las costas mediterráneas, que exploraron antes que nadie los fenicios, el pueblo del mar. Imposible cuantificar cuánto debe a la historia de la humanidad esa región que llamamos Oriente Medio. Pero basta imaginar por un momento qué ocurriría si arrancásemos de los libros de texto de nuestros hijos todas las páginas que hablan de Mesopotamia, donde se inició la historia escrita; de Palestina o de Arabia, cunas respectivas de Abraham, Jesús y el profeta Muhammad; o de Egipto, origen de la ciencia y la cultura. Esos libros de texto se quedarían cojos, mancos, ciegos y sordos. Como nuestros políticos. Aunque lo de mancos sería cuestionable.

El aeropuerto de Beirut es un lugar fascinante. Nunca había visto una orgiástica mezcla de culturas, razas y lenguas como aquella. Chilabas y trajes de chaqueta, *hiyabs* y sofisticados tocados, gorras de béisbol y turbantes, túnicas y cazadoras de cuero... Beirut es conocido como la Suiza de Oriente Medio. Y su aeropuerto, el recibidor en el que recalan todas las visitas.

No encontré problemas para entrar ni para salir. Había tenido que acortar-me la barba en España y supongo que eso me confería un aspecto más occi-dental, lo que en este caso no era negativo. Al salir del Beirut-Rafic Hariri International Airport es inevitable toparse con las cicatrices de los bombardeos que han mutilado sin piedad la orografía de Beirut. Bombardeos que solo unos meses después volverían a masacrar el Líbano.

Recorrer el centro de la ciudad o su largo paseo marítimo en el Beirut Oes-te produce a todo visitante novato una momentánea desorientación: coches muy lujosos, edificios ultramodernos y mujeres voluptuosas nos hacen perder por un segundo la sensación de que nos encontramos en un país árabe que ha sufrido innumerables veces los zarpazos de la guerra. Sin embargo, si abando-namos la avenida París y sus miradores al mar, o las zonas reconstruidas del centro de la capital, pronto encontramos infinidad de testimonios gráficos de esas guerras. Las cámaras fotográficas pueden inmortalizar mil y un ejemplos de los continuos conflictos que han diezmado la población y la historia del Líbano en el último siglo. Edificios mutilados por las bombas, fachadas acribi-lladas a balazos, son las cicatrices de la línea verde que divide la ciudad.[5]

Es imposible cuantificar el valor de las pérdidas arqueológicas, culturales e históricas originadas por las guerras que han azotado el Líbano, pero desde que las excavaciones realizadas casualmente entre la place des Martyrs y el puerto descubrieron un emplazamiento cananita del 1900 a. C., cada vez que se reali-zaban obras para la construcción de un aparcamiento subterráneo, o de un nue-vo bloque de apartamentos, era inevitable toparse con restos arqueológicos. Líba-no alberga auténticas joyas históricas y arqueológicas que hace tiempo que son mucho más que patrimonio de la humanidad. La hermosa Biblos, que presume de ser la ciudad más antigua del planeta y donde he fumado las *narguilas (shishas)* más deliciosas del mundo árabe; la solemne Tiro, fundada por faraones y capital de los exploradores fenicios, o la inquietante Baalbek, llamada «la ciudad del sol» y probablemente el emplazamiento arqueológico más importante del Líbano. ¿Cómo cuantificar el valor de esos lugares?

El conjunto de templos romanos de Baalbek ha soportado el paso de los siglos y de ejércitos conquistadores de diferentes naciones, desde el año 150 de nuestra

---

5. En Líbano se conoce como «línea verde» a la zona que dividía los barrios cristianos del Beirut Este de los barrios musulmanes de Beirut Oeste durante la sangrienta guerra civil. Todavía hoy es posible ver los edificios agujereados por los obuses, o por los tiroteos, sobre todo en la zona oeste de la ciudad. Aunque algunos atribuyen la definición de línea verde a la vegetación que creció en los solares abandonados de los edificios destruidos, el origen está en la línea trazada en un mapa, con un rotulador verde, por los estrategas que se dividieron la ciudad en pleno conflicto. Más tarde se exportó el término de línea verde, y zona verde, a otros conflictos en Palestina, Iraq, etcétera.

era. Sin embargo, los muros del Templo de Baco serían uno de los «daños colaterales» de los misiles israelíes que destruirían varios edificios de la plaza central en la guerra que se avecinaba ese mismo año 2006. Y lo mismo ocurrió en el Templo de Júpiter, la estructura religiosa más grande del Imperio romano, que había soportado indemne el paso del tiempo, pero que poco después de mi viaje no podría esquivar los bombardeos israelíes. Baalbek es solo uno de los muchos tesoros arqueológicos del valle de Beqaa que había conseguido evitar las bombas en guerras precedentes, pero que no podría evitar ser tocada por los ataques que se avecinaban. Idéntica suerte correrían los importantes edificios históricos que se remontan a los siglos X y XIII y que salpican todo el país, como la ciudadela de Chehabi en Hasbaya, que sirvió de fortaleza para los ejércitos de la Primera Cruzada en el siglo XI y fue tomada en el siglo XII por los emires de Chehabi, cuyos descendientes la ocupan hasta la fecha. Pero los ejércitos cruzados, en el siglo XI, no usaban misiles teledirigidos. Los iraquíes lo saben bien.

Salvo algunos energúmenos insensibles, a los que el amor a la historia les importa menos que su desprecio por los árabes, todos los corazones occidentales se encogieron al presenciar los bombardeos norteamericanos a la antigua Mesopotamia y a su patrimonio arqueológico. Y contemplamos, impotentes, el expolio de archivos irreparables de nuestra memoria colectiva, como el Museo de Bagdad. En mi caso viví muy de cerca el asalto, la destrucción y el robo de nuestro pasado en Bagdad, cuna de la escritura y por tanto de la historia, a través de un buen amigo y compañero que estaba en Iraq cuando aquello ocurrió. No necesitaba la indignación de mis hermanos musulmanes y sus irrefutables argumentos para sentirme avergonzado del comportamiento de Occidente en la destrucción y el robo de la historia mesopotámica. Antes y después de la ocupación de Iraq.

En diciembre de 1994, más de veinte especialistas de talla internacional remitieron una carta a la UNESCO para denunciar la situación de abandono de los enclaves arqueológicos y la impunidad de los ladrones. El bloqueo impuesto por los Estados Unidos tras la primera guerra del Golfo y el hambre, la miseria y la enfermedad que azotaban muchas regiones del país obligaron a muchas familias a expoliar su pasado para conseguir un futuro. Ese mismo año, más de setenta hombres armados entablaron un combate contra los guardias que custodiaban la antigua ciudad de Al Medina, para robar antigüedades. Y, en Larsa, un vigilante de la excavación moría por disparos de Kalashnikov. Los objetos robados se trasladaban a Suiza y desde allí se distribuían al mercado negro. Entre ellos, más de ochenta mil piezas de la biblioteca cuneiforme que albergaba el museo, miles de joyas, cientos de sellos y varios toros alados de Asiria.

Pero a partir de la ocupación norteamericana, el robo, saqueo, destrucción y expolio del legado histórico de Mesopotamia se multiplicó por mil. Dejando por un instante al margen el incomparable sufrimiento humano y los cientos de miles de iraquíes muertos, heridos o mutilados, el daño que la ocupación ha infligido al patrimonio histórico de la humanidad es incalculable. Un miembro vital de nuestro pasado fue cercenado para siempre con la primera bomba que cayó sobre Bagdad. Como afirmó la escritora y crítica de arte iraquí May Muzaffar en un artículo publicado en *Le Monde Diplomatique*: «Al destruir la herencia de Iraq, su pueblo, su arquitectura, milenios de cultura de la humanidad quedaron barridos. Las fuerzas invasoras del país más poderoso de la tierra atravesaron vastos océanos, pisotearon los cuerpos martirizados de niños, mujeres, hombres jóvenes y maduros, utilizando la tecnología militar más moderna para apoderarse de los pozos de petróleo iraquíes. Desgraciadamente, las fuerzas de la coalición no solamente mataron y humillaron al pueblo y la cultura de Iraq, también abofetearon a la civilización. El legado que Iraq acaba de perder con esta guerra le pertenecía a toda la humanidad».

Según los analistas, se robaron más de cuatro mil piezas arqueológicas en el caos que asoló Iraq tras la Tormenta del Desierto. Pero lo verdaderamente escandaloso es que más de trescientas de esas piezas han aparecido en museos norteamericanos. ¿Cómo llegaron allí? No hay que ser demasiado inteligente para deducirlo. Sin embargo, y pese al evidente contrabando, robo y expolio de restos arqueológicos mesopotámicos que ha convertido en millonarios a muchos militares norteamericanos, la administración Bush miró hacia otro lado.[6]

Por supuesto, los norteamericanos no son los únicos beneficiarios de los robos del pasado árabe en Oriente Medio. Arqueólogos iraquíes denuncian la aparición en museos europeos o israelíes de piezas mesopotámicas, como varias esculturas de Jatra, un relieve de Sennaquerib, estelas de basalto de Salmanasar III, tablillas cuneiformes, etcétera, «desaparecidas» de los museos iraquíes tras la ocupación. Pero eso no es lo peor. Lo peor, además de las pérdidas de vidas humanas, es que los bombardeos aliados destruyeron para siempre muchas piezas históricas de valor no calculable.

Las imágenes de los responsables del Museo de Bagdad llorando desconsoladamente tras el saqueo y la destrucción de siete mil años de historia dieron la vuelta al globo en abril de 2003. Todos nos preguntábamos cómo era posible que todos los gobiernos del mundo permitiesen que las bombas aliadas hiciesen añicos un solo pedazo de nuestra memoria arqueológica. Lo increíble es que aquellas calles de Beirut que ahora recorría, aquellos arcos romanos, aquellos monumentos fenicios que pude fotografiar en 2006, iban a seguir la misma suerte que los monumentos iraquíes pocos meses después. Y, una vez más, el mundo miró hacia otro lado, mientras la frustración, la rabia y la impotencia continuaban amontonándose en los corazones de muchos jóvenes árabes que

---

6. *http://www.ugr.es/~mcaceres/iraqcultura.html*

clamaban venganza. La destrucción de Iraq al menos se justificó con la necesidad de neutralizar las armas de destrucción masiva de Saddam, pero en Líbano nadie habló de armas de destrucción masiva. Bueno, en realidad tampoco importa, las de Saddam nunca existieron y nadie ha pagado por ello.

Este expolio indiscriminado, que más de 1500 millones de musulmanes vieron en todo el mundo a través de Al Jazeera, Al Arabiya o cualquier otro canal de televisión, es solo una de las muchas razones que impulsaron a muchos jóvenes a viajar a Iraq para unirse a la resistencia. O al Líbano, para alistarse en Hizbullah.

«¡Alto, acompáñenos, somos Hizbullah!»

A pesar de que en castellano la voz árabe الله حزب suele transcribirse como Hezbolá, Hizbolah o Hezbulah, yo opino que la transcripción más correcta es Hizbullah, que significa «Partido de Dios». Y se trata de una organización con base en Líbano, pero origen ideológico en el Irán chiita del ayatolá Jomeini.

Fuentes de la CIA datan el origen de Hizbullah a finales de los años setenta, en el convulso Irán de la «Revolución islámica» contra el sha Muhammad Reza Pahlevi, pero para todo el mundo árabe, Hizbullah se asocia al sur del Líbano. Sin embargo, es evidente la influencia del pensamiento de Jomeini en los chiitas libaneses, que en 1982 sufrieron la ocupación de parte del país por tropas israelíes, en la llamada Operación Paz de Galilea, o primera guerra del Líbano.

Para comprender la tensión existente en el sur del Líbano debemos recordar que tras la fundación del Estado de Israel en 1948, más de cien mil palestinos se refugiaron en el Líbano. Esa cifra se triplicaría veinticinco años después tras la catástrofe del septiembre negro de 1970 que mi «mentor» Ilich Ramírez vivió muy de cerca.

Las guerrillas palestinas, con el Al Fatah de Yasser Arafat a la cabeza, se habían refugiado en Jordania, y desde allí organizaban las escaramuzas de los fedayín[7] en Israel. Los israelíes, como siempre, respondían con contundencia

---

7. Fedayín es una palabra árabe plural cuyo singular es fedai o fidai (en árabe, فدائي pl. فدائيين; fidā'ī, pl. fidā'iyyīn). En ocasiones se utiliza en español como singular, cuyo plural sería fedayines. La palabra es participio activo del verbo árabe فدى fadà, que significa aproximadamente «mostrar adhesión». En su uso habitual designa al que combate por razones políticas y se suele traducir por «miliciano», «combatiente», «comando» y otras similares, según el contexto. Es la versión laica de muyahid: este tiene unas connotaciones religiosas que no lleva el primero. Su uso en castellano procede de Oriente Próximo, siendo el nombre con el que se designan a sí mismos los combatientes de las distintas organizaciones palestinas, excepto las islamistas, que utilizan muyahidín.

a los ataques palestinos, y en aquellos días de armas y plomo se produjeron batallas históricas como la de Karameh en 1968, que convertiría a Yasser Arafat en el personaje histórico que todos conocemos. Pero en septiembre de 1970, la tensión era insostenible. Las presiones de Richard Nixon e Israel por un lado, la tensión entre Egipto e Israel por otro, los enfrentamientos internos entre las diferentes organizaciones de la resistencia palestina (Al Fatah, FPLP, FDLP...), los secuestros de aviones europeos protagonizados por fedayín, el apoyo sirio a las guerrillas, etcétera, materializaron lo inevitable. Y en la segunda quincena de septiembre de 1970, los campamentos de la guerrilla palestina en Jordania sufrieron un castigo feroz. En unas movilizaciones militares en las que jordanos, palestinos, sirios, egipcios e israelíes se enzarzaron en feroces combates y bombardeos, murieron entre 3500 y 10 000 palestinos. Como siempre, las cifras dependen del interés de la fuente que las brinda. Pero lo cierto es que la resistencia palestina se reorganizó en el sur del Líbano. Nació la organización terrorista Septiembre Negro, destinada a vengar a los caídos en Jordania, que posteriormente protagonizaría operaciones tan dramáticas, y tan famosas, como la masacre de los atletas israelíes en las olimpiadas de Múnich, y la posterior caza y ejecución de terroristas palestinos a manos del MOSSAD. En medio de todo aquel caos, un jovencísimo Ilich Ramírez Sánchez, alias *Carlos el Chacal*, recibía su bautismo de fuego en pleno septiembre negro jordano, mientras su madre creía que se encontraba en un tranquilo campamento de verano, durante las vacaciones de estudios en Moscú... Treinta y cinco años después, Venezuela, Colombia, Ecuador y los Estados Unidos protagonizarían unas tensiones similares, aunque sin llegar a las masacres, teniendo a los guerrilleros de las FARC en el eje del conflicto, como si de unos nuevos fedayín de América Latina se tratase.

Con tal concentración de refugiados palestinos, no es extraño que el sur del Líbano se convirtiese, a finales de los setenta, en un polvorín a la espera de que alguien encendiese la mecha. El resentimiento y la rabia contenida durante doce años de los supervivientes a los bombardeos del septiembre negro sin duda fueron ingredientes importantes en el cóctel que gestaría Hizbullah, cuando en 1982 y tras un desigual intercambio de bombardeos entre Israel y el sur del Líbano las tropas israelíes ocuparon territorios libaneses.

Hizbullah se organizó como una guerrilla, subvencionada generosamente por Irán, y estableció una lucha asimétrica con Israel, convirtiéndose en una de las primeras organizaciones que utilizaban atentados suicidas en el mundo árabe de forma táctica y los secuestros de soldados enemigos para la negociación. Estoy seguro de que las FARC o el ELN colombianos también aprendieron mucho de Hizbullah.

Durante la primera guerra del Líbano se estima que más de diecisiete mil libaneses perdieron la vida. Como ocurrió en el septiembre negro, diferentes grupos armados lucharon por diferentes objetivos. Y en aquellos días aciagos de 1982 el Líbano fue el escenario de sucesos terribles, que se incrustaron para siempre en la memoria colectiva del pueblo árabe, transformados años después en justificación para matanzas no menos terribles y deleznables que las de Sabra y Chatila en Beirut. Aquella despiadada masacre de civiles palestinos en los campos de refugiados libaneses, rodeados por las tropas israelíes al mando de Ariel Sharon, fue ejecutada por las milicias cristianas libanesas comandadas por Elie Hobeika. Nadie habló entonces de «terrorismo cristianista».

Hizbullah ganó un prestigio y una admiración entre millones de musulmanes que solo alcanzaría años después Al Qaida. Sin embargo, y a pesar de los ímprobos esfuerzos de la propaganda indiscutiblemente islamófoba que inundó Occidente después del 11-S, Hizbullah y Al Qaida solo tienen una cosa en común: su enfrentamiento con Israel. Aunque la admiración que los seguidores de Ben Laden confiesan por Hassan Nasrallah no es recíproca. Los objetivos de Al Qaida no tienen mucho en común con los de Hizbullah, pero es que sus métodos tampoco. Y es que además de la lucha armada, que Hizbullah ciertamente ha llevado fuera de sus fronteras nacionales, el Partido de Dios es una fuerza política legal en el Líbano. Al igual que Amal, la otra guerrilla chiita en el país.

No solo eso. Los votos legítimos que han convertido a Hizbullah en un importante partido político libanés, con 14 de los 128 escaños del Parlamento, se deben en buena medida al agradecimiento popular. Hizbullah, como Hamas en Palestina, se ha destacado de otras fuerzas políticas por su enorme implicación social. Cuatro hospitales, doce clínicas, doce escuelas, dos centros agrícolas, un departamento de medio ambiente y un amplio programa de asistencia social donde la atención médica es más barata que en cualquier hospital del país, y gratuita para los miembros de Hizbullah, son un referente del Partido de Dios. Una dimensión social de esta organización terrorista —según los Estados Unidos— que se premia posteriormente con votos de agradecimiento. De hecho, tras la segunda guerra del Líbano, que se desató pocos meses después de mi primera visita a Beirut, Hizbullah pagó de su bolsillo a los afectados las viviendas que habían sido bombardeadas por Israel, se ocupó de la distribución de agua para toda la ciudad, de la recogida de escombros y basuras, etcétera. En Europa no es fácil encontrar ese nivel de solidaridad en un partido político que ni siquiera era el que estaba en el poder. Pero también demuestra las vertiginosas sumas de dinero que mueve la organización liderada por el jeque Nasrallah.

Oficialmente, sin embargo, Hizbullah es quizás la organización terrorista más peligrosa del mundo. O eso sugieren los más reputados expertos en lucha antiterrorista occidentales. Australia, Canadá, Reino Unido, los Estados Unidos y por supuesto Israel incluyen oficialmente a Hizbullah en sus respectivas listas de organizaciones terroristas internacionales. La Unión Europea aprobó una resolución no vinculante, el 10 de marzo de 2005, en la que reconoce «pruebas claras» de actividades terroristas de Hizbullah, instando al Consejo de la UE a incluir al Partido de Dios en nuestra lista negra de organizaciones terroristas, tal y como hizo en 2003 con Hamas. Aunque la inclusión de Hamas en esa lista acarreó unas consecuencias fatales para los palestinos, que no se repetirán en el Líbano.

Mi primer contacto con Hizbullah no pudo ser más espontáneo e imprevisto. Ocurrió en el barrio residencial de Haret Hreik, en el sur de Beirut, donde mantenía su residencia «oficial» el jeque Hassan Nasrallah, y Hizbullah su sede política. No hizo falta que los buscase, ellos me encontraron a mí.

Se me había ocurrido la brillante idea de calzarme una túnica árabe, un gorro de *salat* y un pañuelo palestino, para tomarme unas fotos en las estatuas del ayatolá Jomeini que existen en ese barrio chiita, controlado por las milicias de Hizbullah. Pensé que aquellas fotografías, incluidas en mi «álbum familiar», reforzarían mi identidad como muyahid. Así que me di un paseo por las mismas calles en las que solo unos meses más tarde Spencer Platt tomaría la fotografía ganadora del premio World Press Photo 2006: un grupo de cuatro chicas y un chico libaneses, en un despampanante descapotable rojo, recorren acongojados las ruinas de Haret Hreik tras los bombardeos israelíes de julio y agosto de ese mismo año.

A diferencia de las fotografías de Spencer Platt, en las mías los edificios de Haret Hreik aún permanecen en pie. Y las estatuas del ayatolá Jomeini, también. Pero en cuanto me coloqué a sus pies para tomarme unas fotos no tardé ni cinco minutos en ser interceptado. De hecho no tuve tiempo de hacerme más de cuatro o cinco tomas, cuando alguien se me acercó sigilosamente por la espalda y me golpeó en el hombro:

—Alto, acompáñanos. Somos de Hizbullah.

De Hizbullah a Hamas, con una cámara oculta

Pese a que antes de julio de 2006 Hugo Chávez no era el héroe amado por todo el mundo árabe en que se convirtió después, mi supuesta identidad como palestino-venezolano y musulmán devoto me sacó del apuro. Eso y el hecho de que las fotos que había tomado con mi cámara digital, y que fueron minuciosamente revisadas por los miembros de Hizbullah que me interceptaron en Haret Hreik, no mostraban imágenes de ningún objetivo táctico. Solo a un turista musulmán haciéndose unas fotos de recuerdo, a los pies del venerado ayatolá Jomeini. Además, los de Hizbullah encontraron también el álbum de fotos, con mi supuesta biografía como Muhammad Abdallah, y se emocionaron especialmente cuando llegaron a las fotos que me había hecho en Barcelona con Fátima, la *escort* que había convertido en mi supuesta esposa Dalal, asesinada por los israelíes en Palestina. La evidente belleza de mi amiga Fátima y mi convicción al relatarles nuestra triste historia fueron determinantes para que aquel susto se quedase en una anécdota.

Según dijeron los de Hizbullah, debían estar muy atentos a los espías del MOSSAD, sobre todo a los colaboradores palestinos, porque la situación se había tensado mucho en las últimas semanas y esperaban lo peor. Confieso que en aquel momento mi profunda ignorancia me hizo pensar que aquellos terroristas libaneses, tenidos como tal por la Unión Europea, los Estados Unidos, etcétera, exageraban paranoicamente con su temor a un inminente ataque israelí. Y volví a equivocarme. En julio de ese año, todo lo que me rodeaba en ese momento saltaría por los aires en pedazos. Los israelíes bombardearon sin piedad el Líbano, utilizando diferentes tipos de bombas consideradas ilegítimas por Naciones Unidas, como las bombas de fósforo blanco o las bombas de racimo, fabricadas por cierto en mi país, España. Entonces me pregunté, y todavía lo hago, ¿qué pensaríamos si, tras los atentados cometidos por ETA en Francia, el ejército francés decidiese bombardear Vitoria-Gasteiz, masacrando a la población civil en la capital de Euskadi?

En aquel viaje yo no encontré ninguna relación entre el Hizbullah libanés y la organización Hizbullah-Venezuela que un año antes había surgido en Internet. En Beirut nadie conocía a Teodoro Darnott. Y eso solo podía significar o que yo era un pésimo periodista, incapaz de encontrar el vínculo entre Nasrallah y Venezuela, o que Darnott iba por libre. De nuevo estaba claro que tendría que irme a Caracas para averiguarlo. Pero antes debía terminar de montar mi identidad palestina. Y, sobre todo, tenía que aprovechar mi estancia en Líbano y utilizar los contactos que me habían facilitado mis hermanos musulmanes para reunirme con miembros de Hamas, Al Fatah y el Yihad Islámico en Palestina. Pero me volví a equivocar. En Beirut, a solo 280 kilómetros de Gaza y a 233 de Jerusalén, estaba tan lejos de Palestina como si me encontrase en Madrid.

Por desgracia, y a pesar de que Líbano e Israel están unidos geográficamente por una frontera terrestre, las autoridades israelíes no tienden a autorizar la entrada en el país de un viajero que tenga en su pasaporte un sello libanés o sirio. Y en Líbano y Siria no suelen aceptar a un viajero que llegue con su pasaporte matasellado con anterioridad en Israel. Yo desconocía entonces ese paranoico planteamiento de los respectivos servicios de seguridad israelí y libanés, así que, a pesar de su vecindad geográfica, tuve que volver a España, sacarme un nuevo pasaporte «virgen», y regresar a Palestina utilizando el pasaporte que no había usado en el viaje a Líbano. Y esta vez todo iba a ser mucho más difícil que un año antes, porque tenía la intención, y la posibilidad, de entrevistarme con miembros de la resistencia palestina que pudiesen ponerme en la pista de otros yihadistas terroristas en Europa. Y mi intención era introducir clandestinamente en el país un equipo de grabación con cámara oculta.

Ya estaba al corriente de las estrictas medidas de seguridad en la frontera israelí. Mi primer viaje a Palestina a través de aquella misma frontera había resultado muy elocuente al respecto. Así que necesitaba encontrar una forma de burlar los controles de la seguridad israelí para introducir el equipo sin que fuese detectado, y está claro que si alguien podía ayudarme era Chiky, la persona que había diseñado y fabricado los equipos de cámara oculta que utilicé para mi infiltración en los skinheads y en las mafias del tráfico de mujeres. Aunque ahora necesitaba mucho más de su ingenio y su habilidad.

Chiky es una personalidad en su oficio. Tan querida como respetada. Ha trabajado para las principales productoras y cadenas de televisión del país, lo que ya es una garantía. Pero es que además diseña y construye los equipos de grabación clandestina para las principales agencias de detectives privados de España. Y no solo eso. En más de una ocasión, la policía española o la Guardia Civil han requerido sus servicios, encomendándole el diseño de complejos sistemas de grabación que permitiesen controlar a bandas del crimen organizado. Y además de todo eso, a Chiky y a mí nos une una buena amistad desde hace más de diez años. Cuando le dije que necesitaba introducir en Israel un equipo de cámara oculta que no pudiesen detectar los controles de la frontera, me dijo que estaba loco. No era la primera vez que me lo decían.

—Toni, los israelíes no son como los españoles. Los controles en esa frontera son meticulosos. No te creas que por muy pequeñas que sean las microcámaras y los micrófonos no los van a descubrir.

—No seas paranoico...

—Tú sí deberías serlo. Miran con rayos X todos los aparatos que van en cada maleta, uno a uno. Allí viven permanentemente en alerta roja por culpa del terrorismo palestino. ¿Por qué no te acreditas sin más como un periodista español y metes el equipo legalmente?

—Porque no voy a pasar como periodista, Chiky. No quiero tener a un espía del MOSSAD pegado a mi nuca todo el tiempo. Los palestinos tampoco son estúpidos. Si los israelíes son buenos y no consiguen acabar con la resistencia, es porque los terroristas tampoco son unos incompetentes. No quiero estropear las pocas pistas que tengo porque los palestinos sospechen que llevo a los israelíes pegados a mi espalda.

—Y, entonces, ¿cómo piensas entrar?

—Como un turista normal que va a visitar Tierra Santa. Si es necesario, me pondré un alzacuellos y me haré pasar por sacerdote católico. Necesito tener libertad de movimientos en el interior para reunirme con quien yo quiera. Y no podré hacer eso si la policía israelí me está siguiendo para ver a quién quiero entrevistar. Un cura o un peregrino viajando a los santos lugares no creo que despierte sospechas, ¿no?

No tuve que darle más explicaciones. Chiky se puso inmediatamente a trabajar y durante toda esa semana experimentó con distintas posibilidades. Estaba claro que podíamos sustituir la videocámara de mini-DV que había utilizado en mis infiltraciones anteriores por un grabador en disco duro, más discreto y sofisticado. Existen diferentes modelos en el mercado. Grabadores digitales de vídeo y audio, que normalmente se utilizan para grabar películas o música, que luego pueden ser visionadas y escuchadas en cualquier lugar. Sin embargo, varios de esos modelos permiten la conexión a una microcámara, convirtiéndolos en un perfecto equipo de cámara oculta. No hay ningún problema en que una autoridad fronteriza descubra el grabador digital. Sobre todo si introduces en su memoria algunas películas o canciones, como en cualquier reproductor. Lo complicado sería explicar por qué ese grabador digital va conectado a una microcámara de vídeo, a un micrófono externo y a una fuente de alimentación para ambos... Así que teníamos que encontrar una forma de colarlos clandestinamente en Israel.

Chiky le echó imaginación. Utilizaba el sistema de rayos X que controla todos los bolsos y maletines que entran en el canal de televisión donde ahora trabaja. Su amistad con los agentes de seguridad de la cadena nos permitía ciertas licencias. De esa forma, de madrugada, cuando las emisiones en directo habían terminado, conectábamos el sistema de rayos X de los controles de acceso y Chiky podía ensayar todo tipo de estrategias para burlar los controles israelíes.

Probó escondiendo la microcámara espía, el micrófono y el alimentador en un secador de pelo... Negativo. En cuanto el aparato pasaba por los rayos X, la cámara resaltaba en el interior del mecanismo del secador, como un pingüino en el desierto. Lo intentó entonces con un reproductor de CD... Negativo. La cámara y el micrófono ocultos en el interior resaltaban en los rayos X de forma evidente... Y así una y otra vez, hasta que encontró una solución genial.

Chiky dedujo que necesitaba un aparato en el que no desentonasen una microcámara de vídeo y un micrófono al pasar por los rayos X, y decidió experimentar con una cámara fotográfica digital. Necesitaba una cámara lo suficientemente grande como para poder esconder en su interior los componentes del sistema de cámara oculta, y al mismo tiempo de aspecto rústico, poco sofisticado. Que no levantase sospechas. Encontró un modelo perfecto en una tienda de fotografía, y procedió a abrirlo y extraer, con la precisión de un cirujano, el condensador que carga el flash. Al extraerlo, sin dañar el resto del mecanismo de la cámara, conseguía el espacio justo para introducir la microcámara de vídeo y el micrófono, y lo mejor es que la cámara fotográfica continuaba funcionando, aunque no así el flash. De esta forma, yo podía tomar algunas fotografías previamente, que sin duda serían revisadas por los servicios de seguridad israelíes en la frontera, y nadie sospecharía el secreto que aquella sobria cámara guardaba en su interior.

Chiky comprobó la teoría en el control de rayos X y, *voilà!*, daba el pego. Fijándose mucho, es cierto que se podría llegar a adivinar que el elemento que aparecía al lado de la óptica de la cámara era una microcámara de vídeo, pero teniendo en cuenta que casi todas las cámaras fotográficas digitales tienen la opción de grabación en vídeo, aquello no resultaba tan sospechoso como encontrar esa misma microcámara en un secador de pelo. Chiky consideró que aquella era la mejor opción para intentar burlar los controles israelíes, y acepté su criterio. Si todo salía bien, yo podría introducir las piezas del equipo, ocultas en el interior de la cámara digital. Y una vez en Ramallah, Nablus, Jerusalén o Yinín, solo tenía que desmontar la cámara fotográfica, extraer la microcámara y el micrófono, y conectarlos al grabador digital para tener mi equipo de cámara oculta operativo. Allí mismo podría comprar también un micro «de corbata» convencional para las entrevistas en abierto. Pero esa era la teoría. Ahora había que probar sobre el terreno si estaba o no en lo cierto. Si Chiky se equivocaba y los israelíes descubrían que estaba intentando introducir clandestinamente en el país un equipo de cámara oculta, iba a tener que responder a muchas preguntas.

Esta vez había aprendido la lección. En lugar de esperar el autobús que cubre la distancia entre el puesto fronterizo jordano y el israelí, atravesando unos kilómetros de «tierra de nadie», contraté un servicio preferente: Qumram VIP, que por 70 dólares te ofrece un transporte privado que agiliza muchísimo los trámites. Así que tardé mucho menos tiempo que la última vez en llegar al puesto fronterizo israelí. Pero en esta ocasión mi aspecto resultaba más sospechoso, y en cuanto me bajé del coche para incorporarme a la fila de viajeros que pasaba los controles, no pasaron ni diez segundos antes de que un oficial me señalase con el dedo, y uno de los policías, fuertemente armado, se me acercase.

—Good morning. Passport, please.

—Ok.

—Where are you from?

—I'm Spanish.

—Do you speak Arabic?

Era la primera vez que me preguntaban, directamente, si hablaba árabe. Parecía obvio que mi aspecto sugería esa posibilidad. Y lo que en otras circunstancias sería un halago, indicativo de que estaba consiguiendo el aspecto de un yihadista, en ese viaje por Palestina se convertiría en una auténtica pesadilla. Una y otra vez, en cada *checkpoint*, en cada control israelí, me preguntarían lo mismo que en la entrada a aquel puesto fronterizo: «Do you speak Arabic?». Y una y otra vez tendría que hacer un esfuerzo para no responder en árabe: لا، أنا لا أتكلم العربية, y hacerlo en inglés: «No, I don't».

Como era previsible, me cachearon meticulosamente y los policías israelíes abrieron mi mochila y mi maleta. Y yo contuve la respiración cuando una atractiva policía, rubia y de ojos claros, empezó a hurgar entre mi ropa interior, mis zapatos y mis útiles de aseo. Incluso examinó la pasta dental. Al final, inevitablemente, llegó a la cámara fotográfica preparada por Chiky en Madrid y comenzó a analizarla. Yo seguía conteniendo la respiración. La encendió. Echó un vistazo a las fotos que me había hecho en las pirámides de Giza, en el barrio copto de El Cairo y en la piscina del hotel de Ammán días antes. Todas muy turísticas e inocentes. Después abrió el depósito de las baterías, las extrajo, las examinó y volvió a colocarlas dentro de la cámara. Yo, que empezaba a acusar los efectos de la asfixia, continuaba aguantando la respiración.

Por fin, la atractiva policía israelí guardó de nuevo la cámara en el interior de la maleta, protegida por mi ropa interior, y me dijo que podía pasar. Y solo entonces respiré. Al otro lado de la frontera, ya en territorio israelí, me aguardaba Michael, un buen amigo de Wassin que tenía la misión de conducirme hasta Ramallah. Mi hotel estaba relativamente cerca de la Mukata de Arafat. Desde allí prepararía mis movimientos en Palestina. Tenía una agenda muy apretada.

Durante ese segundo viaje a Palestina tuve la oportunidad de conocer y entrevistar a muchos miembros de la resistencia. Tanto partícipes de la lucha armada, como héroes de la lucha pacífica. Miembros de Al Fatah, de Hamas o del Yihad Islámico. Políticos, militares, sanitarios, funcionarios, policías, diplomáticos... Creo que tuve la suerte de conocer un abanico muy diferente y muy plural de palestinos implicados con la resistencia a la ocupación. Distintos puntos de vista, a veces enfrentados, sobre el principal problema de Palestina: los israelíes.

Ante mis interlocutores me presentaba como un musulmán nacido en Venezuela, pero descendiente de palestinos exiliados tras la ocupación israelí. Y funcionó. Aunque hoy habría funcionado mil veces mejor. Chávez todavía no era el ídolo amado por casi todos los árabes en que se convirtió unos meses después. Sin embargo, por aquel entonces, Hugo Chávez al menos había aceptado plenamente el gobierno legítimo de Palestina, que había salido victorioso de las últimas elecciones. Unas elecciones democráticas, algo insólito en el mundo árabe monopolizado por dictaduras y monarquías, que nos habían sorprendido a todos unos meses antes. Tanto en las elecciones regionales de 2005, como en las nacionales de 2006, la lista Cambio y Recuperación salió victoriosa. Pero Occidente, lejos de regocijarse porque el traspaso de poderes en unas elecciones democráticas insólitas en un país árabe se hubiese hecho pacíficamente, castigó a los palestinos por sus votos.

Después de décadas de tener a Al Fatah en el poder, los palestinos habían decidido escarmentar ante la desproporcionada corrupción de sus políticos. Se sobrentiende que política y corrupción son conceptos compatibles, y con frecuencia interrelacionados, pero en el caso de Palestina se habían pasado de la raya. Las ayudas internacionales, destinadas al agonizante pueblo palestino, se perdían por los agujeros de las cuentas bancarias internacionales de sus gobernantes. Y Palestina dijo basta.

Además, Hamas no solo se había mantenido firme en su enfrentamiento armado contra la ocupación israelí, con la misma energía que Hizbullah en Líbano, sino que, igual que los chiitas de Nasrallah, Hamas también había desarrollado una enérgica política social, construyendo hospitales, escuelas, orfanatos, etcétera, por toda Gaza y Cisjordania. Y en las elecciones recogieron el fruto de su solidaridad. Pero el pueblo palestino pagaría el precio de ese premio. Con Hamas en el listado de organizaciones terroristas, su victoria en unas elecciones democráticas constituía un conflicto de difícil solución. La primera medida fue suspender relaciones diplomáticas con el nuevo gobierno palestino y congelar las ayudas internacionales de las que malvivían miles de palestinos. Así que en mi nuevo viaje a Palestina me encontré con un país cuya situación había empeorado a causa de las restricciones económicas, el bloqueo y la tensión que crecía conforme se terminaban los ahorros, y los padres de familia empezaban a encontrar dificultades para atender las necesidades básicas de los suyos... Y todo iría a peor en los años venideros.

«Nosotros, Hamas, queremos una solución política. Nadie quiere una solución por las armas, pero los israelíes no quieren una solución política. El problema principal es la ocupación. Si alguien tiene alguna sugerencia o alguna solución para este problema, estamos dispuestos a cooperar.» Así de claro me lo ponía Anwer M. Zboun, miembro del parlamento palestino de Hamas, después de las elecciones nacionales. Anwer era un tipo muy amable y cordial. De hecho me sorprendió tanto su aspecto —vestía como cualquier flemático diputado británico—, como la serenidad que transmitía. Tenía una idea muy diferente de lo que debería ser un terrorista de Hamas. Pero no es extraño, Anwer se había marchado de Palestina huyendo de la ocupación israelí y buscando un lugar más seguro para su esposa y sus cuatro hijos. Su activismo político, según él, era el culpable de que los servicios de información israelíes ya le hubiesen detenido en tres ocasiones. Y denunciaba haber sufrido torturas en los interrogatorios. Para las autoridades israelíes, sin embargo, Anwer pertenecía a una organización terrorista: Hamas.

Al final, Anwer se estableció en Inglaterra, donde trabajaba como profesor universitario, hasta que Hamas ganó las elecciones. Entonces sus compañeros le pidieron que regresase para ayudar a construir el nuevo gobierno. Y prometió solemnemente que no volvería a marcharse de Palestina, ocurriese lo que ocurriese. Terminaría pagando un alto precio por esa promesa.[8]

---

8. En 2007, el ejército israelí volvió a detenerlo y perdí su rastro en una cárcel de los territorios ocupados.

No fue fácil conseguir la cita. A pesar de que ambos nos hallábamos en Ramallah, me sugirieron buscar otro lugar para ese encuentro. Y gracias a los amigos de mi amigo Wassin, conseguimos un local en la periferia de Belén donde reunirnos, aunque tuvimos que esperarle más de lo previsto. Moverse por Palestina es algo realmente complicado y resulta muy difícil prever cuánto se va a tardar en recorrer una distancia determinada. Los *checkpoints* israelíes pueden lograr que cubrir una distancia de pocos kilómetros requiera horas. Pero Anwer consiguió llegar.

Lo que más me sorprendió de Anwer fue su sonrisa. Siempre me había imaginado a los terroristas islámicos compungidos, circunspectos, con el entrecejo fruncido y las mandíbulas apretadas. Concentrados en una religión fanática y cargados de odio por todo el que no fuese como ellos. Pero aquel tipo sonreía casi todo el tiempo. «¡Vaya mierda de terrorista islamista!», pensé.

Sereno y conciliador, parecía dispuesto a demostrar, a quien quisiese escucharlo, que Hamas y por supuesto el Islam son la única esperanza que tiene Palestina para recuperar los territorios ocupados.

—Hamas ya ha ganado las elecciones, ¿y ahora qué va a pasar?

—En el nombre de Allah, el Compasivo, el Misericordioso. Nada ha cambiado. El país sigue bajo presión de los israelíes. Los israelíes utilizan el triunfo de Hamas para presionar más al pueblo palestino. Y no solo los israelíes, también los Estados Unidos. Todo el mundo piensa que la presión ha sido después de que Hamas ganase las elecciones, pero no es verdad, también durante el gobierno anterior había mucha presión.

—Quizás el hecho de que Hamas esté considerada una organización terrorista influye en esas presiones internacionales.

—Eso es por la propaganda israelí y norteamericana. Todavía no existe una definición internacional sobre qué es terrorismo. Cuando preguntaron a Bush qué era terrorismo, dijo que el terrorismo era el demonio. Y eso supone para los israelíes y norteamericanos el terrorismo: todo lo que va contra ellos. Si todo el mundo da una definición unánime de lo que es el terrorismo, verán que quienes practican el terrorismo son Israel y los Estados Unidos. Todo el mundo debe saber la diferencia entre resistencia y terrorismo. Lo que hace el pueblo palestino es resistencia a la ocupación. Todos los partidos palestinos han hecho dos intentos para parar todos los enfrentamientos, pero siempre Israel ha evitado el alto el fuego. La primera vez fue en 2003 y la segunda tras la victoria de Hamas.

Es evidente que Anwer opinaba que «el terrorismo» podía ser instrumentalizado políticamente como una excusa perfecta para satanizar al adversario, y obtener objetivos económicos, energéticos, etcétera:

—Y podemos verlo muy claro con lo que ha pasado en Iraq o en Afganistán, o lo que está pasando ahora con el pueblo palestino. Por ejemplo, en Iraq todos los informes de la CIA resultaron falsos, y sin embargo han muerto ya un millón de iraquíes desde que empezó la guerra.

No pude evitar recordar las imágenes de mi ex presidente, José María Aznar, en aquella famosa entrevista televisada el 13 de febrero de 2003 cuando afirmaba concluyentemente: «El régimen iraquí tiene armas de destrucción masiva... puede estar usted seguro. Y pueden estar seguras todas las personas que nos ven, que les estoy diciendo la verdad». Y es probable que el ex presidente Aznar creyese que de veras nos estaba diciendo la verdad. Al menos la verdad que a él le había transmitido George W. Bush. Pero lo cierto es que en Iraq nunca se encontraron esas armas que justificaron la invasión del país y la muerte de cientos de miles de personas inocentes. Daños colaterales...

En un momento determinado, cuando noté que el parlamentario islamista estaba más relajado, comencé a tocar temas más sensibles, como los atentados suicidas cometidos por la resistencia palestina.

—Las operaciones de martirio, quizás ese sea uno de los aspectos que peor imagen dan a la lucha palestina.

—Es cierto que ha habido muchas acciones de mártires, pero por ejemplo hacia 1996 hubo muchos atentados bomba, que nadie sabe quién hizo. Eran bombas que solo los israelíes tenían. Porque si el atentado lo hace un palestino, lo dice, y dice a qué organización pertenece, pero nadie reconoció esas acciones... Hay una diferencia entre un suicida y un mártir. Los mártires van para hacer algo por su pueblo, contra la ocupación, y el suicida quiere morir él. Nosotros no tenemos la sangre para hacer esas cosas, pero algunos jóvenes de algunos partidos, por la humillación y la desesperación del pueblo palestino, pueden hacerse mártires. Nunca se hace el martirio por nada. Pero después de ver las miserias, ver explotar las casas, el dolor de la gente... esas son las razones del martirio. Hubo un judío que entró en una mezquita con un arma y mató a veintinueve personas mientras estaban rezando, antes de que la gente que estaba dentro lo matase a él. Después de eso empezaron los mártires palestinos.

Confieso que antes de aquel primer encuentro con Hamas, nunca me había planteado las cosas desde este ángulo. En realidad ninguna organización de resistencia palestina (Hamas, el FPLP, el Yihad Islámico, Al Fatah, el FDLP, etcétera) ha negado nunca sus acciones de martirio. Al contrario. Para ellos, el atentado ejecutado por un mártir es motivo de orgullo. ¿Cómo era posible que existiesen atentados suicidas no reconocidos por ninguna organización de resistencia? ¿Será cierto que esos atentados se habían realizado con tipos de explosivos a los que no tenía acceso la resistencia? Y, lo que es más inquietante, ¿sugería el parlamentario de Hamas que el primer ataque suicida del conflicto árabe-israelí había sido de un judío, y no de un palestino? La respuesta es un rotundo sí.

Anwer se refería a la desconcertante historia de Baruch Goldstein, protagonista del primer ataque suicida en Palestina, entre la primera y la segunda intifada.[9] Goldstein, colono judío en los asentamientos de Qiryat-Arba y miembro del ilegalizado partido ultraconservador Kach, paradójicamente era médico. Y digo paradójicamente porque siempre he pensado que la medicina, junto con la enseñanza, es la mejor profesión que se puede ejercer. No creo que exista nada mejor que dedicarse a curar y a enseñar a tus semejantes. Pero parece evidente que el doctor Goldstein no consideraba a los árabes sus semejantes.

El 25 de febrero de 1994, el buen doctor se dirigió a la mezquita de Ibrahim, en Hebrón, donde se ubica la Tumba de los Patriarcas, uno de los muchos lugares de culto que comparten el judaísmo, el Islam y el cristianismo. Situado en pleno corazón de la bíblica Judea, la tradición asegura que en ese lugar están enterradas cuatro parejas que comparten protagonismo en el Corán, el Talmud y la Biblia: Adán y Eva, Abraham (Ibrahim) y Sara, Isaac y Rebeca, y Jacob y Lía. De hecho, si los cristianos, judíos y musulmanes se tomasen la molestia de leer los libros sagrados de sus adversarios, descubrirían, con la misma sorpresa que yo, que son más las semejanzas que las diferencias. Incluyendo a los personajes históricos que se repiten en unos y otros libros sagrados. Pero Baruch Goldstein no iba con intención de rezar, ni tampoco de atender a unos enfermos. Se había armado con varias granadas, abundantes cargadores y un fusil de asalto M-16. Un fusil muy parecido a una de las armas que yo aprendería a disparar, limpiar, montar y desmontar, durante mi adiestramiento paramilitar un tiempo después. Y estoy en disposición de dar fe de su enorme poder destructivo.

El doctor entró en la mezquita aprovechando la absoluta indefensión de los musulmanes cuando están arrodillados haciendo la oración. Y sin mediar palabra abrió fuego. Vació un cargador, y otro, y otro, y otro, sobre la multitud aterrorizada, hasta que se le acabó la munición. Los supervivientes consiguieron entonces acorralarlo y la rabia incontrolable hizo el resto. El médico judío murió a golpes, pero había logrado su objetivo de no morir solo. Se llevó por delante a 29 personas e hirió de más o menos gravedad a 120. Para los sionistas, que le erigieron un pequeño mausoleo tras su entierro en Kiryat Arba, con todos los honores, Baruch es un héroe. La placa que preside el mausoleo, al que peregrinan todavía muchos judíos ultraortodoxos, es muy explícita: «Al santo Baruch Goldstein, que dio su vida por el pueblo judío, la Torá y la nación de Israel». Me sorprendió conocer la historia del primer ataque suicida en Palestina de labios de un miembro de Hamas. En los cursos de terrorismo

---

9. La palabra انتفاضة («intifada»), del árabe انتفض («alzamiento» o «levantamiento»), define coloquialmente la rebelión popular de los palestinos, en Gaza y Cisjordania, en 1987 y 2000, conocidas como primera y segunda intifada. Más adelante, el término *intifada* se ha internacionalizado, utilizándose para definir cualquier alzamiento popular contra la autoridad militar o policial.

que había hecho en Europa, nadie me había hablado de terroristas suicidas judíos.

—Lo curioso es que tanto el judaísmo como el Islam o el cristianismo dicen que todos somos hijos de un mismo Dios.

—No, no creo que sea un conflicto religioso. Yo mismo tengo amigos en Inglaterra que son judíos, y no tengo problema. Pero si hablamos de Bush es otra cosa. No sé por qué Bush está haciendo la guerra. Pero lo que está pasando aquí no es una cuestión religiosa. Aquí hay comunistas, cristianos, etcétera, y todos trabajando contra la ocupación.

Confieso que no entendí al parlamentario de Hamas cuando me habló de comunistas, cristianos y musulmanes luchando juntos contra la ocupación israelí. Ni siquiera lo entendí la primera vez que repasé en el hotel las cintas de aquellas grabaciones. Pero no tardaría mucho en comprender a qué se refería.

—¿Y qué ocurre con Al Qaida? En Europa se ve a todo musulmán armado como parte del yihadismo terrorista.

—Son cosas distintas. Tienen ideología distinta. Hamas es un partido político nacional palestino, no va más allá de la frontera palestina. Su función es luchar contra la ocupación, nada más. Hamas ha condenado todos los atentados en Jordania, los Estados Unidos, Madrid... Nosotros estamos contra el terrorismo.

Es cierto que, aunque continúen colgadas en muchas páginas web e impresas en muchos tratados sobre terrorismo, las fotografías y vídeos de grupos de palestinos celebrando en las calles la caída de las Torres Gemelas son un fraude. Alguien, no es difícil imaginar quién, aprovechó el 11-S para proyectar internacionalmente un supuesto vínculo entre Al Qaida y la resistencia palestina. Solo hizo falta sacar del archivo unas imágenes grabadas en 1991 durante la primera guerra del Golfo e insertarlas en los informativos de la CNN al hablar de las reacciones internacionales ante el mayor atentado terrorista de la historia. Internet hizo el resto. Confieso que hasta yo sentí desprecio y asco por aquellos palestinos que reían y cantaban celebrando la caída del World Trade Center. Hoy sabemos que fue una intoxicación mediática, pero ¿qué otras cosas lo son?[10]

Merecería todo un libro el uso que se está haciendo en el conflicto árabe-israelí, y también en el tratamiento del terrorismo internacional, de la propaganda. Unos y otros emplean las técnicas de guerra psicológica para satanizar

---

10. Uno de los ejemplos más recientes fue el de las supuestas bodas de palestinos con niñas en Gaza. Miles de correos electrónicos recibieron y reenviaron el bulo, y muchos medios de comunicación prestigiosos lo reprodujeron. Aquí está mi versión de esta historia:

http://lacomunidad.elpais.com/dr-akbaricus/2009/12/9/más-informacion-sobre-famosa-boda-ni-nas-palestina

http://alfalestin.blogspot.com/2009/12/otra-falsa-noticia-fomenta-la.html

al contrario y justificar y legitimar sus propios intereses. Noticias inventadas, vídeos manipulados, falsos rumores, publicidad viral... todo vale. Y todos mienten. Pero en la guerra, como en el amor, todo es lícito.

—Yo creo que todo el mundo piensa así por la prensa israelí —concluía el parlamentario— y por el apoyo de la prensa norteamericana. La prensa que siempre habla de los martirios palestinos, pero nunca habla de las cosas que hacen los israelíes. Y también deben escucharnos a nosotros. El mundo siempre escucha al más fuerte. Sentimos que el mundo piense que somos salvajes...

Pero a la hora de plantear una solución a esa situación, el islamista era contundente e intransigente:

—Que nos devuelvan las fronteras del 77, que dejen volver a los refugiados, que dejen salir a los prisioneros, que paren de construir el muro... y después volveremos a las negociaciones. Si continúa la ocupación, continúa la resistencia. —Al decir esto, Anwer dejó de sonreír.

A pesar del discurso sereno y amable del parlamentario de Hamas, y de su distanciamiento de Al Qaida, lo cierto es que en Palestina no es difícil encontrar más simpatías por Ben Laden, Al Zarqaui o Yuba, que por el gobierno israelí o el norteamericano. Y no es fácil reprochárselo. Lo sé porque en este viaje tuve la oportunidad de charlar con muchos palestinos que, con más libertad que mis hermanos musulmanes en Marruecos, se manifestaban abiertamente a favor de Al Qaida o de la resistencia iraquí. Para ellos, personajes como Al Zarqaui, Ben Laden o sobre todo Yuba, el francotirador de Bagdad, eran héroes árabes que se habían atrevido a hacer lo que ellos no osaban: enfrentarse a los occidentales que atacaban sin piedad las tierras de sus mayores y robaban sus riquezas. Como las riquezas y los recursos palestinos eran robados, según ellos, por el ejército de ocupación israelí. Y a pesar de la moderada diplomacia de Anwer y su intento de distanciar a su partido del yihadismo violento, yo pude comprar personalmente en Palestina biografías de Ben Laden en árabe, absolutamente mitificadoras; como *Osama Ben Laden, uno entre un millón*, de Ahmad Naddaf; o los famosos DVD de Yuba, donde el francotirador de Bagdad inmortalizaba una a una las ejecuciones de soldados occidentales en las calles iraquíes. Era solo cuestión de tiempo que Yuba inspirase el ideario palestino y surgiese una reinterpretación del francotirador de Bagdad en los territorios ocupados.

Un taxi hacia Yinín

Tenía en mi bolsillo una lista de nombres, lugares y teléfonos que me habían facilitado mis hermanos musulmanes en Marruecos, Jordania y Líbano, que podría resultarme muy embarazosa si caía en manos de la policía israelí. Por no hablar de lo complicado que sería explicar por qué llevaba un equipo de grabación con cámara oculta escondido bajo la ropa. Y a pesar de presentarme ante mis fuentes como un musulmán nacido en Venezuela, pero de origen palestino, me movía con un pasaporte español. Utilizar un pasaporte falso en esta investigación me habría ahorrado muchísimos problemas, pero los periodistas no podemos, o al menos no debemos, cometer delitos mientras realizamos un reportaje. Y en un formato periodístico como el que yo realizo, eso a veces es realmente complicado. De hecho, lo más difícil en esta infiltración iba a ser intentar acercarse y convivir con organizaciones terroristas sin tener que cometer ningún delito... Así que me escondía el pasaporte en la bota, y solo lo sacaba cuando era interceptado por algún militar o policía israelí, o cuando llegaba a un nuevo *checkpoint*. Es decir, muchas veces al día.

Yinín, por ejemplo, se encuentra a unos 90 kilómetros de Jerusalén y a poco más de 100 kilómetros de Ramallah. En casi cualquier lugar del mundo no debería tardar más de una hora en coche en recorrer esa distancia. Eso es lo que necesita un israelí. Pero por razones obvias de seguridad, todo es distinto para los palestinos, o para quienes viajan con ellos. Aquella mañana tenía concertados varios contactos en Yinín, con un policía palestino, un miembro del Yihad Islámico, un miliciano de Al Fatah, un cooperante, etcétera, así que decidí madrugar. Ingenuamente creía que mi pasaporte europeo me facilitaría el viaje. De hecho creía que podría ir y volver en el mismo día. Al final me vería obligado a pasar varios días en los alrededores de Yinín. Creo que mi experiencia puede ilustrar un poco la situación que viven los palestinos.

El chófer del primer taxi que tomé, en el centro de Ramallah, me lo puso muy claro.

—No, hermano, yo no puedo llevarte hasta Yinín, seguro que los judíos no me dejarán pasar. Te llevaré hasta donde me dejen.

El taxista, de nombre Ismail, llevaba en el retrovisor un colgante con la figura de Handalá, el famoso cómic de Naji al-Ali que simboliza la resistencia pacífica palestina,[11] y en su radio sonaba vibrante y con fuerza el tema «Who's de terrorist?», del grupo de rap palestino Dam. Porque no todos los jóvenes palestinos escogen las armas como forma de lucha contra la ocupación israelí. Algunos, como Mr. T., Lofti y sobre todo Dam, descubrieron el poder de la rima y, utilizando las palabras como balas y el hip-hop como fusil, disparan

---

11. En los años sesenta, el dibujante palestino Naji al-Ali, asesinado en 1987, dibujó por primera vez a Handalá, un niño de diez años siempre descalzo y representado de espaldas, que simboliza a todos los marginados y oprimidos por la ocupación israelí, y que para muchos caricaturistas viene a ser una especie de Mafalda al estilo palestino. Con sus viñetas, Naji al-Ali denunciaba diferentes aspectos del drama palestino a través del humor y la ironía. Handalá es ya un símbolo universal para los simpatizantes de la causa palestina y su lucha no armada.

sus versos con el mismo espíritu de protesta urbana que inspiró a los primeros raperos afroamericanos. El tema «Who's the terrorist?» se ha convertido
ya en un himno para la juventud palestina:

> (...) ¿Quién es el terrorista?
> ¡Tú eres el terrorista!
> Te has quedado con todo lo que tenía,
> Aunque yo viva en mi propia patria
> ¿Por qué terrorista?
> Porque mi sangre no está tranquila
> ¡Está hirviendo!
> Como llevo mi patria en el corazón
> Asesinaste a quienes amaba
> Ahora estoy solo
> Mis padres expulsados
> Pero continuaré gritando
> No estoy contra la paz
> La paz está contra mí (...).

Según mis notas, el viaje duró exactamente veinte minutos. Hasta Birzeit, una
ciudad orgullosa de su universidad, donde palestinos y musulmanes comparten
de manera pacífica la humillación constante de los *checkpoints* israelíes. En cuanto llegamos al control militar, que cortaba la carretera para revisar todos los
vehículos, se produjo una situación inesperada. En la larga y tediosa fila de coches
que esperaban su turno para cruzar el *checkpoint*, mi taxi se colocó detrás de un
vehículo amarillo, cuyo modelo no supe identificar. En él viajaba un hombre con
tres mujeres. Todas llevaba *hiyab*, así que no resultaba difícil concluir que eran
palestinos. Por su aspecto deduje que se trataba de un matrimonio con sus dos
hijas. Un soldado israelí, muy joven pero armado hasta los dientes, les había
pedido la documentación a todos los viajeros y ahora los hacía salir del coche. A
un metro detrás de él, otro soldado igual de joven contemplaba la escena con una
sonrisa pícara que no presagiaba nada bueno. Un antiguo proverbio árabe dice:
«Un caballero no puede pegarle a una mujer ni siquiera con una flor».

En mi taxi, el conductor apretaba con fuerza el volante y mascullaba algo
entre dientes: لعنة يهود («¡Malditos judíos!»). Fuera, el conductor del coche amarillo discutía con los soldados israelíes. No entendí la conversación, solo palabras
sueltas, pero por los gestos de sus manos, que pasaban de juntarse sobre el
pecho en actitud de súplica, para luego señalar a las jóvenes que le acompañaban,
deduje que estaba rogando a los soldados que le dejasen pasar por algún asunto grave. Sí entendí la palabra *aryu* («te lo ruego»), pero los jóvenes soldados no
parecían ablandarse. Y entonces uno de ellos, el primero, se acercó a una de las

jóvenes palestinas e hizo el ademán de abrirle el abrigo para registrarla. Yo no soy ningún experto en cultura árabe y no sabía hasta qué punto resultaba humillante para una mujer musulmana ser cacheada por un soldado judío. Pero sí tengo mucha experiencia con los hombres que no aman a las mujeres, y la mirada de aquel soldado judío era la misma que había visto miles de veces en los burdeles europeos, durante mi infiltración en las mafias de la trata de blancas. Es la mirada del hombre embriagado por su situación de superioridad sobre una mujer. Es el reflejo de la excitación del poder. El afrodisíaco más peligroso. Y no había que ser muy inteligente para deducir lo que iba a pasar a continuación. Y como yo no soy demasiado inteligente, como siempre, me dejé llevar por el instinto. Pudo haber sido un error fatal.

En cuanto mi chófer escuchó que abría mi puerta para salir del taxi, los ojos se le abrieron como platos. Solo pude ver con el rabillo del ojo cómo giraba su cabeza y alargaba su mano hacia mí intentando sujetarme mientras repetía: ﻻ ، ﻻ ، ﻻ («No, no, no...»). Pero yo ya había puesto un pie en el asfalto del *checkpoint*, y mi cuerpo asomaba por encima de la puerta del taxi. No me dio tiempo a más. Como activados por un resorte instantáneo, los soldados israelíes se giraron hacia mí levantando sus fusiles de asalto al unísono. Y la mirada de deseo se había convertido en una mirada de terror.

Me sorprendió. Habría esperado una mirada de reproche, de odio. Como las que había recibido tantas veces, al incordiar al putero que empezaba a ponerse pesado con alguna de mis amigas prostitutas en los burdeles europeos. Pero no fue así. Lo que había en aquella mirada era más miedo que rencor. Mi poblada barba y el moreno de mi piel sin duda les hizo pensar, en ese primer segundo, que estaban ante un árabe. Y un árabe suicida, porque solo un suicida saldría precipitadamente del taxi en un *checkpoint*, interrumpiendo su cacheo a las adolescentes palestinas.

Cuando vi sus armas apuntándome, a mí también me paralizó el miedo. Pero creo que cuando ellos vieron la pequeña mochila en mis manos también se paralizaron de terror. Y aproveché ese instante de parálisis para improvisar. No sé por qué en ese segundo recordé algo que me dijo en una ocasión Fernando Sánchez Dragó, cuando dedicó un programa a mi libro *Diario de un skin*: «La sonrisa es el mejor chaleco antibalas en cualquier parte del mundo». Y sonreí, dibujé mi mejor sonrisa mientras les gritaba a los soldados:

—Ey, no problema, men! I am Spanish. Please, is there any bathroom in here?

—Do you speak Arabic? —me gritó uno sin dejar de apuntarme a la cabeza.

—No, no. I am Spanish —repetí tartamudeando.[12]

---

12. —¡Eh, no hay problema, hombre! Soy español. Por favor, ¿hay algún baño por aquí?

Lo lógico es que me hubiesen pegado dos tiros «preventivos» allí mismo. Pero el atroz acento latino de mi inglés debió de relajar la tensión porque se miraron entre ellos un segundo y en sus ojos ya no había miedo, sino alivio. Parece que el barbudo que había salido violentamente del taxi no era un terrorista suicida, sino un inoportuno turista que les había estropeado la diversión. Y me lo iban a hacer pagar.

Tras revisar mi pasaporte europeo despidieron al taxista, que no tendría permiso para continuar por esa carretera y debería volverse a Ramallah. Y yo recibiría una regañina por mi imprudente actitud. Los *checkpoints*, decían, no son áreas de descanso para que los turistas europeos se paren a buscar un cuarto de baño. Así que tendría que buscarme otro taxi y seguir mi viaje. No fue difícil. Conocedores de esa actitud, los taxis palestinos suelen rondar cerca de los *checkpoints* para relevar al compañero al que los israelíes no dan permiso para cruzar y recoger a su pasajero. Tomé otro taxi, pero cuando salía del control de Birzeit pude ver, a través de la ventanilla, a las adolescentes palestinas que ya estaban acomodadas de nuevo en el asiento trasero del coche amarillo. Me sonreían con complicidad. Juraría que se habían dado cuenta de lo que acababa de ocurrir, y en sus ojos había gratitud.

Aquella anécdota, que no grabé por creer que un sencillo viaje en coche por Palestina es solo eso, me demostró que tenía que ir más atento y con la cámara dispuesta para registrar lo que ocurriese durante el trayecto. De otra forma nunca se me habría ocurrido conectar la cámara oculta dentro de un taxi, en un rutinario desplazamiento entre dos ciudades, y no habría grabado lo que ocurrió a continuación.

El siguiente taxi, según mis notas, me duró exactamente cinco minutos. Hasta el siguiente *checkpoint*. Y allí la misma rutina. Otro soldado que me mira y me pregunta «Do you speak Arabic?»; yo que vuelvo a negarlo, y el taxista palestino que no tiene permiso para cruzar el control.

Cambio de taxi y continúo viaje. Hasta Jahuara. De nuevo control militar. De nuevo me preguntan si hablo árabe. Y de nuevo cambio de taxi. Este me aguantó veinticinco minutos de trayecto, hasta el siguiente *checkpoint*. De nuevo el taxista palestino no tiene permiso para continuar. Otra vez me preguntan si hablo árabe. Y de nuevo tengo que cambiar de taxi. Y así una y otra vez.

En uno de los *checkpoints* no había taxis. Así que me quedé literalmente tirado. Por suerte, un buen samaritano, es decir, un nativo de la región de Samaria, en la margen occidental del Jordán, se apiadó de mí y accedió a llevarme hasta donde Dios o el próximo soldado israelí decidiese. Que sería el

---

—¿Hablas árabe?
—No, no. Soy español.

control de Anapta. Los veinticinco minutos que duró ese fragmento del viaje hacia Yinín apenas me dieron tiempo para charlar con el buen samaritano, que resultó ser un médico voluntario de la ONG Save the Children. En el breve trayecto me dibujó un panorama siniestro y terrible de la situación en Palestina. No me habló de la humillación constante que suponen los *checkpoints*, los controles, los cacheos y la sumisión absoluta a los militares israelíes, eso ya lo estaba viendo yo mismo. Tampoco me habló de las detenciones preventivas y los terribles interrogatorios que implican, ni de los bombardeos, ni de los árboles arrancados, los pozos de agua confiscados, ni de las casas derribadas, los terrenos embargados o el siniestro muro que los israelíes están construyendo para aislar totalmente las poblaciones palestinas. El doctor Khayri, que así se llamaba, me habló del efecto psicológico que la ocupación estaba provocando en los niños palestinos. Y no se refería solo al evidente rencor que acumularían durante años para con los ocupantes israelíes. Sino de los problemas de convivencia, de violencia escolar y familiar, miedos y fobias, trastornos del sueño, etcétera, que sufren la mayor parte de los niños palestinos.

Antes de despedirnos engrosó mi lista de contactos con un teléfono y una dirección en Yinín. Un lugar que, según él, debía visitar si quería conocer la esencia del conflicto árabe-israelí en Palestina y la vocación suicida de la resistencia. Un lugar llamado TRC, en la calle Abu Baker de Yinín, donde debía preguntar por su colega Malek Muhammad Hassan...

En el siguiente trayecto de aquel interminable viaje, que debería haber durado una hora y que ya iba casi por la cuarta, se produjo otra anécdota muy gráfica. Cada vez que conseguía un taxi, este era el cuarto, intentaba practicar un poco mi escaso y mal árabe charlando con el taxista palestino. Todos eran muy amables, y resultaba evidente que disfrutaban al ver mis esfuerzos por comunicarme con ellos en su lengua. Todos menos el malnacido que me recogió en Anapta y me llevó hasta Marj Sanour. Cuando llegamos al siguiente *checkpoint*, de nuevo el soldado se acercó a la ventanilla y en cuanto me vio preguntó «Do you speak Arabic?». Pero esta vez el taxista, no sé si por miedo a posibles represalias futuras o por ser un colaborador de los israelíes (que suele ser lo mismo), me delató. Antes de que pudiese reaccionar, respondió por mí:

—Yes, he speaks a little Arabic.

Mi cámara oculta, que estaba grabando, registró el incidente y la alarma del soldado israelí que inmediatamente se apartó del coche y avisó a su superior, pero no grabó mi cara de sorpresa y de indignación ante lo que consideré una traición del taxista. Tuve solo unos segundos para pensar, exactamente los que tardó en presentarse el oficial superior, ignoro su graduación, que parecía sacado de una película americana. Con más pinta de sheriff del desierto que de un miembro del afamado ejército israelí, se acercó al taxi caminando como un pistolero americano. Llevaba la gorra demasiado ladeada para un uniforme, el cuello de la camisa subido, como si fuese un cantante de rock de los años sesenta, y mascaba chicle. Quizás, por un momento, había pensado que esa mañana se ganaría una felicitación por haber interceptado a un espía de Hamas o a un simpatizante extranjero de la resistencia. Me pidió el pasaporte mientras volvía a preguntarme «Do you speak Arabic?». Después de la traición del taxista, negarlo habría sido inútil, así que solo se me ocurrió escapar hacia delante. Volví a dibujar mi mejor sonrisa mientras le entregaba mi pasaporte y le respondí, poniendo esa cara de imbécil que por naturaleza me sale tan bien y pronunciando especialmente mal:

—Of course, man! Suckram... habibi... Osama Ben Laden...! —Sin dejar de sonreír mientras ponía cara de pardillo.[13]

El oficial miró al soldado y luego al taxista, como diciendo «¿Y para esta tontería me molestáis?». Probablemente todo el mundo que haya viajado alguna vez a algún país árabe conoce esas palabras básicas. Y el oficial debió de pensar que yo me había hecho el listillo con el taxista y que este a su vez había querido ganar puntos a mi costa con los soldados del control. Pero era evidente que mis conocimientos de árabe no suponían un peligro para la seguridad nacional. Así que el «sheriff» me devolvió el pasaporte y, sin molestarse siquiera en despedirse, me dejó continuar hasta Marj Sanour, donde tomaría el último taxi del viaje, con el que entraría en Yinín veinticinco minutos después.

Aquel sencillo trayecto de poco más de cien kilómetros, que en cualquier país del mundo habría supuesto un monótono viaje de poco más de una hora, en Palestina se había convertido en toda una aventura, cambiando seis veces de coche, siendo encañonado una vez, y a punto de ser detenido dos... Al final había perdido medio día en el camino. Si esto le ocurre a un europeo, no es difícil imaginar que para los palestinos todo es mucho más complicado todavía. No iba a tardar en descubrirlo.

Los fabricantes de mártires

Yinín[14] es una ciudad, y una provincia, ubicada en las orillas del río Jordán, el mismo en el que Juan el Bautista ungió a Jesús de Nazaret. Esta ciudad bíblica es el centro agrícola más importante de Palestina, pero también una de las ciudades más emblemáticas de la resistencia. Casi un cuarto de millón de habitantes, a los que hay que añadir los veinte mil del campo de refugia-

---

13. ¡Por supuesto, tío! Gracias... Amada... ¡Osama Ben Laden...!
14. También he visto diferentes transcripciones de la palabra árabe جنين, como Jenín o Yenín, pero considero que la traducción más fiel es Yinín.

dos de Yinín, construido en 1953 para albergar a los palestinos huidos o expulsados de sus aldeas y pueblos durante la ocupación israelí.

Israel siempre ha denunciado que dicho campo de refugiados es una auténtica fábrica de mártires y fedayín. Y a pesar de que en 1996 el control de la ciudad fue entregado a la Autoridad Nacional Palestina, con mucha frecuencia se producen incursiones de patrullas israelíes en Yinín y tiroteos como el que acabó con la vida de Dalal, mi supuesta esposa.

En abril de 2002 Yinín abrió las portadas de los informativos internacionales cuando se produjo un asalto al campo de refugiados por tropas israelíes fuertemente armadas. El 27 de marzo de ese año tuvo lugar un atentado suicida en el Park Hotel, en la ciudad costera de Natania, al norte de Tel Aviv, que no tenía mucho que envidiar a los atentados de Ammán ordenados por Al Zarqaui. Como represalia, el ejército israelí autorizó la Operación Escudo Defensivo: entre el 3 y el 18 de abril, los bombardeos, los tanques y los *bulldozers* israelíes arrasaron el campo, y todavía hoy existe una gran polémica en torno al número de víctimas mortales palestinas (oscila entre las 52 y las 497). Sin embargo, los miembros de la resistencia que hicieron frente a las tropas de ocupación abatieron a 23 soldados israelíes.

Toda la prensa árabe se hizo eco de la llamada «batalla de Yinín» y, poco tiempo después del asalto, el actor y director de cine Mohamed Bakri grabó un documental titulado *Yinín, Yinín,* que dio la vuelta al mundo y que le arruinó la vida. Yo aún no lo sabía, pero poco tiempo después tendría el placer y el honor de conocer y entrevistar personalmente a Bakri.

Además de ser cantera de soldados y mártires de la resistencia palestina, Yinín tiene una relevancia especial en la historia del yihadismo terrorista de Al Qaida, ya que en una de sus aldeas más humildes, Silat Al Hartiya, nació en 1941 Abdullah Yusuf Azzam, teólogo y teórico del yihad que influyó definitivamente en el pensamiento de Osama Ben Laden. Y por si todo esto no fuese bastante, cuando llegué a Yinín ignoraba que el alcalde de la ciudad era primo del suegro de Ilich Ramírez Sánchez, *Carlos el Chacal.*

Yo aproveché aquellos días para visitar muchos lugares emblemáticos de Yinín, desde el campo de refugiados al memorial que homenajea a los soldados iraquíes que murieron luchando con la resistencia palestina. Me hice fotos en todos esos sitios, que engrosarían mi álbum, afianzando con cada una de aquellas fotografías mi identidad como Muhammad Abdallah, *el Palestino.* Y después acudí a la dirección que me había dado el amable doctor Khayri, el buen samaritano de Save the Children.

La calle Abu Baker de Yinín resultó ser bastante céntrica, y el doctor Malek Muhammad Hassan un hombre de unos cuarenta y cinco años, con cara de buena persona, la piel más blanca que la mía y psiquiatra de profesión. Trabajaba para el Centro de Tratamiento y Rehabilitación de Víctimas de la Tortura (TRC), en el Abu Adawy Al Yamoney Building. Y a través de él conocería a Jamal Daglas, psicólogo del TRC y uno de mis primeros guías en Yinín. Ambos se dedicaban a trabajar con las víctimas de la ocupación y me aportaron un punto de vista muy diferente sobre el concepto «daños colaterales».

Yinín es una ciudad llena de cicatrices. Y no me refiero solo a los cientos de impactos de bala que se pueden ver en muchos edificios y que me recordaron la franja verde de Beirut. Como se describe en el documental *Los niños de Arna*, al final, como en todas las guerras, los pequeños son los grandes perdedores. Necesitaría muchas páginas para describir todo lo que viví aquellos días tan intensos en Yinín, Burqyn y sus alrededores. Entrevistas con víctimas y verdugos en el conflicto árabe-israelí.

De la mano de Jamal Daglas conocí algunos casos concretos, reales, de personas con nombres y caras, que ejemplificaban los dramas humanos que convirtieron Yinín en una ciudad de mártires. Casos como el de Arcan, un joven apenas veinteañero atado a una silla de ruedas desde que los militares israelíes disolvieron una manifestación de Hamas utilizando fuego real. Arcan, que vive en un primer piso, depende totalmente de la ayuda de otras personas para poder salir de la prisión en la que se ha convertido su casa. Se pasa el día viendo Al Jazeera y jura que no había participado en la manifestación de Hamas. «Yo siempre voté a Al Fatah, solo pasé por allí cuando volvía a casa, y una bala perdida me dio en la columna vertebral y me dejó paralítico de cintura para abajo.» Arcan, lógicamente, odia a los judíos.

Yihad tenía dieciséis años cuando lo visité en su casa, a las afueras de Yinín. Cuatro años antes, un tanque israelí le pasó por encima durante una de las incursiones de patrullas israelíes en la ciudad. Le cortó la pierna izquierda a la altura de la rodilla. Aunque es un chico muy guapo, no sonrió ni una vez durante mi visita, y eso que presumo de tener muy buen *feeling* con los niños. De hecho, Yihad apenas ha vuelto a sonreír desde que le amputaron la pierna. Tampoco volvió al colegio. Ni siquiera sale de su casa, a pesar de vivir en una planta baja. Le da vergüenza. También odia a los judíos.

Muhammad sí sonrió con mis tonterías. Tenía diez años. Lo visitamos en el colegio. Su brazo derecho estaba destrozado. El tratamiento del cáncer que sufre, según me explicó Jamal, había atraído a los perros de una patrulla israelí en la ciudad. Según él, los soldados no habían hecho nada por detener a los animales cuando se le echaron encima.

Arcan, Yihad y Muhammad quedaron inmortalizados por mi cámara. No son estadísticas ni relatos anónimos. Sino testimonios concretos del dolor constante y permanente con el que aprenden a vivir los palestinos. Supongo que si una bala perdida me hubiese dejado paralítico, o un tanque me hubiese amputado una pierna, o unos perros adiestrados me hubiesen destrozado un brazo, yo también odiaría a los judíos. Y quizás ese odio fuese tan poderoso e irracional que se convirtiese en el motor de mi vida. Como es el caso de Musa.

Musa ibn Alí pertenece al Movimiento del Yihad Islámico en Palestina (حركة الجهاد الإسلامي في فلسطين), una organización incluida en los listados de grupos terroristas de la Unión Europea, los Estados Unidos, Reino Unido, Japón, Canadá, Australia y por supuesto Israel.

El Yihad Islámico Palestino tiene algunas diferencias de su homónima egipcia, a pesar de que nació en la década de los setenta, fundada por Fathi Shqaqi y Abd Al Aziz Awda, que lideraban una delegación del Yihad Islámico Egipcio en territorio palestino. Se supone que apoyados económica y materialmente por Hizbullah, definen su yihad como la acción armada contra los ocupantes israelíes. Además, el Yihad Islámico Palestino se opone a otros gobiernos árabes al considerarlos no islámicos o demasiado pro-occidentales. Su brazo armado, la guerrilla de las Brigadas de Al Quds, ha participado en numerosas operaciones de combate contra las patrullas israelíes en los territorios ocupados y también ha utilizado el martirio para atacar a Israel en sus propias ciudades, aunque su capacidad para atentar contra Israel se vio mermada tras el bloqueo a la Franja de Gaza y la construcción del «muro de la vergüenza» para unos, y «barrera de seguridad en Cisjordania» para otros.

Tras las limitaciones operativas que suponía para las Brigadas de Al Quds el muro, el Yihad Islámico comenzó a utilizar los artesanales cohetes Qassam (mal llamados «misiles», ya que no tienen ningún sistema de navegación), lanzándolos aleatoriamente contra asentamientos israelíes, y consiguieron algunas bajas entre los colonos judíos. Aquellos cohetes, y sus aspirantes a shahid, a mártir, eran el mejor arsenal con que contaba el Yihad Islámico para luchar contra la ocupación israelí. Y Musa era una de esas armas. Un joven, más joven de lo que yo esperaría en un aspirante a «terrorista suicida», cuyo único deseo en la vida era morir... matando. Parecía uno de los personajes de la brillante película *Paradise Now*, de Hani Abu Assad.

Musa acababa de hacerse las fotos de rigor, en un laboratorio fotográfico especializado en ese tipo de imágenes, armado con su AK-47 y su ejemplar del Sagrado Corán, para ilustrar el póster que debería decorar las calles de Yinín después de su martirio. Me impresionó descubrir que había fotógrafos especializados en realizar ese tipo de pósters y carteles con la imagen de los mártires, que empapelan las calles de Palestina tras cada nueva operación de martirio. Muchos de esos laboratorios fotográficos ya cuentan con los fondos (normalmente un enorme póster con la mezquita de Al Aqsa) y las armas (M-4, AK-47...) para realizar esas fotografías de muyahidín que intentan plasmar el heroísmo y la abnegación de los miembros de la resistencia, dispuestos a morir por su tierra. No importa que los fotografiados sean miembros de

Hamas, Al Fatah, el Yihad Islámico o cualquier otra organización palestina. Posteriormente esas fotos se tratan y decoran con citas del Corán, imágenes de otros mártires, la sagrada Kaaba, etcétera, y se convierten en pósters, camisetas o carteles que decorarán calles, fachadas o viviendas particulares. Lo terrorífico es que algunos de aquellos mártires eran solo unos niños. Y ciertamente la imagen de aquellos muchachos armados con un AK-47 o un cinturón explosivo son terribles. Tanto como la de los niños de las milicias norteamericanas vaciando los cargadores de sus M-16 sobre la foto de cualquier líder árabe en los campos de tiro legales. Aunque todavía no existe ningún «Columbine palestino»...

Por supuesto, yo aproveché para hacerme unas fotos ataviado como un muyahid, que añadí a mi álbum y que más tarde me serían extremadamente útiles para «probar» mi adhesión a la lucha armada.

Musa, como la mayoría de los jóvenes de su edad, que no llegaban a la veintena, necesitaba una causa por la que luchar, y la ocupación israelí, la destrucción de la casa de sus padres y la muerte de su hermano mayor en una escaramuza militar le habían dado todas las que necesitaba. El Yihad Islámico había sabido canalizar la rabia, el odio y la frustración de Musa, enfocándolos hacia un único objetivo: matar israelíes. Y qué mejor forma de hacerlo que cubriéndose el cuerpo de explosivos para llevarse por delante a todos los judíos posibles... «Tenemos derecho a matar israelíes —me dijo con convicción fanática— porque ellos nos matan primero, y en Israel todos son militares en la reserva o en activo. En Israel no hay civiles.» Unos años después escucharía ese mismo argumento, con prácticamente las mismas palabras, en labios del terrorista más famoso del siglo XX: Ilich Ramírez. No es extraño, por tanto, que los israelíes consideren a todos los palestinos como terroristas potenciales. Y cada atentado genera una operación de castigo, y cada operación un atentado, y ese nuevo atentado otra operación de castigo... Por desgracia, los teóricos del yihad, que convencen a aquellos jóvenes desencantados para inmolarse en su nombre, no predican con el ejemplo.

Es evidente que los fabricantes de mártires no son solamente los instructores de la resistencia, ni los profesores de las *madrasas* radicales, ni los manipuladores de los suicidas. Por encima de todos ellos, los principales fabricantes son los mismos fabricantes de huérfanos, de viudas o de viudos, que claman venganza al cielo. Y como el cielo no responde, cruzan la frontera israelí para buscarla por sí mismos... Israel tiene una voz única, un gobierno legítimo, alguien puede negociar en representación de todo el pueblo israelí. Palestina no. Ni siquiera Hamas. Hay demasiado odio para un solo gobierno palestino. Con brillante ironía, los Monty Python lo plasmaron en su película *La vida de Brian*, donde un Frente de Liberación Judaica, un Frente Judaico de Liberación, un Frente de Liberación de Judea, etcétera, competían por la gloria y la legitimidad de su tragicómica lucha... El enfrentamiento armado entre las diferentes organizaciones de la resistencia palestina es igual de tragicómico.

Burqyn, la tierra de mis abuelos

Esta investigación ha durado demasiado tiempo. Mis verdaderos abuelo y abuela maternos murieron en el transcurso de estos seis años. Así que, cuando tenía que hablar de los padres de mi madre, no me costaba ningún esfuerzo emocionarme. Y la emoción era real. Sin embargo, mis interlocutores creían que me refería a la ficticia pareja que salió de Burqyn tras la ocupación israelí, para emigrar a Venezuela. Y la divina providencia se empeñó en aprovechar mi regreso a Yinín para hacerme visitar de nuevo el pueblo de mis orígenes...

El Garden Hotel es casi la única opción en Yinín. No es barato, teniendo en cuenta su austeridad, pero si tienes tanta suerte como quien esto escribe y haces buenos amigos, la tradicional hospitalidad árabe te rescatará del impersonal alojamiento, para brindarte todo el cariño y los cuidados de una familia palestina.

Así es como terminé en la casa de Mahmoud, un policía palestino de Yinín que llevaba meses sin cobrar su sueldo y cuyo teléfono tenía en mi lista de contactos cuando volví a Palestina en ese viaje. Los embargos de las ayudas humanitarias que recibía Al Fatah, y que se interrumpieron cuando Hamas ganó las elecciones, habían terminado por secar las arcas del Estado palestino, así que no había dinero para pagar los salarios, ni siquiera de los funcionarios como Mahmoud, y mi nuevo amigo estaba preocupado. Se sentía la tensión en el ambiente. Y esa tensión iría en aumento en los meses sucesivos, en que tampoco cobraron su sueldo. Por eso no me extrañó ver en los informativos, a mediados de año, las noticias sobre los enfrentamientos armados entre miembros de Al Fatah, Hamas o el Yihad Islámico en Palestina. La mejor forma de combatir a los enemigos es generarles tanta angustia y tensión, que terminen matándose entre ellos. Y en Palestina había mucha tensión en aquellos días. Como casi siempre.

Sin embargo, Mahmoud me ofreció un cuarto en su casa, una casa que los israelíes habían derruido y que él y su familia habían reconstruido piedra a piedra. En ella no había cuarto para invitados porque no suele haber muchos extranjeros que visiten Burqyn. Me obsequió con una manta y un colchón tirado en el suelo, y me dio de comer. También fue otro de mis guías en la zona. Solo que él, como policía, sí tenía permiso para portar armas. Y en un lugar como Palestina resulta reconfortante saber que tienes a un policía armado cubriéndote las espaldas. Aunque en el caso de una incursión israelí, sus armas no servirían de mucho...

Apasionado seguidor de Yasser Arafat, con quien años atrás se había hecho la fotografía que presidía el salón de la casa, siempre había votado a Al Fatah. Según me contó, unos meses antes había tenido la oportunidad de formar parte de la escolta de un funcionario de Naciones Unidas que hacía trabajo de observador internacional en la zona. Mahmoud aprovechó para preguntarle al funcionario europeo por qué todo el pueblo palestino tenía que sufrir el castigo que la Unión Europea o los Estados Unidos querían infligir a Hamas considerándola una organización terrorista y retirándole las ayudas. El de Naciones Unidas había respondido al policía: «Ustedes son responsables de que ese gobierno esté en el poder, por eso, si castigamos al gobierno, es lógico que los responsables de que ese gobierno esté ahí también resulten afectados...». Pero es que Mahmoud, como todos los seguidores de Al Fatah, nunca había votado a Hamas... Y me gustaría incidir en el argumento del representante de Naciones Unidas y por tanto de Occidente porque volvería a oírlo más adelante, pero en labios del Chacal, para justificar que no existen «víctimas inocentes» en los atentados que cometía... Extraño, ¿no? «Nosotros» y «ellos» justificamos de la misma forma los daños colaterales...

La primera noche en casa de Mahmoud no pegué ojo. Me quedé hasta tarde jugando con los niños, y la verdad es que físicamente estaba cansado, pero Mahmoud me había contado durante la cena que el día anterior patrullas israelíes habían asaltado varias casas de Burqyn, llevándose detenidos a algunos vecinos sospechosos de pertenecer al Yihad Islámico, y era probable que esa noche volviesen. Y volvieron. Durante toda la noche pude escuchar gritos, motores de vehículos pesados, movimiento de gente... Esperaba que en cualquier momento se abriese la puerta de la casa y una patrulla de soldados israelíes entrase en la habitación y me sacase a puñetazos a la calle, para amordazarme, esposarme y ponerme un saco en la cabeza, antes de ser trasladado a alguna oscura comisaría. Pero no ocurrió nada. Esa noche escogieron otras casas del pueblo para buscar terroristas.

Aproveché el viaje para conocer mejor los alrededores de la que supuestamente era la tierra de mis antepasados. Y dediqué un par de días a Burqyn, el pueblo donde había imaginado la infancia de mi madre y la casa de mis abuelos. Desde los orígenes del cristianismo, fue un lugar de paso para los peregrinos que viajaban a Palestina. Situadas en una estratégica colina, a unos 270 metros sobre el nivel del mar, las viviendas del pueblo ocupan unas cuatrocientas hectáreas, rodeadas por los campos de cebada y los olivos, entre los que imaginé la dura vida de mi madre y de mis abuelos antes de que decidiesen trasladarse a Venezuela para escapar de la ocupación.

Según la tradición local, Burqyn existía mucho antes que el cristianismo, y Jesús, en su viaje entre Nazaret y Jerusalén, pasó por aquí cuando todavía se llamaba Borchin. Allí tuvo lugar la escena de la curación de los leprosos que relata Lucas en su Evangelio: «Levántate y ve, tu fe te ha salvado...» (Lc, 17, 11-19). Y aquellos caminos son los mismos que pisaron Jesús (Isa) y sus discípulos hace dos mil años. Quizás sería el momento oportuno para que los cristianos que tanto han despreciado el drama palestino recordasen que Jesús era uno de ellos. Y que los actuales habitantes de Palestina son los descendientes de los hermanos y las hermanas de Jesús. Es decir, llevan su sangre, que vuelve a ser derramada, día tras día, en miles de Gólgotas, a lo largo y ancho de todo el país.

Los vecinos de Burqyn, incluso los musulmanes, me explicaban con orgullo que la iglesia de San Jorge es la cuarta más antigua del cristianismo. Situada al noroeste de la aldea, en la ladera de una montaña, originalmente allí eran expulsados los leprosos, que malvivían hacinados en la cueva en la que se construiría más adelante la iglesia. Allí los encontró Jesús, según relata Lucas, e hizo el milagro de su curación en una antigua cisterna romana, que se conserva parcialmente en la misma capilla. Solo la aventajan en antigüedad la iglesia de la Natividad en Belén, la iglesia de la Anunciación en Nazaret y la iglesia de la Resurrección en Jerusalén. El guarda de la iglesia, un hombre de unos sesenta años, piel quemada por el sol y canoso mostacho, cuyo nombre creí entender que era Firas, incluso se empeñó en abrirla para que el extranjero pudiese conocerla. Un honor que le agradezco. Sobre todo porque dos años después coincidiría en Caracas con alguien que conocía perfectamente este pueblo, y que habría descubierto el embuste de mi identidad si yo no hubiese podido describirle con exactitud las características de Burqyn. En especial su famosa iglesia cristiana, a la que no presté atención en mi viaje anterior.

Y es que la iglesia de San Jorge no es el único lugar histórico de Burqyn. De hecho, existen varios interesantes emplazamientos arqueológicos en la zona, lo que permite a la aldea disfrutar de las ayudas puntuales del Ministerio de Turismo y Antigüedades palestino. Aunque en 1982 las autoridades israelíes permitieron la ocupación de parte del territorio. Y continuaban haciéndolo.

Para el regreso a Ramallah decidí abandonar la opción de un taxi que volviese a recorrer las asfaltadas carreteras controladas por los *checkpoints* israelíes, y viajar «al estilo palestino», es decir, por las montañas. Desde el centro de Yinín salían unas taxi-furgonetas, de siete a nueve plazas, que evitaban los controles haciendo el trayecto hasta Ramallah a través de caminos rurales, sin asfaltar, que rodeaban colinas, atravesaban sembrados y bordeaban montañas, en un rally digno del París-Dakar. Poniendo a prueba la calidad de la suspensión de la furgoneta, nos pasamos todo el viaje dando tumbos de bache en bache. El conductor, al cruzarse con otros coches palestinos que también hacían la ruta de las montañas, les preguntaba si habían visto controles en alguno de los caminos y les informaba de que por donde veníamos nosotros no nos habíamos cruzado con ninguno. Así, informándose entre ellos, los conductores van improvisando las rutas de las montañas por las que pueden avanzar sin tener que soportar la humillación de los *checkpoints*. En mi caso, aquellos controles solo significaban un retraso de algunas horas en mi viaje, pero los palestinos contaban historias terribles sobre ambulancias transportando heridos graves, parturientas o moribundos, retenidos durante horas en los *checkpoints*, hasta que el enfermo fallecía o el parto se producía. En el imaginario palestino, los soldados israelíes son criaturas malignas y abyectas que disfrutan haciendo sufrir gratuitamente a sus vecinos árabes.

A pesar de que los israelíes también colocan controles aleatoriamente en algunos de los caminos de las montañas, ese día tuvimos suerte y llegué a Ramallah en menos de dos horas, sin mayor contratiempo. Durante el viaje no me quitaba de la cabeza la imagen del pequeño Muhammad y su brazo destrozado, de Arcan postrado para siempre en una silla de ruedas, o del joven Yihad y su pierna amputada... Cuando volví a Palestina buscaba argumentos, reales o no, para implicarme emocionalmente en la causa árabe. Algo que me emocionase, que me permitiese quebrar la voz y hacer aflorar las lágrimas al hablar de las injusticias cometidas por Israel y Occidente contra los musulmanes, pero nunca supuse que me fuese tan sencillo encontrarlos. Todo a mi alrededor inspiraba rabia, frustración y deseo de venganza.

Mahmud Sehwail: un psiquiatra contra la tortura

En Ramallah ya me esperaba el doctor Mahmud Sehwail, director del Centro de Tratamiento y Rehabilitación para Víctimas de la Tortura (TRC), cuya delegación en Yinín acababa de conocer. Y de nuevo Allah quería ponérmelo fácil. El doctor Sehwail había estudiado Medicina, y posteriormente la especialidad en Psiquiatría, en España y hablaba perfectamente mi lengua.

El doctor Sehwail es un tipo muy serio, casi parece distante. Acostumbrado a las visitas de periodistas extranjeros, no se deja impresionar por las cámaras y tiene muy claro que lo primero son sus pacientes. Lo visité en sus flamantes oficinas del edificio Almasa, adonde el TRC se había trasladado hacía menos de un mes, desde su anterior ubicación en el edificio Al Esra. Era tal la afluencia de víctimas que acudían al TRC, que las instalaciones se habían quedado pequeñas. Entre cajas a medio desembalar, los pacientes esperaban su turno para la terapia, y allí mismo pude conocer algunos casos terribles que el doctor Sehwail tuvo la amabilidad de presentarme. Issan, por ejemplo, es un hombre prematuramente envejecido, que arrastra el trauma de la tortura desde antes de la primera intifada, hace casi veinte años. Necesitamos la intercesión de uno de los psiquiatras del centro, que lleva su caso, para que Issan me permitiese grabar la entrevista, garantizándole que su identidad quedará en el anonimato. A pesar de los años que han transcurrido, Issan se sigue sintiendo traumatizado y avergonzado.

—Me detuvieron cerca de Ramallah. Me interrogaron durante días, yo era muy joven y no tenía nada que confesar. Como no respondía a los interrogatorios me violaron en la cárcel... Ya no puedo vivir como un hombre.

Hamsa, por poner otro ejemplo, es un joven desplazado que vive en el campo de refugiados de Bethlehem (Belén). La primera vez que le detuvieron, el 23 de febrero de 2004, fue víctima de una «detención administrativa». Según las leyes israelíes es posible detener a un sospechoso para su interrogatorio, por un período de seis meses. Y ese período de tiempo es renovable...

—Me llamaron del campo a un centro de investigación —explica Hamsa— y me retuvieron allí durante veintitrés días, en una celda de un metro por metro y medio. Y después me trasladaron a otra cárcel, en Ramallah, donde me tuvieron otros treinta días. Y luego a otra cárcel durante trece meses. Los primeros seis meses como detención administrativa, y luego la renovaron. Decían que yo había tirado un cóctel molotov a los soldados. Yo tenía quince años.

Las detenciones administrativas son uno de los instrumentos de presión, para romper la moral palestina, que el gobierno israelí utiliza con más pericia, pese a que la organización Amnistía Internacional ha desarrollado numerosas iniciativas contra esta y otras formas de presión que Israel emplea contra el terrorismo palestino desde la segunda intifada.[15]

—Realmente, la situación en Palestina es muy difícil —me explica el doctor Sehwail, cuando por fin me recibe en su despacho—. Sobre todo bajo la ocupación israelí. En la actual intifada, más de cinco mil personas han muerto a manos de las tropas israelíes, más de sesenta mil heridos, centenares de miles de árboles arrancados, miles de casas destruidas... casi el 40 por ciento de la población masculina ha sido detenida una vez, o más. Y de la población general, el 22 por ciento. Es una población traumatizada en masa. Casi el 68 o 70 por ciento de los niños palestinos han presenciado o han sido sometidos a violencia israelí. O sea que el daño psicológico es muy grande. Solo en 2005 hemos hecho casi ocho mil visitas a casas de familias afectadas por la tortura.

—Doctor, ¿en qué consiste su trabajo?

—Yo he hecho 316 visitas a cárceles israelíes. Cada vez que voy a una cárcel israelí me digo a mí mismo que es la última vez. Primero porque tengo que esperar varias horas para poder entrar. A veces cuatro, seis, ocho horas, y no lo consigo. Hice también varias a cárceles palestinas, desde la llegada de la

---

15. En su página web *http://www.es.amnesty.org* se ofrecen varios dossieres monográficos sobre la tortura en las cárceles israelíes, y se facilitan impresos de protesta, que cualquier ciudadano puede enviar por mail al gobierno israelí, para manifestar su queja.

Autoridad Palestina en 1995-1996. En las cárceles israelíes la tortura es bien organizada y planeada; en las palestinas, los que torturan a otros son gente que ha sido detenida y torturada en cárceles israelíes y ha aprendido la técnica. El torturado se convierte en torturador. Como ha ocurrido con nazis y judíos.

—El objetivo de esas palizas, hambre, frío o privación sensorial en los interrogatorios ¿es solo obtener información antiterrorista?

—Yo creo que el objetivo de la tortura no es para matar físicamente a la persona; es matar su espíritu. Cambiar su carácter. Infundir el miedo en su familia y en toda la comunidad.

—¿Y los niños? En Yinín he conocido algunos casos terribles de niños mutilados por la guerra.

—Tenemos un programa continuo para niños. El 68 por ciento de los niños palestinos han sido sometidos o han presenciado violencia. Han presenciado la muerte de sus amigos, han sido sometidos a bombardeos de sus casas, escuelas... Mira, yo traté a mucha gente en la primera intifada, en 1987-1988, y los niños que se han creado en la primera intifada dirigen la actual. Los niños que se han creado en esta intifada yo creo que van a dirigir la tercera intifada.

Ese resentimiento y ese temor, que convierten a los niños palestinos en un grupo social traumatizado colectivamente, serán el origen de nuevos problemas en el conflicto árabe-israelí en el futuro, y no solo por las consecuencias psicológicas que sufren esos niños, sino por cómo pueden influir en su círculo familiar.

Uno de los casos más significativos que relató el doctor Mahmud Sehwail desembocó en las portadas de la prensa internacional y en los listados estadísticos de los atentados suicidas en Palestina:

—Hace tres o cuatro años, yo estaba invitado en un programa en la radio, un programa para gente afectada. Un hombre llama de fuera diciendo que sus hijos han presenciado la muerte de su madre por los israelíes, y esos niños se han vuelto violentos, agresivos, en contra de otros en la escuela, en la calle. Y el hombre pedía un consejo, una ayuda psicológica. Nos enteramos después de un mes de que ese hombre se voló a sí mismo en Israel. No pudo manejar su trauma. La única salida para él fue el suicidio.

Un par de años más tarde, cuando volví a entrevistar al doctor Sehwail inmediatamente después de los bombardeos a Gaza de enero de 2009, la situación del trauma infantil se revelaría infinitamente más grave.

El psiquiatra palestino insiste en que tras cada atentado suicida se oculta un trauma y una historia familiar.

—A uno de mis pacientes le habían destruido la casa en 1989. Su hermano, también encarcelado en prisiones israelíes. Otra vez reconstruyó la casa y fue destruida otra vez. Y luego él acabó haciendo un acto suicida. Yo he conocido a las familias de los suicidas, y no hay ningún motivo religioso. Es la frustración. Tras cada acto suicida hay un trauma y una historia. No tiene nada que ver con la religión. Es gente traumatizada. Están utilizados por grupos extremistas.

No pude evitar recordar a Musa, el joven mártir del Yihad Islámico en Yinín, con una biografía casi idéntica al paciente del doctor Sehwail.

—¿Y cuál es la solución, doctor? ¿Adónde va a llegar esto? Más ataques israelíes producen más mártires, que a la vez producen más represalias israelíes...

—Yo no veo ninguna solución como psiquiatra. Primero, la ocupación tiene que terminar, hay que poner fin a la ocupación. Segundo, la política del muro, que hace una separación y nos hace estar encerrados en una cárcel. Completamente, es una cárcel. Y la humillación. Sin ningún derecho. No tenemos ni derechos básicos. La mayoría de los trabajadores han perdido su trabajo. No podemos llegar a la escuela, no tenemos derecho a nada... Sin esto no habrá nunca jamás paz. Y yo creo que conseguir la paz no es una responsabilidad local, no es una responsabilidad palestina. Es una responsabilidad internacional. Nosotros solos no podemos hacer nada. Y nosotros, como palestinos, estamos completamente decepcionados de la comunidad internacional. Todo lo contrario, la comunidad internacional nos castiga. A eso no hay solución.

Y aun a pesar de una conclusión tan pesimista, el doctor Sehwail y su Centro de Tratamiento y Rehabilitación para Víctimas de la Tortura continúan intentando combatir las consecuencias de la violencia, a través de la compasión y la sanación de las víctimas, en lugar de permitir que el odio y el deseo de venganza aniden en sus corazones. Y como dice un viejo proverbio árabe: «Con fuerza de voluntad, incluso un ratón puede comerse un gato».

Mohamed Bakri: el palestino que quería ser Gandhi

Mi primer encuentro en Ramallah con el doctor Sehwail, con el que ahora me une una buena amistad, fue descorazonador. Sehwail es un científico, no un guerrillero, y su visión del conflicto era desoladora. La ocupación, y por tanto la resistencia, continuarán muchos años. Nutriendo de un argumento y una justificación a organizaciones terroristas como Al Qaida. Pero otro hombre, aún más conocido y querido que el doctor Sehwail en toda Palestina, me regalaría un punto de vista más optimista, a pesar del calvario que está sufriendo desde que se atrevió a cambiar el cine de ficción por un documental.

Los escasos kilómetros que separaban físicamente la oficina de mi amigo el doctor Sehwail, en Ramallah, del barrio árabe de Jerusalén donde vive Mohamed Bakri supondrían un tranquilo paseo en cualquier otro punto del mundo. Pero en Palestina implican una impredecible aventura. Aunque la aventura de visitar Al Quds —nombre árabe de Jerusalén— siempre merece la pena.

La ciudad tres veces santa, donde según el Talmud el Rey David construyó su Templo, donde según la Biblia Jesús fue crucificado y donde según el Corán el profeta Muhammad ascendió a los cielos, es un foco de permanente odio y tensión. Hasta yo notaba las miradas de desprecio y temor al cruzar el Barrio Judío, vigilado atentamente por los soldados israelíes bien armados que patrullan la ciudad antigua.

Allí, en Al Quds, me ocurrió algo muy extraño. Por primera vez, después de tanta tensión en los *checkpoints* y de tanta presión por parte de las autoridades israelíes, sentí una inesperada sensación de alivio al escuchar al muecín llamando a la oración desde los minaretes de las mezquitas. De repente, sin proponérmelo, al escuchar aquel sonido supe que ya había salido del Barrio Judío y que había entrado en el sector árabe. Y me sentí en casa. Yo mismo me sorprendí por aquel sentimiento. Y busqué una cafetería donde tomarme un té para intentar digerir aquella reacción del todo inconsciente. Sin buscarlo, cada vez me estaba integrando más y más en mi personaje. Conocer personalmente tantas historias dramáticas del dolor y el sufrimiento del pueblo palestino hacían que me fuera muy fácil sentir empatía por aquellas personas y acercarme mucho más deprisa a mi identidad árabe. Y eso era bueno, mientras yo continuase controlando la situación... En Jerusalén, aquella tarde, fue donde sentí por primera vez que empezaba a creerme Muhammad Abdallah.

Mohamed Bakri es sin duda uno de los actores palestinos más famosos en todo el mundo y al mismo tiempo uno de los cineastas más comprometidos de Palestina, donde sigue viviendo todavía hoy a pesar de las innumerables ofertas que ha recibido para hacer cine en los Estados Unidos. Nació en la pequeña aldea galilea de Bina y estudió el bachillerato en Akko, antes de matricularse en la Universidad de Tel Aviv para estudiar Arte Dramático. Acababa de rodar *La casa de las alondras*, que se estrenaría a principios de 2007. Ha participado en el cine más comercial norteamericano, compartiendo reparto con actores como Tony Curtis *(The Mummy Lives)* o Antonio Banderas *(The Body)*. Sin embargo, la polémica que sigue a Mohamed Bakri se debe a sus dos documentales de denuncia social sobre la situación de Palestina: *1948* y, sobre todo, *Yinín, Yinín*, donde Bakri denuncia la situación que sufrió el campo de refugiados de Yinín a manos de las tropas israelíes, en 2002. A raíz de este documental, cuya exhibición fue prohibida en Israel, Bakri sufrió una brutal persecución pública e incluso recibió varias denuncias que le obligaron a defender su película en los tribunales.

La odisea que ha vivido Bakri a causa de *Yinín, Yinín* —y más aún teniendo en cuenta que mantiene su residencia en la zona árabe de Jerusalén, es decir, en la boca del lobo— queda relatada en su documental *Desde que te fuiste*, estrenado poco antes de que accediese a esta entrevista y donde incluye imágenes del juicio y la censura israelí que ha castigado sin piedad a *Yinín,*

Yinín. Pese a todo, <u>Mohamed Bakri</u> se niega a abandonar su hogar en Palestina, desde donde continúa luchando contra la ocupación israelí con la única arma que conoce: el cine.

—Nací en una pequeña aldea, que era como un campo de refugiados —me explica el famoso actor y director—, porque estaba cerrada con alambrada. No se podía salir de allí sin permiso de la autoridad militar. Eso duró hasta 1964. Cuando tenía cinco o seis años, los comunistas eran perseguidos por el ejército y la policía. Mi tío era comunista y vivía escondido entre el cementerio y la iglesia, porque a ellos no se les ocurría que alguien pudiera dormir entre las tumbas. Ese es uno de mis primeros recuerdos. Recuerdo también que mi madre siempre me decía: si no obedeces, voy a llamar a la policía. La policía israelí representaba lo más negativo, lo más tremendo. Cuando te amenazaban con la policía, obedecías. Recuerdo también cuando el ejército israelí pasaba por la aldea. Siempre nos escondíamos detrás de nuestras madres. Donde estoy viviendo, en Galilea, en todas las aldeas pasaba igual. Venían, juntaban a toda la gente en la plaza del pueblo y dividían a las mujeres a un lado y a los hombres a otro. Y a los hombres los separaban, de los catorce años a los cincuenta a un lado y el resto al otro. Un día separaron a unos hombres jóvenes, los pusieron en fila, con los tanques allí, y les dispararon delante de todos. Entonces estalló un caos. Por eso muchos se fueron a Siria y Líbano. Por ese recuerdo hice mi primera película. Esos son mis recuerdos de la aldea. Y ese fue el germen de mi inquietud política. Un niño marcado por el miedo, esa fue mi primera relación con los israelíes.

—Ha trabajado con Antonio Banderas, con Tony Curtis, con Paz Vega. ¿Por qué un actor de teatro y de películas reconocido internacionalmente tiene que complicarse la vida haciendo un documental tan arriesgado como *Yinín, Yinín*?

—El hombre no vive solo de pan. Cuando uno se lava por la mañana tiene que verse la cara. Y cuando uno se acuesta por la noche tiene que hacer un repaso de su vida, para poder corregir día a día. Entonces, si yo solo hiciera películas internacionales con Antonio Banderas, quizás no podría dormir por la noche. Mi meta no es llegar muy lejos en cosas que no afectan directamente a mi entorno. Lo que quiero es trabajar en mi propio entorno. Mis recuerdos son los que empujan las imágenes en mi retina.

—*Yinín, Yinín* es una gran película. Hace que el público piense en Palestina y sienta ganas de hacer algo por Palestina. Pero ¿cuántas veces se ha arrepentido de haber rodado esa película? Con la perspectiva de estos cuatro años, ¿cambiaría algo del guión?

—Nunca me he arrepentido de hacer la película. Si tuviera que hacerla ahora, añadiría, pero no quitaría. Yo desearía no tener que hacer nunca *Yinín, Yinín 2*, pero las circunstancias, desgraciadamente, podrían ser distintas y las películas se hacen porque las masacres existen. Estoy demandado por cinco soldados que salen en la película. Me piden 2,7 millones de euros por daños en su honor... soldados israelíes que han estado en Yinín y se consideran ofendidos.

A los conflictos con el gobierno israelí que tuvo que enfrentarse Bakri tras su documental se vino a sumar en 2002 el hecho de que dos de sus sobrinos estuviesen involucrados en una operación de martirio de Hamas. A principios de agosto, un autobús lleno de soldados israelíes de reemplazo que viajaban de Haifa a Safda saltó por los aires cuando un mártir palestino hizo detonar su cinturón explosivo, muy cerca del monte Merón, en Galilea. Nueve soldados israelíes fallecieron en la explosión: entre otros, Yifat Gabrieli, de diecinueve años; Roni Anas, veintiocho; Maison Hasan, diecinueve; Hadelina Makona, treinta y seis; Rivka Roja, cuarenta; Marlene Menachem, veintidós; Sari Goldstein, veintidós; y Omri Goldin, veinte. Otras cuatro decenas de pasajeros resultaron heridos de diversa consideración. El mártir murió en el acto.

Inmediatamente Hamas se atribuyó la operación mediante una llamada a la cadena de televisión de Hizbullah en Líbano, Al Manar, y después a través de un comunicado emitido desde Gaza. Según dicho comunicado aquella operación de martirio se había efectuado en represalia por el bombardeo a la Franja de Gaza efectuado por Israel el 23 de julio anterior, en el que murió Salah Shahade, importante dirigente de Hamas, junto con diecisiete civiles, doce de ellos niños. Más daños colaterales.

—Para mí ese día fue un infierno —me explica Bakri—, porque soy antiviolencia y estoy en contra del martirio. Desde todo punto de vista lo rechazo. Desde el punto de vista humano y político. La violencia no puede ser nunca un instrumento. Aunque Israel sea un Estado criminal, yo le pido a mis paisanos palestinos que tenemos que renunciar a usar las mismas armas que usan ellos. Nosotros tenemos que ser todos Gandhis en Palestina. Todos ser como Gandhi, para quitarles esa arma a los israelíes. Ellos justamente siempre tienen ese eslogan de que luchan contra el terrorismo, pero eso es mentira, ellos son el Estado terrorista. De una manera u otra, ellos están detrás de esos ataques, porque así justifican sus represalias. Yo no soy responsable de la operación de mi sobrino, pero sufrí las consecuencias y por supuesto estoy en contra. La consecuencia fue la muerte de trece palestinos de mi zona como represalia por el ataque.

—Ariel Sharon justificaba sus incursiones en Palestina por los atentados suicidas; Ben Laden llama a los musulmanes al yihad usando a Palestina como ejemplo de la opresión occidental y hasta a usted, durante el juicio por *Yinín, Yinín*, lo compararon con Ben Laden... ¿No cree que la causa palestina y el llamado terrorismo se está convirtiendo en una excusa para muchos intereses políticos y económicos occidentales?

—Yo no puedo hablar mucho de Ben Laden porque para nosotros sigue siendo un interrogante, no sabemos qué representa, porque nunca atacó Israel. Solamente conozco a Sharon, no conozco a Ben Laden. Para mí, por ejemplo, lo de las Torres Gemelas es un crimen imperdonable. Me da igual que esté Ben Laden o Sharon... y probablemente estén los dos. O quizá Sharon solo... La historia de Sharon está llena de crímenes, bien organizados, bien estructurados, para conseguir algo. ¿Cómo saber quién planifica los atentados para luego justificar su política...? Ben Laden, por ejemplo, era socio y aliado de los Estados Unidos, en Afganistán. Entonces, es una lucha de intereses entre dos socios. ¿Quién es el responsable al final de esto? Para mí la política exterior de los Estados Unidos.

Realmente Mohamed Bakri me ofreció un punto de vista renovador y diferente. Su llamada desesperada a la lucha pacífica —«Todos los palestinos debemos ser Gandhis»— me conmovió. Bakri estaba más cerca del espíritu heroico de la cooperante norteamericana Rachel Corrie, aplastada por una excavadora israelí mientras defendía unas viviendas palestinas en Gaza, o del cámara galés James Miller, tiroteado por una patrulla hebrea mientras grababa su imprescindible documental *Death in Gaza*. Y su lúcida reflexión sobre la no intervención de Ben Laden en Palestina me intrigó. Antes y después de Bakri, encontré otras muchas voces escépticas en torno a Ben Laden durante esta investigación. Voces que criticaban al líder de Al Qaida la instrumentalización constante que hacía del drama palestino en su propaganda terrorista, sin que nunca hubiese participado de forma activa en el conflicto árabe-israelí. Para un sorprendente número de mis entrevistados árabes y/o musulmanes, eso significaba simplemente que Al Qaida o no existía, o trabajaba al servicio de los intereses imperialistas...

Aiman Abu Aita: encuentros con la resistencia en la ciudad de Jesús

El rabioso pacifismo de Bakri, que yo comparto, lo ven con cierto escepticismo la mayoría de sus paisanos. Incluyendo relevantes cargos políticos que, como todos los palestinos, han sufrido en sus carnes la ocupación. En Belén, a solo 20 kilómetros de la casa de Bakri en Jerusalén, me esperaban las últimas entrevistas con miembros de la resistencia palestina que iba a mantener en ese viaje. Un viaje que quería aprovechar hasta el último segundo, reuniendo el mayor número de voces contra Israel y sus aliados europeos y norteamericanos, que después me ayudasen a justificar mi identidad como aspirante a mártir palestino. Y fueron muchas. Tantas que es imposible reproducirlas todas en un solo libro: desde el ministro de Turismo y Antigüedades palestino, Judeh George Morkus, a cooperantes europeos en Palestina, pasando por el ex alcalde de Belén.

De hecho, en mi primera noche en Belén tuve la suerte de que me invitasen a cenar con el conocido parlamentario de Al Fatah, Fayez Saqqa, el ex alcalde de Belén, un periodista español y gran amigo de visita en Palestina, y los directores de una oficina de turismo en la ciudad. Una tertulia fascinante que ofrecía diferentes puntos de vista sobre el drama palestino. Pero Allah me reservaba la mejor sorpresa para el día siguiente. El encuentro con uno de los líderes de las Brigadas de los Mártires de Al Aqsa, el brazo armado de Al Fatah, que me pondría en la pista del «terrorista palestino más peligroso del mundo...».

Las Brigadas de los Mártires de Al Aqsa es otra de las guerrillas palestinas, herederas de la tradición guerrera del Tanzim. Las Brigadas de Al Aqsa nacieron en la segunda intifada, tras los enfrentamientos en la Explanada de las Mezquitas en Jerusalén, donde se erige precisamente la que quizás sea la mezquita más emblemática del mundo árabe, después de las de La Meca y Medina en Arabia Saudí: la mezquita de Al Aqsa. Para mi sorpresa y a pesar de ese simbolismo, oficialmente las Brigadas son un movimiento laico, como Al Fatah.

Las Brigadas son un movimiento de guerrilleros voluntarios, desperdigados por Cisjordania y la Franja de Gaza, sin vinculación directa con la policía o las milicias regulares de la Fuerza 17, la guardia de élite que protegía al presidente Arafat. El grupo está constituido por células independientes para proteger a los miembros de ser descubiertos por la inteligencia israelí, que los tiene permanentemente en su punto de mira. Se les considera autores de numerosos atentados y enfrentamientos armados tanto en los territorios ocupados como en diferentes ciudades israelíes. Y yo estaba a punto de conocer a uno de sus líderes más famosos.

Algunas veces la providencia se pone de tu lado y conspira a tu favor. Pero incluso aunque la providencia se empeñe en ayudarte a ganar la lotería, tú tienes que comprar el boleto, y la verdad es que yo había comprado toda la serie. Después de tantas entrevistas en tantas ciudades palestinas, con tantos personajes fascinantes, tenía una visión bastante amplia del conflicto palestino, que me obligaba a replantearme seriamente todos mis tópicos y prejuicios al respecto. Es evidente que, como casi siempre, una cosa era percibir el problema del terrorismo palestino a través de los medios de comunicación occidentales y otra muy distinta conocerlo sobre el terreno. Pero lo mejor estaba por llegar. Me iba a tocar el premio gordo, y todavía no lo sabía. Y el boleto premiado, indirectamente, me lo consiguió el parlamentario de Al Fatah, Fayez Saqqa, que supo orientarme en la dirección adecuada. Esa dirección era el noroeste de Belén. En concreto una casa grande, de dos plantas, en la que vivía Aiman Abu Aita, uno de los líderes de las Brigadas de los Mártires de Al Aqsa. Así que me encomendé a Allah cuando, al empezar a subir las escaleras hacia su vivienda, activé la cámara oculta para grabar desde el primer momento mi encuentro con tan «peligroso terrorista». Pero las cosas no iban a ser como yo esperaba.

Aiman Abu Aita resultó un hombre tan cordial y amable como el miembro de Hamas Anwer M. Zboun, aunque sonreía menos.[16] De hecho, solo le vi sonreír una vez, y recuerdo que eso me sorprendió. A pesar de la exquisita hospitalidad con la que me abrió las puertas de su casa, era imposible no detectar un permanente asomo de tristeza en su mirada. El mismo asomo de tristeza que el destino reservaba a Anwer M. Zboun, porque en esos momentos la inteligencia israelí le seguía la pista. Anwer sería detenido unos meses después y sometido a severos interrogatorios en una cárcel israelí donde borrarían de su rostro aquella abierta sonrisa que tanto me fascinó...

Aiman ya había pasado por eso. Y varias veces. Quizás por esa razón le costaba sonreír. Pero esa tristeza no le impedía ser tan amable con el extranjero, como manda la tradición. Le interrumpí justo antes de iniciar la comida con su esposa y cuatro hijos. Y siguiendo las estrictas normas de hospitalidad árabes, como no podía ser de otra manera, me ofreció compartir su comida y su techo. A pesar de haber visitado tantos países de Oriente Medio y del norte de África durante esta infiltración, todavía no me acostumbro a su generosidad para con los extranjeros. Una generosidad a la que no solemos corresponder los occidentales.

La casa en la que nos encontrábamos, me explicó Aiman, había sido bombardeada por los israelíes, para transmitir un mensaje al entonces miliciano de las Brigadas de Al Aqsa y a su familia. Y después el propio Aiman, con la ayuda de sus amigos y vecinos, la había reconstruido piedra a piedra, como había hecho mi amigo el policía Mahmoud en Burqyn.

—La primera vez que entré en la cárcel —me explicó Aiman— fue en 1981. Estábamos trabajando contra la ocupación de Palestina y fuimos detenidos, el 14 de agosto de 1981. Después de dos días de estar detenido destruyeron mi casa, en la que estamos ahora, y yo la reconstruí. En aquella época Ariel Sharon era ministro de Defensa y decidió que yo me quedara en la cárcel tres años y medio, hasta 1985. Después de salir de la cárcel todo el mundo sabía cómo era yo, pero los israelíes ya me tenían fichado en su lista negra. Cuando llegó la primera intifada volvieron a detenerme otra vez, a principios de marzo de 1988. Esa fue una detención administrativa. Yo llevaba una vida normal, pero me detuvieron así para evitarme en la intifada. Después de 1988 han vuelto a detenerme, administrativamente, dos veces más.

---

16. Tuve muchísima suerte de entrevistar a Aiman Abu Aita en ese momento, justo antes de que radicalizase su desconfianza con los extranjeros. Si lo hubiese intentado hoy, no habría concedido ninguna entrevista, ya que en estos momentos se halla en un proceso judicial contra el actor británico Sacha Baron Cohen, que utilizó en su película *Bruno* (2009) una entrevista «robada» con Abu Aita, que provocó, según él, un daño irreparable a su imagen en Palestina y su relevo en la organización.

—¿Cómo era la resistencia en esa primera intifada? ¿Qué tipo de armas teníais?

—No, no, no. No había ninguna arma, utilizábamos piedras.

—Y, ahora, ¿están las Brigadas a favor del martirio?

—A partir de 1967, todo tipo de resistencia es admisible.

—¿Incluso los suicidas?

—Sí. Igual que en el 67 decíamos que la resistencia tenía que ser contra los soldados, ahora decimos que ni los soldados ni los colonos tienen que estar en suelo palestino.

—En Occidente, muchas personas dicen que los palestinos son terroristas por naturaleza, y que no quieren la paz...

—Los palestinos queremos la paz, pero los israelíes no. Porque yo pienso que Arafat fue el único líder palestino que pudo haber conseguido la paz con los israelíes, pero los israelíes han trabajado para asesinarlo.

—¿Arafat fue asesinado?

—Eso es lo que opina todo el mundo. Sí, fue asesinado. Todo el mundo sabe que Sharon dijo que iba a asesinarlo. Lo que queremos los palestinos no es algo increíble o imposible, no pedimos la luna o el sol. Solo queremos vivir en paz. No queremos nada, solo los derechos normales. No queremos ocupar países, ni nada, solo tener derechos y paz.

—¿Volvería a coger las armas?

—La resistencia no ha parado. Sigue. Cada día sigue la resistencia en Nablus, Ramallah, Yinín... El problema es que los israelíes han atacado mucho a los resistentes, han asesinado a muchos, por eso no es como antes. Pero la resistencia sigue. Ahora hay un alto el fuego.

—¿Son fanáticos religiosos?

—No, no tiene nada que ver con la religión. Muchos suicidas tenían problemas con la ocupación, o su familia fue asesinada, o su casa destruida, o fueron afectados directamente por la ocupación.

—¿Hay tortura?

—Ahora tortura física no. Ahora las torturas son psicológicas. Los palestinos aguantan mucho la tortura física, pero las torturas psicológicas afectan mucho el cerebro. Trabajamos mucho con los israelíes por la paz, y seremos los primeros en tender la mano, pero por una paz justa.

Sé que, una vez más, probablemente parecerá increíble lo que ocurrió entonces, pero el Corán dice: «No flaqueéis, pues, invitando a la paz, ya que seréis vosotros los que ganéis. ¡Allah está con vosotros y no dejará de premiar vuestras obras!» (Corán 47, 35), y a mí desde luego me premió más generosamente de lo que podía imaginar. Y por fortuna mi cámara de vídeo también grabó mi premio, en forma de la fotografía que había sobre una mesa, en el salón de Aiman Abu Aita. En ella se reconocía a Aiman, empuñando un fusil de asalto, rodeado de dos compañeros tan terroristas como él, pertenecientes a las Brigadas de Al Aqsa. Señalé la foto y le pregunté quiénes eran, y me respondió que sus camaradas Jamal Nawaureh y Atef Abayat, ambos ejecutados por la inteligencia israelí, en los llamados «asesinatos selectivos». Aquella foto iba a obligarme a pegar un volantazo en mi investigación.

Los GAL de Palestina... con licencia para matar

Aiman tomó la fotografía y señaló a Atef.

—Su tío Hussein fue el primero —dijo, más emocionado de lo que yo esperaría en un terrorista islámico—, y a partir de ahí se abrió la veda y fuimos cayendo como moscas...

Aiman se refería a la política de ejecuciones selectivas iniciada por el MOSSAD, el Shabak, y otras agencias de inteligencia israelíes en 2000. Al igual que los GAL en España,[17] las autoridades israelíes, hastiadas por los atentados de la resistencia, habían decidido dar otra vuelta de tuerca a la lucha antiterrorista, autorizando operaciones clandestinas para ejecutar a sospechosos de terrorismo sin necesidad de una detención ni un juicio previos. Pero en el caso israelí, sus «gales» contaban con la más sofisticada tecnología, y la cobertura de todos los medios y recursos del gobierno del país, para ejecutar los asesinatos selectivos, y aun así resultaban inevitables las bajas de civiles inocentes. Así que los GAL españoles pueden sentirse consolados por los ciudadanos inocentes que asesinaron creyéndolos etarras. No fueron los únicos.

En realidad los asesinatos selectivos de terroristas palestinos por parte del MOSSAD vienen de antiguo. No hace mucho que Steven Spielberg llevó al cine la Operación Cólera de Dios: con la autorización de la primera ministra Golda Meir, el servicio de inteligencia de Israel buscaba eliminar a todos los sospechosos de haber participado en el atentado contra los atletas israelíes en las olimpiadas de Múnich. A pesar de que, según mi «mentor» Ilich Ramírez, solo uno de los asesinados por el MOSSAD en aquella operación tenía relación directa con la operación de Septiembre Negro en Múnich. «Y al que lo mató,

---

17. Grupos Antiterroristas de Liberación, compuestos por miembros de los cuerpos de seguridad del Estado español, que durante la legislatura del PSOE protagonizaron uno de los episodios más escandalosos de la democracia. Los GAL decidieron responder a ETA con sus propias reglas, secuestrando y asesinando a supuestos terroristas, sin ningún juicio previo. Al responder al terrorismo con terrorismo, los GAL se pusieron al mismo nivel que los asesinos que querían combatir y, como ellos, ejecutaron a muchos inocentes que no tenían ninguna relación con la lucha armada.

lo maté yo», me confesó en una ocasión... Pero hasta el 9 de noviembre de 2000 esas ejecuciones del MOSSAD eran clandestinas.

El jueves 9 de noviembre de 2000 es una fecha importante. Ese día, en los Estados Unidos, el presidente Bill Clinton volvía a recibir a Yasser Arafat, en un nuevo intento de conseguir la histórica paz entre israelíes y palestinos durante su mandato, algo que han ambicionado todos los presidentes norteamericanos, incluyendo a Obama. Al mismo tiempo, en las afueras de la ciudad donde nació Jesús-Isa, Belén, los temibles helicópteros Apache israelíes buscaban a su objetivo en el barrio de Beit Sahour. Hussein Muhammad Salem Abayat era el comandante regional de la milicia Tanzim, perteneciente a Al Fatah, y un activo miembro de la resistencia palestina. De treinta y cuatro años de edad y panadero de profesión, Hussein era padre de siete hijos y miembro de uno de los clanes más respetados por los palestinos y más odiados por los israelíes; los Abayat. Los Abayat son un linaje de mártires, de origen beduino, constituido por unos diez mil miembros repartidos en diez familias, enraizadas desde hace mil quinientos años en el sur de Cisjordania, en torno a Belén. Desde la primera intifada, los Abayat habían tenido un protagonismo importante en la resistencia. Primero con piedras y después con armas automáticas. De hecho, Hussein había pasado cinco años en una prisión israelí, entre 1982 y 1987, acusado de venta de armas.

Según el MOSSAD y otros servicios de inteligencia, Hussein Abayat estaba involucrado en diferentes ataques de francotiradores a los asentamientos judíos en la zona, y concretamente con las muertes, mediante armas de fuego, de Max Hazan el 2 de octubre de 2000, el teniente David Khen Cohen y el sargento Shlomo Adishina el 1 de noviembre de 2000, y el disparo que recibió un policía de Gilo el 17 de octubre de 2000, que no lo mató pero le produjo daños cerebrales graves. Apenas una semana después del atentado contra Cohen y Adishina, un nigeriano converso al judaísmo y llegado poco antes al país, Israel decidió devolver a los palestinos las mismas balas que habían atacado a sus hombres, u otras de mayor calibre y en mayor cantidad. Los israelíes nunca han sido avaros a la hora de ofrecer sus balas a sus enemigos. Por esa razón los temibles Apache sobrevolaban Belén en busca de su objetivo. Y lo encontraron.

Hoy, que tengo una información privilegiada sobre ese incidente a través de testigos directos, puedo decir que solo unos minutos antes del ataque, aquel jueves de noviembre, Hussein Abayat y sus tres acompañantes, miembros del Tanzim y las Brigadas de los Mártires de Al Aqsa, se encontraban patrullando la zona. Desde las 9 de la mañana recorrían el barrio, vigilando el asentamiento judío, probablemente con la intención de preparar una nueva operación contra los militares o policías israelíes que pudiesen localizar con sus fusiles de mira telescópica. Pero los interrumpieron unos vecinos de Beit Sahour, la familia Shahin, que los reconoció y los invitó a tomar un té. La casa de la familia Shahin había sido bombardeada el día anterior, así que es comprensible su buena disposición hacia la resistencia palestina. Aunque para la mayoría de los palestinos de la zona, Hussein Abayat —como todos los miembros de la resistencia— era un héroe que luchaba por la libertad de Palestina, nunca un terrorista, y no dejaban pasar la ocasión de mostrar su agradecimiento.

Mientras tomaban el té a la sombra de un techo de palma, vieron por primera vez los helicópteros israelíes y supusieron que se trataba de una patrulla rutinaria sobre los asentamientos. Todo un despliegue de medios. Dos helicópteros permanecían estáticos en el cielo, mientras otros dos se movían en círculos sobre las viviendas palestinas. No podían imaginar que aquellos Apache los estaban buscando a ellos. Israel todavía no había comenzado su política de asesinatos selectivos, y por lo tanto Hussein no podía imaginar lo que se le venía encima. Y lo que les cayó encima fue todo el peso del MOSSAD.

Cuando terminaron el té, volvieron a sus vehículos para continuar la patrulla. Salieron de la casa de los Shahin a las 10:30 am. Delante, en la camioneta Mitsubishi Magnum, modelo de 1998 y de color verde, conducía Hussein Abayat con su compañero Khaled Salahat a su derecha. Detrás le seguía el Fiat Uno conducido por su sobrino Ibrahim Abayat, con otro compañero del Tanzim a su lado. En cuanto los localizaron, los helicópteros descendieron rápidamente para colocarse ante los vehículos de los palestinos y abrieron fuego sin ningún tipo de advertencia. Dos misiles impactaron contra el coche de Hussein, matando en el acto al líder de la resistencia, y proyectando el cuerpo de Khaled Salahat fuera del amasijo de hierros, malherido, pero vivo.

Un tercer misil impactó contra el segundo vehículo, incrustándose en la parte delantera. A pocos centímetros del asiento del conductor. Pero milagrosamente no explotó. «¡Allah es el más grande!», pensaron los ocupantes, que pudieron evitar la explosión del tercer misil aunque no la metralla y la onda expansiva de los dos primeros. Todos resultaron heridos. En la calle, varios vecinos del barrio, sin ninguna relación con los Abayat ni con el Tanzim ni con la resistencia, también resultaron gravemente heridos por la metralla de las explosiones. Y dos mujeres que se encontraban en el lugar menos oportuno, en el momento menos apropiado, murieron en el acto. Sus nombres eran Rahma Shahin, de cincuenta y dos años y madre de tres hijos, y Aziza Danoun, de cincuenta y tres y madre de seis. Nueve personas más resultaron heridas de seriedad. Más daños colaterales.

Ese día, el joven conductor del segundo vehículo —que sobrevivió milagrosamente al misil que impactó en su coche, a solo unos centímetros de su cuerpo— decidió que aquel milagro de Allah era una señal evidente. Y el asesinato de su tío Hussein, una deuda pendiente que habría que vengar. Tras recuperarse de sus heridas, Ibrahim Abayat se alistaría como miliciano y con el tiempo se convertiría en el nuevo líder del Tanzim en Belén. Y en mi amigo.

Por supuesto, los israelíes necesitaron información del entorno cercano de Hussein Abayat para planificar el ataque. Y eso significaba que la inteligencia israelí contaba con colaboradores palestinos que les habían facilitado información sobre los planes de los Abayat el 9 de noviembre. El día 12 se descubrió el cadáver de Kassem Khaleef cerca del control de Al Ram, entre Jerusalén y Ramallah. Había sido considerado sospechoso de colaborar con el Shabak israelí (Sherut Bitachon Klali), el Servicio de Seguridad General, en el primer asesinato selectivo reconocido por Israel en suelo palestino, y ejecutado sumariamente. Es evidente que la muerte de Kassem Khaleef es tan ilegal e inmoral como la de Hussein Abayat, pero también como las de David Khen Cohen y Shlomo Adishina. Y si por el contrario se aceptan los asesinatos de los judíos como acciones de guerra, debe concederse la misma legitimidad a las de Abayat o Khaleef. Sin embargo, los partidarios de la causa palestina o la israelí tienden a legitimar unas y a denunciar las otras como ilegítimas. Igual que en España los abertzales justificaban las masacres de ETA mientras se rasgaban las vestiduras con las ejecuciones del GAL. Pero lo cierto es que, justificables o no, una muerte siempre acarrea la represalia del bando contrario. Y mientras quienes creen en la violencia como argumento no se conciencien de esta realidad, unos y otros seguirán teniendo bajas. Los demás, los que no queremos ni creemos en la violencia, continuaremos siendo solo daños colaterales.

Además de Kassem Khaleef, otros palestinos fueron ejecutados tras el asesinato de Hussein Abayat, considerados culpables de haber colaborado con el Shabak en el primer asesinato selectivo israelí, pero al menos en esos casos hubo algo parecido a un juicio. El 23 de diciembre de 2000, el Servicio de Inteligencia de la Autoridad Nacional Palestina detuvo a Muhammad Deifallah-Khatif, de treinta años. El 13 de enero fue condenado a muerte por un Tribunal de Seguridad del Estado y fusilado. La misma suerte siguió Hossam Homeid, de dieciocho, condenado a la misma pena por el mismo delito. Y ese día dos colaboradores más fueron condenados por el mismo tribunal a cadena perpetua con trabajos forzados, por su colaboración en la planificación del atentado israelí contra Hussein Abayat. La violencia en Palestina seguía imparable su curso natural.

Hussein Abayat fue el primero, pero no el último de los Abayat, víctimas de ejecuciones selectivas israelíes en Palestina. El relevo en el mando de la resistencia armada lo tomó su sobrino Atef Abayat, de treinta y dos años, el camarada de Aiman Abu Aita que aparecía a su lado en la fotografía que me estaba mostrando en su casa de Belén.

Atef Abayat había entendido perfectamente lo que se le venía encima tras el asesinato selectivo de su tío Hussein, y abandonó su casa, a su esposa y a sus hijos, y pasó a la clandestinidad, dedicándose a luchar contra Israel a tiempo completo. Atef reunió a su familia, el clan Abayat en pleno, para despedirse. Después besó en la frente a su esposa, que estaba embarazada de su tercer hijo, y le dijo que, si no volvían a verse, el hijo que llevaba en su vientre debía llamarse Hussein. En honor del Abayat ejecutado en el primer asesinato selectivo reconocido por Israel.

Atef nunca regresó de la lucha clandestina. Con todos los servicios de inteligencia israelíes siguiéndole la pista, solo era cuestión de tiempo. Y el 18 de octubre de 2001, cuatro meses después del nacimiento de su hijo Hussein, le dieron caza. Los israelíes habían conseguido ocultar una bomba en los bajos de un coche robado en Jerusalén Este ese mismo día, para la resistencia palestina, que Atef recibió como un regalo envenenado. Cuando subió a él, en compañía de Jamal e Isa, también camaradas de Aiman Abu Aita e inmortalizados en aquella foto que ahora tenía en mis manos, los israelíes detonaron la bomba. Todos murieron.

Tras la muerte de Atef, Ibrahim Abayat tomaría el mando. Y prometería que algún día su primer hijo se llamaría Atef, en honor a su primo ejecutado en Palestina. Doy fe de esa promesa y de su cumplimiento. Solo que eso ocurriría a miles de kilómetros de Palestina, en un lugar remoto llamado Zaragoza, en el que Ibrahim jamás habría imaginado terminar... Por circunstancias que en seguida narraré, al abandonar el país en mayo de 2002 el siguiente Abayat en la lista saltó su turno con la muerte, y su puesto en el punto de mira de la inteligencia israelí lo ocupó su primo Nasser Abayat.

El 13 de octubre de 2002 Nasser Abayat, heredero del mando de las Brigadas de los Mártires de Al Aqsa en Belén cuando Ibrahim fue expulsado de Palestina, acudió como cada día al hospital de Beit Yala, en compañía de su hermano Muhammad. Habían adoptado la peligrosa rutina de visitar a su madre, ingresada algún tiempo antes. Pero aquel domingo uno de los hermanos realizaría su última visita. A pesar de que normalmente era Nasser, el oficial de la resistencia palestina, quien bajaba a telefonear a la cabina situada al lado del hospital de Beit Yala, la providencia quiso que delegase esa noche las llamadas familiares a su hermano Muhammad, que no tenía ningún protagonismo en las Brigadas de Al Aqsa. El servicio secreto israelí, que llevaba tiempo vigilando las rutinas de Nasser Abayat, había convertido la cabina telefónica en una trampa bomba. Y cuando Muhammad descolgó el auricular, voló en pedazos. Daños colaterales.

Terroristas islamistas... ¿cristianos?

Escuché fascinado el relato. La historia que se ocultaba tras aquella fotografía, que descubrí casualmente en casa de Aiman Abu Aita, era digna de un guión cinematográfico. Pero lo mejor estaba por venir. De pronto, el peligroso terrorista, ex líder de las Brigadas de los Mártires de Al Aqsa en Belén, me preguntó: «¿De dónde has dicho que eras?». Le respondí que había nacido en Venezuela, aunque toda mi familia era palestina. Pero que ahora vivía en España... Y entonces ocurrió el milagro. El terrorista sonrió, por primera y única vez. Se mostró visiblemente excitado y llamó a gritos a su mujer:

—¡*Habibi*, este chico va a ir a España! ¡Por favor, trae el *tasbith* para Ibrahim!

Por una de esas incomprensibles cabriolas del destino, la fortuna había querido que Ibrahim Abayat, el heredero en el mando de las Brigadas de los Mártires de Al Aqsa, se encontrase ahora viviendo en España. Concretamente en Zaragoza. Y su camarada Aiman me pedía que lo visitase a mi regreso y le entregase un regalo, que había fabricado su esposa con sus propias manos. Un bellísimo *tasbith*, el «rosario» musulmán de treinta y tres cuentas de color naranja, rematadas por adornos de metal. Era un regalo del cielo. Una oportunidad fantástica para contactar con terroristas palestinos en España, con la mejor cobertura que un infiltrado podría imaginar. Ya no sería un extraño que surge de repente de la nada, para intentar integrarse en un grupo tan cerrado como los Mártires de Al Aqsa. Al contrario. Yo me presentaría en Zaragoza llevando un mensaje, y un regalo, del hermano Aiman. Imposible imaginar mejor cobertura para justificar ese contacto con los milicianos de Al Fatah en España. Allah se había empeñado en ponerme las cosas fáciles. Pero todavía me aguardaba una sorpresa más antes de abandonar aquella casa de Belén.

Cuando la esposa de Aiman me entregó el rosario árabe, envuelto con tanto cuidado y amor como había sido fabricado, exclamé: الحمد لله («¡Alabado sea Dios!»). Y le pregunté en qué mezquita solían rezar él e Ibrahim. Pensé que quizás al tal Abayat podía hacerle ilusión una fotografía de su mezquita, junto con el rosario islámico. Pero Aiman me cortó en seguida:

—No, Muhammad. Ibrahim es musulmán, pero yo no. Yo soy cristiano.

Es una frase muy sencilla: «Yo soy cristiano». En cualquier otro lugar del mundo no me habría sorprendido, pero es que quien acababa de pronunciarla era uno de los líderes de las Brigadas de los Mártires de Al Aqsa en Palestina, y aquellas tres palabras acababan de destrozar los pocos prejuicios occidentales que todavía pudiesen quedarme sobre el conflicto árabe-israelí. Y Aiman, que se dio cuenta, tuvo la amabilidad de aclararme las ideas:

—Por la situación que se vive aquí, no hay diferencia entre musulmanes y cristianos. Lo que está pasando les está pasando a todos los palestinos. No hay diferencias de religión. —Aiman sabe mejor que nadie que ni las balas ni las bombas israelíes te preguntan tu religión antes de matarte. Y continúa—: Nosotros aquí somos como la gente en todo el mundo, pero no tenemos derechos para vivir una vida normal. Y no podemos seguir con las manos cruzadas sin hacer nada, hay que cambiar las cosas. Entonces, lo que está pasando nos hace entrar en política. Hay que enfrentarse a la situación.

Aiman me recordó en ese momento algo obvio pero que había olvidado: nos encontrábamos en Bethlehem (Belén), la ciudad donde nació Jesús. En 1947, fecha de la ocupación, casi el 80 por ciento de los habitantes de Belén eran palestinos cristianos. En el año 2000, a causa de la inmigración, y de la menor natalidad en las familias cristianas que en las musulmanas, ese porcentaje había descendido a menos de un 25 por ciento. Por esa razón, no debería haberme sorprendido que una cuarta parte de los supuestos terroristas islámicos en Belén resultasen ser cristianos. «¡Pues vaya mierda de terroristas islamistas!», pensé de nuevo.

Para Aiman, la identificación que hacemos en Occidente de toda la resistencia palestina con el terrorismo islamista es fruto de una inteligente y minuciosa campaña de propaganda ideada y ejecutada por la inteligencia israelí. Sobre todo después del 11-S. Identificar a Al Qaida con todas las organizaciones armadas, antisionistas o antiimperialista era una forma eficiente de posicionar a la opinión pública internacional contra organizaciones armadas laicas como las Brigadas de los Mártires de Al Aqsa. Por supuesto, podemos cuestionar y hasta reprochar el uso de las armas y la violencia que hace esta organización, pero teniendo muy claro que en su lucha armada no hay ningún componente religioso, sino nacionalista. Y el hecho de que tuviese ante mí a un cristiano que había liderado las Brigadas de Al Aqsa era la prueba más evidente de esa manipulación a la que, sin quererlo, nos habíamos prestado los periodistas occidentales después del 11-S. Y no era la única.

Mi última noche en Palestina no pude pegar ojo. Tenía un paquete de cintas de vídeo grabadas durante mis entrevistas con diferentes miembros de la resistencia a lo largo y ancho del país, y mi mayor angustia era pensar que la seguridad israelí pudiese interceptarlas en la frontera y perdiese todo el trabajo. Es extraño cómo reaccionamos a veces los periodistas... Pueden estar apuntándote con un arma, amenazándote con una paliza o con una detención, y tú lo único que piensas es en las cintas, por Dios, que no te quiten las cintas... Al final se me ocurrió una idea bastante absurda, pero quizás por ello funcionó. Durante todo el viaje, saltando de una ciudad a otra, no había tenido oportunidad de hacer la colada. Tiraba de ropa limpia en la maleta y almacenaba la sucia en una bolsa de plástico. Al cabo del tiempo, la bolsa despedía un olor bastante desagradable. A nadie en su sano juicio se le ocurriría meter las manos entre los calcetines, calzoncillos y camisetas sudados en los desérticos caminos de Tierra Santa. ¿Qué mejor valija diplomática para pasar las cintas por la frontera?

Yihadistas y ciberyihadistas en Zaragoza

Regresé a Europa con una lista de contactos de la resistencia palestina en Occidente. Nombres y direcciones a los que podía acudir, de parte de los miembros de Hamas o de Al Fatah que había conocido en Ramallah, Belén, Nablus o Yinín. Pero de todos aquellos nombres había uno que destacaba por encima de los demás. De hecho también encabezaba la lista de los terroristas palestinos más peligrosos del mundo, según la inteligencia israelí: Ibrahim Abayat. No me cabe duda de que si Ibrahim Abayat hubiese permanecido en Palestina unas semanas más, habría sido ejecutado en un asesinato selectivo. Igual que sus primos Atef o Muhammad, o su tío Hassan.

El contraste entre Oriente y Occidente se evidencia cuando regresas a Europa después de un viaje como este. Tras las carencias, la austeridad y sobriedad de la vida con mis anfitriones palestinos; tras la humillación constante de los controles israelíes; tras las restricciones de luz y agua... Lo mejor para valorar las comodidades, y sobre todo la libertad, que disfrutamos en países como el mío es pasarse una temporada en lugares donde esas comodidades y esa libertad no existen.

Desde esa perspectiva, resulta molesto, irritante, casi indignante ver cómo tus amigos, familiares o compañeros se frustran por no disfrutar del último diseño de teléfono móvil, por no vestir la prenda de la marca de moda o por no tener el coche tan tuneado como el vecino. Estúpidos y ridículos lastres consumistas, diseñados por el sistema para apresar nuestra conciencia y libertad. Eso es lo que percibieron, probablemente, los ideólogos del yihadismo terrorista, como Sayyid Qutb, al visitar Occidente y encontrarse con lo que ellos interpretaron como señales inequívocas de la decadente civilización materialista occidental. Me entristece reconocerlo, pero es evidente que existe una percepción distinta del mundo, de la vida y de las relaciones en la cultura occidental y en el Islam. Aunque estoy convencido de que esas diferentes formas de vida no son a la fuerza antagónicas, sino complementarias.

Lo cierto es que volví de Palestina muy sensibilizado con el conflicto árabe-israelí, y con mis cámaras, mis grabadoras y mis cuadernos de notas desbordantes de información que quería publicar de inmediato. Primero porque, en mi opinión, de verdad se trataba de testimonios y reportajes periodísticamente interesantes, y en segundo lugar porque me permitirían reafirmar mi identidad como cooperante árabe. Pero ocurrió algo que jamás me habría imaginado de no haberlo vivido yo mismo. A pesar de que ofrecí todos aquellos reportajes de forma gratuita a las revistas y publicaciones con las que siempre he colaborado como periodista, nadie quiso publicarlas. Tenía historias en primera persona, con nombres y apellidos, con fotos y testimonios grabados, de víctimas de la tortura en las cárceles israelíes, de víctimas concretas de la ocupación... sin embargo, todos los redactores de varios semanarios y diarios españoles a los que ofrecí aquellos temas me respondieron lo mismo: «Nadie te va a publicar en un medio nacional temas como esos que atacan a Israel». Pero es que yo no quería atacar a Israel, simplemente quería publicar lo que había descubierto durante mi estancia en Palestina... No hubo manera. Al final solo podría publicar aquella información en algunos medios alternativos o en los libros que escribí con mi identidad árabe y que yo mismo me autopubliqué más tarde para reafirmar dicha identidad en la comunidad islámica.

Ibrahim Abayat era mi objetivo prioritario al regresar a España. Sin embargo, en mi buzón de correo electrónico tenía acumulados cientos de e-mails pendientes de respuesta, y entre ellos una nueva sorpresa, difícil de creer si no la estuviese viendo con mis propios ojos en la pantalla del ordenador.

Durante mi estancia en Líbano y Palestina, el foro de Hizbullah-Venezuela continuaba funcionando y calentando los ánimos entre los musulmanes latinos. Pero en España, el ciberyihadista *Salaam1420* había avanzado mucho en la expansión de su mensaje en la primera mitad de ese año 2006, así que volví a retomar su pista. Sobre todo porque, según lo que me encontré en la red al regresar de Palestina, Ibrahim Abayat y *Salaam1420* estaban estrechamente relacionados...

No fue difícil seguirle el rastro. El 5 de enero de 2006, *Salaam1420* se registró como usuario de *www.blog.com* y seis días después ingresó en los foros del famoso *website* Islam en Línea. Ese mismo año su nick se daría de alta en otros cibersitios islámicos como ArabEspañol, Forolondres.com o Islamica Web Community. Palabras mayores son sus aportaciones a Almoltaqa y su conocido foro islamista internacional en inglés, donde se dio de alta en junio de 2006, definiéndose en su primer mensaje como «un artista de Al Andalus, partidario de Hamas, converso al Islam desde 1995». En ese primer mensaje en el foro, fechado el 17 de junio de 2006, a las 14:43, lanza toda una declaración de intenciones a los hermanos islamistas: «Estoy muy activo en estos días, trabajando a tiempo completo en la nueva obra de arte en el nombre de Allah».

Salaam1420 presentaba unas referencias excelentes. Una de sus caricaturas había sido seleccionada para una exposición colectiva en Teherán sobre la causa palestina y el Holocausto judío, convocada por el diario *Hamshari* y la Casa de la Caricatura de Irán. Se trataba de un excelente dibujo de Ariel Sharon caracterizado como oficial de las SS, sustituyendo la esvástica nazi por una estrella de David. El *New York Times* elogió su trabajo pero, en el fondo, *Salaam1420* y el *Hamshari* iraní que había convocado el concurso habían hecho lo mismo que reprochaban a los responsables del diario danés *Jyllands-Posten* y su concurso de caricaturas del profeta Muhammad. De la misma forma que puedo comprender la indignación de los musulmanes ante las caricaturas danesas, puedo imaginar la frustración que pudieron sentir los supervivientes del Holocausto al ver la frivolidad con la que se utilizaban los símbolos que tanto dolor causaron al pueblo judío. Pero es evidente que algunos musulmanes sienten el mismo respeto hacia los símbolos judíos que estos muestran hacia los símbolos islámicos. Y la caricatura de Sharon fue acogida con tanto entusiasmo por los islamistas egipcios, iraquíes, libaneses o sirios del foro como lo había sido por el jurado iraní. Además, en su primer mensaje *Salaam1420* obsequiaba a los foreros con otra de sus creaciones: la caricatura de un niño palestino orinándose sobre la Casa Blanca.

«He decidido iniciar una línea de dibujos islámicos —añadía *Salaam1420*—, para hacer frente a la avalancha antiislámica de los artistas occidentales. Es hora de que nosotros devolvamos el golpe... He comprado el mes pasado el dominio SALAAM1420.COM a través de una compañía de alojamiento web islámico que solo permite el contenido Halal en sus servidores... En esta página puede ver la mezquita de Al Andalus, la nueva bandera islámica sobre la tierra de España, para cuando los tiempos del califato de Al Andalus. Una broma a los españoles que todavía miran con odio los días en que los musulmanes vivían en España y ahora odian a los musulmanes que viven una vez más en esta tierra. Estamos de vuelta así que mejor se dan cuenta de los hechos y aprenden a vivir con ellos...» El misterioso *Salaam1420* había dibujado un mapa de España sobre el que había colocado una enorme bandera de Andalucía, insertando dentro la *shahada* o profesión de fe del Islam: لا إله إلا الله محمد رسول الله («No hay más dios que Dios, Muhammad es el mensajero de Dios»), y añadiendo las palabras «We're back» («Hemos vuelto»). Obviamente, la nueva bandera del Islam andalusí entusiasmó a todos los islamistas que continúan alimentando el mito de Al Andalus como el culmen de la cultura árabe.

Otras creaciones de *Salaam1420* que llegaron a ese foro —y a través de él se reprodujeron en diferentes webs yihadistas de todo el mundo— son sus «demonios judíos», creados como respuesta a las caricaturas danesas del profeta Muhammad. Además, anunciaba futuras obras como: soldados iraquíes vestidos de muhayidín con bombas, las manifestaciones españolas en protesta contra la construcción de más mezquitas, la lucha de las tropas españolas contra los muyahidín en Afganistán «mientras se supone que deben estar allí para reconstruir el país y dar ayuda humanitaria», un helicóptero español estrellado en Afganistán el septiembre anterior («La versión oficial —dice el dibujante— es que fue un accidente, pero yo quiero establecer la duda de que fue derribado por fuego muyahidín»), una dura crítica contra los musulmanes moderados en España —*Salaam1420* criticaba especialmente a quienes defendían que los matrimonios homosexuales eran compatibles con el Islam—, la polémica del *hiyab* en Francia, utilizando dibujos de un cristiano con una gran cruz y un judío con el kipá para denunciar el doble rasero con los símbolos religiosos, etcétera.

Además de sus brillantes ilustraciones, acogidas y utilizadas con entusiasmo por los islamistas, el joven anunciaba que «como el propietario del dominio *Salaam1420*.com, voy a usar un subdominio llamado *Califato.salaam1420.com* para traducir textos sobre el Khilafah al español, para que los hermanos españoles aprendan sobre el Califato. Tenemos la idea de iniciar un Hizb-ut-Tahrir, el capítulo y esto podría ser interesante para difundir la palabra y hacer proselitismo...».

Después de muchas noches delante del ordenador, y muchos litros de café, pude reconstruir el rastro de *Salaam1420* entre los miles de mensajes, intervenciones en foros y comentarios en chats. El misterioso ciberyihadista había dejado suficientes pistas sobre su identidad.

El usuario del nick *Salaam1420* utilizaba diferentes emails: salaam1420 @hotmail.com, salaam1420@yahoo.es, groyo@clonetrooper.com, o hassan@ vayamovida.com. También disponía de perfil en diferentes redes sociales, como *www.myspace.com/salaam1420* o *salaam1420.deviantart.com*. Y además, era propietario de varios dominios como *www.salaam1420.com* o *vayamovida.com*. En varios mensajes firmaba con su nombre árabe: Muhammad Hassan. Sin embargo, en algunos mensajes se reconocía propietario del apartado de correos 1468 de Zaragoza, donde podía dirigirse la correspondencia a su pequeño estudio de dibujo, Salaam Studio. Ese apartado de correos aparecía también en el registro del dominio *www.vayamovida.com*, comprado a nombre de un tal Gonzalo López Royo, y que acogía una página web de contenidos no islámicos, pero en la que encontré todos los dibujos de *Salaam1420*. Página que él mismo, en un foro islamista en inglés, reconocía como la continuación de su web *www.salaam1420.com*. El apartado 1468 de Zaragoza, además, aparecía como la dirección postal de El Hombre Mosca, comunidad virtual de dibujantes y artistas zaragozanos, entre los que figuraba un tal Hassan. Información que me facilitaba el rastro del ciberyihadista zaragozano.

Ese rastro se extendía por webs y foros no yihadistas. De hecho, algunos de esos *sites* eran el último sitio donde buscaríamos a un yihadista. Me refiero, por ejemplo, a la página *pornofreak* Puta Locura. Quizás en un gesto de pudor, en esa web que no se caracteriza precisamente por su contenido religioso *Salaam1420* utilizaba el nick de *Malik1420*.

Con frecuencia los periodistas occidentales suponemos que los musulmanes, y especialmente los integristas, carecen de sexualidad. En los debates conspiranoicos sobre el 11-S o el 11-M, por ejemplo, se argumenta que tal o cual terrorista islámico no podía ser un yihadista si consumía prostitución o pornografía. Como si un radical del IRA, un asesino de ETA o un guerrillero de las FARC, protestante, católico o evangélico, no pudiese compatibilizar la lucha armada, sus creencias religiosas y el uso de la prostitución o del porno. Creo que no descubro nada si afirmo que pastores evangélicos, sacerdotes católicos y predicadores protestantes consumen tanta prostitución o porno como cualquier otro varón. Y con los musulmanes pasa exactamente lo mismo. Por desgracia, todos los hombres somos iguales en ese sentido, y no existe ningún conflicto entre nuestras creencias religiosas y nuestra primitiva pulsión sexual. Estoy seguro de que los burdeles de Egipto, Siria o Jordania se encuentran tan llenos de buenos y malos musulmanes como los europeos o americanos están repletos de buenos y malos cristianos. Buenos o malos musulmanes que mantienen las distribuidoras de cine porno en Turquía, Kuwait o Túnez. Salaam-Malik era musulmán, pero también era varón. Y por eso su fe no le impedía, por ejemplo, asistir al festival de cine erótico de Barcelona, en 2001, cuando ya llevaba seis años converso al Islam.

Malik1420 se dio de alta en los foros de Puta Locura el 3 de mayo de 2003, y en un año había aportado más de mil quinientos mensajes a esos foros, unos cuatro mensajes diarios. Y yo los tenía que leer todos. Es cierto que resultaba un poco irreverente que Salaam1420, ahora Malik, firmase su perfil de usuario en una página de contenido principalmente pornográfico utilizando la Bismallah, el primer verso del Sagrado Corán que inicia todas las oraciones del rezo musulmán. En un país árabe integrista, habría sido suficiente como para decapitarlo. Y, en mi humilde opinión, evidenciaba que el tal Salaam-Malik era cualquier cosa menos un integrista. También es cierto que el contenido de sus mensajes permitía radiografiar sus fantasías sexuales. El mismo Malik enunciaba sin pudor, en varios hilos del foro, sus preferencias pornográficas, que no voy a comentar. Pero debo confesar, después de haberme leído dos veces los 1530 mensajes posteados por Malik1420 en Puta Locura, que empecé a sentir cierta simpatía por él. Y no solo porque se tratase de un joven musulmán que intentaba ser coherente con su religión, sino porque el planteamiento de sus mensajes, incluso los de contenido sexual, era mucho más amable y romántico que el de la inmensa mayoría de usuarios.

De los catorce hilos que Malik inició en la pornoweb, algunos eran demandas de información o intercambio de porno sobre ciertas actrices o prácticas sexuales, pero la mayoría trataba sobre política, cultura, etcétera. Y lo mismo puede decirse de la mayoría de sus 1530 mensajes en otros hilos. Allah había querido que Malik viviese en el mundo real lo que yo solo había imaginado a la hora de confeccionar mi identidad como Muhammad Abdallah...

Gonzalo López Royo o Muhammad Hassan, alias Salaam1420, nació en Zaragoza el 18 de agosto de 1975. Siempre según su propio testimonio, conoció el Islam en 1992 cuando tenía solo dieciséis años, a través de una joven africana de su misma edad, Judith Abdallah Savimbi. Con ella perdió la virginidad y la fe en el cristianismo. Negra y musulmana como la sagrada Kaaba, Judith y su hermano fueron los instigadores de que el joven comenzase a estudiar el Corán. Con ellos se pasó dos meses en El Cairo, donde finalmente cambiaría su nombre por el de Muhammad Hassan. El 5 de agosto de 1995, y como parte de su compromiso con el Islam, renuncia al alcohol, el tabaco, las drogas y la carne de cerdo. En 1996 se sentó por primera vez ante un ordenador conectado a Internet, aunque no descubrió el potencial de los chats y los foros hasta cuatro años después. Pero ese año sus dibujos ya provocaron un escándalo.

El 3 de marzo se celebraban las elecciones generales de España, y los vecinos del barrio Almozara de Zaragoza, de evidente origen árabe, ejercían su derecho al voto en el Instituto de Educación Secundaria Obligatoria Andalán. Cuando los primeros votantes llegaron al centro, se encontraron con unos inquietantes grafitis en las paredes del colegio electoral: un guerrero árabe con una gran cimitarra en una mano y un Corán en la otra, y una representación de Shaytan, el Demonio del Corán. Los dibujos despertaron una absurda alarma social, y algún medio llegó a sugerir la existencia de sectas satánicas islámicas (?) en la zona... El autor de la travesura había sido *Salaam1420*.

El 20 de septiembre de 1997, según su relato, su primera novia Judith Abdallah Savimbi es víctima de un crimen de odio: estudiante de Derecho en Harvard, es asesinada por dos skin NS en Long Island (Nueva York), por el color de su piel. A partir de entonces y durante seis años, Gonzalo forma parte activa del movimiento SHARP antifascista zaragozano. El mismo movimiento que protagoniza un capítulo de *Diario de un skin*. El destino es caprichoso.

En febrero del año 2000 (1420 del calendario islámico) creó su propio estudio de diseño, Salaam Studio. Su nick *Salaam1420* es el nombre de ese primer estudio y el año musulmán de su creación.

En 2001 vivió muchos meses en París. A su regreso comenzó a darse de alta en docenas de foros y páginas web en Internet, donde lo localizamos la policía española por un lado y yo por otro. No puedo dejar de mencionar, como anécdota, que, cuando en 2003 se publicó *Diario de un skin*, *Salaam1420* participó también en los acalorados debates que generaron el libro y las especulaciones sobre mi identidad real. Él conocía perfectamente a la comunidad antifascista de Zaragoza que yo menciono en uno de los capítulos,[18] y también a los skin NS de Blood & Honour. En uno de sus mensajes en los foros menciona que estaba descargando ilegalmente dicho libro de la red... pero no se lo tendré en cuenta. Como tampoco que me defina como un «payaso periodista» en otro de sus mensajes. Supongo que cuando descubra quién era Muhammad, el palestino de barbas que frecuentaba la plaza Roma, le sorprenderá lo cerca que estaba de ese «payaso periodista» al que creía tener tan identificado como los Blood & Honour zaragozanos. Pero puedo comprender que sus dibujos y el eco que tuvieron en la comunidad ciberyihadista internacional terminasen por alertar al mismísimo juez Juan del Olmo, que ordenó la investigación de *Salaam1420* a la unidad de ciberterrorismo de la Guardia Civil, ese año 2006. Yo les llevaba ventaja.

De un golpe de ratón, *Salaam1420* se puso a la cabeza de mi lista de prioridades. Supongo que un musulmán devoto podría afirmar que, por alguna

---

18. «El enemigo de mi enemigo es mi amigo», en *Diario de un skin*, cap. 4, pág. 199 y ss.

razón, Allah quería facilitarme las cosas una vez más. De lo contrario resulta increíble que justo el 18 de junio de ese año, a las 21:41, *Salaam1420* enviase este mensaje al foro islamista internacional de Almoltaqa que traduzco literalmente del inglés:

salaam1420
18-06-06, 21:41

Aquí tenéis algunos otros dibujos. Está dedicada a nuestro héroe musulmán, Khattab, la crema de los muyahidín: *http://galeon.com/mistagonzo/images/islaam/Khattab_color.jpg*

Este es un combatiente palestino que hice para un amigo mío que estuvo a cargo del capítulo de Belén de Al Fatah, Ibrahim Abayat, uno de los héroes de la iglesia de la Natividad, que ahora vive en mi ciudad. Él es amigo mío (y SÍ, soy partidario de Hamas). Su primo Aziz también vive en mi ciudad, era un miembro de Hamas): *http://galeon.com/mistagonzo/images/dibus/politics/shahid.jpg*

Aquí un retrato idealizado de Juba, el famoso francotirador de Bagdad: *http://galeon.com/mistagonzo/images/islaam/JUBA.jpg*

Y esta es una foto de Ariel Sharon infernal que hice para el concurso de caricaturas de un periódico iraní (más información en *http://www.irancartoon.com/*): *http://galeon.com/mistagonzo/images/islaam/SHARON.jpg*

¡Esperamos que os gusten![19]

Reconozco que, cuando leí en aquel mensaje el nombre de Ibrahim Abayat, sentí un escalofrío. Aunque resultase increíble, entre todos los ciberyihadistas del mundo, mi principal objetivo en España, el líder de las Brigadas de los Mártires de Al Aqsa y heredero del clan Abayat, era amigo, precisamente, de *Salaam1420*.

Ibrahim Abayat: el «terrorista» palestino más peligroso del mundo

Cuando salí para Zaragoza, con Ibrahim Abayat y *Salaam1420* en mi punto de mira, me sentía eufórico. Porque cuando llamase a la puerta del «terrorista palestino más peligroso», según el MOSSAD, no lo haría como un extraño, sino que disponía de una carta de presentación inmejorable: el rosario árabe que la esposa de su viejo camarada Aiman Abu Aita le había hecho con sus

---

19. Los enlaces citados por *Salaam1420* en su mensaje ya no están operativos, pero todas esas ilustraciones están accesibles para funcionarios, estudiantes y analistas en *www.antoniosalas.org*.

propias manos. Intuía que aquel obsequio iba a emocionarle, y a mí me abriría las puertas a la comunidad palestina en Zaragoza. Pero las cosas no iban a salir exactamente como esperaba.

Ibrahim Abayat aprieta fuerte al estrechar la mano. Y te sostiene la mirada, pero no desafiante, sino sincero. Y en cuanto estreché su mano y le miré a los ojos, ocurrió algo para lo que no estaba preparado. Algo que rompió todas mis defensas y que alteró mis objetivos como periodista infiltrado. Por alguna razón misteriosa, un torrente de simpatía fluyó entre nosotros desde el primer momento. A pesar de que también conocí a Aziz Yubran Abayat, miembro de Hamas y compañero de Ibrahim durante el asedio en la basílica de la Natividad, y a prácticamente toda la comunidad palestina de Zaragoza, mi relación con Ibrahim siempre fue especial. Mucho más cercana y fluida que con el resto de palestinos. Si yo fuese miembro de algún cuerpo o fuerza de seguridad del Estado, habría tenido un compañero que me habría advertido de que empezaba a sufrir los primeros síntomas del «estampamiento», la enfermedad del infiltrado. Como he explicado en otras ocasiones, cuando un agente de policía o un espía realiza una infiltración continuada en cualquier tipo de organización o banda criminal, debe ser siempre monitoreado por un compañero inseparable, que debe alertar si el infiltrado empieza a sentir demasiada empatía con el objetivo de la infiltración. Pero en mi caso no hay equipo de apoyo ni nadie que me advirtiese de que empezaba a creerme demasiado mi personaje. Llevaba más de dos años metido en el papel del muyahid palestino, pero mi infiltración no había hecho más que empezar...

Ibrahim Abayat y yo pasamos mucho tiempo juntos entre 2006 y 2010. Jugamos al ajedrez, lo acompañé a sus entrenamientos, al médico, al centro árabe, paseamos por Zaragoza e incluso me invitó a comer en su casa tradicional comida palestina. Y quizás por esa razón jamás fui capaz de utilizar la cámara oculta con él. A pesar de que mi intención inicial era grabar mis encuentros con terroristas utilizando la cámara oculta y pese a que tuve mil oportunidades de grabar a Ibrahim, algo en el fondo de mi corazón me decía que no era correcto, que no estaba bien. Que Ibrahim no era el terrorista fanático y psicópata que presentaban los israelíes. No sé. Quizás me equivoqué. Tal vez me dejé seducir por el dolor, la humillación y el sufrimiento que compartí en Palestina, y que Ibrahim rememoraba cada vez que hablaba de su tierra desde el exilio. O quizás es que los síntomas del «estampamiento» eran más graves de lo que imaginaba, pero no pude usar la cámara oculta con él nunca. Me propuse que, si quería conseguir grabar una entrevista con Ibrahim, debería ser él quien accediese a concedérmela, con la cámara al descubierto. Necesitaba su testimonio, sus experiencias y su punto de vista en mi investigación, pero no me parecía ético robarlos sin su consentimiento. Tal vez resultasen menos espontáneos, y cualquier colega periodista coincidirá conmigo en que las declaraciones del «terrorista palestino más peligroso del mundo», según Israel, eran una tentadora exclusiva. Pero con razón o sin ella, algo en la mirada fiera pero honesta de Ibrahim me decía que lo correcto era intentar convencerlo para que me diese esa entrevista voluntariamente. Tardé tres años en conseguirlo.

Quizás, en el fondo, fue una suerte que Ibrahim tardase tantos años en permitirme grabar en vídeo su historia, porque evidentemente en 2009 hablaba español con mucha más fluidez que en 2006, cuando lo conocí. Viví en la distancia sus esfuerzos para conseguir traer a su prometida, una prima jordana, con la que se casó en España año y medio después. Su embarazo y el nacimiento de su primer hijo, Atef —el nombre de su primo ejecutado por el MOSSAD—, y después del segundo.

Ibrahim Musa Salem Abayat, ahora Abu Atef, aterrizó en Madrid junto con su primo Aziz Yubran Abayat y Ahmad Hemamreh, como si llegasen a otro planeta, en mayo de 2002.[20] Durante treinta y nueve días, entre el 2 de abril y el 10 de mayo de 2002, toda la prensa internacional mantuvo su atención centrada en ellos y en otras doscientas cincuenta personas encerradas en la basílica de la Natividad, en Belén, el lugar exacto donde según la tradición nació Jesús de Nazaret, el profeta Isa.

Ese abril de 2002, doscientas cincuenta personas, incluidos mujeres, ancianos y niños, se refugiaron en la basílica de la Natividad, para protegerse de las incursiones israelíes que se estaban produciendo en Belén, al igual que en otras ciudades palestinas ocupadas, como Nablus, Ramallah o Yinín, donde se produjo la feroz masacre en el campo de refugiados que Mohamed Bakri inmortalizó en su polémico documental *Yinín, Yinín*. Sitiados por las tropas israelíes, los milicianos palestinos repelieron los intentos de penetrar en la basílica de la Natividad, donde se refugiaron para salvar la vida y consiguieron mantener la posición durante semanas. Sin medicinas, comida, mantas, etcétera, y rodeados por francotiradores que consiguieron abatir a ocho de los palestinos que intentaron asomarse al patio de la basílica para conseguir agua o ayuda. Los restantes tuvieron que ver cómo sus amigos y vecinos tiroteados se pudrían en el interior de la basílica, ya que las tropas israelíes no les permitían sacar los cadáveres de los muertos, como una forma más de presión psicológica contra los sitiados.

---

20. En 2010 esta política de acogida se repetiría con el también palestino Wallid Hijazi, el primer preso de Guantánamo que España recibiría como parte de su acuerdo de colaboración con la administración Obama, en relación a los detenidos sospechosos de pertenecer a Al Qaida que llevaban más de un lustro en la siniestra base y centro de torturas norteamericano, sin haber recibido ningún juicio. Hijazi llegó a España en la misma situación de vacío legal que Abayat, Yubran y Hemamreh sufren desde 2002.

Todas las televisiones del mundo cubrieron la noticia, incluido mi canal, Telecinco, que desplazó a mi compañero Jon Sistiaga hasta la misma iglesia de Belén rodeada por las tropas israelíes. Probablemente fue la presencia de tantas cámaras de televisión la que evitó males mayores.

En un principio los israelíes aseguraron que, si Ibrahim se entregaba, permitirían salir al resto sin tomar represalias, pero disfrutando de una situación de ventaja decidieron aprovechar las circunstancias para exigir que se entregasen los colaboradores más cercanos de Abayat. Y gracias a la presión internacional se concluyó que, en lugar de ser encarcelados, los «terroristas» que se entregasen a requerimiento de Tel Aviv serían expulsados del país, pero conservarían la vida. Finalmente, trece de aquellos palestinos considerados terroristas por Israel tuvieron que sacrificar su identidad y su historia para que el resto de los sitiados pudiesen regresar a sus hogares. El líder de aquellos trece mártires, considerado por Israel como el «terrorista palestino más peligroso», terminó en España, convencido de que en cualquier momento los asesinos del MOSSAD le darían caza en suelo español, como habían hecho antes con sus primos y su tío en Palestina. De ocurrir eso se trataría del 36º miembro de la familia Abayat asesinado selectivamente por el ejército israelí. Por esa y por muchas otras razones, mereció la pena esperar tanto tiempo para conseguir esta entrevista que Ibrahim Abayat me permitió primero grabar en audio y posteriormente en vídeo.

—¿Qué es lo primero que piensas cuando escuchas hablar de Palestina?

—Toda mi vida está allí. Mi familia, mis amigos, mis recuerdos. Todo lo que es Ibrahim está relacionado con Palestina. No puedo separar mi personalidad de Palestina. Yo llevo años en una situación excepcional, nunca había pensado salir de Palestina. Por lo tanto, para mí Palestina es todo. Mi vida, mis recuerdos, mi presencia.

—¿Tienes un primer recuerdo de los israelíes?

—Nosotros desde que nacimos, ya estaba la ocupación. No conocimos la Palestina libre. Íbamos creciendo con la sombra de la ocupación. Veíamos a los israelíes en nuestras ciudades, en nuestras calles. Pero de pequeños lo veíamos de otra forma. Cuando eres mayor sientes el deber de hacer algo. Entonces, a los catorce o quince años empezó la primera intifada y para mí y mis amigos era, digamos, la primera oportunidad para demostrar esos sentimientos que teníamos de rechazo hacia la ocupación israelí. Y casi todos los jóvenes palestinos de mi edad, cuando empezó la primera intifada, empezábamos a tirar piedras, a manifestarnos, a hacer huelgas, protestas... Era la única forma para demostrar el rechazo a la ocupación israelí.

—¿Cómo fue tu primera visita a las cárceles israelíes?

—En el año 1990 vienen a buscarme a mi casa, pero yo estaba fuera y no me cogieron. Pero a partir de ese momento tenía que estar atento porque ya sabía que me buscaban. Yo entré en la cárcel por primera vez con casi dieciséis años. Me pillaron un día. Habían venido tres veces a casa y al final me cogieron. Las acusaciones allí son preparadas, para meterte en la cárcel. A mí al final me condenaron a tres años por tirar piedras y por darle una paliza a un traidor que colaboraba con los israelíes. Pero teníamos catorce, quince y dieciséis años. ¿Qué piensan de un país democrático donde se mete en la cárcel tres años a niños por pelearse y por tirar piedras?

Para ilustrar sus palabras Ibrahim me muestra algunas fotos de su familia, en las que aparece siendo todavía un adolescente, con sus hermanos, sus sobrinos y su madre, a la que adora.

—¿Hay torturas en las cárceles israelíes?

—Los israelitas son los mejores en las torturas. Son los que tienen más experiencia. Utilizan lo que sea para sacarte la información, para que colabores con ellos. Usan el miedo, cosas psicológicas, físicas... No dejan nada. Utilizan cualquier cosa para llegar a su objetivo. Para que no guardes nada. Amenazas hacia ti o tu familia. Usan música para volverte loco, perros, serpientes... Cosas raras y todo para conseguir sus objetivos.

—Hace poco entrevisté a Mohamed Bakri. Para comprender lo que estaba ocurriendo en Palestina cuando se produjo vuestro encierro en la iglesia de la Natividad es importante quizás recordar que en esos mismos momentos se producían masacres como la de Yinín, etcétera, que hacían que la tensión fuese muy grande, ¿no?

—Sí, fue en el mismo mes incluso. Había mucha tensión, mucho miedo. Lo de la basílica de la Natividad no fue nada planeado. Surgió en el momento. Había muchos heridos y la gente buscaba un refugio donde llevarlos. La aviación israelí impedía la llegada de las ambulancias, y entonces buscamos un sitio seguro donde meter a los heridos y llevar a los cadáveres, y no había ningún sitio donde sentirte un poco más seguro que dentro de la iglesia. Y entonces empezaron a llevar a los heridos, gente anciana... y poco a poco la noticia empezó a rodar por Bethlehem, de que la gente se estaba resguardando en la basílica y por eso empezaron a entrar. Pero no fue nada planeado.

—Pero hay que explicar que todo eso no ocurrió porque sí...

—Sí, invadieron Bethlehem, porque al mismo tiempo había más ciudades invadidas. Invadieron primero Ramallah, la Mukata, donde estaba Arafat, y después de Ramallah invadieron Yinín, Nablus, Bethlehem... así, una ciudad detrás de otra. Lo llamaban la Operación Muro Protector o algo así.

—Y a partir de ese momento, ¿qué pasa?

Mientras charlamos, Ibrahim saca de un cajón unas cintas de vídeo VHS (no tiene DVD) y me muestra algunas grabaciones de aquellos conflictos, en los que la resistencia palestina luchaba por las calles de Belén contra las patrullas israelíes que estaban tomando la ciudad. Siento que se le quiebra la voz cuando señala, en aquellos vídeos, a alguno de sus compañeros de las Brigadas de Al Aqsa que murieron en aquellos combates poco después de ser grabadas las imágenes.

—Pues a partir de ese momento el ejército israelí rodea la basílica y no permite la llegada de la gente de fuera y empieza el asedio a la iglesia, con tanques, francotiradores, y empieza el sufrimiento de los palestinos que estaban dentro. Casi doscientas cincuenta personas.

—Supongo que cuando entráis en la iglesia doscientas cincuenta personas, los religiosos no estarían preparados para dar cobijo y comida a tanta gente.

—Ni para los curas. Nadie pensaba que en la iglesia podía pasar una situación semejante. Por eso no tenían comida almacenada ni nada. Entonces empiezan treinta y nueve días de sufrimiento, de miedo. Al día siguiente ya nos cortan la luz y nos dejan sin agua. Y, a pesar de la situación, nadie, ni el ejército israelí ni nosotros, pensó que podríamos aguantar en esas condiciones tanto tiempo.

—¿Es cierto que cuando os cortaron el agua teníais que beber de un pozo subterráneo de la iglesia un agua negra, que produjo algunas intoxicaciones?

—Sí, además lo usaban para cazarnos. Podemos decir que cuatro o cinco de los que murieron dentro de la basílica murieron cerca del pozo, porque cuando salían a buscar agua los francotiradores apuntaban hacia el pozo, y a quien quería llegar hasta el pozo le disparaban. En todo el asedio casi treinta heridos y ocho muertos.

—He leído que cuando os cortaron la luz y el agua, un compañero, Hassan Nisman, arriesgó su vida para salir fuera y conectar un cable eléctrico para poder cargar los teléfonos móviles y averiguar qué ocurría fuera...

—Sí. Era un amigo, Hassan. Como no teníamos electricidad, el chico se ofreció voluntariamente para conectar un cable desde una farola que había fuera, con luz. Él pensó que si tuviésemos un cable podíamos hacer un desvío para tener luz, y lo hizo perfectamente, o sea, lo hizo. Pero como el primer cable no llegaba bien adentro, él volvió a por otro trozo de cable, y cuando volvía el francotirador le dio, pero tardó en morir como tres horas, sangrando... La herida no era muy grave, era en el hombro, y si hubiésemos tenido medicinas podía haberse salvado fácilmente... Es la historia más... para mí. A mí me impactó mucho. Este chico era de Gaza, no era de Bethlehem, y tenía dos hijas, y en estas horas que estaba herido y sangrando, solo decía: «Mis hijas, mis hijas...».

En este punto del relato, aquellos ojos negros de fiera mirada se humedecen de forma evidente. Y me conmueve presenciar el modo en que el calificado como «terrorista palestino más peligroso», según el MOSSAD, se emociona al recordar a sus compañeros de asedio fallecidos.

—¿Qué comíais?

—No había nada. Solo había espaguetis y hacíamos eso, agua y espaguetis. Y un vaso de sopa para todo el día, si había... Es que era una cantidad de gente muy grande, y para darles de comer a todos se necesitarían muchos restaurantes enteros.

—Yo he estado en la basílica de la Natividad varias veces, y no me imagino cómo podíais organizaros allí doscientas cincuenta personas, porque es que no hay sitio.

—Era muy complicado. Yo aún no me explico cómo llegamos a lograrlo. Fue un milagro. Primero soportar esas condiciones de vida durante treinta y nueve días, porque no nos dejaban ni dormir. Ponían unos altavoces enormes, alrededor de la basílica, y nos ponían ruido para volvernos locos. Imagínate la ciudad sin luz, el silencio que había, y aquello... era un ambiente de terror, de pánico.

—¿Y los muertos? Supongo que los cadáveres los sacaríais fuera.

—No. Para castigarnos más, el ejército israelí no permitió la salida de los cadáveres, para ponernos más nerviosos y darnos más miedo. Cuando estás allí, con esas condiciones, sin luz, sin agua, con miedo, y encima con cadáveres de amigos y gente conocida delante de tus ojos, es también para hacerte sufrir más, para rendirte. Tuvimos dos cadáveres dentro, con nosotros, veintidós días. Hasta que empezaron las negociaciones y los israelíes ya sabían que con la fuerza no lo iban a solucionar. Al quinto día intentaron entrar, y les salió muy caro, porque perdieron a tres o cuatro soldados, y desde entonces no volvieron a intentar entrar, porque sabían que no teníamos nada que perder, que se iban a encontrar con gente que luchaba por su vida.

—Os vigilaban todo el tiempo, con cámaras de vídeo colocadas en globos que volaban sobre la iglesia, francotiradores, etcétera.

—Sí, con globos que tenían cámaras colgadas, sujetos al suelo con unos cables muy largos, y con unas torres muy altas, colocadas alrededor de la basílica.

—Después de semanas de asedio, creo que algunos compañeros perdieron hasta dieciséis kilos de peso.

—Eso es lo mínimo. Yo perdí dieciocho kilos en esos treinta y nueve días. Pero hacíamos régimen obligados...

—Creo que los israelíes incluso presionaron mucho a tu madre para intentar obligarla a que os convenciese para entregaros a los judíos.

—La detuvieron seis veces para hacer que me entregara, para que saliera de la basílica. Una forma sucia del ejército israelí, de las que utilizan habitualmente.

—¿Cómo terminó el asedio?

—Hubo un proceso de negociación que empezó en la primera o segunda semana y duró hasta el final. Los palestinos pedíamos que entrara comida y medicinas en la basílica, pero los israelíes no querían porque sabían que si entraba comida y medicinas podíamos aguantar allí toda la vida. Entonces, para presionar más, no han permitido hasta el último minuto la salida de los heridos. O sea, cuando un soldado israelí disparaba a un palestino, los curas llamaban diciendo que había un nuevo herido, ellos hacían un proceso que duraba dos o tres horas, que es mucho para un herido. Algunos tuvieron suerte y pudieron salir y recibir atención médica.

—Y, cuando se termina la negociación, alguien os dice que para que el sufrimiento de esas doscientas personas termine, varios de vosotros tenéis que aceptar ser expulsados de vuestra tierra.

—Fue muy duro. Pero los israelíes no querían otra solución; entregarse o morir dentro de la basílica. Para nosotros no fue un logro, pero todas las opciones que teníamos entonces eran malas y aceptamos la que era menos mala, el exilio. Solo para no cumplir el deseo de los israelíes, que era vernos muertos o encarcelados.

—Al final os exilian a trece...

—Trece a Europa y veintiséis a la Franja de Gaza. Al principio pedían solo a tres de los que estábamos dentro. O sea, castigaban a todas aquellas personas, casi trescientos contando a los religiosos, solo por tres personas. Yo y otros dos compañeros. Así que lo hablamos entre nosotros y decidimos sacrificarnos nosotros y aceptar el exilio para que dejasen salir a los demás y dejasen tranquila la ciudad. Pero, cuando aceptamos, los israelitas aumentan el número y dicen que ahora son más terroristas, y dicen que hay que exiliar a seis. Y cuando aceptamos los seis dicen que trece, y cuando aceptamos los trece dicen treinta y nueve. No sé por qué dijeron ese número, quizás por los treinta y nueve días que pasamos en la basílica, pero al final nos enviaron a trece a Europa y a veintiséis a la Franja de Gaza.

Mientras charlábamos, Ibrahim me puso unos vídeos de los que se sentía evidentemente orgulloso. Se trataba de varios reportajes de Al Jazeera y otras cadenas de televisión que habían grabado a mi amigo y a sus compañeros, antes y después del asedio. En aquellas imágenes reconocí a Abayat, armado con su fusil de asalto, al mando de la resistencia palestina. Y para mi sorpresa, en uno de los vídeos que me facilitó Ibrahim aparecía entrevistado por mi compañero Jon Sistiaga, que se había desplazado hasta Belén durante el asedio a la basílica de la Natividad, para los informativos de Telecinco. En aquella entrevista de Sistiaga, Ibrahim no hablaba todavía ni una palabra de español. No podía ni imaginar que su destino se hallaba ligado al país de aquel reportero que lo estaba grabando en su amada Belén.

Carol, Beatriz y Source: mis fuentes venezolanas

El contacto con los «peligrosos terroristas» palestinos en Zaragoza me había entusiasmado. Suponía un paso importante en la investigación, pero no había olvidado que el lugar al que todas las fuentes de inteligencia señalaban como meca del terrorismo internacional y base de Al Qaida en Occidente era Venezuela. Así que estaba claro que ese iba a ser mi siguiente objetivo.

El problema es que no sabía absolutamente nada de Venezuela. Nada, salvo lo que contaban los medios de comunicación. Nunca me había interesado especialmente la política de Hugo Chávez, ni había visitado el país. Así que eché mano de mi agenda y empecé a buscar puertas a las que llamar, en busca de algún contacto en Caracas. Y una vez más mis amigas prostitutas volvieron a echarme un capote. Además de Fátima, mi supuesta esposa muerta, otra joven *escort*, esta vez venezolana, jugaría un papel importante en esta fase de la infiltración. Un contacto que me llegó tras otra sucesión sorprendente de coincidencias.

Cuando en marzo de 2004 se publicó *El año que trafiqué con mujeres* comencé a recibir e-mails y cartas de jóvenes *escorts* españolas, que habían decidido dejar de ejercer la prostitución después de leer mi libro. Las extranjeras, el 96 por ciento de las mujeres prostituidas en España, no pueden permitirse esa elección. El primer caso me llegó un día antes de la presentación oficial, y de hecho reproduje fragmentos de ese mail en mi *Diario de un traficante de mujeres*.[21] El mismo que terminé de escribir en Palestina, mientras mis críticos en España se preguntaban por qué no tenía valor para infiltrarme en Oriente Medio...

El 8 de marzo de 2004, por razones obvias, yo no pude asistir a la presentación de *El año que trafiqué con mujeres*. El trabajo de un infiltrado es incompatible con la popularidad o el reconocimiento. Pero contaba con el apoyo de tres buenos amigos para confiarles la presentación de mi infiltración en las mafias de la trata de blancas: Carlos Botrán, comisario jefe de la Brigada Central de Redes de Inmigración; Ana Míguez, presidenta de la Asociación Feminista Alecrín, y Valérie Tasso, escritora y autora del bestseller *Diario de una ninfómana*. Fue precisamente Valérie la que, durante la presentación, leyó parte de aquel primer e-mail que acababa de recibir de una joven *escort*, Ana, que decidía dejar la prostitución tras leer mi libro, publicado solo unos días antes.

Estudiante de Periodismo y becaria en un conocido periódico, Ana era además hijastra de una célebre actriz española. Había leído mi libro de un tirón y había decidido: «Hoy no iré a trabajar, y no volveré nunca más».

Hasta entonces, Ana ejercía la prostitución en la agencia de relax Élite, una de las muchas que yo había investigado durante mi infiltración. Propiedad de Daniel Ernesto L. A., nacido en Buenos Aires el 17 de enero de 1963, con DNI 352947..., técnico de una conocida emisora de radio de día y proxeneta de noche, y propietario de la agencia con la connivencia de su esposa. Otra de

---

21. Y edición en tapa dura de *El año que trafiqué con mujeres*.

«sus chicas», Ania, terminaría poniéndose en contacto conmigo después de Ana, y a ella también la animaría a dejar la prostitución, o al menos a independizarse del chulo que vivía a su costa. Yo estoy en contra de toda forma de prostitución, pero si una mujer la ejerce, opino que es ella, y no un chulo cobarde, la única que debería beneficiarse de la explotación sexual de su cuerpo y de su mente. Y Ania terminó por abandonar Élite y montar su propia agencia con otras chicas. En dicha agencia, gracias a Ania, es donde conocí a Carol, la que sería mi primer contacto en Venezuela.

La historia de Carol es la misma que la de muchas jóvenes latinoamericanas que viajan a España en busca de oportunidades que no encuentran en su país de origen. Un año antes su hermana mayor había llegado de Caracas para ejercer la prostitución y terminó en la agencia de mi amiga Ania. Unos meses después fue la segunda de las hermanas la que acabó en dicha agencia. Y más tarde le tocó el turno a la más pequeña, apenas una adolescente, Carol. Las tres hermanas venezolanas se prostituían en la misma agencia de *escorts* española.

En Caracas, Carol era estudiante. Vivía en el legendario barrio 23 de Enero, dicen que el más peligroso y conflictivo de la capital bolivariana, y su novio era un oficial de la DISIP (Dirección General Sectorial de los Servicios de Inteligencia y Prevención), que por supuesto no tenía ni la menor idea de a qué se dedicaban su novia y sus hermanas en España.

Carol se convertiría en uno de mis contactos en Venezuela. Otro sería Marta Beatriz, una intrépida periodista venezolana, chavista hasta el tuétano, que había conocido años atrás mientras trabajaba en España, y que más tarde había regresado a Caracas. Y la tercera persona que rescaté de mi agenda había sido una de las fuentes de mis compañeros Santiago Botello, Mauricio Angulo y Julio César Alonso en su investigación sobre el narcotráfico en Cuba. Botello, Angulo y Alonso eran mis compañeros en el equipo de investigación de Telecinco. Mientras ellos investigaban el narcotráfico en la isla de la revolución, a mí se me encomendó la infiltración en los skinheads. Y tras la realización de un estupendo reportaje de cámara oculta, Angulo y Botello escribieron el libro: *Conexión Habana*,[22] donde relataban los pormenores de dicha investigación.

En la página 289 de dicho libro, Angulo y Botello se refieren a una fuente de «origen cubano que dice trabajar para los servicios de inteligencia norteamericanos», y que les filtró varios documentos que incriminaban al gobierno de Fidel Castro en el tráfico de drogas. Pues bien, esa sería mi tercera puerta a la que llamar antes de irme a Caracas. «La fuente de la CIA», o «the Source», como nos referíamos a ella coloquialmente en Telecinco, nos había

---

22. Temas de Hoy, 2005.

comentado su interés por Venezuela en alguna ocasión, y cuando volví a recuperar el contacto con ella, había avanzado a pasos agigantados en esa dirección. No es ningún secreto que después del 11-S los servicios secretos norteamericanos destinaron mucho dinero y recursos al mundo árabe. Sin embargo, en América Latina millones de dólares y numerosos efectivos de la CIA continuaban observando atentamente la evolución de Hugo Chávez y la corriente bolivariana que, desde Venezuela, se extendía como un «cáncer revolucionario» por todo el continente. Tampoco es ningún secreto que la CIA no se limitaba a observar en Venezuela y que sus intentos de injerencia en la política venezolana habían sido tan enérgicos como antes lo habían sido en El Salvador, Panamá o Nicaragua. Así que no debería haberme sorprendido que Source, «la fuente de la CIA», se hubiese concentrado en Venezuela con todas sus energías. No olvidemos que en diciembre de ese año 2006 habría elecciones generales, y el pueblo venezolano debería decidir si mantenía a Chávez en el poder o mandaba «pal carajo» al «tirano dictador»...

Hasta tal punto estaba «la fuente» implicada en el asunto venezolano que, cuando la informé de que pensaba marcharme a Caracas en las próximas semanas, me respondió entregándome una invitación a su boda. No es nada extraño que los espías contraigan matrimonios reales como parte de su tapadera durante una infiltración, y nuestra «fuente» planeaba acercarse hasta el mismísimo gobierno bolivariano de Chávez casándose con un conocido personaje de la diplomacia venezolana. Una boda suele ser la mejor cobertura para una infiltración de este tipo. Yo mismo terminaría por darme cuenta de ello. Pero, por el momento, me habían invitado a ser testigo del enlace.

Por supuesto, no podría demostrar que «la fuente» sea realmente espía de la CIA, aunque así es como ella se nos presentó cuando colaboró con mis compañeros de Telecinco para incriminar al gobierno castrista en el narcotráfico. Más bien tiendo a pensar que se trata de una iniciativa de la contrainteligencia cubana; agente, espía o confidente, con una doble misión, sobre quien quizás algún día escriba la historia real. En cualquier caso y más allá de las enrevesadas tramas e intereses superpuestos e indescifrables del mundo del espionaje internacional, solo sé que «la fuente» me había invitado a su boda, en Caracas, y yo pensaba asistir a toda costa. Sobre todo porque a dicha boda, y dado el protagonismo político de su cónyuge, estaban invitados los principales ministros del gobierno bolivariano. Incluyendo al mismísimo Hugo Chávez y su canciller Nicolás Maduro. Quizás tendría la oportunidad de presenciar una ejemplar operación de infiltración de una agencia como la CIA en el gobierno de Chávez, y eso es algo que un periodista no ve todos los días.

Finalmente desestimé la idea de retomar el contacto, cuando llegase a Caracas, con el teniente coronel Pascualino Angiolillo Fernández, el agregado militar de la embajada de Venezuela en Madrid, que había conocido en el curso de terrorismo de Jaca. Después de mi experiencia con el jefe de policía que me delató a los Hammerskin, los uniformes no me inspiran confianza. Solo rezaba porque el teniente coronel Angiolillo no estuviese invitado a la boda de Source, cuya fecha habían fijado para un par de meses después, así que no tenía mucho tiempo para preparar el viaje.

Mis estudios de árabe iban de mal en peor. La carrera de Lengua Árabe consta de siete años lectivos. Y estaba claro que yo no podía esperar tanto tiempo para aprender el idioma. Lo peor es que con tantos viajes, con mi trabajo «oficial» y con mi necesidad de mantener viva la identidad de Muhammad Abdallah, literalmente no tenía apenas horas para estudiar. Ni siquiera para asistir a las clases. Así que tenía que robárselas al sueño y, de seis, pasar a dormir solo cinco.

Para colmo, ese mes de mayo se anunciaban muchas actividades en Madrid a las que me convenía asistir, como un desayuno con el imam de la mezquita de la M-30, Moneir Mahmoud, organizado por el Foro Nueva Sociedad, donde coincidiría de nuevo con el embajador de los Estados Unidos en España, Eduardo Aguirre; o un interesante evento sobre terrorismo, organizado por la embajada rusa y el Seminario Permanente de Estudios sobre Terrorismo de la Fundación José Ortega y Gasset, entre otros. Y no quería perderme ninguno de ellos. Especialmente aquella conferencia hispano-rusa sobre terrorismo, en la que esperaba ampliar mis conocimientos sobre uno de los aspectos más importantes y menos conocidos del yihadismo internacional: Chechenia.

Chechenia: del yihad afgano de Al Jattab al periodismo valiente de Anna Stepanovna Politkóvskaya

No es casualidad que *Salaam1420* escogiese la imagen del comandante Ibn Al Jattab para una de sus caricaturas yihadistas, porque, tras la guerra de Afganistán, muchos muyahidín árabes que habían luchado contra los rusos hasta expulsarlos del país, entregando el gobierno a los talibanes, encontraron en Chechenia una nueva causa islámica por la que combatir. E Ibn Al Jattab era uno de ellos.

Tras el desmembramiento de la Unión de Repúblicas Socialistas Soviéticas, muchas provincias aceptaron firmar el tratado de la Federación Rusa, de 1992, pasando a convertirse en provincias del nuevo país. No fue el caso de Tartaristán y Chechenia, donde existe una gran comunidad musulmana. En 1994, los nacionalistas chechenos, que se oponían a la integración de su país en la nueva federación, decidieron tomar las armas. Los feroces bombardeos de Grozni marcaron un punto de no retorno en las negociaciones diplomáticas y estalló la revuelta. Curiosamente, los rusos utilizaron en Grozni las mismas bombas de fósforo blanco que los israelíes en Gaza. Los chechenos respondieron con una guerra de guerrillas, que triunfó en 1996, logrando la expulsión a los rusos de Grozni. En realidad, Boris Yeltsin firmó la paz poco antes de las elecciones rusas porque la guerra chechena se había convertido en un escollo político muy incómodo.

Pero en 1999, con el duro Vladimir Putin ya en el poder, unos supuestos atentados terroristas —que muchas voces críticas atribuyen a los mismos rusos, necesitados de una justificación para intervenir con mano dura en Chechenia— escandalizan a la opinión pública internacional y renuevan el conflicto. Los musulmanes chechenos comienzan a protagonizar titulares en los mismos medios árabes que antes se ocupaban de los afganos bombardeados por los mismos rusos. Y es entonces cuando una nueva oleada de muyahidín viaja a Chechenia para unirse a la resistencia. Entre ellos el legendario «Che Guevara musulmán», el comandante Ibn Al Jattab, alias el Árabe Negro o el Manco Ahmed. Para los yihadistas, Al Jattab es un mito viviente casi comparable a Osama Ben Laden.

Sin embargo, a pesar de ser uno de los personajes más influyentes en el ideario mitológico muyahid, pocos analistas occidentales conocen o consideran la historia del comandante Samir Salah Abdullah Al Suwailum (سامر صالح عبد الله السويلم), más conocido en ambientes yihadistas como Al Jattab. Esta es, en mi humilde opinión, la transcripción más correcta del nombre árabe خطاب, que también he visto transcrito como Khattabb, Khatab o Jatab.

Nacido en Arabia Saudí en 1969, en 1987, año del apogeo de la lucha de los muyahidín musulmanes contra los invasores soviéticos en Afganistán, obtuvo una beca para una escuela secundaria americana, pero la rechazó. Decidió cambiar su beca norteamericana por la posibilidad de acudir a hacer su yihad a Afganistán, seducido por las imágenes de los guerrilleros talibanes enfrentándose al todopoderoso ejército ruso que aparecían en todos los medios árabes del momento.

Especialmente inteligente (hablaba árabe, pastún, inglés, francés y ruso), el joven Jattab completó su adiestramiento como guerrillero y, llegado el día, partió hacia el campo de batalla. Uno de sus instructores fue Hassan As-Sarehi, el comandante de la famosa Operación la Guarida del León en Jaji, en 1987. Allí conoció, según relataría posteriormente, a otro joven voluntario del yihad en Afganistán, también de origen saudí, pero menos activo en el campo de batalla y más ocupado en cuestiones logísticas, un tal Osama Ben Laden, aunque sus destinos seguirían caminos distintos y terminarían perdiendo el contacto.

A diferencia de Osama, Jattab era un hombre de acción. Participó en las mayores operaciones del yihad afgano entre 1988 y 1993, incluyendo las conquistas de Jalalabad, Khost y Kabul. En una ocasión recibió una bala de gran calibre (12,7 mm), en otra perdió varios dedos de la mano derecha al explotarle una granada casera, pero siempre sobrevivía.

Jattab luchó en Afganistán hasta que los soviéticos fueron expulsados. Y de la misma forma que el Che Guevara continuó la lucha armada en África y en Bolivia después del triunfo en Cuba, Jattab buscó una nueva causa islámica por la que seguir luchando. La encontró en Tayikistán primero y en Chechenia después, adonde llegó en 1995 en compañía de ocho muyahidín árabes, que se unieron a la resistencia chechena en calidad de instructores militares. Jattab, además, fue uno de los primeros terroristas que comprendieron la importancia de la propaganda: «Allah nos ordena combatir a los incrédulos del modo que ellos nos combaten. Ellos nos combaten con medios de información y propaganda, así es que nosotros deberíamos también combatirlos con nuestros medios de información». Y por ello se convirtió en reportero de guerra de sus propias operaciones, grabando cientos de vídeos de los ataques chechenos a las tropas rusas en Chechenia, que luego eran distribuidos por todo el mundo.

Es imposible resumir todas las operaciones guerrilleras que Jattab encabezó en Chechenia, pero su fama se extendió rápidamente por toda la Umma, sobre todo después de que Al Jazeera le entrevistase en 2002.[23] Estoy dispuesto a aventurar que Ibn Al Jattab generó más bajas al ejército ruso que ningún otro muyahid checheno.

La inteligencia rusa descubrió que Jattab, un hijo tan devoto como Al Zarqaui o como Ilich Ramírez, recibía con frecuencia correo de su madre. En marzo de 2002 interceptaron un paquete que incluía una videocámara Sony, un reloj y una carta. El FSB impregnó la carta con una potente neurotoxina (botulínica) e hizo que el envío llegase a su destinatario a través de un agente infiltrado «prescindible». El infiltrado del FSB, Ibrahim, creía que sus superiores solamente habían abierto la carta para espiar su contenido, y no para envenenarla, de lo contrario habría sabido que lo enviaban a una misión suicida.

En el campamento guerrillero, Jattab se apartó unos metros para leer la carta de su madre y regresó con una palidez cadavérica. Solo quince minutos después cayó muerto por efecto del veneno. El mismo Basáyev, jefe máximo de la guerrilla chechena hasta su muerte a manos del FSB en 2006, ejecutó al momento a Ibrahim. Mediático hasta el final, el vídeo en el que aparece su cadáver recibiendo los honores de los guerrilleros chechenos también dio la vuelta al mundo yihadista. Al Jattab murió ese año, pero desde entonces su nombre se recuerda entre todos los muyahidín como el de un mártir, un héroe del yihad y un modelo para la causa. Y da nombre a un tipo de granada casera, la Jattabka, muy popular entre los guerrilleros chechenos... Su fotografía

---

23. Puede consultarse la transcripción de dicha entrevista histórica, en árabe, en: *http:// khattab.i8.com/p.kh.jazeerah.html*

es una de las imágenes en los perfiles de yihadistas que pueblan Facebook y otras redes sociales.

Supongo que es fácil comprender por qué, entre todos los muyahidín del mundo, el joven converso zaragozano *Salaam1420* escogió precisamente a Al Jattab para una de sus caricaturas yihadistas. Y por qué en algunas mezquitas, todavía hoy, se comentan entre cuchicheos las aventuras del «Che Guevara musulmán». Yo mismo le dediqué en su día un extenso reportaje apologético reproducido en diferentes periódicos latinos y páginas web.[24] Lo inquietante es que en algunas mezquitas de Barcelona, Madrid o Málaga, todavía se mantiene su influencia, a través de jóvenes chechenos musulmanes establecidos en España como en el resto de Europa. Uno de ellos, según los informes policiales, formaba parte de la célula de Al Zarqaui en Málaga liderada por mi futuro amigo Abu Sufian. Según algunas fuentes, el MOSSAD le seguía la pista muy, muy de cerca...

Por supuesto, y a pesar de la aureola de leyenda que lo rodea, Al Jattab, como Ilich Ramírez o Al Zarqaui, fue un auténtico asesino. Existen vídeos de las torturas, decapitaciones y ajusticiamientos que realizó personalmente ante la cámara. Y algunas de sus víctimas no eran soldados rusos invasores sino, por ejemplo, seis cooperantes de la Cruz Roja Internacional, a los que asesinó a finales de 1996 alegando que encontraba ofensivas las omnipresentes cruces, distintivo de la organización humanitaria.

¿Cómo es posible llegar a ese grado de violencia irracional en nombre del Islam? Estoy seguro de que la extraordinaria periodista rusa Anna Stepanovna Politkóvskaya jamás intentaría justificar los crímenes de Al Jattab ni de muchos otros guerrilleros chechenos que, con frecuencia, alternaban el saqueo, las violaciones y el terrorismo con la lucha «legítima» por su independencia. Como si hubiese existido alguna guerra en la historia que no implicase las matanzas, violaciones y abusos a inocentes. Pero Anna Politkóvskaya se atrevió a ir más allá que ningún otro periodista ruso a la hora de informar sobre la guerra de Chechenia, y aquello le costó la vida.

Pese a ser considerada una traidora a su país por informar descarnadamente sobre los abusos, asesinatos y torturas salvajes cometidos por las tropas rusas en Chechenia, sus reportajes primero y sus libros después son fundamentales para comprender la escalada de violencia irracional entre rusos y chechenos. Y el papel de los voluntarios muyahidín en el conflicto. Politkóvskaya publicó numerosos libros, como *Chechenia, la deshonra rusa*,[25] *Diario ruso*[26] o *Terror en*

---

24. *http://muhammadabdallah.blogspot.com/2009/04/ibn-al-jatab-la-gloriosa-historia-del.html*
25. RBA, 2003.
26. Debate, 2007.

Chechenia.[27] Todos ellos reportajes desgarradores, con testimonios espeluznantes de la brutal represión rusa a la población chechena. Exactamente la justificación que necesitaban los muyahidín como Al Jattab para desatar toda su furia yihadista sobre los rusos.

Tras sufrir el desprecio del Kremlin, el descrédito profesional, detenciones, acoso y numerosas amenazas, finalmente el 7 de octubre de 2006 fue asesinada a balazos en el ascensor de su domicilio en Moscú. La muerte de Politkóvskaya, que aún no ha sido resuelta, supuso un escándalo internacional, similar al envenenamiento con polonio del ex teniente coronel del KGB Aleksandr Litvinenko, el 23 de noviembre de 2006. Litvinenko también denunció los abusos de Putin en Chechenia,[28] e incluso se atrevió a sugerir que el atentado terrorista que desató la guerra chechena fue obra de los servicios secretos rusos. *Shasha* Litvinenko, cristiano ortodoxo durante toda su vida, se había convertido al Islam después de un viaje a Israel y había solicitado el estatus de refugiado político en Londres, desde donde continuaba investigando el asesinato de Politkóvskaya y denunciando las manipulaciones del conflicto checheno. Pero eso no evitó que fuese alcanzado por el polonio-210 que envenenó su organismo hasta matarlo lentamente en Inglaterra. En 2007, el cineasta Andrei Nekrasov presentó un excepcional documental: *El caso Litvinenko*, que había realizado durante varios años de trabajo, imprescindible para comprender este siniestro asunto.[29]

«¡Este tío es el Cubano!»

Por supuesto, en el evento organizado por la embajada de Rusia, en el Seminario Permanente de Estudios sobre Terrorismo, de la Fundación José Ortega y Gasset, en mayo de 2006, no se habló de Al Jattab, ni de los asesinatos de Politkóvskaya y Litvinenko. El programa de conferencias, presidido por el mismísimo embajador ruso en Madrid Alexander L. Kutnezsov, y por el famoso espía y viceministro de Asuntos Exteriores, ex agente del KGB y director de FSB Anatoly Safonov, tenía otros contenidos, todos ellos muy interesantes, aunque no siempre los conferenciantes rusos, evidentemente afines a la política del Kremlin, coincidían con los de los expertos españoles. De hecho, llegó a producirse una animada e interesante polémica entre el veterano Miguel Ángel Bastenier, a quien he disfrutado en varios cursos similares, y Alexei

---

27. Editorial del Bronce, 2003.

28. En español puede consultarse su libro: *Rusia dinamitada. Tramas secretas y terrorismo de Estado en la Federacion Rusa,* Alba, 2007. En coautoría con Yuri Felshtinski.

29. La página web oficial del documental de Nekrasov es: *http://www.dreamscanner-productions.com/litvinenko/index.html*

Sazonov, portavoz de la política rusa al respecto. Durante su conferencia, Sazonov había hecho un llamamiento a la prensa española para que no se hiciese eco de las reivindicaciones de los rebeldes chechenos. Sazonov nos reprochaba a los informadores españoles que, al hablar de las horribles cosas que sucedían en Chechenia, utilizásemos términos como *insurgentes* o *rebeldes*, en lugar de la expresión *terroristas*. Y, para ilustrar su discurso, comparaba a los rebeldes chechenos, musulmanes, con ETA. Miguel Ángel Bastenier, por el contrario, defendió enérgicamente el derecho a la información, y las diferencias de fondo del conflicto vasco con la situación de guerra asimétrica de Chechenia, protagonizando ambos un animado debate que se contagió a los alumnos del curso. Yo archivaría ese diploma junto con montones de diplomas y títulos similares de cursos de árabe y terrorismo, que no podía colgar en ningúna pared.

A pesar de que en 2006 el impulso con el que muchos policías y espías españoles se habían volcado en su formación sobre yihadismo terrorista comenzaba a perder fuelle, y cada vez eran menos los funcionarios que acudían a este tipo de cursos, yo continuaba coincidiendo con algunos viejos amigos. Y viviendo algunas anécdotas increíbles. Una de las más extraordinarias se produjo precisamente en este curso.

Juanma, compañero de David Madrid, es uno de los funcionarios del Cuerpo Nacional de Policía (CNP) con el que coincidí más veces en este tipo de cursos. Pero en esta ocasión venía acompañado de dos colegas, también funcionarios del CNP. Las charlas se impartían en el local del Instituto Ortega y Gasset, en la calle Fortuny de Madrid, y entre sesión y sesión los alumnos disfrutábamos de un tiempo de descanso y un café en el jardín del instituto. Yo intentaba aprovechar esos minutos, casi arañando los segundos, para repasar mis apuntes de árabe, adelantar trabajo o hacer llamadas. Pero esa tarde me interrumpió la voz de Juanma, que, dándome unos toquecitos en el hombro, me saludaba cordialmente:

—¡Toni, tú también aquí! ¡No te pierdes uno!

Al girarme para estrechar la mano del policía, descubrí a sus dos compañeros. Y uno de ellos me miraba con los ojos abiertos como platos, mientras balbuceaba algo, dando pie a un absurdo diálogo de besugos entre los tres policías:

—¡Hostia, pero si es el Cubano! —decía el policía que me miraba con ojos de búho—. Pero ¿tú conoces a este tío, Juanma?

—¿Cómo que cubano? —intervino el segundo policía, al que yo no conocía—. Pero ¿no ves que es árabe?

—¿Qué decís? —repuso Juanma—. Ni cubano ni árabe, es español. Y sí, claro que lo conozco. ¿Por qué dices eso?

—Porque yo me pasé varios días siguiendo a este tío en Barcelona —respondió el primer policía—, durante las manifestaciones del *black block* contra la Europa del Capital.

Supongo que a estas alturas ya debería estar acostumbrado a las increíbles cabriolas del destino, pero cosas como esta continúan sorprendiéndome. En 2002 había realizado una infiltración en movimientos de extrema izquierda, que algún día relataré en detalle. En aquella ocasión había adoptado la identidad de un cubano, en realidad un español que había vivido en Cuba muchos años y había llegado de La Habana para unirse a la revolución anticapitalista en Barcelona. Y durante varios meses frecuenté las casas okupas, el movimiento antifa y las manifestaciones anticapitalistas.

En aquella ocasión mi contacto había sido un viejo amigo, colaborador del CESID de la época, que llevaba algún tiempo infiltrado en los movimientos de ultraizquierda catalanes. De hecho, había llegado a asistir a las famosas movilizaciones de Génova, un año antes, que dieron la vuelta al mundo. De su mano me introduje en aquellos movimientos anticapitalistas, e incluso me apunté a unos talleres de artes marciales y técnicas de lucha, en el centro okupa El Forat de la Vergonya, donde se nos enseñaba cómo enfrentarnos cuerpo a cuerpo a los policías antidisturbios. Talleres que no me sirvieron de nada ya que, evidentemente, recibí más de un porrazo de la policía en dichas manifestaciones, al encontrarme en cabeza de *manifa* con los componentes del *black block*.

Nuestras reuniones las controlaban al milímetro los diferentes servicios infiltrados en aquellos movimientos. Hasta tal punto que, en una reunión del comité que debía organizar las acciones en una de aquellas multitudinarias manifestaciones, descubrí con asombro que prácticamente todos los asistentes éramos infiltrados. A aquella asamblea del «comité de acciones» asistíamos siete personas, y nada más llegar reconocí a un antiguo conocido, funcionario de prisiones y colaborador del Cuerpo Nacional de Policía, que evidentemente también estaba infiltrado y que no me reconoció con mi nuevo *look* antisistema. Mi amigo, infiltrado para el CESID, identificó además a un colaborador de los Mossos d'Esquadra y a otro de la Guardia Civil. Con lo cual, solo quedaban dos auténticos anticapitalistas. Todos los demás miembros del comité éramos infiltrados. En otras palabras, detrás de todas las acciones aprobadas al menos en esa reunión estaban en realidad los servicios policiales que después deberían reprimirlas. Y la prensa, o sea, yo, que debería informar sobre ellas. Da que pensar, ¿no?

Sospecho que no era la única vez que ocurría algo parecido. Y cuando esto ocurre, solemos ser los infiltrados los que, para reforzar nuestra falsa identidad, hacemos las propuestas más violentas y agresivas. De hecho, tengo razones para sospechar que los responsables de los violentos talleres de artes marciales antipoliciales a los que yo asistí en el centro social okupa del Forat de la Vergonya eran miembros del servicio secreto cubano y/o español. Merecería la pena reflexionar en profundidad sobre esto. ¿Podría ocurrir algo parecido en las mezquitas europeas?

Durante aquellos días, en los que mi álter ego cubano se mostraba como un activo participante en todas las actividades antifascistas y anticapitalistas en Barcelona, Girona, Madrid, Compostela, etcétera, fui interceptado en varias ocasiones por los Mossos d'Esquadra y agentes del CNP en Girona y Compostela respectivamente. Y justo en Santiago de Compostela, por primera y única vez hasta ahora, mi infiltración se iba al garete porque los agentes de policía, al detenernos a un grupo de manifestantes radicales y registrarnos, descubrían mi equipo de cámara oculta. Sin embargo, en Barcelona solo me había percatado de que un coche, sin distintivos, me seguía en algunos desplazamientos por la ciudad. Y, acrobática cabriola del destino, ahora tenía frente a mí al policía responsable de seguirme durante aquellas semanas, que siempre me había conocido como el Cubano. Cuando Juanma le sacó de su error, los ojos se le abrieron aún más que al encontrarme en el curso de terrorismo organizado por la embajada rusa.

Terroristas en patera rumbo a Europa

Cuando se lo conté al agente Juan, que también había mostrado interés por el yihadismo terrorista en Rusia, sus carcajadas podrían haberse escuchado en Moscú. La anécdota de los tres policías discutiendo sobre mi nacionalidad, si cubana, árabe o española, le pareció desternillante, pero nosotros teníamos cosas más urgentes que tratar. Esa noche cenaríamos juntos para contrastar ideas porque, según Juan, de la misma forma en que Chechenia se había convertido a finales de los noventa en un nuevo Afganistán, África sería en un futuro próximo pieza clave en el yihad del siglo XXI.

En realidad, la especialidad del agente Juan son las mafias del tráfico de seres humanos. Además de diseñar sistemas de espionaje electrónico indetectables, y de los que nada estoy autorizado a revelar por el momento, él mismo se había desplazado a África, donde había escogido cuidadosamente a sus primeros «agentes»; hombres y mujeres capaces de jugarse la vida en cualquier punto del continente negro al que Juan decidiese enviarlos, para obtener información que fuese útil al gobierno de España sobre los traficantes de seres humanos. Jóvenes marroquíes, argelinos o subsaharianos, dispuestos a desplazarse a Senegal, Mali, Níger o Argelia si Juan se lo ordenaba, para obtener matrículas, teléfonos o nombres de los traficantes, y averiguar lugares, fechas o cargamentos de las próximas pateras y cayucos que intentarían llegar a Europa. Después, desde un ordenador, redactaban sus notas informativas utilizando un sistema de encriptado indescifrable, diseñado por el propio Juan, que tramitaba esa información a un supercomputador blindado en todos los sentidos, donde mi amigo cruzaba datos de unos y otros, y redactaba sus informes finales para los responsables de los servicios de información españoles.

Sus subcontratados eran «agentes» al servicio de España que malvivían en condiciones muy duras y arriesgaban su vida y su integridad en caso de ser descubiertos por las mafias, por un ridículo sueldo que oscilaba entre los 200 y los 400 euros mensuales. Pero motivados por la promesa del gobierno español de que, tras dos o tres años al servicio de España, podrían entrar legalmente en Europa y se convertirían en residentes legales. Y esa promesa era el principal estímulo para aquellos africanos, dispuestos a viajar de un país a otro, a malvivir en los suburbios de Bamako, Dakar u Orán, arriesgándose a ser descubiertos por los traficantes cuando informaban a mi amigo de la próxima embarcación o camión cargado de inmigrantes ilegales que iba a salir rumbo a Canarias, Lisboa o Algeciras. Un trabajo que solo podía hacer un espía africano, de raza negra o árabe, capaz de moverse en esos círculos sin levantar sospechas. Aquella red de informadores de Juan me sería muy útil posteriormente.

Sin embargo, desde el 11-M, los canales de entrada en Europa de inmigrantes ilegales se colocaron en el punto de mira de los servicios de inteligencia, tanto del Ministerio de Defensa (CESID primero y CNI actualmente), como del Ministerio del Interior (Policía y Guardia Civil). Pues bien, puedo dar fe de que, mucho antes de que nadie documentase esta posibilidad, el agente Juan ya había reseñado en alguno de sus informes confidenciales para los servicios policiales españoles la presencia de integristas islámicos en las redes de inmigración ilegal con destino a Europa. Por ejemplo, en un informe confidencial fechado el 4 de abril de 2004, apenas un mes después del 11-M, en el que el agente Juan procesaba la información enviada por varios de sus hombres (Fuentes 1, 2 y 3), se decía, entre otras cosas:

Fuente#1
El **5/4 del presente sobre las 9:30 PM hora local**, se ha observado la **llegada de un grupo de 31 inmigrantes**, todos varones, originarios de **PAKISTAN**. Todos ellos se **alojaron en el ghetto conocido popularmente como ARABU GHETTO**, en conexión con un traficante llamado **ARUNA**. (1 Hipótesis: Podría tratarse de (H)ARUNA B___) (...).

Fuente #2 y #3
Gestiones posteriores durante el pasado fin de semana (10 y 11/4) en el citado ghetto mostraron que **dicho grupo ya no se encontraba en el lugar**. No obstante, un nativo de Gao manifestó que **ocasionalmente venían grupos a los que los nigerianos llamaban Pakistaníes**, que, además de ciudadanos de este país, en ocasiones tenían **afganos o hindúes**. Otro individuo, un individuo de Costa de Marfil que lleva varios años en el lugar, ha manifestado que **grupos muy bien organizados vienen desde BAMAKO en dirección al norte de ARGELIA**. Sus **movimientos son rápidos**. Los grupos suelen estar formados por 15 a 20 personas por vehículo.

Él fue testigo de que en una reciente ocasión uno de estos grupos fue **interceptado por una patrulla policial** y se hizo una llamada desde **lo que se sospecha era un teléfono vía satélite, siendo liberados en pocos minutos, prosiguiendo la marcha** (...).

Fuente#3

A última hora de ayer (13/4) se descubrió un grupo de Pakistaníes, que pudiera ser o no el mismo del 5/4. Sin embargo, no fue en el ghetto de ARUNA sino en el principal llamado **GHETTO de ALHAJI**. Si es el ghetto principal, la referencia exacta es la siguiente: **NRO. 371 ALJANABANDIA AVENUE DES DIA (...).**

Se ha entrevistado a un **gendarme maliense**, el cual **vive en la parte posterior del ghetto y sirve cubriendo la zona entre GAO y KINDAL**... Añadió que los grupos de pakistaníes **solo realizan esas «llamadas» de auxilio cuando el dinero no soluciona el problema**. En efecto, **la práctica habitual es el soborno** para solucionar los encuentros con la policía. Finalmente, el gendarme dijo textualmente que, **algunos movimientos de inmigrantes son atípicos** y, en el caso de los «pakistaníes», a veces, a nivel policial: **«nosotros incluso les tenemos miedo porque no conocemos su misión»**. Su opinión personal era que **parte de estos grupos bien financiados tendrían conexiones con células terroristas** (...).

Nunca antes se había publicado un informe de los servicios de información europeos, en el que se precisase la presencia de posibles terroristas pakistaníes, afganos o hindúes intentando llegar a Europa infiltrados en las redes de inmigración ilegal. Redes que, según uno de los espías de Juan, podían solucionar una detención de la policía del país haciendo una llamada telefónica a través de modernos teléfonos por satélite. Y a los que, además, según un gendarme: «Nosotros incluso les tenemos miedo porque no conocemos su misión», ya que podrían ser parte de «grupos bien financiados que tendrían conexiones con células terroristas». Y todo esto lo denunciaban Juan y sus agentes infiltrados solo cuatro semanas después del 11-M.

Según me explicó Juan sobre el gigantesco mapa que cubre una de las paredes de su despacho: «Mali y Argelia, y en menor medida Níger, son la clave para cuantificar los flujos relacionados con las mafias que trafican tanto con seres humanos como con armas y drogas, por dos razones fundamentales: su posición geográfica en el medio del tablero de ajedrez africano y la existencia de grandes áreas que permanecen fuera del control de sus respectivos gobiernos. Así, para llenar un barco que sale desde Conakry, un cayuco desde Senegal o una patera desde Marruecos, sus pasajeros seguramente han entrado o transitado por alguno de estos países».

En mayo de 2006, el número de referencias a posibles yihadistas reseñados por los agentes de Juan en África se había multiplicado en sus informes. Varios de aquellos sufridos espías subsaharianos, al servicio del gobierno español, notificaban la presencia de grupos de *pakis*, profundamente religiosos, «que se apartaban de los demás para rezar varias veces al día». Y doy fe de que esa noche me comentó algunas informaciones, facilitadas por sus «antenas», que no saldrían a la luz pública hasta cinco meses después. El 19 de septiembre, por fin, la prensa nacional titulaba: «Al Qaida intenta llegar en cayuco a las Islas Canarias», haciéndose eco de una filtración sobre la alarma que Juan había dado en sus informes dos años y medio antes. Aquello me ofrecía toda una nueva vía de investigación. Otra más. Pero el hilo del que ahora pensaba tirar me llevaba a Venezuela. No iba a retrasar más ese viaje.

Un verano convulso

El 8 de junio de 2006, tres semanas después del último curso de terrorismo en Madrid, el primer ministro iraquí Nuri Al Maliki anunció por enésima vez, en una multitudinaria rueda de prensa, la muerte de Abu Musab Al Zarqaui. Pero esta vez resultó ser la verdadera. Al Zarqaui había caído durante un ataque estadounidense en Baquba, unas horas antes. Mis accidentados contactos con los vecinos del famoso terrorista en su pueblo natal no me habían aportado la suficiente información como para poder dibujar un perfil biográfico completo del líder de la resistencia iraquí. Y ahora, con su muerte, eso iba a resultar mucho más complicado. La resistencia iraquí decidió multiplicar sus acciones para vengar la muerte de Al Zarqaui, y los americanos multiplicar sus operaciones antiterroristas. No era un buen momento para ir a Iraq.

Por si eso fuese poco, solo trece días después, el 25 de junio, un comando de la resistencia palestina compuesto por guerrilleros de las Brigadas de Ezzedin Al-Qassam (brazo armado de Hamas) y otras organizaciones armadas palestinas atacaron un puesto militar israelí en la Franja de Gaza. En el ataque murieron el teniente Hanan Barak y el sargento Pavel Slutzker, pero el soldado Gilad Shalit fue capturado como rehén y pasó a convertirse en uno de los prisioneros de la resistencia palestina más mediáticos hasta el momento. Con el secuestro del soldado Gilad Shalit, de nuevo las palabras *terroristas* y *Palestina* compartían titulares internacionales, y los ojos de medio mundo volvieron a mirar hacia Gaza. Pero como era previsible, las operaciones de represalia del ejército israelí no se hicieron esperar. No era el mejor momento para regresar a Palestina.

Y para terminar de arreglar las cosas, un par de semanas más tarde, el 12 de julio, Hizbullah anunciaba en su canal de televisión, Al Manar, la captura de dos nuevos soldados israelíes, Ehud Goldwasser y Eldad Regev. Los guerrilleros de Hizbullah, quizás las tropas de asalto más letales y afamadas entre los yihadistas con los que he convivido estos años, se habían enfrentado a una patrulla israelí en la ciudad de Aitaa Al Chabb, al sur del Líbano. En el enfrentamiento habían muerto ocho soldados israelíes y dos habían sido capturados. La intención del jeque Nasrallah era canjearlos por miembros de Hizbullah presos en cárceles israelíes. Pero las cosas se iban a complicar mucho.

El primer ministro israelí Ehud Olmer responsabilizó al gobierno del Líbano de la operación de Hizbullah, interpretando aquel combate como un acto de Estado, y no como una acción terrorista. Y, considerando tal acción una declaración de guerra, inició la Operación Recompensa Justa, la primera ofensiva militar aérea, marítima y terrestre contra el Líbano desde la retirada de las tropas israelíes del país de los cedros, en 2000. El resultado fue demoledor para los civiles libaneses. Y muchas de las calles que yo había pateado muy poco tiempo antes en Beirut sucumbían pasto de las bombas. Tampoco era un buen momento para volver al Líbano.

En muchas ciudades del mundo, las comunidades libanesas, y árabes en general, se echaron a la calle para protestar por los bombardeos israelíes al Líbano. En España, yo participé en concentraciones y manifestación de protesta en Tenerife, Madrid, Zaragoza...

En la capital aragonesa toda la comunidad árabe y musulmana, incluyendo al caricaturista *Salaam1420* y al líder de la resistencia palestina Ibrahim Abayat, se movilizó en diferentes actividades de protesta por la nueva guerra en el Líbano. Entre otras acciones, se convocaba una concentración semanal en la plaza de España, frente al edificio de la Diputación de Zaragoza. Yo asistí a varias de aquellas concentraciones, sin saber que mis encuentros con los palestinos, especialmente con Ibrahim Abayat, los estaba siguiendo la Brigada de Información del Cuerpo Nacional de Policía de Zaragoza. Supongo que mi aspecto, ondeando la bandera del Líbano al lado del «terrorista palestino más peligroso», llamaba la atención.

En Caracas, como en Zaragoza, miles de personas se echaban a la calle para protestar por los bombardeos israelíes a Beirut. Chávez estaba a punto de convertirse en el presidente más admirado por el mundo árabe. Era un buen momento para viajar a Venezuela.

Capítulo 4

Territorio tupamaro

لَا يَنْهَاكُمُ اللَّهُ عَنِ الَّذِينَ لَمْ يُقَاتِلُوكُمْ فِي الدِّينِ وَلَمْ يُخْرِجُوكُم مِّن دِيَارِكُمْ أَن
تَبَرُّوهُمْ وَتُقْسِطُوا إِلَيْهِمْ إِنَّ اللَّهَ يُحِبُّ الْمُقْسِطِينَ.

*Dios no os impide vincularos y ser equitativos con quienes no os combaten a causa de
la religión ni os destierran, porque Dios ama a los justicieros.*

El Sagrado Corán 60, 8

القافلة تسير والكلاب تنبح

La caravana avanza, por eso los perros ladran.

Proverbio árabe

Venezuela: capital del terrorismo internacional

Aproveché el vuelo transoceánico para repasar mis notas. Llevaba un dossier
muy voluminoso de artículos, reportajes y entrevistas que «demostraban» la
presencia de Al Qaida y otras organizaciones terroristas en Venezuela. El mérito de este descubrimiento es de justicia atribuírselo a la prestigiosa periodista
norteamericana Linda Robinson, jefe de la sección de América Latina de *US
News & World* desde 1989 y colaboradora de otras publicaciones como *World
Policy Journal* o *Foreign Affairs*, donde había publicado más de doscientos
artículos sobre América Latina. Garantía de su rigor eran sus más de veinte
viajes a Cuba, donde había entrevistado en dos ocasiones a Fidel Castro, y su
premio Cabot, entre otros galardones, por sus trabajos periodísticos sobre
América Latina. Entre ellos el libro *Intervention or Neglect*, publicado en 1991
por Council on Foreign Relations Press. Pues bien, una colega con tan envi-
diable currículum había sido la primera en revelar la presencia de Al Qaida
en Venezuela, en el artículo de portada del número de octubre de 2003 de *US
News & World*.

El artículo de Robinson,[1] que inspiró cientos, quizás miles de artículos posteriores, detallaba cómo, según «fuentes de inteligencia del ejército norteamericano», en varios lugares de Venezuela, como Isla Margarita, existían campos de entrenamiento de Al Qaida. Y, para demostrar sus audaces afirmaciones, la revista incluía un mapa del país a doble página donde se señalaba la situación de dichos campos. Zonas como Macanao, al oeste de Isla Margarita, donde después de Robinson muchos expertos situarían esos campos. Desgraciadamente, las fuentes gubernamentales que inspiraban su artículo se habían limitado a señalarle con una marca en el mapa la situación de esos campos de entrenamiento, pero no le habían facilitado ninguna fotografía, ni de los campos ni de los terroristas.

El artículo de Linda Robinson incluía documentos clasificados, como un informe redactado por el embajador de los Estados Unidos en Venezuela, Charles Shapiro, donde se detallaba la presencia de grupos terroristas como las FARC, el ELN, Hizbullah o Hamas en el país. Shapiro calificaba de organizaciones terroristas a agrupaciones afines y leales al gobierno de Hugo Chávez, como la Coordinadora Simón Bolívar, donde yo mismo me encontraría a miembros de ETA en Venezuela un tiempo después.

Después de Robinson, cuyo artículo se reprodujo mil veces en Internet, otros autores profundizaron en la presencia de Al Qaida en Venezuela, desde donde se coordinaba el sustento económico del terrorismo yihadista en América Latina. «Esta extensa red financiera de los terroristas se extiende a la Isla Margarita (Venezuela), Panamá y al Caribe», escribía el teniente coronel Philip K. Abbott, del ejército de los Estados Unidos, en el primer número de 2005 de la publicación técnica *Military Review*. Y en este sentido el jefe del Comando Sur de la inteligencia norteamericana dedicada a América Latina, James Hill, subrayaba en su informe anual sobre terrorismo en América Latina la «presencia de operativos radicales islámicos en Venezuela, especialmente en Isla Margarita»... Nadie que, como yo, se hubiese molestado en recopilar toda la información posible en hemerotecas o en Internet sobre la relación de Venezuela y el terrorismo yihadista dudaría de que dicha relación era irrefutable. Al menos hasta que se molestase en comprobarlo sobre el terreno, que era lo que yo me disponía a hacer.

Aterricé en el Aeropuerto Internacional Simón Bolívar de Maiquetía con una larga lista de tareas pendientes en una mano y una maleta llena de prejuicios en la otra. A pesar de que tenía los contactos de mis amigas Carol y Beatriz y Source, no podía evitar una incómoda sensación de desamparo. Como un cordero que se adentra tembloroso y desvalido en la guarida de los

---

1. *http://www.usnews.com/usnews/news/articles/031006/6venezuela.htm*

lobos. Al fin y al cabo, llevaba meses leyendo que Al Qaida, Hizbullah, Hamas y cualquier otra organización terrorista internacional tenían en Venezuela su refugio más acogedor.

Durante meses había escuchado en casi todos los medios de comunicación europeos las maldades de Hugo Chávez y su corte de comunistas antioccidentales. Toda la prensa internacional reseñaba su «estupenda relación» con Carlos el Chacal, al que escribía «frecuentemente» a la prisión de máxima seguridad en Francia, donde cumplía cadena perpetua. Incluso se llegó a filtrar a la prensa una de esas cartas de Chávez al Chacal, y se reprodujo hasta la saciedad en los medios. Curiosamente, siempre se reproducía la misma. Por si me quedase alguna duda, el jueves 1 de junio de 2006, Hugo Chávez pronunciaba un discurso como anfitrión de la 141ª reunión extraordinaria de la Organización de Países Exportadores de Petróleo (OPEP) y, en medio de sus nunca breves reflexiones sobre geopolítica, economía y política, recordó su intensa gira por los países productores de petróleo, al principio de su mandato, que le llevó a viajar frenéticamente por todo el norte de África y Oriente Medio. De pronto, con una increíble audacia, Chávez mencionó a su «amigo» Ilich Ramírez, y dijo: «Yo recuerdo aquella gira... "espeluznante", la llamó un buen amigo venezolano que está en Europa, espeluznante; me refiero a Carlos Ilich Ramírez a quien apodan el Chacal... En aquellos días (el Chacal) me hizo llegar una carta desde su prisión de París y me decía: esa gira es espeluznante. Nunca olvidaré aquella frase de Carlos. Hasta Bagdad fuimos a parar nosotros, y no fuimos por Venezuela, fuimos por la OPEP...». Y digo que fue una audacia mencionar con tanta cordialidad al Chacal, porque fue precisamente esa del secuestro de los ministros de la OPEP, en diciembre de 1976, la operación terrorista que catapultaría a la fama mundial a Ilich Ramírez. Así que ese comentario no parecía muy apropiado en ese foro.

Al volar a Venezuela tenía muy claras mis prioridades. Primero, contactar con la familia de Ilich Ramírez Sánchez, el terrorista más famoso de la historia antes de Ben Laden. Segundo, localizar e intentar ingresar en los campos de adiestramiento de Al Qaida en Isla Margarita. Tercero, contactar con los terroristas de Hizbullah en Venezuela.

Nada más aterrizar en Maiquetía sentí que el calor y la humedad se me pegaban al cuerpo. El estado Vargas me recibía con una tarde de calor tropical que invitaba a la pereza, pero yo llevaba un programa muy apretado y lo primero que hice fue intentar contextualizarme. Me compré toda la prensa venezolana, y dos cosas me llamaron poderosamente la atención. A pesar de que en Europa se habla con frecuencia de la censura y la falta de libertad de expresión que sufre el periodismo venezolano, lo cierto es que la inmensa mayoría de los periódicos nacionales que compré en el quiosco de prensa del aeropuerto eran absolutamente enérgicos en sus críticas y descalificaciones a Hugo Chávez y su gestión. A veces utilizando un lenguaje muy duro. En aquel momento no me pareció que *El Nacional, El Universal, Notitarde, El Mundo* y un largo etcétera sufriesen ninguna censura para criticar a Hugo Chávez. Sus calificaciones al gobierno venezolano no tenían nada que envidiar a las de la COPE al gobierno socialista español, o a las de la Fox al actual presidente Obama.

En segundo lugar, y mientras devoraba esos periódicos camino de Caracas, me llamó gratamente la atención la ausencia de anuncios sobre servicios de prostitución en los diarios venezolanos, salvo la excepción del *Últimas Noticias* y *El Universal*. Según mi amiga Carol, al parecer Chávez había desautorizado ese tipo de publicidad, considerándola un menosprecio a la condición de la mujer. Quizás quienes no hayan conocido mi experiencia como infiltrado un año en el tráfico de mujeres no puedan entender mi enorme satisfacción ante esa medida. Chávez tal vez fuese un tirano, pero si estaba en contra del negocio de la prostitución, en ese sentido se había ganado mi respeto.

Al llegar a la capital mi primera impresión no podía ser más optimista. La mayoría de los medios occidentales planteaban la guerra entre Israel y el Líbano como un acto de defensa de los israelíes contra la agresión de los terroristas de Hizbullah. Y la mayoría de los medios afirmaban también que Venezuela protegía a los yihadistas terroristas. Así que para un europeo que desconocía totalmente la política bolivariana y acudía a Venezuela por vez primera en busca de terroristas, la histórica manifestación del 20 de julio de 2006, con más de cuatro mil venezolanos expresando a voz en grito su solidaridad con los terroristas libaneses y palestinos, y su repulsa a Israel, era una ratificación a mis prejuicios. Y así fue como lo titularon las agencias norteamericanas y europeas: «Venezuela apoya a los terroristas de Hizbullah y repudia a Israel». Pero es que los caraqueños se lo habían puesto muy fácil.

Concentrados inicialmente en Parque del Este, la masa humana comenzó su marcha hacia el Centro Empresarial del Este, blandiendo todo tipo de pancartas, banderas y estandartes contra Israel y a favor de Hizbullah. Algunos portaban retratos de Hassan Nasrallah y Hugo Chávez, otros incluso se atrevían con las banderas amarillas de Hizbullah, y algunos llegaban a quemar símbolos y banderas israelíes. Muchos exhibían fotografías de las víctimas libanesas, sobre todo niños, de los bombardeos de esos días, aunque por supuesto nadie mostraba fotos de las víctimas israelíes de los atentados palestinos. Tampoco había fotografías de los israelíes caídos bajo el fuego de Hizbullah. Y eso que, por aquellos días, en Argentina se reavivaba la polémica sobre el atentado terrorista más terrible en la historia de ese país: la masacre de la AMIA (Asociación Mutual Israelita Argentina) en julio de 1994, y, según la investigación oficial, todas las sospechas apuntaban a Hizbullah.

A pesar de que el sentido de aquella manifestación distaba años luz de este planteamiento, para los detractores de Hugo Chávez aquellos cuatro mil venezolanos ondeando los símbolos de una organización considerada terrorista por casi todos los países occidentales eran la última prueba que necesitaban para tener la certeza de que Venezuela era un aliado incondicional del yihadismo terrorista. Incluso yo lo pensé.

La marcha contra los bombardeos israelíes al Líbano incluyó una serie de discursos contra la guerra, expresados por algunos personajes de la vida social, cultural y política venezolana fundamentales para comprender la relación de Venezuela con el mundo árabe. Especialmente, la incombustible activista social palestina Hindu Anderi, el abogado libanés y principal traductor y asesor de Chávez en temas árabes Raimundo Kabchi, y el historiador, analista y profesor de Sociología en la Universidad Central de Venezuela Vladimir Acosta. Poco tiempo después, los tres se convertirían sin saberlo en piezas importantes en mi investigación. Espero que hoy, al descubrir mi identidad como periodista infiltrado, sepan disculpar mi doble vida durante estos años. Quiero pensar que los tres comprenderán y compartirán mis intenciones con esta investigación.

Después de ver aquel despliegue de símbolos libaneses y el retrato de Nasrallah asomando por encima de las cabezas de los manifestantes, nadie en su sano juicio dudaría que, como denunciaban críticos y opositores a Chávez, en Venezuela existían sin duda células terroristas de Hizbullah, con el apoyo del gobierno chavista. Y yo conocía el nombre de su líder: el comandante Teodoro Darnott *Abdullah*.

Pero lo verdaderamente importante, lo que marcó un antes y un después en la historia de las relaciones de Venezuela con el mundo árabe, ocurrió justo veinticinco días más tarde. El 4 de agosto de 2006, una fecha histórica para millones de musulmanes hastiados de que sus líderes mirasen hacia otro lado mientras las bombas israelíes arrasaban las mismas calles de Beirut que yo había pisado pocas semanas antes. Ese día, Chávez, sin previo aviso y tras un homenaje por el ducentésimo aniversario de una expedición del prócer venezolano Francisco de Miranda, explotó, calificando de genocidio lo que Israel estaba haciendo en Líbano y Gaza. El presidente anunciaba la retirada inmediata del embajador venezolano en Israel. «Ese Estado sigue bombardeando, asesinando, descuartizando a tantos inocentes con los aviones gringos y el apoyo de Estados Unidos», aseguró Chávez, acusando directamente a George W. Bush de «no permitir que el Consejo de Seguridad de Naciones Unidas tome alguna acción para frenar el genocidio que Israel está cometiendo».

Con aquel gesto, cortar relaciones diplomáticas con Israel, Chávez daba una nueva vuelta de tuerca a su tensión con los Estados Unidos e Israel, que por otro lado no tenía futuro. Pero al mismo tiempo se convertía en el héroe de cientos de millones de árabes: «Como nadie hace nada, lo menos que podemos hacer es elevar nuestra voz a favor de la vida, de la paz y de la justicia». En el peor de los casos, la jugada fue brillante. Sacrificar unas relaciones diplomáticas, que ya eran estériles, a cambio de una popularidad y un cariño incondicionales en más de veinte países árabes. A partir del 4 de agosto de 2006, trescientos millones de árabes y más de mil quinientos millones de musulmanes en todo el mundo vieron a Hugo Chávez como el líder que no encontraban en sus propios países: dictaduras o monarquías hereditarias la inmensa mayoría, sometidas a los intereses imperialistas. Y yo me sentía afortunado de estar viviendo esos momentos históricos en directo.

Buscando al Chacal desesperadamente

Gracias a mis amigas en Venezuela, había averiguado que Vladimir y Lenin Ramírez Sánchez, los hermanos de Carlos el Chacal, trabajaban en la alcaldía de Caracas. Lo que no debería haberme extrañado partiendo del presunto apoyo incondicional de Chávez a los terroristas tan ampliamente divulgado. Los contactos periodísticos de Beatriz y el novio de Carol en la DISIP coincidían en señalarme la plaza de Simón Bolívar, en el centro de Caracas, como el mejor punto de partida.

A un lado y otro de dicha plaza se encuentran la alcaldía mayor y menor de la capital. Tanto Carol como Beatriz estaban seguras de que los hermanos del Chacal trabajaban allí, y hasta «la fuente de la CIA» compartía al cien por cien su opinión. De hecho Source llegó a hacer personalmente alguna gestión para mí en la alcaldía mayor, aprovechando los contactos de su futuro cónyuge en el gobierno. Source había llegado a Caracas antes que yo para preparar su inminente boda y tuvo la amabilidad de dejarse caer por la alcaldía para intentar localizarme a los hermanos de Ilich Ramírez. Pero hasta la «fuente de la CIA» fracasó.

De esto me enteré cuando, después de estamparme una y otra vez con la insufrible incompetencia de los funcionarios, terminé presentándome en el departamento de Recursos Humanos y Personal de la alcaldía de Caracas. Con cara de aburrida, la funcionaria, de nombre Dayani C., tecleó en el ordenador cuando expliqué por enésima vez que era un primo lejano de los Ramírez del Táchira y que quería localizar a Vladimir o a Lenin. Sin perder la expresión de aburrimiento, la secretaria me dijo:

—¡Qué casualidad! Eres la segunda persona que pregunta por ellos esta semana.

La descripción de esa persona que me precedió solo podía corresponderse con Source. Es inconfundible. Y una vez más la funcionaria de la cara de aburrida me remitió a otra superior, con una cara de aburrimiento aún mayor, en otro despacho. Y ahí me esperaba el final de ese hilo de Ariadna, porque a la vigésima empleada del departamento de Personal de la alcaldía a la que le contaba mi historia sí le cambió la cara.

No tengo forma de saber qué es lo que encontró en su ordenador, porque yo esperaba pacientemente al otro lado de la mesa mientras ella hacía las consultas pertinentes, pero justo después de decir: «¡Sí, aquí está! Ramírez Sánchez. Sí, sí, trabajaba aquí...», pronunció otra frase que no me esperaba, y que tiró mis esperanzas por el retrete:

—¡Huy, no, no! Pero aquí hay una nota... No puedo darte esta información.

Y ya está. Hasta ahí podía leer. No hubo forma humana de convencer a la antipática funcionaria para que me diese cualquier tipo de pista que pudiese seguir. Por alguna razón, en los ordenadores de la alcaldía mayor de Caracas existía una nota específica que prohibía facilitar información sobre los hermanos de Carlos el Chacal. Por lo menos había averiguado que el rumor de que algún Ramírez Sánchez trabajaba en la alcaldía era cierto. ¿Y ahora?

Recuerdo que me senté en un banco de la plaza Simón Bolívar, contemplando la estatua ecuestre del Libertador. Me sentía derrotado en el primer asalto. En realidad, esa era la mejor pista que tenía para llegar a la familia del Chacal. Así que consulté a mis fuentes, que estaban tan despistadas como yo. Beatriz, a pesar de ser una activa y consecuente reportera chavista, apenas había escuchado hablar nunca sobre el Chacal. Carol, casi una adolescente, más cercana al consumismo escuálido[2] que a las austeridades del comunismo bolivariano, aún menos. Sin embargo, su novio, el de la DISIP, sí sabía perfectamente quién era Ilich Ramírez, y con muy buen criterio sugirió que, si de verdad estaba tan bien considerado por Chávez, alguien del partido podría conocerlo. Así que allí mismo me hice miembro del Movimiento Quinta República (MVR), el partido político fundado por Chávez que le había llevado al poder y que daría paso un par de años más tarde al actual Partido Socialista Unificado de Venezuela (PSUV). En la misma plaza de Simón Bolívar se encontraba la «esquina caliente»: una carpa permanente donde apasionados chavistas repartían propaganda, vendían sus periódicos alternativos (en muchos de los cuales se publicarían después mis artículos) y se cursaban las afiliaciones al partido de Chávez. Y allí mismo, en la «esquina caliente» de la plaza Simón Bolívar, ingresé en el MVR.

Una de las muchas cosas que me llamaron la atención en Venezuela es que casi todo el mundo iba identificado. Es decir, funcionarios, profesionales, empleados de todo tipo circulaban con las credenciales de sus respectivas

---

2. En Venezuela se conoce como «escuálido» a todo miembro de la oposición antichavista, perteneciente a partidos como Primero Justicia, COPEI, AD, Un Solo Pueblo, Alianza Bravo Pueblo, etcétera. Al popularizar este término despectivo, Hugo Chávez aludía a que frente a la fortaleza, la alegría y energía de las concentraciones de bolivarianos durante su campaña electoral, los partidarios de la oposición parecían «apáticos, débiles, flojos», como «escuálidos». Y desde entonces el calificativo se convirtió en una definición política en Venezuela.

empresas bien visibles permanentemente. En Europa también es normal que los empleados de una empresa mantengamos la tarjeta de identificación a la vista mientras nos movemos por nuestro puesto de trabajo, pero en Venezuela esa identificación se mantenía incluso cuando los empleados circulaban por la calle. El hecho de disponer de una credencial del MVR que colgarme del cuello me hacía sentirme un poco más seguro, más integrado. Y, sobre todo, me abría muchas puertas en los círculos chavistas, que sería con quienes iba a moverme más intensamente a lo largo de los siguientes tres años.

Sin embargo, todos mis intentos por encontrar una maldita pista sobre el paradero de los Ramírez fracasaban una y otra vez. Llegué a tal extremo de patética desesperación que, cuando alguien me sugirió que los hermanos del Chacal vivían en cierta urbanización de Caracas, me pasé una tarde preguntando a los taxistas del barrio por si alguno recordaba haberlos recogido alguna vez. Fracasé.

Lo intenté en el Liceo Fermín Toro, situado muy cerca del palacio presidencial de Miraflores, donde sabía que Ilich y su hermano Lenin habían estudiado justo antes de irse a Londres. Volví a fracasar.

Recordé que según alguno de los muchos libros que había leído sobre el Chacal, su familia había vivido algún tiempo en el barrio de Propatria, que no es precisamente de los más céntricos y acomodados de la capital. También lo intenté allí. Y también fracasé. Pero esta vez alguien me habló de un tal Castillo, un pintor revolucionario del barrio que años atrás había pintado un cuadro sobre el Chacal y que decía que lo había conocido en su juventud. Encontrar a Castillo también me llevó un tiempo. Aquello iba a ser un poco más complicado de lo que me había imaginado, pero de forma altruista Beatriz me cedió el coche que se había comprado en España cuando trabajaba en mi país y que gracias a la generosidad de Hugo Chávez había podido llevarse a Caracas al regresar a Venezuela. Aquel viejo Seat Ibiza 1500 inyección, del año 1991, se convertiría en mi compañero de aventuras por distintas ciudades del país, en busca de terroristas. El «carrito» ya estaba un poco viejo y destartalado y en los talleres venezolanos no existían las piezas para ese modelo español, por lo que en cada nuevo viaje a Venezuela yo me ocupaba de conseguir la piezas que necesitaba mi principal medio de transporte en el país, y que conseguía en desguaces de Madrid. Este coche terminaría envuelto en llamas un tiempo después, convertido, también él, en «daños colaterales» de esta infiltración.

Un yihadista palestino en la Gran Mezquita de Venezuela

Aunque todavía no lo sabía, en aquella manifestación contra los bombardeos israelíes al Líbano celebrada poco antes habían participado miles de revolucionarios chavistas, incluido el tal Castillo, y cientos de musulmanes palestinos, libaneses, sirios o jordanos, afincados en Venezuela, que, como buenos musulmanes, frecuentaban la hermosa mezquita Ibrahim Bin Abdul Aziz Al-Ibrahim, situada en la parroquia El Recreo de Caracas. Estaba ubicada a tan solo cinco minutos caminando desde el parque donde había comenzado aquella manifestación pro-Hizbullah. Aunque los verdaderos miembros de Hizbullah que viven ocultos en Venezuela, entre ellos su ex jefe de Inteligencia, jamás pisarían la mezquita Ibrahim Bin Abdul Aziz Al-Ibrahim, sino que frecuentan otra mucho más discreta, situada a los pies del cerro El Ávila, que abraza toda la capital como una madre amorosa. Si quienes acusaban en aquellos días a la mezquita de Caracas de acoger a los terrorista de Hizbullah estuviesen mínimamente familiarizados con el Islam, sabrían que unos terroristas chiitas, como los libaneses de Hizbullah, jamás rezarían en un templo suní, como la Gran Mezquita de Caracas.

La Gran Mezquita de Caracas es el segundo templo musulmán más grande de toda América Latina, solo superado por el Centro Cultural Islámico Rey Fahd de Buenos Aires. Con un área de cinco kilómetros cuadrados en un terreno cedido por Carlos Andrés Pérez y un maravilloso minarete de 113 metros de altura, su construcción se inició en 1989 bajo el auspicio de la Fundación Filantrópica Ibrahim Bin Abdul Aziz Al-Ibrahim. La misma organización saudí que construyó la mezquita central de Moscú y hasta setenta mezquitas a lo largo y ancho de la antigua URSS. La misma que subvencionó la construcción de la mezquita de Fayetteville (Arkansas), la mezquita principal de Milán, y el Centro Islámico de Durban (Sudáfrica). Pero también la misma Fundación que patrocinó la construcción de la mezquita de Gibraltar, en España, considerado el último lugar de culto musulmán en el sur de Europa... o la primera mezquita de Al Andalus, al entrar en España, según se mire.

La Gran Mezquita de Caracas, que no la única, se concluyó en 1993, seis años antes de que Chávez llegase al poder, algo que también deberían tener en cuenta quienes acusan a Hugo Chávez de haber implantado las mezquitas en Venezuela. Los fondos saudíes se invirtieron sabiamente en un proyecto del ingeniero Zuheir Fayez, supervisado por la constructora venezolana Arquiobra, bajo el control del doctor Bracho. El resultado es esa preciosa construcción, con una capacidad para tres mil quinientas personas, que puedo dar fe de que en más de una ocasión, sobre todo en Ramadán, llenábamos completamente. Pero además de la sala principal de oración, tocada por una magnífica cúpula de 23 metros de altura, la mezquita posee una escuela con capacidad para trescientos estudiantes, una biblioteca islámica, un oratorio para lavar y preparar el entierro de los muertos, un gimnasio y una *mezzanina* para las plegarias de las mujeres, en la que me colé un par de veces, sin querer, después de extraviarme por el laberinto de pasillos, escaleras y salas de la imponente construcción.

Se calcula que en Venezuela puede haber unos quinientos mil árabes, la mayoría musulmanes, de los cuales cincuenta mil viven en Caracas. Y como ocurre en el resto del mundo, la cifra aumenta día a día. «¿Qué mejor lugar para empezar una infiltración en el terrorismo islamista que la mezquita más importante de la ciudad?», pensé, en una obvia demostración de mis estúpidos prejuicios. Así que la mezquita de Caracas pasó a ser uno de mis primeros objetivos. Además, el Chacal se había convertido al Islam hacía muchos años. Quizás alguien supiese algo de su familia en el templo.

Aunque parezca incomprensible a estas alturas de la investigación, lo cierto es que sentía un cierto temor a integrarme en la mezquita. Desde mi estancia en Marruecos para estudiar el Corán, no había vuelto a pisar un centro islámico, ni en Líbano ni en Palestina. Tampoco había dejado de fumar, de beber, ni de comer cerdo. Y por supuesto no me había circuncidado. Aún creía que bastaba con hacerme pasar por musulmán para avanzar en mi infiltración, y en Venezuela terminaría por concienciarme de que las cosas no funcionan así.

En Marruecos estaba arropado por mis compañeros y profesores. En Venezuela solo contaba con tres teléfonos (de *escort*, reportera y espía respectivamente) a los que poder acudir, y ninguno de ellos era el número de una musulmana. Así que mis primeras visitas a la mezquita de Caracas fueron un tanteo. De hecho, recuerdo perfectamente la primera vez que pisé las oficinas del Centro Islámico. Y digo las oficinas porque tardé mucho tiempo en atreverme a entrar en el oratorio, para integrarme con los cientos de musulmanes que acuden a la oración del viernes. Cada vez que lo intentaba me sentía muy inseguro. Como un negro en una asamblea del Ku Klux Klan, que por muy protegido que se encuentre bajo la capucha blanca, sabe que en cualquier momento puede ser descubierto.

La primera persona en la mezquita con la que hablé, y la primera mano musulmana que estreché en Venezuela, fue la de Omar Medina. En aquella primera visita al Centro Islámico, como en la segunda y la tercera, me encontré la puerta principal cerrada. No era hora de culto. Así que rodeé el edificio por la derecha, y entré por el parking, donde se encuentra la garita del guardia de seguridad que protege la mezquita, y que por aquel entonces era Omar. Al tratarse de mi primer contacto directo con la mezquita caraqueña, le saludé en árabe, intentando mostrar mi mejor sonrisa. Y establecí una conversación, absurda e innecesaria, como si toda esta investigación dependiese de que el vigilante de la mezquita se creyese mi coartada. Y se la creyó. Como era lógico, Omar nunca me puso pegas para entrar por el aparcamiento, buscando la biblioteca, la recepción o el despacho del director del Centro Islámico en aquellas primeras visitas. Además, por su edad, él sí sabía perfectamente quién era Ilich Ramírez, pero no tenía ni idea de dónde podía vivir su familia.

Omar Jesús Medina no era árabe, pero sí musulmán. A sus cincuenta y ocho años estaba a poco más de uno para jubilarse. Padre de tres hijos, y abue-

lo, vivía con su esposa Aracelis Marrero en el barrio de Cementerio, bastante
alejado de la calle Real de Quebrada Honda, donde se encuentra la mezquita.
Desde hacía quince años trabajaba en la empresa de seguridad privada Serenos
Gutiérrez, y la mayor parte de ese tiempo estuvo destinado en el Centro Islámico, lo que había terminado por seducirlo para convertirse al Islam. Todos
los días Omar llegaba a la mezquita a las cinco de la mañana y allí permanecía
hasta completar su turno, a las ocho de la tarde. La mayor parte del tiempo
sentado en la garita, al lado de la verja, donde yo me lo encontraba siempre
leyendo o escuchando la radio. Omar, todos lo decían, era un tipo amable y
tranquilo. Y debía de ser un hombre pacífico, porque cuando concluía su servicio dejaba el revólver de su uniforme en la oficina, para regresar desarmado
a casa. Cuando le conocí faltaban pocas semanas para que fuese asesinado a
tiros allí mismo. Pero eso ni él ni yo lo sabíamos todavía.

Después de muchos intentos, un día me sentí más seguro y me decidí por fin
a entrar en el gran oratorio. Me asomé tímidamente a la entrada, me descalcé y,
como me habían enseñado en Marruecos, me lavé manos, boca, nariz, orejas,
antebrazos, etcétera, en la fuente, antes de entrar en la mezquita. Pero estaba
demasiado nervioso para rezar. Mi corazón bombeaba más deprisa. Mi respiración
se hizo agitada. Me imaginaba siniestros yihadistas terroristas agazapados en el
interior, dispuestos a decapitarme con sus enormes dagas de hoja curva en cuanto descubriesen que era un infiltrado. Y pensé en lo mal que tuvo que pasarlo Alí
Bey cuando vivió aquella misma situación doscientos años antes.

En cuanto puse mi pie descalzo en el suelo sagrado, creí que todas las
miradas se clavaban en mí, a pesar de que el enorme recinto estaba prácticamente vacío y solo un pequeño grupo de estudiantes escuchaban atentamente al imam, en una esquina de la sala, mientras cuatro o cinco hombres leían
el Corán o rezaban en silencio desperdigados aleatoriamente. Nadie se molestó en echarme el menor vistazo, pero esa alucinación psicológica es típica en
situaciones como esta. Sobre todo cuando llevas, como era el caso, una cámara oculta. Había llegado el momento de empezar a grabar.

Me coloqué en una esquina discreta, en dirección al punto que señala La
Meca, e intenté controlar mi corazón, que empujaba a los pulmones tratando
de hacerse más sitio en mi caja torácica, para que no se me escapase por la
boca, cayese sobre las alfombras persas y lo manchase todo de sangre. Intenté repetir las oraciones que había aprendido en Marruecos:

بِسْمِ اللَّهِ الرَّحْمَنِ الرَّحِيمِ. الْحَمْدُ لِلَّهِ رَبِّ الْعَالَمِينَ. الرَّحْمَنِ الرَّحِيمِ.

مَالِكِ يَوْمِ الدِّينِ. إِيَّاكَ نَعْبُدُ وَإِيَّاكَ نَسْتَعِينُ. اهدِنَا الصِّرَاطَ المُسْتَقِيمَ.

صِرَاطَ الَّذِينَ أَنْعَمْتَ عَلَيْهِمْ غَيْرِ المَغْضُوبِ عَلَيْهِمْ وَلاَ الضَّالِّينَ...

Pero era inútil, estaba colapsado. Imité los movimientos del rezo, arrodi-
llándome, postrando la cabeza, incorporándome, etcétera, pero mecánicamente. Moviendo los labios como si estuviese rezando, pero demasiado nervioso
para recordar la Bismallah y las oraciones que había aprendido en Marruecos.
Quizás suene extraño, pero en mi primera visita al corazón de la mezquita,
que quedó registrada en mi cámara de vídeo, no fui capaz de rezar.

Entonces me di cuenta de que esto no iba a funcionar si no me lo tomaba
más en serio. Era evidente que si solo intentaba parecer un musulmán, mi
papel jamás resultaría creíble. Se me habían olvidado las oraciones que había
aprendido unos meses antes, como si jamás las hubiese pronunciado. Y en
ese momento me propuse, firmemente, que rezaría todos los días. Y todas las
madrugadas, siguiendo las tablas con los horarios del *salat* que recogía en la
secretaría de la mezquita de Caracas, me propondría cumplir con la oración,
uno de los cinco pilares del Islam. Y así lo hice. Y así lo hago, diariamente,
desde entonces.

Y al hacerlo me di cuenta de algo extraño. Cuando me despertaba antes del
amanecer, hacía las abluciones del *wudu*, desplegaba mi pequeña alfombra
verde traída desde La Meca, orientándola en esa dirección con una brújula, y
recitaba la Bismallah y algunos versos del Sagrado Corán... me sentía bien. Me
sentía más reconfortado, más sereno, más despejado. Incluso más «purificado».
Sabía que mi intención con toda esta investigación era sincera. Y si realmente
la divina providencia quería que llegase a buen puerto, todo iría bien. Como
dice el texto coránico: «¿Cómo no vamos a poner nosotros nuestra confianza
en Allah, si nos ha dirigido en nuestros caminos?...» (Corán 14, 12).

Cuando realizaba disciplinadamente el *salat* de la mañana, empezaba el día
con más energía que cuando no cumplía con ese precepto islámico. Y por
supuesto, practicando todos los días, volví a memorizar las suras del Corán que
había aprendido en Marruecos. Y ya no las olvidaría nunca más. Suras y versículos del Corán que podría recitar de memoria, en árabe, en el transcurso de
alguna discusión de contenido político, social o religioso, con mis nuevos amigos, y que reforzaban aún más mi identidad como un musulmán devoto.

También recuperé el *tasbith* o rosario árabe, traído desde La Meca, que me
habían regalado mis anfitriones en Marruecos. Sus tres secuencias de treinta
y tres cuentas conseguían aislarme del mundo exterior unos minutos al día,
que me servían para recargar mis energías y reposar mi mente unos instantes.
Y me acostumbré a llevarlo siempre enrollado en la muñeca.

Racionalicé aquella sensación. Era evidente que el hecho de madrugar y
cumplir con las lavaciones rituales que precedían a la oración de la mañana,
y el rato que dedicaba a copiar el Corán a mano, para practicar mi caligrafía
árabe, me despejaban. Y esos momentos de serena quietud, de reflexión, que
suponen los minutos dedicados a la oración, cinco veces al día, eran con fre-

cuencia el único instante de sosiego en el estrés vertiginoso en que se había convertido mi vida. En medio de las carreras, de un sitio a otro, intentando contactar con tal o cual sospechoso, buscando pistas, contactos, aliados, en países que me eran extraños, los minutos en que me detenía para rezar me cargaban las pilas y renovaban mis energías. Así que, por qué no reconocerlo, me gustaba ese sentimiento.

Volví un par de veces a la mezquita, solo, y ya no sentí temor. Al contrario. Por primera vez pude disfrutar del ambiente de recogimiento, de espiritualidad y de serenidad que se puede percibir en el interior de una mezquita. Supongo que la misma sensación que se puede experimentar en una iglesia, en una sinagoga o en un templo budista cuando no se celebra ningún culto, y te encuentras a solas contigo mismo. Y también me gustó esa sensación.

Así que finalmente me decidí a acudir a la mezquita en viernes. Como un musulmán más. Y no me costó ningún esfuerzo integrarme. Los hermanos musulmanes me aceptaron en la mezquita de Caracas con la misma naturalidad y amabilidad con la que me habían aceptado antes en las mezquitas de Rabat, Meknes o Casablanca, y con la que me aceptarían después en las mezquitas europeas de España, Portugal o Suecia. Con una salvedad. Por aquel entonces, y aquello me facilitaba mucho las cosas, en la mezquita de Caracas ya existían dos imames que impartían el sermón del viernes. Uno lo hacía en árabe, y mi conocimiento de la lengua era insuficiente para comprender más que palabras sueltas; pero otro lo hacía después en español. Era evidente que la comunidad de musulmanes conversos que acudía a la mezquita era lo bastante amplia como para justificar una traducción del sermón a nuestro idioma. En España, como comprobaría personalmente, aún tardarían un par de años en hacer lo mismo. Y eso ocurriría debido al brutal incremento de musulmanes provenientes de países subsaharianos como Senegal, Nigeria, Mali, etcétera, que estaban llegando de manera ilegal a la península Ibérica entre 2006 y 2008, y que no hablaban árabe. Aquellos musulmanes africanos, que desbordaban las mezquitas españolas o portuguesas, aprendían castellano o portugués para poder sobrevivir en su país de acogida, pero no dominaban el árabe, y por esa razón en muchas mezquitas de la Península terminaría por disfrutar asimismo de una traducción de los sermones, que había presenciado en primer lugar en las mezquitas venezolanas.

Mi primer rezo del viernes en la mezquita me impresionó profundamente. Era una experiencia desbordante. Del todo diferente al rezo en una iglesia cristiana. Tras el sermón del imam, cientos y cientos de hermanos musulmanes nos alineamos en filas compactas. Sin temor al contacto físico. Mis codos rozan los de los hermanos que están a ambos lados, y los pies también. El imam canta la Bismallah: «En el nombre de Dios, el Clemente, el Misericordioso. Dueño del día del Juicio. Te adoramos y te pedimos ayuda. Condúcenos por el camino recto...». Y después todos juntos, como una sola voz que surge de lo más profundo de nuestras gargantas, haciendo vibrar hasta la última columna de la mezquita respondemos «Amin» («Así sea»), con la rotundidad de un mantra. Y a la señal del imam, «allahu akbar», hacemos una genuflexión en señal de reverencia. Al mismo tiempo, como si fuésemos partículas de un solo cuerpo. El mismo día, a la misma hora, en todas las mezquitas del país, cientos de miles de musulmanes nos arrodillábamos a la vez y postrábamos nuestra frente en el suelo, en dirección a La Meca, en señal de sometimiento. *Allahu akbar*...

El ciclo de la oración y las genuflexiones se repite dos veces, concluyendo con el deseo de paz y misericordia a tus hermanos de derecha e izquierda; «assalamu alaykum rahmatu Allah». Y finalmente, igual que los cristianos se «dan la paz» al final de la santa misa, los musulmanes estrechamos la mano de nuestros hermanos, a derecha e izquierda.

Es muy difícil explicar el torrente de sensaciones incontenibles e inesperadas que me embargaron en aquel primer rezo del viernes, ya integrado en la comunidad islámica. Si Alí Bey pudiese leerme, creo que coincidiría conmigo en que quizás *confusión* sería el término más aproximado. Aquel colectivo que unos meses atrás consideraba una religión fanática, radical y violenta hacía fluir en mi interior sensaciones que casi había olvidado. La conciencia plena de pertenecer de nuevo a una comunidad. Salvando las distancias, era algo similar a aquella sensación de formar parte de un clan, de una manada, que experimenté durante mi infiltración en el movimiento skinhead, aunque sin el componente violento intrínseco al movimiento neonazi. En la mezquita, al menos antes y después del sermón del imam, no existía nada que sugiriese violencia. En cuanto al sermón, es evidente que, cuando el tema tratado por el imam versaba sobre las víctimas de los bombardeos en Líbano, Palestina o Afganistán, resultaba difícil evitar la crispación. Algo que no intento excusar, porque no es necesario.

Al sentirme cómodo en mi papel como musulmán, decidí dar un paso más. Qué mejor forma de terminar de integrarme en la comunidad islámica de Caracas que ganarme a su director. Así que solicité una entrevista con el sheikh Mohammad Alí Ibrahim Bokhari, director de la Liga Mundial Musulmana de Venezuela. Confiaba en que eso me ayudaría a asentar mi personaje, antes de salir hacia Isla Margarita en busca de los campos de entrenamiento de Al Qaida, que continuaban denunciando la inteligencia norteamericana y la oprimida prensa antichavista. Hacía meses que tenía mi propia página web y que participaba en muchos foros islámicos en Internet, como el moderado por el comandante Teodoro desde el estado fronterizo de Zulia, o el de mi hermano *Salaam1420* en España, y le propuse al Imam una entrevista que pudiese colgar en Internet, en dichos foros islámicos, «para que otros musulmanes latinos pudiesen conocer su pensamiento...».

Mohammad Bokhari: el imam de la M-30... en Caracas

El director del Centro Islámico de Caracas no hablaba suficiente español, ni yo suficiente árabe, como para completar la entrevista en una sola lengua, así que me ofrecieron la posibilidad de un traductor. De esta forma conocí a mi querido amigo Mohamad A. Saleh, que amablemente se prestó a hacer de intérprete. Se acercaba el Ramadán, que ese año 2006 llegaría en septiembre, y también la primera visita oficial a Venezuela de Mahmoud Ahmadineyad, presidente de Irán, ese mismo mes. Poco después, el 3 de diciembre, Hugo Rafael Chávez Frías se enfrentaría a la prueba de fuego. Las urnas decidirían si Chávez seguía en el poder o Manuel Rosales tomaba el relevo. ¿Qué pensaba la comunidad árabe residente en Venezuela de todo ello?

Mohammad Alí Ibrahim Bokhari nació en la sagrada ciudad de La Meca, Arabia Saudí. Profesor y teólogo islámico, cuando lo conocí apenas hacía seis meses que había llegado a Venezuela. Antes ejercía en su Arabia natal y anteriormente, otra coincidencia sorprendente, había sido durante cuatro años el responsable de la Gran Mezquita de la M-30, en Madrid. Para el imam: «En Occidente hay diferentes posiciones hacia el mundo árabe y el Islam. Hay radicales que ven una amenaza en los árabes y hay gente que tiene cultura, que conoce el mundo árabe y la fe musulmana, y no tiene ningún problema ni miedo. La diferencia entre América Latina y el resto de Occidente, con respecto al mundo árabe, está hasta en el aspecto de las personas, que se parecen más a las de Medio Oriente. La gente latinoamericana es más sociable, uno puede integrarse y mezclarse de forma mucho más rápida que en Occidente».

Bokhari había estudiado la presencia islámica en América Latina desde hace siglo y medio: «La existencia actual tiene casi ciento cincuenta años, desde las primeras migraciones a finales del siglo XIX. Y, a lo largo de todo el XX, comenzó a aumentar la presencia de árabes y de la fe musulmana. Aunque la primera presencia musulmana vino con los esclavos africanos, allá por el siglo XVII o XVIII, cuando los españoles importaban esclavos negros para trabajar la tierra». Sin embargo, en este siglo y medio la presencia árabe había aumentado notablemente en toda América, incluyendo Venezuela:

—Pasa de veinte millones. En Venezuela puede haber unos quinientos mil árabes y otros quinientos mil musulmanes no árabes. En Brasil, unos cinco millones de libaneses, tanto musulmanes como cristianos. Pero no hay estadística, no hay censo. No se sabe la cantidad exacta.

En cuanto le pregunté por Chávez, al imam se le escapó una sonrisa:

—Yo considero que el presidente de la República, Hugo Chávez, es una persona libre. Se expresa libremente. Las cosas que dice y hace siguen las ideas de Simón Bolívar el Libertador. No es que ame en especial a los árabes, es que está aplicando sus principios y su revolución a todos los pueblos del mundo y a todas las causas justas. Chávez es un hombre culto y educado, que lee mucha historia y en consecuencia todas sus posiciones emergen de su base cultural e histórica.

Sin embargo, el imam me confesó que «en la mezquita oran todos los musulmanes y cada uno pide a Allah lo que necesita. Pero sí es cierto que en alguno de los rezos del viernes hemos dado gracias al presidente Chávez por su postura para con el pueblo árabe, y le deseamos lo mejor».

Por fin interrogué al director de la Liga Mundial Musulmana en Venezuela sobre la cuestión del terrorismo:

—Hay una diferencia entre la ignorancia, y entre saber y hacerse el ignorante. Te voy a decir solo una cosa: antes de la guerra de Iraq no había una definición de lo que es terrorismo. Terrorismo es una expresión flotante que no tiene nada que lo limite y por esa razón consideran que quien defienda su tierra, su patria, es un terrorista. Quien no sea coincidente con sus ideas es un terrorista. Es como si la expresión *terrorismo* estuviera por encima de la democracia. La excusa ahora, la llave para hacer lo que quieran, es el terrorismo. Ya no hay ética en la guerra. Cuando bombardean un tanque de agua donde la gente vive, cuando asesinan niños pequeños, cuando bombardean las caravanas de alimentos, las plantas eléctricas, eso no es guerra, no hay honor. Eso sí es terrorismo.

El imam de la mezquita de Caracas, sin embargo, negaba tener ningún conocimiento sobre Teodoro Darnott y sobre Hizbullah-Venezuela. Lo que no es extraño partiendo de la naturaleza chiita del Islam libanés. Pero sí tenía las ideas bastante claras sobre Ben Laden y lo que había supuesto Al Qaida para el Islam:

—Fue la excusa para entrar en Iraq. Qué culpa tiene la gente que está en un mercado comprando de lo que hace Ben Laden. La fe musulmana prohibió en la guerra matar ancianos, mujeres o niños. Eso está prohibido en el Corán, incluso en guerra. En el Sagrado Corán hay versos que invitan al diálogo por la paz. No, no, no. Es que Ben Laden, en su guerra contra los no musulmanes, no aplicó las instrucciones del Corán. Pero se puede preguntar por qué surgió Ben Laden. Esta es la pregunta. Los musulmanes han sido sometidos a injusticias muy intensas. Por ejemplo, Palestina. El pueblo musulmán empezó a sentir mucha rabia cuando los Estados Unidos utilizaron el derecho al veto en la ONU para no sacar una resolución justa que condene a Israel. Cuando los israelíes matan a los palestinos dicen que es en defensa propia, pero cuando los palestinos matan a los israelíes dicen que son terroristas.

En cuanto a los judíos, me sorprendió su actitud tolerante:

—Nosotros los musulmanes no tenemos nada contra el pueblo judío. Solo estamos en contra de la política del sionismo. Los judíos, los cristianos, son nuestros hermanos en la humanidad, como hijos de Adán.

Y al respecto de su experiencia en España afirmó:

—Los españoles son muy cercanos en sus costumbres y organización a los europeos y España avanza muy rápidamente. Venezuela tiene la posibilidad de ser el mejor país de América Latina. Chávez ya empezó a dar importancia a la paz y, si logra triunfar en las elecciones próximas, va a hacer de Venezuela un país líder... Hay posibilidad, si cambian al director que hay ahora, de que vuelva a la mezquita de la M-30.

Tras grabar la entrevista con Bokhari, Mohamad —mi traductor— y yo salimos a fumar un cigarrillo. Mohamad es un fumador compulsivo, y aquello me sorprendió. Todavía pensaba que los musulmanes no fumaban, bebían, comían cerdo o consumían prostitución. Pero en el Islam hay tanta hipocresía y/o fanatismo como en cualquier religión. Otro tópico occidental. Y allí fuera, a solo unos metros de la garita donde Omar escuchaba la radio, nació una buena amistad que se mantendría hasta hoy. Confío en que Mohamad sepa disculpar el uso que hice de su buena intención, y de sus contactos, cuando comencé esta infiltración en Venezuela. Sé que entenderá que mi intención sincera siempre fue buscar la Verdad.

Mohamad no solo es traductor profesional de árabe-español, sino que fue el autor de la primera traducción al árabe de la Constitución de Venezuela. Responsable de varias ediciones de la دستور جمهرية فنزويّلا البوليفاريّة (Constitución de la República Bolivariana de Venezuela), Mohamad es además el director de *www.notivenezuela.com.ve*, el primer portal de noticias sobre Venezuela en Internet, hecho en árabe. Y una de mis mejores ayudas a la hora de integrarme en la comunidad árabe venezolana. Aunque en la mezquita de Caracas conocí a muchos otros personajes importantes a la hora de mi integración. Algunos eran musulmanes anónimos, más o menos apasionados en su forma de entender el Islam: comerciantes, médicos, empresarios... pero también veteranos de la lucha armada en Palestina, Líbano o América Latina. Otros eran intelectuales que resultarían verdaderamente importantes para mi infiltración. Ese fue el caso del marroquí Lahssan Haida, director de *Noticias Internacionales*.

Reportero árabe para el yihad: mis armas, las letras; mis bombas, las palabras

Lahssan era el presidente de la Asociación de Amistad Venezuela-Marruecos desde marzo de 2006 y le gustaba presentarse, con orgullo comercial, como «el editor del primer periódico hispano-árabe en Venezuela». Pero es que el sirio Fadi Salloum, asesor del Despacho/Ministerio de Asuntos Exteriores de Chávez y director de *El Vocero del Cambio*, decía exactamente lo mismo. Y aunque ni el imam de la mezquita de Caracas, ni mi amigo Mohamad Saleh, ni tampoco Lahssan Haida sabían quién era Ilich Ramírez Sánchez, cuando los tanteé al respecto, Fadi Salloum sí se mostró entusiasmado cuando pronuncié su nombre: «¡Claro que sé quién es! Carlos el Chacal era muy famoso y muy querido en Siria...», me dijo la primera vez que lo visité en la redacción de su periódico.

El Vocero del Cambio está ubicado en un inmueble denominado edificio La Palma, en la avenida San Martín, entre las Esquinas de Angelitos a Jesús, en Parroquia San Juan. Y quizás fue aquella mención a mi admiración por Ilich Ramírez el factor determinante a la hora de que Fadi Salloum me aceptase como colaborador de su periódico.

Yo, por si acaso, ofrecí mi colaboración también al otro periódico árabe-venezolano *Noticias Internacionales*, de Lahssan Haida. Al igual que al portal de noticias de Mohamad Saleh y a otros medios de comunicación chavistas, vinculados o no con el mundo árabe. Para ello disponía de unos buenos argumentos: una selección de las fotos que había hecho meses antes, en mis viajes a Palestina, Líbano, Marruecos, Jordania o Egipto, les pusieron los dientes largos. No hay muchos reporteros árabes en Venezuela dispuestos a ofrecer material inédito y reportajes en primera persona, desde los países que más interesan a los lectores musulmanes a los que van destinados. Los otros medios, netamente venezolanos, también recibieron entusiasmados mis credenciales como corresponsal en el mundo árabe. Y así comencé a trabajar con diferentes periódicos y portales de noticias venezolanos, que reforzaban mi tapadera con cada foto, cada crónica y cada reportaje que me publicaban. Ellos no tenían miedo a publicar la misma información crítica sobre Israel que habían desestimado los medios europeos.

Yo no soy policía, ni espía, ni tampoco un guerrillero o un miliciano. No distingo entre la violencia «legítima», que se inflige bajo la bandera de un gobierno legal, y la violencia «ilegítima» de grupos insurgentes. Todas las bombas matan y mutilan igual. No creo en la violencia como argumento, ni en la paz a través de las armas. No creo en la razón de la fuerza, sino en la fuerza de la razón.

Pero lo más difícil del periodismo de investigación, infiltrándose en grupos delictivos con una cámara oculta, es no cometer delitos. No fue fácil integrarse en grupos neonazis o en redes de trata de blancas sin delinquir, pero era la única manera de que posteriormente mis grabaciones y mi testimonio fuesen aceptados por un tribunal de justicia, convirtiéndome en testigo protegido, y los skinheads y los traficantes de mujeres entre los que me infiltré fuesen detenidos, procesados y condenados. Aunque en el caso del terrorismo, todo iba a ser mucho más difícil.

Es evidente que bajo ningún concepto yo apoyaría atentados terroristas, ni participaría en ningún tipo de lucha armada, ni pondría bombas, ni traficaría con armas, ni incurriría en modo alguno en ningún acto ilegal, pero ¿cómo iba a acercarme entonces a los terroristas lo suficiente como para ser aceptado entre ellos? La respuesta la tenía ante mis ojos, en los periódicos árabe-venezolanos de Lahssan o de Fadi, o en el portal de noticias de mi amigo Mohamed: las palabras.

Una de las batallas más feroces que se entablan actualmente es la de la información. Desde la propaganda islamófoba de la Casa Blanca hasta el ciberyihadismo radical de Al Zarqaui, pasando por los vídeos que grabó Al Jattab en Chechenia o las plataformas mediáticas antichavistas, todos los peones de esta partida pujan por controlar la información. Y esa, al fin y al cabo, es mi profesión. La diferencia es que yo no trabajo para ningún gobierno, ni para ninguna religión, ni siquiera para ningún medio de comunicación. Yo trabajo para los lectores de mis libros, que son, a fin de cuentas, los que pagan mis investigaciones.

Y eso es lo único que yo podía ofrecer, a través de mi identidad como Muhammad Abdallah. Yo no necesito bombas ni fusiles. Mis armas son mis reportajes; mis bombas, las palabras; mis balas, las letras, de un calibre tan potente que pueden atravesar cualquier blindaje. Mi fusil es una cámara de vídeo; mi pistola, un teclado de ordenador. Ese sería el único arsenal que estaba dispuesto a utilizar como terrorista. Aunque era importante que mis objetivos, generalmente grandes vanidosos, nunca lo sospechasen. A todos les interesa tener propagandistas a su servicio y miembros «legales», y esa era la baza que yo podía jugar.

En mi primer viaje a Caracas terminé de trenzar los pormenores de mi identidad como Muhammad Abdallah, alias *Ibn Alí*, alias *Abu Aiman*, etcétera, el luchador social de origen palestino nacido en Mérida e inmigrante en Europa muchos años, que se iba convirtiendo en un personaje más y más real cada día. Me dediqué a escribir compulsivamente sobre política, religión, cultura, viajes y todo lo que tuviese que ver con Oriente Medio y con el Islam. De hecho, mis artículos terminarían publicados y comentados en centenares de páginas web, periódicos, revistas y programas de radio o televisión en Venezuela y en otras partes del mundo. Algunos incluso serían traducidos al inglés o al portugués y reproducidos en medios brasileños o anglófonos. En España, los principales medios árabes, como Webislam, Mundo Árabe, etcétera, hicieron lo mismo. Y también los medios de la izquierda más radical, como Rebelión, La Haine, o Kaosenlared publicaron mis artículos y reportajes, que eran reproducidos en webs, blogs y foros de todo el mundo, extendiéndose como un virus. Unos iban firmados con mi nombre árabe «real» y otros con algún seudónimo, que subrayaba entre mis camaradas la impresión de que yo buscaba la clandestinidad debido a mis actividades revolucionarias antiimperialistas.

Yo mejor que nadie debería haberme dado cuenta antes de lo frágil que es la información en la red, después de haber visto tantas tonterías sobre Antonio

Salas reproducidas en diferentes páginas nazis sin que nadie se molestase en contrastarlas. Cualquiera puede publicar cualquier cosa en Internet, por falsa que sea. Solo es necesario que se repita en el mayor número de webs posible, para que se convierta en una realidad. Nadie suele molestarse en comprobarla. Esa es la esencia de la publicidad viral. Y decidí utilizar en mi beneficio esa estrategia. Un periódico chavista publicaba un artículo mío y entonces una página web tan influyente como Aporrea lo reproducía. Presentadores tan conocidos como Vladimir Acosta lo comentaban en sus programas de Radio Nacional de Venezuela (RNV), lo que hacía que estos fuesen debatidos en sus respectivos foros. Entonces otras webs como Noticias24 también los reproducían, y después docenas de blogs, webs y foros de todo el mundo los repetían... En muy pocos meses, bastaba poner alguno de mis nombres o pseudónimos árabes en un buscador de Internet para que apareciesen más de setecientas referencias a trabajos míos. Y eso era fantástico para mi cobertura.

Lo más gracioso es que en muchas páginas web nazis, tan influyentes como Nuevo Orden, mis antiguos camaradas skinheads también reproducían mis artículos propalestinos y antisionistas como argumento contra sus odiados judíos. Un par de años más tarde, esa presencia de mis textos en los principales medios pronazis me facilitaría que volviese, una vez más, a infiltrarme en colectivos, manifestaciones y locales neonazis españoles, como había hecho años atrás bajo la identidad de *Tiger88*. Solo que esta vez no investigaba el movimiento skinhead, sino el vínculo entre neonazis y terroristas árabes antisionistas. Estoy seguro de que mis viejos camaradas nacionalsocialistas van a sufrir un colapso al descubrir que su odiado *Tiger88* ha vuelto a estar entre ellos.

Con el tiempo llegaría a escribir dos libros sobre cuestiones árabes e islámicas, que ya serían la puntilla para alejar las dudas que algún terrorista especialmente paranoico pudiese tener sobre mí. Ese esfuerzo, y ese trabajo en silencio, robando horas al sueño para producir cientos de notas, artículos, crónicas, reportajes y hasta dos libros sobre cuestiones árabes e islámicas, terminarían siendo mi pasaporte para contactar con la guerrilla colombiana año y medio más tarde. Mi identidad como el activista Muhammad Abdallah superó todos sus filtros, precisamente gracias a todo mi trabajo anterior en los medios chavista y árabes. Y mi cordial entrevista con el director de la Gran Mezquita de Caracas fue una de las primeras contribuciones a ese currículum.

Teodoro Darnott: del Movimiento Guaicaipuro al yihadismo cristiano

Uno de mis tres objetivos al aterrizar en Maiquetía era llegar hasta Hizbullah-Venezuela. Tardé mucho tiempo en conseguirlo, pero creo que hoy estoy en disposición de conocer, mejor que nadie, toda la realidad sobre esta agrupación pseudoyihadista venezolana. De hecho, soy su depositario. Sin embargo, antes de mi primer viaje a Venezuela no podía aspirar más que a acceder a un foro anónimo en MSN Groups, y más tarde, justo ese mes de agosto de 2006, a una serie absurda e ilógica de blogs desestructurados e inconexos que aparecieron aleatoriamente en la red.

Después de docenas y docenas de e-mails personales entre su fundador, Teodoro Darnott, su hija, otros miembros de la agrupación y yo, que terminaron por hacerme merecedor de su confianza, creo que puedo reconstruir su biografía perfectamente.

Teodoro Rafael Darnott nació en Ciudad Bolívar un 18 de abril de 1955. Hijo de una mujer maltratada, Ana Cecilia Darnott, se sintió tan abandonado por su padre, Antonio García, que renegó de su apellido. Niño rebelde y precoz delincuente, solían mantenerlo encadenado por el pie, con un candado, sin siquiera poder evitar así sus fugas para cometer fechorías. Según su propio relato: «... pegaba colillas con goma de mascar en los zapatos de los borrachos, para quemarles los callos y luego verlos saltar y maldecir... Tenía mucho odio y tendencias homicidas. Torturaba insectos. Un día tomé un gato y traté de matarlo en oculto. Teniendo apenas unos diez años, con un arma de pescar, intenté matar a mi padre. Por esa razón me vi obligado a huir de casa y a partir de ese día me convertí en un niño de la calle, un delincuente infantil...».[3]

Malviviendo en las calles, Darnott conoció pronto los calabozos policiales de Ciudad Bolívar y de Maturín, donde, mezclado con los adultos, no tardó en ser un exquisito plato sexual para los reclusos mayores. No creo que sea necesario entrar en detalles.

A los dieciséis años, ya familiarizado con las drogas y el alcohol, intentó alistarse en el ejército venezolano como una forma de sobrevivir, pero no fue aceptado por su juventud. Volvió a intentarlo en 1972, mintiendo sobre su edad. A pesar de los consejos del médico militar, que le decía que era demasiado joven y débil para la disciplina castrense, Darnott aseguró que la perspectiva de un uniforme limpio, comida caliente y una cama en la que dormir era mucho mejor que la vida en la calle, por muy disciplinada que fuese. Pero su carácter rebelde y pendenciero hizo que fuese expulsado del ejército dos años después. Sin embargo, su experiencia militar le sirvió para encontrar trabajo en la policía del estado Monagas y después en la de Anzoátegui y Aragua, llegando incluso a realizar un curso de detective privado bajo la matrícula 260671-C del Instituto de Policía Científica Simón Bolívar. Aunque en todas esas instituciones presentó mala conducta. No solo con Chávez los

---

3. Tomado del manuscrito inédito de la autobiografía escrita por Teodoro Darnott en prisión, que me facilitó él mismo.

«malandros» entraban en la policía... En esa época, además, contrae matrimonio con su primera pareja, María Elena López. Con ella tiene a su hija Ana Cecilia Darnott, a quien le pone ese nombre en homenaje a su madre. Ana Cecilia, con el paso de los años, también terminaría trabajando en la policía de Baruta (o Polibaruta, como allí se la conoce).

Poco después de su nacimiento, el matrimonio y la niña se mudan a Caracas donde, dice Darnott: «Logré colocarme al servicio de las mejores agencias de seguridad e investigaciones. Clave Uno de Ángel Urueña Almolda; Cinco Cero de Vidal Castro; Sicoin de José de Jesús Navarro Dona; GPS, Grupo Profesional de Seguridad de José Gabriel Lugo; antigua ICI, Investigaciones Comerciales e Industriales de Luis Posada; también trabajé en Correproca, una empresa de escolta adscrita a la división 33, custodia de personalidades de la DISIP. Logré entrenarme en la mejor academia de artes marciales del momento, la de Marcelo Planchar, ubicada en la urbanización Las Mercedes. En Fuerte Tiuna me entrené en tiro al blanco...».

Pero aquellos años de estabilidad no tienen en Teodoro Darnott un efecto terapéutico. Comienza a frecuentar los bares de la avenida Nueva Granada, gastándose el salario en hembras, mientras su esposa trabajaba de dependienta para sacar adelante a la pequeña Ana Cecilia, una joven con la que contacté mucho después y en la que creo reconocer los traumas heredados de aquella dura infancia. Su padre, con un valor que no justifica sus actos, hoy reconoce humildemente: «En muchas oportunidades pasaba frente a la casa llevando otras mujeres en la parrilla de mi moto. Con inmenso dolor hoy tengo que confesar haber repetido en mi esposa la violencia, heredada del carácter de mi padre. Hasta las mismas palabras usadas por mi padre contra mí luego las usé yo contra mi preciosa hija. Un día le di un golpe a María Elena y le desprendí el pabellón de la oreja, la cual casi pierde. La llevé a una clínica privada donde, para no denunciarme, el médico me cobró muy caro; luego abandoné a mi esposa y a mi hija. Me fui del hogar abandonándolas a su suerte. Tomé un bus para la ciudad de Maracaibo sin siquiera conocer a alguien en esa ciudad. El primer lugar donde dormí fue en el paseo Ciencias, en la sede principal del MIR, Movimiento de Izquierda Revolucionaria; trabajé para la agencia de detectives privados de Manuel Felipe Moreno, también con el detective Carlos Omar Arenas, con quien me unió una gran amistad, más que un amigo fue como un hermano».

En Maracaibo, Darnott se estableció un tiempo e inició su segunda relación formal: Maribel Atencio Rivas, de quince años de edad. Como sus padres no aprobaban la relación con el recién llegado, se fugaron. Y Darnott volvió a ingresar en prisión. Al salir, estaba de nuevo solo, en la calle y sin dinero. Llegó vagabundeando al barrio wayuu, donde una familia indígena se apiadó de él y le dio casa, comida y una nueva identidad. Integrado en los wayuu, aprendió su lengua, sus costumbres, su religión, y terminó uniéndose a una mujer wayuu. Con su nueva esposa se estableció, ocupando una parcela de tierra en Etnia Guajira, donde reuniría en torno a sí a los indígenas wayuu. Así es como nacería el insurgente comandante Teodoro y el Movimiento Guaicaipuro por la Liberación Nacional. Teodoro Darnott se veía a sí mismo como un nuevo Che Guevara, como un subcomandante Marcos para los indios wayuu, y no es casualidad que escogiese el nombre de Guaicaipuro para su movimiento indígena guerrillero particular.[4]

El comandante Teodoro, adoptado por la comunidad wayuu, vivió con ellos el drama de la pobreza indígena entre 1986 y 2001, siendo presidentes Jaime Lusinchi, Carlos Andrés Pérez, Rafael Caldera, etcétera, antes de llegar al actual Hugo Chávez. Pero con todos ellos la miseria de los indígenas fue similar. Y ante la imposibilidad de pagar los terrenos donde se instalaba la comunidad wayuu, optaban por la ocupación ilegal de los mismos... hasta que llegaban los desalojos de la Guardia Nacional y la Policía Regional, a golpe de porra, gases lacrimógenos o disparos de perdigones. Las hordas indígenas del comandante Teodoro respondían con junayas (hondas para arrojar piedras), lanzas y bombas incendiarias.

De hecho, encontré referencias al trabajo social del «dirigente indigenista Teodoro Darnott, que ha acompañado a los indígenas del Zulia en sus luchas» en el informe «Situación de los derechos humanos en Venezuela», de octubre de 1988, una publicación del Programa Venezolano de Educación-Acción en Derechos Humanos, muy anterior a la fundación de Hizbullah-Venezuela.

Tras muchas aventuras y desventuras, como un contacto con la Iglesia Evangélica Venezolana, la pérdida de su primera mujer wayuu y la llegada de una nueva (Adelaida Iguaran), Darnott fundó en casa de su nuevo suegro una pequeña escuela y vivió un tiempo como maestro. Y en ese rol intelectual, en la comunidad wayuu, inició sus escarceos políticos. Erigiéndose en portavoz de la comunidad indígena y de sus votos, se entrevistó con líderes sindicales y políticos, negociando mejoras de vida para los wayuu. Los diarios zulianos *Panorama*, *La Columna* o *La Verdad* publicaron algunas de sus reivindicaciones. Y, como ninguna de ellas obtuvo resultados, Darnott siguió la tradición revolucionaria, asaltando con sus milicias wayuu diferentes estamentos y edificios oficiales, y manteniendo como rehenes a sus ocupantes; como el consulado de Guatemala, la delegación del partido MAS, etcétera. Y como era previsible, de nuevo fue detenido e ingresó en prisión por aquellos asaltos. Aunque por pocas semanas.

Al salir, volvió a unirse a la lucha social, esta vez a favor de los buhoneros

---

4. Guaicaipuro fue el líder guapotori de varias tribus indígenas caribes que contribuyó a la fundación de la actual Venezuela.

y vendedores callejeros, desalojados de las calles de Maracaibo por orden del gobernador de Zulia y líder de la oposición antichavista Manuel Rosales. Y siguieron más asaltos: la toma del consulado de Colombia, la toma del Palacio Arzobispal... Con la consiguiente retención de sacerdotes y diplomáticos, y la posterior detención y encarcelamiento de Darnott de nuevo.

Teodoro Darnott se sentía inspirado sobre todo por la figura del subcomandante Marcos y el levantamiento indígena en México del EZLN, e intentaba imitar ese fenómeno insurgente con sus indígenas wayuu. El 11 de octubre de 1994 convocó una asamblea tribal, para unir a los wayuu con otras etnias indígenas: los bari, los yukpa y los añu, en un intento de consolidar una fuerza indígena en el estado de Zulia. El comandante Teodoro pretendía impulsar un levantamiento armado contra el gobernador de Zulia, siguiendo el modelo del EZLN y del subcomandante Marcos. Y aunque no todos apoyaron su iniciativa, su Movimiento Guaicaipuro por la Liberación Nacional (MGLN) se consolidó notablemente, convirtiéndose en una organización oficial. «Me veía en mis sueños capturando al gobernador Rosales, para juzgarlo por enriquecimiento ilícito, rescatando la bandera zuliana del palacio del gobierno, mil veces mancillada por la injusticia, y devolviéndosela a los indígenas...», me describiría Darnott en uno de sus e-mails.

El comandante Teodoro Darnott, alias *Mario Morales Meza*, se convirtió en un tipo bastante incómodo en tanto aglutinaba en torno a él un colectivo indígena cada vez mayor, al que alentaba para realizar los asaltos y para iniciar una lucha armada. Y fue detenido por enésima vez, pero en esta ocasión por tropas militares, que lo trasladaron a la base militar de la Villa del Rosario de Perija, donde, según él, sufrió un feroz interrogatorio. Tanto allí como en la sede de la DIM (Dirección de Inteligencia Militar). Estrangulamientos, golpes, patadas, culatazos, etcétera, durante dos días y dos noches. Y, una vez liberado, continuó el ciclo de asaltos, detenciones y enfrentamientos mientras el MGLN intentaba reunir armas para su particular ejército revolucionario: pistolas, fusiles, revólveres, un par de granadas M-26 3.5...

Ya con Chávez en el poder, el MGLN de Darnott intentó conseguir fondos del Fondo Único Social (FUS). Según la Gaceta Oficial de la República Bolivariana de Venezuela, número 37322, del 12 de noviembre del año 2001, el FUS es un «Instituto Autónomo que tiene por objeto concentrar en un solo ente, la captación y administración de los recursos para lograr la optimización de las políticas, planes y regulación de los programas sociales, destinados a fortalecer el desarrollo social, la salud integral, la educación y el impulso de la economía popular competitiva, con énfasis en la promoción de microempresas y cooperativas, como forma de participación popular en la actividad económica y en la captación para el trabajo de jóvenes y adultos». En el mundo real, el FUS es el último recurso al que, en mi presencia, han acudido grupos o individuos revolucionarios con el fin de conseguir dinero rápido para diferentes objetivos, que podían ir desde viajes hasta la compra de armas. Darnott no fue el primero, pero se encontró con algo que no conocía: la ineficiente y caótica burocracia administrativa venezolana, que supuestamente, solo supuestamente, mejoraría cuando tiempo después Alejandro Andrade o Rafael Cordero se hiciesen cargo del FUS, que en aquella época dirigía William Fariñas.

Darnott había presentado el proyecto: «Mi pequeño país», una comunidad indígena revolucionaria, que aspiraba a ser autosuficiente económicamente y que con el tiempo se convertiría en la semilla de Hizbullah-Venezuela. Hasta dicha comunidad se desplazó una comisión del FUS encabezada por William Fariñas e Iván Ballesteros, y se firmó un acuerdo de colaboración con los indígenas y con el Instituto Agrario Nacional (IAN), que debería haber posibilitado la propiedad de 17 999 hectáreas, y la construcción de viviendas dignas para los indígenas. Sin embargo, una enérgica campaña de propaganda contra el MGLN, acusándolos de ser en realidad indígenas colombianos; de colaborar con adecos y copeyanos (escuálidos de AD y COPEI respectivamente) de formar parte de las Autodefensas Unidas de Colombia, etcétera, abortó el proyecto. Cualquier lector mínimamente familiarizado con la dramática situación de las guerrillas en Colombia entenderá la gravedad de aquella acusación. El FUS jamás apoyaría a un colectivo sospechoso de colaborar con los paramilitares colombianos, y las subvenciones jamás llegaron. En ese momento, y esto también es muy importante, Teodoro Darnott se siente traicionado por el gobierno chavista de Caracas y se distancia tanto del chavismo como del gobierno zuliano de Rosales. Y el MGLN siguió en la clandestinidad, perseguido por unos y otros. «Me mudé a Río Aurare el Zamuro. Nunca dormía en un sitio fijo...», asegura Darnott.

En aquella época, Darnott aún intentó en dos ocasiones conseguir fondos oficiales para «Mi pequeño país» en estamentos oficiales, y viajó a Caracas para presentar una queja ante la Asamblea Nacional, donde sin duda se cruzó con quienes serían tiempo después mis guardaespaldas, camaradas y maestros de armas en Venezuela. Allí denunció la «traición» del FUS y del IAN, pero no sirvió de nada. A la Asamblea Nacional, doy fe, acuden todos los días portadores de quejas, reclamos y peticiones desde todos los rincones de Venezuela, y la capacidad administrativa y burocrática de sus instalaciones no estaba a la altura.

Darnott consiguió que no lo detuvieran en Caracas y regresar a Zulia, sabiéndose ya un prófugo de la justicia sobre el que pesaban varias órdenes de captura. Y hacia diciembre de 2001 se echó al monte, cruzando a Colombia por los «caminos verdes», es decir, esquivando los puestos y las patrullas fronterizas, y atravesando de Zulia a Colombia a través de la selva. «Salí por la vía de Mara hacia Carrasquero, sin dinero. Cuatro Bocas, Carrasquero, Varilla Blanca...». Según me relató Darnott, el viaje fue muy duro: era un territorio controlado por los paramilitares colombianos. Pero en Majayura recibió asistencia de las iglesias evangélicas, y con su ayuda llegó a Maicao, donde fue acogido por el doctor Lucho Gómez, secretario general del movimiento guerrillero, ya desmovilizado, M-19, que a diferencia de las FARC o el ELN había abandonado la lucha armada, sustituyéndola por lucha política. Darnott consiguió allí un trabajo como profesor de lengua wayuu, e incluso editó algunos folletos de iniciación a la lengua guajira. Y sobre todo descubrió Internet. Desde un cibercafé de Maicao subirían a la red los primeros mensajes del comandante Teodoro, todavía no relativos al Islam.

Allí, y gracias a sus nuevos amigos guerrilleros, Darnott consiguió hacerse con una nueva identidad: Daniel José González Epieyu, con cédula de identidad colombiana 15 206 631. Y, lo que es más importante, entró en contacto con la comunidad árabe de Maicao. Así lo describe Darnott:

«Conocí al hermano Alfonso Peñalver, al hermano chiita libanés Musa Rada. Este fue mi primer maestro en el Islam. Frecuenté la mezquita, leía libros sobre el Islam en la biblioteca, libros de teología suní. El hermano Musa me explicaba la teología Shia (chiita) y me facilitaba revistas *Azakalain*, las cuales me enseñaron relatos sobre los imames, el martirio del imam Husein (la paz de Allah sea con ellos), también contenían escritos de los ulemas (sabios). Un día, el hermano Musa me propuso estudiar el Islam, en el Instituto Islámico Kausar, en Cali, propuesta que acepté con mucho gusto. La Asociación Islámica Shiita de Maicao me pagó los pasajes y viáticos para llegar a Cali, donde según los hermanos ya me esperaban, pues ellos se habían encargado de notificar y arreglar que me recibieran. Me despedí de mi hermano pastor y de su familia y salí rumbo al valle del Cauca.

»En la ciudad de Cali en la urbanización La Ceiba, cerca de la redoma Alfonso López Michelsen, queda el Centro Cultural Islámico Kausar. Me recibió el hermano Rashi. Se trataba de una comunidad musulmana afrodescendiente. El hermano Rashi era uno de sus dirigentes, y la sede era una casa de dos pisos en una vereda. En la esquina de la calle hay una panadería, en el interior de la casa la sala era el salón que servía de mezquita, una cocina, una biblioteca, oficina y una habitación donde oraban las mujeres. El hermano Rashi me saludó islámicamente: *Assalamu aleikum. Wa'alaikun salam*, respondí. Luego posó sus mejillas sobre las mías, como es costumbre en el Islam. A la hora de la oración conocí a los otros hermanos. Mi vida en el Centro Cultural Islámico Kausar no llenó mis expectativas sobre el Islam. Me dediqué a leer libros islámicos y a participar en las oraciones. Las enseñanzas solo eran los viernes en el Yuma. El director era un profesor universitario, el hermano Abdul Karim...».

Darnott regresó a Maicao y se integró en la comunidad árabe, no necesariamente islámica, local. Desde las selvas de Colombia vivió el golpe de Estado contra Chávez de abril de 2002 y el «paro petrolero» de finales de ese año y principios de 2003, aún resentido por lo mal que el gobierno chavista había tratado sus proyectos. Durante los siguientes dos años, Darnott viajó por diferentes ciudades de Colombia, aprovechando la hospitalidad de las mezquitas y de las comunidades islámicas. Y frecuentaba los cibercafés desde donde comenzaba a familiarizarse con el funcionamiento del correo electrónico, los foros de debate, los blogs... Por fin en Bogotá, Darnott descubrió mucho antes que yo que el Islam no es esa unidad doctrinal, genérica y cohesionada que creemos en Occidente. De la misma forma en que el cristianismo está lleno de escuelas, tendencias, sectas, herejías, en muchos casos enfrentados (católicos, protestantes, ortodoxos, anglicanos, coptos, etcétera), lo mismo ocurre en el Islam. Y hasta en una comunidad tan relativamente pequeña como la de Bogotá existían encendidas divisiones. «La comunidad musulmana estaba dividida y enfrentada en varios grupos —declara Darnott—, los más importantes son la Asociación Islámica de Bogotá, que es mayoritariamente oriental, palestinos, libaneses, árabes. La Sociedad Islámica de Bogotá, dirigida por un imam colombiano, el doctor Carlos Sánchez, y un kuwaití. Los asistentes son colombianos, abogados y abogadas. El hermano Sánchez tenía un crédito abierto en el restaurante de la planta baja, donde funciona el Bufete Mezquita. Los participantes tenían autorización para hacer uso de este crédito, en comidas y bebidas. Según él, el financiamiento venía de una fundación islámica oriental. El tercer grupo es el Centro Cultural Islámico de Bogotá, y su director el doctor Julián Zapata, ubicado a pocos metros de la embajada de los Estados Unidos.»

Darnott me aseguró haber sido testigo de cómo funcionarios de la embajada de los Estados Unidos en Bogotá habían reclutado a varios miembros influyentes de la comunidad islámica colombiana para que trabajasen como informadores de los servicios de inteligencia norteamericanos, en su búsqueda incansable de terroristas islamistas. E incluso señala algunos nombres de esos supuestos espías de la CIA en la comunidad árabe de Bogotá, que no voy a reproducir aquí.

En aquellos tiempos, y a pesar de su estrecha relación con las comunidades árabes, en realidad Teodoro Darnott no se había convertido todavía al Islam. Más bien, y como buen superviviente, utilizaba los recursos y la ayuda de las mezquitas para vivir y viajar. Y en su viaje hacia Hizbullah todavía quedaban dos etapas. La primera le esperaría en Bucaramanga, donde casualmente conoció unas informaciones sobre ecumenismo, y ese intento de diálogo interconfesional llamó su atención. Supongo que buscaba algo a medio camino entre el Islam, una religión que todavía le resultaba extraña, y el cristianismo, con el que se había educado. En Bucaramanga, y de la mano de los misioneros católicos, conoció la teología de la liberación, y la obra de personajes tan extraordinarios como el padre Camilo Torres, cofundador del Ejército de Liberación Nacional (ELN), la segunda guerrilla colombiana más importante después de las FARC. Y por unos meses se distanció del Islam, de la misma forma que se dejaba fascinar por esa corriente de pensamiento en la que sacerdotes cristianos justificaban la lucha armada. Para Darnott, un hombre que se confiesa profundamente religioso, disponer en el catolicismo de una justificación argumentada por personajes como el padre Camilo Torres para legitimar la lucha armada en pro de la liberación indígena era perfecto. Había encontrado su particular «yihad cristiano». En la civilizada Europa, los católicos irlandeses del IRA habían llegado a la conclusión de que, en ciertas circunstancias, las bombas y los fusiles son compatibles con la Biblia mucho antes que Camilo Torres.

Durante los siguientes meses, Darnott estudió a Gustavo Gutiérrez, Leonardo Boff, Pedro Casaldàliga, Manuel Pérez o el mismo Camilo Torres, ideólogos de la teología de la liberación. Y fue dando forma a su particular idea de un «yihad cristiano». De regreso a Maicao, con sus amigos de la comunidad árabe, buscó y buscó hasta encontrar una forma de integrar Islam y teología de la liberación en un solo cuerpo teórico que pudiese utilizar en su lucha revolucionaria por la comunidad indígena, y en la que el subcomandante Marcos continuaba siendo un referente.[5] Y claro, el que busca encuentra. Darnott descubrió su particular «... teología islamo-cristiana de la liberación. Esta teología era una mezcla de la liberación de Gustavo Gutiérrez y la teología del imam Jomeini. Y me encontré que esta teología es la misma teología de la liberación, pero en este caso desde el monoteísmo islámico, mucho más completa que la desarrollada por Gustavo Gutiérrez. Esto me afianza en el Islam, y es en este momento cuando comienza mi verdadera conversión al Islam, y lo primero que hice fue cambiar los mensajes y los símbolos en los grupos de autonomía wayuu. Pasó a ser Autonomía Islámica Wayuu, y la comunidad MGLN la dejé con la misma denominación, pero los mensajes y las imágenes que coloqué eran islámicos. Hubo protestas en el grupo de participantes, unos se retiraron y otros ingresaron, hice una promoción de la comunidad hacia grupos y entidades islámicas, e ingresaron un importante número de musulmanes. La comunidad ahora se identificó como revolucionaria islámica y los diálogos trataban sobre teología islámica de la liberación, y colocaba mensajes del ayatolá Jomeini...».

Según Darnott, a principios de 2005 el foro del MGLN, *versus* Hizbul Islam en MSN Groups, tenía 1140 asociados.[6] Y aunque los foros fueron clausurados

---

5. Por disparatado que parezca no se trata del único ni del primer intento de unir teología de la liberación, lucha armada, Islam y subcomandante Marcos. Ver: *http://www.webislam.com/?idt=3860*

6. *http://groups.msn.com/movimientoguaiciaipuroporlaliberacionnacional*

por MSN Groups, aún es posible seguir su rastro en la red a través de las diferentes webs y blogs que realizaron en 2005 y 2006.[7]

Durante ese año se trataban todo tipo de temas islámicos y revolucionarios en sus *websites*. Hasta que en 2006 todo se le fue de las manos...

La verdadera historia de Hizbullah-Venezuela

Tiempo atrás un nuevo usuario se había dado de alta en los foros de Darnott. Alguien que, según él, demostraba un profundo conocimiento del Islam. Pero esto no demuestra nada más que los escasos conocimientos que tenía Darnott sobre el Corán, ya que incluso a mí me consideraría más tarde un erudito.

«Estuvimos meses intercambiando mensajes vía e-mail —me aseguraría Darnott años después de aquel primer viaje a Venezuela—. Me dijo que le gustaba mi trabajo, que este se podía mejorar si yo me dejaba asesorar. Me confesó que pertenecía a una organización islámica de importancia internacional, y para recibir un apoyo suyo solo tenía que confiar y enviarle información sobre mi persona y mi trabajo. Al principio pensé que podía ser un agente de inteligencia que andaba tratando de ubicarme, luego descarté la idea. Por el contenido de sus mensajes me di cuenta que trataba con un musulmán y me decidí a confiar en él. Le envíe toda la información que me solicitó sobre mi persona, lucha y trabajo, al tiempo se mostró más dispuesto a tratar conmigo en un plano de más confianza. Me dio su verdadero nombre, Mohammed Saleh, hijo de libaneses, trabajaba para el gobierno iraní y era un importante miembro de Hizbullah. Su misión era en Argentina, donde es profesor en la Universidad de La Plata, y también es el secretario general de Hizbul Islam para América Latina. Este es un partido islámico argentino, con presencia en Uruguay y Paraguay. Hizbul Islam es en realidad Hizbullah. Mohammed Saleh me informó que mi nombre fue presentado ante la dirección de Hizbul Islam y fui aprobado para ser representante de esta organización islámica para Venezuela, pero se me pedía eliminar todo el trabajo que hacía en Internet. Imagínense ustedes eliminar un trabajo que cumplía ya cuatro años de inversión económica, de tiempo y de esfuerzo. Yo le pedí más información sobre su organización y que habláramos por vía telefónica, que diera teléfonos de oficina y dirección que yo pudiera comprobar. Me envió una lista de direcciones de oficinas de Hizbullah en Argentina, Uruguay y Paraguay, por medio de hermanos árabes de Maicao.[8] Se confirmó que Mohammed Saleh es pro-

---

7. *http://www.seprin.com/portal2/notas/hezbollah1/antecedentes.msnw.htm*
8. Esta afirmación podría abrir una nueva línea de investigación sobre el mayor atentado

fesor de la Universidad de La Plata. También fue confirmado que la organización que me aprobó en sus filas es Hizbullah. El hermano Mohammed Saleh me llamó en varias oportunidades a Maicao, al numero telefónico 725-18... ubicado en la calle 11 número 27..., barrio El Carmen, esto se puede comprobar solicitando la relación de llamadas recibidas en este teléfono, durante los últimos seis meses del 2006. Aparte de las comunicaciones telefónicas con el dirigente de Hizbullah, también están las comunicaciones vía e-mail entre los correos electrónicos islaenargentina@yahoo.es y enlacemilitarmgln@hotmail.com. En uno de sus e-mail Mohammed Saleh me ofreció un lote de armas que tenía Hizbullah en Ciudad del Este, Paraguay. Me pidió que hiciera contacto con las FARC-EP para que me ayudaran a trasladar las armas; unos cuatrocientos fusiles AK-47, lanzagranadas y municiones...».

Finalmente, siempre según el testimonio personal —y creo que sincero— de Teodoro Darnott:

«El acuerdo que hicimos fue el de convertir al MGLN en una célula de Hizbullah, y para esto tenía yo que reclutar musulmanes. La primera reunión de Mohammed Saleh con mi persona sería para el 8 de octubre del 2006. Para este momento Hizbullah-Venezuela ya tenía que contar con un grupo organizado. El grupo Hizbullah-Venezuela estaría a las órdenes del consejo de la organización en los países de América y el resto del mundo, este sería un acontecimiento histórico, pero no me reveló de qué se trataba. Me dijo que es la forma como ellos trabajan. No querían publicidad sino anonimato, es lo que querían de mí con este acuerdo. Procedí a reclutar a Juan Carlos Parodi, el cual hizo su trabajo en el equipo como sheikh de Hizbullah-Venezuela; Liliana Bula Epieyu, secretaria de Hizbullah para La Guajira; Yaiza Marrugo, planes y proyectos; Vicente Bocanegra de Oro, comisión de ideología islámica. El equipo acordó contra mi voluntad incluir al doctor Juventino Martínez, a pesar de que les advertí que se trataba de un agente del Departamento de Estado norteamericano. El doctor Juventino entró en el grupo y estableció comunicación directa con Mohammed Saleh, lo mismo Yaiza Marrugo, y todos quedamos conformes que estábamos trabajando para Hizbullah. También recluté a Felipe González, un wayuu que trabaja para la Secretaría de Cultura de Maicao.

»Este donó un terreno para fabricar la primera mezquita de Hizbullah en La Guajira, a Pedro Luis Herrera Caballero, el cual nos manejaría la parte militar. Este tiene experiencia como combatiente y contaba con un buen núme-

---

terrorista en la historia argentina, la bomba que el 18 de julio de 1994 asesinó a ochenta y cinco personas y voló por los aires la Asociación Mutial Israelí Argentina (AMIA); un atentado atribuido oficialmente a Hizbullah, aunque esta organización libanesa nunca aceptó la autoría. Aunque no haya forma de constatar a priori que lo que relata Darnott sea cierto.

ro de muchachos entrenados en el conflicto colombiano. Conversé con el hermano Ramiro López y este me cedió una casita de barro en el barrio indígena Nazaret, allí comencé mi trabajo de difusión del Islam, ya como representante de Hizbullah. Este ranchito lo acondicioné y le coloqué en la parte de afuera "Mezquita Wayuu", y a la inauguración asistieron el sheikh de la asociación islámica de Maicao y la directiva de la asociación, como es testigo el hermano Ramiro López, pues muchos miembros de su iglesia asistieron a la inauguración. Al hermano Ramiro se le puede ubicar en el barrio Vincula Palacio, en la iglesia wayuu o en el barrio Maicaito, cerca de las casitas de cartón. En esta mezquita se reunía un grupo de niños y niñas wayuu, a quienes enseñaba las oraciones islámicas, y a adultos wayuu a quienes les compartía sobre el Islam. Una de las participantes fue la hermana wayuu Luz Marina Pushaina, a quien encargué de organizar el grupo wayuu. Esta es la esposa de Julián González, y vive en el mismo barrio Nazaret, frente al comedor popular, cerca del ranchito donde funcionó la mezquita. Una de mis colaboradoras fue la psicóloga social Elizabeth Gómez Arboleda, ella se encargaba del programa infantil. Mientras todo esto ocurría, continué las actividades islámicas por Internet. El hermano Yahia Gabriel Jiménez mantuvo contacto con nosotros desde Bogotá. Entró en una de nuestras comunidades de MSM, específicamente en Autonomía Islámica Wayuu. También viajó con su esposa hasta Maicao y estuvo de visita en la mezquita wayuu, donde tomó fotos y nos trasmitió un mensaje y una enseñanza sobre el Islam. Al hermano José Gabriel Jiménez lo puse al tanto de mi ingreso a Hizbullah.

»... El 8 de octubre era la fecha para que llegara el hermano Mohammed Saleh con la comisión de Hizbullah. Hasta ese momento habíamos hecho un trabajo de organización y habíamos celebrado varias asambleas. La primera fue en la casa del hermano Vicente Bocanegra, la segunda fue en la sede frente a la mezquita y la tercera fue en la casa de la esquina, diagonal a la casa de Liliana Bula Epieyu. Es la casa que tiene un patio enorme cercado con paredes de bloque. En este patio celebramos la tercera reunión general de Hizbullah, fue donde tomamos una fotografía donde aparecemos Felipe González dirigiéndose al público desde una mesa usando una cofia blanca (gorro islámico), Liliana Bula, Pedro Luis Herrera Caballero y mi persona sentados a la misma mesa, un público wayuu y una pancarta con letras en árabe y español que dicen Hizbul Islam, el cual es Hizbullah en Latinoamérica. El acuerdo final entre Mohammed Saleh y mi persona fue el de crear la célula de Hizbullah, cosa que yo he hecho cuestión de honor, pues en ninguna forma puedo echar atrás la palabra empeñada».

Darnott me facilitó una copia de esa fotografía. Siguiendo las indicaciones del tal Saleh, que no tiene nada que ver con mi hermano el director del portal de noticias árabe-venezolano de Caracas, Teodoro Darnott eliminó de la red la mayor parte de los contenidos de sus foros, webs y blogs mantenidos por el MGLN durante los cuatro años anteriores a la fundación de Hizbullah-Venezuela. Sin embargo, las armas y el apoyo logístico prometidos nunca llegaron. Aquellos aspirantes a componer una célula de Hizbullah en Colombia, porque en realidad no estaban en suelo venezolano, sufrieron las inevitables luchas de poder desde el mismo instante de su fundación. Y dos tendencias se diferenciaron rápidamente entre los nuevos conversos indígenas: los que seguían al comandante Teodoro, y los que preferían una opción liderada por Juventino Martínez y Yaiza Marrugo.

Enérgicamente empeñado en mantenerse al mando de la célula de Hizbullah, que en realidad no era más que una promesa de un desconocido que jamás llegó a materializarse, Darnott no dio su brazo a torcer. Se erigió máximo responsable de Hizbullah América Latina, apoyado por un grupo de indígenas wayuu colombianos. Y la noticia no tardó en llegar a los paramilitares que, según Darnott, empezaron a interesarse por él. Atemorizado por la amenaza de los *paracos*, decidió regresar a Venezuela para establecer definitivamente en su país de origen la promesa de una célula de Hizbullah, con la ayuda y recursos que esperaba de Saleh. Y regresó por donde había salido cinco años antes, por los «caminos verdes».

Cruzó la frontera colombo-venezolana por Paraguachon, sorteando los puestos policiales del DAS y la Guardia Nacional bolivariana. Después de muchos peligros y calvarios llegó a Varilla Blanca y de allí a Maracaibo. Como si aquellos cinco años de exilio en Colombia no hubiesen existido, Darnott regresó a la ciudad zuliana sin un bolívar, como se había ido. Pero esta vez tenía una causa concreta por la que luchar, la idea de una organización de Islam revolucionario (atención a este concepto), que llevase por nombre Hizbullah-Venezuela. Darnott convocó a sus viejos camaradas revolucionarios del MGLN, a sus hermanos wayuu, y todo el que quiso escuchar su mensaje de conversión al Islam. Y volvió a los cibercafés para crear nuevos foros, nuevos blogs y nuevas páginas en Internet desde las que lanzaría al mundo su mensaje de un yihad latino. Y a pesar de que nunca, ni antes ni después, recibió ningún apoyo del gobierno bolivariano, en 2006 Darnott se sumó a todos los grupos de izquierda que pedían el voto para Chávez en las elecciones del 3 de diciembre de ese año. Mejor Chávez que Rosales, pensó.

En sus charlas y conferencias entre los revolucionarios zulianos, que no son mayoría, y entre los wayuu venezolanos, consiguió algunas conversiones al Islam que engrosaron las filas del naciente Hizbullah-Venezuela. Y que después serían mencionadas con gran alarmismo por los detractores de Chávez, al que acusaban de estar detrás de aquellas conversiones de indígenas wayuu venezolanos al Islam chiita de Hizbullah: en total tres wayuu se convirtieron al Islam predicado por Darnott. Un ejército bastante parco para constituir una amenaza terrorista en mi humilde opinión.

Sin embargo, en Internet volvía a circular el nombre del comandante, ahora rebautizado Teodoro Rafael Darnott *Abdullah*, líder de la primera célula de Hizbullah en Venezuela, y eso atrajo a muchos curiosos, y a muchos infiltrados. Tanto a sus inconexos blogs, como a su perfil de Facebook. Yo era uno de ellos. De hecho, sospecho que la inmensa mayoría de los usuarios de sus nuevos *websites* no éramos lo que decíamos ser. Mover en la red una supuesta sucursal venezolana de Hizbullah, después de la sangrante guerra del Líbano en 2006, significaba necesariamente tener encima a todos los servicios de información internacionales. Sin embargo, a pesar de ello, algunos devotos reales se sumaron a los foros de Hizbullah-Venezuela. Conversos al Islam, jóvenes y apasionados, dispuestos a hacer lo que Teodoro Rafael Darnott Abdullah les ordenase. Uno de ellos se llamaba José Miguel Rojas Espinoza. Un estudiante en la Universidad Bolivariana de Venezuela que estaba a punto de destrozar su juventud por causa de Hizbullah.

Por lo poco que pude averiguar de José Miguel Rojas, era un zuliano nacido el 14 de marzo de 1982, domiciliado en el barrio La Rinconada, Avenida Principal... de Maracaibo. Aunque posteriormente se establecería en la Calle Real de Maca de Petare, en el Municipio Sucre de Caracas. Introvertido, soltero y con cédula de identidad número 16 177..., era un muchacho de profundas inquietudes religiosas. Estudiante universitario, me lo encontré en otros foros teológicos, donde intentaba, como Darnott, compatibilizar su formación y tradición judeocristiana con su vocación islámica. En los foros de E-Magister, y en un debate sobre «¿Cuál es tu cita bíblica favorita?», Rojas Espinoza respondía a la consulta diciendo que su cita preferida era el salmo titulado «Las dos sendas, la del justo y la del impío» (Salmos 1, 1-6), y añadía que en su opinión el Islam estaba perfectamente identificado con esa cita bíblica. Ese mensaje de Rojas Espinoza es muy interesante, porque nos aproxima a su forma de entender el Islam. El Salmo 1 del Antiguo Testamento dice: «Bienaventurado el varón que no anduvo en consejo de malos, ni estuvo en camino de pecadores, ni en silla de escarnecedores se ha sentado, sino que en la ley de Jehová está su delicia y en su Ley medita de día y de noche. Será como árbol plantado junto a corrientes de aguas que da su fruto en su tiempo y su hoja no cae, y todo lo que hace prosperará. No así los malos, que son como el tamo que arrebata el viento. Por tanto, no se levantarán los malos en el juicio ni los pecadores en la congregación de los justos, porque Jehová conoce el camino de los justos, mas la senda de los malos perecerá».

Realmente, sustituyendo la palabra *Jehová* por *Allah*, este texto del Talmud, incluido también en la Biblia, bien podía formar parte del Corán. De hecho, hasta que me tomé la molestia de leer y copiar el Corán a mano, no fui consciente de la cantidad de personajes, textos y conceptos que son comunes a las tres religiones. Sorprende que, con tantas cosas en común, judíos, cristianos y musulmanes llevemos quince siglos matándonos entre nosotros. Es probable que, si los occidentales que acusan al Corán de ser un libro violento se hubiesen molestado en leer el Antiguo Testamento de la Biblia cristiana o la Torah judía, se lo pensarían dos veces. Porque el Corán, que afirma ser el final de una revelación que comenzó con Abraham, integra en sus textos fragmentos, personajes y episodios de la Biblia y el Talmud. Así que acusar al libro sagrado del Islam de sanguinario implica necesariamente hacer lo mismo con la revelación cristiana y judía. Y creo que solo los ateos podrían permitirse ese lujo siendo coherentes.

En los foros de Hizbullah-Venezuela, José Miguel Rojas utilizaba la dirección de correo: justiciadeahall@hotmail.com, lo que refleja sus parcos conocimientos del árabe y del Islam. Y al margen de las comunicaciones «abiertas» que Teodoro Darnott podía mantener en los foros de Hizbullah-Venezuela, en esos mismos momentos estaba adoctrinando privadamente al joven José Miguel Rojas, convirtiéndolo en muyahid, y lo llevaría a destrozar su vida y su juventud, antes de que llegase aquel invierno.

En cualquier caso, durante agosto y a solo cuatro meses de las elecciones generales, Darnott, que sabía que es imposible sobrevivir política o socialmente como revolucionario en Venezuela enfrentándose a Chávez, olvidó sus amargas experiencias anteriores con el FUS o la Asamblea Nacional y pidió el voto de los musulmanes para el MVR en diciembre. Doy fe de que Hugo Chávez no tuvo nada que ver con ese apoyo solicitado por Darnott y su pequeño grupo de wayuu conversos e internautas anónimos. A pesar de que, tras lo que estaba a punto de suceder, todos los medios internacionales responsabilizarían a Chávez como inductor, a causa de aquella petición de voto que hizo Darnott a última hora. Darnott seguía en Zulia, pero sus enfrentamientos con Manuel Rosales habían sido aún mayores que con el MVR, así que hizo lo que consideró mejor para sus proyectos de futuro. Está claro que sus objetivos de crear un partido islámico en Venezuela tenían más posibilidades de apoyo con un Chávez amigo de los árabes que con un Rosales amigo de los norteamericanos.

Hizbullah-Venezuela presentó una actividad frenética. Hasta catorce nuevos blogs de Teodoro Darnott aparecieron en la red. Los blogs, a diferencia de las páginas web con un dominio en Internet, son gratuitos. No es necesario registrar al usuario con ningún documento o credencial. Cualquiera puede crear un blog y publicar la mayor cantidad de disparates, estupideces e incluso delitos que se le ocurran. Lo sé por experiencia propia. Pero la falta de legislación concreta todavía juega a favor de los cibernautas. Y Darnott también lo sabía.

Entre el 6 y el 18 de agosto de 2006, en menos de dos semanas, surgieron en Internet más de media docena de nuevos blogs que remitían a Hizbullah-Venezuela.[9] Posteriormente, todos ellos se recopilarían en una única página

9. Estos son los nuevos blogs que, en agosto de 2006, aparecieron en Internet:

oficial de Hizbullah-Venezuela en Internet: *www.teocraciavenezuela.blogspot.com* y, por expresa petición de Teodoro Darnott, yo sería el *webmaster* que controlase esa página...

A estas alturas, yo tenía muy claro que tras Hizbullah-Venezuela solo había un pobre desgraciado con una ambición revolucionaria modelada por una vida llena de golpes y pobreza, sin contactos, ni formación, ni conocimientos árabes o islámicos. Y que tenía muy poco que aportar a mi investigación. A pesar de que su existencia era un regalo para los detractores de Chávez, que podían exagerar la peligrosidad de Hizbullah-Venezuela, acusando al presidente venezolano de apoyar la presencia de terroristas libaneses en el país. Pero lo cierto es que todo era un timo. No existía ninguna relación entre la ridícula agrupación liderada por Darnott, en una remota ciudad de Zulia y en Internet, con la poderosa y letal Hizbullah libanesa. Y yo me sentí estafado. Tantas horas perdidas delante del ordenador para ganarme la confianza del responsable de Hizbullah-Venezuela, y resulta que ni siquiera hablaba árabe... En ese momento decidí cerrar la línea de investigación sobre este supuesto grupo terrorista. Al menos hasta el día 23 de octubre. Lo que ocurrió entonces dio un giro internacional radical a esta historia, convirtiendo a Teodoro Darnott y a José Miguel Rojas en héroes internacionales para los yihadistas de todo el mundo.

Raimundo Kabchi: el árabe de confianza de Chávez

En agosto de 2006 además, y antes de que Hizbullah-Venezuela entrase por la puerta grande del yihadismo internacional, Lahssan Haida publicaba en su periódico una interesante entrevista con el doctor Raimundo Kabchi,[10] uno de los oradores en la manifestación de protesta contra los bombardeos israelíes al Líbano del mes anterior. Según aquel reportaje, Kabchi había llegado a Vene-

---

El 6 de agosto: *http://hezboallahvenezuela.blogspot.com/*

El 7 de agosto: *http://hezbollavzla.blogspot.com/*, *http://muyahidín-hezbollah-venezuela.blogspot.com/* y también *http://thearmyofallah-venezuela.blogspot.com/*

El 9 de agosto: *http://hezbollahvzla.blogspot.com/*

El 13 de agosto: *http://musulmanesvenezolanos.blogspot.com/* y *http://hezbollahmuyahidinvenezuela.blogspot.com/*

El 14 de agosto: *http://muyahidvzla.blogspot.com/*

El 16 de agosto: *http://caminodeallah.blogspot.com/* y *http://caminosdeallah.blogspot.com/*

El 17 de agosto: *http://muyahidinamericalatina.blogspot.com/* y *http://combatientesislamicosvenezolanos.blogspot.com/*

El 18 de agosto: *http://soldadossantosdeallah.blogspot.com/* y *http://colocaciondeexplosivo.blogspot.com/*. Este último es el importante.

10. *Noticias Internacionales*, núm. 28, pág. 8 y 9.

zuela en 1958, escapando de los conflictos de su Líbano natal. Prestigioso abogado y profesor del Instituto de Altos Estudios Diplomáticos Pedro Gual (adscrito al Ministerio de Asuntos Exteriores), Kabchi no es traductor profesional, sin embargo se convirtió en el principal asesor de Hugo Chávez en asuntos árabes y acompañaba al presidente en sus viajes por Oriente Medio, ejerciendo como su traductor de confianza. Antes de aquella entrevista, Kabchi ya había acompañado a Chávez en sus viajes oficiales a Arabia Saudí, Qatar, Kuwait, los Emiratos Árabes Unidos, Libia, Argelia, etcétera. Y continuaría haciéndolo después. De hecho, cualquier observador mínimamente sagaz que prestase atención a las imágenes de Hugo Chávez en cualquiera de esos países árabes, emitidas por Al Jazeera, Al Arabiya o cualquier otro canal de televisión, no tardaría en descubrir a Raimundo Kabchi, a unos metros del presidente. Si existía una persona en Venezuela que poseía información privilegiada sobre la verdadera relación de Chávez con los árabes, era su traductor y asesor de confianza. Además era libanés, y por tanto podía estar mucho más cerca del Hizbullah real que aquella caricatura sectaria inventada por Darnott. Así que decidí dar un volantazo en mi investigación y dirigir mis pesquisas hacia Kabchi.

Nunca había visto a Raimundo Kabchi por la Gran Mezquita de Caracas, como tampoco había visto por allí a ningún miembro de Hizbullah-Venezuela. Pero como dije antes, eso era lógico: la mezquita Ibrahim Bin Abdul Aziz Al-Ibrahim, construida con fondos saudíes, era suní, y los guerrilleros de Hizbullah y la mayoría de sus colaboradores son chiitas. Darnott incluido. Eso me reforzó en mi sospecha de la relación de Kabchi con Hizbullah. Me equivoqué una vez más.

Con referencias como las del director del Centro Islámico Mohammad Alí Ibrahim Bokhari o el director del periódico *Noticias Internacionales* Lahssan Haida, que acababa de entrevistarlo, no me costó ningún esfuerzo que Raimundo Kabchi accediese a recibirme en su lujoso despacho de la avenida Urdaneta, esquina de Ánimas, en pleno centro de Caracas. Libanés, asesor de confianza de Chávez y panelista en la manifestación contra los bombardeos israelíes del pasado julio, cuando llamé a la puerta del Escritorio Jurídico Kabchi e Hijos esperaba encontrarme con un comando de Hizbullah en pleno... Y para mi sorpresa, Kabchi ni siquiera es musulmán. Nuevo gancho de izquierda a mis prejuicios.

En todos los artículos que había leído denunciando la presencia de organizaciones terroristas árabes en Venezuela, el nombre de Kabchi aparecía varias veces, apuntando a su complicidad con el régimen chavista al fomentar las alianzas de Venezuela con el mundo árabe. Pero todos los autores de esas acusaciones habían olvidado mencionar que Kabchi es un cristiano maronita, algo que no encaja demasiado bien con mi idea del yihadismo terrorista. Yo y mi maleta de prejuicios habíamos dado por supuesto que el libanés asesor de Chávez en todos sus viajes a los «países terroristas» tenía necesariamente que ser un fanático islamista, pero como me había ocurrido con Aiman Abu Aita, el líder de las Brigadas de los Mártires de Al Aqsa en Belén (Palestina), descubrí que su lucha contra Israel era política, y no religiosa. Ambos eran cristianos.

Los maronitas, a diferencia de los coptos, los ortodoxos y otras Iglesias cristianas orientales, nunca rompieron relaciones con el Papa de Roma. Víctima del colonialismo europeo, como el resto de Asia, África o América, cuando Francia abandonó el Líbano ideó un pseudodemocrático sistema de gobierno que tenía por objeto mantener el equilibrio entre las tres grandes comunidades sociales que convivían en el país. Y de esa forma, desde entonces y por ley, el presidente de la República del Líbano debe ser un cristiano maronita, como Kabchi, el primer ministro debe ser un suní y el presidente del Senado, un chiita. Claro que los franceses no contaron con que la natalidad entre las familias musulmanas es mucho más elevada que entre las cristianas, por mucho que el Santo Padre se empeñe en reprochar los sistemas anticonceptivos. Con lo cual, aquel reparto equitativo del poder, que imaginaron los franceses de los años cuarenta para mantener el equilibrio entre tres colectivos similares, hace mucho que se desequilibró por el aumento de la población islámica y la reducción de la cristiana.

Raimundo Kabchi es un hombre extremadamente cordial y accesible. Su elegante traje de corte europeo y la exquisita decoración de su despacho distaban mucho de mi idea de un terrorista. Las únicas armas que vi en su oficina eran los tratados jurídicos y los cientos de libros que atestaban su biblioteca. Y a pesar de tratarse del hombre de confianza del presidente del país en materia árabe, conmigo siempre fue extremadamente amable y cercano. Quizás porque le emocionó la falsa historia de mi dramático enviudamiento en Palestina. Y, tal vez por eso, en la primera de mis visitas a su despacho me regaló varias horas de su tiempo para una larga y profunda entrevista, que aquí solo puedo resumir por una cuestión de espacio.

Kabchi aterrizó en Venezuela con dieciséis añitos, escapando de las guerras civiles en el Líbano. Con tan mala fortuna que llegó a Maiquetía el mismo día del golpe de Estado contra Pérez Jiménez. «Y pensé, no fui a morir allí entre los míos, y voy a morir en una acera por aquí y nadie va a saber de mí. Después de cinco horas desde Maiquetía llegué hasta la casa de mi hermana en Caracas, que vivía cerca de Miraflores...»

—Supongo que todos los árabes venezolanos compartimos esa admiración por el presidente, ¿no?

—Tienes razón, Muhammad... Decenas de muchachos árabes nacidos después de la embestida israelí en contra del Líbano, y de Palestina recientemente, llevan el nombre de Hugo Chávez. Me cupo el honor, como venezolano de origen árabe, de que hace dos semanas una universidad árabe de Túnez hiciera una encuesta a lo largo del mundo árabe, en las universidades, y el ídolo para ellos, el hombre capaz de cambiar el mundo, se llama Hugo Rafael Chávez Frías. En cada manifestación en el mundo árabe no están las imágenes de sus jefes de Estado ni de partido, solo hay dos retratos: el de Hassan Nasrallah, líder indiscutible del mundo libanés, musulmán e inclusive mundial, por su valerosa y heroica resistencia al genocidio israelí, y el retrato de nuestro presidente. En cualquier país árabe. Hoy día uno va a países árabes y cree que está en una ciudad cualquiera, en un pueblo cualquiera venezolano, porque las imágenes de Chávez están en todas las paredes, en todos los lugares. La bandera de Venezuela ondea en todos los lugares. Cosa que me llena de orgullo como venezolano de origen libanés y árabe.

Kabchi lo sabe porque ha acompañado a Chávez en la mayoría de sus viajes a países árabes. No solo como traductor, sino como asesor político.

—Mira, estoy tan imbuido de todo lo que representa Chávez, que soy capaz de desempeñar cualquier cargo no oficial, no con oficina, no con sueldo. Cualquier cosa que me pida Chávez. Y me siento yo agradecido, no él a mí, por las pocas cosas que yo le brindo, porque me da la oportunidad de hacer algo, primero por este país que adoro, sino también al propio presidente, por lo que significa para mí. Y a este proceso, que no es ya el proceso venezolano, es modelo y ejemplo, no para transportar sino para que los pueblos del Tercer Mundo vean en nuestro jefe de Estado un modelo que, con su valentía, interpreta el sentir, la conciencia, el deseo de la gente, que sus gobernantes no hacen.

—Pero ¿cómo es él en las distancias cortas? —insistí.

—... yo de verdad le digo a mi familia que ojalá todos los venezolanos conociesen de verdad este Chávez que los medios tendenciosos quieren presentar como un tirano, un déspota, un maltratador de mujeres, un hombre hecho como los prusianos, dentro de un molde de militarismo cerrado, etcétera. Es un hombre sumamente culto, un hombre sumamente dado, es un amigo extraordinario, cree mucho en la amistad, y cuando uno de sus amigos lo traiciona, y son muchos los que le traicionaron... Muchas veces, en los viajes a Medio Oriente, llego a pasar veinticuatro horas con él, y lo conozco con su grandeza e inclusive con las cosas pequeñas de un hombre común y corriente...

Kabchi es consciente de que una de las cosas que hacen más peligroso a Chávez es el contagio de su ideario bolivariano y revolucionario a otros países de América Latina.

—Si vemos a Chávez desde la acera de USA o de otros subimperios, como Israel, Blair, etcétera, efectivamente Chávez puede representar un peligro, pero no porque él esté exportando su revolución, sino porque las realidades que agobian a los venezolanos son las mismas que agobian al pueblo latinoamericano, al pueblo africano, etcétera. Y estos pueblos saben cuáles son los problemas y se rebelan contra ellos, y con ello concuerdan con los postulados de Chávez. Pero que Venezuela y Chávez pueden servir de paradigma, eso sí.

Mira, fuimos en contra de las recetas del Banco Mundial, y del Fondo Monetario Internacional, pronosticaron que íbamos a estar en una bancarrota, y acaban de reconocer que se equivocaron con Venezuela, y efectivamente Venezuela ha generado prosperidad, ha habido un crecimiento, y sobre todo una atención para los desposeídos que habían sido olvidados desde la llegada de Cristóbal Colón a nuestro continente hasta la llegada de nuestro presidente. Esta gente, hoy en día, con nuestras misiones, tiene acceso a la salud, a la educación, a los productos agrícolas mucho más baratos. Esto puede servir de modelo y ejemplo a estos países. Visto desde el lado yanqui, Chávez es peligroso, como cualquier persona que trata de cambiar el statu quo que impera en el mundo donde hay explotación, donde otros disfrutan las riquezas de esos pueblos mientras ellos sufren hambre, etcétera.

Raimundo Kabchi es un hombre muy amable. Lo cierto es que resulta fácil hablar con él. Así que, después de un buen rato de distendida entrevista, me atreví a tocar un tema un poco más escabroso. Ilich Ramírez Sánchez, *Carlos el Chacal*, y su relación con Hugo Chávez, que tan duras críticas le había supuesto al presidente de Venezuela en Europa...

—¿Qué Europa? ¿La Europa que llevó al lugarteniente del Che Guevara a ser ministro de Cultura en Francia? ¿La Europa que viene a defender en Alemania a una persona considerada en nuestro país vecino terrorista y narcotraficante, y le obliga a reconsiderar su proceso? El presidente Chávez, cuando trata a ese ciudadano venezolano que llaman el Chacal, imprime en esa relación la moral y ética del presidente Chávez. Un asesino en cualquier sociedad tiene el mismo derecho que tú y yo. Muchas veces es víctima de la propia sociedad. Eso no se trata de que tú convalidas lo que ha hecho o apoyas lo que ha hecho, sino simple y llanamente uno apoya a los demás su propia moral. Y así es tratado Carlos el Chacal por el presidente Chávez. Yo no veo ninguna cosa anómala. Estados Unidos intervino, personalmente, en Bolivia, contra una sentencia por terrorista en un país del centro de América del Sur, e hicieron todo lo posible por llevarla a USA. Qué diferencia hay entre lo que hizo USA con sus súbditos, lo que hizo Francia o Alemania con sus súbditos, con lo que hace Chávez. Yo digo más. Venezuela tiene que ser mucho más militante en defender los derechos que tiene Carlos el Chacal. Será terrorista, será asesino, pero es inocente hasta que haya una sentencia. Y como venezolano, siendo genio o siendo matón, tiene derechos, igual que en cualquier otra sociedad. ¿Por qué la gente, frente a una sensibilidad social de Chávez, se alarma, pero no le criticaron a Mitterrand el llevar al lugarteniente del Che a ser su ministro de Cultura?

Aparentemente, Kabchi no conocía, o no quería aceptar, la sentencia a cadena perpetua que ya había dictado un tribunal francés contra Carlos. Ya puestos, y vista su disposición a responder todas mis preguntas, me atreví a tocar otro tema sensible: la supuesta complicidad de Venezuela con el terrorismo islamista.

—Ni los árabes son terroristas, ni el Islam es terrorista. En el supuesto de que esa acusación falaz fuese cierta, ¿qué relación tiene USA con Arabia Saudita? ¿El Islam de Pakistán, de Musharref, lacayo de USA, es diferente al Islam de otros países? Ahora eso de Al Qaida y la relación del presidente Chávez con el terrorismo... Llevan ocho años hablando de eso, y no han sido capaces de presentar ni una sola prueba, ni una sola. Pero hacen sus acusaciones a boleo, y como hay periodistas pagados por ellos, y hay canales de televisión por todo el mundo, entonces amplifican la acusación del Imperio, y se hacen eco de ella sin confirmación de ningún tipo. Estos medios en Venezuela, por ejemplo, que repiten las palabras del Imperio sobre la supuesta relación nuestra con el terrorismo, e inclusive hablan de bases de entrenamiento en Isla Margarita, bueno, pues no tenemos ni un solo kilómetro en Venezuela vedado a nadie. ¿Y no han logrado en ocho años verificar si es verdad o no? Estos estadounidenses que dicen poder ver desde la luna la moneda que está en la calle de cualquier ciudad ¿todavía no han podido presentar una sola foto, una sola imagen, una sola prueba fehaciente sobre esto?

Antes de despedirnos, no pude resistir la tentación de pedirle un pronóstico a Kabchi sobre las elecciones generales que se avecinaban, y en las que todo el mundo tendría puestos los ojos el siguiente 3 de diciembre. ¿Qué iba a ocurrir ese día, según el principal asesor árabe del presidente?

—Lo que ha pasado en los últimos siete años. En esta «tiranía feroz» de Chávez se han llevado a cabo doce elecciones y referéndums, muchas veces por iniciativa propia de él, y siempre les ha dado una paliza, tanto al Imperio como a los candidatos que se jactan de recibir dinero del Imperio. Dinero que reciben bajo el manto de una ayuda a las «organizaciones democráticas», dicho sea de paso, «organizaciones democráticas» que fueron las que hicieron posible el golpe de Estado en Venezuela, que el pueblo rechazó a las cuarenta y siete horas. Va a pasar lo mismo. Mira, un presidente que se ha preocupado no solo del 20 por ciento de los venezolanos que pertenecen a la clase próspera, sino del 80 por ciento que pertenece a la clase marginada, a través de todos los programas sociales, este pueblo no puede sino responderle a este presidente. Amor por amor. Un presidente que ha elevado el nivel del pueblo, que ha solucionado para siempre el problema del analfabetismo, el problema de la salud, que era un lujo al que no accedían los pobres y ahora el médico toca tu puerta para saber si estás enfermo; haber construido 5300 escuelas que no se habían construido en toda la historia de Venezuela, una treintena de universidades, y que ha hecho de Venezuela un país donde ser pobre ya no es un estigma. Ese pueblo responderá como lo ha hecho siete años y votará masivamente al presidente Chávez. Y en la noche del 3 de diciembre saldrán los voceros del Imperio diciendo fraude. Como lo hicieron el 16 de agosto de 2004. Los observadores internacionales de la UEA, del Centro Carter, europeos, dicen que fueron libérrimas y ellos decían que fraude y que iban a presentar pruebas, y hasta ahora. Eso ocurrirá el 3 de diciembre, ya lo verán...

Al despedirnos, me hice unas fotos con Raimundo Kabchi, tan cordiales y sonrientes como las que me había hecho con el sheikh Mohammad Alí Ibrahim Bokhari. Y coloqué esas fotos en el álbum que había preparado, con imágenes de toda mi falsa biografía musulmana. Muy cerca de las de Dalal, mi supuesta esposa asesinada en Palestina. La verdad es que el álbum daba el pego, como había demostrado en Beirut cuando fui interceptado por los del Hizbullah auténtico. Cualquiera que registrase mis cosas y encontrase ese álbum, en el que se mezclaban fotos auténticas de mi infancia con otras de mis viajes por diferentes países árabes, las que compartía con mi «esposa asesinada» por los judíos, o con personajes como Bakri, Abayat, etcétera, o con Mohammad Alí Ibrahim Bokhari o Raimundo Kabchi, no dudaría de mi origen árabe y mi compromiso con el Islam. O eso esperaba, porque había llegado el momento de agarrar el toro por los cuernos y salir hacia la Isla Margarita en busca de Al Qaida.

Margarita, la isla de Al Qaida en el Caribe

En la mezquita no fue difícil encontrar hermanos y hermanas que conocían el rumor de los campos de entrenamiento de Al Qaida en Porlamar. Incluso, según me comentaron sin poder precisar demasiado, justo después del 11-S uno de los responsables de la comunidad islámica en Margarita había sido detenido y trasladado a Caracas para su interrogatorio a manos de agentes del FBI desplazados desde los Estados Unidos. La cosa prometía.

Los informes del Comando Sur y de la prensa opositora insistían en que era tan evidente la presencia terrorista en la isla, que los yihadistas contaban incluso con un programa de radio propio, «donde poder leer los comunicados terroristas y extender su mensaje de odio». Efectivamente, en algunos artículos sobre el tema pude leer esas referencias a un programa de radio de los yihadistas en Margarita, y esa era una noticia excelente, porque me facilitaría las cosas para localizar a los terroristas una vez llegase a Porlamar. Pero antes necesitaba ayuda.

Yusef W. es un entrañable empresario árabe, propietario de un supermercado situado casi bajo el histórico Puente Llaguno, testigo de una masacre que marcó la historia reciente de Caracas. Pero también es miembro del Foro de Solidaridad Árabe con Venezuela y vicepresidente de la Juventud Venezolana Libanesa. Desde mi primer viaje a Venezuela una corriente de simpatía nos envolvió recíprocamente. Aunque Yusef no era, todavía, un musulmán ejemplar. Tendría que pasar un buen susto, al borde de la muerte, y una inexplicable experiencia mística, dos años después, para replantearse toda su vida anterior, y su fe en la gloria de Allah y en sus milagros.

Pero antes de aquello Yusef, como el pornógrafo *Salaam1420*, era la prueba evidente de que los musulmanes, igual que los cristianos, judíos o budistas, pueden ser tan consecuentes con su religión como cualquier otro ser humano. O tan poco consecuentes. Yusef fumaba, bebía e incluso frecuentaba prostitutas, como cualquier otro respetable cristiano occidental. Y, pese a ello, la trastienda de su supermercado parecía un auténtico templo a los grandes revolucionarios de la historia. Compartiendo las mismas paredes del local, junto a un maravilloso cuadro de la Kaaba, en La Meca, aparecían grandes retratos lujosamente enmarcados del Che Guevara, Malcolm X, el subcomandante Marcos o Pancho Villa. Yusef era un ejemplo fantástico del Islam revolucionario del que hablaba Carlos el Chacal. Ese punto de intersección entre el Islam, o más bien el mundo árabe, y la lucha armada de tendencia comunista que a mediados de siglo xx inspiró los movimientos guerrilleros en América Latina, y a organizaciones como Hizbullah en el Líbano o el Frente Popular de Liberación de Palestina. Y Yusef conocía a unos y a otros. Tanto a los movimientos armados venezolanos, como los Tupamaros, La Piedrita, Alexis Vive, los Carapaica, etcétera, como a los grupos musulmanes de Isla Margarita. Y si no conocía directamente a alguien, sí sabía de un amigo, de un vecino, de un pariente que me podría llevar a ese alguien. Así que Yusef consiguió ponerme en contacto con otro hermano musulmán en el Táchira, Abu Ahmad, que a su vez me facilitó un teléfono de otro hermano en Nueva Esparta, Haled Guevara, que conocía a Alí Fakih, que era amigo de Khalid...

Así empezaba el nuevo hilo de Ariadna que tendría que recorrer hasta llegar a los temidos terroristas yihadistas de Isla Margarita, de los que tanto se había hablado. Y de los que se volvería a hablar en los Estados Unidos solo unas semanas después.

Aterrizar en el aeropuerto de Porlamar me produjo una sensación extrañamente familiar. Como volver a casa. Y eso no era buena señal. El de Nueva Esparta era el único estado insular de Venezuela. Tropical, extremadamente turístico y un «puerto libre» exento de los impuestos del SENIAT (el Servicio Nacional Integrado de Administración Aduanera y Tributaria) venezolano. Inevitable comparar Nueva Esparta con las Islas Canarias en España. Sobre todo al descubrir, nada más llegar, la enorme oferta de ocio que presenta Margarita a sus visitantes. Por todos lados había folletos y carteles que ofertaban excursiones, submarinismo, escalada deportiva, surf, senderismo... Y no solo eso: en Isla Margarita, y por mucho que Chávez se haya manifestado contra la explotación sexual femenina, se practica una de las más humillantes formas de prostitución que yo haya conocido, algo que no había visto ni durante el año que trafiqué con mujeres. En aquella idílica isla caribeña se encuentra uno de los pocos hoteles del civilizado Occidente judeocristiano que ofrece la posibilidad de alquilar «novias para las vacaciones, todo incluido». Un complejo turístico que se mantiene con un 60 por ciento de turistas norteamericanos y un 40 por ciento de europeos, que acuden en busca de una forma diferente de prostitución.

Alquilando la habitación en ese hotel, tienen la posibilidad de escoger entre varias «novias», la que les apetezca para convivir con ella, como una «pareja real» en todos los sentidos, veinticuatro horas al día. Y cuando digo *pareja* me refiero a la percepción más machista y chovinista del término, ya que la «novia» planchará, cocinará, fregará y por supuesto complacerá sexualmente al varón. Y si a las veinticuatro horas no está satisfecho, puede cambiar de habitación... o de novia. Claro que si las jóvenes candidatas, en general muchachas llegadas de Caracas, Zulia, Mérida o Táchira en busca de una oportunidad laboral en la Perla del Caribe, no son escogidas por el cliente de turno, o son repudiadas por no cumplir todos los caprichos de su «novio», no cobran la jornada. Al lado de esa forma de humillación, hasta el despreciable burka afgano me parecía casi más respetuoso con los derechos de la mujer.

Igual que me había desconcertado la actitud de los terroristas suicidas en Casablanca, que olvidaban los objetivos israelíes más valiosos en sus chapuceros atentados, me sorprendía la pasividad de los terroristas islámicos en Porlamar ante un antro como ese.[11] Sinceramente, no comprendía cómo mis hermanos musulmanes, supuestos yihadistas terroristas, no habían dinamitado ya el puto hotel, con todos los clientes dentro. No se me ocurriría un objetivo más digno de un yihad que ese burdel disfrazado de respetable complejo turístico... desde el punto de vista terrorista, claro. Pero nada... Al Qaida en Isla Margarita parecía demasiado ocupada en otras actividades.

Porlamar me resultaba demasiado familiar. Aquella isla consagrada al ocio y el esparcimiento turístico me recordaba demasiado a las «islas afortunadas» de España, y al hacerlo caí en la cuenta de una obviedad, sepultada por mi maleta de prejuicios, de la que no me percaté hasta poner los pies en Margarita. ¿No resulta un poco contradictorio que Al Qaida escoja la isla más turística, visitada y mediática de Venezuela, para establecer sus campos de entrenamiento terrorista? De repente me di cuenta de que tal pretensión resultaba tan absurda como imaginar campos de entrenamiento de ETA en Ibiza. Y en ese momento empecé a sospechar que la historia de los grupos terroristas en Porlamar quizás tuviese la misma credibilidad que la denuncia de la presencia de Mustafá Setmarian en Venezuela, unas semanas antes de que fuese capturado en Pakistán.

---

11. La excelente documentalista Monica Garsney, autora de reportajes como *Gaza: The Fight for Israel* o *The Model, the Poster and 3000 Women*, realizó un brillante documental sobre este repugnante y humillante «hotel» ubicado en Margarita, que en España se emitió en el canal Cuatro con el título *Mi novio, un turista sexual.*

Tras dejar mis cosas en uno de los hoteles (que no incluía «novia de alquiler»), empecé un largo periplo por bazares libaneses, tiendas de alfombras
persas o restaurantes árabes, hasta poder localizar a uno de los máximos responsables del Islam en Isla Margarita: uno de los nombres señalado en todas
las denuncias como líder de los campos de entrenamiento terrorista en Nueva
Esparta. Y el supuesto terrorista, detenido inmediatamente después del 11-S,
y desplazado hasta Caracas para ser interrogado por el FBI. Su nombre: Mohamad Abdul Hadi, vicepresidente de la Comunidad Islámica de Margarita.

Mohamad Abdul Hadi lleva tanto tiempo viviendo en Venezuela que todo
el mundo le llama Manuel. Regenta uno de los abundantes comercios de la
zona árabe de Porlamar, concretamente La Bella Dama, en la calle Velázquez
esquina con bulevar Guevara. Y precisamente a él, al Che Guevara, junto a
Gamal Abdel Nasser, es lo primero que me encontré al entrar en el despacho
de Mohamad, en la trastienda del comercio. Una enorme fotografía de más de
un metro de alto del Che y Nasser, durante la visita que el revolucionario
argentino hizo a Egipto en 1965, presidía aquel despacho desde el que, según
el Comando Sur norteamericano, se coordinaba Al Qaida en Margarita. Despacho que, por cierto, grabé de arriba abajo.

Es verdad que existía una abundante biblioteca, y que muchos de los libros
estaban en árabe. De hecho identifiqué varios Coranes, hadices y algunos libros
sobre teología islámica. Pero también vi libros en inglés y sobre todo en español. Libros sobre contabilidad, gestión de empresas, historia de las religiones,
varios diccionarios y otros títulos tan variados como *Cazador de espías*, de Peter
Wright, o una biografía de Marilyn Monroe, un poco improcedente en la biblioteca de un presunto integrista islámico. Quizás el libro más comprometido
que vi en la biblioteca de Mohamad fue *Soldiers of God*. Intuyo que, en un
hipotético registro a su despacho, ese sería el tipo de cosas que se resaltaría
en el atestado policial, y no la biografía de Marilyn...

Mohamad Abdul Hadi es libanés, y no tiene problema en confesarse devoto nasserista y chavista. Tampoco oculta su simpatía por Hassan Nasrallah
y por cualquiera que se enfrente a Israel y a la «masacre palestina». Decirle, y
era cierto, que acababa de regresar del Líbano y de Palestina, y mostrarle mi
mágico álbum de fotos familiar, con mis fotografías en Beirut, Ramallah o
Yinín, me abrió las puertas y las ventanas a la comunidad islámica en Margarita. Nadie tenía la menor duda de que yo era uno de ellos. Y ellos llevaban
mucho tiempo asentados en Porlamar. Sin embargo, los ataques furibundos
contra la comunidad islámica en la isla nunca se dieron antes de la llegada de
Chávez al poder. Quizás porque a nadie se le había ocurrido, antes del 11-S,
que los comerciantes musulmanes de Margarita podían ser instrumentalizados
como arma política contra el gobierno, a manos de la oposición. O esto es lo
que sugiere el vicepresidente de la Comunidad Islámica de Margarita.

—Con Chávez o sin Chávez, íbamos a ser atacados —me explica Mohamad—. Aquí, durante tres años salíamos en primera página con titulares como «Terroristas árabes en Isla Margarita»; «Campos de entrenamiento terrorista en Isla Margarita»; «El presidente Bush demanda a comunidad árabe de Isla Margarita». Una vez vino el corresponsal del *Washington Post* para entrevistarme, y yo le dije que primero diese una vuelta por la isla, para conocer a la gente, la comunidad, y que luego hablaríamos. Así lo hizo. Dio una vuelta por el centro y alrededores de Porlamar y se dio cuenta de que había una gran comunidad árabe. Él publicó después «no es extraño ver una mujer con velo, detrás de la caja registradora, en una tienda de Isla Margarita»; «no es extraño ver a un comerciante árabe viendo Al Jazeera en su televisión por cable»; «hay una gran comunidad árabe en Isla Margarita, pero aquí todo el mundo vive en paz». No hay campos de entrenamiento, no hay ningún acto terrorista, aquí los árabes practican a diario su religión sin molestar a nadie. Salió la entrevista así en el *Washington Post*, y sin embargo al día siguiente Globovisión anuncia: «El presidente Bush demanda a la comunidad árabe de Isla Margarita según el *Washington Post...*».

—Yo he luchado con los hermanos de Hamas en Palestina, y no me avergüenzo... A veces la lucha armada es necesaria... —le dije, intentando provocar su reacción.

—No, hermano, es que no es verdad. James Hill siempre decía: «En Isla Margarita hay terroristas árabes», «los comerciantes árabes financian a terroristas». Y a raíz de eso vino la DEA. Aquí hay un banco de un libanés, con el que trabajamos todos los comerciantes pues nos da facilidades. La DEA vino e investigó el banco por tres meses. Investigaron todas las cuentas. Cliente por cliente, y nada. Se fueron sin encontrar nada raro. Pero seguían diciendo que si terroristas, que si campos de entrenamiento en Macanao... Macanao es desértico, no hay nada, solo muchos conejos y unos comerciantes libaneses que los domingos iban a cazar, ¿será que confundieron los conejos con terroristas? Vinieron de Caracas, del gobierno venezolano. Fotografiaron toda la isla, pero seguía la campaña. Que si el Centro Islámico de Porlamar terrorista... que si actividades terroristas... Nosotros nos cansamos de responder, pero al final decidimos entregarnos en manos de Dios.

De pronto, cuando Mohamad me explicó que el gobierno autónomo de Nueva Esparta no era el Movimiento Quinta República de Chávez (MVR), sino los adecos de la oposición, la cosa empezó a tener sentido... Según el vicepresidente de la comunidad árabe de Margarita, el gobierno de la isla, contrario a Chávez, había utilizado a la comunidad islámica como un arma arrojadiza contra el MVR, con excepcionales resultados mediáticos:

—Gente de aquí decía de nosotros que éramos terroristas. Cuando salimos en una manifestación para protestar por la guerra de Iraq, nos señalaban diciendo: «Ahí van los terroristas». Y lo increíble es que el mismo presidente del partido adeco es de origen libanés y siempre ha estado financiado por políticos árabes. Al darnos la espalda, fuimos apoyados por el ex gobernador, que era chavista. Quizás por eso nos decían terroristas... Recuerdo que era el último día en Ramadán de 2004. Entra el embajador Shapiro con su agregado militar y empezamos a explicarle nuestras actividades, a enseñarle la biblioteca, dónde rezamos, la escuela que estamos construyendo, etcétera. Nosotros hablábamos pero él no decía nada. Una hora más o menos... y hermano Muhammad... al final de la reunión, Charles Shapiro solo dijo esto: «Vine a pedir perdón por los problemas que les hemos causado». Este es el mejor certificado que nos han dado. El sucesor de Shapiro también vino y tenemos buena relación con la embajada americana... Queremos que nuestra comunidad tenga el comportamiento que el Profeta nos enseñó, ni derecha ni izquierda, sino la línea media. Así Dios nos lo mandó y así lo enseñamos a las generaciones que vienen.

De pronto, la historia de los campos de entrenamiento en Isla Margarita empezó a desinflarse como un caucho pinchado. La imagen del embajador Charles Shapiro disculpándose por la instrumentalización política que la oposición chavista había hecho de la comunidad árabe en Porlamar me parecía triste. Aunque aquellas disculpas no eran reales, y el nuevo director del Comando Sur volvería a utilizar mediáticamente la falacia de Al Qaida en Porlamar solo unos días más tarde.

En política, los medios de comunicación son armas tan efectivas como las bombas. Generan corrientes de opinión que después se traducirán en votos. Es decir, en poder. Y para los opositores a Hugo Chávez es evidente que la islamofobia que generó el 11-S convertía a una comunidad árabe, que además simpatizaba con organizaciones consideradas terroristas como Hamas e Hizbullah, en una contundente arma arrojadiza contra Chávez. Sería absurdo desperdiciar políticamente esa ventaja. Sobre todo porque el hombre que tenía ante mí ya había sido investigado con anterioridad en relación al 11-S. Así que, sin quererlo, se lo había puesto muy fácil a los opositores:

—Nosotros también hemos sido víctimas. A raíz del 11-S, el gobierno americano presionó a las autoridades venezolanas para investigar a todos los árabes que en esa época estaban fuera de Venezuela y regresaron después del atentado. Los más investigados fueron los que viajaron al mundo árabe en esas fechas. Yo había ido a ver a mis padres al Líbano y regresé el 9 de septiembre. Una semana después del 11 me citaron en la DISIP. Ellos tenían una lista de todos los que fueron a algún país árabe. Me interrogaron, tomaron mis huellas digitales, y todo eso... Yo fui a los Estados Unidos después y cada cuatro o cinco pasos, revisión, cacheo, saca los zapatos, saca el cinturón, registrarte... Ha sido terrible... Para nosotros el 11-S ha sido también terrible.

Durante los días que pasé en Isla Margarita, con aquellos peligrosos «terroristas» de Al Qaida, conocí sus comercios, su mezquita y también su proyecto más ambicioso: un enorme edificio (en realidad dos) de tres plantas, que tres años después se convertiría en un colegio y centro cultural árabe en el que los cada vez más hijos, de la cada vez más numerosa comunidad islámica de Margarita, pudiesen estudiar la lengua y la cultura de sus orígenes. Por supuesto aquel enorme edificio, que ya estaba en un estado de construcción bastante avanzado cuando lo visité, despertó también las suspicacias y los ataques de la oposición chavista.

—El colegio ya casi está listo —me explicaba Mohamed—. La gobernación nos prometió hacer una vía de acceso porque está en una avenida. El terreno lo hemos comprado con el esfuerzo de la propia comunidad, y recibíamos donaciones de fuera, pero después del 11-S Estados Unidos puso restricciones y ya no las pudimos recibir. También fuimos investigados por eso.

Además, Mohamed me presentó en Margarita al responsable del programa radiofónico «de propaganda islamista» al que se referían los medios opositores y norteamericanos. Resultó ser Mario Arcentales. No solo no era árabe, sino venezolano, pero es que ni siquiera era un converso al Islam. Arcentales es un margariteño apasionado por la gastronomía, la música y la cultura árabe que realiza un programa llamado «Bienvenido al mundo árabe», que se emite en Radio Super Stereo 98.1 FM, y que puede escucharse también a través de Internet en *www.superstereo981.com*. Mario Arcentales me contó con todo detalle su propia experiencia con la campaña de propaganda contra los árabes en Porlamar. Un escándalo que le salpicó, a pesar de no ser árabe ni musulmán, al ser señalado como uno de los colaboradores de Al Qaida en Margarita.

También pude visitar los «campos de entrenamiento» a los que hacían alusión las informaciones periodísticas occidentales... y que resultaron ser cotos de caza en la isla, donde habían fotografiado a un grupo de libaneses con sus escopetas de tiro al pichón o al conejo. La imagen de los «árabes armados en Isla Margarita» era otra de las «pruebas» de la presencia de Al Qaida en Porlamar. Claro que nadie se molestó en precisar que las armas eran escopetas de cartuchos; que el «campo de entrenamiento» era un coto de caza menor; y, sobre todo, que los árabes en cuestión eran libaneses... cristianos maronitas. Como en el caso de Raimundo Kabchi, ni siquiera eran musulmanes. «¡Pues vaya mierda de terroristas islámicos!», volví a pensar.

Esta versión de la historia tenía más sentido que imaginar a Ben Laden y a Mustafá Setmarian correteando en bermudas por las playas de Nueva Esparta, seguidos por un grupo de jóvenes yihadistas armados con AK-47, esquivando a los bañistas. Sin embargo, lo cierto es que la isla sí recibiría la visita de peligrosos y desalmados terroristas árabes. Y lo extraordinario es que el mismísimo Hugo Chávez se reuniría con ellos, estrecharía sus manos y posaría sin pudor ante la prensa internacional. Pero eso ocurriría tres años más tarde. En septiembre de 2009...

No. La historia de los campos de entrenamiento de Al Qaida en Isla Margarita tenía la misma credibilidad que la presencia de Mustafá Setmarian en Venezuela, por mucho que la sensacional revelación llegase del ex comisario de la DISIP Johann Peña. Lo que no entendía era por qué cientos de periodistas, en todo el mundo, la repetían una y otra vez en sus artículos, páginas web, libros, conferencias y programas, sin que nadie se hubiese tomado la molestia de ir a Isla Margarita para confirmarla. Fue la primera de una inmensa lista de tergiversaciones, falacias, manipulaciones, mentiras, exageraciones y absurdas y ridículas tonterías en torno al Islam, al yihadismo y al terrorismo en general, que me encontraría repetidas una y otra, y otra vez, en periódicos, documentales y ensayos aparentemente serios y rigurosos.

Allah es el más grande. Como si la providencia quisiese darme una señal de que estaba en el camino correcto, no tuve que esperar ni siquiera un mes para que la conspiración terrorista de Isla Margarita volviese a asomar en los titulares de la prensa internacional.

En septiembre de 2006, el Comando Sur del ejército norteamericano volvía a la carga. Su nuevo general al mando, Bantz J. Craddock, presentaba una hoja de servicio tan espectacular como la de su predecesor, el general James Hill. Oficial al mando del Comando Europeo anteriormente, Craddock había participado en la guerra de Kosovo y en la Operación Tormenta del Desierto. Poseedor de numerosas menciones y medallas, como la Estrella de Bronce, la Medalla por Servicios Distinguidos, la Legión del Mérito, la Medalla al Servicio Meritorio de la OTAN, la mención por la liberación de Kuwait, la Cruz de Honor de Oro, etcétera, Craddock expresó con la misma contundencia que su predecesor al mando la preocupación que sentían los Estados Unidos por la presencia de campos de entrenamiento de yihadistas terroristas en Isla Margarita. Parece que las excusas del embajador Shapiro a los árabes de Porlamar habían sucumbido ante la rentabilidad política de la propaganda contraria a Chávez, tres meses antes de las elecciones generales en Venezuela.

Inmediatamente, el entonces vicepresidente José Vicente Rangel, uno de los políticos chavistas que gozan de más credibilidad, salió al paso de las acusaciones de Craddock desmintiéndolas, con más ironía que argumentos. Pero fue inútil. Una vez más, las agencias de prensa se hicieron eco de la preocupación del Comando Sur por las células de Al Qaida en Isla Margarita. Y los periódicos reprodujeron la nota de las agencias. Y los programas de radio y televisión comentaron las noticias de los periódicos. Y las webs reprodujeron los comentarios televisivos. Y los blogs los contenidos de las webs. Y los foros los argumentos de los blogs... Y el fantasma de Al Qaida en Isla Margarita resurgió de sus cenizas, como el ave fénix. Supongo que la reaparición de esa noticia, justo cuando se producía la primera visita oficial del presidente iraní Mahmoud Ahmadineyad a Caracas, el día 17 de ese mismo mes de septiembre, era solo una casualidad... Lo más triste de todo es que en Venezuela sí había terroristas. Incluso terroristas árabes. Pero de ellos, los de verdad, no hablaba nadie.

Tras la pista del Chacal entre libros y lienzos

La experiencia en Isla Margarita había sido periodísticamente muy reveladora. Al menos podía eliminar de mis objetivos la supuesta base de Al Qaida en Venezuela. Y empezaba a intuir hasta qué punto el terrorismo era utilizado políticamente por unos y por otros. Si las acusaciones de yihadismo terrorista habían resultado tan rentables políticamente en un país como Venezuela, ¿podría haber ocurrido lo mismo en Europa o en los Estados Unidos?

Lo que no era una instrumentalización política, ni un rumor, ni una campaña de propagada yanqui era la historia de Carlos el Chacal. Así que, de regreso a Caracas, continué buscando pistas que me acercasen a la familia de Ilich Ramírez Sánchez. Y fracasé de nuevo.

Pateé las librerías caraqueñas en busca de bibliografía sobre el Chacal para ampliar mi colección. Sabía que varios autores venezolanos, como Álvaro Soto Guerrero, habían escrito libros sobre su paisano, pero no logré encontrar ninguno. Tampoco conseguí localizar ningún ejemplar de *L'Islam révolutionnaire*, el libro escrito por Ilich Ramírez con la colaboración de Jean-Michel Vernochet y publicado en Mónaco en 2003 por Éditions du Rocher. Tenía la esperanza de que existiese alguna edición en español, publicada en Venezuela, o de que al menos me fuese más fácil conseguir el libro en la patria del Chacal, pero tampoco tuve suerte. Ni en las grandes superficies como el centro comercial de plaza de las Américas, el Tolón de Las Mercedes o el Sambil; ni en los abundantes y nutridos puestos de libros de segunda mano de los buhoneros, situados bajo el Puente de las Fuerzas Armadas, en la avenida Urdaneta. Ni siquiera en La Gran Pulpería del Libro Venezolano, un lugar maravilloso en Sabana Grande, donde pasaba los pocos ratos libres que tenía, buceando entre millones de libros, revistas y antigüedades de ocasión, que ningún amante de los libros puede perderse si viaja a Caracas. Se encuentra en tercera de avenida Las Delicias con avenida Solano López, edificio José Jesús, local 2. Allí conseguí interesantes volúmenes sobre la historia de la guerrilla venezolana, biografías de Hugo Chávez, ensayos sobre la lucha armada... Pero del Chacal, ni rastro. Sin embargo, y sin proponérselo, el responsable de La Gran Pulpería me pondría en la pista de otra línea de investigación. Al preguntarle si conocía el libro *El Islam revolucionario*, pronuncié el título en español y no en francés como habría sido lo correcto.

—¿*El Islam revolucionario*?... Mmm... La edición española no la conozco, pero he tenido varios ejemplares de la edición del ejército venezolano... Entran y salen. Ahora no me queda ninguno pero si vuelves el mes que viene, quizás haya entrado alguno.

—¿Edición española? ¿Existe una edición española? ¿Y cómo es eso de que hay una edición del ejército? Perdóneme, señor, pero no entiendo.

—Sí, hombre, el libro de las guerras asimétricas y el Islam revolucionario se editó en España, pero se ve que al presidente le gustó tanto que mandó imprimir una edición para el ejército, y acá se sacó también. En las imprentas del mismo ejército bolivariano...

—¿Cómo? No es posible... Pero vamos a ver, ¿estamos hablando del libro *L'Islam révolutionnaire* del comandante Ilich Ramírez, de *Carlos el Chacal*?

—No, hombre, no. Yo te hablo del otro, del libro del Islam revolucionario. El que escribió el que era el apadrinado de Fraga... El que debía haber estado en el puesto de Aznar... Cómo se llamaba... Vestrigne, Vastrige...

No sé si me asombraron más los conocimientos sobre la política española que tenía aquel librero caraqueño o su afirmación de que Jorge Verstrynge —no podía ser otro— había escrito un libro sobre el Islam revolucionario, que había entusiasmado tanto a Hugo Chávez como para ordenar una edición para sus fuerzas armadas. Aquello no tenía ni pies ni cabeza. Pero era exactamente así.

Me pasé aquella tarde en mi nueva base de operaciones, el cibercafé situado en la cafetería del hotel Hilton. Se trata de un lugar discreto, con un buen quiosco de prensa en el mismo vestíbulo del hotel, con ordenadores rápidos y, sobre todo, situado a solo cinco minutos de la Gran Mezquita y a dos del apartahotel Anauco, donde se alojan la mayoría de los cubanos de paso por Caracas y donde me reuní con Source un par de veces antes de su boda. En el cíber del Hilton me parapetaba cuando necesitaba navegar por la red sin que ojos indiscretos cotilleasen mis búsquedas. En aquellos ordenadores descubrí que, en 2005, la editorial española El Viejo Topo, conocida por su tradición izquierdista, había publicado el libro *La guerra periférica y el Islam revolucionario*, de Jorge Verstrynge, inspirado en el libro homónimo de Ilich Ramírez. Y tal y como me dijo el librero, Chávez se había entusiasmado tanto que había ordenado la impresión de treinta mil ejemplares, a cargo de las fuerzas armadas nacionales, que fueron repartidos entre oficiales y suboficiales del ejército venezolano. A raíz de ello Verstrynge había viajado a Venezuela en calidad de asesor de las fuerzas armadas bolivarianas...

Realmente nunca me había interesado la política. Sin embargo, todo el mundo en España, hasta yo, conoce a Jorge Verstrynge. Probablemente sea más que pretencioso sugerir, como hacía el propietario de La Gran Pulpería, que si Aznar no hubiese ocupado el lugar que dejó Verstrynge en el Partido Popular, habría sido él quien habría terminado convertido en presidente de España. Lo cierto es que durante muchos años Jorge Verstrynge fue el secretario general de AP, y el «preferido» de Manuel Fraga. De hecho, José María

Aznar estaba, técnicamente, al servicio de Verstrynge en el partido. Pero ¿qué demonios pintaba en esta historia? ¿Tenía alguna relación directa con Carlos el Chacal? ¿Acaso podía ayudarme a contactar con su familia? ¿Cuál era su relación con los terroristas árabes en Venezuela?

Obviamente, ese mismo día me propuse que no pararía hasta conseguir colarme en la casa de Jorge Verstrynge para obtener respuesta a todas estas preguntas. Hoy recuerdo, divertido, todas las ideas que se me pasaron por la cabeza al encontrarme al ex secretario general de Alianza Popular en mi camino. Y sé que habría bastado con solicitar amablemente una entrevista para que me hubiese atendido, pero en aquel momento no sabía cuál era la relación de Verstrynge con el Chacal ni con el gobierno venezolano, así que decidí, como siempre, tomar el camino difícil. Y maquiné un plan muy elaborado para conseguir colarme en la casa del conocido ex político español, con mi cámara oculta... Periodísticamente, aquello olía muy bien. Así que me convertí en colaborador de la revista *El Viejo Topo*, para llegar a Verstrynge sin llamar la atención.

En aquel primer viaje tampoco logré localizar en Caracas ningún ejemplar del libro de Verstrynge publicado por las fuerzas armadas bolivarianas. Y tampoco pude localizar el libro *Ilich, el Chacal*, editado por *El Nacional*, uno de los periódicos, junto con *El Universal*, más influyentes del país y más críticos con la gestión chavista. En realidad no conseguí el libro, pero en las hemerotecas de ambos periódicos me hice con un dossier de prensa muy generoso sobre Carlos. Ambos diarios habían cubierto meticulosamente el juicio a Ilich Ramírez en Francia, unos años antes.

Por fin, a punto de tirar la toalla y en otro intento de encontrar pistas en la alcaldía mayor, un camarada del MVR en la «esquina caliente», me dijo dónde podría localizar al pintor que supuestamente había estudiado con Ilich Ramírez en el Liceo Fermín Toro. Tal vez él conociese a la familia del Chacal, o al menos tuviese algún libro o alguna información que facilitarme. Y así es como contacté con el pintoresco, en el sentido artístico, José Rafael Castillo Arnal.

Castillo vive en la periferia de Caracas, en un barrio muy humilde y conflictivo, pero me recibió cordialmente en su casa, que también es su estudio, donde se amontonan miles de lienzos y pinturas. Porque Castillo no trafica con su arte. Reconozco que me encantó su particular filosofía de vida. Castillo es un luchador infatigable por la revolución, pero tampoco cree en la razón de la fuerza, ni en la violencia. Su fusil es su pincel, y sus balas, las acuarelas con las que crea su fuego revolucionario en cada lienzo.

Para Castillo cada cuadro es un manifiesto. Por eso no los vende. Se limita a hacer exposiciones callejeras, mostrando lienzos que intentan transmitir un mensaje. A mí solo me interesaba uno de ellos: una pintura de casi metro setenta con la imagen más universal de Ilich Ramírez Sánchez. La misma foto reproducida miles de veces en las portadas de todos los diarios del mundo.

Cuando Ilich Ramírez se convirtió en *Carlos el Chacal* y en el hombre más buscado del planeta.

—Decidí pintar este cuadro de Ilich —me explica— en vista de que siendo venezolano no ha tenido ningún tipo de apoyo. Llegó un momento en que sentí que estaba totalmente desasistido diplomáticamente e incluso que es como un apátrida. Él fue secuestrado en Sudán, llevado a Francia y desde ese momento está privado de su libertad. A él lo estigmatizaron. Hablar de un terrorista, salir en defensa de una persona considerada terrorista te excluye como un ser social en todo el planeta. Y por eso el gobierno de Venezuela trató de no tocar el tema. Ilich está totalmente desasistido. En vista de esto hice el trabajo y coloqué dentro la Constitución Bolivariana de Venezuela y el escudo nacional. Y escribí sobre la pintura esta frase: «Ilich Ramírez Sánchez: la honra y la dignidad se consiguen arriesgando la vida y la libertad... para que otros no sean ni muertos ni prisioneros».

Mi cámara de vídeo estaba grabándole mientras hacía estas afirmaciones, pero debería haberme grabado a mí mismo, porque seguramente mi cara expresaría mi perplejidad ante este discurso. Aquel pintor caraqueño hablaba de Carlos el Chacal con una simpatía, un afecto y una admiración que me turbaban. Por un momento dudé de si hablábamos de la misma persona. Todo lo que yo había leído hasta ese momento, salvó quizás el libro de Nydia Tobón[12] y la carta de Hugo Chávez, reflejaba a un sanguinario asesino despiadado y cruel. Presuntamente autor de ochenta y dos asesinatos en todo el mundo. Pero para aquel entrañable pintor, era un héroe; su captura, un secuestro; y sus crímenes, el precio de la libertad...

—Castillo, dicen por ahí que tú lo conociste en persona, ¿es verdad?

—Sí, conocí a Ilich cuando teníamos aproximadamente dieciséis años. Yo tengo exactamente la misma edad de él. Me acuerdo que hablábamos de la situación que estaba viviendo el país en aquel momento.

—Cuando él se cambia de instituto tú pierdes el contacto...

—Él estaba estudiando en el Fermín Toro y lo único que recuerdo es que continuó sus estudios en el exterior. Unos años después empiezan a hablar del Chacal en Europa y empieza a sonar el nombre de Ilich Ramírez Sánchez, pero las informaciones no llegaban a Venezuela con mucha precisión. Cuando surge un hombre de estas características, a la prensa internacional, que siempre ha sido un medio del capital, no le conviene vender esa idea y entusiasmar a las poblaciones, porque entonces, en vez de uno van a construir miles. La información llegaba muy sesgada, pero yo lo recordé siempre con mucha emoción y le deseaba suerte.

---

12. *Carlos, ¿terrorista o guerrillero?: mis vivencias*. Ediciones Grijalbo, 1978.

Di gracias a Dios. Allah es compasivo. Por fin, después de tantos fracasos, encontraba a un testigo presencial, a mi primer contacto humano con la verdadera historia del Chacal. Y sentí que, tal vez, después de todo, no iba a ser una misión imposible llegar hasta él.

—Era una persona que no necesitaba mucho esfuerzo para conseguir novia —añadió Castillo—, porque las muchachas le llegaban de una forma espontánea. Su talante, su aspecto, su educación, su sencillez, inspiraban confianza y lo abordaban. En aquella época, cuando los muchachos queríamos ver si podíamos fumar un cigarro o tomar una copa de licor, él ya lo hacía. En las reuniones le gustaba más que todo hablar de las situaciones y, mientras los demás bailaban, él platicaba mucho.

—En aquella juventud, ¿tú dirías que ya tenía madera de líder?

—Yo personalmente lo notaba tímido. No podía imaginar que fuera a tener esa participación internacional en aquellos eventos, en los que intervino con muy buenas intenciones, porque era un hombre muy preocupado por los desasistidos del mundo. Israel surge de un pedazo de terreno que le quitan a Palestina, comenzando un proceso que no se entendía porque estaba muy oculto. Pero para allá fue Ilich...

—¿Crees que es bueno para Carlos que desde prisión siga defendiendo sus ideas, aunque esto suponga que el imperialismo continúe castigándolo?

—No sé por qué razón no marca una prudencia, porque si bien es cierto que está en prisión, los franceses han incluso indultado a personas que históricamente hablando son realmente peligrosas, no como Ilich. Él todavía mantiene su posición radical respecto a la arbitrariedad con que los países poderosos se burlan de los pueblos árabes.

—¿Qué le dirías a Comandante Carlos, si pudiera oírte ahora?

—Sería bueno que él pudiera sentir que hay personas de este lado del mundo que le deseamos que tenga fortaleza para soportar el cautiverio. Yo quisiera verlo libre. Sé que con la edad que tiene solo quiere volver a su país. Le deseo que se mantenga espiritualmente centrado. Es un hombre fuerte y con fortaleza espiritual. Y debe estar contento porque ya los pueblos desasistidos del mundo comienzan a formar un bloque y a enfrentar, incluso sin las armas, a los países más poderosos del mundo. En este sentido, creo que el presidente Chávez recoge las intenciones que tenían Ilich y otros combatientes del mundo, pero en vez de usar las armas, usa el intelecto, porque a las personas poderosas no se las puede vencer con las armas. Siempre se establece una guerra, gana el más poderoso y los problemas continúan.

Por desgracia, el bueno de Castillo no tenía más información útil. Su contacto con el adolescente Ilich Ramírez había sido muy breve. Y nunca más había tenido comunicación alguna con él ni con su familia. Estoy seguro de que, si hubiese sabido algo más, me lo habría dicho, porque estaba entusiasmado con mi historia como palestino agradecido al Chacal por su lucha contra los judíos. Castillo se implicó con mi búsqueda y me acompañó de nuevo a algunos barrios de Caracas, no precisamente céntricos, donde creíamos que quizás hubiese alguna pista para llegar a los hermanos de Ilich, pero todo fue inútil. Y muchísimo más peligroso de lo que yo podía suponer. Si hubiese sido consciente en aquel momento del grado de violencia callejera, del nivel de inseguridad existente en las calles, y la cantidad de robos y asesinatos que asolaban Caracas, jamás se me habría ocurrido meterme en algunos barrios de la periferia. Pero estaba a punto de descubrirlo. Porque varios de mis camaradas, amigos y hermanos en Venezuela morirían asesinados a tiros durante el transcurso de esta infiltración.

Asesinato en la mezquita

En 2006, el sagrado mes de Ramadán coincidiría entre septiembre y octubre. Sería mi primer Ramadán como musulmán y alguna noche me acercaría a la Gran Mezquita de Caracas, donde la comunidad musulmana caraqueña se reunía, al caer el sol, para compartir la rotura del ayuno en un improvisado comedor, en la cancha de la mezquita, aunque yo todavía no respetaba dicho ayuno. Además, ese mismo mes de septiembre se esperaba la primera visita oficial de Ahmadineyad, y el retrato del presidente iraní comenzaba a decorar las principales avenidas de la capital, mientras Hugo Chávez mantenía su solidaridad con el Líbano y Palestina, y su reproche a los bombardeos israelíes. Pero Omar Jesús Medina, el campechano vigilante de la Gran Mezquita de Caracas, que no se llevaba el arma a casa, no llegaría a disfrutar de la visita del presidente iraní. A eso de las 17:00 del día 9 de septiembre, apenas una semana antes, dos personas no identificadas todavía se acercaron en una motocicleta a la mezquita. Omar había salido de la garita y se encontraba al otro lado de la verja, en la avenida Real de Quebrada Honda. En el lugar exacto donde lo había visto por primera vez. Los motorizados bajaron por el bulevar Amador Bendayán y, sin mediar palabra, le acribillaron a balazos, dándose inmediatamente a la fuga.

A la mañana siguiente, varios medios de comunicación se hicieron eco del enésimo asesinato en Caracas por arma de fuego. Hasta ese día yo todavía no era consciente de lo peligroso que podía ser el país. Y, si Omar Medina no fuese el vigilante de la Gran Mezquita, probablemente su nombre no habría sido inmortalizado en el papel impreso y en Internet. Al menos no tanto, ni tan mal. Con asombro pude leer, en varios medios de comunicación afines a la oposición antichavista e incluso en varias webs abiertamente pro-judías, una reinterpretación de asesinato de Omar, francamente sorprendente.

En el *Diario de América*, por ejemplo, Wenceslao Cruz relacionaba el asesinato de Omar con una de las manifestaciones de apoyo a Chávez que se habían producido ese mismo día. Desde la guerra de Israel con Hizbullah y la retirada del embajador venezolano de Tel Aviv, Chávez no había ocultado su antipatía por la política israelí. Y a pocos días de la visita del presidente de Irán, era previsible que Chávez se manifestase sin ambages a favor de Ahmadineyad en el enfrentamiento irreconciliable Irán-Israel. Chávez no es conocido precisamente por sus dotes diplomáticas al expresar su repulsa a una determinada política. Pues bien, sus arengas a favor del ilustre visitante y en contra de sus enemigos israelíes, los interpretaron algunos periodistas, como Cruz, como la causa de la muerte de Omar Medina: «Las continuas declaraciones antisemitas del irresponsable presidente venezolano —escribía Wenceslao Cruz— llevaron a la muerte a Omar Medina, vigilante del centro religioso. El ataque, al parecer, fue resultado del error de un grupo de seguidores de Chávez que confundieron la mezquita con una sinagoga».

En la misma línea, Henrique Vaamonde escribía en el prestigioso diario *El Nacional*: «... una turba fanatizada, sin duda alentada por la discusión antisemita promovida desde el Gobierno, se dirigió a unas instalaciones religiosas, y al grito de ¡Mueran los judíos! procedieron a dañar la fachada con balas. Pero resulta que lo hicieron contra la mezquita Shekh Ibrahim Bin Abdul Aziz de Quebrada Honda, la cual confundieron con una sinagoga...». Ariel Dumas, en el *website* de la fundación judía Hadar, era más explícito: «Las continuas declaraciones antisemitas del irresponsable presidente venezolano llevaron a la muerte de Omar Medina».

Ninguno de los medios afines al candidato Manuel Rosales, a tres meses de las elecciones generales, llegó a sugerir que Hugo Chávez era el piloto de la moto, o el motorizado que apretó el gatillo. Probablemente porque es sabido que Chávez, íntimo aliado de los yihadistas terroristas, sabría diferenciar sin ningún problema la colosal y enorme mezquita islámica de la sinagoga Tiferet Israel de Caracas, sede de la Asociación Israelita de Venezuela, que se encuentra en la parroquia El Recreo, en el Municipio Libertador, al oeste de Caracas. Y que se parece tanto a la mezquita de Caracas como la Sagrada Familia al Camp Nou...

Omar fue el primero de los hermanos y camaradas que conocí en esta investigación que moriría asesinado por arma de fuego. Y su muerte, una seria advertencia. La violencia en Venezuela y la facilidad para conseguir un arma convertían cada día de estancia en el país en una lotería. En cualquier momento, en cualquier esquina, me podía tocar a mí. Sobre todo porque, a partir de entonces, empezaría a relacionarme con los personajes más siniestros y peligrosos del extrarradio de Caracas. Los herederos de años de guerrilla clandestina. Décadas de lucha armada contra los gobiernos de derechas en Venezuela, que formaron el carácter violento y pendenciero de algunos de mis nuevos amigos, para los que la vida únicamente se comprende a través del punto de mira de un fusil. El asesinato de Omar Medina era solo el adelanto de todo lo que estaba por venir.

«¡Aquí huele a azufre!»: la alianza Irán-Venezuela

La visita de Ahmadineyad a Venezuela, diez días después del asesinato de Omar Medina, fue un éxito. Chávez selló una de las alianzas políticas más importantes para Venezuela, que abriría el camino a futuros pactos económicos, comerciales y militares entre Caracas y diferentes gobiernos de Oriente Medio. De nada sirvieron los intentos de Occidente por sabotear aquel encuentro.

Tras su escala en La Habana para participar en la XIV Conferencia del Movimiento de Países No Alineados, Chávez recibió a Ahmadineyad en Caracas y mantuvieron un encuentro privado en el palacio de Miraflores, seguido atentamente por todas las agencias de inteligencia occidentales. Después acudieron al Círculo Militar del Fuerte Tiuna, donde, caprichos del destino, yo asistiría unos días más tarde a la boda de Source con ese importante miembro de la diplomacia venezolana. Allí los mandatarios firmaron veinticinco acuerdos para la creación de empresas mixtas de petroquímica, salud, minería, agricultura, entrenamiento para trabajadores siderúrgicos, fabricación de instrumentos quirúrgicos, medicamentos y envases plásticos, etcétera. Y Chávez salió al paso del nuevo rumor difundido por la prensa occidental de que Ahmadineyad acudía a Venezuela, conocido aliado del terrorismo, para adquirir uranio con el que armar sus bombas atómicas. Este rumor tomaría el relevo de la historia de Al Qaida en Isla Margarita y, desde aquella primera visita del iraní a Caracas, se ha repetido en infinidad de medios. Un rumor que afectaría a los pactos conjuntos para la fabricación de bicicletas, tractores y automóviles de bajo costo, entre Venezuela e Irán, y que según los críticos era una excusa para poder transportar armas y el uranio para las bombas atómicas, escondido entre las piezas de las bicicletas iraníes... (!)

Entre otras actividades, Chávez y Ahmadineyad inauguraron los trabajos de prospección en el bloque Ayacucho 7, en el estado Anzoátegui, en la Faja del Orinoco. La Faja posee reservas estimadas en 236 000 millones de barriles de crudo pesado y extrapesado, las mayores del mundo. Algo que sin duda tienen muy presente quienes ambicionan el petróleo o el gas de Venezuela. En Anzoátegui la petrolera iraní PetroPars y la venezolana PDVSA explotan dichos recursos.

Era la primera visita de Ahmadineyad a Venezuela; más tarde continuaría viaje hacia Nueva York para participar en la misma Asamblea General de la

ONU en la que Chávez haría historia dos días más tarde. Pero Ahmadineyad regresaría a Caracas en varias ocasiones más, desatando todas las conjeturas imaginables sobre supuestas alianzas terroristas entre ambos países. Chávez, sin embargo, ya había realizado otras cinco visitas a Teherán anteriormente. Antes incluso de que Ahmadineyad llegase al poder.

El 20 de septiembre de 2006 seguí en directo la intervención de Hugo Chávez en la ONU a través de Venezolana de TV, un día después de la intervención de George Bush y dos días después de Ahmadineyad. Asistí, admirado, al furibundo ataque de Chávez contra Bush, en su propia casa. Y a aquella expresión que dio la vuelta al mundo: «Ayer el Diablo estuvo aquí. Huele a azufre todavía...», dijo Chávez mientras se persignaba. Pensé que era fácil para Chávez calificar de borracho, asesino o genocida a George Bush en la seguridad y comodidad de su programa *Aló, Presidente*, pero atreverse a decir aquello en el centro de Nueva York, en «territorio enemigo», me pareció audaz. Los representantes de todas las naciones seguían las palabras de Chávez absortos, sin pestañear.

Venezuela había presentado su candidatura a miembro no permanente del Consejo de Seguridad de la ONU, algo que los Estados Unidos no estaban dispuestos a permitir bajo ningún concepto. Y no lo permitieron. Pese al apoyo abierto y público que dieron a la candidatura infinidad de países africanos, latinoamericanos y asiáticos. Incluyendo a la Liga Árabe en pleno.

Más tarde, en una rueda de prensa que también pude seguir en directo en el Canal 8, VTV, Chávez volvió a recomendar el libro *Hegemonía o supervivencia*, de Noam Chomsky, tal y como había hecho en la apertura de su discurso en la ONU, elogiando la obra del famoso pensador norteamericano. Y al hilo de ello recomendó también la obra del economista John Kenneth Galbraith, a quien le habría gustado haber conocido antes de su muerte. Yo y todos los televidentes escuchamos perfectamente cómo Chávez se refería a Galbraith al expresar su pesar por no haberlo conocido antes de morir, sin embargo, de una forma sibilina, los principales medios de comunicación venezolanos e internacionales presentaron a Chávez como un ignorante y torpe ridículo, que había dicho que Chomsky estaba muerto y que le habría gustado conocerlo en vida.

Es una estupidez, lo sé, pero cualquier lector curioso que se moleste en tirar de hemeroteca descubrirá un encarnizado debate que trascendió a la prensa internacional, intentando desacreditar a Chávez tras su enérgico discurso en la ONU, por su supuesta incompetencia documental al «matar a Chomsky». Yo, que no era chavista, ni siquiera venezolano, seguí en directo, fascinado, aquel ejemplo magnífico de guerra mediática. Recuerdo a cierta famosa presentadora, un peso pesado en el periodismo opositor, que desde el canal RCTV profirió todo tipo de exabruptos contra Chávez, entre los que ignorante, inculto y «vergüenza nacional» era lo más amable que escuché. Y dos ideas me vinieron a la mente. La primera, que en Venezuela existía una guerra feroz en la que los medios de comunicación se utilizaban como cañones, y cualquier cosa, real o falsa como en este caso, podía emplearse como munición, de forma populista. Y la segunda, que para ser un país en el que los medios de comunicación se lamentaban de la censura del gobierno y de la falta de libertad de expresión, aquella mujer se estaba despachando a gusto con Chávez. Aunque justo es reconocer que unos meses después, al concluir el período de licencia de emisión de RCTV en abierto, el gobierno chavista no se la renovaría. Así que desde entonces RCTV continuaría funcionando, pero solo en emisión por cable. Al menos hasta 2010.

Sin embargo, en este tira y afloja de medios y poder, justo es reconocer que una vez más fue un compañero de profesión quien me abrió el camino cuando intentaba cumplir con otro de mis objetivos: contactar con Al Jazeera.

Dima Khatib, Al Jazeera: ¿la voz de Ben Laden?

El 24 de septiembre comenzó el Ramadán de 2006. Era sábado. Y supongo que no es una coincidencia que al día siguiente VTV emitiese un programa especial: *Acto de Solidaridad con Palestina y Líbano*. Y allí volví a escuchar a Raimundo Kabchi y a varios de los participantes en las manifestaciones contra los bombardeos israelíes a Beirut unos meses antes. El motor de aquella iniciativa era una mujer extraordinaria, a la que conocería inmediatamente, y que también pondría su granito de arena, sin saberlo, en esta investigación: Hindu Anderi.

Hindu Anderi es árabe. No puede esconderlo. Su belleza racial lo evidencia. Pero también es bolivariana y revolucionaria hasta la médula. La conocí en los estudios de Radio Nacional de Venezuela donde, sin saberlo, tanto ella como el conocido Vladimir Acosta habían comentado en antena algunos de mis artículos sobre Palestina o el mundo árabe. Hindu Anderi es nieta de Amín Anderi, hombre de ideas revolucionarias y progresistas, cercano al líder egipcio Gamal Abdel Nasser. Como en el caso de mi álter ego Muhammad Abdallah, Hindu nació en Venezuela (en Carúpano), pero su origen es árabe. Concretamente libanés. Jefa del Canal Internacional de RNV, es la responsable del Foro Itinerante de Participación Popular. Marta Beatriz colaboraba en su programa y también Comandante Candela, otro personaje que resultaría vital, sin saberlo, en mi infiltración en Venezuela, y que además de en RNV tenía una página —la contra— en el periódico *Imagen y Comunicación Revolucionaria (ICR)* y en otros medios alternativos chavistas. Por otro lado había trabajado hasta hacía poco en el Ministerio de Agricultura y Tierras del gobierno bolivariano, es decir, había compartido oficina con los principales miembros de ETA acogidos por Venezuela...

Tanto Hindu Anderi como Comandante Candela son ejemplos excelentes de bolivarianos químicamente puros. Comprometidos hasta la médula con el proceso revolucionario y con una fe inquebrantable en Hugo Chávez. Pero en el caso de Hindu, además, al cien por cien implicada en la causa árabe. Hindu Anderi fue quien me puso en contacto con Al Jazeera. Hasta ese momento yo ignoraba que la cadena de televisión más influyente en el mundo árabe acababa de establecer una delegación permanente en América Latina. Y la providencia, de nuevo conspirando en mi favor, había propiciado que esa delegación estuviese ubicada precisamente en Caracas, y más concretamente en la oficina 12ª, del piso 13 de Parque de Cristal, en la avenida de Francisco Miranda.

A pesar de que la sede de Al Jazeera para América Latina se encuentra en Caracas, Dima Khatib cubre toda la información para la cadena qatarí relacionada con el continente latinoamericano.

Nacida en Damasco (Siria), en 1971, Dima Khatib tiene origen palestino, aunque nunca ha podido pisar la tierra de sus ancestros. En 1994 se licenció en Ciencias de la Información en la Universidad de Ginebra (Suiza), porque quería aprender a hacer periodismo con los occidentales, a los que creía informadores audaces e imparciales. Una de las mejores de su promoción, en cuanto salió de la facultad trabajó como corresponsal de la Agencia France Press y productora de Radio Suiza Internacional de Berna. Al Jazeera, que tiene buen ojo para los periodistas de raza, la fichó en 1998, primero como redactora en la sede de la cadena en Qatar, para luego convertirse en la única mujer al frente de una jefatura de redacción durante la guerra de Iraq. Fue corresponsal de Al Jazeera en Asia en 2003, abrió la primera delegación de la cadena en China y en 2005 fue enviada especial de la cadena qatarí a más de veinte países, incluido España (en enero de ese año participó en el VI Congreso Nacional de Periodismo celebrado en Huesca). Antes de establecerse definitivamente en Venezuela, muy poquito antes de nuestro encuentro, había viajado a Chile, Perú, Colombia y otros países de América Latina, lo que explicaba que hablase un español perfecto, con un delicioso acento latino. Y lamento decir esto, pero me temo que los periodistas orientales, como Dima Khatib, suelen ser más objetivos en sus informaciones que nosotros. Probablemente porque la mayoría se han molestado en viajar a Occidente o incluso en estudiar en nuestras universidades, antes de ejercer el periodismo en medios como Al Jazeera, *The Jordan Times, Egipt Today*, Al Quds o Medi 1 Radio. Esos periodistas, en general, suelen conocer Occidente mucho más de lo que nosotros conocemos Oriente. Y, por supuesto, muchísimos más periodistas orientales hablan inglés, francés o español de lo que nosotros hablamos árabe, persa o turco.

Recuerdo que, a pesar de ir acompañado por Comandante Candela, quien colaboraba habitualmente con Hindu Anderi en RNV, al principio Dima Khatib me recibió con cierta desconfianza, lo que demuestra su perspicaz olfato periodístico. Supongo que mi historia de venezolano de origen palestino criado en España le sonó rara. Así que me hizo algunas preguntas sobre la región de Yinín, de donde era originaria mi familia, que supe responder gracias a mis dos viajes anteriores a Palestina. Al decirle que el pueblo de mi madre y mis abuelos era Burqyn, miró a su compañero, creo recordar que de nombre Ibrahim, y le preguntó si él lo conocía. Ibrahim negó con la cabeza, y yo respiré aliviado. Habría sido embarazoso que el compañero de Khatib conociese ese pequeño pueblo y pudiese hacerme alguna pregunta al respecto que yo no supiese responder. Pero por fin, tras un rato de charla, Dima me concedió la oportunidad de entrevistarla.

Khatib, que es una reportera muy curtida, se sentía muy decepcionada con los periodistas occidentales por el trato que habían dado a la última guerra líbano-israelí:

—... Me encontraba en los Estados Unidos cuando empezó la guerra en Líbano... veía todos los días la cobertura de Al Jazeera, la de Al Arabiya, etcétera, y luego la de CNN, Fox, CBS, y te digo que aunque hubo uno o dos corresponsales americanos que hicieron un esfuerzo muy profesional para dar una noticia objetiva, lamentablemente la cobertura fue súper pro-israelí. Si mandas tres mil corresponsales a un lado de la guerra y solo uno al otro lado, pues ya estás cambiando la realidad porque no es objetivo. Los corresponsales caminaban con los soldados judíos y cubrían sus incursiones. ¡Por favor! Si quieres ser objetivo, camina también con Hizbullah y da su punto de vista... Igual hicieron con los soldados americanos en Iraq, pero no con los iraquíes... Yo estoy indignada con la forma en que se cubre Oriente Medio. Es culpa de los periodistas, no intentan ir más allá de lo que les dicen que tienen que hacer...

Al Jazeera ha sido, desde el 11-S, un grano en el culo para la administración Bush. En noviembre de 2005, la prensa británica filtró una conversación entre Bush y Blair en la que el presidente de los Estados Unidos sugería la conveniencia de bombardear la sede de Al Jazeera en Qatar...

—Ellos bombardearon nuestra corresponsalía en Afganistán —añade Khatib—, en Kabul, donde estaba Taysyr Aluny, el compañero que ahora está preso en España. Bombardearon la corresponsalía pero afortunadamente no había nadie. Pero en Iraq también bombardearon nuestra corresponsalía y ese día murió nuestro corresponsal.

Tras haber ejercido como periodista por medio mundo, Khatib acababa de llegar a la Venezuela de Chávez.

—... y creo que gracias a Al Jazeera y al presidente Chávez, mucha gente ahora en el mundo árabe siente que en América Latina tiene un apoyo, que aquí hay un pueblo, diferente a otros pueblos, que comprende la problemática de Oriente Medio. Por ejemplo, hace unos meses estuve en Qatar y un señor me paró en la calle y me dijo: «Tú entrevistaste a Evo Morales, por favor, cuando vuelvas a verlo dile que lo amamos». Me quedé alucinada, porque este señor sabía de Bolivia y antes ni conocía este país... Recibo muchos correos de gente que dice: «Por favor, cuando veas a Chávez dile esto o lo otro, dile al pueblo venezolano, dile a los peruanos, a Ollanta Humala...». En poco tiempo nuestro público se ha dado cuenta de la importancia de América Latina. Antes dependíamos de las agencias para dar noticias y entonces las decisiones editoriales las tomaban ellos. (...) Mira, Fidel Castro hablaba mucho del mundo árabe y lo apoyaba. Yo me acuerdo que las FARC también han tenido relaciones con la resistencia en Palestina, antes de la caída de la URSS. También los chilenos han apoyado las causas árabes. Pero este momento es histórico, porque tenemos un movimiento que está cambiando el mapa geopolítico de América Latina y está abriendo nuevas puertas hacia el mundo árabe. Sobre todo aquí en Venezuela. Chávez, no ya ahora, sino hace años, tiene más popularidad en el mundo árabe que cualquier líder de cualquier gobierno árabe. Eso te lo aseguro sin ninguna duda. Además, cuando el presidente Chávez habla de los Estados Unidos está diciendo lo que tiene en mente el 99 por ciento de los árabes y a lo mejor de los musulmanes, y entonces se sienten identificados. Además, Chávez viene de una familia pobre y la mayoría de los árabes también son de clase humilde. Él habla de unos Estados Unidos que no quieren entender, que no quieren escuchar. Cuando el presidente Chávez retiró a su embajador de Israel, hizo lo que ningún dirigente árabe se atrevió a hacer... y se convirtió en un héroe. Ahora en Palestina, en las universidades, tienen tres fotos; la del Che Guevara, la de Yasser Arafat y la de Hugo Chávez. En Internet se leen cosas como «Yo ya no quiero ser palestino, quiero ser venezolano» o «Chávez es mi presidente» o «Chávez es el líder de la Umma», etcétera. Aquí la comunidad judía estaba muy asustada. Yo fui a hablar con ellos pero no quisieron nada con Al Jazeera. Nos tenían miedo. Pero sí dijeron en otros medios que habían recibido amenazas y que no se sentían seguros en Venezuela con el discurso de Chávez...

Llegados a este punto, era evidente que debía preguntar a la corresponsal de Al Jazeera por los rumores que situaban células de Al Qaida en Venezuela:

—Me acuerdo un día que estaba en un taxi, aquí en Caracas. Pasaba por delante de la Casona y el taxista me dijo: «Aquí está Ben Laden». No sabía qué decir, porque me pareció muy gracioso que el taxista pensase eso, porque, claro, Chávez «ayuda a los terroristas», y todo eso que se dice. Escuché también lo de que había comandos de Al Qaida en Margarita, en la Triple Frontera, en la frontera entre Perú y Chile, etcétera. Yo me fui a buscar a los terroristas y encontré comerciantes, gente normal, que apoyan a las causas árabes, pero eso no quiere decir que sean terroristas. Además, no quiero usar la palabra *terrorista* porque puede ser cualquier cosa que tú quieras... Lo que sí me dijeron es que ellos sentían que todo eso no fue más que una excusa para que los

Estados Unidos mandasen en su servicio de inteligencia a hacer otras cosas, a infiltrar su seguridad. De hecho, en Paraguay ahora tienen una base norteamericana. Todo eso de Al Qaida aquí me parecen cosas sin pruebas. Yo al menos no he podido encontrarlas.

También charlamos sobre los periodistas de Al Jazeera condenados, con o sin juicio previo, por su supuesta relación con Al Qaida:

—Tenemos el caso de Taysyr Aluny en España y también el de Sami Al Hajj en Guantánamo, que muy poca gente conoce. Sami Al Hajj está empezando su sexto año allí. El caso de Taysyr es horrible y lo que le está pasando a su familia... El juicio se manejó de una manera que para mí no es entendible. Empezó por una cosa, terminó por otra, y al final se le acusa básicamente de haber entrevistado a Ben Laden. No sé qué decir. ¿Cómo puede una nación como España aceptar eso?... Es como si yo entrevisto hoy a Chávez y mañana dicen que es un terrorista. ¿Me meterán a mí en la cárcel también? Entonces la mitad de los periodistas terminarán en la cárcel.

Creo que Dima se indignó especialmente cuando le recordé la acusación de ser los portavoces de Ben Laden por emitir sus comunicados:

—No se puede decir que seamos portavoces de nadie. Pasamos más veces al día las imágenes de Bush, o de Condoleezza Rice. Ellos salen todos los días y nadie nos ha acusado de ser voceros de los norteamericanos. Es un deber periodístico pasar las imágenes de ambas partes de la noticia para que el público pueda decidir. En el mundo árabe nos han acusado de ser voceros del MOSSAD, de la CIA y no sé de cuántas cosas más. Es una prueba más de nuestra objetividad.

Dima Khatib, y esto es muy interesante, compartía la opinión de millones de musulmanes, y también de muchos occidentales conspiranoicos, que sugerían que Al Qaida era un invento de la CIA:

—El 11-S fue la perfecta excusa para cambiarlo todo, para cambiar todas las cartas del juego. Y al final la presencia de Ben Laden, el hecho de que siga vivo, es una buena excusa para seguir con la guerra. Estoy segura de que, si realmente quisieran encontrarlo, lo harían. Ese señor manda vídeos bien editados y montados. Está trabajando cómodo. Por eso me parece absurdo que no lo hayan encontrado. Mucha gente piensa que Al Qaida ha beneficiado más a los Estados Unidos que al mundo árabe.

Como había hecho con Raimundo Kabchi, también aproveché aquel primer encuentro con Dima Khatib para tomarme unas fotografías con ella. En aquellas imágenes, los dos aparecemos sonrientes, relajados. Era consciente de que Dima Khatib es un rostro muy conocido en todo el mundo árabe, y aquellas fotos en actitud tan cercana con ella me resultarían extremadamente útiles. Más tarde, quienes vieron aquellas fotos en mi álbum personal solo pudieron interpretar que Muhammad Abdallah era alguien muy cercano a la cadena qatarí, o al menos a su ex redactora jefa y actual responsable en toda América

Latina. Confío en que mi colega de Al Jazeera sepa disculpar y comprender aquel uso bienintencionado de su imagen.

Dima Khatib tampoco sabía dónde podía encontrar a la familia de Ilich Ramírez. Pero Comandante Candela, al escucharme hacer esa pregunta, interrumpió por primera vez:

—¿Has probado a preguntar a los Tupamaros? Si alguien te puede orientar en temas de lucha armada en Caracas, es el Chino.

El mundo a través del punto de mira de un fusil

Aunque es muy importante comprender el origen de los grupos armados chavistas en Venezuela, no me es posible relatar en tan breve espacio la dilatada historia de la injerencia norteamericana en América Latina. Existe abundante bibliografía al respecto. La Ley de Libertad de Información en los Estados Unidos ha desclasificado miles de documentos que reconocen las operaciones encubiertas de la CIA en Panamá, El Salvador, Nicaragua, República Dominicana, Guatemala, Guyana, Haití, Chile y un largo etcétera, destinadas a poner y quitar gobiernos, más favorables a los intereses norteamericanos en la región. Es lógico, los Estados Unidos siempre han antepuesto sus intereses al resto del mundo. Como todos los demás gobiernos. La diferencia es que no todos los servicios de inteligencia tienen la misma capacidad y recursos que la CIA para influir en otros países.

A lo largo de todo el siglo XX, esas operaciones encubiertas de la CIA contribuyeron a que diferentes dictaduras militares, ultraderechistas, llegasen al poder a través de golpes de Estado, atentados y/o fraudes electorales en toda América Latina. Y, por contrapartida, en todo el continente surgieron los grupos insurgentes, las guerrillas, mayormente ultraizquierdistas, que luchaban desde la clandestinidad contra esos gobiernos aliados de los Estados Unidos. El triunfo de Fidel Castro y el Che Guevara, derrocando a Fulgencio Batista en Cuba, terminó por convencer a los grupos armados en Latinoamérica de que era posible, de que la lucha revolucionaria armada podía triunfar sobre las dictaduras aliadas del imperialismo. O al menos esta es la interpretación que hacen esos grupos armados de la historia.

Grupos de todo tipo y condición, con una ideología o la contraria, con más o menos capacidad letal, en un extremo u otro del continente americano. Pero con algo en común: la opinión de que es posible conseguir la paz, la justicia y la libertad a través de un fusil o una bomba. Lo mismo que ahora proclaman los yihadistas.

La lista es interminable: los Montoneros, el Movimiento Nacionalista Tacuara o el Ejército Revolucionario del Pueblo (ERP) en Argentina; las Fuerzas

Armadas de Liberación Zárate Willka (FAL-ZW), el Ejército Guerrillero Túpac Katari (EGTK) o la Comisión Néstor Paz Zamora (CNPZ) en Bolivia; el Ejército Guerrillero de los Pobres (EGP), las Fuerzas Armadas Rebeldes (FAR) o la Unidad Revolucionaria Nacional (URNG) en Guatemala... Y también el Ejército Revolucionario del Pueblo en El Salvador; el Movimiento de Izquierda Revolucionaria (MIR) en Chile; las Fuerzas Armadas de Liberación Nacional (FALN) en Puerto Rico, etcétera. Todos ellos herederos del mismo espíritu que inspiraba en Europa a Terra Lliure, GRAPO o ETA en la España franquista; o al Movimiento 2 de Junio y la Fracción del Ejército Rojo (RAF) en Alemania; el Ejército Republicano Irlandés (IRA) y el Ejército Irlandés de Liberación Nacional (INLA) en Reino Unido; las Brigadas Rojas en Italia, o el Ejército de Liberación (UÇK) de Kosovo. Todos ellos, menos la española ETA, ya disueltos.

En América Latina, algunos de aquellos grupos guerrilleros continúan, todavía en el siglo XXI, defendiendo su ideología a través de la lucha armada: como el Ejército de Liberación Nacional (ELN) o las Fuerzas Armadas Revolucionarias (FARC) en Colombia; Sendero Luminoso en Perú; o el Ejército Zapatista de Liberación Nacional (EZLN) en México. Sin embargo, otros evolucionaron dejando la lucha armada y transformándola en lucha política, como el Frente Sandinista de Liberación Nacional en Nicaragua, el Frente Farabundo Martí para la Liberación Nacional en El Salvador o la nueva versión del Movimiento de Liberación Nacional-Tupamaros (MLN-T), en Uruguay, cuyo candidato, el ex guerrillero José Mújica, ganaba en noviembre de 2009 las elecciones presidenciales. José Mújica, como había hecho antes Daniel Ortega en Nicaragua, demostró que un guerrillero podía dejar las armas y triunfar en política sin pegar un solo tiro. Ojalá otros siguiesen su ejemplo.

Los Tupamaros de José Mújica, precisamente, crearon una escuela guerrillera que, desde Uruguay, se extendió por toda América Latina. El Movimiento de Liberación Nacional-Tupamaros nació a principios de los sesenta, en el seno de la izquierda política, donde anarquistas, socialistas y maoístas, identificados con las tesis marxistas e inspirados por el triunfo de la guerrilla en Cuba, decidieron tomar las armas. Asaltos, secuestros, tiroteos... Los tupamaros uruguayos llevaron la guerrilla, tradicionalmente rural, a las grandes ciudades. Según algunas fuentes, la palabra *tupamaro* proviene del calificativo despectivo que las autoridades coloniales españolas utilizaban con los independentistas de 1811 en el Río de la Plata. Y su origen hay que buscarlo en el nombre del prócer peruano Túpac Amaru II, que encabezó el levantamiento indígena de 1780 contra los españoles.

De hecho, en 1984 se fundó en Perú el Movimiento Revolucionario Túpac Amaru (MRTA). Inspirado también en los camaradas uruguayos de veinte años atrás, y muy relacionados con otros grupos armados peruanos, como Sendero Luminoso, los tupamaros peruanos protagonizaron infinidad de atentados, tiroteos, secuestros y ejecuciones. Aunque sin duda su operación más famosa fue el asalto a la embajada de Japón en Lima, el 17 de diciembre de 1996.

Esa mañana, un comando del MRTA compuesto por catorce tupas, encabezados por Néstor Cerpa Cartolini (atención a este nombre) y Juan Valer Sandoval, burló la estricta seguridad de la embajada compuesta por más de trescientos agentes. Se celebraba el sexagésimo tercer cumpleaños del emperador de Japón, y la residencia del embajador estaba repleta de invitados: hombres de negocios, militares, diplomáticos. En una operación temeraria y audaz, el MRTA consiguió hacerse con el control de la residencia y con los ochocientos rehenes que había dentro. Y aunque esa misma noche los tupamaros permitieron salir a todas las mujeres, se inició un agónico encierro que duró cuatro meses, mientras todos los medios de comunicación del mundo estaban pendientes de Lima. Durante ese tiempo, los tupamaros fueron liberando a todos los prisioneros que no tenían una relación directa con el gobierno. Sin embargo, setenta y dos rehenes permanecieron en poder de los guerrilleros durante ciento veinticinco días de asedio.

Ante la imposibilidad de llegar a un acuerdo en la negociación, el 22 de abril de 1997 el presidente peruano Alberto Fujimori dio luz verde a la Operación Chavín de Huántar, y ciento cuarenta agentes de élite tomaron al asalto la residencia del embajador. A pesar de que en el asalto murieron un rehén y dos agentes, se consideró un éxito, ya que el resto de prisioneros fueron liberados y los catorce tupamaros murieron allí mismo. Según pericias posteriores, en algunos casos de forma irregular.

El presidente de Venezuela Rafael Caldera, como otros mandatarios latinoamericanos del momento, apoyó a Fujimori en su decisión de atacar la embajada y eliminar a los terroristas. Pero una corriente de simpatía por los «héroes» del MRTA se extendió por todos los movimientos ultraizquierdistas del continente, y en Caracas, como en otras capitales latinas, surgieron simpatizantes del MRTA, e incluso grupos armados que adoptaron el nombre del líder del asalto, Néstor Cerpa Cartolini. Y esos círculos bolivarianos radicales, armados hasta los dientes y herederos de toda una tradición violenta en América Latina, como la Unidad Táctica de Combate Néstor Cerpa Cartolini, el Colectivo La Piedrita, el Movimiento Revolucionario de Liberación Carapaica, el Colectivo Alexis Vive, los Guerreros de la Vega, el Frente Bolivariano de Liberación y sobre todo el MRTA-Capítulo Venezuela y sus diferentes y enfrentados grupos tupamaros, se iban a convertir en mis nuevos amigos, maestros y camaradas de armas desde entonces. Y también en lo contrario.

23 de Enero: territorio tupamaro

Me sorprendió lo relativamente cerca que se encuentra el Palacio Presidencial de Miraflores de la legendaria parroquia del 23 de Enero. Dicen que es el barrio más peligroso de Caracas, «donde no se atreve a entrar la policía ni los periodistas», pero yo eso no lo supe hasta que ya estaba dentro. De lo contrario posiblemente no me habría atrevido a meterme allí.

Situado al noroeste de la ciudad, supongo que no tuve reparo en adentrarme en el 23 de Enero porque yo tenía allí una aliada: Carol, la joven que conocí en España durante mi investigación de las mafias del tráfico de mujeres y que se prostituía junto con sus hermanas en la agencia clandestina de mi amiga Ania. Así que en caso de problemas, al menos tenía alguien a quien acudir. O eso creía...

En sus diferentes sectores, como El Observatorio, La Piedrita, La Silsa, Mirador y un largo etcétera, conviven miles de revolucionarios, con experiencia en combate, que durante toda su vida pertenecieron a la guerrilla y protagonizaron enfrentamientos armados contra la policía o el ejército de la IV República. Algunos de ellos, me consta, lucharon al lado de Hugo Chávez cuando protagonizó el golpe de Estado del 4 de febrero de 1992 contra el gobierno de Carlos Andrés Pérez. Siempre me sorprendió que mis amigos chavistas se ofendiesen si alguien llamaba «golpe de Estado» a lo que ellos denominan «alzamiento popular», a pesar de que en aquella ocasión Hugo Chávez también se levantó en armas contra el primer presidente venezolano que había sido triunfador en dos elecciones democráticas no consecutivas. El calificativo de *golpistas* lo reservaban para quienes intentaron derrocar a Chávez en 2002, consiguiendo más o menos el mismo éxito que su «alzamiento popular» en 1992.

Aunque tengo mi propia teoría sobre los incompetentes e indisciplinados aliados de Chávez en aquel alzamiento, lo cierto es que fracasó, y Hugo Chávez fue capturado y condenado a prisión. Sin embargo, la inmensa mayoría de sus camaradas volvieron a sus casas, por ejemplo en el 23 de Enero, llevándose consigo las armas que habían utilizado en el golpe, es decir, el alzamiento, contra Carlos Andrés Pérez. Y esas armas siguen en el 23 de Enero y por toda Caracas. El 12 de noviembre de 2009, las autoridades venezolanas destruyeron treinta mil armas ilegales, en una operación sin precedentes contra el crimen organizado, pero me consta que son solo la punta del iceberg. Entre Venezuela y otros países latinos, y también árabes, existe un fluido tráfico de armas y municiones.

Milicianos, guerrilleros y tupamaros, que habían participado en la lucha armada antes y después del 4 de febrero de 1992, tampoco entregaron sus armas cuando, dos años después, Hugo Chávez salió de la cárcel, indultado por el presidente de Venezuela, y se convirtió a su vez en candidato a la presidencia. Ni las entregaron cuando, en 1999, Hugo Chávez gana las elecciones y llega por primera vez al poder. Según los Tupamaros, sus armas están al servicio de la Constitución bolivariana y del presidente Hugo Chávez, al que todos juran fidelidad. Pero al que todos desobedecen cuando insiste, una y otra vez, en que los grupos armados son ilegales y que deben entregar sus arsenales.

En su defensa, los Tupamaros y demás grupos armados bolivarianos alegan la presencia de paramilitares colombianos en el país, la existencia de grupos armados opositores, que conspiran contra el legítimo mandatario de Venezuela, y el incremento del crimen organizado en los barrios caraqueños, que —según ellos— la policía no está cualificada para combatir... De hecho, la leyenda negra que rodea a los Tupamaros se generó en su lucha armada contra el crimen organizado y el narcotráfico en los barrios de Caracas. Hartos de la impunidad de las mafias, los Tupamaros, como habían hecho la ETA original, el IRA y otros grupos armados, se erigieron en guardianes de su comunidad, asesinando a traficantes de drogas, violadores o asesinos. Sin juicios ni jurados. Aunque eso los convirtiese a ellos mismos, a la vez, en asesinos. Vamos, que no entregan las armas de ninguna de las maneras.

Uno de los líderes más conocidos del 23 de Enero, aunque no vive en la parroquia, es el tupamaro Alberto Carías Pedraza, alias *Comandante Chino*. Confieso que, en cuanto me lo presentaron, sus pequeños ojos negros, sus manos grandes y fuertes y un número 666, el símbolo del diablo, tatuado en su cuello no me dieron muy buena espina. Sin embargo, yo debí de caerle simpático, porque desde el primer día Comandante Chino se convirtió en mi «padrino», mi camarada y mi protector en Caracas.

El Chino es un tipo peligroso. No tiene miedo a morir, pero lo malo es que tampoco tiene miedo a matar. Cuando estreché su mano por primera vez, una mano acostumbrada a empuñar un fusil, tenía cincuenta y un años, de los cuales había pasado casi cuarenta en la lucha armada. Espaldas anchas, fuertes, pero también llenas de cicatrices por la lucha en las montañas de media Venezuela, Nicaragua, El Salvador, etcétera, y por las torturas en las cárceles de la policía venezolana, anterior al triunfo de Chávez.

La experiencia del Chino en los calabozos de la DISIP o de la PJ podría dar para más de un guión cinematográfico. Lo han sometido a electroshock, le han congelado el cuerpo, le arrancaron las uñas... incluso le rompieron la rodilla con la culata de un fusil, en sus tiempos de rebelde estudiante universitario. Una lesión que le pasaría factura años después, y para cuya operación debió solicitar los fondos al FUS.

El Chino se bautizó en la lucha armada a los doce años, y desde entonces no paró: «Me crió mi abuela, que ya venía del Partido Comunista de Venezuela. Ella creó las primeras células de la guerrilla urbana en Caracas. Mi abuela, la madre de la mujer de mi padre, me fue inculcando amor hacia el pueblo, la solidaridad, el ser un hombre noble, honesto, y sobre todo trabajador. Trabajo desde que tenía dieciséis años. A los doce años, un primo mío se incorpora a Bandera Roja, en ese momento un partido en armas, que enfrenta las políticas hambriadoras de los gobiernos de turno. Y ese carajo me incorpora justo cuando matan a Tito González Heredia, un guerrillero legen-

dario venezolano, que fundó Bandera Roja... Justo en ese momento me incor-
poran y me plantean que había una actividad que no podían hacer ellos. Tenía
que ser un niño porque había que entrar por un lugar pequeño. Había que
poner una bomba en una iglesia católica, en el centro de la ciudad. Me dan
el explosivo, y claro, inexperto, lo coloqué mal y la bomba estalló antes de
tiempo. Me aturdió y fui capturado. Me agarró la Policía Metropolitana, de allí
me pasaron a la DISIP y duré ocho días en los calabozos...».

Cuando conocí al Chino en 2006, era el director nacional de ideología del
Movimiento Túpac Amaru en Venezuela y responsable de su aparato militar.
Pero al mismo tiempo, y esto fue lo que me asombró más, era el subsecretario de Seguridad Ciudadana de Caracas. De hecho, de su mano yo visitaría
dos veces el edificio de la DISIP, recibiría adiestramiento paramilitar, participaría en la grabación de comunicados «terroristas» y sería testigo de acontecimientos históricos, en primera persona. Pero aquel día estaba allí con mi
cobertura de luchador social palestino y colaborador de los medios árabe-venezolanos. Y el Chino Carías me adoptó como si fuese su hijo, y no tuvo problema en responder ante mi micrófono a todo lo que le preguntaba. Como
corresponsal de los medios alternativos bolivarianos y árabe-venezolanos, se
me consideraba un aliado. Esto es solo un resumen:

—La primera vez con doce años, pero no fue esa la única vez que te detuvieron...

—No, tengo como veintiséis entradas en los cuerpos represivos del Estado. En
la mayoría de ellas, no estaba involucrado en nada, sino que aquí antes te metían
preso y luego «investigaban». Vivía en el 23 de Enero y, si mataban a un policía,
venían a por el Chino Carías. Yo salía de la cárcel, mataban a otro policía y ya me
buscaban. O sea, fueron creando como un historial falso sobre mi actividad revolucionaria. Tengo ocho entradas por asesinatos de policías, de las cuales no he participado sino en una, por la cual duré dos años en el Cuartel San Carlos. El resto han
sido montajes. No tenían a quién meterle el expediente y me lo endosaban a mí.

Así, con toda la naturalidad del mundo, Alberto Carías acababa de reconocer que había participado en el asesinato de un policía venezolano... Más tarde me confesaría con la misma naturalidad su participación en otros ajusticiamientos, ya como líder tupamaro. De hecho los Tupamaros, como otros
grupos armados bolivarianos, se ganaron el respeto del pueblo venezolano
ejecutando sumariamente a sospechosos de narcotráfico, violaciones, etcétera,
en barrios como el 23 de Enero. Justicia popular, lo llamaban...

Torturado tanto en las celdas de la DISIP como de la DIM (Dirección de
Inteligencia Militar), probablemente aquellos tormentos modelaron la personalidad del Carias adulto:

—... tienen un sillón, como este, donde tiene dos apoyabrazos. Te amarran
los brazos, el cuerpo y los pies desnudos. Buscan dos cables y los pegan a un

teléfono que es una bobina, y cada número que marcan te pega una descarga eléctrica. Entonces te la ponen en la lengua, en los testículos, en los dedos de los pies. Luego de eso, en esa misma silla, te sacan las uñas con unos alicates... Lo viví yo. A mí me sacaron las uñas del pie, sentado así. El capitán Viloria me dio con una mandarria [martillo] y me fracturó dos dedos. Y me jodió hasta el médico que me atendió, porque allí, en plena sala de tortura a mí me da un preinfarto. Yo acababa de cumplir dieciocho años, pero ya los tipos me tenían enfilado. Y cuando me sacaron las uñas me llevan al hospital militar y el médico me pregunta que quién me torturó de esa manera, yo le digo que el capitán Viloria y el carajo me partió la nariz y me dijo: «Yo también soy militar, tú no puedes decir eso». Y me presentaron a la prensa, con los dedos enyesados, la nariz enyesada y la cara destrozada...

—¿Y así empezó tu carrera en la guerrilla?

—A raíz de ahí nosotros nos levantamos en armas contra la política de turno. Política que tenía como objetivo llenar de hambre, de miseria, de represión a este pueblo. A un pueblo indígena. Eran los mismos que quisieron callar a Guaicaipuro, al indio Tequendama, a los indígenas originarios que se levantaron contra el Imperio español en su momento. Nosotros nos alzamos en armas contra ese gobierno que era financiado y dirigido por el imperialismo norteamericano. Inicialmente comenzamos la lucha urbana aquí en Caracas. Luego estuvimos en el interior del país, donde fundamos el Frente Guerrillero Américo Silva, con alguno de los cargos claves dentro del proceso revolucionario actual, como Juan Barreto o el diputado Brito, con quienes viajamos a Centroamérica, en solidaridad con esos pueblos hermanos, a Nicaragua, El Salvador... dando apoyo a Radio Rebelde, que se transmitía desde las montañas de Tegucigalpa, mientras el imperialismo bombardeaba las antenas de esa radio. Y dos días después nosotros las estábamos instalando. Han sido cuarenta años largos de lucha, donde uno ha sido torturado, vejado...

—¿Y cómo pasas de las guerrillas de Centroamérica a la Revolución bolivariana en Venezuela?

—En el año 85 contactamos con unos militares venezolanos que habían despertado ante tanta miseria, ante tanta represión, torturas, asesinatos, desapariciones... Y estos militares nos informan a nosotros de que hay una rebelión interna en las fuerzas armadas, y que ellos crearon el movimiento bolivariano MBR200, y que se hacía necesaria una alianza entre los militares y nosotros los civiles alzados en armas. Se comienza a planificar la insurgencia cívico-militar del año 92. A mí me contacta el teniente Lucho, el teniente Gato, que Dios lo debe de tener entre sus brazos, porque murió en combate, en el 92. Aquello no fue una intentona de golpe, eso es mentira. Nosotros simplemente asumimos la Constitución, asumimos la defensa de la Patria, la República. Insurgimos, como un solo ejército, como un solo pueblo cívico-militar, para derrotar al partidismo, la burocracia, las desapariciones y los asesinatos. Insurgimos en función de eso. Para enfrentar al enemigo histórico del pueblo venezolano.

Tras su paso por Bandera Roja llegó el momento de fundar los Tupamaros...

—Salí de Bandera Roja porque empezaba a dar un giro hacia la derecha, a vincularse con los enemigos del pueblo, con AD, COPEI, los que nos torturaron, los que mataron a los fundadores de Bandera Roja, a Tito González Heredia, a Américo Silva, a Jorge Rodríguez, a Jesús Márquez Finol (*Motilón*), héroes revolucionarios. En 1982 nosotros nos retiramos de Bandera Roja y creamos el Movimiento Revolucionario Túpac Amaru. Nos alzamos en armas contra esos gobiernos de turno, y comenzamos un proceso de saneamiento social. De ejecutar, mediante operaciones encubiertas, a narcotraficantes, a violadores, asesinos de niños y ancianas... Esos sujetos, mal vivientes, eran ejecutados por el Movimiento Tupamaro. Luego, en el año 2004, se hace un pleno nacional para legalizarnos, porque ya no había la necesidad de mantenerse en la clandestinidad, pero con la condición de que no se iban a entregar las armas, que quedarían en poder nuestro. Y yo, como director nacional de ideología, legalizo el movimiento como partido político electoral. Pero ocurre lo mismo que cuando legalizamos el partido y te abres: llegan los aventureros para intentar tomar posiciones dentro del partido, como una franquicia, para vender el nombre. Y por eso, el año pasado, un grupo de combatientes decidimos separarnos del partido político electorero y recuperar el nombre que tenemos en Perú, Uruguay, Argentina, etcétera. El Movimiento Túpac Amaru MRTA, del cual yo soy secretario general y en este momento responsable del aparato militar.

Una de las cosas más extraordinarias del Chino es que ha estado metido en todos los conflictos armados, broncas y *kilombos* que se hayan podido producir en Venezuela durante el último medio siglo. Y en todos ha tenido un papel protagonista. Incluyendo el golpe de Estado contra Chávez el 11 de abril de 2002. Ese día los movimientos armados bolivarianos sacaron sus armas y sus máscaras a la calle, para recuperar a plomo los edificios oficiales tomados por los golpistas. Paradójicamente, Carías recuperó la DISIP, donde había sido torturado tantas veces:

—... me llama un compañero y me dice que la DISIP estaba tomada por un grupo de golpistas, que necesitan veinte combatientes, y yo le digo que nosotros, el Movimiento Túpac Amaru, no tenemos veinte, pero que no se trata de cantidad sino de calidad de los hombres, y le decimos que le podemos dar diez combatientes. Efectivamente, avanzamos al edificio de la DISIP y tardamos como cinco horas, a sangre y fuego, en recuperar la DISIP, desde Prevención Uno, hasta la Dirección General, que queda en la cúpula. Aclararemos que antes la DISIP fue el órgano más represor, pero ahorita la DISIP es un órgano de inteligencia del Estado, no es una policía. Y está dirigido por revolucionarios...

Como ya dije, hasta en dos ocasiones, y de la mano de Comandante Chino, yo visitaría la dirección general de la DISIP, en la última planta del emblemático Helicoide de Caracas, durante esta infiltración. La primera de ellas poco después de realizarse esta entrevista. A pocas semanas de las elecciones generales, la tensión se notaba en el ambiente. Chávez había sabido utilizar la nutrida historia de las injerencias norteamericanas en América Latina para insuflar el temor a una permanente amenaza de invasión yanqui. Y el Chino Carías no tenía el menor pudor ni recato al advertir a los norteamericanos:

—... hay que tener las armas pulidas y guardadas... y bien engrasadas. Nosotros, por ejemplo, le podemos decir al Imperio que no se equivoque con Venezuela. Aquí nosotros les vamos a dar la lucha cuerpo a cuerpo. En los caseríos, en los barrios, en los bloques, en las cloacas. Por donde intente penetrar el Imperio, ahí estarán los combatientes. Con sus armas, con su ideología, con su moral. Dispuestos a enfrentar esa cobardía invasora norteamericana. Y no solamente en Venezuela. Nosotros activaremos nuestras células y nuestros combatientes en todo el continente, y atacaremos objetivos militares y económicos del Imperio en América y en Europa. Nosotros no vamos a permitir que ellos vengan, penetren, violen la soberanía nacional y monten una dictadura burguesa en Venezuela. Patria o muerte. Evidentemente que necesario va a ser vencer. Ante eso, o hay patria para todos, o no habrá para ninguno porque esto va a arder como un polvorín. Y sobre las cenizas de ese polvorín construiremos una patria nueva para todos...

Más tarde tuve que escuchar la cinta de nuevo porque no daba crédito al mensaje que acababa de grabar: «Atacaremos objetivos militares y económicos del Imperio en América y Europa...». Se puede decir más alto, pero no más claro. Comandante Chino acababa de hacer una declaración formal de intenciones terroristas contra los norteamericanos si se atrevían a invadir Venezuela. Muy probablemente lo mismo que hicieron en su día los miembros de la resistencia iraquí, afgana o palestina. Pero no fui el único periodista testigo de aquella advertencia.

En aquellas semanas previas a las elecciones, Caracas se convirtió en un hervidero de reporteros internacionales, y muchos de aquellos corresponsales estaban interesados en el mensaje que los grupos armados bolivarianos querían transmitir a los Estados Unidos. En calidad de comandante de los Tupamaros, el Chino había grabado varios comunicados encapuchado y rodeado de sus milicianos armados, advirtiendo al gobierno de los Estados Unidos que, si se producía una intervención norteamericana en Venezuela, como las que se habían producido anteriormente en Granada, El Salvador o Panamá, encontrarían resistencia armada. Entre los reporteros que consiguieron grabar aquellas siniestras imágenes de Comandante Chino llamando a la resistencia armada, estaba el conocido reportero de la CNN en Colombia Karl Penhaul.[13] Tres años después,

---

13. *http://www.youtube.com/watch?v=hKWUD9j5lBg*

Penhaul por Tel Aviv y yo desde Egipto intentaríamos colarnos en la Franja de Gaza durante la última ofensiva israelí... Pero eso sería mucho después. En aquel momento, las imágenes que grabó Penhaul me recordaron inevitablemente otras grabaciones de comunicados terroristas, muy parecidos en su puesta en escena, como el vídeo de los asesinos del 11-M reivindicando el atentado, o los comunicados de ETA, el IRA o las Brigadas Rojas. En ese momento era imposible que yo pudiese imaginarme a mí mismo participando, armado y enmascarado, en uno de esos vídeos. Única forma de descubrir lo que se oculta detrás de la cámara cuando se graba un comunicado terrorista...

Solidario con otras «causas revolucionarias», como la mapuche, la etarra o la palestina, el líder tupamaro había tenido la oportunidad de compartir lucha armada con personajes casi míticos en la lucha guerrillera, como el subcomandante Marcos, del EZLN:

—... Estuvo combatiendo en Nicaragua... A él le decían el Mexicano. Es un hombre que tiene mucho amor, no solo al indígena zapatista, o al indígena mexicano, sino a toda la humanidad. Yo lo podría comparar con el comandante Tomás Borges, de Nicaragua. Un hombre muy ganado para el proceso de lucha, no solo en México o en el continente, sino en el mundo.

Y por supuesto, no solo conocía sino que confesaba su admiración por Ilich Ramírez Sánchez, alias *el Chacal*:

—Yo no lo veo como el Chacal, que es una vaina despectiva. El Chacal es un perro que come basura, escoria. Para mí es el comandante Ilich Ramírez, que se levanta contra Israel, hermano, que se levanta contra el Imperio norteamericano. Tiene una ideología. Cuando él ha hablado con periodistas internacionales, tiene un discurso coherente, basado en la liberación del pueblo palestino. En contra de las masacres que viene cometiendo el Estado israelí. Y partiendo de ahí es que hay que reivindicarlo. Como el comandante Ilich Ramírez, no como el Chacal. Un venezolano que queremos y abrazamos: un saludo para él, en ese calabozo, que creo yo que es el sitio más digno que hay en Francia.

Desde ese día el Chino Carías me acogería en su círculo de confianza. Fue el primero empeñado en facilitarme un arma en Caracas «Para tu seguridad», porque el Chino entiende la vida a través del punto de mira de un fusil. Y el destino querría que terminásemos compartiendo «misiones», no solo en América, sino también en Europa.

Esta entrevista se grabó a solo unas semanas se cumplirse el segundo aniversario del asesinato del legendario fiscal Danilo Anderson. Comandante Chino Carías, amigo personal de Anderson, había sido uno de los primeros funcionarios en llegar a la morgue de Caracas, en calidad de subsecretario de Seguridad Ciudadana, para identificar el cuerpo, dar el pésame a la familia, y para intentar evitar que el atentado contra Anderson desembocase en una *vendetta* incontrolable.

Danilo Baltasar Anderson era un personaje muy popular y querido en Venezuela, sobre todo después de muerto. Nacido en el barrio caraqueño de La Vega, el 29 de noviembre de 1966, se licenció en Derecho en la Universidad Central de Venezuela, en 1995, especializándose en criminalidad medioambiental. No pertenecía al MVR ni a ningún partido político, lo que le confería un cierto crédito como jurista independiente. En el año 2000 ingresó en el Ministerio Público como fiscal, y tras el golpe de Estado de 2002 él se encargaba de investigar a algunos miembros de la oposición venezolana, presuntamente relacionados con el golpe. El 18 de noviembre de 2004 una potente carga explosiva oculta bajo su coche acabó con su vida. Su asesinato colapsó al país. Y todavía lo hace en cada aniversario de la fatal fecha. Danilo Anderson recibió los mayores honores de héroe nacional en la historia moderna de Venezuela. Sus restos fueron velados en la capilla ardiente del Hemiciclo de la Asamblea Nacional. El presidente Chávez le concedió la orden póstuma del Libertador, y el paso de su cortejo fúnebre hasta el Cementerio del Este, escoltado por los miembros del gobierno más importantes —incluido Chávez y su vicepresidente José Vicente Rangel— fue transmitido por televisión...[14] Y pese a todos esos honores, su asesinato continúa rodeado de misterios.

En aquellos días de mi primera visita a Caracas, el ex concejal Carlos Herrera y los hermanos del fiscal —Marisela y Juan José Anderson— preparaban un voluminoso libro que vería la luz algún tiempo más tarde, donde recogerían las partes más importantes del sumario, para señalar a los posibles autores intelectuales del crimen. *Verdades del Caso Anderson*, subtitulado: «Su muerte se planificó en una boda real y lo mandaron a matar los banqueros golpistas del 11 de abril», incluye más de ciento ochenta fotos y sesenta documentos policiales y judiciales (interrogatorios, autopsia, periciales, etcétera) nunca antes publicados. Según los autores, el asesinato del fiscal lo ordenaron los banqueros que apoyaron el golpe de Estado contra Chávez de 2002, y se planificó durante el enlace «real» entre María Vargas Santaella, hija del millonario banquero venezolano Víctor Vargas, y Luis Alfonso de Borbón, bisnieto del dictador español Francisco Franco y pretendiente a la corona de Francia como único heredero de su padre, Alfonso de Borbón y Dampierre, duque de Cádiz, y primo del actual rey de España, don Juan Carlos de Borbón. Pues bien, durante su boda en Santo Domingo (República Dominicana), el 6 de noviembre de 2004, a la que asistieron algunos de los personajes más influyentes de la oposición venezolana, se habría preparado el asesinato de Danilo Anderson, según

---

14. En la página oficial de Radio Nacional de Venezuela, todavía se mantiene un dossier gráfico sobre aquel histórico acontecimiento: *http://www.rnv.gov.ve/galeria/thumbnails.php?album=52*

desarrollan Herrera y los hermanos Anderson en ese voluminoso libro de 546 páginas que Primicias24 permite descargarse gratuitamente en su web.[15]

El Viejo Bravo e Issan S., el hombre de los ojos grises

El Chino Carías era un fichaje en mi infiltración. Lo supe en cuanto lo vi. Desgraciadamente, y a pesar de su evidente admiración por Carlos el Chacal y de su privilegiada situación en la DISIP y en la Asamblea Nacional, no tenía ni idea de cómo podía localizar a su familia. Sin embargo, me dijo que su «papá», un personaje aún más increíble que el Chino, sí lo había conocido personalmente «en los años del plomo». El Chino me abrió el camino para llegar hasta su «padre», pero recorrer ese camino costó mucho más tiempo y paciencia de lo que me habría costado en ningún otro lugar del mundo.

En mi humilde experiencia, Venezuela es el peor lugar del planeta para llevar adelante una investigación como esta. Allí parece que nadie tiene prisa y que todo el mundo te manda «a curtir cuero a Carora». El tráfico tampoco ayuda. Y para colmo el coche que yo tenía para moverme por Caracas era el viejo Seat Ibiza de mi colega periodista, comprado en España y con necesidad de varios repuestos imposibles de conseguir en Venezuela. Por esa razón en los momentos menos oportunos, y siendo fiel a las leyes de Murphy, el coche decidía dejarme tirado en los lugares más inconvenientes. Afortunadamente, llenarle el depósito de gasolina, que en Europa podía costarme 40 o 50 euros, en Venezuela no me costaba ni un euro. Y no era solo la gasolina lo que estaba casi regalado en Caracas. Los precios, en general, eran mucho más económicos que en Europa. Las misiones, los mercal y todas las demás ayudas del gobierno bolivariano, de los que hasta yo me he beneficiado sin ser nacional, abarataban las largas estancias en el país. Tal vez por eso los grandes centros comerciales, como el Sambil, el más grande de América Latina, estaban siempre abarrotados de ávidos consumistas, que se alejaban mucho de la imagen de pobreza y miseria que se vendía en Europa. Si a eso sumamos el calor tropical, la impuntualidad genética y lo «embarcadores» que eran mis amigos chavistas, el resultado era la desesperación permanente. Llegué a pensar, seriamente, que el único que trabajaba en Venezuela era Hugo Chávez, y sé que no es justo.

No importaba que concertase una cita con una fuente a las doce del mediodía... el tipo aparecía a las dos o a las tres de la tarde, si es que aparecía. Daba igual que acudiese a una oficina municipal o a una empresa privada. «El encargado no se encuentra» o «Vuelva más tarde» eran las respuestas habituales. Si quedaba con

---

15. *http://primicias24.com/opinion/las-verdades-del-caso-anderson*

alguien para desayunar, el tipo se presentaba para comer. Si la cita era para comer, no aparecía hasta la cena. Por alguna razón los relojes de todos y cada uno de mis contactos en Venezuela funcionaban de forma diferente al mío. Sus horas *llaneras* podían durar noventa minutos en lugar de sesenta... o ciento veinte, o doscientos cuarenta... Y yo me perdía días enteros esperando... ¡Coño, y ni siquiera se molestaban en telefonear para advertir de un retraso! Tardé mucho tiempo, y mucha frustración, en comprender que aquello era lo normal.

Y si alguien me hizo entender eso y curtir mi capacidad de paciencia, fue el «papá» del Chino, a quien me presentaron en su despacho del centro de Caracas. Como dice el refrán venezolano, «Hijo de gato caza ratón». Y si Alberto Carías es un tipo inquietante e inusual, su «padre» le aventaja en un sentido y otro. Probablemente se trata de uno de los individuos más inquietantes y misteriosos que he conocido en toda mi vida. En realidad, José Bastardo no es el padre biológico de Alberto Carías, sino su mentor, y tampoco es conocido por ese nombre. Todo el mundo lo llama el Viejo Bravo. Todos los alias tienen un porqué. Basta ver los ojos rasgados, casi felinos, del Chino para saber por qué recibió ese mote. En el caso de Bravo, solo habría que conocer su currículum militar.

El Viejo Bravo tiene el rango de coronel en las fuerzas armadas venezolanas, aunque está retirado de servicio activo hace muchos años. Pequeño, medio ciego y con un profundo aspecto indígena, nadie sospecharía jamás que aquel hombrecillo amable y silencioso pudiese ser un ejecutor letal.

En cuanto el Chino le dijo que yo era palestino, una enorme sonrisa se dibujó en la cara del coronel Bravo, remarcando todavía más sus infinitas arrugas, y apretó con más fuerza mi mano al estrecharla. «Qué gran tipo era el Rais», me dijo, dándome a entender que había conocido personalmente a Yasser Arafat. Y así fue, aunque Bravo era extremadamente discreto. A pesar de su simpatía y cordialidad para conmigo, en mi primer viaje a Venezuela solo conseguí sacarle que hacia los años setenta había estado en la Franja de Gaza como observador del ejército venezolano. Allí había conocido la causa palestina, implicándose activamente en ella. Más tarde, y con aquellos contactos, había pasado al Líbano, donde se había implicado en la primera guerra Líbano-Israel luchando al lado de Hizbullah, y conociendo al que desde entonces sería su hermano y su socio: Issan S.

—Tienes que conocer a Issan, ese sí que es un guerrero musulmán de verdad... —me dijo, haciéndome entender que el tal Issan tenía algún vínculo importante con Hassan Nasrallah, líder de Hizbullah, pero el de verdad, no la ridícula imitación de Teodoro Darnott—. Llevamos juntos toda la vida. Y, cuando lo detuvieron en Portugal, solo pudimos liberarlo con una operación militar. En aquellos tiempos funcionaba...

Me empecé a poner nervioso. Bravo me estaba dando a entender que había combatido personalmente con Hizbullah en el Líbano y que un alto oficial de las milicias libanesas vivía actualmente en Venezuela. Además, me sugería que dicho oficial había sido detenido años atrás en Portugal, y él y un comando de Hizbullah habían secuestrado a varios personajes relevantes para forzar la liberación de dicho oficial libanés... No, aquello me sonaba demasiado fantástico. Me sonaba demasiado a las aventuras que se contaban sobre el Chacal. Con quien por cierto, con toda la naturalidad del mundo, Bravo decía haber coincidido en varias ocasiones, pero no había manera de sacarle más datos. Y es que Carlos el Chacal no era el único terrorista internacional con quien iba a terminar estableciendo una buena amistad durante esta infiltración... En cuanto Issan entró en el despacho de Bravo y me miró a los ojos, supe que tras aquellos dos tipos había mucha historia.

Issan S. tiene un poblado bigote, tan cubierto de canas como el cabello de su cabeza. Aunque casi siempre suele llevar gorra. Es alto y corpulento, y en cuanto lo vi me llamó la atención su relativo parecido físico con Carlos el Chacal. Pero Issan también me recordó en algo a Abraham A., el oficial del MOSSAD que había conocido durante mi infiltración en los skinheads neonazis y con quien había roto todo contacto desde mi primer viaje a Palestina. Issan tenía su misma mirada. Fría. Me echó un vistazo de arriba abajo cuando Bravo me presentó como un camarada palestino, y me desnudó con la mirada. Me alegré de no llevar la cámara oculta en ese momento, porque estoy seguro de que se habría dado cuenta. De hecho, hasta mi tercer viaje a Venezuela no me atrevería a utilizar la cámara oculta con Issan. Creo que es el segundo hombre que he conocido en toda mi vida que me imponía ese tipo de inquietud solo con su mirada.

En aquel primer viaje no conseguí sacarle ninguna información útil, salvo que también había conocido personalmente a Carlos el Chacal y que tenía buena relación con otra leyenda del terrorismo, Leyla Khaled. «Si un día viajas conmigo a Oriente Medio, te prometo que te la presentaré, a ella y al jeque Nasrallah...». Para los árabes, Leyla Khaled es una leyenda equiparable al Che Guevara en Occidente. Fue la primera mujer que secuestró un avión en la historia del terrorismo internacional. Después se hizo varias operaciones de cirugía estética para poder secuestrar el siguiente... A raíz de su militancia en el Frente Popular para la Liberación de Palestina, Leyla Khaled estaba en el punto de mira del MOSSAD, y según Issan había sido acogida y protegida por Hizbullah en Beirut, donde Issan la había conocido. Yo también la conocería dos años después, e incluso pasaría varios días en su compañía.

No hubo forma de averiguar nada más de Issan. Y tampoco me atreví a forzar la situación. La verdad es que aquel tipo de ojos grises, fríos como el hielo, me imponía mucho respeto. En aquella primera conversación, además de su relación con Khaled y con el Chacal, me comentó el inminente congreso revisionista que estaba preparando en Irán para diciembre de ese año. Si

algo tienen en común Hizbullah y el gobierno iraní con mis antiguos camaradas neonazis, es su profundo odio a los judíos. Y, según el tipo de los ojos
fríos, en diciembre de 2006 Teherán acogería el primer congreso mundial
sobre revisionismo. Por primera vez en la historia, un gobierno acogería un
evento en el que nazis e islamistas plantearían abiertamente su escepticismo
hacia el holocausto judío.

El oficial de Hizbullah me lo puso en bandeja. No me apetecía mucho
volver a infiltrarme con los neonazis, por tercera vez,[16] pero era evidente
que aquella nueva línea de investigación también merecía mi atención. Así que
tendría que rescatar de mi armario de identidades falsas el traje de *Tiger88*
que tan buenos resultados me había dado en *Diario de un skin*.

Descubrí que en Venezuela existen varias organizaciones neonazis, todas
ellas antichavistas, y con presencia en la red, como el Movimiento Socialista
Nacional ¡Venezuela Despierta! *(www.msnvd.tk)*; el movimiento Zulia88: *(www.
galeon.com/zulia88)* o el Partido Nacional Socialista Venezolano: *(http://mem-
bers.libreopinion.com/ve/pnsv/index.htm)*. Y lo inquietante es que todos ellos
estaban vinculados con Nuevo Orden, el portal neonazi más influyente en
lengua española del mundo, que se dirige desde España y a cuya responsable,
Walkiria, conocía de mis tiempos como *Tiger88*. Iba a ser todo un reto volver
a «colarme» en Nuevo Orden y en la comunidad neonazi española. Sobre todo
porque se avecinaba el macrojuicio contra Hammerskin España en el que la
Fiscalía me había pedido que declarase como testigo protegido, en base a mi
infiltración entre los skin. Evidentemente, todos los neonazis de España estaban interesados en que yo no llegase con vida a ese juicio.

Bodas y maraquitas: hora de volver a casa

Salí de aquella oficina en el centro de Caracas con el corazón subido de pul-
saciones y con la intuición de que había dado un paso de gigante en mi acercamiento al terrorismo internacional. Todavía no tenía ni la menor idea de
quién era realmente Issan, pero mi intuición me decía que era alguien importante. Y aunque había fracasado en todos mis intentos por localizar a la fami-

---

16. En 2003, un año después de la publicación de *Diario de un skin*, volví a infiltrarme
entre los ultraderechistas y skin de organizaciones como España2000, durante mi infiltración
en las mafias de la prostitución y del tráfico de mujeres para su explotación sexual. Gracias a
las especulaciones sobre mis supuestas identidades reales, que colapsaron Internet tras *Diario
de un skin*, pude volver a grabar con cámara oculta a los líderes de algunas de esas asociaciones ultraderechistas, como José Luis Roberto, que al mismo tiempo pertenecía a la federación
de burdeles ANELA.

lia de Ilich Ramírez en Venezuela, ahora tenía la sensación de que aquel viaje, tanto dinero y tanto tiempo invertido, no sería un esfuerzo estéril. Pero era el momento de regresar a España. Tenía que seguir manteniendo mi puesto de trabajo para no levantar sospechas, debía continuar mis estudios de lengua árabe y encontrar una forma de volver a infiltrarme en el movimiento neonazi, antes de que se produjese el juicio contra Hammerskin España. Además, el agente Juan me había escrito para avisarme de que en Madrid se iba a realizar, unas semanas después, un interesante curso sobre propaganda y terrorismo que no debía perderme. Riay Tatary, el imam de la mezquita Abu Bakr de Madrid, iba a ser uno de los profesores invitados. Alfredo Pérez Rubalcaba, ministro del Interior, abriría el curso.

Me iba de Venezuela con un sabor agridulce en los labios, al no haber sabido localizar a la familia de Ilich Ramírez. Y los testimonios de Issan, el Viejo Bravo e incluso del pintor Castillo no me habían ayudado mucho en ese sentido. Si los hermanos del Chacal continuaban trabajando con el gobierno, yo no fui capaz de localizarlos.

Sin embargo, sí pude hacerme alguna foto con alguno de los miembros más importantes del gobierno de Chávez, durante la boda de Source con su influyente cónyuge. Porque la boda efectivamente se llevó a cabo. La ceremonia se celebró en una atípica iglesia y el convite en el Círculo Militar de Caracas. Y aunque Chávez disculpó su asistencia, sí acudieron varios de sus ministros más importantes. Aunque a mí me sentaron en la mesa de los invitados de Source, la mayoría cubanos salvo un abogado de origen judío, gracias a quien conseguí dos fotos de Source vistiendo uniforme del ejército israelí, que lógicamente guardo como oro en paño. Los asistentes al enlace no tenían ni idea de a quién tenían en casa... Pero en aquella boda, en el Círculo Militar de Caracas, tampoco había ninguna pista sobre la familia del Chacal. Si la hubiese habido, y dado el estridente volumen de la música que sonó toda la noche, en cualquier caso no me habría enterado...

Tampoco había tenido ningún contacto con los miembros de ETA que, según los medios de comunicación antichavistas y también los europeos, vivían en Venezuela acogidos por Chávez. De hecho, ese 4 de octubre varios periódicos de la oposición, como *Notitarde* o *El Nacional* publicaban la noticia: «Asociación española pide extradición del etarra Cubillas». El influyente diario venezolano se hacía eco de la solicitud que había formulado en España la Asociación de Víctimas del Terrorismo al ministro de Justicia, Juan Fernando López Aguilar, de que se ejecutasen los trámites necesarios para extraditar a España al etarra José Arturo Cubillas,[17] que vive refugiado en Venezuela. Yo aún tardaría

---

17. En marzo de 2010, una vez más, José Arturo Cubillas y la presencia de etarras en

un año y medio en poder localizar y estrechar la mano de José Arturo Cubillas, del que no existía ninguna imagen reciente... hasta ahora.

La última semana en Caracas perdí alguno de mis contactos en la comunidad árabe, por culpa del Chino Carías. El día en que tenía previsto regresar a España mi vuelo salía de Maiquetía a media tarde. Y, siguiendo mi febril obsesión por aprovechar el tiempo al límite, había acordado una reunión con el Chino esa mañana, con el objeto conocer a un grupo de camaradas tupamaros y miembros de la Asamblea Nacional. Nos citamos cerca de esta, y después nos movimos a un restaurante próximo. Allí estaban Oswaldo Jiménez, alias *Canita*, presidente del PPT; Oswaldo Rivero, alias *Cabezamango*, secretario general del PPT de Caracas; Greidy Alejandro Reyes, alias *Comandante Gato*, secretario de Comisión de la Alianza Nacional; Arquímedes Antonio Franco, presidente de la fuerza motorizada; William Díaz, alias *Carmelo Candela* y responsable de *noticiascandela.wordpress.com* —que no tiene nada que ver con mi camarada Comandante Candela—, etcétera. Y también Andrés Alejandro Singer y Carlos Enrique Bolívar, alias *Carlucho*, guardaespaldas del Chino.

Preparaban la expulsión de los Tupamaros de un tal Juan Fuentes, alias *Pequeño Juan*, del Partido Político Tupamaro, que acababa de constituirse entre los tupas. Aunque la rivalidad entre José Pinto, actual presidente del partido tupamaro, y el Chino Carías era evidente.

Comimos arepas y cachapa, y el Chino supo «engañarme» para tomarme unas maraquitas con ellos. Yo, que en realidad no soy venezolano, no tenía ni la menor idea de qué demonios eran las maraquitas, así que le seguí la broma y me tomé tantas maraquitas como él.

—Dale, Palestino —me dijo—, que no se diga de los árabes...

Solo recuerdo, vagamente, que conseguí arrastrarme hasta un taxi, borracho como una cuba, unas horas y muchos maraquitas después. Recuerdo también la cara de preocupación del taxista, cuando le insistía en que tenía que llegar a Maiquetía para coger un avión, mientras vomitaba por la ventanilla hasta mi primera papilla... El espectáculo no era agradable. Por supuesto perdí el avión y tuve que esperar varios días hasta el siguiente vuelo. Pero también perdí la amistad de un hermano de la mezquita, que por desgracia me vio completamente borracho en pleno Ramadán. Lamentable. La maraquita resultó ser una versión pobre del mojito cubano. Dulzona, fácil de tomar, pero de un alto contenido alcohólico. Su nombre se debe a que tras un par de ellas, te meneas como una maraca... y ese no es un comportamiento propio de un buen musulmán.

Ese fue el último día que bebí alcohol. Aprendí la lección. Como si la pro-

---

Venezuela producirían un escándalo internacional que llenaría las primeras páginas de la prensa española durante semanas. Pero en realidad llovía sobre mojado.

videncia quisiese dejarme claro que no podía seguir jugando a parecer un musulmán. O aceptaba de una vez las reglas del juego o probablemente continuaría perdiendo contactos islamistas. Tarde o temprano alguien menos discreto que aquel hermano me pillaría. Así que aquel día, y en el fondo gracias al Chino, me propuse dejar el alcohol y el tabaco y también la carne de cerdo. Tenía que ser un musulmán ejemplar si quería pasar por un integrista. De tal forma que, si existiese alguna manera de encontrar rastros de alcohol, nicotina o jamón en la sangre de un aspirante a muyahid, yo pasase la prueba. Pero eso iba a resultar mucho más difícil de lo que me imaginaba. Supongo que uno no sabe lo enganchado que está a una droga como el tabaco o el alcohol hasta que intenta dejarla.

Regresé a España sobrio, a mediados de octubre, en pleno Ramadán. La divina providencia o la voluntad de Allah decidieron, una vez más, ponerse de mi lado. Si me hubiese quedado solo unos días más, y dada mi vinculación durante meses con Teodoro Darnott e Hizbullah-Venezuela, es probable que hubiese terminado en una celda del Helicoide, sometido a un duro interrogatorio de la DISIP como sospechoso de terrorismo islámico...

Capítulo 5

La voz del Chacal

كُلَّمَا أَوْقَدُوا نَارًا لِّلْحَرْبِ أَطْفَأَهَا اللَّهُ وَيَسْعَوْنَ فِي الأَرْض فَسَادًا وَاللَّهُ لَا يُحِبُّ
الْمُفْسِدِينَ

Cada vez que enciendan un fuego para la guerra, Allah se lo apagará. Se afanan por
corromper en la tierra, pero Allah no ama a los corruptores.

El Sagrado Corán 5, 64

لا تكُن رطْبًا فتُعْصر ولا يابسًا فتُكْسر

No seas tan blando que te expriman ni tan duro que te rompan.

Proverbio árabe

Hizbullah-Venezuela atenta contra la embajada americana

Mientras volaba de regreso a España, ansioso por un cigarro, estaba lejos de
imaginar lo que traerían las siguientes semanas. No sabía que a mis compañeros Roberto Vila y Emilio Morenatti los secuestrarían en Gaza con unas semanas
de diferencia. Tampoco sabía que a Dima Khatib y su cámara, Carlos Hernán
Duque, los retendrían en el aeropuerto cuando intentaban entrar en Nicaragua
para cubrir las elecciones de noviembre porque, a pesar de haber cumplido todos
los requisitos migratorios, los nicaragüenses no querían a Al Jazeera en el país.
Y desde luego no podía aventurar que mis cibercamaradas de Hizbullah-Venezuela se estaban preparando para saltar del ciberyihadismo virtual al mundo
real, haciéndose un hueco en la historia del terrorismo islamista.

Supongo que haber descubierto la verdadera historia de aquel pequeño
grupo pseudosectario llamado Hizbullah-Venezuela, que prácticamente solo
tenía una existencia real en la red, me había desinteresado totalmente de
Teodoro Darnott *Abdullah* y de sus contados seguidores. Y supongo que por
eso no me tomé en serio la amenaza que habían colgado en Internet semanas

antes. Reproduzco íntegra y literalmente el comunicado (erratas incluidas), redactado por Teodoro Darnott:

Bismilahi Rahmani Rahim
(En el Nombre de Allah, El Compasivo, El Misericordioso)
Propuesta Política-Militar Integrista, fundamentalista Islámica Latinoamericana
As salamu aleikum

Hezbollah Latino América analiza colocar explosivo contra una organización aliada de U.S.A. en América Latina. El motivo seria el lanzamiento de Hezbollah Latno América como un movimiento internacional, el difundir el rechazo a los ataques de Israel contra hezbollah Líbano, manifestar nuetra solidaridad y respaldo a Hezbollah en su lucha contra el sionismo y el imperialismo norte americano. El aparato explosivo será de bajo poder y no causara daños humanos ni a la propiedad sino que solo difundirá panfletos con consignas de hezbolla Latino América contra la ocupación y contra el imperialismo de USA, de esta forma Hezbollah se presentara ante la opinión publica nacional e internacional ya como un movimiento revolucionario islámico, que trabaja para establecerse en todos los pises de América Latina y desde estos países abrir un nuevo espacio de la resistencia islámica internacional.

Wa aleikum salam
Hezbollah Latino America[1]

El comunicado se ilustraba con una foto de un artefacto explosivo. Pero supongo que ni yo ni nadie se tomó en serio la amenaza. Nadie salvo la DISIP, que controlaba a Hizbullah-Venezuela en la distancia, más por la propaganda antichavista que estaba regalando a la oposición, que por considerarlos una seria amenaza terrorista. Todos nos equivocamos.

Poco tiempo después de la difusión de ese comunicado, y según los informes policiales a los que accedí mucho tiempo después, José Miguel Rojas Espinoza se levantó temprano. A las 8:30 de la mañana salió de su casa, en el sector Baloa de la urbanización El Llanito, en el municipio Sucre, contrató los servicios del motorizado Eduardo Antonio Linares, mototaxista con matrícula AAW-531, para que lo llevase hasta las inmediaciones de la urbanización Colinas del Valle, en el municipio Baruta, donde se encuentra la embajada de los Estados Unidos en Caracas. Rojas llevaba dos bolsas de plástico de color marrón.

---

1. Comunicado difundido en este blog: *http://colocaciondeexplocivo.blogspot.com/*

Al llegar a la calle F con Soapuer, cerca de la entrada norte de la embajada de los Estados Unidos, Rojas le pidió a Linares que parase la vespa gris, y se apeó tras pedirle al motorizado que le esperase en la parada de autobuses adyacente a la Redoma La Alameda, y que le guardase una de las bolsas, mientras él se alejaba con la otra en dirección a la sede diplomática. Mientras Rojas, alias *Muyahid*, colocaba el primer paquete entre unos maceteros, cerca de la embajada, Eduardo Antonio Linares se dejó llevar por la curiosidad y abrió la segunda bolsa. Dentro descubrió una caja de zapatos, y al abrir dicha caja se encontró con un artefacto compuesto por un tubo de plástico, del que salían dos cables, conectados a un reloj despertador, y una batería de seis voltios. Identificando inmediatamente aquella caja como un artefacto explosivo, la dejó en el suelo, se alejó y advirtió al vigilante del colegio Luis Chávez, situado allí mismo, que había una bomba y que avisase a la policía. El vigilante de la escuela, llamado Luis Rafael Itriago Acevedo, fue quien alertó a la policía de Baruta, que se personó rápidamente en el lugar. Eduardo Antonio Linares dio a la Polibaruta una descripción detallada del cliente que le había contratado y que le había dejado aquel peligroso paquete, y comenzó la caza al terrorista por los alrededores de la embajada norteamericana.

José Miguel Rojas, *Muyahid*, no tardó mucho en ser identificado y detenido por el agente de policía Robert Antonio González Mendoza. En el momento de su detención, y según el atestado policial, Rojas portaba una bolsa en cuyo interior se descubrieron: «... entre otros objetos, seis (6) potes sellados contentivos de un bajo explosivo denominado pólvora, un trozo de cable de dos metros aproximadamente, de color rojo y transparente, un alicate metálico con mangos de material sintético color rojo, dos bombillos pequeños, dos tubos de adhesivo epoxy, marca Devcon, un destornillador metálico pequeño, dos rollos de tirro transparente de embalaje y un panfleto con las siguientes inscripciones "Mundo Islámico Civilizado de Dios. El combate es mi máxima expresión de amor y la única forma de ofrecerles un mundo sano y sin corrupción"». Incluso portaba la factura de la ferretería Comercial Ferconsa, Ferro Continente, de Maracaibo, donde se habían comprado los siete envases de pólvora, marca Cazador, signada bajo el número 02628, el 5 de octubre anterior.

Los agentes de Polibaruta alertaron a los especialista de la DISIP, y un equipo de expertos en explosivos se personó rápidamente en las inmediaciones de la embajada norteamericana, procediendo al análisis cuidadoso de los dos paquetes propiedad de Rojas: «Cada uno de ellos contenía un artefacto explosivo constituido por un tubo plástico del tipo PVC, contentivo en su interior de un bajo explosivo conocido como pólvora, unido a dos cables electroconductores conectados a un reloj del tipo despertador y a una batería de seis (6) voltios, y adicionalmente un sobre de Manila color amarillo contentivo de varios panfletos elaborados en papel blanco de uso común con el encabezado "Hezbollah"...».

Según la investigación policial, Rojas se había limitado a ejecutar las órdenes del autor intelectual del «atentado», que no era otro que Teodoro Darnott *Abdu-llah*. Al registrar el ordenador personal del joven muyahid se encontraron los correos electrónicos de Darnott, que también fue inmediatamente detenido. Según los informes oficiales a los que he tenido acceso: «Dicho acusado fue la persona que durante los días 17, 19 y 20 de octubre de 2006, desde su correo electrónico enlacevzla@hotmail.com, envió al ciudadano JOSÉ MIGUEL ROJAS a través de su correo electrónico justiciadeallah@hotmail.com información precisa respecto a las direcciones y lugares donde este debía colocar dos (2) artefactos explosivos improvisados, elaborados con tubos de plástico del tipo PVC rellenos de un bajo explosivo conocido como pólvora, unidos a dos cables electro conductores conectados a un reloj del tipo despertador y a una batería de seis (6) voltios; y giró instrucciones relevantes destinadas a asegurar el cumplimiento del objetivo por parte del ciudadano ROJAS ESPINOZA, José Miguel, entre otras, indicándole las alternativas para la colocación de los explosivos ("... si en la zona de la embajada no resulta, opte por otra de las direcciones enviadas... En la sinagoga no creo que haya mucha actividad policial... si por último no puedes en esos lugares, colócaselo a la mezquita y otro en el centro de Caracas..."); indicándole el ("... recuerde que usted pasará en moto y dejará el bulto sin detenerse en el lugar..."), reforzando la disposición de ánimo del acusado José Miguel Rojas Espinoza a través de frases que inducen a la calma ("... trate de pensar que lleva una bolsa de basura, si piensa que lleva una bomba eso le pondrá nervioso y fracasará más por los nervios que por razones de seguridad...")...».

Me equivoqué, después de todo, al menospreciar el interés de Hizbullah-Venezuela para mi investigación. Y no porque aquella acción, que sería castigada por los jueces venezolanos con una dureza desmedida, mereciese o no el calificativo de atentado terrorista. Sino porque así fue como se vendió internacionalmente.

Es decir, aunque sea lícito calificar de artefactos explosivos lo que Rojas colocó, por indicación de Darnott, en las cercanías de la embajada de los Estados Unidos, sería más correcto definirlo como «cajas sonoras». Un tipo de artefacto que carece de la letal metralla, compuesto por una carga de explosivo de bajo poder, pólvora igual a la que se usa en los petardos de feria, que al detonar expande alrededor los folletos publicitarios de Hizbullah-Venezuela que se incluían en el interior, y que, dado el bajo poder destructivo de ese tipo de pólvora, ni siquiera quema los folletos de papel. Esta es la realidad.

Sin embargo, la prensa israelí, la norteamericana y los medios de la oposición venezolana no podían dejar pasar un regalo del cielo tan rentable políticamente. Hizbullah-Venezuela, sin quererlo, se había puesto al servicio de los antichavistas, a menos de mes y medio de las elecciones generales en las que Chávez se jugaba su continuidad en el poder. Y los titulares de la prensa internacional destacaron el «primer atentado terrorista contra la embajada americana en Caracas, perpetrado por yihadistas de Hizbullah establecidos en Venezuela con la ayuda de Chávez».

Es evidente que ningún analista, mínimamente familiarizado con la historia de Hizbullah y conocedor de sus enormes recursos económicos, su habilidad con bombas de alto poder destructivo y su experiencia en la realización de operaciones clandestinas y letales, incluso contra el MOSSAD israelí, puede tomarse esto en serio. Es ridículo imaginar a un agente de Hizbullah que en lugar de robar un coche, o por lo menos tomar un taxi, acude al lugar del atentado en mototaxi porque es más barato; que se presenta en el objetivo del ataque llevando las bombas en cajas de zapatos y con un explosivo que había costado 13 997 bolívares, o sea, menos de 14 bolívares fuertes actuales, en una ferretería pública. Estoy seguro de que Israel estaría mucho más tranquilo si todos los terroristas de Hizbullah fuesen así de artesanales...

Propaganda: el arma de destrucción masiva

La verdadera dimensión de aquel acto iba a comprenderla en noviembre de 2006, en el curso sobre propaganda y terrorismo que iba a cursar en Madrid, de la mano de prestigiosos expertos en contraterrorismo y yihadismo. Y también en el verdadero Islam.

Alfredo Pérez Rubalcaba volvía a presidir un curso de terrorismo islamista al que yo asistía. Después del 11-M no era difícil coincidir con políticos de alto nivel en todos los cursos antiterroristas organizados en España. Se consideraba un tema prioritario. Y tras la aportación del ministro del Interior, llegó el turno para todos los expertos participantes que, como siempre, nos obsequiaron con una interesante información teórica a los alumnos.

En esta ocasión tuve la fortuna de aprender más sobre terrorismo con personajes como el periodista Javier Valenzuela, autor de uno de los poquísimos libros sobre Hizbullah escritos en España[2] y también del inquietante *España en el punto de mira: la amenaza del integrismo islámico*,[3] publicado antes del 11-M y que resultó fatalmente premonitorio; o el catedrático de Historia Juan Pablo Fusi; Eugenio Pereiro, asesor de Terrorismo del secretario de Estado; el fiscal Jesús Santos, o Miguel Valverde, comisario general de Información de la Policía, entre otros especialistas españoles. Como siempre, sabiamente coordinados por Fernando Reinares.

---

2. *El Partido de Dios*, El País-Aguilar, 1982.
3. Temas de Hoy, 2002.

Participaban además agentes del FBI como Mark T. Rossini, que hablaba un estupendo español por haber estudiado en Salamanca, y que había llegado a España en octubre de 2001 para seguir durante meses la pista española de Al Qaida, mano a mano con la Policía y la Guardia Civil españolas. Y también psiquiatras especializados en terrorismo, como Walter Reich, y otros expertos norteamericanos.

Sin embargo, este era un curso especial. Hasta la fecha había asistido a muchos como un alumno más, pero ahora mi implicación en la investigación era mucho mayor y, por ejemplo, no me interesaba dejarme ver demasiado por Majed Dibsi, politólogo, jurista y periodista colaborador de Al Jazeera... y palestino, pero él de verdad. Era improbable que Dibsi pudiese informar a Dima Khatib de mi presencia en los cursos antiterroristas, pero Khatib había visitado varias veces España y, contra lo que pueda parecer, odio correr riesgos innecesarios. Recién llegado de Venezuela y de establecer mi primer contacto con Al Jazeera, cuanto más desapercibido pasase en el curso, mejor. Pero la magnífica, razonable y sosegada exposición de Dibsi no me la iba a perder por nada del mundo.

Tampoco quería perderme las aportaciones de Félix Herrero y Riay Tatary, presidente de la Federación Española de Entidades Religiosas Islámicas y presidente de la Unión de Comunidades Islámicas de España, respectivamente, pero tampoco me convenía que se quedasen con mi cara. Sobre todo porque era consciente de que, tarde o temprano, tendría que frecuentar las mezquitas que ambos controlan. En el caso de Riay Tatary, por ser el responsable de la segunda mezquita más importante de Madrid: la Comunidad Islámica Abu Bakr, frecuentada en su día por Mustafá Setmarian.

En el caso de Félix Herrero, porque se había convertido en el imam de la mezquita de La Unión, en Málaga, donde se había realizado en 2005 una de las operaciones policiales más mediáticas contra Al Qaida en España, y cuyo principal responsable, el iraquí Abu Sufian, emparentado directamente con miembros del grupo de Al Zarqaui en Basora, se encontraba en esos momentos encerrado en la prisión de Herrera de la Mancha con los demás miembros de la presunta célula yihadista malagueña, y sus «sucursales» en Cataluña, Baleares u otras partes de Andalucía. Al salir, y no quedaba mucho para eso, Abu Sufian se convertiría en uno de mis hermanos musulmanes en España. Y el mismo Félix Herrero terminaría telefoneándome personalmente, inquieto por esa amistad de Abu Sufian conmigo... pero eso ocurriría tiempo después.

En este momento de la investigación necesitaba menos información estadística, teórica o histórica, y más información táctica y operativa. Cosas que pudiese utilizar en mi infiltración. Y parecía razonable suponer que musulmanes practicantes como Tatary o Herrero, y especialmente Ahmed Yunis, director nacional del Consejo de Asuntos Públicos Musulmanes de los Estados Unidos, estaban en disposición de facilitarme ese tipo de formación. Y así fue.

Realmente exprimí a los profesores. Tomé páginas y páginas de apuntes, grabé todas las conferencias íntegras, hice contactos y aprendí mucho sobre el enorme potencial de la guerra psicológica en las contiendas asimétricas. Goebbels no fue el primer ni el único ingeniero social que supo sacar partido a la propaganda. Los participantes en el curso nos ofrecieron una información interesantísima sobre cómo Ben Laden, el doctor Al Zawahiri, Ibn Al Jattab o mi viejo «amigo» Abu Musab Al Zarqaui habían sabido rentabilizar sus vídeos propagandísticos, sus mensajes de audio o sus comunicados yihadistas. Nos ilustraron sobre la brutal y creciente presencia de la propaganda yihadista en Internet. Del efecto viral de las grabaciones hechas por la resistencia iraquí o chechena, atacando columnas norteamericanas o rusas, o haciendo explotar bombas escondidas a su paso. Debatieron sobre la responsabilidad de los medios de comunicación, como Al Jazeera, que hacían un efecto de altavoz para el ideario de Al Qaida, Hizbullah o Hamas, y también cuestionaron el uso propagandístico de las informaciones yihadistas en la prensa o la radio árabe...

Pero yo eché de menos que alguien hablase de cómo se utilizaba políticamente el terrorismo en Occidente. Me habría gustado, por ejemplo, que alguien explicase cómo rumores, exageraciones o absolutas invenciones —como la célula de Al Qaida en Isla Margarita, la presencia de Setmarian en Venezuela o el *bluff* de la célula de Hizbullah en Zulia— ofrecían un instrumento propagandístico tan magnífico para los intereses antichavistas, un mes antes de las elecciones generales... Sin embargo, como es lógico, yo no podía llamar la atención explicando mi reciente experiencia en Venezuela. Así que me limitaba a callar y tomar apuntes, como siempre. Solo ahora puedo expresar mi opinión sin poner en riesgo la infiltración.

Aun así, algunas de aquellas brillantes conferencias me dieron muchas ideas. En aquel curso, y concretamente en la conferencia de Harold Goodall, escuché por primera vez una valoración erudita y documentada sobre el uso propagandístico de Internet, mención especial a las redes sociales, en el yihadismo terrorista. Cuenta uno de los antiguos relatos del genial sabio bobo sufí que un día un juez de Arabia pidió al Mullah Nasruddin que le ayudase a resolver un problema legal:

—Mullah, ¿cómo me sugieres que castigue a un difamador?

—Córtale las orejas a todos los que escuchan sus mentiras —respondió Nasruddin.

Con frecuencia, como bien sabía Goebbels, «una mentira repetida mil veces se convierte en una verdad». Y se me ocurrió una idea. De la misma forma en que las falsas «identidades reales de Antonio Salas» que circulan por la red desde *Diario de un skin* me permitieron volver a infiltrarme en grupos nazis para *El año que trafiqué con mujeres*, y me permitirían volver a hacerlo para *El Palestino*, ¿por qué no usar esa misma ciberdesinformación ahora? Si todos los medios de comunicación occidentales se habían empeñado en convertir a un grupo marginal en una amenaza terrorista internacional, ¿por qué no beneficiarme de eso? Quiero decir, la ridícula chapuza de las «cajas sonoras» colocadas por José Miguel Rojas en la embajada americana de Caracas se vendió internacionalmente como una prueba de la presencia de Hizbullah en Venezuela y de la alianza de Hugo Chávez con los terroristas libaneses. En ese momento, a pocas semanas de las elecciones generales, ni la prensa opositora venezolana, ni los medios norteamericanos afines a George Bush estaban dispuestos a dejar pasar un regalo semejante. Así que la historia de Al Qaida en Isla Margarita y los terroristas árabes acogidos por Chávez volvió a sonar con fuerza. Y como esa corriente de opinión era imparable, se me ocurrió que yo podía utilizarla para reforzar mi perfil como yihadista y para acercarme a los verdaderos terroristas.

En ese momento estaba en una posición inmejorable. En ninguna mezquita del mundo parecería extraño, gracias a la prensa occidental, que un radical yihadista palestino llegase de Venezuela. Y ante esta nueva perspectiva, Teodoro Darnott *Abdullah,* con quien tenía una entrada excelente, dejaba de parecerme un pobre desgraciado. Si la prensa quería convertirlo en un peligroso líder de una célula de Hizbullah, quizás otros yihadistas auténticos sintiesen simpatía o admiración por él, y, en ese caso, a mí me venía de perlas ser un activo componente de Hizbullah-Venezuela. La verdad es que aquella intuición, que debo a mis profesores en ese curso sobre terrorismo y propaganda, fue un éxito. Tardó un poco más de lo esperado, pero finalmente me facilitó estupendos contactos yihadistas en Iraq, Indonesia, Palestina, Afganistán, Sudán o Marruecos... y una documentación periodística extraordinaria.

Ciberespías y ciberterroristas

Al agente Juan también le interesaba la propaganda terrorista. Desde el 11-M, y aunque su área de trabajo era la inmigración ilegal, cada vez se había implicado más en el campo antiterrorista. Creía, como muchos de nosotros, que el yihadismo era la nueva amenaza de Occidente, muy por encima de otras bandas como ETA. Por eso se había decidido a aprender árabe (estudió conmigo hasta tercer curso) y a formarse en todo lo referente al terrorismo islámico. Juan dejó escapar una sonrisa maquiavélica cuando le consulté mi idea. Entre otras muchas cosas, Juan es programador informático y un veterano ciberespía, muy familiarizado con los sistemas de encriptado, los programas «troyanos», los virus, etcétera.

Como no había podido asistir físicamente al curso, me pidió que le facilitase una copia de mis grabaciones y quedamos en su estudio. Creo que solo la fértil imaginación de un guionista cinematográfico podría diseñar un estudio como el del agente Juan. Desde fuera parece la aburrida y tediosa oficina de un funcionario, sin embargo en su interior...

Aquella mañana de noviembre de 2006, Juan estaba especialmente eufórico, y no es un tipo que deje ver sus emociones a las primeras de cambio. Pero tenía dos motivos para sentirse entusiasmado. Por un lado acababa de redactar uno de los informes más importantes de su trayectoria, que no tendría el reconocimiento debido hasta tres meses más tarde, cuando el barco negrero *Marine I* desembarcase en Mauritania a los 372 inmigrantes ilegales que transportaba con destino a las islas Canarias, y cuya travesía se frustró gracias a que los servicios de información españoles descubrieron su existencia a tiempo. Juan acababa de terminar un detallado informe, que ampliaría en las semanas siguientes con nuevas informaciones, cruzando los datos enviados por sus agentes de campo infiltrados en Senegal, Bissao, etcétera. Informe en el que se denunciaba los ambiciosos planes de una mafia de tráfico de seres humanos, con intención de transportar en un mismo barco negrero a más de 370 inmigrantes ilegales que serían recogidos en Conakri, con destino a las islas Canarias, y entre los que se encontraría un grupo indeterminado de pakistaníes e hindúes posiblemente yihadistas.

Gracias a esa labor de inteligencia se había descubierto la existencia del *Marine I* y su objetivo. Y cuando los medios de comunicación fueron alertados y el capitán del barco negrero contempló su buque en las pantallas de las principales televisiones europeas, y que le esperaban en la costa para ser detenido, se vio en la obligación de dar marcha atrás antes de llegar a Canarias y regresar a las costas de África. Aunque eso provocase una escandalosa crisis humanitaria y una auténtica agonía para aquellos 372 inmigrantes abandonados a su suerte.[4]

La segunda razón de su euforia, quizás porque había decidido recompensarse a sí mismo por el éxito de aquella misión, era que acababa de recibir una sofisticada mira láser integrada, para incorporar a su arma. Así que cuando entré en su taller, me lo encontré con la pistola en la mano, lo que nunca resulta tranquilizador. Y, como un niño con pistola nueva, me explicó detalladamente las ventajas de ese tipo de mira láser, que se encaja en el interior del carro del cañón, más práctica que las miras láser externas, que dificultan seriamente el enfundado del arma... Juan, con la generosidad que le caracteriza, siempre me supone capaz de seguir sus explicaciones sobre geopolítica, espionaje electrónico o armamento. Y yo le dejo que lo crea... Pero en ese caso en concreto no podía imaginar que el entusiasmo del agente Juan al explicarme el funcionamiento de su Glock-26, del calibre 9 mm Parabellum, y al permi-

---

4. *http://www.20minutos.es/noticia/200519/0/mauritania/barco/encallado/*

tirme ver cómo la desmontaba para incorporarle el sistema de mira láser integrado, me resultaría muy útil unas semanas más tarde, al hacerme pasar en Venezuela por el muyahid que no soy.

Cada cierto tiempo, Juan acostumbraba a despachar directamente con los máximos responsables de la Comisaría General de Extranjería y Documentación, en la segunda planta del edificio situado en la calle General Pardiñas. De hecho, yo le conocí, hace ya muchos años, cuando acudí a dicha comisaría en busca de asesoría para mi infiltración en las mafias del tráfico de mujeres. En noviembre de 2006 estaban a punto de producirse en esa comisaría importantes cambios que alterarían el destino profesional de Juan, y también su nivel de implicación con la lucha antiterrorista. Pero, mientras tanto, me ayudó a dar un enfoque radicalmente distinto a la presencia de Muhammad Abdallah en Internet. Si quería acceder a los foros yihadistas sin levantar sospechas, tendría que utilizar todo mi arsenal: mi relación con Al Jazeera, mis amistades con los Tupamaros, mi vinculación a Hizbullah-Venezuela... todo. Eso tenía un lado positivo, y es que probablemente podría despertar la curiosidad de los «buscadores de talentos», que reclutan nuevos candidatos para el yihad. Pero, por otro lado, era probable que alertase a los servicios antiterroristas, haciendo que me considerasen un sujeto peligroso. Por lo tanto debería —según Juan— ser extremadamente cuidadoso al dejar mi rastro en las comunicaciones electrónicas. Todos los consejos que me dio me serían muy útiles unos meses después, al construir el *website* que me abriría de una vez por todas las puertas a las redes yihadistas internacionales: la página web oficial de Ilich Ramírez, *el Chacal*.

Juan me sugirió que insistiese en la búsqueda de su familia en Venezuela. En su opinión, si conseguía acercarme a Carlos el Chacal, aunque fuese a través de su familia, estaría en una situación de privilegio para acceder a grupos terroristas. Y también fue de Juan la idea de dividir mi identidad. Es decir, utilizar más de una personalidad en la red, que me permitiese continuar la infiltración en caso de que la seguridad de alguno de mis perfiles se viese amenazada. La ventaja de la cultura árabe es que no resulta sospechoso que una misma persona utilice su nombre paterno, su nombre y apellido, el nombre de su hijo o algún alias simultáneamente. De hecho, con el paso de los años, yo mismo he presenciado cómo algunos de mis hermanos musulmanes abandonaban su nombre propio al convertirse en padres, adoptando según la tradición el de «padre de» su primogénito. Así, igual que mi amigo Ibrahim Abayat también era legítimamente Abu Atef; Muhammad Abdallah podía ser Ibn Alí, o Abu Aiman, o Al Falistini, entre otros, sin levantar sospechas. Y más aún en la red.

Por eso, a partir de noviembre de 2006 y por sugerencia de Juan, además de mi perfil como el aspirante a muyahid palestino nacido en Venezuela, creé otras identidades alternativas. Entre ellas la de un neonazi asentado en la Colonia Tovar (una comunidad alemana en Venezuela), solidarizado con la causa palestina en su odio a los judíos sionistas. Ese perfil me permitiría, unos meses después, volver a los mismos grupos, locales y reuniones que había frecuentado como *Tiger88*, aunque esta vez más centrado en los grupos nazis de solidaridad con la causa palestina, y en los círculos revisionistas, que niegan el holocausto judío. Todo está relacionado.

Hice acto de presencia en clase lo justo para recoger los apuntes de lengua árabe de mis compañeros e intentar presentar algún trabajo que me ayudase a subir nota en los exámenes. Aunque al final tampoco podría presentarme hasta junio, lógicamente suspendiendo, para volver a intentarlo en septiembre.

También traté de encontrar algún tipo de remedio mágico que me ayudase a superar la ansiedad de dejar el tabaco y el alcohol de golpe, durante una infiltración que ya me generaba la suficiente ansiedad por sí misma. Pero ni los parches, los chicles, los caramelos de nicotina o los jarabes me ayudaban mucho. Sin embargo, el alto que hacía cinco veces al día para el *salat* o los momentos de concentración en el *tasbith*, el rosario árabe, conseguían apaciguar la tensión durante unos minutos. Después volvía a desear más que nada un cigarrillo y un trago de vodka.

En cuanto a la carne de cerdo, nunca me había parado a pensar en la cantidad de productos derivados de este animal que se encuentran en nuestra gastronomía: chorizo, jamón, salchichón, cecina, beicon... Al principio me resultaba realmente difícil esquivarlos todos. Vivía solo y no me caracterizaba por mis conocimientos culinarios ni mi dedicación a la gastronomía. Cada vez que hacía la compra, que casi siempre se limitaba a productos congelados, latas o pizzas, tenía que desestimar la mayoría porque todos incluían cerdo de una forma u otra. Nunca habría supuesto lo integrado que está el cerdo en la dieta española.

En el caso de las reuniones familiares, me di cuenta de que resultaba sospechoso que preguntase si las croquetas, el bistec o el potaje llevaban jamón, chorizo o cualquier otro tipo de carne de cerdo, para luego buscar una excusa y evitarlos. Y al final opté por decirles a mis padres que me había hecho vegetariano y simplificar así las cosas. Supongo que parecerá banal, pero realmente para mí fue un auténtico quebradero de cabeza conseguir evitar comer cerdo al principio de mi conversión al Islam.

Regreso a Venezuela: Chávez busca la reelección

Después del «atentado» de Hizbullah-Venezuela contra la embajada de los Estados Unidos y tras mis continuos fracasos en todos los intentos por localizar a los hermanos de Ilich Ramírez, estaba claro que tenía que regresar a Caracas. Había pasado en España solo unas semanas. Lo justo para buscar una buena excusa a mi ausencia laboral, a mis faltas de asistencia a las clases, a mi desaparición ante mis amigos y a mi incomparecencia a todos los compromisos familiares durante los últimos meses. Y ahora volvía a marcharme. Nunca podré agradecer lo bastante la paciencia de mis amigos y familia. Aunque no todos supieron comprender mis ausencias sin dar explicaciones...

Ni siquiera había tenido tiempo de plantearme la entrevista con Jorge Verstrynge en torno a su libro sobre el Islam revolucionario, de lectura obligada para las fuerzas armadas bolivarianas, pero sí había puesto en marcha mi plan para acercarme al famoso ex político popular a través de la editorial de su libro. Para esas fechas ya me había convertido en colaborador de la revista *El Viejo Topo* y el director de la misma, Miguel Riera, me había facilitado el teléfono móvil de Verstrynge. Consideré que era mejor, si iba a mantener con él mi identidad de luchador social palestino-venezolano, que le telefonease desde Caracas. De esa forma comprobaría por los prefijos de la llamada que verdaderamente le estaba llamando desde Venezuela. Aún no tenía ni idea de cuál era la relación que podía tener Verstrynge con el Chacal, con el Islam o con los círculos bolivarianos en los que iba a involucrarme, así que consideré más prudente seguir manteniendo mi identidad como Muhammad Abdallah, Abu Aiman.

Cuando de nuevo volé a Maiquetía, la tensión se palpaba en el ambiente. Durante su campaña electoral para buscar la reelección, Hugo Chávez había utilizado la consigna de los diez millones: ese era el número de votos que el líder del MVR pretendía conseguir. Sin embargo, la oposición liderada por Manuel Rosales, el gobernador de Zulia, quería a Chávez fuera de Miraflores. En la prensa, la radio y la televisión venezolanas era evidente la fuerza mediática de la oposición. En Venezuela, es curioso, al gobierno bolivariano le apoyan las clases más humildes, los pobres, mientras que los empresarios, la clase media-alta y los grandes medios de comunicación de masas apoyaban absolutamente a Rosales, que además contaba con toda la solidaridad mediática europea y norteamericana. En realidad, y simplificándolo mucho, nadie quería a Chávez, salvo los pobres... pero es que los pobres, por desgracia, todavía son mayoría.

En mi nuevo viaje a Venezuela me desenvolvía ya como pez en el agua en Caracas. Llegué cargadito de piezas de repuesto para el Seat Ibiza de Beatriz, que amablemente volvió a dejarme el coche para mis desplazamientos. En Venezuela era imposible encontrar repuestos para ese «carro», ni siquiera la ventanilla que le había roto de manera accidental en el viaje anterior. Así que me había pasado unas horas en un gigantesco desguace de la carretera de Toledo, reuniendo todas las piezas que podrían resultarle útiles a aquel «carrito».

En cuanto regresé a la capital retomé mi búsqueda de la familia Ramírez Sánchez. Tenía otra pista. Según su biografía, Altagracia Ramírez, fallecido el 15 de agosto de 2003 y padre de Carlos el Chacal, había sido un activo miembro del

Partido Comunista de Venezuela (PCV). Indagué en ese sentido y descubrí que existía un Comité de Solidaridad con Ilich Ramírez en las Juventudes Comunistas del PCV. Le pedí ayuda a Alberto Carías, alias *Comandante Chino*, y uno de sus hombres, Comandante Gato, me ayudó a llegar a la sede del Partido Comunista de Venezuela, escoltado por uno de los motorizados de Arquímedes Franco.

Oficialmente, la Fuerza Motorizada Bolivariana de Integración Comunitaria de Venezuela, con más de veinte mil socios registrados y cincuenta mil simpatizantes en todo el país, tenía su origen en el golpe de Estado del 11 de abril de 2002. Sobre el legendario Puente Llaguno, y mientras el Chino Carías y sus hombres recuperaban a tiros el edificio de la DISIP, Arquímedes Franco, Katiuska Aponte y Robert Flores participaron en las luchas callejeras por devolver a Chávez al palacio de Miraflores y expulsar a los golpistas a puro plomo. Ese año nació la fuerza motorizada, en cuya primera cúpula dirigente estuvo la no menos legendaria Lina Ron, posteriormente desplazada. Algo que quizás nunca le perdonó a Franco...

Los motorizados, liderados por Arquímedes, eran una especie de guardia pretoriana de choque, a la que podíamos acudir los activistas bolivarianos cuando las cosas se ponían feas con la oposición. Si en una concentración, una manifestación o cualquier tipo de evento chavista, temíamos una agresión de los grupos armados opositores, de los que todos mis camaradas hablaban pero con los que yo nunca llegué a tener contacto, bastaba una llamada al teléfono 0412-992 60..., el número que aparecía en la tarjeta de visita que me había entregado Arquímedes Franco en una ocasión, para que cincuenta o cien motocicletas cabalgadas por tupamaros armados hiciesen su ruidosa aparición. La caballería de Arquímedes era la mejor fuerza disuasoria de Caracas, yo lo viví personalmente. Pero en esta ocasión solo necesitaba un motorizado que me escoltase hasta el PCV esquivando el endiablado tráfico caraqueño.

En el PCV conocí a Alí Costa Manaure y Sergio Gil, dos jóvenes idealistas comunistas, en cuyos ojos todavía existía ese brillo que delata la pasión utópica por cambiar el mundo. Alí y Sergio —en realidad no había casi nadie más en aquella comisión— habían creado el Comité de Solidaridad con Ilich Ramírez, a quien no veían como el sanguinario terrorista internacional que dibujaba la prensa. Para ellos, el Chacal era un comunista internacionalista, como el Che Guevara, que se fue a luchar a una guerra ajena, por un pueblo que no era el suyo, el palestino. Para aquellos muchachos, aún más jóvenes que yo, Ilich Ramírez era «un héroe a imitar». Y aun a pesar de la simpatía que me inspiraban ambos, y de que hemos mantenido el contacto hasta el mismo instante de escribir estas líneas, confieso que me resultaba inquietante escuchar cómo alguien consideraba a Carlos el Chacal «un ejemplo a seguir».

Me fascinó encontrar, en el pequeño cuartito que servía de local social y oficina para la Joven Guardia del Partido Comunista de Venezuela, pósters y afiches con la imagen del Chacal, como si se tratase de una estrella pop. Pero me sorprendió aún más escuchar la pasión con la que aquellos muchachos me contaban cómo, en la última asamblea nacional y gracias al fundador del PCV, Jerónimo Carrera, habían podido conocer a Vladimir Ramírez, el hermano pequeño del Chacal. Y ya que el de Vladimir era el único número telefónico, ajeno al de sus abogados, al que Chacal tenía autorización judicial para llamar desde la cárcel, habían conseguido que Ilich telefonease durante la celebración de dicha asamblea, para enviar un saludo a todos los comunistas venezolanos. Jerónimo Carrera por lo visto fue amigo desde la juventud de Altagracia Ramírez, padre de Ilich, y todavía mantenía el contacto con una tal Ligia Rojas, la mejor amiga de la madre del Chacal.

La tal Rojas, según me explicaron, había sido la profesora particular de Ilich y Lenin Ramírez Sánchez. Escépticos con el sistema de educación capitalista en la Venezuela de Pérez Jiménez y de Betancourt, Altagracia Ramírez había decidido que los primeros estudios de sus hijos fuesen impartidos por una profesora particular, y por supuesto revolucionaria. Y esa era Ligia Rojas, que había mantenido una estrechísima relación con la familia Ramírez durante toda la vida. Ella fue quien le pidió a Vladimir que asistiese a la asamblea comunista y que indicase a su hermano el día y la hora en que se iba a desarrollar, para que le telefonease en ese momento. Los muchachos me facilitaron orgullosos aquella grabación en la que pude escuchar, por primera vez, la voz real de Ilich Ramírez, el terrorista más peligroso el mundo. Confieso que sentí una sensación extraña. Llevaba un año obsesionado con el Chacal. Leyendo todo lo que caía en mis manos sobre él, coleccionando todos los libros, artículos y películas que podía localizar. Y de pronto, por primera vez, tenía la oportunidad de escuchar su voz. Supongo que nada ocurre por casualidad. De no haber sido porque escuché esa grabación, quizás no podría creerme, menos de un mes más tarde, que la voz que iba a escuchar de nuevo, en vivo y en directo, era la del verdadero Carlos el Chacal...

La pista tenía muy buena pinta. Aunque ya era un hombre que superaba los ochenta y cinco años de edad, Jerónimo Carrera parecía mantener el contacto con la profesora y amiga de los Ramírez Sánchez, Ligia Rojas. Ahora solo tenía que encontrar a Carrera y convencerlo de que me pusiese en contacto con los hermanos del Chacal.

Venezuela con Palestina

El 30 de noviembre de 2006, y mientras intentaba cerrar una reunión con Jerónimo Carrera, Raimundo Kabchi tuvo la amabilidad de invitarme a un acto pro-Palestina organizado por el Foro Itinerante de Participación Popular y por su directora Hindu Anderi. En la sala 1 del Centro de Estudios Latinoamericanos Rómulo Gallegos (CELARG) de Caracas, iban a reunirse miembros de la comunidad palestina venezolana y simpatizantes de la causa palestina de ideología revolucionaria. Iba a ser el momento de poner a prueba mi identidad como palestino. ¿Podría pasar por un joven fedai originario de Yinín entre los palestinos auténticos?

Allí conocí a las incansables activistas Susana Khalil e Isabel Frangie, a las que mi incipiente pero intensa trayectoria como colaborador de los medios alternativos chavistas y de los periódicos árabe-venezolanos convenció de mi compromiso con la causa palestina y de mi linaje. Recuerdo que cuando Khalil se interesó por mi pasado, simplemente le dije que pusiese mi nombre en Google... y no hizo falta más. Afortunadamente Khalil, como la mayoría, también cree que todo lo que aparece en Internet debe ser verdad...

También conocí en aquel evento al analista George Saade y al activista palestino afincado en Venezuela Rabad Duqqa. Y fue en ese acto donde vi por primera vez a su bellísima hija Shuruk Duqqa. Tan hermosa en el exterior como en su interior, y con la que tuve una buena amistad y colaboración. A pesar de su juventud, Shuruk estaba absolutamente comprometida con la causa palestina. En sus ojos refulgía el mismo brillo revolucionario que en las miradas de Alí Costa y Sergio Gil. Solo que ella no quería cambiar el mundo, le bastaba con luchar por conseguir la libertad de Palestina. Shuruk, como Alí o Sergio, tampoco temía luchar por las utopías.

Al acto acudieron también mi amiga Beatriz, en calidad de periodista, y Castillo, el pintor revolucionario ex compañero de estudios del Chacal, que se presentó con un lienzo de Yasser Arafat hecho por él. Lo colocó en medio del escenario sin perder el tiempo en pedir permiso a nadie de la organización. Y tampoco nadie se lo requirió. Ese día conocí además a otro personaje importante en esta investigación: un hombre que fue también decisivo para mi adiestramiento paramilitar en Venezuela.

Carlos Alberto Ríos no es árabe, pero sí musulmán. Y aunque tras su conversión al Islam, doce años antes, su nuevo nombre islámico era *Sidi*, en el ambiente revolucionario todo el mundo lo conocía por su alias *Musulmán*. Nunca un alias reflejó con tanta precisión la naturaleza de quien lo usa.

Nacido el 19 de enero de 1957, y con número de cédula de identidad 51222..., Sidi vivía en la Calle Real de Baloa, en Petare, aunque aquellos días previos a las elecciones generales se encontraba en Caracas, involucrado directamente, y como todos los grupos armados, en los preparativos para una posible guerra civil.

Para los chavistas más radicales, entre los que me desenvolvía en todos mis viajes a Venezuela, el 3 de diciembre de 2006 podía ser el día en que estallase una revolución armada en el país. Los bolivarianos no tenían ni la menor duda de que Chávez iba a ganar las elecciones una vez más. Y por goleada: esperaban conseguir diez millones de votos. Pero también aguardaban a que la noticia de una nueva reelección del líder socialista desatase las iras de la oposición. Y en el fondo esperaban que, como ocurrió durante el golpe de Estado de 2002, hubiese que salir a las calles con las armas, para defender la Constitución y a su presidente reelecto. El hermano Sidi, como todos mis camaradas tupamaros, habla la lengua del plomo y considera que una bala es, en ocasiones, el mejor interlocutor para negociar con los opositores a la revolución venezolana, y con los imperialistas judíos o norteamericanos que desean, según él, la muerte de Chávez.

Aquel hombre alto, muy delgado y de hablar pausado podría pasar fácilmente por un árabe. Muy moreno de piel, era de linaje indígena, quizás descendiente del mismo Guaicaipuro. No me costaba ningún esfuerzo imaginármelo con una túnica blanca y con el gorro de *salat*, rezando a mi lado en la mezquita de Caracas. Me costaba más imaginármelo empuñando un fusil. Sin embargo, Sidi tenía una dilatada experiencia en la lucha armada. Y esa misma noche lo acompañaría en algunos de los preparativos para la inminente guerra civil que, según él, podía estallar en Venezuela el día 3 de diciembre, cuando Chávez ganase de nuevo las elecciones y los yanquis invadiesen el país, como habían hecho antes en Panamá, El Salvador o Granada...

Recuerdo que a Sidi también le impresionó mi álbum de fotos y la historia sobre el asesinato de mi esposa, embarazada de mi primer hijo, por una bala judía. Pero le impresionó aún más aquel ejemplar del Corán, escrito a mano, que yo llevaba copiando del árabe durante meses. Y supongo que aquel Corán terminó de convencerle de mi radical compromiso con el Islam... lo que pudo haberme costado un serio disgusto.

Yo creía que la disposición de Sidi a responder a todas mis preguntas, a concederme una entrevista y a permitirme que le acompañase en los preparativos para el posible enfrentamiento armado obedecía a una simpatía mutua. Pero me equivoqué. En realidad, Sidi estaba intentando investigarme a mí, como yo lo estaba investigando a él. Las fotos que me había tomado en Yinín, armado como un fedai; mis viajes por diferentes países árabes y mi ideología antisionista y antiimperialista él los interpretó de una forma que jamás me hubiese imaginado. Carlos Alberto Ríos *Musulmán* y las personas a las que informó de mi presencia en Caracas sospecharon que yo podía ser un agente de Al Qaida que buscaba en Venezuela nuevos aspirantes a la banda terrorista... Sidi, en el fondo, se había creído también los rumores extendidos por la oposición y por las agencias de inteligencia norteamericanas de que los seguidores de Ben Laden se encontraban en Venezuela, y cuando le hablé de mis amistades en la comunidad islámica de Isla Margarita, y mi inmejorable relación con Teodoro Darnott, *Abdullah*, terminé por ponerme yo mismo la soga al cuello.

Musulmán de día, tupamaro de noche

Con el mismo cinismo con el que yo asentía cuando Sidi me hablaba de sus experiencias revolucionarias, mientras intentaba memorizar todos los datos que mencionaba, el tupamaro-musulmán memorizaba todas las informaciones que yo le daba sobre mi experiencia en Palestina, Jordania, Egipto, Líbano o el norte de África, para luego informar sobre mí. Era la paradoja del espía espiado. Pero aun así Sidi no tuvo problema en concederme una entrevista. Mis contactos previos con el Canal 8 (VTV) y con Al Jazeera, y con todos los periódicos alternativos, justificaban perfectamente mi cobertura como colaborador de los medios árabes en Venezuela. Por eso hoy puedo transcribir literalmente sus respuestas a mis preguntas, tal y como fueron grabadas.

Sidi resultó ser un ferviente devoto del proceso revolucionario. Había vivido y sufrido todos los gobiernos anteriores a Chávez, directamente vinculados a los intereses norteamericanos en Venezuela. Y hablaba de Hugo Chávez como si se tratase del Madhi anunciado en las profecías mesiánicas del Corán: «Este es el fruto de un trabajo de conciencia —me explicaba refiriéndose al presidente—, con gran admiración a un hombre que es igual a nosotros, que nos indicó cómo aprender a conocernos a nosotros mismos, al que está al lado. Saber que esa otra persona es un igual a nosotros, un ser humano. Y cómo este pueblo viene del hambre, de la miseria. Con relación al pasado, este pueblo tiende a entender mejor la condición social que vivimos ahorita en función de la revolución».

—Sidi, ¿cómo llegaste a los Tupamaros?

—Yo llego a los Tupamaros en la calle Juan XXIII de Catia. Venía del Partido Comunista, de llevar periódicos del Partido Comunista a los nueve años. Estaba el Partido Comunista y Bandera Roja. Vengo ahí porque a nosotros la DISIP en ese entonces nos mata a unos muchachitos. Solo nos salvamos dos. Nos llamábamos en aquel entonces «Los 14». De ahí me esconden en la calle Juan XXIII, y empiezo a conocer personas vinculadas con el movimiento Bandera Roja, el PCV, y se empieza a formar un grupo que denominan Tupamaro. Eran personas mayores que en ese entonces pensaban, y siguen pensando, en la realización de un país, soñar un país que ellos nunca tuvieron. De ahí nace Tupamaro. Tupamaro tampoco es un partido político, aunque hoy lo es, pero no nace con esa idea. Nace con la idea de ayudar a desarrollar el país y defenderlo de todo lo que depredaba el país y aún sigue depredándolo. Ayudar al prójimo en la cultura, con el desarrollo del país, ayudar a que tomaran conciencia con relación a su propio país...

—¿Y cómo un tupamaro descendiente de indígenas decide convertirse al Islam?

—Es una historia muy larga. Yo estuve con los cristianos, visité las iglesias pentecostales... visité tantos cultos. Pero vi que la gente se vestía trajes caros, con zapatos caros. Que oraban una cosa y hacían otra. No hacían lo que predicaban. Y, aparte de eso, yo no sentía esa cosa que sientes siendo musulmán. Eso que no es dinero ni ropa. Eso es muy importante para mí. Eso me llevó a no quedarme en ninguno de esos centros, que para mí son sectas, el engaño más vil que se le puede hacer a un pueblo. Pero yo no me dejé engañar, aunque siempre estuve buscando. Y estaba buscando porque yo sabía que yo no estaba solo. Aunque rodeado de personas me sentía solo. Pero un día conocí a mi hermano Ashir, y él me habla del Islam. Y me habló de los valores, de la igualdad de los derechos. Nunca me habló del dinero... Me dijo: «Examínate. Piensa en lo que te estoy diciendo». Y lo hice. Estuve pensándolo seis meses. Volviendo atrás y adelante. Me extrañaba y me admiraba su vestimenta, aunque yo no me veía vestido así, esa no era mi cultura. Pero fui saliendo con él. Nos hicimos muy amigos y cuando fui a la mezquita sentí algo tan grande. Sentí que mi desesperación desaparecía, y quería quedarme allí. Hicieron una oración, e intervine por primera vez, porque no tenía por qué intervenir. No sé qué me obligó a intervenir, no sé qué palabras dije, yo no era musulmán todavía, no tenía por qué intervenir. Le dije: «Consígueme un libro para poder orar». Y me lo consiguió. Lo estudié en casa. Aprendí las oraciones, las posiciones y todo lo que implica ser musulmán, y entonces le dije: «Consígueme el Corán». Y aprendí que el Corán no se puede leer por leer. Hay que estar aseado. No solo de cuerpo sino también de mente. Y empecé a ponerlo en práctica. Para mí ha sido fantástico haber cambiado.

Como tupamaro, y ya converso, Sidi había vivido el golpe de Estado de 2002 como el resto de mis amigos tupamaros... dispuesto a morir matando, y continuaba dispuesto a defender la Constitución bolivariana y al presidente Hugo Chávez a través de las armas. Como todos los tupamaros.

—¿Cómo vivisteis el 11 de abril?

—Nos agarró de sorpresa, porque hubo un retardo en la población, porque estábamos esperando que el Estado actuara. Nunca pensamos que el Estado estaba tan neutralizado. Por eso el retardo en la población, confiando en el propio Estado político, el pueblo esperó hasta que se anunció que el presidente estaba secuestrado. Y como el Estado político no dio respuesta, y como este proceso tampoco es del Estado político, sino que es del pueblo, el pueblo se echó a la calle. Porque al pueblo no le van a quitar lo que es suyo. Y el presidente, Hugo Chávez Frías, es del pueblo.

—¿Y si fuera necesario volver a usar las armas?

—Mira, hermano, cuantas veces sea necesario usar las armas para defender a mi pueblo y para defenderme a mí, se sacarán. Yo muero, pero acuérdate que nacerán miles detrás de mí.

Sidi, un superviviente de las calles de Petare, había vivido en sus carnes los momentos más críticos de la historia de Venezuela. Una historia llena de cicatrices. Heridas mal suturadas, que podrían volver a desgarrarse a poco que se tensase demasiado la piel. Y una de esas heridas, de las más sangrantes, fue la que rajó la piel de la historia en Venezuela el 27 de febrero de 1989. Bajo el mandato de Carlos Andrés Pérez, el hambre, las carencias y las miserias llegaron a tal extremo, que el pueblo se echó a las calles para asaltar las tiendas y los supermercados. Las imágenes de los caraqueños de los cerros llevándose trozos de carne, pan o galletas bajo el fuego del ejército de Pérez dieron la vuelta al mundo. Y Sidi estaba allí, fusil en mano, con los Tupamaros, enfrentándose a la policía y al ejército venezolano de la IV República.

—Tú has vivido casi todos los enfrentamientos armados de los últimos años en Venezuela, como el Caracazo... ¿Cómo fue?

—Nosotros, cuando se arma la tanda, nos bajamos. Acuérdate de que no había celulares. Así que nos bajamos y nos encontramos en un sitio, en pleno proceso de violencia, y nos montamos en varios puntos estratégicos. Y la policía metropolitana matando a la gente a quemarropa. La comisaría de El Llanito involucrada. Bueno, tomamos posición y empezamos a disparar también. Hasta que llegó el ejército. Llegaron dos convoyes del ejército. Nos enfrentamos a uno, y tuvimos comunicación. Nosotros queríamos que abriesen los negocios y que la gente bajase a tomar comida y que se fuera a su casa. No queríamos que los matasen solo por no tener comida. Y no tenían comida porque la gente gana muy poco para almacenar comida. Y no se sabía hasta cuándo iba a durar esa situación. Les dijimos: «No queremos enfrentarnos con ustedes». Bueno, y se pactó. Se empezaron a abrir los supermercados y los locales comerciales. Y la gente empezó a entrar. Pero de pronto empezaron a matar a la gente nuevamente, dentro de los supermercados... Eso fue horrible.

En este momento ocurrió algo que no esperaba. Sidi, el aguerrido tupamaro, con experiencia de combate, se rompió. Al recordar a los camaradas caídos en los enfrentamientos entre los grupos tupamaros y la policía de Carlos Andrés Pérez, se le quebró la voz y se le humedecieron los ojos... Me pidió que dejara de grabar un segundo para recuperarse. Es con testimonios así cuando un periodista occidental puede empezar a imaginar lo que supone para los venezolanos de los sectores más humildes la llegada de Hugo Chávez al poder. Para ellos, como ocurre con los indígenas en la Bolivia de Evo Morales, o con los afroamericanos en los Estados Unidos de Obama, es como si «uno de los nuestros» hubiese conseguido materializar los sueños desgarrados de todo un pueblo. Para venezolanos como Sidi, que llevaban toda la vida defendiendo con las armas sus ideas ante los sucesivos gobiernos de derechas, la llegada de Chávez supuso la única esperanza posible de un futuro mejor. Sin injerencias norteamericanas. Por eso defendían con tanta pasión, casi fanática, a su presidente. Y estaban dispuestos a matar y a morir por él.

Creo que aquellas lágrimas de Sidi, alias *Musulmán*, me hicieron empezar a comprender un poco por qué la tensión entre chavistas y opositores es mucho más que un simple enfrentamiento político. La oposición, para los bolivarianos, significa volver atrás, a los tiempos de Carlos Andrés Pérez, de Caldera, de Lusinche. A los tiempos del monopolio de PDVSA, de la injerencia norteamericana, de los pocos ricos muy ricos y de los muchos pobres muy pobres, del Caracazo... Cuando se recuperó, Sidi continuó su relato ante mi cámara.

—Tú sabes qué pasa. Son cosas que, aunque no se quieran olvidar, tampoco se pueden recordar. Porque es que, tantos amigos tuyos muertos... Amigos. Amigos de años. De escuela. De liceo. Que entonces sus caras te empiezan a pasar así, en tu mente... Empiezas como a volver a ver lo que está sucediendo en ese momento... a vivirlo... Afecta mucho. Bueno. Cuando ya perdimos esa batalla, pero no la guerra, estamos replegados, nos interceptan. Hay unos disparos, caen unos compañeros y nos salvamos algunos. Unos iban hacia el Cubonegro, otros hacia la Carlota. Tú sabes qué indignación... que me dispares a mí porque yo te estoy disparando está bien, es justo, pero que le disparasen a los jóvenes, dentro de la Carlota, con el fusil en el suelo y las manos en alto... Con una tanqueta. Eso no se me olvida, y eso lo hicieron los que comandaban entonces, que fueron los mismos que montaron el golpe del 11 de abril.

Y Sidi no estaba dispuesto a olvidar. No iba a permitir que nada ni nadie atentase contra el gobierno bolivariano que tantos años y tanto plomo les había costado. Ni los yanquis, ni la oposición, ni tampoco Al Qaida... Esa misma noche, y la siguiente, me permitió acompañarle para reunir información sobre las supuestas conspiraciones que los opositores leales a Manuel Rosales estaban preparando contra Chávez. En varios puntos de Caracas nos reunimos con informadores que espiaban a los grupos leales a Rosales, y recogimos denuncias de supuestos puntos de almacenamiento de armas por parte de los opositores. «En El Hatillo han visto unas camionetas de los adecos cargando unas cajas alargadas...», «Me han dicho que los copellanos del Cafetal se están concentrando en unas quintas de El Ávila para armarse», «Los de Chacao y Baruta están escondiendo armas en unos contenedores...». De todos lados llegaban rumores, que yo no pude confirmar, sobre la presencia de grupos armados de la oposición dispuestos a tomar el poder como lo hicieron el 11 de abril de 2002. Secuestrando a Chávez a punta de pistola y poniendo a un nuevo presidente, Carmona el Breve, en su lugar. Por cierto, con la connivencia del Partido Popular español.

Es un secreto a voces que diferentes intereses internacionales estaban al corriente del golpe de Estado contra Chávez en 2002. En diciembre de 2004, el mismo año en que el PSOE ganó las elecciones gracias al 11-M, y con las tensiones entre el PP y el PSOE en su mejor momento, Miguel Ángel Moratinos rompió el pacto de silencio, sacando el tema del «apoyo» popular al golpe de Estado contra Chávez en una entrevista que había concedido a un programa de televisión. Estalló el escándalo y Moratinos tuvo que responder en el Congreso de los Diputados, disculpándose con el PP por «sus malas formas» al sacar este tema. Sin embargo, nadie en la izquierda española o venezolana duda de que la pretendida relación del gobierno Aznar con ese golpe de Estado de 2002 va más allá de la banda presidencial «made in Madrid» que lucía Carmona cuando juraba su nuevo cargo en Miraflores, mientras Chávez era trasladado a punta de pistola a la isla de La Orchila. El partido Izquierda Unida, tercera fuerza política española, hizo entonces las acusaciones más graves al gobierno popular por haber apoyado a los golpistas.[5] Una relación esta entre populares y antichavistas que explica muchas reacciones políticas actuales... Carmona huyó a Miami junto con muchos de los golpistas del 11 de abril, y desde allí coordinan la feroz guerra mediática contra el gobierno de Hugo Chávez.

Considero que es importante tener presente el precedente del golpe de Estado de 2002 para comprender —nunca justificar— la paranoia que se extendía por toda Venezuela en diciembre de 2006 y la libertad con la que campaban a sus anchas grupos armados como los Tupamaros. Y yo estaba entre ellos.

Recuerdo que esa misma noche del 30 de noviembre, y tras dejar a Sidi con sus fuentes de «inteligencia social», me quedé dormido viendo un programa especial de Chávez en Canal 8, en el que el presidente candidato a la reelección advertía a la oposición, y a los norteamericanos, de lo que ocurriría si el 3 de diciembre intentaban repetir un golpe de Estado como el del 11 de abril de 2002...

Día de elecciones en Venezuela: el pueblo al servicio de la DISIP

A medida que se acercaba el día de las elecciones, la tensión entre chavistas y opositores era cada vez más intensa. Y el cruce de acusaciones más atrevido. En esos días previos a la consulta electoral viví experiencias que reconozco que pueden parecer difíciles de creer.

La última gran manifestación chavista en Caracas, anterior a las elecciones, reunió a casi un millón de manifestantes vestidos de «rojo rojito», que así expresaban su apoyo al presidente. En aquella marea humana, entre la que resultaba muy difícil moverse, se mezclaban diferentes grupos de simpatizantes del MVR. Algunos, sabiendo que durante el toque de queda alcohólico no podrían celebrar la victoria como se merece, regaban con ron la manifestación para festejar por adelantado el triunfo. Otros, como mis camaradas tupamaros,

5. *http://www.nodo50.org/plataformabolivariana/Documentacion/Documentos/GolpeParticipEsp.htm*

http://elguanche.net/Ficheros/golpeachavezaznar.htm

http://www.telesurtv.net/noticias/entrev-reportajes/index.php?ckl=233

no tenían pudor en blandir sus armas, e incluso pegar algún tiro al aire, a falta de fuegos de artificio, en los momentos de mayor entusiasmo. Y en medio de todo aquel caos y desbordante optimismo, había un grupo de ciudadanos vascos, afines a la política chavista. Comandante Candela, que también había acudido a la manifestación, se puso a hablar con ellos. En estos casos, cuando yo coincidía en Venezuela con españoles, utilizaba siempre el mismo recurso: hacerme el afónico. Argumentaba que había cogido frío y no podía hablar, para evitar que mi acento español me delatase. No tenía ningún interés en asumir el menor riesgo de que mis paisanos pudiesen identificarme. Y hoy doy gracias a Allah por haber decidido tomar esa precaución, por sistema. Porque lo que ocurrió en aquella manifestación, y volvería a ocurrir al menos dos veces más durante esta investigación, a punto estuvo de acarrearme un infarto.

Comandante Candela, los vascos y algunos manifestantes de nuestro grupo charlaban animadamente sobre los logros de Chávez, las misiones sociales, y los paralelismos y diferencias del socialismo venezolano y el socialismo en Cuba. La conversación evolucionó hacia las políticas antiimperialistas en ambos países y sus alianzas con el mundo árabe. Y surgió la cuestión palestina y, al hilo, el asunto de la independencia de Kosovo y Euskal Herria. Y allí, por primera vez en esta infiltración, escuché el nombre de José Arturo Cubillas, el etarra más influyente y conocido de todos los terroristas vascos que viven acogidos por Venezuela, en labios de quien decía conocerlo. La conversación continuó evolucionando hacia la injerencia yanqui en América Latina y hacia los malditos opositores que intentaban boicotear el proceso revolucionario, y en ese momento, por increíble que parezca, uno de los vascos le espetó a Comandante Candela: «Aquí tenía que venir un periodista español que se llama Antonio Salas, para que se infiltrase entre los de la oposición y los dejase con el culo al aire». Y entonces el corazón intentó salírseme por la boca y escapar corriendo avenida abajo...

Creo que desde que José Luis Roberto, el fundador de la federación de burdeles de España, y a la vez presidente del partido ultraderechista España2000, me sacó a colación al maldito Antonio Salas mientras yo lo grababa con mi cámara oculta en su propio despacho, durante mi infiltración en las mafias del tráfico de mujeres, no había pasado un susto mayor. Pero aquel comentario del vasco sobre Antonio Salas en la última manifestación prochavista de 2006 resultaría una simple anécdota, comparado con las veces que el nombre de Antonio Salas iba a surgir durante mi infiltración. Creo que ha sido un milagro que mi corazón haya resistido esos envites de la providencia.

Pero si lo de la manifestación fue sorprendente, lo que ocurriría el 2 de diciembre resultaría todavía más extraordinario. Y me permitiría vivir, en primera persona, acontecimientos históricos que probablemente nunca más podré volver a presenciar.

Era sábado, y recuerdo que la llamada del Chino Carías a las 7 de la madrugada me sobresaltó. Comandante Chino lleva una vida muy disoluta; alcohol, mujeres, garimbas... pero, pase lo que pase, él se levanta antes del alba.

Menos suspicaz con mi identidad árabe que Sidi, me dijo que esa mañana se iba a producir una reunión muy importante en la DISIP, y me invitaba a asistir en calidad de «asesor» palestino. Al principio creí que se trataba de una broma. Era demasiado bonito para ser cierto. Se trataría de mi segunda visita a la sede central de los servicios de inteligencia bolivarianos y, esta vez, veinticuatro horas antes de un evento histórico, porque tanto si Chávez ganaba y se convertía en el primer presidente de la historia de Venezuela reelegido en dos elecciones democráticas consecutivas, como si perdía y la derecha recuperaba el poder en el país, el 3 de diciembre sería una fecha memorable. Sobre todo si, como tantos auguraban, la victoria de Chávez quedaba frustrada por un nuevo golpe de Estado de la oposición y estallaba una guerra civil en el país. Por supuesto le dije que para mí era un honor acudir.

A pesar de que mis conocimientos sobre guerrilla urbana se limitan a lo poco que aprendí en una casa okupa catalana durante una infiltración anterior, parece que mis referentes palestinos impresionaron al Chino Carías. Reconozco que exageré mi relación con el clan Abayat y con los fedayín, y mis fotos, ataviado como un mártir palestino, en Yinín, le habían hecho sobrevalorar mis conocimientos tácticos. Se empeñó en que asistiera a la reunión con su equipo en la DISIP aquella mañana, y según mis notas me encontré con ellos en la base del Helicoide a las 9:55. Dejamos los coches en la entrada al gigantesco búnker del servicio secreto venezolano, y un autobús nos subió, bordeando la espiral del siniestro edificio, hasta la última planta. En ese momento no sabía que allí mismo, a muy poquitos metros de mí, incomunicado en una celda de seguridad, se encontraba Teodoro Darnott, el líder de Hizbullah-Venezuela.

Al llegar a lo alto del Helicoide, desde donde se contempla una vista privilegiada de Caracas, nos encontramos con el camarada Arquímedes Franco, jefe de los motorizados, con Comandante Candela y con los jefes de hasta veintidós grupos o sectores afines de Caracas. Reconocí a diecisiete personas que habían asistido a la primera reunión que presencié en mi visita anterior a la DISIP. A los otros cinco, el Chino los expulsó del edificio. Dijo que no los conocía y que, dada la gravedad de la situación, no se fiaba de nadie que no conociese.

Depurado el grupo de Comandante Chino, diecisiete personas y yo nos unimos a otros grupos en una improvisada sala de juntas, en la terraza superior del Helicoide. En total conté entre 55 y 60 participantes presentes en algún momento en aquella asamblea.

Asistí, fascinado, a la planificación de las redes de inteligencia social que vigilarían Caracas mientras se producían las elecciones generales. Cada uno de los presentes, salvo yo, tenía la responsabilidad de controlar a un grupo de líderes de barrio, que a su vez controlaría una red de vecinos e informadores, que notificarían cualquier movimiento extraño de la oposición o de cualquier elemento sospechoso, en las horas anteriores y posteriores a las elecciones. En realidad se trata de una práctica muy conocida en los países comunistas que ya había visto en Rumanía, Rusia, Cuba, etcétera: empujar al pueblo a espiar a sus vecinos.

Presidía la reunión el todavía coronel Edgar Zárraga, que incluso nos facilitó a todos los presentes un número de contacto directo con él, en caso de descubrirse elementos serios y contrastados de alguna conspiración contra el proceso electoral: el 0414-6717... Dos años después, el ya general Edgar Zárraga, jefe de Inteligencia y Contrainteligencia de la DISIP, sería expedientado y expulsado de su cargo. El argumento para aquel expediente es que, en uno de sus informes, el general Zárraga, al que conocí aquella mañana de diciembre, había mencionado los estrechos lazos entre las agrupaciones irregulares armadas, como los Tupamaros, con el ex gobernador de Miranda, ex ministro de Infraestructura, ex vicepresidente de la República y ex presidente de Conatel, Diosdado Cabello, así como también con oficiales de la Dirección de Inteligencia Militar (DIM). A mi juicio, el argumento es una excusa para ocultar las verdaderas razones del despido de Zárraga, porque toda Venezuela conocía la relación de Cabello, y de todos los dirigentes del MVR, con los grupos bolivarianos irregulares. Yo mismo me encontraba en una reunión clandestina, en la sede central de la DISIP, rodeado de ellos...

De hecho, según mis notas, a las 12:30 el grupo de tupamaros de Comandante Chino bajamos al despacho del segundo jefe de la DISIP, donde solo entraron el Chino y sus lugartenientes. El resto esperamos fuera.

Los comentarios que escuché en aquella reunión eran de lo más intranquilizadores. Todos los círculos bolivarianos estaban preparándose para salir a las calles, arma en mano, y defender a Chávez a puro plomo. Franco Arquímedes llegó a comentar:

—Hay hasta ancianos de la vieja guardia engrasando sus viejos 38 porque dicen que quieren morir defendiendo a Chávez...

Después supe que algunos líderes de otros movimientos armados bolivarianos, como los Cerpa Cartolini, o La Piedrita de Lina Ron, protestaron enérgicamente por no haber sido invitados a la reunión, y yo sin embargo estaba allí.

Aunque suene chabacano, una de las misiones que teníamos los presentes era recaudar dinero entre los simpatizantes de Chávez más acomodados para sufragar «medios logísticos» que facilitasen el funcionamiento de las redes de información social. Vamos, que dados los escasos recursos económicos de los chavistas, no tenían dinero ni para las tarjetas de sus teléfonos celulares (móviles), así que difícilmente podrían informar de una inminente conspiración, ni aunque se encontrasen al mismísimo Manuel Rosales cargando cajas de M-16 en los maleteros de sus lujosos automóviles.

Esa tarde me tocó recaudar dinero entre algunos de mis contactos del viaje anterior, y fui yo, personalmente, quien acudió a recoger las aportaciones económicas de personajes como el empresario Yusef W., o el asesor de Chávez Raimundo Kabchi, entre otros. El dinero se utilizó para comprar docenas de tarjetas telefónicas que se repartían entre los informadores.

También yo me compré un celular venezolano, que además me serviría para facilitar un número de teléfono de Venezuela, que reforzaría aún más mi identidad como palestino-bolivariano, incluso cuando volviese a Europa. Pero tardé un buen rato en poder pagarlo, porque los supermercados y centros comerciales estaban llenos de gente que, temiendo lo que pudiera ocurrir al día siguiente, hacían acopio de víveres y artículos de primera necesidad. Si te parabas a pensarlo, aquella inquietud resultaba contagiosa.

Por la noche cené con varios amigos tupamaros, bastante molestos porque ya no se permitía la venta de bebidas alcohólicas en la noche preelectoral. Me sugirieron que me retirase temprano a descansar:

—¿Por qué? —pregunté torpemente.

—¿Cómo que por qué? ¿No vas a votar mañana?

Esta es una de esas ocasiones en que perder la concentración en tu personaje podría hacer que se descubriese todo el embuste. Porque si yo era venezolano y además chavista, resultaba antinatural que no estuviese ansioso por madrugar el día de las elecciones, para ir a votar por la reelección de mi presidente. Y madrugué.

Aunque en realidad no soy venezolano, y por supuesto no pensaba votar en ningún colegio electoral el 3 de diciembre de 2006, no tuve otro remedio que despertarme. Exactamente a las 4 de la madrugada. Hora en la que estruendosos fuegos de artificio coreaban el himno nacional que sonaba a todo volumen desde los megáfonos instalados en coches que recorrían las calles de Caracas, llamando a los venezolanos a las urnas... Evidentemente, no resultaba fácil olvidar que era el día de las elecciones.

En Venezuela hay una gran y apasionada participación electoral. Interminables filas de ciudadanos rodeaban los colegios durante horas, para ejercer su derecho al voto. Elecciones cuya transparencia sería controlada por cuatrocientos observadores de 96 países, incluidos varios observadores españoles, como Isaura Navarro, vicepresidenta del Parlamento Español, o Willy Meyer, diputado y representante de la Unión Europea, entre otros, que supondrían un nuevo quebradero de cabeza para mí.

El país se paralizó durante horas. Tanto durante el proceso de votación, como durante el recuento de los votos. Para entonces yo ya me había reunido con Comandante Chino, que junto a varios tupamaros, Javier, Henry y Comandante Candela, entre otros, coordinaban desde el exterior del Consejo Nacional Electoral (CNE) a todos los agentes de las redes de inteligencia social. Y había acudido, como me habían ordenado, debidamente equipado en previsión de posibles disturbios con gases lacrimógenos en caso de confrontación (llevaba un pañuelo con vinagre, nivea con carbón [un remedio tupamaro contra los gases lacrimógenos], saldo en el teléfono celular, una botella de agua, linterna, etcétera).

Los teléfonos y el transmisor de radio no dejaban de sonar transmitiendo información. Y el Chino coordinaba, con disciplina marcial, a todos los informadores. El pequeño grupo nos encontrábamos en los soportales del edificio José María Vargas, más conocido como edificio Pajaritos, por encontrarse en esa esquina, justo enfrente al CNE, donde se estaba realizando el recuento de votos en presencia de los observadores internacionales. Se trata de la sede administrativa de los diputados de la Asamblea Nacional, donde Comandante Chino tenía su oficina y donde me había reunido con él tantas veces anteriormente.

Henry, previsor, ya había escondido un par de botellas de anís «para no pasar frío durante la guardia», pero en realidad fue el único en beber. Yo me agarré al argumento de que mi religión me lo prohibía, y que lo que me había hecho el Chino con los maraquitas había sido a traición. El Chino, mucho más profesional, dijo que él tenía que estar lúcido para controlar los grupos de informadores, y los demás tupamaros siguieron su ejemplo... así que Henry terminó bebiéndose él solo todo el alcohol.

El día anterior, al recoger la contribución de Raimundo Kabchi para los «medios logísticos» de las redes de inteligencia social, le había comentado que pasaría la noche con Comandante Chino, coordinando a los grupos que vigilaban Caracas y siguiendo el recuento de votos desde el mismo CNE, y entonces Kabchi me pidió un favor. Dima Khatib había acordado entrevistarlo en directo para Al Jazeera la noche del 3 de diciembre, y me rogó que, en cuanto el CNE ofreciese alguna cifra del recuento, lo llamase inmediatamente para que pudiese adelantar algún dato durante su conexión. Y así lo hice.

Poco antes de que la presidenta del Consejo Nacional Electoral, Tibisay Lucena, anunciase oficialmente en un boletín informativo emitido en cadena nacional los primeros resultados, el Chino recibió también esa información. Con un 78,31 por ciento de los votos escrutados, Hugo Chávez llevaba 5 936 141 votos. Muchos menos de los diez millones a los que aspiraba, pero casi doblaba los 3 715 292 votos que llevaba Manuel Rosales. Así que inmediatamente llamé a Kabchi, que ya estaba a punto de entrar con Dima Khatib en conexión internacional para Al Jazeera, y le di las primeras cifras. Me resultó extraño pensar que millones de musulmanes y árabes en todo el mundo iban a conocer las primeras cifras de las elecciones venezolanas porque yo se las estaba soplando a Raimundo Kabchi un minuto antes de su conexión en directo. Es evidente que todo el mundo árabe seguía con profundo interés la posible reelección de Hugo Chávez.

Finalmente, Chávez no llegó a los diez millones de votos. Pero sus 7 309 080 de votantes finales continuaban aventajando generosamente a los 4 292 466 votos de Rosales. La coalición chavista del MVR, PODEMOS, PPT, PCV, MEP y otros aplastó las aspiraciones de la coalición opositora Un Nuevo Tiempo, Primero Justicia, COPEI y otros. Y Chávez, para desgracia de muchos, se convertía en el primer presidente de la historia de Venezuela reelegido en dos mandatos consecutivos. De nada habían servido las campañas de propaganda occidental, acusándolo de aliado de terroristas, tirano, dictador, entre otras muchas cosas.

Un binladen en el CNE de Caracas

A medianoche, y mientras seguíamos recibiendo las novedades de las redes de informadores, Henry, que ya estaba tan henchido de gozo revolucionario como de alcohol, se empeñó en celebrarlo. Y para ello se sacó uno de los explosivos que casualmente tenía a mano:

—¡Palestino, vamos a explotar un binladen!

Los «binladen» son unos cartuchos explosivos, carentes de metralla aunque con una gran concentración de pólvora, que producen una explosión muy ruidosa y con una gran onda expansiva, pero que no resultan letales. Era parte del arsenal que teníamos a mano por si estallaban las garimbas con la oposición tras perder las elecciones. Y Henry, como la acción no llegaba, decidió utilizar uno de los cartuchos a manera de fuegos de artificio. Tuve el tiempo justo para conectar mi cámara y grabar el momento en que mis amigos tupamaros encendían el binladen y lo arrojaban a la entrada del parking cercano. La explosión fue brutal, y el efecto de la onda expansiva arrancó de cuajo un mosaico que se encontraba en la pared del parking.

Henry y Javier se desternillaban, pero estaba claro que no puedes detonar un cartucho explosivo en plena noche a unos metros del CNE, donde se está decidiendo el futuro de Venezuela, sin que haya consecuencias. En menos de dos minutos apareció una patrulla de militares, alertados por la explosión. Yo me había adelantado hacia el parking para intentar grabar el efecto del binladen, y me encontré de frente con la patrulla, que rápidamente me rodeó mientras me ordenaba que entregase inmediatamente mi cédula de identidad. Me quise morir. Yo no tenía ninguna cédula, sino un pasaporte español, con mis datos reales. Si entregaba ese documento se habría acabado mi cobertura en Venezuela y mi tapadera como Muhammad Abdallah. Y cuando varios militares me estaban rodeando para detenerme, el Chino apareció como caído del cielo reprendiéndolos.

—¡Oigan, que ustedes son soldados de la Quinta República! Ustedes ya no son militares de la cuarta. Deben tratar con respeto a los ciudadanos. Este pana no tiene nada que ver, llévenme a mí con su superior.

Confieso avergonzado que me quedé de piedra. La situación era ridícula, absurda y onírica. De hecho, todo lo que había vivido las últimas cuarenta y ocho horas era absurdo.

Mi acceso al edificio central del servicio secreto venezolano, la recogida de fondos para pagar las tarjetas de teléfono de los *cutrespías* voluntarios que debían garantizar la estabilidad de los barrios, mi aportación —vía Kabchi— a Al Jazeera de los primeros sondeos... Y ahora me encontraba a unos metros de los observadores internacionales que controlaban el recuento de los votos que debían decidir el futuro de una nación, con un grupo de ex guerrilleros parapoliciales que acababan de detonar un explosivo con nombre de terrorista en plena madrugada, solo para divertirse. A mí casi me detenían intentando grabar los efectos de la explosión, y ahora el Chino se ofrecía a ser detenido en mi lugar mientras Henry, escondido en los soportales, se tronchaba de la risa totalmente borracho... De no ser por las grabaciones que hice esa noche, supongo que ni yo mismo me lo creería.

—Comandante Candela, llame al coronel Zárraga —dijo el Chino mientras subía calle arriba rodeado de soldados, que se habían olvidado totalmente de mí en cuanto se presentó él... Y yo no entendía nada.

Afortunadamente, la cosa no fue a más y el Chino no tardó en regresar, para reprender severamente a Henry quien, en su ausencia, casi se lía a puñetazos con dos fornidos escoltas que esperaban fuera del CNE, y a los que intentaba obligar a que gritasen con él «¡Que viva Chávez!».

Para entonces, miles de caraqueños chavistas se habían echado ya a las calles. Ahora sí se escuchaban detonaciones de fuegos de artificio, o quizás de más binladen, por toda la ciudad. Los carros tocaban corneta, la gente cantaba y bailaba, a pesar de que había empezado a llover. Y, como una marea humana llevada por la corriente, todos nos movíamos en una misma dirección: hacia el palacio de Miraflores, aunque aún deberían pasar unas horas para que el CNE ratificase los primeros sondeos, dando a Hugo Chávez por presidente reelegido de Venezuela. Y bajo el palco presidencial de Miraflores y la lluvia, una legión de chavistas coreaba al presidente: «¡Uh, ah, Chávez no se va!».

Las imágenes de aquella multitud bajo el palco de Miraflores, ondeando banderas venezolanas y gritando consignas chavistas, dieron la vuelta al mundo. Entre esas banderas había, al menos, una del Líbano y una de Palestina...

Jerónimo Carrera y Ligia Rojas: el Chacal cada vez más cerca

Al día siguiente retomé la pista de la familia del Chacal. Los muchachos de la Joven Guardia habían intercedido para que Jerónimo Carrera, el histórico fundador del Partido Comunista de Venezuela, me recibiese en su domicilio. Un pisito sobrio y austero, como uno se imaginaría la casa de un comunista consecuente. Y absolutamente desbordado de libros, como uno se imaginaría la casa de un intelectual.

Jerónimo Carrera Damas resultó ser un octogenario entrañable y con una sorprendente memoria, que supo facilitarme nueva información, de primera mano, sobre Carlos el Chacal.

—Ilich Ramírez Sánchez llega al comunismo a través de su padre, ¿verdad?

—Exacto. El padre de Ilich, Altagracia Ramírez, era un abogado que se hizo comunista en Colombia siendo muy joven. Era muy amigo de Gustavo Machado, también abogado y uno de los fundadores del comunismo colombiano y que a su vez se había hecho comunista en Francia por el año 1923. Por ser comunista, justamente, es que Altagracia Ramírez llamara a sus tres hijos, Ilich, Lenin y Vladimir. Ilich fue a estudiar a Moscú y allí entra en contacto y en estrecha comunión ideológica con los muchachos árabes compañeros de estudios. De allí viene también una medida muy lamentable, pero que se comprende por las circunstancias de la época: Ilich tiene que salir de Moscú pero, en vez de regresar a Venezuela, se va con sus amigos árabes y se adhiere a su causa. Desde ahí, durante toda su vida, él se pone al servicio de la causa de liberación de los pueblos árabes.

Y con toda naturalidad, mientras decía esto, Carrera sacó de su nutrida biblioteca un libro, de cuya existencia yo no tenía ningún conocimiento, y sospecho que los biógrafos de Ilich Ramírez tampoco. Se trataba de un volumen titulado *Formación moral, social y cívica*, y su autor es José Altagracia Ramírez Navas, el padre del Chacal. Creo que nunca antes se había publicado que el padre de Ilich Ramírez estaba implicado en la causa, hasta el punto de escribir libros doctrinales. Pero lo más extraordinario es que ese ejemplar incluía una cariñosa dedicatoria manuscrita, en su primera página, que decía así:

Caracas: 08/09/2006
Para el amigo y camarada Jerónimo. Sé que mi padre estaría muy de acuerdo y además contento con la entrega de este ejemplar a quien ha sido consecuente amigo y colaborador de nuestra familia.

En lo personal me satisface regalarte este testimonio de la manera como mi padre visualizó y vivió su vida. De hecho veo en ti la continuación viva de sus principios y sabiduría, los cuales has tenido la generosidad y gentileza de compartir conmigo. Larga vida para ti, amigo...
Vladimir

Di un bote en el sofá. Aquel libro del padre de Ilich Ramírez estaba dedicado por su hermano pequeño, Vladimir. Y lo mejor es que la dedicatoria estaba fechada en Caracas solo tres meses antes. Lo que significaba que me hallaba más cerca que nunca de mi objetivo prioritario en Venezuela: la familia del Chacal. Sin embargo, continué con la entrevista, intentando contener mi entusiasmo.

—¿Ilich mantiene contacto con el PCV?

—Desde cualquiera de los sitios donde ha estado en todos estos años, siempre ha mantenido nexos con nosotros. Él se considera un camarada nuestro y eso es muy importante. Y por eso nosotros, los comunistas venezolanos, le hemos dado plena solidaridad y estamos en la lucha por su liberación, considerando que su caso es un escándalo desde el punto de vista del derecho internacional y político.

—Todos pudimos escuchar su mensaje al Congreso de las Juventudes Comunistas, donde se definía simplemente como un comunista venezolano. ¿No es incompatible eso con ser musulmán? —expuse, recordando la grabación que había oído en la sede del PCV unos día antes.

—La gente cree que ser comunista implica necesariamente una total ortodoxia. Eso pudo ser así hace años, cuando el número de comunistas era relativamente muy pequeño, no solo aquí en Venezuela, sino mundialmente. Pero al igual como sucedió con todos los movimientos de este tipo, cuando se van convirtiendo ya en partidos de masas, tiene partidarios de diverso tipo. Por ejemplo, yo conozco comunistas que son creyentes católicos, o evangélicos, o musulmanes, de toda clase... Lo principal es la ética revolucionaria, estar al servicio del proletariado y la liberación de la humanidad. Las creencias religiosas son de otro orden. Por ejemplo, cuando Ilich me manda el libro *El Islam revolucionario*, yo entiendo que él está en el mundo islámico... Yo personalmente no soy creyente, pero admito esa posibilidad...

En ese momento, de nuevo el histórico fundador del comunismo venezolano tomó de su biblioteca un libro, que esta vez resultó ser un ejemplar del original *L'Islam révolutionnaire* que le había hecho llegar el Chacal. Carrera me permitió ojearlo, e incluso fotografiar las páginas que desease. Por fin tenía entre mis manos el único libro escrito por Ilich Ramírez, y que al parecer había inspirado una obra casi homónima del ex secretario general de los populares españoles, entre 1979 y 1986, Jorge Verstrynge. El libro venía acompañado de una carta personal del Chacal a Jerónimo Carrera, fechada en la prisión de máxima seguridad donde cumplía condena, el 14 de junio de 2002. Y de una nota, también manuscrita y posterior, en la que Ilich Ramírez dedicaba al fundador del PCV su libro. Me llamó la atención que, aunque la carta estaba redactada en español, la nota iba escrita en francés:

Pour Jerónimo Carrera, ce recueil de mes écrits choisis sur «L'Islam révolutionnaire», ma contribution à la compréhension du Jihadisme comme avant-garde armée du combat contre l'impérialisme.
Carlos
24/VII/2003

Me sentía emocionado, excitado y también ligeramente inquieto. Aquella nota, y aquella carta que tenía en mis manos, habían sido escritas de puño y letra por el terrorista más peligroso de la historia. No solo un teórico del terrorismo, un ideólogo que delegase en otros la acción de matar, como hace Ben Laden. Según las sentencias firmes de la justicia francesa, y la historia «oficial» del comandante Ilich Ramírez Sánchez, alias *Carlos*, aceptada por todos sus seguidores, las manos que habían escrito aquellos mensajes que tenía en las mías eran las mismas que habían apretado el gatillo, arrojado la granada o detonado las bombas, llevándose la vida de otros seres humanos, en defensa de la causa palestina. Sin intermediarios. Chacal era un hombre de acción, no un teórico. Y rozando aquellas letras de caligrafía cuidada con mis dedos, casi podía sentir el tacto de las manos asesinas al otro lado del papel. Esta vez me costó más trabajo contener las emociones y continuar preguntando:

—¿Qué le cuenta Ilich en sus cartas?

—Son cartas muy escuetas... Reconocimiento al Partido Comunista y sobre todo a las juventudes del PC que han tomado esta causa con mucho entusiasmo revolucionario. Él siempre ha expresado reconocimiento en este sentido, pero igualmente ha manifestado apoyo para las luchas nuestras y por los cambios del país. Ilich no ha dejado nunca de ser venezolano. No es como algunas personas que por equis circunstancias se alejan del país donde han nacido y pierden el contacto o adquieren otra nacionalidad. Ilich se ha mantenido siempre ligado a Venezuela. Aquí están su mamá y sus hermanos, estaba su papá. Él es un venezolano. Yo considero que el Estado como tal, no me refiero a ningún presidente o momento político, no ha cumplido con sus deberes hacia Ilich Ramírez. ¿Por qué? Porque Ilich está preso ilegalmente en Francia. Ha sido víctima de un secuestro, que es una violación del derecho internacional, pero el Estado prácticamente no ha hecho nada a favor de ese ciudadano venezolano que está encarcelado injustamente, en Francia... Hubo un gesto muy hermoso del presidente Chávez recién llegado a la presidencia, cuando le escribe una carta de solidaridad a Ilich. Todos creíamos que, en consecuencia, se iba a actuar en ese sentido, sin embargo no se ha hecho, hasta ahora, nada más.

A pesar de su amable cordialidad, y de que la dedicatoria firmada por Vladimir Ramírez delataba su contacto solo tres meses antes, Carrera no quiso o no pudo darme un teléfono de comunicación con el hermano pequeño del Chacal. Pero me sugirió que lo intentase a través de Ligia Rojas, y ese contacto sí me lo facilitó. Lo cual me permitió conocer el punto de vista de la mujer que más influyó en la educación del terrorista más peligroso de la historia.

La profesora Ligia Elena Rojas Millán es autora de obras como *Patrióticos respiros de Puerto Rico*, *Manuela, mujer republicana*, *Caminos y rostros del ayer* o *Cerca del ayer*, entre otros ensayos, relatos y poemarios. Nació en el estado

Monagas y su implicación en la lucha social la ha llevado a muchos países del mundo. Ha recibido diferentes homenajes del Instituto Nacional de la Mujer, la alcaldía de Caracas, etcétera, por su trayectoria literaria y social, y es ganadora de diferentes premios y condecoraciones, como el Josefa Camejo. Es decir, que cuando Altagracia Ramírez la escogió para educar a sus dos hijos mayores, sabía lo que se hacía...

Ligia Rojas tuvo un vínculo muy especial con su alumno favorito, Ilich. Intuyo que algo más que la simple relación alumno-maestra, ya que, según me confesó casi susurrando, Ligia llegó a visitar a Ilich, ya convertido en Carlos el Chacal, en varios países árabes cuando todos los servicios secretos del mundo lo buscaban. Y España era el punto donde la profesora, llegada de Venezuela, hacía escala para cambiar de identidad y seguir su viaje hacia Oriente Medio... Todavía hay muchas cosas de Carlos el Chacal que no se han contado.

La verdad es que prácticamente asalté a la profesora Ligia Rojas en el aparcamiento subterráneo de su domicilio. De hecho, las imágenes de mi primera entrevista con ella delatan, sin lugar a dudas, que la conversación está improvisada en un parking. Pero es que yo no quería esperar ni un segundo más. Estaba ansioso por conocer al Ilich niño, a través de los ojos de su profesora. Y sobre todo ansiaba que la maestra me pusiese en contacto con su familia. Así que cuando me sugirió que retrasásemos unos días nuestro encuentro, insistí en que para mí era importante poder verla cuanto antes. Y de esta forma, en un contexto tan poco elegante, grabé mi primera entrevista con la mujer que enseñó a leer y escribir a Ilich Ramírez.

—¿Cómo conoció a Ilich, profesora?

—Fue a finales de los años cincuenta, durante la dictadura de Pérez Jiménez. Al igual que muchas otras personas, yo era perseguida y suspendida de mis labores docentes por ser del Partido Comunista. El papá de Ilich, Altagracia Ramírez, tuvo conocimiento de esto y para ayudarme un poco me pidió que diese clases a sus hijos. Él era un radical marxista. Radical en el sentido de que no creía en la corriente conservadora de la educación venezolana, y no quería que Ilich y su hermano Lenin ingresasen en las instituciones educativas. Otro punto que lo lleva a rechazar esa educación era la presencia de monjas dando clase de religión, cosa que él no aceptaba. Alguien le habló de la profesora Ligia Rojas del partido y me mandó a llamar. A partir de ese momento, hice una gran amistad con él y con Elba, su esposa, y me introduje dentro de ese mundo familiar. Mi imagen le causó mucha confiabilidad y me nombró maestra de sus hijos. Yo les enseñé a leer y a escribir... primer grado, segundo, tercero, cuarto... Y cuando ya cubrieron cierta etapa de la educación primaria, los llevé a una institución del Ministerio del Interior, el Consejo Técnico, donde les hacían los exámenes y los ubicaban.

—¿Cómo era Ilich de niño?

—Era físicamente muy activo. Tenía una visión más avanzada que los niños de su edad y a mí eso me impresionaba y me agradaba profundamente, lo que me llevó a hacer diferencia entre él y los demás niños a los que yo daba clase. Además, él era muy cariñoso conmigo. Cuando yo llegaba, venía corriendo diciendo «Maestra... maestra», y me abrazaba. A veces nos íbamos con mi carro a pasear con Elba y los niños por centros comerciales o parques, etcétera. Su esposo no la dejaba salir... allí había un aislamiento que yo notaba y creo que tuvo algún efecto en esos dos primeros hijos, en Ilich y en Lenin... Recuerdo que en aquella época iban niños pobres por las casas tocando de puerta en puerta, pidiendo ayuda, y eso a él le impresionaba mucho. Me decía: «Maestra, maestra, ¿por qué piden los niños?». Tuve que sentarlo y hablarle en una forma sencilla, a su nivel, de la diversidad social que había en el país. Le decía que había niños pobres porque sus mamás y papás eran muy pobres, etcétera. Es decir, yo le daba información sobre la realidad social venezolana que él no conocía. Él me apretaba la mano y me tenía gran confianza en las cosas que le estaba comunicando. Realmente no se me olvida y quedó eternizado en mi recuerdo. Ya entonces supe que Ilich iba a ser una persona de gran sensibilidad social, porque, cuando yo le contaba eso, sentía por el gesto de su rostro cómo se sensibilizaba con estos problemas. Intuí que cuando él creciese, cuando llegase a su juventud, sería una persona con una gran sensibilidad social y luchadora por los derechos humanos.

—Cuando volvió a encontrarse con Ilich, ¿ya se había convertido en Comandante Carlos?

—Acababa de nacer Vladimir cuando el matrimonio se separó. Me dieron esa noticia y me preocupé mucho. Busqué a Elba y fortifiqué mi amistad con ella. En aquella época se habían cambiado de domicilio y estaban viviendo en El Silencio. Mi siguiente contacto con Ilich fue un tiempo después, cuando él supo de mi autoexilio en Guadalajara, porque nuevamente había sido suspendida como docente, perseguida terriblemente y allanada varias veces. Él ya había estado en Palestina, en la lucha, y cuando supo que yo me había ido de Venezuela mandó a su mamá a Guadalajara a buscarme. Allí se ignoraba mi relación con el famoso Carlos y yo no daba explicaciones. Ilich me mandó el pasaje para que lo visitase en un país árabe en el que se encontraba. Fui primero a París, donde me encontré con alguien que me trasladó a ese otro país. A partir de allí, lo visité en muchas ocasiones en cuatro países árabes. Conocí a la que fue su esposa y a su hija. Incluso cuando la niña estaba por nacer, él me llamó porque quería que estuviese presente en el nacimiento. Cuando la niña cumplió quince años, ella quiso verme y estuvo aquí mismo. Yo sentí en aquel abrazo el reencuentro con su papá, con quien se parece mucho. Luego se fue para Alemania, donde está con su mamá.

Salí de mi primer encuentro con Ligia Rojas —después hubo otros muchos—

entusiasmado. No solo por toda la información inédita que me había facilitado, y por el intrínseco valor histórico y periodístico de su estrecha relación con
el legendario Chacal, sino porque al día siguiente ya tenía concertada mi primera reunión con Vladimir Ramírez Sánchez, el hermano pequeño de Comandante Carlos, gracias a la intercesión de Ligia.

Primer contacto con Vladimir Ramírez

Allah es el más grande. Y por alguna razón la divina providencia había decidido conspirar una vez más a mi favor, aquel principio de diciembre de 2006.
De lo contrario, es estadísticamente imposible que lo que ocurrió unos días
después se deba solo a un cúmulo increíble de coincidencias encadenadas...

El día 6 de diciembre, con el resacón del triunfo de Chávez aún reciente,
Vladimir Ramírez Sánchez aceptó reunirse conmigo en la redacción de uno
de los periódicos alternativos para los que llevaba meses trabajando como
corresponsal en el mundo árabe. Hasta mi llegada a Venezuela, los editores
del periódico apenas sabían nada sobre Carlos el Chacal, y fui yo quien se
ocupó de interesarlos en la figura del tristemente célebre venezolano. Necesitaba su cobertura para poder establecer esa primera entrevista con Vladimir
sin levantar sus sospechas. Pero en ese primer encuentro no me atreví a grabar nada.

En realidad no sabía nada sobre el hermano del Chacal. Ignoraba si, como
sus dos hermanos mayores, había tenido formación táctica y si estaba capacitado para detectar una cámara oculta. Así que no podía arriesgarme a fasti-
diarlo todo en la primera entrevista por precipitarme. Y ahora doy gracias a
Dios por haber tomado esa decisión. Si hubiese querido grabar la entrevista
ese día, o el siguiente, no se habría producido «el milagro».

Vladimir Ramírez Sánchez es un tipo realmente encantador. No solo tiene
una estupenda planta, sino que su formación británica se evidencia en su
trato exquisitamente correcto. Estreché su mano por primera vez el 6 de
diciembre de 2006. Y, aunque se retrasó a la hora de llegar a nuestra cita, fue
el único venezolano que me telefoneó antes para advertírmelo. Teniendo en
cuenta los cientos de horas que he perdido esperando a alguien en Venezuela, para mí Vladimir ganó muchos puntos con aquella llamada, antes incluso
de verlo por vez primera.

En ese primer encuentro me presenté como un palestino que había nacido
en Mérida por casualidad, y que se sentía en deuda con su hermano Ilich, por
toda la lucha pro-Palestina que había desarrollado durante los años setenta y
ochenta en todo el mundo. Eché mano de todo lo que había aprendido en los
libros que había leído sobre el Chacal, para sacar a colación la «brillante»

operación de la OPEP, su habilidad para esquivar a los servicios secretos de todo el planeta durante décadas, su seductor atractivo para las mujeres, su relación con el doctor Habash, etcétera. Y Vladimir, mientras, me observaba en silencio. Supongo que intentando dilucidar si el entusiasmo casi adolescente que intentaba transmitir al hablar de su hermano mayor, como si me refiriese al Che Guevara, era real. Y terminó decidiendo que sí lo era.

Esa tarde averigüé que Vladimir, de cuarenta y ocho años, tenía dos hijos: Carlos Mauricio de veintiún años y Aurora de diecinueve. Ella se encuentra en estos momentos estudiando Periodismo en la Universidad Católica Andrés Bello. Él terminó Periodismo hace unos años y ahora trabaja como cronista deportivo en «Deportes con Todo», de la cadena Unión Radio. Tiene narices, pensé, que los sobrinos del Chacal sean colegas profesionales y, más aún, que Carlos Mauricio se dedique a informar, entre otras cosas, sobre los éxitos del Real Madrid y, quizás, sobre mis antiguos camaradas de Ultrassur... Nunca me atreví a preguntárselo, pero me habría encantado saber si Carlos Mauricio llegó a hacerse eco de la enorme polémica que rodeó al Real Madrid tras la publicación de *Diario de un skin*.

En aquel primer encuentro, y según las notas que tomé inmediatamente, Vladimir me reconoció que no andaba desencaminado siguiendo su pista en la alcaldía de Caracas, ya que efectivamente trabajó allí durante cinco años. También me dijo que casi todo lo que se contaba en Internet sobre su hermano era falso, y me sentí identificado. Me aseguró que nunca habían recibido ninguna ayuda del gobierno de Chávez. Que en los doce años que Ilich llevaba «secuestrado» en Francia su familia y algunos amigos habían podido enviarle unos 30000 euros, de los cuales casi todo se había invertido en su defensa. Y el resto en artículos básicos como la lavandería, el periódico, la televisión, etcétera, que en la cárcel donde se encontraba eran de pago. Además, me dijo, yo no sabía que Ilich Ramírez era diabético y que eso implicaba una alimentación especial, al margen del rancho oficial de la prisión, que tenía que pagarse por su cuenta.

Me puso en la pista de una serie de artículos, publicados por Ilich desde la prisión en el periódico *La Razón*, que yo después rastrearía en la hemeroteca. Y también me habló de una amarga polémica que mantuvo el mismo Vladimir con la comunidad judía venezolana, en las páginas de *El Nacional*, precisamente a causa de su hermano.

En realidad me habló de muchas cosas más, pero solo subrayaré dos. Me comentó que Ilich solo tenía permiso judicial para telefonear desde la prisión a un número de un pariente, ajeno a las llamadas a sus abogados. Y por consenso familiar se había decidido que ese número telefónico fuese el de Vladimir. Y también me comentó que existía un baúl donde conservaba todos los recuerdos, fotografías, títulos académicos, correspondencia, etcétera, de su hermano Ilich, pero que hacía muchísimos años que no se abría, y que tenía olvidado en su casa de Valencia, a unos 160 kilómetros de Caracas. Todo lo que todos los periodistas del mundo durante los años setenta, ochenta y noventa habrían querido saber sobre la infancia y la juventud del terrorista más famoso del planeta estaba en aquel baúl.

En resumen, nuestro primer encuentro no podía haber sido más prometedor: por fin había conseguido lo que me había resultado imposible en mi viaje anterior. Pero aquello era solo el principio de una larga, estrecha y fructífera relación con toda la familia de Ilich Ramírez Sánchez... y con él mismo. Y lo mejor es que la reelección de Chávez parecía haber activado un poco de sangre en las venas de la burocracia venezolana. Por primera vez mis gestiones empezaban a dar fruto, y en un lapso de pocos días pude localizar y entrevistar a muchos personajes clave en la historia de la lucha armada en Venezuela... y que a mí me ayudarían además a llegar hasta las FARC y a los miembros de ETA en Venezuela posteriormente.

Obsesionado por rentabilizar el tiempo y el dinero que estaba invirtiendo en Venezuela, es imposible resumir en tan pocas páginas todas las gestiones, todos los lugares y todas las personas que encontré en aquellos días. Unos jóvenes aspirantes a terroristas, como Aitor, un joven bolivariano nieto de vascos, cuyo sueño era liberar la tierra de sus abuelos de la ocupación española. Otros, pobres diablos, como Víctor Enrique Saiñi Ayala, un vagabundo colombiano que plantaba sus carteles hechos a mano en la plaza de Bolívar, denunciando la persecución de que era objeto por el MOSSAD y la CIA, por apoyar la causa palestina y la vasca. Saiñi, sobre el que llegué a publicar una breve nota en uno de los periódicos venezolanos, me inspiraba una enorme ternura. Vivía de la limosna, y cubría su cabeza y todo su cuerpo con una «armadura» de papel de plata y periódicos, que debía protegerlo del bombardeo de ondas electromagnéticas que le lanzaban los conspiradores desde la sinagoga de Caracas y la embajada norteamericana... No pude evitar pensar en Teodoro Darnott vagando por Colombia, de mezquita en mezquita, al escuchar la triste historia del loquito de los carteles.

También conocí a varios «talibanes», como Beba. Los «talibanes» eran «malandros», pequeños delincuentes comunes, que sobrevivían en las calles de Caracas haciendo pequeños trabajitos relacionados con la delincuencia común, y que no tenían miedo a nada. De ahí el nombre «talibanes». Los Tupamaros siempre tenían a uno o dos «talibanes» a mano para pequeños recados.

Aunque entre aquellos personajes tan singulares también conocí a tipos mucho más relevantes en esta investigación, como Douglas Bravo, «el Che Guevara venezolano», al que me referiré más adelante. Mi primer encuentro con Douglas fue totalmente estéril. Apenas pude charlar con él unos minutos, ya que partía hacia Colombia para una reunión con las FARC. Más tarde, sin embargo, el legendario guerrillero sí se convertiría en una pieza importante en este puzle.

«Aló, soy el Comandante Carlos»

Cuando el 8 de diciembre de 2006 me levanté por la mañana, no sabía que ese sería el día en que hablaría por primera vez con Carlos el Chacal. Una sucesión maravillosa de coincidencias materializó el milagro.

Era viernes, y todos los viernes intentaba irme hacia Parque Central un rato antes de la oración en la Gran Mezquita, para aprovechar la mañana trabajando en la red. A media mañana acudía a mi «base de operaciones» en el hotel Hilton, ahora Alba, situado a solo cinco minutos de la Gran Mezquita, para responder e-mails, hacer búsquedas por Internet, etcétera, en el cibercafé del hotel. Acababa de entrar en el cibercafé del Hilton cuando recibí la llamada de Vladimir Ramírez Sánchez. Había cancelado de forma imprevista una gestión que tenía que hacer en Caracas y le quedaba una hora libre, a eso de las 11:30 de la mañana. «Si todavía quieres hacer lo de la entrevista, yo voy a estar cerca de Parque Central», me dijo. Y yo le di gracias a Dios por mi buena suerte. Vladimir iba a estar muy cerca del hotel Hilton, así que todas las circunstancias se encadenaban para que ese fuese el momento en que debía grabarse esa entrevista. Conseguí permiso para grabarla en la redacción del periódico *ICR*, situado muy cerca del Hilton, y salí disparado para ser puntual a la cita. Y Vladimir, que en ese sentido es más británico que venezolano, llegó tan puntual como yo.

Lo que ocurrió entonces es absolutamente increíble. Y me incomodaría muchísimo relatarlo si no fuese porque esa misma mágica providencia decidió que mi cámara lo grabase «accidentalmente».

En cuanto llegué al local monté el trípode y la cámara para preparar la entrevista que llevaba tantos meses buscando, mientras esperaba a Vladimir. Conecté el micrófono, e introduje en un ordenador un CD con varias fotografías de Ilich Ramírez, como imagen de recurso para la grabación. Y esta vez sí pensé en arriesgarme a conectar la cámara oculta. Cabía la posibilidad de que Vladimir me dijese algo que no deseara que quedase registrado en la cámara «oficial», y no quería desperdiciar ni una de sus palabras. Pero no habría sido necesario. Vladimir Ramírez en todo momento se comporta con la transparencia de quien no tiene nada que ocultar.

Yo estaba nervioso. Me había dicho que solamente tenía una hora para grabar la entrevista. Pero mi currículum como colaborador de diferentes medios de comunicación árabe-venezolanos y mi supuesta relación con Al Jazeera y VTV interesaban a Vladimir tanto como él me interesaba a mí. Vladimir, principal valedor de la defensa de su hermano, sabía que, si podía encontrar apoyos para Ilich en algún lugar, era en el mundo árabe, por eso estaba más que dispuesto a aquella entrevista. Pero ni él, ni yo, ni nadie, podía imaginar lo que iba a ocurrir entonces.

En cuanto Vladimir llegó a la oficina le pedí que se sentase junto al ordenador, encendí la cámara para grabar todo lo que me pudiese decir, incluso mientras hacíamos los preparativos, le coloqué el micro de corbata, conecté los auriculares y, justo cuando ponía en marcha el DVD que debía ir pasando las fotos del Chacal en la pantalla del ordenador, el teléfono de Vladimir Ramírez comenzó a sonar. Y Vladimir aceptó la llamada. Cuando dijo: «Ilich, ¿cómo estás?», yo supuse que estaba bromeando. Pero cuando añadió: «Bien, ¿cómo te va? ¿Cómo está la cosa por allá?», mi corazón empezó a bombear más deprisa.

Vladimir le explicó a la persona que estaba al otro lado del auricular con quién se encontraba y lo que estaba haciendo en esos instantes. Y entonces se giró hacia mí, al tiempo que me tendía el teléfono y me decía que al otro lado del auricular estaba su hermano Ilich Ramírez Sánchez y que quería saludarme.

Creo que la sangre se me había congelado en las venas. No estaba preparado para esa situación. La divina providencia se había esforzado mucho al provocar todo ese cúmulo de coincidencias para que Vladimir Ramírez se hubiese quedado libre casualmente ese día, a esa hora y muy cerca de la Gran Mezquita de Caracas a la que yo acudía todos los viernes. Y se había esforzado también para que Vladimir decidiese que grabásemos justo en ese instante la entrevista. Y para que Ilich Ramírez Sánchez, el terrorista más peligroso de la historia, llamase a su hermano desde la cárcel de París justo en ese preciso momento. Lo más fantástico de todo es que mi cámara de vídeo estaba grabando cada palabra, cada movimiento. Y grabó cómo entro yo en plano y tomo el teléfono de Vladimir, temblando. Había transcurrido exactamente un año y dos meses desde que el teniente coronel Pascualino Angiolillo Fernández, agregado militar de la embajada venezolana en Madrid, me había hablado por vez primera del temible Carlos en aquel curso de contraterrorismo que hacíamos juntos en la Academia Militar de Jaca. Al otro lado escuché la voz inconfundible del Chacal, la misma voz que había escuchado en el mensaje a las Juventudes Comunistas que me habían facilitado Alí Costa y Sergio Gil. Y como Vladimir le había dicho a su hermano que yo era palestino, la conversación se inició en lengua árabe:

ألو

السلام عليكم. ألو ، أنا القائد كارلوس

أنت تتكلم اللغة العربية؟. والسلام عليكم

أنت تتكلم اللغة العربية أيضاً؟. نعم

فقط قليلا... قليلا نعم ، أنا أتكلم اللغة العربية

فقط قليلا... قليلا نعم ، أنا أتكلم اللغة العربية

ولكن ..انت فلسطيني؟

نعم ، أنا أتكلم اللغة العربية ولكن ...انت فلسطيني؟

عائلتك هو الفلسطيني؟

نعم ... 6

Como ya he dicho, mi primera conversación con Carlos el Chacal comenzó en árabe. Al menos hasta que me vi incapaz de comprender su acento palestino y pasamos al español. Me sometió a un profundo interrogatorio sobre mi apellido, sobre mi linaje palestino, si era materno o paterno, etcétera. Pero debí de superar el examen, porque año y medio más tarde, cuando el Chacal fue trasladado a una prisión de menor seguridad en París, con acceso libre al teléfono, se ocupó de conseguir mi número para encargarme varias «misiones» a su servicio en Líbano, Suecia o Portugal, entre otros...

Cuando Vladimir me pidió de nuevo su teléfono, sonreía. Y le dijo a su hermano:

—Discúlpalo, es que se ha emocionado.

También tuve suerte en eso. Vladimir había interpretado mi terror a que el Chacal pudiese sospechar que yo era un periodista infiltrado, como el nerviosismo de un admirador que acaba de hablar por primera vez con su ídolo de juventud. Y yo le dejé creerlo. Como el sabio Nasruddin, a veces es mucho mejor que te tomen por bobo...

Después de aquella inesperada interrupción, Vladimir Ramírez no tuvo ningún problema en responder a todas mis preguntas, reescribiendo para mí la historia de su hermano Ilich. Según él, ninguno de los autores de los numerosos libros sobre Carlos el Chacal se había tomado la molestia de acudir a la familia, y se habían limitado a repetir una y otra vez las informaciones publicadas en la prensa occidental. «Como si fuese tan sencillo localizar a esta familia», pensé. Pero ahora, por fin, su hermano pequeño estaba dispuesto a responder a todas mis preguntas. Y eran muchas...

---

6. —¿Aló?
—Aló, soy el Comandante Carlos. Que la paz sea contigo...
—Que la paz sea contigo. ¿Hablas árabe?
—Sí, ¿tú también hablas árabe?
—Sí, hablo un poco de árabe... un poco solo.
—Pero ¿tú eres palestino?
—Sí, yo vivo ahora en Europa, pero mi corazón es palestino...
—¿Tu familia es palestina?
—Sí...

Ilich Ramírez: memorias de familia

—Para resumir lo que ha sido Ilich toda su vida con un solo calificativo —empezó declarando Vladimir—, yo diría que ha sido un revolucionario internacionalista. Ha sido un luchador reconocido de la causa palestina y con gran afinidad hacia cualquier otra causa emancipadora existente. Aunque ciertamente sus orígenes y su formación parten de esa enseñanza marxista que heredó de mi padre. Lógicamente, se identifica como un venezolano comunista, un venezolano marxista, pero hoy en día está claro que él trascendió las fronteras venezolanas. Indudablemente que es un revolucionario internacional.

A decir verdad, lo que más me interesaba de Vladimir era esa información sobre Carlos el Chacal que no aparece en ninguna de sus biografías. Recuerdos, anécdotas, vivencias que solo puede conocer el entorno más cercano:

—En realidad, Ilich fue siempre un ser ejemplar como hijo, como hermano y hasta cierto punto como padre, habida cuenta de que mi papá y mi mamá estaban divorciados y él como hermano mayor asumió el rol de padre de familia. Como contrafigura de mi mamá, era el encargado de tomar las riendas del hogar, desde el punto de vista de los actos y responsabilidades que corresponden al hombre; es decir, mamá era la mujer de la casa e Ilich el hombre de la casa. Él tomaba decisiones con respecto a las inversiones familiares, se encargaba de las diligencias, etcétera. Con respecto a mí, que soy el hermano menor, él decidía en qué escuela estudiaba, era mi representante, mi guía formativo en lo ético y en lo moral. Realmente, Ilich cumplió cabalmente su papel de padre sustituto. Como hermano igualmente y siendo el mayor de tres varones, era un ser abnegado. Yo solo conseguí en él un ejemplo de lo que se debería ser y hacer, con mucha dignidad y consideración.

»Creo que tuve la enorme suerte de que esa figura paterna fuese a la vez mi hermano mayor, porque con tan poca diferencia de edad entre ambos, nueve años, entendía la fase por la que yo estaba pasando; sin embargo, él tenía la suficiente experiencia para tener una opinión cualificada, con autoridad, sobre lo que yo estaba haciendo bien o mal. Como hijo siempre fue el compañero abnegado de mi mamá y siempre adoró a mi papá por lo que significó en su formación revolucionaria y por ser ejemplo a seguir como ser humano. Papá y mamá siempre fueron ejemplos a seguir para los tres hermanos. Claro está, desde enfoques distintos, porque mamá es una mujer sencilla de origen humilde, pero con un gran valor propio en lo humano y espiritual, católica y muy creyente; y papá, el hombre educado en la universidad, con formación rigurosa, en lo profesional, en lo ético y en lo político.

—Hay un momento en que Ilich se distancia de la familia para dedicarse casi en exclusiva a la lucha armada... ¿Cómo fue ese momento?

—Fue imperceptible para nosotros. Yo creo que nadie creería que mientras

Ilich estaba involucrándose en las actividades de la lucha palestina, particularmente a partir de 1970, en su otro frente, que era su vida familiar, no había
ninguna señal de esa vida paralela que él llevaba a cabo. Eso se ha demostrado en las numerosas entrevistas que se realizaron a la comunidad venezolana
que vivía en Londres entre 1970 y 1975, concretamente después de los sucesos
de la rue Toullier, París, en el verano del 75, cuando tanto los cuerpos policiales como la prensa entrevistaron a los venezolanos de Londres. Hay una constante en la opinión que todos emiten: la sorpresa porque ese joven formal,
respetuoso, que tenía esa gama de responsabilidades como páter familia, como
hermano, como hijo y que era muy afable en el trato, educado y de gran
conocimiento histórico y político, llevara esa vida en paralelo.

»Era un dedicado jefe de familia, hermano, estudiante universitario, a quien
no se le conocía ninguna actividad extraña. Tenía sus amigas y disfrutaba de
la vida nocturna, incluso yo tuve mis primeras experiencias de vida nocturna
a su lado. Es decir, era una persona que disfrutaba enormemente las diferentes bondades de la vida londinense, la cultura, etcétera. De hecho, existen
muchos mitos en torno a él, como que participó en la toma de rehenes israelíes en las olimpiadas de Múnich, cuando lo cierto es que Ilich y yo las vimos
por televisión en nuestra vivienda en Londres.

—A muchos les costará entender por qué un venezolano se implica activamente en la lucha por la causa palestina.

—Bueno, yo creo que influyó la forma en que papá se formó como marxista: desencantado por acontecimientos y conductas que llegó a conocer y
presenciar durante su formación como seminarista en los años treinta y que
resultaban contrarias a los principios y valores pregonados por la Iglesia católica, papá abandona el seminario, ubicado en el estado Táchira, a los diecisiete o dieciocho años, se declara ateo y se va a Bogotá para iniciar sus estudios
de Derecho. En esa ciudad se hace discípulo de Gaitán y, cuando regresa a
Venezuela, decide que no quiere estar encasillado en partidos políticos y verse
limitado por una óptica local o sectaria de la actividad política. Consideró que
la estrategia hegemónica del imperialismo norteamericano se ha cumplido en
parte al mantener a sus enemigos divididos y en parte al inculcarles, a quienes
no son sus enemigos, una visión endógena y egoísta de la realidad y de los
conflictos del mundo, de manera que no existan movimientos de solidaridad
entre los pueblos que sean contrarios a los intereses del imperialismo y hegemonía norteamericanos.

»Yo creo que eso se lo transmitió mi papá a Ilich en una de sus tantas
discusiones políticas, y se consolida como principio y mecanismo de acción
cuando este afronta la primera oportunidad, la primera prueba, el primer
teatro de ensayo, de puesta en práctica de esa solidaridad en la Universidad
Lumumba de Moscú, donde entra en contacto con estudiantes, no solamente

de países sudamericanos, sino de otros continentes, con religiones y realidades totalmente distintas. Creo que esa experiencia sirvió de catalizador para que apareciera ese revolucionario internacionalista que Ilich llevaba por dentro. Y no es raro por tanto su incorporación a la causa palestina. De hecho, su negación a seguir unas líneas sesgadas por parte de las autoridades comunistas venezolanas en Moscú le valen su expulsión de la Unión Soviética. Y él, en ese momento, decide incorporarse de lleno a la causa palestina.

Una de las cosas que me inspiraban mayor curiosidad, tras leerme todo lo publicado sobre Carlos, era la reacción de su padre, comunista convencido y ateo, cuando su hijo se convirtió al Islam.

—Lo respetó —me aclara Vladimir—. Papá era un hombre sumamente respetuoso de las decisiones y opiniones de todas las personas. Y aun cuando él no compartió esa decisión, debido a que él era ateo, seguramente habida cuenta de la realidad y del entorno de Ilich, particularmente cuando vivió en el Medio Oriente, habrá considerado que era un paso lógico a seguir. No lo discutió con Ilich abiertamente, se lo respetó y creo que nunca llegó a cuestionar a Ilich porque decidiera profesar una religión. Siempre primó que ambos eran marxistas y luchaban por la causa de la liberación mundial, del flagelo del imperialismo norteamericano y sionista, apoyado por otras potencias de Occidente.

—¿No crees que la manifestación pública que nuestro presidente Hugo Chávez ha hecho a favor de Ilich, en lugar de favorecer a tu hermano, le perjudicó?

—Es correcto. Tanto Ilich como yo y el resto de los miembros de la familia estamos convencidos de que el presidente Chávez tiene intenciones plenas de asistir a Ilich en su difícil momento y que tiene todo el deseo de revertir la situación de violación de derechos humanos que padece Ilich, pero aun siendo el líder máximo de este proceso de cambio que vive nuestro país, y que ha catalizado a su vez movimientos de cambio en el mundo entero, es tan solo un hombre y tiene que depender de un aparato de Estado para que sus intenciones y propuestas sean llevadas a cabo. En el caso de Ilich y en términos de diplomacia internacional, las opiniones emitidas sobre su situación por Chávez a un estado «amigo» de Venezuela, como se supone que es Francia, por lógica generan una reacción de sus autoridades diplomáticas y judiciales. Lamentablemente, cuando nuestra cancillería no apoya con hechos y acciones las palabras del presidente, entonces la reacción que ha tenido el gobierno francés para con cada manifestación de Chávez a favor de los derechos de Ilich se ha traducido en un endurecimiento y empeoramiento de sus condiciones de encarcelamiento. Los cancilleres que hemos tenido hasta el momento, exceptuando a Nicolás Maduro, con quien aún no he tenido la oportunidad de conversar, no tuvieron una gestión efectiva para siquiera revertir las condiciones, cada vez más duras, que ha impuesto el gobierno francés cuando Chávez ha dicho algo a favor de Ilich. Teniendo en cuenta eso, quiero decir algo que no debe malinterpretarse como una crítica a Chávez, pero, en términos absolutos, la situación de Ilich hoy en día, comenzando 2007, es peor que cuando Chávez asumió el gobierno en 1999...

Vladimir se esforzaba por destacar las duras condiciones de vida en prisión, y la supuesta ilegalidad de su captura, consciente de que, con cualquier otro presidente que no fuese Chávez en Miraflores, habría sido absurdo plantearse la repatriación:

—Seamos claros. Si no estuviese Chávez en el poder, ni la familia ni Ilich mismo soñaríamos siquiera que pudiésemos obtener el concurso del gobierno para apoyarlo. Pero, a su vez, el presidente ha pasado momentos difíciles y, después de la reciente victoria electoral del 3 de diciembre, no hay ninguna duda de que hasta sus más acérrimos opositores van a tener que reconocer la legitimidad del gobierno de Chávez y él va a tener por delante seis años donde, pensamos y esperamos, pueda acometer con decisión y logrando resultados favorables la causa por la liberación de Ilich, bien por vía de la repatriación, bien por vía del intercambio de prisioneros, o por cualquier otro mecanismo que pueda emplearse para tal fin. Porque además, quiero señalar algo, los franceses encarcelaron a Ilich de manera ilegal, y lo enjuiciaron de manera ilegal, y lo condenaron a cadena perpetua sin pruebas. Estoy emitiendo una opinión objetiva, desde el punto de vista legal. Si se analiza el juicio que se siguió contra Ilich, la Fiscalía no presentó testigos de los hechos, ni permitió entrevistar a algunos testigos que presenciaron lo acontecido en la rue Toullier en el verano de 1975. En definitiva, Ilich fue juzgado porque ya era una decisión tomada a priori, desde el día de su secuestro en Sudán en agosto de 1994. No fue una corte imparcial, de hecho las otras causas que el gobierno francés mantiene contra Ilich están paralizadas porque no tienen pruebas contra él. Así que Ilich es víctima de las pruebas que ha aportado la prensa occidental desde 1975 hasta el presente...

La entrevista fluía estupendamente. Vladimir parecía dispuesto a responder a todas mis preguntas, así que me armé de valor para tocar un tema bastante más escabroso. En abril de ese año 2006, Ilich Ramírez había sido multado por el delito de apología del terrorismo. En una entrevista concedida al canal francés M6 —lo que sugería que el aislamiento que denunciaba su hermano no era tan rígido como pretendía—, había declarado que «no existen víctimas inocentes» y que los atentados terroristas «eran necesarios». Lo interesante es que el argumento del Chacal para justificar las muertes de civiles en Occidente era exactamente el mismo que había ofrecido el tipo de la ONU a mi amigo Mahmoud, el policía de Yinín, para justificar las muertes de civiles palestinos a manos del ejército israelí: porque los votantes son los responsables de los líderes que les gobiernan... Y Vladimir, como siempre, intentó justificar las palabras de su hermano mayor:

—Él dijo que ninguna víctima del terrorismo era inocente. No puedo interpretar sus palabras, yo preferiría que él mismo las explicase, pero por esas declaraciones, el gobierno francés lo multó con 5000 euros, por apología del delito... Yo he intentado interpretar estas palabras de Ilich, y creo que se refiere a que un ciudadano normal y corriente, que se dedica a su familia, que es honesto, nadie podría pensar que pudiese ser culpable o que pudiese justificar una acción terrorista en su contra. Yo lo veía de esta manera, tratando de interpretar las palabras de Ilich: todos los ciudadanos franceses, estadounidenses, españoles, etcétera, que al votar por ellos permiten que existan gobiernos como el de Aznar, el de Blair o el de Bush, esas personas son culpables de que el mundo esté sometido a la violencia que estamos viviendo hoy en día...

»En vista de lo anterior se pudiera inferir que quienes eligen, ratifican y apoyan a gobiernos genocidas son corresponsables de los actos de estos, y por ende no pueden considerarse como víctimas inocentes de actos violentos o "terroristas" en su contra, cometidos por individuos o grupos que se han visto afectados a su vez por estos gobiernos hegemónicos y criminales. El comportamiento del gobierno estadounidense en los últimos treinta o cuarenta años, particularmente en el caso palestino, ha sido el mismo. Yo creo que el comentario que hizo Ilich iba orientado en ese sentido. Ahora, lo increíble es que en un país como Francia se pueda sancionar a alguien simplemente por exponer sus ideas... Y más aún siendo un tema que es ampliamente debatible y debatido. Es sorprendente que existan penas para quien reniegue del holocausto judío, pero no para quienes desconocen o son responsables del holocausto palestino. Cualquiera puede negar que exista un genocidio en el caso del pueblo palestino y no le pasa nada, pero si se le ocurre negar el holocausto judío públicamente, automáticamente puede hasta ir preso.

—Hubo un momento en que Ilich era el activista más buscado del mundo. ¿Crees que podría hacerse un paralelismo entre Ilich y Ben Laden en ese sentido?

—Por supuesto. Ilich, lógicamente después de su captura, pasa a un segundo plano. Los grandes medios internacionales y los poderes occidentales que los mantienen, después que lograron su objetivo de hacerse con Ilich y encerrarlo en una cárcel francesa, lo pasan a ese segundo plano. Más aún cuando surge Ben Laden como esa nueva figura odiosa a nivel internacional, con los sucesos acaecidos el 11 de septiembre. Entonces, claro, están dándole exactamente la misma importancia e incluso más. Yo creo que las razones son obvias. Ilich trabajaba con limitaciones organizativas y logísticas, en cambio Ben Laden cuenta con una organización que, es bien sabido, le está dando muchos dolores de cabeza a Estados Unidos. Las tropas estadounidenses están pagando las consecuencias de sus acciones desacertadas en Afganistán e Iraq, en buena medida debido a lo que está haciendo Al Qaida al organizar sus grupos... Entonces, indudablemente es Ben Laden el sucesor de la imagen de Ilich en el papel del hombre más malo y más buscado del mundo.

—Recuerdas alguna anécdota especial de Ilich...

—Recuerdo una ocasión en que yo tenía trece o catorce años e Ilich le dijo a mi mamá que ya bastaba que estuviera siempre con ella, que yo había dejado de ser niño y que él quería encargarse de mi formación para llegar a ser hombre. Empecé a salir con Ilich. Recuerdo que la primera película que él me llevó a ver fue *Patton*, la vida del general Patton. Prefería que yo le acompañase en sus salidas nocturnas en lugar de nuestro hermano Lenin, porque, aunque Lenin tiene menos diferencia de edad con él, nosotros tenemos el carácter más parecido. Comencé a fumar con él, como cualquier joven adolescente. Un día regresé a casa del colegio y mi hermano Lenin me descubrió una caja de cigarrillos. Me armó un zaperoco tremendo. Me regañó y llevó ante mi mamá. En ese momento Ilich llegó a casa y se encontró con esta situación.

»Entonces preguntó qué estaba pasando y Lenin le explicó que me había encontrado los cigarrillos. Ilich lo tranquilizó. Me llevó a un lado y me sentó con él. Me encendió un cigarrillo y me dijo que lo fumara. Pero yo, en aquel entonces, simplemente chupaba el cigarrillo, no aspiraba el humo, no sabía fumar. Después recuerdo que me sirvió un whisky seco y me dijo: "Acompáñame también con esto". Claro, al primer trago, yo, que no tomaba, empecé a toser y casi me ahogo. Entonces Ilich me dijo algo que es muy propio de su manera de hacer las cosas: "Mira, tú no sabes fumar y no sabes beber. Si la próxima vez que yo te vea una caja de cigarrillos no has aprendido a fumar, o si alguna vez llegas con olor a licor y no has aprendido a beber, te voy a dar una soberana tunda y estarás castigado. Ahora bien, si has aprendido a fumar y a beber, nos iremos de rumba juntos". Ilich tenía esa manera de explicar las cosas...

Vladimir se olvidó de su compromiso, y la verdad es que nos pasamos más de una hora y de dos charlando sobre anécdotas infantiles de Carlos el Chacal, sobre su lucha con Septiembre Negro, sobre su captura en Sudán, sobre Rosa, la hija que tuvo con la también terrorista Magdalena Kopp, etcétera. Probablemente cualquier compañero periodista, en los años setenta, ochenta y noventa, habría dado cualquier cosa por una entrevista como aquella. Pero lo mejor estaba por venir.

«Queremos que el Chacal vuelva a casa»

Los muchachos de la Joven Guardia estaban entusiasmados con mis entrevistas a Vladimir Ramírez y a Ligia Rojas, y por supuesto envidiaban mi primera conversación personal con Ilich Ramírez. Acordamos que les facilitaría información, fotografías, vídeos, etcétera, de Palestina, para sus afiches y postales sobre Comandante Carlos. Mi amiga Beatriz, que a pesar de ser una devota reportera chavista apenas conocía nada sobre Ilich, lo descubrió a través de mí, y también se entusiasmó con su fascinante vida. Y lo mismo ocurrió con varios hermanos musulmanes y con antiguos compañeros de Ilich, como el pintor Castillo, que habían perdido todo contacto directo con el tema. Y así, casi sin proponérmelo, me convertí en el nexo en común entre diferentes colectivos e individuos seducidos por la figura del Chacal, que había ido contactando durante mi investigación. De esta forma, por mi culpa, nació el Comité por la Repatriación de Ilich Ramírez (CRIR) en diciembre de 2006. Yo me convertiría en el *webmaster* de su *website*, y en su representante en Europa, y esta sería la tapadera perfecta para mi infiltración a partir de entonces.

En las semanas siguientes conocí a muchos más personajes interesantes para mi investigación, que merecerían más espacio en este libro del que puedo dedicarles ahora, como Muhammad Alí Abeid y Jaafar Hamze Fradye, jóvenes libaneses exiliados en Venezuela que habían visto cómo las bombas israelíes habían destruido sus casas, y sus vidas, en Beirut ese mismo año. Testimonios directos de la guerra.

También conocí a Iván Ilich Erhel, periodista izquierdista francés que estaba trasladándose a Venezuela, pero que aún podía serme útil como enlace en París para el Comité por la Repatriación de Ilich Ramírez. Además, conocí a Henry Asensio, uno de los tiradores de Puente Llaguno, y también a Yesenia Freites, superviviente de esa masacre, que ahora trabajaba en la Comisión de Investigación de Desaparecidos y Torturados de la IV República. Y coincidí varias veces con William Chávez Alcántara, alias *Calígula*, líder del Frente Peruano Bolivariano, y con varios simpatizantes de Sendero Luminoso, a los que me encontraría en casi todos los eventos chavistas celebrados entre 2006 y 2008 en Caracas. Cualquiera de ellos merecería más espacio en este libro del que puedo dedicarles ahora.

Visité en un par de ocasiones más la casa de Douglas Bravo, un lujoso apartamento en Parque Central. Amigo personal y fuente de inspiración de Hugo Chávez, Bravo es una leyenda viva para la izquierda radical venezolana, pero también el mayor crítico del presidente bolivariano. Superviviente a los años del plomo y veterano guerrillero hoy fundador del movimiento Tercer Camino, Douglas fue considerado «el Che venezolano»[7] y se convirtió en un referente y un icono para tres generaciones de revolucionarios. De hecho, tuvo la oportunidad de conocer personalmente al Che Guevara durante una visita del mito a Caracas.

Y por si todo ello fuese poco, tuve mi primer contacto con la doctora Merly

---

7. Un ejemplo del protagonismo histórico de Douglas Bravo es que su imagen es un icono para la guerrilla venezolana. La portada del libro *Guerrilla y conspiración militar en Venezuela*, de Alberto Garrido, es una foto de Douglas Bravo y Alí Rodríguez, actual ministro de Economía y Finanzas de Chávez, armados con sus ametralladoras durante sus tiempos de guerrilleros.

Morales, presidenta de esa misma comisión. La doctora Morales fue la primera en facilitarme información sobre las FARC. Una información, como la revista oficial de la guerrilla colombiana o varios DVD grabados en sus campamentos de la selva, que me ofrecían un punto de vista muy diferente a todo lo que había visto antes sobre la banda terrorista. Aquellas revistas, aquellos DVD y aquel testimonio que me brindó la doctora Morales me presentaban un punto de vista radicalmente opuesto a todo lo que había estudiado sobre la guerrilla colombiana en los cursos antiterroristas que se imparten en Europa. Y, según mi interlocutora, era relativamente fácil contactar con ellos desde Venezuela...

Lo consulté con Comandante Chino mientras desayunábamos cerca de la Asamblea Nacional, y suscribió todo lo relatado por la doctora Morales. Incluso fue más allá. Porque el Chino tenía buenos contactos con las FARC y también con el Ejército de Liberación Nacional (ELN).

—¿Y tú para qué quieres contactar con los colombianos? —me preguntó el Chino, con buen criterio.

—Coño, pues para recibir entrenamiento. Seguro que ellos tienen técnicas, conocimientos, que nos podían ser útiles en Palestina y en Europa. Y, además, me encantaría poder llevar su mensaje a Oriente Medio. No sé, quizás hacerles un reportaje para los medios de allá...

—Pero ¿tú sabes lo peligroso que es juntarte con la guerrilla en Colombia? A Colombia va mucha gente, de todo el mundo, para aprender y para enseñar. Pero desde que agarraron a los del IRA en Bogotá, la cosa se puso más complicada.[8] Allá la vaina es muy arrecha, pana. Vivir siempre en la selva, con los bichos, la humedad... Siempre con el fusil al hombro, esperando un bombardeo de los militares o un encuentro con los paracos. No, pana, la vida de un guerrillero es muy dura.

—Pero ¿tú tienes contacto con ellos?

—¡Claro! Acá vienen para cambiar dinero, para comprar armas... Su dinero es fácil de reconocer porque huele a humedad, a enterrado. La guerrilla tiene el banco bajo tierra, en la selva...

Comandante Chino prometió buscarme el contacto con la guerrilla colombiana. Y cumpliría su palabra, aunque tardaría más de un año en hacerlo. El ritmo venezolano no es el mismo que el europeo. Pero ahora tenía otros problemas. Alberto *Chino* Carías, con capucha o sin capucha, es un absoluto defensor de la lucha armada. Como muchos bolivarianos de su generación,

---

8. Chino se refería a Niall Connolly, James Monaghan y Martin McCauley, tres miembros del IRA que habían sido detenidos en Bogotá, acusados de impartir a las FARC cursos sobre explosivos. En diciembre de 2004 fueron condenados por un tribunal colombiano a dieciséis años de cárcel, pero consiguieron escapar y regresar a Irlanda, donde viven actualmente. Según todas mis fuentes, en Venezuela, además de los instructores del IRA, las FARC recibían instrucción de miembros de ETA.

no concibe una revolución si no es a través de las armas. Y sin apenas darme cuenta, casi me arrastra hacia ellas, como me había arrastrado a la última borrachera de mi vida, a golpe de maraquita...

—Cuando vayamos a Oriente Medio o a Europa, contamos contigo, ¿no? —me preguntó de repente, sin previo aviso.

—Claro, pana, ¿a qué te refieres?

—Coño, pues a protección. Nosotros te cuidamos acá y tú allá. Supongo que tú allá estás armado, ¿no?

El Chino viajaba bastante, tanto por su cargo como subsecretario de Seguridad Ciudadana como en calidad de comandante tupamaro. Y una de sus principales obsesiones era la seguridad. Quizás por eso tenía varios guardaespaldas como *Carlucho* Bolívar o Andrés Alejandro Singer. Y también muchos enemigos que pagarían un buen dinero por verlo muerto. Eso también lo teníamos en común. El Chino sabía que era posible moverse armado por casi toda Europa, utilizando las carreteras o los trenes y evitando los aeropuertos. Y parecía que tenía planes de viajar al viejo continente próximamente. Pero al soltarme a bocajarro aquella pregunta, sabía que la única respuesta lógica, teniendo en cuenta que yo me había presentado como un miembro de la lucha armada palestina, era afirmativa... y ya no pude pararlo.

—Sí, claro... armado...

—¡Chévere! Buen chico. Hay que protegerse, hermano, nunca sabes... ¿Qué tenéis allá? ¿Qué armas?

Ahí me pilló desprevenido. Yo no sabía absolutamente nada sobre armamento. Pertenezco a una generación que ya no vivió el servicio militar obligatorio. Yo no tuve que hacer la mili, como mi padre o mi abuelo, así que ni siquiera había recibido la formación armada que podría tener cualquier recluta. Pero de pronto recordé al agente Juan, su Glock-26 y la sofisticada mira láser que le estaba colocando la última vez que le vi. Y la hice mía...

—Una Glock-26. Justo antes de venirme para acá le compré una mira láser, pero no la que va por fuera, que es muy aparatosa y no puedes enfundarla. Una que se le coloca dentro del carro, justo bajo el cañón... Esa sí que es chévere...

—¡Verga! Qué bueno... Pues igual te pido que me consigas una cuando vaya para allá. Me han invitado a la Universidad de Donosti a dar unas conferencias y a lo mejor voy pronto a Europa...

Algún tiempo después, yo mismo visitaría armerías europeas para que el Chino Carías comprase algún complemento para sus armas. Pero ahora su comentario sobre la universidad donostiarra me sorprendió tanto como su pregunta sobre mi armamento en Europa. El contacto de Comandante Chino con la comunidad vasca en Venezuela era evidente.

—¿Donosti? Coño, lo conozco bien, yo también tengo amigos allá. No sabes qué bien se come por allá. Acá también hay muchos camaradas vascos, ¿no?

—Claro. Acá hay muchos hermanos de la ETA. Buena gente. Son luchadores bien arrechos... Buena gente. Muy implicados con el proceso revolucionario...

Sin proponérmelo, a cada paso que daba en esta infiltración se iban abriendo nuevas líneas de investigación. Antes de terminarme el café aquella mañana, ya tenía una pista para conocer a la guerrilla colombiana y a los miembros de ETA refugiados en Venezuela, que según mi camarada, y según todas las fuentes, orbitaban en torno a un mismo nombre: Arturo Cubillas, ex miembro del Comando Oker de ETA y actualmente director de Bienes y Servicios en el piso A del Ministerio de Agricultura y Tierras del gobierno de Hugo Chávez. Al final, me gustase o no, parecía inevitable que me encontrase con mis paisanos de ETA en esta infiltración.

—¿Y acá qué tienes? —dijo el Chino mientras masticaba una arepa.

—¿Cómo que qué tengo? ¿A qué te refieres?

—¡Coño, que qué arma tienes! No andarás desarmado por ahí, ¿no?

Creo que, con la mejor intención, Comandante Chino estaba realmente preocupado por mi seguridad. Me lo demostró muchas veces. A pesar del reciente asesinato de Omar Medina, el primero de una larga lista, yo todavía pensaba que las alarmantes cifras sobre asesinatos en Caracas, 44 al día, eran una exageración más de los medios antichavistas. Tuvieron que ser tiroteados hasta media docena de mis camaradas solo en Venezuela para que me concienciase de que realmente la violencia y las armas son un problema muy serio en el país. Pero eso el Chino ya lo sabía. Por eso estaba empeñado en venderme desde una Miniuzzi israelí, hasta una Glock austríaca, para mi seguridad. Comandante Chino, como cualquier miembro de los grupos armados bolivarianos, tenía buen acceso a armas de fuego, y una y otra vez me insistía en la necesidad de portar armas, e incluso de dormir con ellas bajo la almohada. Es más, me consta que todo su círculo cercano, quienes hayan escuchado alguna vez el alucinante mensaje que el Chino Carías tenía en su teléfono móvil cuando saltaba el buzón de voz, comprenderá mi perplejidad ante la apología descarada que hacía de la lucha armada: «No habrá revolución... hasta que miremos el futuro a través del punto de mira de un fusil...», o algo así.

Al final, mi propia mentira, el hacerle creer al Chino que efectivamente yo podía convertirme en un escolta armado en Europa, me saldría cara. Lo de dormir con un arma bajo la almohada no es buena idea. Sobre todo si te la olvidas al salir precipitadamente de un hotel en una ciudad europea.

Alianza nazi-islamista: los negadores del Holocausto se reúnen en Teherán

Las relaciones que parecían mantener en Venezuela los guerrilleros colombianos, los terroristas etarras, los grupos armados bolivarianos, los católicos radicales del IRA y los miembros de organizaciones árabes como Hamas o Hizbullah me tenían fascinado. Miembros de organizaciones terroristas por completo antagónicas ideológica, social y culturalmente, pero que podían prestarse colaboración mutua en cuestiones logísticas, armamentísticas, financieras y operativas. Como si de una gran multinacional del terror se tratase. Lo que no me podía imaginar, jamás, es que volviese a encontrarme con mis antiguos camaradas neonazis en medio de todo este caos ideológico; primos hermanos de esa gran familia del terror.

Diciembre de 2006 marcará un antes y un después en la historia del movimiento neonazi. Y más concretamente del revisionismo histórico. Porque el 11 y 12 de diciembre, por primera vez en la historia del neonazismo, un gobierno democrático albergaba, apoyaba y subvencionaba un congreso revisionista. Mientras en medio mundo la negación del holocausto judío se considera un delito, en diciembre de ese año, la capital iraní abría sus puertas a los principales revisionistas nazis, en un evento sin precedentes.

A principios de ese año Mahmoud Ahmadineyad ya había desatado un escándalo internacional al afirmar que Israel debería desaparecer de la faz de la tierra y al asegurar que el holocausto judío no había existido. En verano, de nuevo Teherán recibió las protestas internacionales al organizar un concurso de caricaturas sobre el holocausto judío, en respuesta a las caricaturas del profeta Muhammad publicadas en Europa. El diario *Hamshari* y la Casa de la Caricatura de Irán recibieron 1193 caricaturas de países como Bélgica, Bulgaria, Canadá, los Estados Unidos, Reino Unido, Francia, Italia, España, Países Bajos o Noruega, entre otros, ridiculizando el mayor drama judío de la historia. Y entre las caricaturas seleccionadas para su exposición pública estaba el dibujo de Ariel Sharon vestido de oficial de las SS, realizado por mi hermano zaragozano *Salaam1420*. Pero ahora Ahmadineyad había ido mucho más lejos.

Apadrinados por el mismísimo presidente iraní, que ha repetido en todos los foros mundiales que el holocausto judío nunca existió, docenas de autores neonazis y antisionistas llegados de todas las partes del mundo pudieron presentar, por primera vez en un foro internacional legal, sus argumentos contra la historia de las cámaras de gas y la persecución a los judíos. El encuentro «La verdad del Holocausto», celebrado en Teherán, escandalizó a toda la opinión pública internacional, incluyendo a muchos países árabes, aterrorizados de que un gobierno elegido en unas urnas no solo aceptase, sino que patrocinase este encuentro.

Ajenos al torrente de protestas que llegaban a Teherán desde todos los rincones del mundo, los negadores del Holocausto acudieron dispuestos a exponer sus mejores argumentos contra los sionistas. Y entre ellos se encontraban personajes muy conocidos para quienes estudiamos los movimientos neonazis, como David Duke, uno de los dirigentes del Ku Klux Klan norteamericano, que despúes visitaría España; Bernhard Schaub, primer presidente del movimiento revisionista en Suiza; o Benedikt Frings, presidente de distrito del Partido Nacionaldemócrata Alemán (NPD). Y más de 65 influyentes revisionistas llegados desde treinta países diferentes. Entre otros: Alexander Baron (Reino Unido), Jan Bernhoff (Suecia), Matthias Chang (Malasia), Wolfgang Fröhlich (Austria), Hans Gramlich (Austria), Mohamed Hegazi (Australia), Richard Krege (Australia), George Kadar (Hungría), Patrick McNally (Japón), Michael Collins Piper (Estados Unidos), Bradley R. Smith (México), Michèle Renouf (Reino Unido), Serge Thion (Francia), Peter Töpfer (Alemania)... Incluyendo a varios rabinos judíos, antisionistas, que pusieron la nota de color en el escandaloso congreso.

Aunque también se produjeron algunas bajas importantes en el programa inicial ideado por Teherán; Günther Deckert, entonces presidente del Partido Nacionaldemocrático de Alemania (NPD), no pudo salir del país para asistir al evento. De manera preventiva, la policía alemana le retiró el pasaporte, al igual que al famoso revisionista británico David Irving, al que dos años más tarde me encontraría de nuevo en la Librería Europa de Barcelona, pero que en diciembre de 2006 estaba encarcelado, precisamente por su negación del Holocausto. Quien sí acudió a Teherán fue su abogado, el doctor Herbert Schaller.

Organizaciones armadas islamistas, como Hamas o Hizbullah, siguieron con mucha atención y apoyo incondicional el congreso revisionista de Irán. Pero también compartían ese interés y ese apoyo todos los nazis del mundo, incluyendo, por supuesto, a los camaradas del Movimiento Socialista Nacional ¡Venezuela Despierta!, el Partido Nacional Socialista Venezolano, el grupo Zulia88, etcétera. Aunque los nazis venezolanos, más afines a la derecha opositora, tenían un serio dilema: apoyar a Ahmadineyad implicaba apoyar a su odiado Hugo Chávez, uno de los mayores aliados políticos del iraní... Resulta fascinante poder observar desde dentro estas paradojas ideológicas. Los nazis representan a la ultraderecha, precisamente la ideología que prima en las dictaduras árabes; sin embargo, Hugo Chávez representa la izquierda más radical (de raíz). Aunque al mismo tiempo era el principal opositor de Israel, al igual que los árabes ultraderechistas. Los nazis racialistas odian a los árabes; pero odian más a los judíos, por eso apoyan la causa palestina, que no obstante es árabe... Uno termina pensando que ese esfuerzo ímprobo que hacemos los seres humanos por subrayar nuestras diferencias, en lugar de las cosas que nos unen, es ridículo...

Como ridículos me parecían los grupos neonazis venezolanos, tan absurdos y marginales como Hizbullah-Venezuela, pero igual de útiles para abrir otra línea de trabajo en esta investigación. Una línea que me conduciría, bajo la identidad de un antisionista radical venezolano, a volver a infiltrarme entre mis antiguos camaradas neonazis en España. Y en este sentido sí tenía un tiempo limitado para desarrollar la investigación. Porque en 2009 se celebraría el juicio contra los Hammerskin, una de las organizaciones neonazis en las que me había infiltrado para la realización del libro y documental *Diario de un skin*. Y yo estaba convocado como testigo protegido de la Fiscalía para declarar en ese juicio, así que solo tenía dos años y medio para volver a infiltrarme en los círculos neonazis y estudiar sus hipotéticos vínculos con los terroristas islamistas. Y esos vínculos existen. Una vez más, Ilich Ramírez es el mejor ejemplo...

Incidente en Maiquetía

Antes de regresar a Europa aproveché para telefonear al número de móvil de Jorge Verstrynge que me había facilitado el director de *El Viejo Topo*. Quería que en la pantalla del teléfono del ex político apareciesen los prefijos que identificaban que la llamada se realizaba desde Venezuela. Ahora todo dependería de que el ex líder popular se creyese mi historia. Y eso estaba en manos de Allah...

—Diga.

—¿El señor Jorge Verstrynge?

—Sí, soy yo mismo. Dígame.

—Buenos días... buenas tardes ahí. Le llamo desde Caracas. Mi nombre es Muhammad Abdallah, pertenezco al Comité por la Repatriación de Ilich Ramírez. El señor Riera me ha dado su teléfono. He publicado algún reportaje en *El Viejo Topo* sobre la situación palestina...

—Sí, sí, ya sé quién eres...

Verstrynge fue muy correcto conmigo. Frío, pero correcto. Y por supuesto aceptó que nos reuniésemos, cuando yo viajase a España, para charlar sobre su *Islam revolucionario*, y sobre Ilich Ramírez. Esa reunión tendría lugar en la propia casa del ex secretario popular, en Madrid, un tiempo más tarde.

Además de la pista de Verstrynge, tenía otras muchas líneas de investigación abiertas tanto en Europa como en el norte de África y en Oriente Medio. Así que era el momento de regresar a casa. Había tenido que buscar una excusa convincente, otro año más, para no reunirme con mi familia en Navidad, pero antes de que acabase el 2006 quería volver a España. Lo que ni siquiera intuía al tomar esa decisión es que en los suburbios de Caracas uno de los grupos armados bolivarianos, convencidos de que yo era un agente de Al Qaida, estaba preparando mi secuestro...

Cuando me despedí de mis camaradas Comandante Chino, Comandante Gato, Comandante Candela, Cabezamango, Piraña, Carlucho o Arquímedes Franco entre otros, no podía imaginar que a uno de ellos sería la última vez que lo vería con vida. Solo cuatro meses más tarde le coserían a balazos en presencia de su esposa.

El Chino me prometió que se ocuparía de buscarme el contacto con las FARC y el ELN para ser adiestrado en alguno de sus campos de entrenamiento en la selva colombiana. Sin embargo, mi hermano musulmán y tupamaro Sidi me sugirió otra cosa. En nuestro último encuentro en la plaza Simón Bolívar, a los pies de la estatua ecuestre del Libertador, me informó de que en Venezuela también existían campos de entrenamiento revolucionario. Me aseguró que existían, en esos momentos, hasta cuatro campos de entrenamiento paramilitar en los alrededores de Caracas donde podía recibir formación como comando, lo que en el resto del mundo llamarían *terrorista*; aprender a fabricar bombas que se detonasen con el teléfono móvil, el manejo de armas de fuego de corto y largo alcance, técnicas de guerrilla urbana, y todo lo que un buen terrorista debía aprender para poder realizar un atentado. Y lo mejor es que, durante ese encuentro, yo llevaba la cámara oculta. Es más, Sidi llegó a telefonear, delante de mí, a un «importante miembro del ejército venezolano», que llevaba también esos campos de entrenamiento ilegales. Como es lógico mi cámara solo grabó las palabras de Sidi mientras hablaba con su interlocutor, al otro lado de la línea. No voy a especular con lo que podía o no responder el oficial venezolano encargado de los campos de entrenamiento. Me limito a transcribir la conversación por parte de Sidi tal y como se grabó:

—Epa, Jimmy, ¿cómo estás, hermano?... Oye, Jimmy, te voy a preguntar algo, ¿cuándo va a haber entrenamiento de comando abajo en... en La Guaira...? Yo necesito entrenar a una gente... Tú me puedes confirmar... Tengo a un hermano musulmán que necesita ser entrenado también... Está aquí en Venezuela ahorita...

Según el tal Jimmy, justo antes de las elecciones en el campo de entrenamiento de La Guaira recibieron adiestramiento paramilitar y de guerrilla urbana doscientos hombres. Y muchos otros se adiestraron en los de Santa Teresa, Santa Lucía y Filas de Mariche, de cara a los conflictos armados que pudiesen haberse producido el 3 de diciembre. Pero ahora, a fin de mes, entre la Navidad y Año Nuevo, se habían suspendido las actividades mientras el reelegido Chávez organizaba su gobierno para un segundo mandato. Aun así, Sidi me prometió que en los próximos meses volverían a abrirse los campos para adiestrar a los voluntarios de los grupos armados bolivarianos ilegales. Y yo podría unirme a ellos con el fin de prepararme para la lucha armada en Europa o en Oriente Medio.

Eso ocurriría algún tiempo después. Hasta ese momento Sidi sospechaba que yo podía ser un agente de Al Qaida intentando reclutar muyahidín en Venezuela, y así lo había informado a sus camaradas, dispuestos a morir o a matar por la revolución bolivariana. Y ellos habían decidido que sería conveniente «interrogarme enérgicamente». Tras nuestros últimos encuentros, Sidi había cambiado de opinión. Nuestras conversaciones sobre el Islam, el asesinato de mi supuesta esposa palestina y mi interés real por integrarme a los campos de entrenamiento bolivariano le habían convencido de que mis intenciones eran buenas, pero quizás era demasiado tarde... Claro que yo no supe nada de esto hasta varias semanas después.

En el Aeropuerto Internacional de Maiquetía, una vez facturado mi equipaje y pasado el control de pasaportes, ocurrió algo inusual, a lo que no le habría concedido ninguna importancia de no ser por lo que averigüé después. He viajado por todo el mundo, he visitado cientos de aeropuertos, pero nunca antes y nunca después me ocurrió nada parecido. Mientras aguardaba en la sala de espera el aviso para embarcar en el vuelo rumbo a Madrid, dos tipos de uniforme se me acercaron y me pidieron que los acompañase. La verdad es que me desconcertó un poco aquella irrupción, pero los uniformados parecían policías auténticos, y además todos los pasajeros de mi vuelo estaban viendo cómo me pedían que los siguiese. Así que lo hice. Salimos de la sala de embarque y bajamos una o dos plantas hasta llegar a los hangares. Caminamos unos cientos de metros hacia un grupo de personas que estaban revisando algunas maletas, y supuse que aquella interrupción se debía a una revisión rutinaria de mi equipaje. Mientras caminábamos, uno de los uniformados hablaba por teléfono y me dio la impresión de que discutía con alguien. Yo hice lo mismo y, un poco paranoico, llamé a Comandante Candela para comentarle el incidente, por si había algún problema con mi salida del país. Pero apenas pasaron unos minutos cuando me dijeron que todo estaba en orden y que volviese a la sala. Todos los demás pasajeros habían embarcado ya. Fui el último en incorporarme a mi asiento y el avión despegó sin más dilación rumbo a Madrid. Todavía no era consciente de que uno de los grupos armados bolivarianos, siguiendo las indicaciones de Sidi, alias *Musulmán*, había estado a punto de secuestrarme...

CUARTA PARTE

Año 2007 d. C., año 1428 de la Hégira[1]

1. El año nuevo musulmán, 1428, se celebró el 20 de enero de 2007.

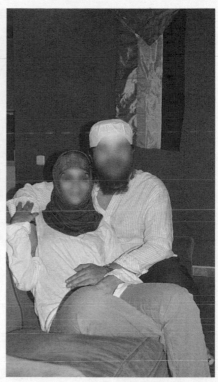

Algunas de las fotografías de
Muhammad Abdallah con su
esposa Dalal, supuestamente
asesinada en Palestina.

El agente Juan, con su famosa Glock-26 al cinto, indicando en el mapa las rutas donde sus informadores localizaron posibles terroristas paquistaníes, que intentaban llegar a las pateras para acceder a Europa infiltrados entre los emigrantes.

Foto familiar del adolescente y frágil Ahmad Fadeel, Al Zarqaui.

© D. R.

Fuente: foros yihadistas

Abu Musab al Zarqaui ya convertido en el León de Bagdad.

© D. R.

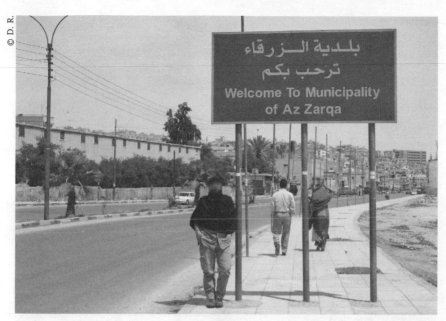

Muhammad Abdallah en Zarqa, Jordania, el pueblo natal de Al Zarqaui.

Felipe González, Bono y otros mandos del ejército y del gobierno
en el curso de islamismo de Jaca.

Uno de los paneles de la exposición sobre el Chacal, mostrando imágenes inéditas de su familia, que se mantenía en el Cuartel San Carlos.

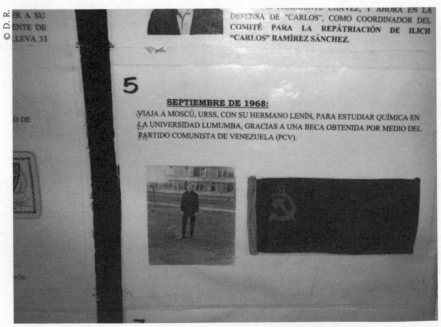

Ilich Ramírez, *Carlos el Chacal*, a su llegada a Moscú.

Sajida Mubarak Atrous Rishawi, la terrorista superviviente de los atentados de Ammán.

Una de las hermosas cartas que Al Zarqaui escribía a su madre.

Folleto yihadista homenajeando a Mustafá Setmarian Al Suri.

El primer volumen del Corán manuscrito en árabe que copió Muhammad Abdallah.

Atef Abayat, primo de Ibrahim, ejecutado por la inteligencia israelí en octubre de 2001.

Los hijos de Atef Abayat posan ante la foto de su padre.

Caricaturas
de *Salaam1420*,
ciberyihadista
zaragozano,
reproducidas
en multitud
de páginas
islamistas.

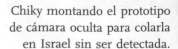

Chiky montando el prototipo
de cámara oculta para colarla
en Israel sin ser detectada.

Carteles de los mártires
por las calles de Palestina.

Interior de la Casa de España en Casablanca, inmediatamente después del
atentado suicida de 2003.

El sonriente
Anwer M. Zboun,
parlamentario de
Hamas.

Histórica foto
en la iglesia de la
Natividad
durante el sitio.
En el círculo,
Ibrahim Abayat.

Hussein Abayat, líder de la milicia Tanzim
de Al Fatah y primera víctima de los
asesinatos selectivos de la inteligencia israelí.

Ibrahim Abayat con su hijo
Atef, que lleva ese nombre
en honor a su primo.

Mohamed Bakri,
el actor y director palestino
más conocido
internacionalmente.

Muhammad Abdallah posa
con una de las efigies del
ayatolá Jomeini en el barrio de
Hizbullah, en Beirut (Líbano).

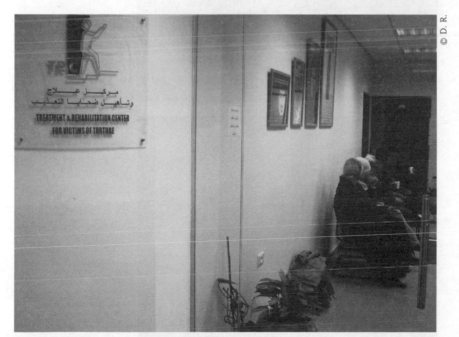

Víctimas palestinas de tortura esperan su turno en el TRC.

El líder de la
resistencia Aiman
Abu Aita,
fotografiado en
su casa de Belén.

Alberto Carías,
alias *Chino*, con
su peculiar tatuaje
de un 666.

El abogado libanés
Raimundo Kabchi,
principal traductor
y asesor de
confianza
de Hugo Chávez.

El coche que conducía normalmente Muhammad Abdallah en Venezuela
fue objeto de un atentado justo después de la muerte de Eduardo Rózsa.

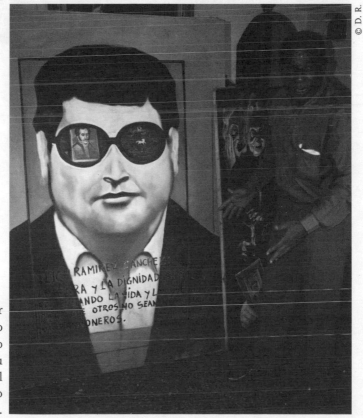

El pintor
caraqueño
Castillo
muestra en su
estudio el
cuadro
de Ilich.

Grafitis de Carlos el Chacal
realizados en el centro
de Caracas.

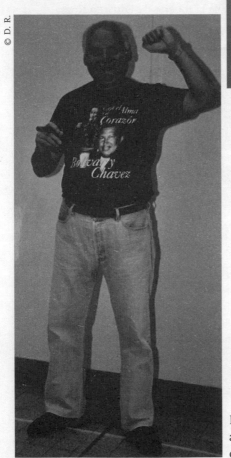

La foto más reciente de Ilich Ramírez,
alias *Carlos el Chacal*, con la camiseta
de Chávez y Bolívar.

Vista aérea de la Gran Mezquita de Caracas.

Mario Arcentales, derecha, con Mohamad Abdul Hadi, acusado por la prensa internacional de ser un líder de Al Qaida en Isla Margarita.

Mohammad Alí Ibrahim Bokhari, presidente del Centro Islámico de Caracas y, antes, imam de la mezquita de la M-30 (Madrid).

Muhammad Abdallah con Dima Khatib, en la sede de Al Jazeera en Caracas.

Raimundo Kabchi, el hombre de confianza de Chávez, y el emir de Qatar.

Carlos Alberto Ríos, Sidi, guerrillero tupamaro y musulmán converso.

Carné escolar de Ilich Ramírez, alumno del Liceo Fermín Toro.

Primera reunión de
Hizbullah-Venezuela.

José Miguel Rojas, el muyahid reclutado por Teodoro Darnott, posando con el «artefacto explosivo» que colocó en la embajada de EE UU en Caracas.

Última foto de Teodoro Darnott, líder de Hizbullah-Venezuela, tomada en prisión.

Teodoro Darnott, líder de Hizbullah-Venezuela.

Manifestación del Comité por la Repatriación de Ilich Ramírez (CRIR).

Mi camarada Arquímedes Franco, jefe de los motorizados de Caracas.
Foto extraída del grupo de apoyo creado en foros bolivarianos,
tras su asesinato en 2007.

El coronel Manuel Esteban A. T., artificiero y uno de los instructores de tiro de Muhammad Abdallah.

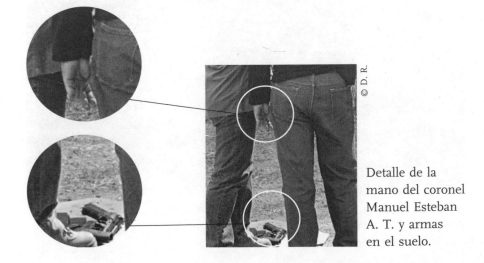

Detalle de la mano del coronel Manuel Esteban A. T. y armas en el suelo.

Pedro Varela (a la izquierda) y Ahmed Rami durante la conferencia revisionista en la Librería Europa de Barcelona.

Mi camarada tupamaro Greidy Alejandro Reyes, alias *el Gato*.

Publicidad de la emisora WSB con la imagen de Ben Laden, Ahmadineyad y Chávez.

Así quedó el campamento de Raúl Reyes el 1 de marzo de 2008 tras el bombardeo del ejército colombiano.

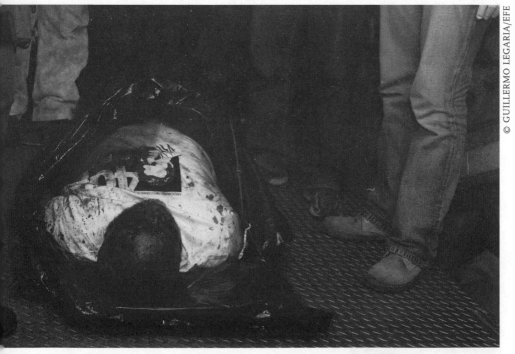

El cadáver del líder de las FARC Raúl Reyes tras el bombardeo.

Primera foto publicada del etarra Arturo Cubillas, ya nacionalizado venezolano, delante del Ministerio de Agricultura y Tierras, en la actualidad.

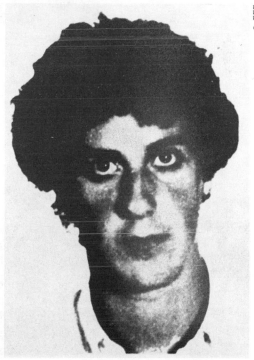

El etarra Arturo Cubillas en una foto de archivo de 1985.

Murales con la ikurriña y el símbolo de ETA (a la derecha de la imagen) en el patio trasero de la emisora Al Son del 23, sede de la Coordinadora Simón Bolívar.

El presidente de la CSB, Juan Contreras (segundo por la derecha), posando con ikurriñas y grafitis de apoyo a los etarras en Venezuela.

Rueda de prensa de miembros del grupo bolivariano La Piedrita. Uno de ellos (sentado a la derecha) viste la camiseta del Chacal impresa por nuestro Comité por la Repatriación de Ilich Ramírez.

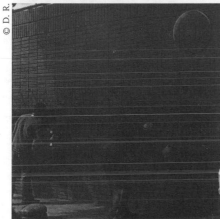

Imagen exclusiva que capta el
momento en el que los simpatizantes
de ETA, con camisetas serigrafiadas
con el símbolo de la banda armada,
asaltan la embajada de España
en Caracas.

Algunas páginas de los álbumes familiares del Chacal, jamás publicados.

Grabación de unas declaraciones del MRTA-CV tras la muerte de Raúl Reyes, expresadas por el comandante Chino Carías. Muhammad Abdallah, de pie con camiseta blanca, y el Gato, sentado, en la parte inferior izquierda.

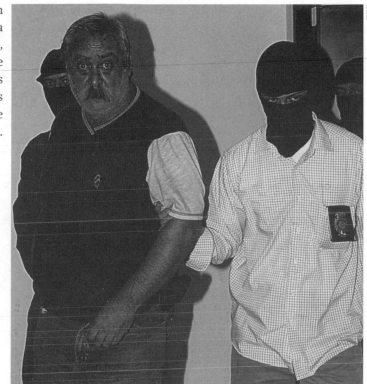

José Ramón Foruria Zubialdea, *Foru*, uno de los etarras extraditados desde Venezuela.

Iván Márquez, comandante de las FARC, durante su visita a Hugo Chávez en el palacio de Miraflores.

A la izquierda Ligia Rojas, la primera profesora de Ilich, junto a
Elba Sánchez, madre de Carlos el Chacal.

Ministerio de Agricultura y Tierras en Caracas, donde trabajan Arturo
Cubillas y otros miembros de ETA llegados a Venezuela desde Argel.

Muhammad Abdallah, de espaldas, con el AK-47, durante el adiestramiento en los campos de entrenamiento en Venezuela.

Muhammad Abdallah con el FAL con lanzagranadas.

Paúl del Río, el jefe del comando que secuestró a Di Stéfano en agosto de 1963.

Muhammad Abdallah, con la camiseta de Al Jazeera, junto a Douglas Bravo.

Vladimir Ramírez, vistiendo una de las camisetas con la imagen del CRIR, junto a Luis Enrique Acuña.

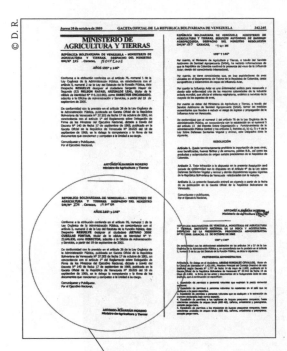

REPÚBLICA BOLIVARIANA DE VENEZUELA - MINISTERIO DE AGRICULTURA Y TIERRAS. DESPACHO DEL MINISTRO DM/Nº 256 . Caracas, 18 OCT 2005

AÑOS 195º y 146º

Conforme a la atribución conferida en el artículo 76, numeral 1 de la Ley Orgánica de la Administración Pública, en concordancia con el artículo 5, numeral 2 de la Ley del Estatuto de la Función Pública, éste Despacho **RESUELVE** designar al ciudadano **ARTURO JOSE CUBILLAS FONTAN**, titular de la cédula de identidad Nº V-22.646.830, como **DIRECTOR**, adscrito a la Oficina de Administración y Servicios, a partir del 19 de septiembre de 2005.

De conformidad con lo previsto en el artículo 38 de la Ley Orgánica de la Administración Pública, publicada en Gaceta Oficial de la República Bolivariana de Venezuela Nº 37.305 de fecha 17 de octubre de 2001, en concordancia con el artículo 1º del Reglamento sobre Delegación de Firma de los Ministros del Ejecutivo Nacional, dictado a través del Decreto Nº 140 de fecha 17 de septiembre de 1969, publicado en la Gaceta Oficial de la República de Venezuela Nº 29.025 del 18 de septiembre de 1969, se le delega la competencia y la firma de los documentos que conciernen y competen a la Unidad a su cargo.

Comuníquese y Publíquese.
Por el Ejecutivo Nacional,

ANTONIO ALBARRÁN MORENO
Ministro de Agricultura y Tierras

Gaceta Oficial de Venezuela con el nombramiento de Arturo Cubillas.

Los Papeles de Bolívar,
el boletín editado por
Muhammad Abdallah, con la
última entrevista concedida
por Eduardo Rózsa.

Los Papeles de Bolívar
con la edición árabe
de la biografía del Chacal.

Notificación del Frente 42 de las FARC.

FUERZAS ARMADAS REVOLUCIONARIAS DE COLOMBIA
EJERCITO DEL PUEBLO
FARC-EP
BLOQUE SUMAPAZ

Cundinamarca, enero 7 de 2005

SEÑORES:
Fernando
Pedro
Eulogio
E. S. M

Las FARC-EP nos identificamos como un movimiento armado que luchamos por un cambio estructural del estado en beneficio de toda una sociedad colombiana.
Nuestra organización ha decidido tomar medidas drásticas contra ustedes debido a sus comportamientos que no son compatibles con nuestros ideales revolucionarios, con sus continuas reuniones mal informando al pueblo sobre la guerra, da pie para sospechar que ustedes son colaboradores del gobierno e informantes de los paramilitares.

Les damos un plazo de 3 días para que se presenten ante el comandante "Jesús" en la región de usme, para aclarar su situación, al cumplirse el plazo y no se presentan, daremos como confirmadas nuestras sospechas y serán objetivo militar.

Atentamente,

ESTADO MAYOR FRENTE 42 DE LAS FARC-EP

SEÑORES:
HERNAN
ODILSO
PABLO

LA PRESENTE TIENE COMO FIN INFORMARLES QUE COMO CONSECUENCIA DE LAS CONTINUAS DENUNCIAS HECHAS EN NUESTRA CONTRA POR SU ORGANIZACIÓN, ADEMÁS DE LA COLABORACION QUE USTEDES PRESTAN A LA GUERRILLA Y DEBIDO A QUE HAN OMITIDO NUESTRO PEDIDO DE RENUNCIAR Y ENTREGAR LA DOCUMENTACION DE SU ORGANIZACIÓN, SE HA TOMADO LA DETERMINACIÓN DE DECLARLOS OBJETIVO MILITAR.

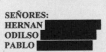

ATENTAMENTE,

FRENTE PEDRO PABLO GONZALEZ
BLOQUE CENTAUROS A.U.C.

DICIEMBRE 2004

Notificación de paramilitares colombianos.

Alberto Carías (con el *kufiya*) y el Negro Cheo, durante su visita a Radio Café Stereo en Suecia.

Mario Sousa, miembro de la junta directiva del Partido Comunista de Suecia, con el Chino Carías, que sostiene una metralleta de plástico.

Carteles en homenaje a las mártires palestinas.

Leyla Khaled, icono de la resistencia palestina y amiga personal de Ilich, durante su entrevista con Muhammad Abdallah.

El fanzine *Los Papeles de Bolívar* sobre
Carlos el Chacal, distribuido en la
reunión de la ABF en Suecia.

Muhammad Abdallah ante la mezquita de Uppsala, la última frontera del Islam.

Conferencia del comandante Alberto Carías en la reunión de Suecia en la que intervino Ilich Ramírez a través del teléfono de Muhammad Abdallah.

Una de las numerosas cartas enviadas por Ilich Ramírez a Antonio Salas. En este caso, incluyendo un sello postal impreso con una fotografía del Chacal.

Carta de Ilich Ramírez felicitando el año nuevo musulmán a su *webmaster* Muhammad Abdallah.

Según mi «mentor», Ilich Ramírez, el atentado a las sinagogas de Estambul, realizado por los Caballeros del Frente Islámico del Nuevo Oriente, es un caso justificado de excepcional ataque a un lugar de culto.

Carlos
el Chacal,
portada de la
prensa.

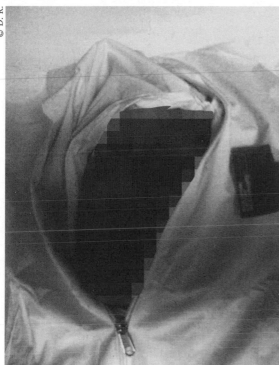

Cadáver de Andrey
Misura, supuesto experto
en armas químicas
y uno de los presuntos
integrantes del grupo
de Abu Sufian.

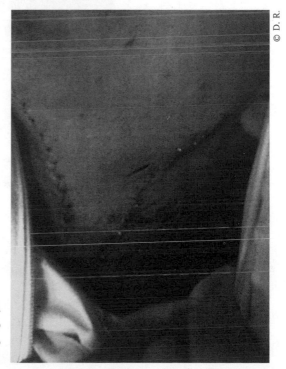

Detalle de las puñaladas en
el cadáver del bielorruso
Andrey Misura, asesinado
en octubre de 2009.

Eduardo Rózsa recibió siete impactos de bala.

En cuanto abrí el e-mail de Rózsa, el 5 de enero de 2009, mi antivirus detectó un troyano. En ese mismo e-mail estaban copiados varios de los miembros de la oposición imputados por Morales de colaborar con el terrorista Rózsa.

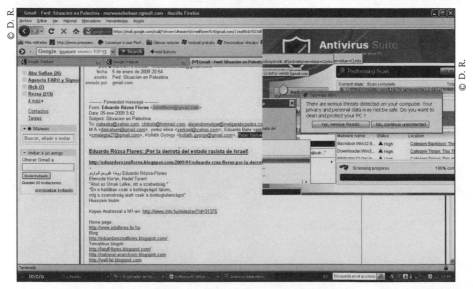

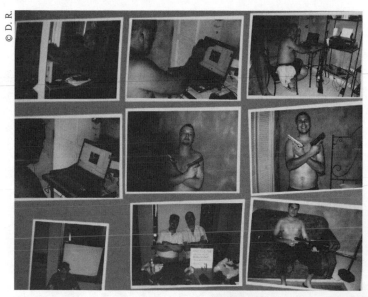

El gobierno boliviano encontró esta serie de fotos en la cámara de Eduardo Rózsa.

Abu Sufian, acusado de liderar la célula de Al Zarqaui en España.

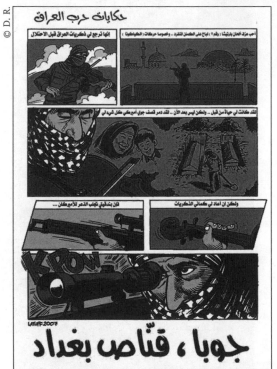

Uno de los cómics inspirados en Yuba, que convirtieron al francotirador de Bagdad en un icono.

Capítulo 6

Tres continentes unidos en el yihad

فَوَيْلٌ لِّلْمُصَلِّينَ الَّذِينَ هُمْ عَن صَلَاتِهِمْ سَاهُونَ الَّذِينَ هُمْ يُرَاؤُونَ وَيَمْنَعُونَ
الْمَاعُونَ

Pero ¡ay de aquellos que rezan siendo negligentes en su oración! Esos que hacen osten-
tación y niegan la ayuda imprescindible.

El Sagrado Corán 107, 4-6

ما حكّ جْلْدك مثل ظْفرك

Nada rasca tu piel mejor que tu uña.
Proverbio árabe

ETA rompe la tregua

Si solo hubiese tomado otro vuelo distinto, quizás habría llegado al Aeropuerto Internacional de Barajas al mismo tiempo que ETA decidía romper
la tregua firmada con el gobierno socialista y volar por los aires la terminal
4 de dicho aeropuerto, el 30 de diciembre de 2006. Era su regalo de Año
Nuevo... En ese atentado asesinó a dos inmigrantes ecuatorianos: Carlos
Alonso Palate y Diego Armando Estacio. Daños colaterales. Es improbable
que los asesinos etarras pudiesen reprochar a aquellos inmigrantes ninguna
responsabilidad en la «ocupación» de Euskal Herria por las fuerzas españolas. Sus bombas producen los mismos daños colaterales que reprochan a sus
enemigos.

En mi humilde opinión, ETA pierde toda la legitimidad que pudiese tener
su reivindicación, y todo derecho, cada vez que asesina inocentes como Palate
y Estacio, que eran los últimos nombres de una larga lista. Y solo merece ser
aplastada, como todos los asesinos de inocentes, con todo el peso de la Ley.
En realidad merece mucho más que eso. Pero darles a los terroristas, del tipo

que sean, lo que realmente merecen nos convertiría a nosotros también en eso que tanto detestamos...

Llegué tarde pero por muy poco. Lo suficiente para encontrarme con el pequeño oratorio improvisado por los familiares de los ecuatorianos en el acceso a la terminal desde el aparcamiento totalmente destruido por la explosión. El crimen estaba caliente, y todavía pude ver y fotografiar a algunas personas, supongo que familiares, amigos o paisanos... o quizás solo personas sensibilizadas por la tragedia, rezando y llorando en aquellos pequeños oratorios. Con pudor debo confesar que antes de iniciar esta investigación seguía el problema vasco con mucha distancia. Nunca me había sentido afectado directamente por él, y lo más cerca que había estado del terrorismo vasco fueron unos contactos puntuales durante la elaboración de un reportaje con cámara oculta sobre los grupos de extrema izquierda y antisistema. Aunque, en esta ocasión, ETA se había empeñado en cruzarse una y otra vez en mi camino.

Ahora estaba mucho más sensibilizado con las luchas armadas, pero también con la identidad latina de mi personaje. Me había esforzado mucho para creerme mi papel de palestino-venezolano, y a fuerza de voluntad terminé por creérmelo. Y por un instante intenté imaginar qué pensarían los camaradas del 23 de Enero, los Tupamaros o los miembros de cualquier grupo bolivariano de los que apoyan a ETA en Venezuela, si hubiesen sido dos venezolanos, quizás sus hermanos o sus hijos, los que hubiesen muerto en la T4.

Mientras sacaba la cámara para grabar la escena, pensaba en que España se ha convertido en el único país de Europa donde permanece activa una banda terrorista. ¿Cómo es posible que el IRA irlandés, la Baader-Meinhof alemana o las Brigadas Rojas italianas se hayan disuelto, y los terroristas vascos continúen matando inocentes en el siglo XXI? ¿Acaso nuestro coeficiente intelectual o emocional es menor que el del resto de los europeos? Cuando hasta los guerrilleros nicaragüenses o uruguayos han conseguido llegar a la presidencia de sus respectivos países, tras dejar la lucha armada y triunfar en la lucha política, los europeos de ETA continúan anquilosados en los años del plomo. Siento vergüenza por la parte que me toca.

De nuevo en España me proponía retomar muchos asuntos pendientes: mi relación con los palestinos de Zaragoza y con el caricaturista *Salaam1420*; averiguar la relación de Jorge Verstrynge con el Islam revolucionario; localizar a Taysyr Aluny; integrarme en la Comunidad Islámica europea y también volver a infiltrarme entre mis antiguos camaradas neonazis.

A través de Internet, conocía perfectamente el camino para acercarme a los grupos revisionistas y nazis: ya lo había recorrido una vez. Respecto a los foros ciberyihadistas, además de con Teodoro Darnott y con *Salaam1420*, ya mantenía contacto con muchísimos musulmanes más o menos simpatizantes del yihad. Ahora llegaba el momento de dar el salto de la cómoda y segura «infiltración» en la red al mundo real. Y, para eso, mi tapadera como «luchador social» palestino-venezolano y colaborador de los medios árabes-venezolanos me iba a resultar extremadamente útil. Pero desde Venezuela todavía tenía que llegarme una ingrata sorpresa.

Al Qaida amenaza Venezuela

A principios de 2007, la revista electrónica *Saut al Yihad* («Voz del Yihad»), editada oficialmente por la rama saudí de Al Qaida, publicó un texto en el que se animaba a todos los muyahidín a realizar atentados en todos los países que suministran petróleo a los Estados Unidos, especialmente Canadá, México y Venezuela, citados por ese orden en el escrito. La amenaza se incluía en un artículo titulado: «Bin Laden y el arma del petróleo», escrito por Adeeb Al Basam, y en el que se insistía en que: «Hay que atacar los intereses petroleros en todas las zonas que suministran petróleo a Estados Unidos, y no solo en Oriente Medio, ya que el objetivo es detener sus importaciones [de crudo] o reducirlas».[1]

El Departamento de Estado norteamericano insistió en la gravedad de las amenazas y en la necesidad de tomarlas muy en serio, aunque el contraalmirante Luis Cabrera, miembro del Estado Mayor Presidencial de las Fuerzas Armadas Venezolanas, mostró su escepticismo en unas declaraciones recogidas en toda la prensa internacional: «Suena ilógico que Al Qaida, que está en contra del imperialismo norteamericano, se vaya en contra de un Estado que está precisamente luchando, aunque de otra manera, contra esa hegemonía».

Yo compartía la desconfianza del contraalmirante, pero por desgracia algunos grupos armados bolivarianos no eran tan escépticos y realmente consideraban a Al Qaida un peligro, o eso podía deducirse de la noticia que recibí esa misma semana. Me llegó un e-mail de Comandante Candela pidiéndome que le hiciese «un llamado urgente desde un teléfono seguro». Aquello sonaba mal, así que preparé un dispositivo de grabación, me acomodé en un locutorio telefónico e hice la llamada. Necesité tres intentos hasta poder conectar con mi mejor camarada en Venezuela. Su preocupación, casi diría que su angustia, eran perfectamente perceptibles en el tono de su voz. Lo que sigue es la transcripción fiel y exacta de la grabación magnetofónica de esa conversación:

---

1. Lo que muchos chavistas creían una campaña de desinformación de la CIA se tomaría más en serio un par de meses después cuando, a principios de marzo de 2007, una amenaza de bomba obligase a cerrar el aeropuerto de Isla Margarita. Otra amenaza de bomba, en un airbus de Air Madrid con 234 pasajeros en vuelo Madrid-Caracas, esos días, volvería a desatar la psicosis.

—¿Aló?

—¿Aló, Muhammad?

—Comandante, ¿cómo está?

—Bueno, acá... más o menos. Tengo una noticia bastante preocupante...

—¿Qué ha pasado?

—Bueno, resulta que ayer estuve con Musulmán y no sabes, no te imaginas lo que me dijo. ¿Sabes que el loco estuvo a punto de secuestrarte en el aeropuerto?

—¿Cómo?

—Bueno, me dijo que ellos... o sea, el propio Musulmán y la gente de su comando resulta que descubrieron que había, según ellos, gente de Al Qaida aquí en las islas que están frente a Venezuela, por Curasao, por Trinidad... También habían descubierto que había gente de Al Qaida en el sur del país, en estado Bolívar... Entonces, como les pareció un poco sospechoso que un palestino estuviera aquí tratando de aprender a armar o a utilizar bombas, y a manejar armas, pensaron que tú también eras de Al Qaida...

—Pero ¿eso por qué? ¿Les dijeron algo en la mezquita o qué pasó...?

—Bueno, parece que en la mezquita también había, según ellos, gente infiltrada, y como ellos dicen que encontraron gente de Al Qaida, que había aquí en Venezuela, bueno... sospecharon también de ti. Pensaron que tú también eras de Al Qaida y habían organizado todo un... una manera de ir a buscarte. Te iban a ir a buscar al aeropuerto, te iban a secuestrar y te iban a llevar a algún lado para interrogarte...

—Concha... pero... ¿en Maiquetía? ¿A la salida, cuando salía...?

—¿Perdón?

—¿Cuando salía de Venezuela, en Maiquetía?

—Claro, ellos iban... y como sabían la hora y el día en que tú te ibas, iban ya preparados para ir a Maiquetía y no dejarte ya viajar... O sea, te iban a encañonar y te iban a sacar del aeropuerto y llevarte a algún lugar para interrogarte. O sea, completamente pensando... pensando que tú eras de Al Qaida.

—Pero tú sabes que yo tuve un problema allí a la salida... que me llevaron a unos hangares, me revisaron todo el equipaje...

—Claro, claro... yo me acuerdo...

—¿Y que te llamé?

—Te acuerdas que incluso cuando tú me avisaste de que tuviste ese problema, que te detuvieron... yo estuve tratando de preguntar a la Guardia Nacional, aquí, pero nadie me decía nada... Entonces, bueno, para que sepas qué clase de personaje es Musulmán. Este tipo está loco... De cualquier manera, cuando vuelvas a Venezuela la próxima vez, tú me avisas que yo voy a hablar con la gente de los Tupamaros, ¿oíste?

Creo que lo primero que pensé al escuchar eso fue: «Necesito un trago». Mal

momento para dejar de beber. Y lo segundo: «Mataría por un cigarrillo...».
Mal momento para dejar de fumar. Aun así, pienso que reaccioné relativamente bien ante la alarmante noticia que me estaba dando mi camarada.
Desde luego, mejor de lo que se esperaba. Quizás porque yo todavía no era
consciente de lo que significa un «interrogatorio tupamaro», y no lo averiguaría hasta que regresase a Venezuela, un año después. Y entonces sí tendría
miedo, mucho miedo.

Sin embargo, en cierta manera, la idea de que alguien hubiese creído que
yo podía pertenecer a Al Qaida me halagó. Significaba que estaba interpretando muy bien mi papel, aunque en el mundo del terrorismo eso también podía
resultar peligroso. Sobre todo si un grupo incontrolado de chavistas armados,
capaces de matar y morir por su presidente, podía llegar a creer que yo era
una amenaza para su amado comandante.

Supongo que mi estado anímico y psicológico no era el mejor para plantearme volver a infiltrarme en los grupos neonazis. Pero yo no pongo las reglas:
es la investigación la que va poniendo en tu camino las pistas que tú decidirás
seguir o dejar pasar. Y en febrero de 2007 ya había colocado en la red algunos
cebos para iniciar mi acercamiento a los revisionistas tanto venezolanos como
españoles. Volví a frecuentar los chats y foros neonazis, y rescaté de mi agenda algunos viejos camaradas skinheads NS, que no tenían ni idea de que yo
era el auténtico *Tiger88* autor de *Diario de un skin*, y no el largo listado de
identidades que me atribuían.

Fueron mis antiguos camaradas de Nuevo Orden, con los que retomé el
contacto fluido tras el congreso revisionista en Teherán, los que me avisaron
de un inminente evento en España que me podía interesar. Ahora coordinaba
la web nazi más importante en habla hispana mi vieja amiga Walkiria, una
mujer fuerte, rubia y en torno a la cuarentena, a la que podría ver en algunos
eventos de Alianza Nacional en Valencia ese mismo año, y gracias a ella supe
de las nuevas conferencias organizadas por la Librería Europa de Barcelona.
Y es que en marzo de 2007 la librería de Pedro Varela,[2] considerada por el
Parlamento Europeo en su día la principal distribuidora de propaganda nazi
de Europa, organizaba una conferencia titulada: «Escépticos del Holocausto:
La conferencia revisionista de Teherán, la investigación histórica y sus consecuencias con el mundo actual». El conferenciante, el doctor Juri Schmidt-
Hadjidimitrov, había sido ponente invitado en el famoso congreso revisionis-
ta celebrado tres meses antes en Irán, y los neonazis españoles estaban
ansiosos por que les explicase «los puntos debatidos durante la Conferencia
Internacional... el ambiente reinante y las tesis defendidas por el resto de

---

2. Ver *Diario de un skin*.

participantes». Por supuesto, una cosa es colarse en los chats y foros neonazis, y otra volver a infiltrarme entre ellos en el mundo real. La idea de colarme de nuevo en un local, una conferencia o una manifestación neonazi no me hacía mucha gracia.

Sin embargo, la conferencia de marzo en la Librería Europa tenía algunos problemas para materializarse, y un nuevo atentado terrorista reclamaría mi atención hacia otro lugar. Así que mi reencuentro con mis antiguos camaradas nazis tendría que esperar unas semanas.

Muhammad Abdallah en las mezquitas españolas: entre cacheos policiales y propuestas de matrimonio

A pesar de aquella inquietante información, y siguiendo la otra línea de la infiltración, la experiencia que había reunido en la Gran Mezquita de Caracas me permitiría desenvolverme con facilidad entre mis hermanos musulmanes. O eso esperaba.

Al regresar a España continué con mi rutina diaria de estudiar y escribir el Corán a mano, y de rezar todos los días. Por las noches chateaba con mis antiguos camaradas neonazis por un lado y con muchos hermanos musulmanes por otro. E incluso empezaba a hacer contactos en librerías árabes, asociaciones islámicas, etcétera, en España. Ahora habría que comprobar si mi soltura en la comunidad árabe venezolana resultaba igual de eficiente en las mezquitas europeas. Y mi primera visita a una mezquita española no pudo ser más accidentada...

En estos seis años he frecuentado muchísimas mezquitas en muchas ciudades de España y de otros países europeos. No es difícil encontrarlas: creo no exagerar si afirmo que no hay ninguna ciudad europea en la que no exista ya más de una mezquita en la que cada viernes se reúnen más y más hermanos musulmanes. En el caso de Francia, por citar un ejemplo representativo, según los últimos estudios sociológicos, en solo cuarenta años el Islam será la religión más profesada. En Francia ya existen más mezquitas que iglesias cristianas. Mientras una familia cristiana promedio francesa tiene 1,8 hijos, una familia francesa musulmana tiene 8,1. El 30 por ciento de los bebés y jóvenes franceses menores de veinte años son musulmanes, y en grandes ciudades como París, Niza o Marsella el porcentaje llega al 45 por ciento. Para 2025 se espera que uno de cada cinco residentes en Francia será musulmán. Y estas estadísticas son similares en otros países europeos.

Farah Sadiqi, un investigador paquistaní residente en Europa, cree que una de las razones de este fenómeno es la inmigración musulmana al continente europeo: «Hace treinta años había 82 000 musulmanes en Inglaterra, mientras hoy su número es de 2 500 000. Inglaterra tiene más de mil mezquitas, la mayoría de las cuales están en edificios que fueron antes iglesias compradas a los cristianos. En Holanda, la mitad de los bebés que nacen cada año son musulmanes; si esta proporción se sostiene, dentro de quince años la mitad de la población holandesa será musulmana. En Rusia la población musulmana supera los 23 millones; en unos cuantos años, los musulmanes constituirán el 40 por ciento de las fuerzas militares rusas. En Bélgica, el 25 por ciento de la población es musulmana, e igual lo son la mitad de todos los bebés nacidos cada año. En Alemania, el gobierno ha anunciado recientemente que... para el 2050, ese país puede convertirse en un Estado musulmán. El gobierno alemán cree que la población musulmana en Europa, que actualmente alcanza los 52 millones, se doblará en los próximos veinte años. La Unión Europea ha advertido que para el 2025, la mayoría de los bebés nacidos en Europa anualmente serán musulmanes...».[3] Y yo añadiría que la expansión del Islam es también enorme en África, Oceanía y América. Pero sobre todo en Asia. De hecho, el país con mayor número de musulmanes en el planeta, Indonesia, no es un país árabe.

En los seis años que han transcurrido desde que comenzó esta investigación, he sido testigo de cómo la expansión del Islam se ha dejado sentir en todas las mezquitas que he frecuentado. Y he rezado en pisos semiclandestinos, sin ninguna licencia ni registro que los acredite como centros islámicos legales. Y también en muchos locales, garajes o almacenes que han sido habilitados para acoger a algunos cientos de creyentes. En comparación con los miles de oratorios musulmanes, centros islámicos y mezquitas existentes en Europa, solo unas pocas son edificios diseñados y construidos para ese fin: la mayoría, auténticas obras de arte como la mezquita central de Glasgow en Escocia; la Gran Mezquita de Roma, el Centro Islámico de la rue Georges-Desplas, en París; la Gran Mezquita de Duisburgo, en Alemania; las mezquitas Azziye Camii o Suleymaniye en Londres, o la Gran Mezquita central de Lisboa.

En España, la majestuosa arquitectura árabe de la mezquita de la M-30, o de la Abu Bakr en Madrid; la mezquita Ibrahim Al Ibrahim, en Gibraltar; la mezquita Sohail, en Fuengirola, o la Gran Mezquita de Valencia entre otras no dejan lugar a dudas sobre el objeto de dichos edificios. Pero son la excepción. La inmensa mayoría de los templos musulmanes, en España o en Europa, son mucho más discretos, o incluso totalmente clandestinos. En ellos conocí y llegué a establecer una entrañable relación con muchos hermanos y hermanas de religión.

---

3. «Francia se está convirtiendo en una República Islámica», publicado en *www.abna.ir*, portal oficial de la Fundación Internacional Ahl Al-Bayt.

Por citar solo un ejemplo, en las islas Canarias hay una nutrida población de origen venezolano o, por el contrario, con parientes isleños emigrados a Venezuela. Pero también hay una desbordante población islámica, que crece cada vez que llega una patera o un cayuco desde las costas de África, llena de nuevos hermanos de la Umma, que mayoritariamente no son árabes. Y esa creciente afluencia de musulmanes subsaharianos ha posibilitado la existencia de innumerables oratorios y mezquitas clandestinas. Sin embargo, de los dieciséis centros islámicos oficiales y legales que existen en las islas Canarias, seis están registrados en la isla de Tenerife: en Santa Cruz, Adeje, Los Cristianos, San Isidro, El Fraile y el Puerto de la Cruz.

En enero de 2007, tras mi regreso de Venezuela, la Comunidad Islámica canaria saltó a todos los titulares de prensa a raíz del caso Zoraya: una canaria de treinta años, convertida al Islam desde los dieciséis, que había recibido insultos y palizas repetidas desde hacía meses en un barrio de Santa Cruz de Tenerife. Tras la crisis de las caricaturas del profeta Muhammad y la islamofobia extendida desde el 11-M, el caso de Zoraya disparó todas las alarmas y el mismísimo presidente de la Junta Islámica de España, Mansur Escudero, viajó a Tenerife para intentar conseguir un compromiso por escrito del Cabildo contra el racismo y la xenofobia antimusulmana, que se estaba extendiendo por todas las islas a manos de mis antiguos camaradas neonazis. Paradójicamente, mientras los intelectuales del revisionismo nazi colaboraban con los antisionistas árabes, los skinheads apaleaban musulmanes.

El hermano Escudero, un nombre clave en la comunidad islámica conversa española, se entrevistó con el presidente del Parlamento de Canarias, Gabriel Mato, y la diputada y presidenta del Partido Popular en Tenerife, Cristina Tavío, así como con el secretario general del PSOE en Canarias, Juan Carlos Alemán. Y quizás fuese su presencia en las islas, o la tensión hacia los hermanos musulmanes que se notaba en el ambiente, lo que provocó mi primer encontronazo con la policía española. El primero de los muchos encontronazos que viviría durante esta infiltración.

Esa mañana había pasado por el consulado de Venezuela en Santa Cruz de Tenerife, que todavía se encontraba en la calle El Pilar, número 27, para dejar algunos ejemplares de los periódicos árabes-venezolanos y chavistas en los que se publicaban mis reportajes. Allí recogí a dos amistades, que me acompañaron a las mezquitas de Tenerife para dejar también aquellos periódicos; un hermano y su cuñada, o algo así. Me guiaron primero hasta la Comunidad Musulmana Al Mushinin, situada en la calle Ramón Pino, 38, de Los Cristianos, y luego al Centro Islámico de Puerto de la Cruz, ubicado en la calle Iriarte, número 6, local 9 y 10 del Puerto. El problema llegaría al dejar el cuarto paquete en el Centro Islámico de Santa Cruz de Tenerife, en los bajos de la calle Calvo Sotelo, 60.

Las mezquitas estaban cerradas, así que dejé los periódicos en los buzones o en la entrada a los locales, mientras mis amigos me esperaban en el coche. Al volver al vehículo arranqué y apenas tuve tiempo de incorporarme a la avenida principal. En cuanto dejé la calle Calvo Sotelo y giré a la izquierda en la rambla del General Franco, un coche patrulla del Cuerpo Nacional de Policía se colocó detrás de mí con las sirenas encendidas y haciéndome luces. Ni siquiera me dio tiempo a poner el intermitente para señalizar la maniobra y aparcar. El coche patrulla pisó el acelerador a fondo, pegó un volantazo nada más rebasarme, se cruzó en mi camino y a mí no me quedó otra que frenar en seco. Dos policías visiblemente excitados salieron de coche patrulla dando gritos:

—¡Fuera del coche! ¡Pónganse contra la pared!

Mis amigos estaban más asustados que yo. Me habría preocupado si llevase encima la cámara oculta, pero me la había quitado al ver que las mezquitas estaban cerradas y la llevaba escondida en el maletero, entre los periódicos, así que no tenía nada que temer aunque me cacheasen en su presencia. Y era evidente que los policías venían a por mí. Todavía hoy no entiendo por qué. Quizás estaban vigilando la mezquita y les pareció sospechoso mi comportamiento; o tal vez mi aspecto (además de la pronunciada barba llevaba puesto el gorro de *salat* y el pañuelo palestino) les resultó inquietante; o también es posible que alguien les hubiese alertado, desde alguna de las mezquitas donde había dejado los periódicos venezolanos anteriormente. Pero lo cierto es que los policías querían identificarme a mí. A la chica ni siquiera le revisaron el bolso (lo que por otro lado es hasta cierto punto lógico al no encontrarse presente ninguna mujer policía), y al hermano, aunque lo pusieron contra la pared, a mi lado, tampoco lo cachearon. Solo a mí. Les dije que tenía la documentación en el coche para separarme de ellos al entregársela. A tres o cuatro metros creo que nadie podría distinguir si lo que le había entregado a los policías era un DNI español o una cédula venezolana.

Después me hicieron abrir el maletero y al descubrir los periódicos, que intuyo que era lo que estaban buscando, empezó el interrogatorio. El típico interrogatorio policial del poli bueno y el poli malo:

—¿Qué es esto?

—Periódicos.

—Pero periódicos ¿de qué?

—Periódicos bolivarianos.

—¿De Bolivia?

—No, de Venezuela.

—¿Y por qué llevas periódicos de Venezuela a las mezquitas?

—Porque me han encargado que lo hiciese.

—¿Quién te lo ha encargado?

—Los dueños de los periódicos.

—¿Y tú escribes aquí o qué?

Esta pregunta fue la que me desconcertó y me hizo pensar que los policías suponían que yo era algo más que un repartidor de periódicos con pinta de talibán.

—¿Yo? ¿Escribir en un periódico? ¿Usted ve mi nombre ahí en algún sitio? —No quería mentir, pero tampoco quería revelar mi investigación, y mis artículos en todos aquellos periódicos estaban firmados con mis nombres árabes.

—¿Puedo quedarme con uno? —me preguntó muy correctamente el poli bueno. Pero yo reaccioné mal.

—Pues no.

La verdad es que no debería haberme puesto tan chulo, lo que pasa es que empezaba a sentirme nervioso. Mientras comprobaban mis antecedentes y los de mis acompañantes, comenzaron a llegar curiosos. Estábamos en una de las avenidas más importantes de la ciudad, con el coche de policía cerrando el paso al mío, y con las sirenas luminosas aún encendidas. Y supongo que mi aspecto debió de hacer pensar a más de uno que acababan de interceptar una célula terrorista. Al final fue peor el remedio que la enfermedad. Mi respuesta al «poli bueno» convirtió a los dos polis en «malos», y no me quedó más remedio que aguantar estoicamente el cacheo, el registro y el interrogatorio, hasta que todos mis antecedentes fueron comprobados. Y solo cuando me identifiqué como periodista, aprovechando que me llevaron hasta el coche patrulla mientras mis amigos se quedaban esperando, cambiaron su actitud y me dejaron ir. Aquel sería mi primer encontronazo con la policía española durante esta infiltración, pero no el último.

Sin embargo, cuando un topo se infiltra en un grupo presuntamente criminal, es evidente que cualquier encontronazo con la policía puede ser utilizado para reafirmar su personaje. Y ya me ocuparía yo de rentabilizar aquella intercepción policial con mis nuevos hermanos musulmanes.

De hecho, el primer viernes que acudí al rezo en una mezquita española no me podía haber ido mejor. Mis artículos en los medios árabes-venezolanos, mis contactos con musulmanes españoles a través de Internet y mi pequeña aventura con la policía me otorgaron un cierta credibilidad. Sobre todo con el imam, con quien he llegado a tener, con el paso de los años, una excelente amistad. Pero aquel primer día, aquel primer viernes que asistí al *salat* en una mezquita europea, Dios se empeñó en ponérmelo muy fácil. El imam me presentó a unos hermanos marroquíes, que precisamente tenían pensado viajar a América Latina, y estuvimos charlando un rato después de la oración. Y cuando les dije que era viudo, no uno, ni dos, sino que me propusieron hasta tres matrimonios antes de que abandonase la mezquita. Merece la pena reproducir el diálogo:

—Pero ¿tú eres palestino o español?

—No, no. Nací en Venezuela, pero toda mi familia era palestina. Lo que ocurre es que llevo muchos años viviendo en España y tengo la residencia. Por eso casi no tengo acento...

—¿Y no te gustaría tener una buena esposa musulmana? Mira, yo tengo una sobrina muy guapa, muy guapa, pero que no es tan religiosa. Pero tengo una hija, muy religiosa, muy buena musulmana, aunque no tan guapa como mi sobrina. ¿Quieres ver unas fotos? Si quieres conocerlas yo te invito a nuestra casa en Marruecos para que las conozcas...

—Yo también tengo una sobrina soltera, que te podía gustar, que es muy guapa y muy religiosa —interrumpió el imam.

Me sentí desbordado por aquellas generosas ofertas. Hasta tres jóvenes musulmanas, dos marroquíes y una siria, me eran ofrecidas por sus padres y tíos como posibles cónyuges el primer viernes que pisaba una mezquita en suelo europeo. Al principio me pareció escandaloso. Pero más tarde comprendería que aquellos ofrecimientos no eran fruto de mi irresistible personalidad, ni mi carisma como luchador musulmán, sino más bien de la intención de conseguir permisos de residencia o nacionalidad europea a las jóvenes, utilizando a hermanos musulmanes que estaban ya legalizados. Una estrategia muy efectiva para conseguir el mayor número de votantes musulmanes en Europa, en el menor tiempo posible. Y, con el tiempo, yo mismo terminaría por convencerme de que el matrimonio con una mujer árabe iba a ser la mejor cobertura para la infiltración que podía concebir. Además, no es muy difícil encontrar en algunas mezquitas españolas, o europeas, anuncios de mujeres musulmanas que buscan un marido. Incluso mujeres españolas. Anuncios tan sorprendentes como este, que estaba colgado en el tablón de la mezquita y que transcribo literalmente. Solo omito al final el teléfono y nombre completo de la anunciante:

ESPAÑOLA MUSULMANA *PRACTICANTE*
DIVORCIADA SIN HIJOS (33 años)
BUSCA MARIDO
MUSULMÁN PRACTICANTE:
QUE HABLE ESPAÑOL
CONOCEDOR DEL ISLAM
ABIERTO Y NO INTEGRISTA (NO DEL RIF)
QUE QUIERA UNA SÓLA MUJER PARA TODA LA
VIDA (25-40 años)
INTERESADOS LLAMAR AL: 686...
Khadija

El anuncio se completaba con una foto carné de la anunciante, que viste un hermoso *hiyab* azul celeste. Conocer a las mujeres musulmanas, especialmente a las árabes, iba a ser una aventura tan fascinante y sorprendente como a los terroristas...

11-M en Casablanca: ¿primer golpe de Al Qaida en el Magreb Islámico?

En febrero de 2007 comenzó el esperado juicio sobre el 11-M en España. Durante semanas los testigos, peritos, víctimas e investigadores prestarían su testimonio ante el tribunal presidido por el juez Bermúdez. Me hubiera gustado mucho haber podido asistir a ese proceso, pero mi línea de investigación me estaba llevando por caminos muy diferentes a los de otros colegas, periodistas mucho más cualificados que yo, que se centraron en la investigación en España del 11-M. Al final, la sentencia firmada por el tribunal, supuestamente cerraba todas las polémicas que rodearon el mayor atentado de la historia de España. Yo, sin embargo, opino que quedan preguntas sin respuesta, y que el 11-M continuará desatando encarnizados debates durante mucho tiempo, más allá de la extensa sentencia firmada por Bermúdez.

Con mi tapadera como palestino nacido en Venezuela totalmente operativa y mi cobertura como corresponsal en el mundo árabe de diferentes medios venezolanos, durante 2007 tuve la oportunidad de viajar mucho. Túnez, Egipto, Mauritania, Siria, Marruecos de nuevo, etcétera. A veces utilizando los contactos del agente Juan, y otras con los de amigos o familiares de hermanos de las mezquitas. Necesitaría varios volúmenes para detallar todos esos viajes, pero cada uno de ellos ampliaba mis conocimientos sobre el mundo árabe, y también mis contactos. Y, sobre todo, afianzaba la credibilidad de mi personaje.

Ese mes se publicaba en los Estados Unidos el fascinante *The First Total War*, del historiador militar y entonces profesor de la Universidad Johns Hopkins, David Bell. Bell presentaba en su libro una comparación entre la guerra de Iraq y la guerra de la independencia de España (1808 a 1813), realmente asombrosa. Venía a sugerir que era factible comparar a las tropas invasoras francesas en España con la ocupación norteamericana en Iraq; a Godoy con Ahmad Chalabi; a Pepe Botella (José I) con Nuri Al Maliki, e incluso al ficticio Curro Jiménez con Al Zarqaui... En una interesante entrevista que concedía al diario *El Mundo*, el 14 de febrero de 2007, Bell aseguraba: «[La guerra en España muestra] una situación increíblemente similar a la que se desarrolló en Iraq tras la victoria de EE UU en 2003... No fue el amor a la independencia y a la libertad lo que hizo que la gente se alzara contra los Bonaparte, sino el miedo a que las reformas pudieran debilitar a la Iglesia. En Irak en 2003 y en España en 1808 la autoridad secular se desintegró muy rápidamente. Y las organizaciones religiosas resultaron ser mucho más sólidas que el Estado. Es algo frecuente en sociedades tradicionales, que suelen estar organizadas en torno a clanes, familias, parroquias o aldeas... Las religiones establecidas ganan influencia en situaciones en las que el ocupante es visto como ateo o enemigo de la religión. EE UU ha identificado a su enemigo como el Islam radical. En España, los franceses decidieron que su mayor rival eran los "fanáticos" religiosos. Ambos invasores fueron incapaces de lograr el apoyo mayoritario de los clérigos... Y en ambos casos EE UU y Francia tuvieron oportunidad de ganar definitivamente la guerra. Fue en el primer momento de ambas invasiones. En 1808 parecía que la causa de los Borbones españoles estaba perdida. Y en 2003, aparentemente, los norteamericanos iban a ganar en Iraq. El problema es que ambas insurgencias sobrevivieron a esos primeros golpes. Y eso es clave. Si la resistencia sobrevive cierto tiempo, si es capaz de demostrar que aguanta la presión del invasor, este está perdido...».

Y, mientras Bell publicaba sus interesantes reflexiones, tanto en las mezquitas europeas como en las de todos los países árabes que visité ese año se repartían octavillas y folletos reclutando muyahidín para acudir en ayuda de Iraq. Folletos como algunos que yo mismo he recogido, repartidos en mezquitas españolas, en los que se llama al yihad diciendo cosas como estas (mi traducción del árabe es aproximada):

Queridos musulmanes:
Ya es suficiente, ya no hay excusa para los manifestantes, no hay excusas para el perdón, todos los que bajan la vista ante los gobernantes y han traicionado a Palestina y el Líbano son en realidad responsables. Y todos los que no están haciendo lo que pueden para mover los ejércitos, para luchar y eliminar los obstáculos de los gobernantes, que han puesto a los ejércitos de los rituales de la traición... Los soldados son sus hijos, queridos musulmanes, y [tenemos] el deber de tener la firmeza y la resolución de cambiar las reglas del mal, y empezar a apoyar a Palestina y el Líbano, y Palestina y el Líbano son la tierra del Islam.

Estos folletos eran otra vía de investigación viable para acercarme a grupos yihadistas que reclutaban muyahidín en Europa, como el que presuntamente lideraba Abu Sufian en Andalucía.

Ese año 2007, además, marcó la alianza de los radicales del Gran Magreb con Al Qaida. Incluso en el supuesto de que los defensores de la «teoría de la conspiración» tuviesen razón y Al Qaida no existiese antes del 11-S, o inmediatamente después, lo cierto es que la brutal propaganda internacional que recibió el grupo de Ben Laden después de 2001 terminó por cuajar en una organización real de la que ya es difícil dudar, y en 2007 era evidente su liderazgo internacional para miles de aspirantes a yihadistas. Algo similar a lo que ocurrió con Hizbullah-Venezuela pero multiplicado por mil.

En realidad, diferentes grupos islamistas de todo el mundo llevaban tiempo intentando integrarse en la organización de Ben Laden, el único hombre que había sido capaz de devolver a Occidente parte del dolor y sufrimiento que Occidente había infligido a Oriente durante toda su historia... según su simplista interpretación. Entre ellos, el Grupo Salafista para la Predicación y el Combate (GSPC). Sin embargo, no habían sido aceptados. Pero el 11 de septiembre de 2006, coincidiendo con el quinto aniversario del 11-S, el doctor Aiman Al Zawahiri hizo el anuncio solemne en uno de sus comunicados en vídeo: «Osama Ben Laden me encargó de anunciar a los musulmanes (...) la adhesión del GSPC a Al Qaida». Aquel comunicado de Al Zawahiri disparó la primera de las alarmas en el norte de África. Luego sonarían muchas más.

En enero de 2007, el GSPC decidió cambiar su nombre por el de Al Qaida en el Norte de África Islámica, y poco después el jeque Ben Laden autorizó el nombre definitivo: Al Qaida en el Magreb Islámico (AQMI). No hacía falta ser un superespía ni un experto en terrorismo para predecir que 2007 iba a ser un año muy sangriento en el norte de África. Aunque los terroristas preferirían poder atentar en España o Francia directamente, los dos grandes objetivos del yihadismo en el Magreb.

El primero de los incidentes del año se produciría en un siniestro cumpleaños. El tercer aniversario de la tragedia de Atocha. Y, casualmente, el 11 de marzo de 2007 yo estaba en Marruecos.

A eso de las 22:00 de ese domingo y según la versión que apareció en la primera página de todos los diarios marroquíes el lunes 12, un muyahid de veintitrés años y de nombre Abdelfettah Raydi había hecho detonar un cinturón explosivo que llevaba adherido a su cuerpo en el interior de un cibercafé de la avenida Al Adarissa, en la zona comercial de Sidi Moumen, en Casablanca. El explosivo no era mucho ni bueno, así que solo murió el terrorista. Pero cuatro personas más resultaron heridas. Según las informaciones de la agencia Maghreb Arabe Presse (MAP), en las que se inspiraron la inmensa mayoría de los medios de comunicación occidentales, la detonación se produjo después de una acalorada discusión entre Raydi y los responsables del cibercafé, que no le permitían acceder a webs de contenido yihadista. Al parecer, Abdelfettah Raydi mostraba cierta tensión y tecleaba con mucha fuerza, por lo que fue reprendido por Mohamed, hijo del dueño del cíber. Se cambió de ordenador y de nuevo comenzó a teclear con demasiada fuerza, golpeando con energía el teclado. Ante esto Mohamed decidió bajar la verja de la entrada y avisar a la policía. Los yihadistas, según uno de los testigos supervivientes, le dijeron al propietario que se marchaban, que les dejase salir, pero él se negó. En ese momento se produjo la explosión.

Confieso que acogí con escepticismo esa información, porque yo mismo he visitado cientos de páginas yihadistas, e incluso he actualizado algunos de mis blogs islamistas, desde cibercafés de Meknes, Rabat, Marrakech o Casa-

blanca. Sin embargo, lo cierto es que la discusión se produjo, y voluntariamente o debido al forcejeo, el cinturón explosivo que llevaba Raydi explotó.
Un responsable del cíber, dos clientes y el otro supuesto muyahid que acompañaba a Raydi, un joven de diecisiete años llamado Youssef Khoudri, resultaron heridos por la detonación. Khoudri pudo escapar del cíber por su propio
pie, pero fue detenido poco después y conducido al hospital Mohamed V,
donde se le atendió de sus heridas. Youssef Khoudri resultó ser un humilde
vendedor de menta, analfabeto, familiarizado con las drogas y que vivía en
una casa de una sola habitación, con sus cinco hermanos y sus padres.

Al parecer, Abdelfettah Raydi era uno de los beneficiarios del indulto que,
en 2005, liberó de prisión a cientos de islamistas marroquíes. Raydi había sido
uno de los islamistas detenidos en 2003 durante las purgas que realizó el
gobierno de Marruecos tras los atentados de ese año, precisamente en Casablanca, a los que me referí con anterioridad. Y era un cliente habitual de ese
cibercafé, donde acudía para chatear, participar en foros o visitar webs yihadistas. Pero, esa noche, el hijo del propietario del cíber le había recriminado
que visitase esas páginas de propaganda terrorista en su local, y eso había
desencadenado la disputa.

Según sus vecinos, Abdelfettah Raydi era un chico normal, apolítico y siempre sonriente. Trabajaba como vendedor ambulante antes de que lo detuvieran
por los atentados del 16 de mayo de 2003. Tenía diecinueve años cuando lo
condujeron a una sombría cárcel secreta de la DGST (Dirección General de la
Seguridad del Territorio) —la temible policía política marroquí— en Temara,
en la periferia de Rabat, donde fue «enérgicamente interrogado», y confesó
todos sus crímenes. Un tribunal lo condenó entonces a una pena de cinco
años de cárcel por terrorismo. Lo que no deja de ser sorprendente, ya que si
Raydi estaba implicado en la muerte de las 45 víctimas que perdieron la vida
en los atentados de Casablanca, el tribunal lo habría condenado a poco menos
de mes y medio de cárcel por cada víctima...

Alí Lmrabet, que hizo un perspicaz seguimiento del caso para el diario *El
Mundo*, apunta: «No obstante, año y medio después, Raydi, como tantos jóvenes
atrapados en la cacería que se montó después de la masacre de Casablanca, se
benefició de un indulto real. En las fotos tomadas a la salida del penal de Casablanca, el 3 de noviembre de 2005, era el único que exhibía un Corán. Tenía
veintiún años y su familia pensó que el siempre sonriente vendedor ambulante
retomaría su oficio y la deprimente monotonía del miserable barrio de Sidi
Moumen. Pero la violación sufrida en Temara y el contacto con aguerridos militantes islamistas en los centros penitenciarios por donde pasó hicieron su labor.
Si Jamal Ahmidan, el suicida de Leganés, se radicalizó en la cárcel de Tetuán,
Abdelfettah Raydi se forjó una nueva identidad ideológica en las cárceles de Salé,
Sidi Kacem y Casablanca. Vigilado por la policía, desapareció de repente en julio

de 2006, haciendo su reaparición estelar en el cibercafé donde moriría hecho pedazos. "Antes de que lo encerraran, antes de que lo torturaran, era un vendedor ambulante, un chico normal y simple que sonreía todo el tiempo, comenta Abú Isam, el prisionero islamista que conoció al kamikaze...».

Para comprender lo que transformó a un sonriente vendedor ambulante en un peligroso terrorista islamista, hay que viajar al barrio de Sidi Moumen, y adentrarse en Duar Skuila (que proviene de la palabra española *escuela*), un lugar olvidado por Dios y los hombres, y una auténtica «skuela yihadista».

El hecho de que el barrio de Sidi Moumen fuese el mismo en el que vivían los trece suicidas de los atentados de Casablanca en 2003 disparó todas las alarmas. Y de nuevo una macrooperación policial golpeó a los islamistas marroquíes. Se trataba del primer incidente desde que el Grupo Islámico Combatiente Marroquí (GICM) hubiese comunicado, ese mismo año, su intención de afiliarse a Al Qaida. Y los vecinos del barrio Duar Skuila de Casablanca tendrían que aprender a vivir desde entonces con el mismo estigma de sospechosos de terrorismo que los vecinos de Tetuán, más al norte.

La policía marroquí se empleó a fondo y se produjeron muchas detenciones durante el mes posterior al incidente del cibercafé. Pero, en la mañana del 10 de abril siguiente, la policía había conseguido localizar el escondite del grupo de muyahidín al que supuestamente pertenecía Abdelfettah Raydi; un edificio en el barrio Al Fida-Derb Sultán de Casablanca. Y los agentes especiales entraron como un elefante en una cacharrería...

Al detectar la presencia de los agentes, uno de los muyahidín, Mohamed Mentala, alias *Uarda* —en busca y captura desde 2003 por su supuesta vinculación con los atentados de ese año—, se enfrentó a la policía, que abrió fuego contra él, dándole muerte al ver que portaba una mochila sospechosa (dentro llevaba casi nueve kilos de explosivos). Otro de los yihadistas escapó hacia el tejado del edificio y, al verse rodeado, hizo estallar la bomba que transportaba en una mochila, muriendo en el acto. Se trataba de Mohamed Rachidi, sospechoso de la muerte de un policía en 2003.

Otros dos terroristas consiguieron burlar el cerco policial, aunque solo durante unas horas. A primera hora de la tarde otro de los muyahidín fue localizado por la policía marroquí, pero cuando iba a ser detenido hizo detonar la bomba que transportaba. Varios niños resultaron heridos, y el inspector Mohamed Zindiba, uno de los policías que iban a proceder a la detención, moriría horas después víctima de las heridas que recibió en la explosión. Ese tercer mártir era hermano de Abdelfettah Raydi, el yihadista muerto en el cibercafé el 11 de marzo. Lo curioso es que, según una fuente policial, justo antes de detonar la bomba, Ayub habría llamado a la Prefectura de Policía de Casablanca insultando y prometiendo venganza por la muerte de sus compañeros. La prensa marroquí cree que el balance de muertos provocado por los kamikazes hubiera sido mayor sin la rápida intervención de la policía. No obstante, para el especialista en grupos islamistas Mohamed Darif, lo único que contuvo la masacre fue la orden firme de Al Qaida de evitar víctimas civiles para granjearse las simpatías de la población. «La prueba es que Ayub Raydi hubiera podido accionar su cinturón de explosivos cuando estaba en medio de la multitud. Pero no lo hizo», asegura Darif. Sin embargo, el cuarto muyahid sí lo hizo.

Said Beluad consiguió pasar inadvertido entre la multitud que abarrotaba las calles del barrio El Fida de Casablanca, hasta bien entrada la tarde, momento en que intentó inmolarse llevándose por delante el mayor número de personas posible. Cuando detonó su bomba pasadas las siete de la tarde, hirió a veinte personas. Algunas graves. Todas musulmanes marroquíes. El yihad, en el caso de Said Beluad, era especialmente estúpido, porque no existía ningún infiel occidental en las cercanías contra el que atentar... Ayub Raydi y Said Beluad habían burlado el cerco policial y habrían podido escapar fácilmente, pero decidieron permanecer en las inmediaciones, a pesar de la nutrida presencia policial. Y después suicidarse.

Según el fiscal del Estado marroquí, los cuatro muyahidín muertos formaban parte de una organización terrorista que preparaba atentados contra edificios del gobierno, barcos del puerto de Casablanca, hoteles de Marrakech, Agadir y Esauira y otros edificios oficiales como la sede de la Policía de Casablanca.

Los investigadores recuperaron 6,5 kilos de explosivos TATP, suficiente para producir veinte cinturones explosivos, así como otras sustancias tóxicas. Los muyahidín habían planeado usar veneno, incluyendo una vacuna antitetánica y bacterias patógenas. La prensa marroquí afirmó que un presunto miembro de la célula era un ingeniero de una empresa química, Cochimag, S. A., que se especializaba en abonos. Esta empresa tiene vínculos con miembros de alto rango del Grupo Islámico Combatiente Marroquí, como Saad Houssaini, considerado el terrorista más peligroso de Marruecos y un experto en explosivos y armas químicas.

Houssaini, alias *Mustafá* y *Nabil*, tenía treinta y ocho años de edad y era miembro del aparato militar del GICM, y según los expertos marroquíes había estado implicado en los atentados de Casablanca y de Madrid. Desde que en 2002 regresó de Afganistán, Saad Houssaini vivía al parecer escondido entre Casablanca y Meknes, su ciudad natal. Casualmente, si es que se cree en las casualidades, Saad Houssaini había sido detenido dos días antes del atentado, el viernes 9 de marzo, pero eso no impidió las nuevas inmolaciones en Casablanca. Aunque algunos de aquellos mártires pareciesen más bonzos que terroristas.

A pesar de ser unos terroristas casi tan chapuceros y *frikis* como mis hermanos de Hizbullah-Venezuela, desgraciadamente las explosiones del 11 de marzo de 2007 en Casablanca no fueron las únicas. Al Qaida en el Magreb Islámico estaba dispuesta a dejarse oír a lo largo y ancho de todo el norte de África.

Chacal llega a la red

Ese mismo mes de marzo, y mientras miles de españoles se manifestaban en Madrid para exigir el procesamiento de Aznar, Bush y Blair por la invasión de Iraq en busca de las «armas de destrucción masiva» inexistentes, yo subía a la red la primera versión de la página web oficial de Ilich Ramírez Sánchez, *Carlos el Chacal*: *www.ilichramirez.blogspot.com*. Más tarde, los compañeros de las Juventudes Comunistas abrirían otra web: *jotaceve.org/ilich*, y un espacio en Flick y otras redes sociales, aunque no tardarían en abandonarlos, quedándose el *website* que yo controlaba y el perfil oficial de Ilich Ramírez en Facebook como la única presencia oficial de Carlos el Chacal en la red. Había estado trabajando en el diseño y en los contenidos con el material inédito que me había facilitado Vladimir Ramírez y con todos los vídeos, fotos y textos que yo mismo había conseguido, rastreando la red. O subiendo a Youtube algunos vídeos propios. Sobre todo, y esto era lo que la hacía más interesante, algunos artículos y libros en árabe, que había conseguido utilizando buscadores netamente árabes, como Ayna («Dónde»). Vladimir e Ilich sabían que el mejor apoyo para la causa de Carlos el Chacal podrían encontrarlo en el mundo árabe, especialmente el palestino, y que yo pudiese incluir textos y vídeos en árabe en la web les había entusiasmado. Además, eso permitía que cualquier árabe que buscase información sobre el Chacal en la red pudiese llegar a la web que yo controlaba...

Como es lógico, el proyecto de convertirme en el *webmaster* de la página web oficial de Carlos implicaba enfocar hacia mí el interés de la policía y de las agencias de inteligencia francesas, norteamericanas, israelíes y por supuesto españolas, pero era un riesgo que merecía la pena correr. A pesar de que prácticamente todos los camaradas árabes, europeos o latinos que habían compartido armas con el Chacal ya estaban muertos o en prisión, existe toda una generación posterior de fedayín y muyahidín que han conocido el mito del Chacal a través de las películas americanas o de Internet. Y era su atención la que yo intentaba conseguir.

En cuanto el *website* del Chacal apareció en la red, como el cebo de mi caña, comencé a recibir mensajes llegados de todos los rincones del mundo, España incluida, solidarizándose con el terrorista más peligroso de todos los tiempos. Uno de los cibernautas que empezaron a escribirme con más insistencia fue, para mi sorpresa, Ernesto G. H., secretario general de un sector de Comisiones Obreras en Cantabria, miembro del Consejo Político Regional de la tercera formación política más importante en España y candidato a la alcaldía de Santander por dicha formación. Su primer e-mail, al que siguieron centenares, decía literalmente:

De: dzerzinski...
Para: damahum@gmail.com
Asunto: cdte. carlos ilich

Estimados compañeros, soy un comunista e internacionalista que reside en Cantabria, estado español, y conociendo la justa campaña por la repatriación de Carlos Ilich, desearia recibir con asiduidad información vuestra y colaborar en la medida de mis modestas posibilidades en extender y dar a conocer esta lucha en el estado español. Asi saber vuestros de profundización de la campaña fuera de Venezuela. Atentamente vuestro, con animo guevarista, os deseo los mayores exitos, salud y revolución.
Ernesto

Cuando le respondí al tal Ernesto explicándole que el comandante Ilich Ramírez no podía fiarse del primero que escribiese a su web, sin más referencias, amplió su presentación, mencionando algunos nombres que serían muy importantes más adelante.

De: dzerzinski...
Para: damahum@gmail.com
Asunto: campaña por carlos

Compañeros, estimo vuestra respuesta y la he leído. Comentaré por partes diversas dudas que en ella se expresan. Con respecto a mi trayectoria revolucionaria, si bien por modestia personal y realismo bien entendido, uno preferiría hablar de militancia con aspiración revolucionaria, si os fuera posible consultarles podríais comentar este asunto a los compañeros de Resumen Carlos Aznarez, ahora residente en buenos aires o Willy Nocetti, asentando en San Sebastián preguntando por Ramón de Cantabria. Respecto a como concretar mi ayuda podría ir desde proporcionaros direcciones de paginas alternativas que en el estado español podrían dar espacio de difusión y conocimiento a vuestras actividades hasta saber si por ejemplo tenéis relación con organizaciones pro-presos políticos en el estado español, tales como afapp-defensora de militantes del grapo y del pce-r.- o las organizaciones antirepresivas cercanas a la izquierda abertzale vasca. Como curiosidad y sugerencia plantearos si habeis visto la posibilidad de traducir al castellano el libro de Carlos- El Islam Revolucionario- y el escrito por su esposa y abogada Isabelle. Conozco en el estado español editoriales muy interesadas en publicarlos salud y revolución...

El asunto de la traducción del libro *El Islam revolucionario* al español también terminaría por convertirse en una de mis bazas. Y en cuanto a Isabelle Coutant, actual esposa y abogada de Ilich, también me pondría en contacto con ella para coordinar algunos de los contenidos de la página web, y envíos postales para Ilich a través de ella. Además de traducir alguno de sus escritos del francés, e incluirlos en la misma web. Por otro lado, mi comunicante aseguraba tener relación con la izquierda abertzale, y como ejemplo había mencionado a un viejo conocido de mi época de infiltrado en la ultraizquierda: Carlos Aznárez, uno de los responsables de la revista *Ardi Beltza* que el juez Garzón terminaría cerrando por su vinculación con la banda terrorista ETA. Con Aznárez volvería a encontrarme, personalmente, unos meses más tarde en Caracas...

Por si no tenía bastante con mantener a duras penas mi empleo «oficial» como periodista, las clases de árabe, mis responsabilidades con la editorial, mi trabajo como corresponsal, etcétera, el mantenimiento de la web oficial de Ilich Ramírez, además de las mías propias, iba a implicar muchísimo trabajo extra. Horas y horas buscando contenidos, haciendo traducciones, respondiendo al correo... Pero mereció la pena. Vladimir me facilitó algunas fotografías y documentos nunca publicados, así como textos originales escritos por su hermano Ilich en prisión, que ya suponían en sí mismos una primicia periodística que justificaba el esfuerzo. Aunque lo peor de controlar la página web del terrorista más famoso de la historia es que, obviamente, no podía actualizar esa web, ni siquiera abrir el correo electrónico, desde ningún ordenador que pudiese relacionarse conmigo. Así que cambiaba de cibercafé e incluso me desplazaba a otra provincia para hacer cada actualización o consultar los e-mails de la semana. Sabía que tarde o temprano aquella página web dispararía las alarmas de los servicios de información, como efectivamente ocurrió, antes de lo que me esperaba.

Según me indicaban desde Venezuela, la página tenía que estar operativa ese mes porque el Comité por la Repatriación de Ilich Ramírez, de cuya reactivación me siento responsable, iba a hacer su presentación pública el día 29 de marzo de 2007. Se trataría de una actividad acogida por el Foro Itinerante de Participación Popular, de Hindu Anderi, y el periódico *Imagen y Comunicación Revolucionaria (ICR)*, al que yo también había involucrado en el comité. Al acto estaban convocados todos los camaradas que había ido recopilando durante mis investigaciones en Venezuela; desde el fundador del PCV Jerónimo Carrera, hasta Comandante Candela, pasando por Ligia Rojas, los muchachos de las Juventudes Comunistas, el pintor Castillo y por supuesto Vladimir Ramírez.

Hasta trescientas personas se acercaron a la carpa instalada en la plaza Bolívar de Caracas ese 29 de marzo, y allí permanecieron, pese a la lluvia, durante las cuatro horas que duró el evento. Probablemente cualquiera de las víctimas de los atentados terroristas en los que estuvo implicado Carlos el Chacal sentiría rabia, frustración e ira, al escuchar los entusiastas aplausos que interrumpían la charla de Vladimir, mientras enunciaba las heroicidades de su hermano mayor. O mientras detallaba las «duras» condiciones de su encierro en una prisión francesa, que con la mayor audacia llegó a comparar con Guantánamo. Especialmente emotivo fue el momento en que Vladimir explicó cómo era la jaula, de metro y medio de altura, en la que era trasladado Ilich, desde su celda en la prisión de máxima seguridad hasta los juzgados de París, cada vez que tenía de declarar. Ilich mide casi metro ochenta y por razones de seguridad le acomodaban en esa caja metálica, esposado de pies y manos, y así lo trasladaban rodeado de vigilantes armados. Probablemente esa es la única manera en la que cualquier gobierno del mundo trasladaría al terrorista más peligroso de todos los tiempos. El CRIR, o más correctamente Vladimir, terminaría fabricando una réplica exacta de esa jaula, que el público podría visitar en los próximos eventos organizados por este comité, tras aquella presentación en Caracas.

Además de las conferencias, hubo un pequeño recital musical, se recogieron firmas en apoyo a la repatriación de Ilich Ramírez a Venezuela y varios canales de televisión, como VTV y Vive TV, grabaron el evento, que transmitió en directo Radio Nacional de Venezuela.[4]

Ya no había vuelta atrás. Sin proponérmelo, al poner en contacto a todas aquellas personas y contagiarles mi supuesto entusiasmo como joven palestino por Carlos el Chacal, había sido el responsable de aquel comité, inviable antes de mi llegada a Venezuela. Y, tras su presentación pública, ya era imparable.

Para aquel entonces, un antiguo conocido, *Salaam1420*, ya le había visto las orejas al lobo en los juzgados de Zaragoza...

El final de *Salaam1420*

Me puedo imaginar sin mucho esfuerzo la cara de estupor de Gonzalo López Royo, alias *Salaam1420*, alias *Muhammad Hassan*, cuando los agentes de la Unidad Central de Ciberterrorismo de la Guardia Civil llegaron al domicilio de sus padres, en la calle Echegaray y Caballero de Zaragoza, con una orden de detención, a primera hora de la mañana. Era martes y 13, mal día.

Ante un aterrorizado Gonzalo, que a pesar de sus treinta y un años aún vivía con sus padres, los investigadores registraron la casa incautándose de diferente documentación. Y, a eso de las 13:30, una numerosa dotación policial

---

4. *http://www.noticias24.com/actualidad/noticia/3781/presentan-a-este-criminal-como-a-una-victima/#more-3781*

se trasladó a la librería que *Salaam1420* llevaba en el barrio de la Jota, desde
hacía dos años. Allí, en el pequeño local situado en el número 7 de la calle
Ibiza, incautaron el ordenador desde el que *Salaam1420* pasaba las horas en
los foros donde tantos le habíamos conocido, y diferente documentación.

Hacía casi nueve meses que los investigadores de la Guardia Civil habían
detectado la presencia de un español en los foros ciberyihadistas de habla
inglesa que antes describí, y el discurso de sus mensajes y sus caricaturas
le habían puesto en el punto de mira de los policías. La Operación Jineta se
consideró de suficiente trascendencia como para que no fuesen los guardias
civiles aragoneses los que se ocupasen de las detenciones, sino que, por
orden del juez Del Olmo desde la Audiencia Nacional, efectivos de la Unidad
Central de Ciberterrorismo se desplazaron desde Madrid para capturar al tal
Salaam1420 y a un hermano musulmán de La Palma del Condado (Huelva),
un marroquí nacido en Oujda, de veintitrés años, que moderaba con
Salaam1420 el foro Al Andalus Islamiyya («Al Andalus islámica»). Foro que
proclamaba la reconquista de los antiguos territorios musulmanes en España para el Islam.

En cuanto me enteré de las detenciones de mis hermanos, salí para Zaragoza. Creo que puedo asegurar que Ibrahim y la mayoría de los demás amigos
palestinos estaban muy preocupados, temiéndose que a aquellas detenciones
siguiesen más. Y *Salaam1420* podía enfrentarse a entre cinco y diez años de
cárcel por un delito de apología del terrorismo, si las cosas se ponían feas.

Salaam1420 permaneció varios días en prisión preventiva. El 16 de marzo
declaró por fin en el juzgado número 3 de la Audiencia Nacional. Entró en el
despacho del juez del Olmo a eso de las 12:00 y no salió hasta las 16:30. El
hermano marroquí fue inmediatamente puesto en libertad sin fianza. Resultaba obvio que *Salaam1420* era el verdadero protagonista de la operación. Pero
no hacía falta ser un experto perfilador de la policía para darse cuenta de que
ese chico no tenía nada de terrorista. Al menos en el mundo real.

Gonzalo, un joven regordete y bonachón, víctima de una precoz alopecia
y con algunos problemas de autoestima, sublimaba a través de la red, como
muchos otros jóvenes, sus aspiraciones de éxito, emociones o reconocimiento. Pero su ciberfantasía yihadista se le había ido de las manos. Y puedo
imaginarle, aquellas noches en el calabozo, atenazado por el pánico a entrar
en prisión y soportando lo mejor posible las presiones policiales. En aquella
situación, su amistad con Ibrahim Abayat, «el terrorista palestino más peligroso del mundo», según el MOSSAD, no le ayudaba mucho. Afortunadamente, la policía española no tenía ni idea de que el *webmaster* de Carlos el
Chacal estaba tan cerca de *Salaam1420*. De hecho, ni siquiera él mismo lo
sabía. Sus comentarios despectivos sobre Antonio Salas en algunos foros de
Internet, donde solo había conocido de mí las delirantes historias que circu-

lan por la red, me habían tranquilizado al acercarme a él. No tenía ni idea de quién era yo.

Probablemente, eso fue una suerte para él. De haberlo relacionado a través de mí con Carlos el Chacal, podría haber tenido más problemas. El juez Del Olmo le impuso una fianza de 10 000 euros para salir en libertad. Y, tras pasar una noche más en la cárcel de Soto del Real, a las siete de la tarde del día siguiente pagaba la fianza y salía en libertad, todavía con el susto en el cuerpo.

La noticia de la detención de *Salaam1420*, una de las primeras operaciones policiales por ciberyihadismo en España, tuvo bastante repercusión mediática. Y los vecinos de Gonzalo, que no conocían al *Salaam1420* de la red, no podían creer que aquel joven introvertido, que había estudiado cocina y había trabajado un tiempo como tatuador, pudiese tener nada que ver con Al Qaida, como sugerían algunos medios especialmente sensacionalistas.

En cuanto me enteré de que *Salaam1420* había decidido colaborar con el juez Del Olmo, entregándole las claves y contraseñas de sus foros, páginas y portales de Internet, me apresuré a descargarme lo antes posible todos sus mensajes, dibujos y comentarios, antes de que fuesen borrados de la red por la Unidad de Ciberterrorismo. Efectivamente, en veinticuatro horas la mayoría de los rastros de *Salaam1420* en la red comenzaron a desaparecer.

En la piel de un terrorista

Estando en Zaragoza precisamente, la divina providencia se empeñó una vez más en hacerme un guiño. Como si quisiese decirme que iba por el buen camino. Como si desease enviarme una señal de ánimo. Y para ello utilizó a mi amigo Juan Mata, quien me daba cobertura en Zaragoza y, además, tiene un cierto parecido físico con *Salaam1420*.

Juan Mata, autor de libro *Diario del Infierno* en la colección Serie Confidencial que yo dirijo, es una criatura de la noche. Lo conocí durante mi infiltración en el tráfico de mujeres, ya que Juan fue portero de alguno de los burdeles valencianos que yo investigué durante dicha infiltración. Juan, además, trabajó para los cárteles de la droga colombianos, transportando grandes cantidades de dinero entre Colombia y Europa. Detenido en el transcurso de una operación antinarcóticos en Valencia, se pasó varios meses en prisión, hasta ser absuelto en el juicio pertinente. Durante esa estancia en la cárcel, por cierto, tuvo la oportunidad de intimar con el argelino Alekema Lamari, uno de los implicados en los atentados del 11-M. De hecho, cuando inicié esta investigación valoré la posibilidad de hacerme pasar por Juan Mata para viajar a Argelia e intentar acercarme al círculo de Lamari como una forma de infiltrarme en el terrorismo internacional. Pero en cuanto empecé a estudiar árabe me di cuenta de que tardaría años en conseguir un nivel lo suficientemente fluido como para eso. Sin embargo Juan no solo tuvo la amabilidad de relatarme con detalle, y más de una vez, todos los recuerdos que tenía de Lamari en la cárcel, sino que siempre que pasaba por Zaragoza me ofrecía casa y comida si la necesitaba.

Y en aquellos días, después de la detención de *Salaam1420*, con Juan también visité La Estación del Silencio, el local vinculado al grupo de rock más emblemático de Zaragoza, Héroes del Silencio. Allí conocí a Boch, uno de los «jefes de estación», y a Pedro Andreu, batería del grupo, y uno de mis héroes musicales de la infancia. Andreu es un tipo tranquilo, callado, reflexivo. Como de vuelta de todo. Me cayó bien en cuanto lo conocí, y creo que yo a él también. Desde aquella noche siempre que pasaba por Zaragoza y tenía la oportunidad de hacerme una escapada, me dejaba caer por La Estación del Silencio, en la calle Catania, escoltado por Juan Mata. Y allí estaba él. Pero aquella noche en que Allah quería bromear conmigo, junto a Pedro Andreu estaba Óscar Jaenada, el conocido actor español. Ahí jugaba con ventaja, porque yo sabía quién era él, pero no así él quién era yo. Compartimos unas cervezas, las mías sin alcohol, e inquietudes. Jaenada se había dejado caer por La Estación del Silencio porque esos días grababa un videoclip de Enrique Bumbury. Pero lo paradójico de la anécdota es que inmediatamente después salía para Euskal Herria, y estaba intentando cambiar su registro psicológico para meterse en la piel de un terrorista... como yo.

—¿Cómo que en la piel de un terrorista? —le pregunté, realmente interesado.

—Sí, en la piel de un etarra.

—¿Un etarra?

—Sí, para una película nueva que empezamos a rodar la semana que viene. Mi novia es vasca y me está ayudando mucho.

La película en cuestión era *Todos estamos invitados*, de Manuel Gutiérrez Aragón, estrenada en 2008, y Jaenada interpreta a Josu Jon, un joven asesino abertzale que sufre amnesia tras un atentado terrorista. No deja de ser una coincidencia, pero quise interpretarla como un guiño de la providencia. No había muchas probabilidades de coincidir con un actor famoso en un pub de Zaragoza, y que encima estuviese preparándose para interpretar a un terrorista... como yo. Un año después tendría la oportunidad de estrechar la mano asesina de etarras de verdad, no de cine, que viven cómodamente integrados en la comunidad bolivariana de Venezuela, donde la violencia y la inseguridad se iban haciendo cada día más evidentes. Y, por si el asesinato de Omar Medina, el bonachón vigilante de la mezquita de Caracas, no me lo había dejado claro, otro camarada estaba a punto de ser asesinado a tiros en las calles de la capital venezolana.

El asesinato de Franco Arquímedes

Se me había ocurrido reforzar aún más mi identidad como activista palestino y musulmán radical, incluyendo en mi currículum un par de libros sobre temas árabes e islámicos, que terminasen de disolver las dudas que cualquier terrorista real, etarra o no, pudiese tener sobre mí. Para abril de 2007 ya había publicado muchísimos artículos y entrevistas en diferentes medios de comunicación, y me puse a trabajar en la preparación de dos libros, utilizando parte de esos trabajos ya publicados o los de los nuevos viajes realizados por el mundo árabe.

Nunca imaginé que tuviese que redactar varios libros como parte de mi tapadera para poder escribir este. Eso suponía más horas de trabajo, que tenía que compatibilizar con mi empleo real, mis estudios, mi vida como infiltrado, etcétera. Así que decidí robarle otra hora al sueño y, de cinco, pasar a dormir cuatro horas diarias. Creí que sería solo durante unas semanas, el tiempo de preparar esos libros, pero ya nunca lo recuperé. Y muy pronto iba a pagar el precio del agotamiento que iba acumulando.

Contraté una imprenta, y con la ayuda desinteresada de Charly, uno de mis mejores amigos, diseñamos portada, maquetación y contenidos. Ahora solo necesitaba que mis camaradas de Venezuela me ayudasen a disfrazar el primero de esos libros, que vería la luz ese mismo mes de abril, como si se tratase de una edición oficial venezolana. Después enviaría unos cuantos ejemplares a los medios, tanto españoles como venezolanos, y ellos se ocuparían de reforzar mi identidad con cada crítica literaria que realizasen sobre esos libros. Y haciendo esas gestiones fue como me enteré del asesinato de otro de mis camaradas tupamaros.

—Coño, Palestino, ¿ya te enteraste de la vaina? Finaron al camarada Arquímedes...

—¿Qué dices, pana? ¿Arquímedes Franco, el jefe de los motorizados?

—Sí, hermano. Le pegaron cuatro tiros por la espalda los muy perros. Verga, tú ándate con ojo, pana, ya sabes que casi te llevan en Maiquetía. Tú tienes allá tu arma, ¿no? Si necesitas, buscamos la forma de hacerte llegar una...

—No, pana, tranquilo. Yo tengo mi arma, no hay lío —le respondí, intentando mantener mi fachada del peligroso muyahid armado que no era.

—Tenla siempre a mano, pana, siempre a punto. Cónchale, a él no le dio tiempo ni a desenfundar...

En realidad, el verdadero nombre de nuestro camarada era Arquímedes Antonio Franco, o al menos ese es el que figuraba en su cédula de identidad número 10 864 195. Nacido el 22 de enero de 1969, desde su más tierna infancia había estado vinculado a la izquierda venezolana. Desconozco por qué razón había cambiado el orden de su nombre, ya que en la tarjeta de visita que me había entregado en una ocasión se presentaba como: «Franco Arquímedes, presidente de la Asociación Nacional de la Fuerza Motorizada de Integración Comunitaria», y así es como lo conocíamos todos.

Según me relató mi camarada, en la mañana del 2 de abril Arquímedes Franco, líder respetado de todos los «motorizados» y camarada tupamaro, se encontraba con Kati, su esposa, haciendo unas compras en el mercado de Cementerio. No muy lejos de donde vivía la viuda de mi primer hermano musulmán asesinado en Venezuela, Omar Medina. Franco llevaba varios días intranquilo. De hecho, dos días antes le había confesado a su esposa que dos tipos lo habían perseguido en la cota 905, una carretera que bordea el cerro El Ávila, pero había conseguido despistarlos. El 2 de abril, sin embargo, no pudo burlar al destino.

Kati había entrado en el mercado mientras su esposo esperaba en la calle, con las bolsas de las compras anteriores. Apenas tuvo oportunidad de reaccionar. Quizás si no hubiese tenido las manos ocupadas, hubiese podido sacar su arma a tiempo. Pero cuando dos tipos se le acercaron por detrás, en moto, y un tercero por la derecha, caminando, su destino ya estaba firmado. Llevaban tiempo siguiéndole y esperando ese momento oportuno.

Tres tiros a quemarropa por la espalda. Y, ya en el suelo, un cuarto tiro de gracia en la cabeza. Los asesinos aún se detuvieron a robarle su arma antes de darse a la fuga, mientras Kati salía del mercado dando gritos de auxilio.

En estado crítico, Arquímedes fue trasladado al hospital Clínico Universitario de Caracas, donde permaneció con vida durante dos semanas más, permanentemente escoltado por Carmen, su madre, y Kati. Pero el 17 de abril de 2007 entró en parada cardiorrespiratoria y ya no sobrevivió.

Su velatorio, en la funeraria Santa Isabel I, en El Paraíso, reunió a muchos motorizados que lloraron a los pies de su féretro, la velada del 20 de abril, y en su entierro más de dos mil motocicletas escoltaron el coche fúnebre hasta el cementerio de El Junquito. Tampoco Arquímedes sería el último de mis camaradas asesinados durante esta infiltración, pero estaba claro que la providencia me estaba haciendo saber que la muerte siempre anda cerca, en un mundo de violencia como es el del terrorismo. Y más en Caracas, considerada como la tercera ciudad más peligrosa del mundo.

Revisionistas árabes en la Librería Europa

En mayo, mi angustia por el nuevo asesinato de un camarada tupamaro en Venezuela se unió a mi angustia por los inminentes exámenes de árabe que se avecinaban. No me siento capaz de expresar la presión psicológica de aquellos días. Apenas podía dormir, arañaba cada minuto posible para avanzar en la infiltración, estudiar, mantener las webs, cumplir con mi trabajo oficial como periodista, etcétera, pero era imposible atender todos los frentes, así que empecé a cometer errores y a acusar el agotamiento.

De nada servían ya ni el café ni las vitaminas concentradas para intentar mantener el ritmo. A veces me quedaba dormido en clase, y en un par de ocasiones incluso me desmayé. Pero el colmo del absurdo se produjo una mañana, al salir de las clases y mientras iba camino del cibercafé más alejado posible. Me costaba un esfuerzo titánico mantener los ojos abiertos, hasta que noté que ya no podía evitar cerrarlos. Así que aparqué el coche en el primer hueco que encontré en la calle, con la intención de descansar solo unos minutos antes de ponerme con las webs yihadistas. Prometo que cuando me tumbé en el asiento de atrás no pensaba dormir más de quince minutos, y prometo también que no me di cuenta de que había aparcado en un vado. Así que no me dio tiempo a completar el cuarto de hora de descanso. No habían pasado ni diez minutos cuando me desperté sobresaltado al notar que el coche temblaba. Abrí un ojo, sin fuerzas para incorporarme, y a través de los cristales tintados de la ventanilla pude distinguir cómo los edificios parecían moverse, mientras el coche continuaba vibrando... «¡Un terremoto!», pensé. Así que abrí la puerta precipitándome fuera del coche de un brinco... y cayendo a los pies del operario de la grúa que estaba cargando mi coche conmigo dentro. Creo que el policía local que estaba multando mi vehículo en ese momento se llevó un susto aún mayor que el mío... La sanción me enseñó que, por muy cansado que estuviese, no podía dormirme en el coche, a menos que antes confirmase que había aparcado en un lugar apropiado.

Esa tarde, el Círculo de Bellas Artes de Santa Cruz inauguraba una fascinante exposición del fotógrafo libanés Hashem Madari, que yo debía cubrir como periodista. Y el comisario de la misma, Akram Zaatari, de la Arab Image Foundation con sede en Beirut, también se convertiría en un contacto útil para mi investigación. Además de la exposición de Madari, La Caixa acogería una serie de conferencias sobre Líbano en las que me reencontraría con algunos viejos conocidos, como Javier Valenzuela, autor de *El Partido de Dios* y profundo conocedor del islamismo libanés. No en vano su esposa es originaria del país de los cedros.

Pero en mayo también llegaría el momento de volver a contactar con mis antiguos camaradas nazis. Y no iba a ser un trago fácil. Una cosa es seguir a cierta distancia manifestaciones o concentraciones skin como las de Alianza Nacional en Málaga o Valencia y otra muy distinta meterme en un local cerrado, en reuniones o conferencias neonazis. Pero es que la Librería Europa de Barcelona anunciaba para ese mes una conferencia importantísima.

Ahmed Rami, director de Radio Islam, es uno de los nombres más importantes del revisionismo y del antisionismo internacional. En *Diario de un skin* ya había dedicado un espacio titulado «11-S, Ben Laden y los neonazis islámicos»[5] a este punto de intersección entre el movimiento NS y el integrismo islámico. Pero cuando escribí aquello, en 2002, no podía imaginar que iba a tener que volver a reencontrarme con el responsable de Radio Islam y con mis antiguos camaradas nazis conversos al Islam años después.

Rami, ex oficial del ejército marroquí, había sido condenado a muerte en su país tras participar en un intento de golpe de Estado contra el rey Hassan en agosto de 1972. Un mes después llegaba a Suecia como refugiado político. En 1987 creó Radio Islam, una emisión radiofónica marcadamente antisionista y escéptica con el holocausto judío, y no tardó en desatar las iras de Israel. En Europa, la negación del Holocausto y el enaltecimiento del terrorismo y del racismo pueden ser penados como delitos, y en 1990 Rami es procesado y condenado a seis meses de cárcel, y su licencia radiofónica revocada. Un año después, el neonazi sueco David Janzon se hace cargo de la emisora hasta que le condenan por el mismo delito.

Ahmed Rami, lejos de amedrentarse, reforzó sus convicciones antisionistas tras su condena, y al salir puso en marcha la web *radioislam.org* en la que colaboraban frecuentemente algunos de los nazis y revisionistas más influyentes, como el chileno Miguel Serrano, el británico David Irving o el español Pedro Varela, propietario de la Librería Europa en Barcelona. Librería a la que había sido invitado Ahmed Rami, en mayo de 2007, para dictar la conferencia «Del golpe de Estado al revisionismo histórico. ¿Cuál es la amenaza: el cebo islámico o el peligro?». Había llegado el momento de que regresase a algunos de los locales neonazis que tanto había frecuentado durante mi infiltración en el movimiento skin. Solo que ahora utilizaría la identidad de un revisionista y antisionista palestino-venezolano. Sabía que los nazis no conocían mi identidad real, y que se habían pasado años dando palos de ciego con todo tipo de especulaciones, pero eso no impediría que mi corazón volviese a galopar como un potro desbocado al regresar a la calle Séneca y volver a entrar en la distribuidora de literatura y propaganda neonazi más importante de Europa...

En realidad, la de Ahmed Rami sería solo la primera conferencia sobre temas relacionados con el Islam que acogería la Librería Europa. Después otros muchos viejos camaradas, como Ricardo Sáez de Ynestrillas, Arturo Fontangordo Rodríguez o el mismísimo David Irving visitarían el local.

La conferencia de Ahmed Rami se celebró el sábado 5 de mayo de 2007 en la sala que la Librería Europa tiene habilitada para estas actividades. Un

---

5. *Diario de un skin*, pág. 251 y ss.

local de medio tamaño, decorado con banderas, pósters y fotografías que evidencian la ideología de los propietarios. Me sorprendió que la mayoría del público asistente fuesen jóvenes, tanto chicos como chicas, incluyendo a algún muchacho latinoamericano que me pareció totalmente fuera de lugar. También se encontraban allí conocidos e influyentes revisionistas españoles, como el veterano Joaquim Bochaca, otro viejo conocido de mi época como *Tiger88*. Y nuevos fichajes, como el armenio Vardan Lemoni: un tipo muy curioso que desentonaba con su larga cabellera negra en medio de aquel contexto NS.

Mi antiguo camarada Pedro Varela, propietario de la Librería Europa, haría las veces de moderador. Vestido con un elegante traje color crema, tomaría el micrófono al principio del acto para presentar a Ahmed Rami como «una persona de carácter... y una persona luchadora por naturaleza». Aunque habla sueco, inglés y árabe, Rami dio la conferencia en francés, con la ayuda de un traductor, que, pese al enorme esfuerzo que hizo de forma desinteresada, obviamente no era un profesional. De hecho, cometió algunos errores, probablemente por el cansancio, y Pedro Varela tuvo que sustituirlo después de las primeras dos horas, al final del turno de preguntas.

Rami insistió en su conferencia en el discurso revisionista tradicional: «Lo que no se dice en los medios de información es más importante que lo que se dice... Los medios de (des)información son órganos de manipulación del Estado...». Pero también intentó aclarar a la audiencia, a todas luces polarizada ideológicamente hacia la extrema derecha, que «no hay conflicto entre Oriente y Occidente, hay conflicto entre justicia e injusticia».

Rami desarrolló conceptos como el de «ocupación cultural» o «terrorismo intelectual», y mencionó varios ejemplos de empatía entre la causa árabe, antisionista, y el movimiento nazi; por ejemplo, comentó cómo Gamal Abdel Nasser y sus compañeros oficiales tenían como ídolo a Hitler y la Alemania nacionalsocialista. Y cómo varios de sus oficiales fueron arrestados por los ingleses por colaborar con la inteligencia alemana. Para Rami, e intuyo que para todos los asistentes, «Hitler es el Napoleón de Alemania, el Franco de Alemania».

Además, se consideró víctima de una persecución, al igual que Pedro Varela, a quien en varias ocasiones calificó de amigo: «Considero, por ejemplo, las actividades de mi amigo Pedro Varela como parte de la resistencia mediática, nacionalista, legítima española... las actividades de Pedro Varela honran a la nación española... El trabajo de Pedro Varela forma parte del movimiento de liberación psicológica del pueblo español...».

Según Rami, se encontró por primera vez con Pedro Varela en Múnich, durante un congreso revisionista. Y aunque el traductor dijo que dicho encuentro se produjo en 1991, fue en 1989. Un dato para los investigadores del movimiento neonazi en España...

Faltaban diez días para las elecciones generales francesas, y Ahmed Rami hizo un alegato en su conferencia contra el candidato Nicolas Sarkozy. Según el fundador de Radio Islam, Sarkozy era un judío muy peligroso que, de ganar la presidencia de Francia, fomentaría el poder sionista internacional. Además, insistió mucho en que «España está participando en guerras que no son las suyas...», en relación a la presencia de tropas españolas en Líbano o Afganistán. Y también mencionó, como no podía ser de otra manera, el conflicto palestino. A muchos de los asistentes, sobre todo a los jóvenes simpatizantes del movimiento nazi que había en la sala, sin duda les sorprendió la afirmación de Rami: «Quisiera subrayar que los palestinos cristianos llevan a cabo una resistencia todavía más feroz que los palestinos musulmanes», porque seguramente compartían el mismo error que yo antes de viajar a Palestina y conocer a personajes como Aiman Abu Aita, el líder de los Mártires de las Brigadas de Al Aqsa, que era cristiano. En Europa solemos identificar resistencia palestina con terrorismo islamista.

Tras una hora de conferencia, se pasó a un animado turno de preguntas en el que sobre todo el joven armenio Lemoni entabló un animado debate con el conferenciante. Aunque el que puso en un aprieto a Rami fue otro joven ultraderechista español, que le preguntó abiertamente si abogaba por el mestizaje racial o por la pureza de la raza. La conferencia de Ahmed Rami en la Librería Europa era el ejemplo más gráfico imaginable entre el islamismo revisionista y el movimiento neonazi que se podría imaginar. Pero hay más, mucho más. Y no tardaría en descubrirlo.

El Corán y la esvástica

Una de las conexiones más evidentes entre neonazis e islamistas la descubrí de forma absolutamente casual en Granada, mientras fracasaba una y otra vez en mis intentos por localizar a Taysyr Aluny. Ni Dima Khatib, ni mi imam, ni ningún compañero periodista pudo ayudarme. Todos mis intentos por conseguir entrevistar a Aluny tropezaban con un muro infranqueable. Condenado por el juez Garzón a siete años de prisión, su delicado estado de salud había apiadado al tribunal, que le había permitido cumplir el resto de la pena en su domicilio, en algún pueblo de Granada. Era lógico que Aluny no quisiese, bajo ningún concepto, saber nada de la prensa. Pero yo estaba empeñado en conseguir localizarlo, y no iba a parar hasta conseguirlo. Y, mientras daba palos de ciego en Granada, los hermanos de una de las mezquitas que visité me descubrieron las tensiones, envidias, celos y falta de hermandad que existían entre las diferentes escuelas islámicas de Al Andalus.

Cuando en Occidente se habla del Islam, tendemos a cometer el mismo error que cometen en Oriente cuando hablan del cristianismo, creyendo que todos los cristianos son, piensan y creen lo mismo. Pero nosotros sabemos que existen tantas Iglesias, sectas y corrientes católicas, anglicanas, coptas, ortodoxas, evangélicas, etcétera, que no se puede hablar de un cristianismo global. Con el Islam ocurre exactamente lo mismo. E incluso un país europeo, como España, con una comunidad musulmana mucho menor que Francia o Inglaterra, alberga una cantidad insospechada de oratorios, mezquitas y asociaciones islámicas enfrentadas, antagónicas y rivales. Corrientes, sectas y tendencias que oficialmente orbitan en torno a dos grandes asociaciones: la Unión de Comunidades Islámicas de España (UCIDE), presidida por el sirio-español Riay Tatary, y la Federación Española de Entidades Religiosas Islámicas (FEERI), liderada por el ceutí Mohamed Hamed Alí. Pero, oficiosamente, y al margen de ambas asociaciones, existen docenas y docenas de grupos, más o menos radicales, pertenecientes a corrientes marginales del Islam: wahabíes, tablighs, salafistas, takfires, hizb ut Tahrir, morabitunes, etcétera. Necesitaría otro volumen completo para detallar cada una de esas corrientes musulmanas, que aparecían ante mí como un mundo misterioso y nuevo, a medida que profundizaba en la infiltración. Pero fueron los morabitunes los que despertaron mis alarmas en Granada, cuando un hermano musulmán me sugirió, tras el rezo del viernes, que entre ellos había muchos nazis. En mi libro *Diario de un skin*[6] desarrollaba superficialmente la relación entre el movimiento nazi y el islamismo que me había encontrado durante mi infiltración en los skinheads. Incluso menciono la relevancia de la comunidad musulmana de Granada en dicha alianza. Pero solo había arañado la superficie. Esa alianza iba mucho más allá. Según mis hermanos musulmanes granadinos, la Mezquita Mayor de Granada, inaugurada en 2003 tras una enorme polémica que ya comenté en *Diario de un skin*, pertenecía al Movimiento Mundial Morabitún, organización islámica formada mayormente por conversos occidentales, que no está adscrita a la UCIDE ni a la FEERI. No tardé en descubrir que era este movimiento al que se referían algunos de los neonazis con los que conviví en mi infiltración en el movimiento skin, como Javier Lago. Así que era el momento de intentar retomar contacto con mi antiguo camarada.

Javier Lago, que había adoptado el nombre de Suleimán al convertirse al Islam en Turquía, junto con otros miembros del movimiento nazi español, había publicado varios artículos en la revista *País Islámico*, de Granada, y también era uno de los impulsores del mercado libre islámico en España, sustituyendo los euros por dirham de oro y plata. Pero en Granada no supieron decirme nada de su paradero, salvo que había sido uno de los impulsores de

---

6. *Diario de un skin*, pág. 251 y ss.

la mezquita de Orense, donde habían llegado a editar una gaceta llamada *A Mesquita*. Así que tendría que seguir la pista en el norte.

De pronto, todas aquellas conversaciones con Javier Lago años atrás, a quien había localizado a través de la Librería Europa de Barcelona, tenían sentido. Había pasado horas explicándome por qué el Islam era el último reducto de los ideales del III Reich, intentando convencerme de que el sionismo tenía la culpa de todos los males del mundo y el Islam era la única fuerza tradicional capaz de hacerle frente. Por esa razón, Lago y otros históricos miembros de CEDADE, la histórica organización nazi española que fundó la Librería Europa, se habían convertido al Islam antes de mi infiltración en el movimiento skin.

Me costó trabajo encontrar la mezquita de Orense. Como ha ocurrido una y otra vez durante esta investigación, los datos oficiales pasan a estar obsoletos rápidamente, porque los pequeños oratorios se quedan pequeños y la comunidad islámica tiene que buscar locales de mayor tamaño para albergar a los fieles.

Reconozco el subidón de adrenalina cuando llegué a aquel discreto local en el barrio Carballeira. Un bajo habilitado como mezquita, que identificaba su naturaleza con un cartel escrito en árabe y español, con letras rojas y azules, y dos dibujos de una mezquita tradicional, en verde, a ambos lados de la puerta. Conecté la cámara oculta antes de descalzarme y entrar en el templo, integrándome en medio de los hermanos musulmanes que habían acudido a la oración del viernes. Había muchos africanos, y por supuesto también árabes, pero yo intentaba localizar entre los rostros de tez más clara a mi viejo amigo Suleimán o a alguno de nuestros camaradas nazis conversos. La última vez que había visto a Suleimán había sido en 2001, antes de la publicación de *Diario de un skin*, y suponía que quizás habría cambiado. Yo también había cambiado, y supuse que eso podría ayudarme a continuar manteniendo mi identidad en secreto. Si en la Librería Europa no me habían reconocido, no tenían por qué hacerlo en la mezquita. Pero no tuve oportunidad de comprobarlo. En Orense no había ni rastro de Suleimán Lago. Sin embargo, uno de los hermanos musulmanes, propietario de un locutorio cercano, supo ponerme en la pista. «Suleimán y otros hermanos morabitunes se fueron hace mucho como misioneros a América, para convertir al Islam a los indígenas...»

Casi me dio un infarto cuando descubrí que Suleimán Lago, junto con el imam granadino Mohammed Nafia (Aureliano Pérez Yruela) y los también conversos Idris López (Esteban López), Ibrahim Coy (Javier Coy), etcétera, se habían desplazado a la selva de Chiapas, en el sur de México, para establecer la primera Comunidad Islámica en la zona. Cuando investigué esa pista descubrí que mi viejo camarada Suleimán y sus hermanos morabitunes habían construido una gran mezquita en Chiapas, y habían contactado con la guerrilla del subcomandante Marcos, el EZLN, intentando convertir al Islam a los guerrilleros aztecas. Con mucho mejores resultados que el proyecto teocrático

de Teodoro Darnott, los morabitunes se asentaron en Chiapas y desde entonces funcionan como comunidad musulmana autosuficiente, habiendo conseguido numerosas conversiones entre los indígenas mexicanos... Después de
soportar las suspicacias de los indígenas, los ataques de la prensa mexicana y
la desconfianza de los servicios de información aztecas, y por supuesto las
investigaciones de la inteligencia norteamericana, en estos momentos la comunidad islámica de Chiapas funciona a pleno rendimiento, según deduje de su
página web oficial: *http://islammexico.org.mx/index.htm*. Y creo que mi antiguo
camarada Suleimán por fin ha encontrado lo que tanto andaba buscando.

De armas, escoltas y el otro Antonio Salas

Cuando el Chino Carías me hizo saber que su «papá» iba a viajar a España
en junio de 2007 «para atender asuntos importantes y de muchos millones
de euros», debería haber imaginado que me iba a meter en un lío muy serio.
El Chino me había dejado muy claro que, igual que sus tupamaros y sus
fusiles me cubrían las espaldas en Caracas, yo debía ocuparme de proteger a
su gente en Europa: «¿Tienes tu arma dispuesta, Palestino?».

Siempre tuve claro que no podía cometer ningún delito justificado en mis
infiltraciones. Si mis grabaciones de cámara oculta eran judicializadas y utilizadas como elemento probatorio contra los traficantes de mujeres y proxenetas
entre los que me infiltré, y si mi testimonio era requerido por un tribunal de
justicia en los procesos contra los skinheads neonazis, era precisamente porque
no había cometido ningún delito en el transcurso de esas investigaciones. Es
obvio que lo primero que intentan mis detractores es desacreditarme, y eso es
lo que siempre han pretendido los abogados defensores de los skin, los traficantes o los proxenetas perjudicados por mis libros y reportajes (lista de enemigos que sin duda crecerá a partir de ahora). Y habría sido muy fácil hacerlo
si hubiese cometido algún delito para realizarlos.

Ahora se me planteaba un dilema. Me había comprometido a servir de escolta a mis camaradas venezolanos en sus desplazamientos por Europa. Había
cometido el error, presionado por las circunstancias, de farolear sobre mi experiencia armada y mi acceso a armas de fuego, y ahora aquel farol se volvía contra
mí. Lógicamente, el agente Juan no estaba dispuesto a dejarme su Glock...

Es evidente que, después de tantos años conviviendo con todo tipo de delincuentes y criminales, no me resultaría demasiado difícil conseguir un arma
ilegal. Así demostraría a los camaradas venezolanos que lo que les había dicho
sobre mi experiencia de combate era real. Al fin y al cabo, aspiraba a que los
Tupamaros me ayudasen a llegar hasta las FARC, ETA y otros grupos armados
en América Latina. Y tanto en España como en Portugal es bastante sencillo

comprar o incluso alquilar un arma de fuego. Sin embargo, eso es terriblemente peligroso. No solo por todo lo que implica llevar encima un arma —y más un arma ilegal—, sino porque la mayoría de las que se venden o alquilan en el mercado negro «tienen historia». Es decir, se han utilizado en atracos, asesinatos o incluso atentados terroristas. Y como es lógico, si la policía te pilla con un arma que ha sido utilizada en un delito anterior, lo más probable es que el poseedor de esa arma sea acusado de dichos delitos. Así que, por todas esas razones y por otras, estaba claro que no iba a alquilar ni a comprar un arma ilegal para mantener mi tapadera como peligroso fedayín ante los tupamaros desplazados a España. Además, el control de armas en España depende de la Guardia Civil, y puedo decir que, en mi caso, la idea de solicitar un permiso de armas no salió de mí, sino de los miembros de la Benemérita que se ocupaban de vigilar la casa de mis padres, después del torrente de amenazas de muerte que recibí tras cada uno de mis libros. Una vez más, en el fondo, las amenazas y los insultos constantes que me regalan los neonazis, los traficantes y los proxenetas afectados por mis investigaciones se convertirían en mis aliados. Tenía un conflicto con la cuestión del arma, entre mi opinión sobre la violencia y mi necesidad de mantener mi identidad como miembro de la lucha armada. Pero finalmente encontré la forma de compatibilizar ambas cosas.

A pesar de que en España es mucho más difícil conseguir una licencia de armas que en otros países, como los Estados Unidos, Finlandia, etcétera, el hecho de ser un testigo protegido de la Fiscalía española, y un periodista una y otra vez amenazado de muerte, me pondría mucho más fácil la posibilidad de solicitar un permiso y conseguir una pistola legal. Aunque, lógicamente, tendría que mantener ante mis camaradas que se trataba de una «herramienta» clandestina.

A mí no me gustan las armas. Creo que no deberían existir. De hecho, aunque un fusil puede servir para cazar, y por tanto para alimentarse (un argumento tan utilizado por los «amigos del rifle», como discutible), esa justificación no puede aplicarse a las armas cortas. Las pistolas y los revólveres son instrumentos ideados, fabricados y permanentemente perfeccionados para matar a otros seres humanos. Cada vez más y mejor.

Siempre me pareció ridículo referirse a los ejércitos, a los profesionales de las armas y a la especialización laboral en técnicas de combate letal, como ministerios de «Defensa» o sector de «Seguridad». Me parece más realista la calificación de Ministerio de la Guerra. Pero comprendo que es más políticamente correcto dotar a nuestros militares y demás profesionales de la lucha armada legal de un irreal carácter pacifista, aunque solo sea desde un punto de vista etimológico. Los fabricantes de armas dedican sus talentos, su creatividad y sus recursos a diseñar armas cada vez más efectivas y letales... y dudo que su intención sea fomentar la paz. No hay nada peor para el negocio de las armas que la paz.

Pese a mi predisposición natural contra todo tipo da armas, y tras encontrar una solución legal a la necesidad de un *atrezzo* armamentístico para mi personaje, me dispuse a salir al encuentro del Viejo Bravo y sus compañeros en Madrid. Por e-mail me ordenaban que me pusiese en contacto con Bravo en el hotel Intercontinental. Y el Intercontinental, en el número 49 del paseo de la Castellana, es uno de los hoteles más lujosos de la capital de España. Un hotel en el que Bravo pasaría alojado varias semanas, lo que significa una factura gigantesca. El Chino Carías no había exagerado al afirmar que su papá acudía a España por unos negocios millonarios, y yo debía encontrarme con él y protegerlo. Sin embargo, estuve a punto de abortar totalmente mi encuentro con Bravo y la farsa de mi actuación como escolta armado en cuanto telefoneé a la recepción del hotel para averiguar en qué habitación se alojaba el coronel y establecer nuestro encuentro.

Subía caminando por el paseo del Prado, que se prolonga en el paseo de la Castellana, y mientras caminaba hice la llamada. Lo que sigue a continuación es una reconstrucción, basada en mi memoria, de la conversación telefónica con el recepcionista del Intercontinental. Era imposible imaginar la extraordinaria circunstancia, otra más, a la que me iba a enfrentar, y por tanto ni se me pasó por la cabeza grabar aquella llamada. Después sí me colocaría la cámara oculta para demostrarme a mí mismo que lo que acababa de decirme el recepcionista del hotel era real...

—Hotel Intercontinental, buenos días. —El recepcionista del hotel respondió al teléfono rápidamente.

—Buenos días. Quisiera hablar con el señor José Bastardo. Está alojado en el hotel.

—Un momento, por favor.

Se inició entonces una espera de varios minutos, en los que una sintonía musical me hizo compañía, al otro lado del auricular telefónico, mientras el recepcionista buscaba en el registro por el nombre real del Viejo Bravo. No lo encontró.

—Disculpe, pero no tenemos ninguna habitación reservada a nombre de ese señor.

—¿Cómo? Es imposible. Tengo un mensaje suyo especificándome que estaba alojado en el hotel Intercontinental de la Castellana. Por favor, compruébelo otra vez. Es un grupo de varios venezolanos que llegaron ayer a Madrid.

—De acuerdo, no se retire, por favor.

Y otra vez la musiquita al otro lado del auricular. Aquella respuesta del recepcionista me inquietó mucho. ¿Había ocurrido algo? ¿Habría tenido Bravo algún problema que le hubiese obligado a abandonar precipitadamente el Intercontinental? ¿Había fracasado en mi primer día como escolta, antes incluso de contactar con mi escoltado? La respuesta era mucho más sorprendente que todo eso. Varios minutos de búsqueda en los registros del hotel, y por fin el recepcionista vuelve a ponerse al teléfono.

—Sí, señor, tenía usted razón. Aquí lo tengo. Está en la habitación 510. Es que está compartiendo una habitación que está a nombre de otra persona.

—¿A nombre de quién está la habitación, por favor?

Pensé que era una buena oportunidad para conocer la identidad de otro de los presuntos integrantes de los Tupamaros venezolanos que probablemente acompañaban a Bravo. Pero el recepcionista iba a pronunciar el último nombre que podría haber imaginado.

—Sí, señor. La habitación está a nombre del señor Antonio Salas.

De nuevo esa sensación de dolor en el pecho. Porque el miedo duele. De nuevo el vértigo. Como si el suelo despareciese bajo mis pies y cayese por un pozo oscuro y frío hacia el vacío más profundo. Colgué el teléfono sin dar las gracias al recepcionista por su amabilidad y eficiencia, y sintiendo que podría matar por un cigarrillo.

¿Antonio Salas? ¿Cómo podía estar la habitación del Viejo Bravo, en el hotel Intercontinental de Madrid, a mi nombre? ¿Qué significaba aquello? ¿Era un mensaje de Bravo? ¿Habían averiguado los Tupamaros mi identidad real y trataban de decirme algo? Pero eso era absurdo. ¿Cómo iban a reservar la habitación de un hotel de lujo a mi nombre solo para hacerme saber que me habían descubierto? Mi cerebro se disparó, escapando a mi control. Intentando valorar todas las posibilidades. Tratando de considerar todas las posibles explicaciones. Y no tardó mucho en hacerlo, porque no había ninguna. No se me ocurría ninguna razón lógica por la que el viejo guerrillero, que había luchado mano a mano con Hizbullah en la Franja de Gaza y en el Líbano, pudiese haber reservado su habitación, en uno de los hoteles más lujosos de Madrid, a mi nombre.

Me senté en un banco de la plaza de la Lealtad, muy cerca del Museo del Prado y delante del Museo a los Mártires de la Independencia. Y por un momento pensé en que los rebeldes españoles, a los que se conmemora en ese monumento, también fueron considerados terroristas por el gobierno francés de Napoleón, que había invadido España, y que el historiador David Bell comparaba con la resistencia iraquí. Pero mis divagaciones históricas duraron poco. Intentaba llegar a alguna conclusión. Lo más fácil, y lo más seguro, era desaparecer. Olvidarme de Bravo y de la conexión venezolana y no tentar más a la suerte. Pero yo suelo coger siempre el camino difícil. ¿Qué probabilidades reales había de que el coronel intentase hacerme daño en un hotel de cinco estrellas en el centro de Madrid? Además, el Chino pretendía que hiciese de escolta armado de su padre, y lo más probable es que ni Bravo ni sus acompañantes lo estuviesen. Finalmente, concluí que, si me habían descubierto, era mejor saberlo cuanto antes, y sobre todo en un contexto controlado como ese. Cuando aquel vasco comentó mi nombre en la última marcha chavista previa a las elecciones, en Caracas, no me encontraba en mi terreno. Pero ahora al menos estaba en mi país. Así que me coloqué la cámara oculta, me encomendé a la voluntad de Allah y me encaminé al hotel Intercontinental.

Mi cámara grabó perfectamente la llegada al hotel. Cómo giro a la izquierda una vez rebaso la puerta principal y cómo pregunto en la recepción por la habitación número 510 del señor José Bastardo y su acompañante el señor Antonio Salas. Grabó cómo el recepcionista me confirma esa información. Entonces le pido que me pase con la habitación. Una voz masculina coge el teléfono. Pregunto por Bravo. Me ponen con él.

—Bravo, soy tu amigo palestino, estoy en la recepción —le digo.

En tono muy cordial, aparentemente espontáneo, me respondió:

—Coño, panita, cómo te va. Ahorita bajo.

Y bajó.

Nos acomodamos en una discreta cafetería del hotel, en el primer piso, y pasamos varias horas charlando. Bravo se sentía más tranquilo al saber que tenía un tupamaro-palestino armado para su seguridad en España. En medio de la conversación pude averiguar que el objeto de su viaje era un negocio millonario, que estaba cerrando con la ayuda de su socio, el de Hizbullah. Y en lo referente a lo que tanto me inquietaba, todas mis conjeturas resultaron exageradas. Simplemente se había dado la casualidad de que uno de los compañeros de viaje de Bravo, a cuyo nombre se habían cogido las habitaciones del hotel, se llamaba Antonio Salas. Más tarde descubriría que el apellido Salas es muy popular en Venezuela, pero, a mí, aquella coincidencia me dio un susto de muerte. La providencia aún me reservaría otro susto similar, con otro Salas, pero ya en la frontera colombo-venezolana.

«Hacerle saber a Ilich que hace cinco años que soy musulmán»

El viernes 22 de junio, sin el arma, acudí a la mezquita de Fuengirola, en realidad tres naves industriales habilitadas como oratorio para la oración semanal. La comunidad musulmana había alquilado la primera nave como mezquita, pero, al quedarse pequeña, ante el crecimiento de la Umma alquiló una segunda y después una tercera, en la que ya no podíamos ver al imam durante la oración, solo lo escuchábamos a través de un altavoz. Al terminar me metí en un cibercafé en el que nunca antes había entrado, dispuesto a dedicar unas horas a la web de Ilich Ramírez, intentando dificultar el rastreo de la IP en la red. Su hermano Vladimir me había enviado unos textos nuevos a mi correo que jamás, ni una sola vez, abría en mi ordenador o el de mi trabajo. Además, cuando tenía que actualizar la web del Chacal acudía a un cibercafé diferente cada vez. Y nunca el mismo en el que pudiese haber abierto mis correos personales. No hay que ser muy sagaz para suponer que las agencias de inteligencia israelíes, americanas y probablemente venezolanas estaban muy interesadas en ubicar a los responsables de aquella página web en la que se publicaban textos y fotos inéditas, que demostraban una vinculación directa entre el *webmaster* y el terrorista más peligroso de la historia, así que no podía permitir que los funcionarios encargados de rastrear la IP del ordenador desde el que se hacían la modificaciones relacionase dicha IP con las de mis correos. Además, estoy seguro de que la curiosidad, o incluso el interés, de los responsables de monitorizar los cambios y actualizaciones en *www.ilichramirez.blogspot.com* aumentó exponencialmente cuando se dieron cuenta de que la página era actualizada desde diferentes ciudades de España, Marruecos, Portugal, Venezuela, Jordania, etcétera, lo que hacía aprovechando mis viajes. Me imagino al informático del MOSSAD o de la CIA que llevaba a cabo ese seguimiento, preguntándose si la web del Chacal era actualizada por una red internacional de simpatizantes del famoso terrorista... Pero desde aquí le digo que el trabajo lo realizaba una sola persona.

Esa convicción lógica de que el *webmaster* de Ilich Ramírez despertaría la curiosidad de la policía y los servicios de información me obligaba a ser muy disciplinado a la hora de escoger un cibercafé o un ordenador en concreto. No me servía cualquiera. Buscaba locales en zonas de alta población inmigrante, y preferentemente con locutorio telefónico incorporado, por si necesitaba telefonear a Venezuela para pedir alguna aclaración sobre el material recibido. Además, buscaba siempre un ordenador que estuviese situado de cara a la entrada del local. Y, si no había ninguno libre, esperaba el tiempo que fuese necesario. No podría trabajar tranquilo en un ordenador que me dejase de espaldas a la puerta.

Si utilizaba programas como el Messenger, al cerrar la sesión volvía a abrir una sesión nueva con otro nombre. Algunas versiones del Messenger dejan en memoria los datos del último usuario que ha abierto la sesión. Y no me apetecía que nadie abriese el mismo ordenador que yo había utilizado y se encontrase con los datos de mi cuenta. Algo parecido ocurría si utilizaba los canales del IRC-Hispano para chatear con mis camaradas nazis, tupamaros o musulmanes. Cerraba uno a uno, cuidadosamente, todos los canales que había abierto, porque, de cerrar el programa completo, por defecto se enviaba un mensaje de salida con la IP y ubicación del ordenador desde el que se había iniciado la sesión...

Si desechaba fotos o documentos tras una actualización de la página del Chacal o de las mías, no solo borraba de la carpeta «Mis archivos recibidos» los elementos que no había utilizado o que ya habían sido modificados para su incorporación a la web, sino que también tenía que borrarlos de la «Papelera de reciclaje» y luego reiniciar el ordenador, antes de abandonar el ciber-café. Todas esas medidas de seguridad y otras un poco más sofisticadas me obligaban a ser disciplinado y a tomarme unos minutos antes y después de cada sesión informática, para borrar mis huellas en los ordenadores. Pero esas medidas de seguridad que me servían para evitar fisgones de las agencias también me serían de utilidad para evitar dejar pistas a los verdaderos terroristas sobre mi identidad. Terroristas como el que acababa de enviar un mensaje a la página oficial del Chacal en la red.

Ese viernes, como todos los viernes, el correo de Ilich Ramírez estaba lleno de mensajes de simpatizantes y/o detractores, con textos apasionados en uno u otro sentido. Pero había un e-mail, redactado el martes anterior, que tenía especial interés. Me di cuenta en cuanto lo vi:

De: eduardo rózsa flores <crnelflores@gmail.com>
Fecha: 19 de junio de 2007 01:23
Asunto: saludos
Para: damahum@gmail.com

Hola! Envio mis calurosos saludos desde Hungría! Aguantar, resistir, vencer! Este es el lema actual, según mi opinión.

Por favor, quisiera recibir un ejemplar de Islam revolucionario, si es posible que me lo envien yo ya les enviaré mi dirección postal. Hacerle saber a Ilich que hace cinco años soy musulmán, y vicepresidente de la Comunidad Islámica Húngara.

Si es posible mantenga esta toma de contacto en privado! Un abrazo para el Comandante de

Eduardo Rózsa-Flores
Elimizde Kur'an, Hedef Turan!

Aquel e-mail me olió bien. Apestaba a pista desde el principio. En primer lugar porque el autor se presentaba como «vicepresidente de la Comunidad Islámica en Hungría» y en segundo lugar porque expresaba una camaradería con Ilich Ramírez muy sospechosa: «Hacerle saber a Ilich que hace cinco años que soy musulmán». Sonaba cercano, como si Ilich tuviese que saber necesariamente quién era el tal Eduardo Rózsa. Así que seleccioné el mail como de alto interés y lo reenvié a Venezuela, para que el comité, y especialmente Vladimir, consultase a Ilich o me dijese si merecía la pena responder al tal Rózsa. Y Carlos se mostró entusiasmado con la aparición de su viejo amigo. Resulta que no solo conocía perfectamente al húngaro, sino que tenía planes para él, e insistió a mis camaradas para que yo respondiese aquel e-mail y estableciese una relación con el tal Rózsa. Yo, como siempre, obedecí.

El Islam revolucionario según Jorge Verstrynge

Aproveché la estancia del Viejo Bravo en Madrid para retomar el contacto con Jorge Verstrynge. Ya había mostrado interés cuando le expliqué que yo era el impulsor del Comité por la Repatriación de Ilich Ramírez y colaborador de *El Viejo Topo*, pero aún mostró más atención cuando le dije que habíamos abierto una página oficial de Ilich en Internet, y que yo era su moderador. Así que cuando le telefoneé desde Madrid para confirmar mi interés en entrevistarlo, aprovechando que estaba escoltando al padre del subsecretario de Seguridad Ciudadana de Caracas en un viaje de negocios, aceptó inmediatamente. Y el ex popular me invitó a su casa para grabar la entrevista. Eso fue lo mejor de todo. Ni siquiera tendría que utilizar la cámara oculta. Verstrynge me permitía grabar nuestro encuentro, y estaba dispuesto a contarme todo lo que quisiese saber sobre su relación con Hugo Chávez y con Carlos el Chacal. Dejé a Bravo en su hotel y mi *atrezzo* de peligroso guardaespaldas tupamaro en el coche. Consideré que tampoco era necesario acudir armado a casa de Verstrynge.

No le mentí al ex político cuando le dije que varios tupamaros estábamos en Madrid esos días, por cuestiones de negocios, y que quería aprovechar la ocasión para conocerlo. Y lo cierto es que Jorge Verstrynge fue extremadamente cordial y amable. Me facilitó la dirección de su casa, en un tranquilo barrio madrileño, y cuando llegué ya me estaba esperando en la calle, con su imponente perro. Aún no sabía de qué pie cojeaba Verstrynge y prefería tener esa primera entrevista personal a solas. Puse a grabar la cámara en cuanto me bajé del coche.

Verstrynge me saludó con aparente entusiasmo.

—Así que tú eres el palestino que me llamó desde Venezuela hace unas semanas. ¿Y cómo sigue todo por allí? ¿Qué tal las misiones? ¿Qué tal el presidente?

Hablaba con seguridad, se notaba que conocía el país y sus circunstancias. Y también la política bolivariana. Pero yo ya estaba preparado. Mientras encerraba al perro y pasábamos al salón, le hablé de los últimos ataques de la oposición, del funcionamiento de las misiones, de los mercal y de las casas prefabricadas donadas por el gobierno a los pobres. Le comenté las últimas marchas chavistas, mi impresión en las elecciones del diciembre anterior y cómo se estaba llevando en Venezuela el segundo mandato de Chávez. Gracias a mis viajes anteriores, podía hablarle con mucha seguridad sobre detalles, personas y circunstancias que eliminaron toda posibilidad de que Jorge Verstrynge pudiese sospechar que se encontraba ante el autor de *Diario de un skin*. Y digo esto porque en ese libro yo mencionaba los coqueteos que Jorge Verstrynge y sobre todo su ex secretario Isidro Juan Palacios habían tenido con la extrema derecha española, y en concreto con CEDADE, la más influyente

organización neonazi de la historia de España, a la que ambos habían pertenecido en su juventud.[7] Supuse que aquella mención en mi libro no le habría
hecho gracia. Pero era imposible que Verstrynge pudiese reconocerme como
Antonio Salas. Por situaciones como esta, un infiltrado debe mantener siempre su identidad real en el anonimato.

Jorge Verstrynge Rojas nació en Tánger (Marruecos) en 1949. Político y
politólogo, comenzó su carrera en el seno de la extrema derecha francesa. Fue
diputado nacional (1982-1989) del partido Alianza Popular, precursor del
actual Partido Popular que gobernó en España hasta 2004, y entre 1979 y
1986 secretario general de dicho partido, aunque con anterioridad había ocupado la Secretaría de Acción Territorial (1976-1978) y la Secretaría de Organización (1978-1979). Tras ser obligado a dimitir el 1 de septiembre de 1986 por
su enfrentamiento con Manuel Fraga Iribarne, ex ministro de Francisco Franco durante la dictadura en España y después fundador de Alianza Popular,
evolucionó ideológicamente hacia posturas políticas socialistas y europeístas.
Posteriormente formó parte del Partido Socialista Obrero Español, aunque sin
ocupar ningún cargo de importancia. En la actualidad forma parte de la Fundación de Investigaciones Marxistas y del Grupo Investigador THEORIA, y es
profesor titular de Sistemas Políticos Comparados en la Facultad de Ciencias
Políticas de la Universidad Complutense de Madrid. Además, es autor de
diferentes libros como *Entre la cultura y el hombre* (1981); *Los nuevos bárbaros:
centro y periferia en la política de hoy* (1997); *Frente al Imperio: guerra asimétrica
y guerra total* (2007) o su autobiográfico *Memorias de un maldito* (1999).

Sin embargo, era otra de sus obras, *La guerra periférica y el Islam revolucionario. Orígenes, reglas y ética de la guerra asimétrica* (2005), la que me había
llevado hasta el salón de su casa. Este libro, publicado inicialmente en España
por la editorial El Viejo Topo, lo reeditó tiempo después en Venezuela la
Fuerza Armada Nacional, con una tirada especial de treinta mil ejemplares,
que se repartieron entre generales, jefes y oficiales, así como entre un selecto
grupo de funcionarios de diversos ministerios. Esto motivó que Verstrynge
visitase Venezuela para reunirse con el presidente Hugo Rafael Chávez Frías
en varias ocasiones, prestando sus conocimientos y experiencia a la revolución
bolivariana. De hecho, poco tiempo antes había participado en el I.er Foro
Militar sobre Guerra de Cuarta Generación y Conflicto Asimétrico que se
dictó en la Academia Militar de Caracas, donde había encandilado, me consta,
a toda la audiencia con su verbo ágil y sus sólidos conocimientos políticos.

Durante unos minutos, mientras nos acomodábamos en el salón, charlamos espontáneamente. Y espontáneamente también me presentó a su hija y

---

7. *Diario de un skin*, pag. 205.

a su actual esposa, Mercedes, que tuvo la audacia de responderle a Hugo Chávez, «Un coñazo muy largo», cuando el presidente le preguntó qué le había parecido el discurso que acababa de pronunciar. En España, *coñazo* es un término coloquial para referirse a una cosa pesada y tediosa, pero su uso como calificativo para un discurso presidencial es cuando menos atrevido.[8] Como atrevidas serían muchas de las respuestas de <u>Jorge Verstrynge</u> a mis preguntas, en aquella primera conversación, que transcribo literalmente.

—¿Qué es la guerra asimétrica?

—Es la alternativa.

Pero la guerra asimétrica no permite ganar, solo permite hacer que el otro pierda. En la guerra asimétrica tú no vas a derrotar al Imperio, vas a hacer que al Imperio no le interese intervenir, porque al final él va a perder. El matiz es importante. Porque una guerra, al fin y al cabo, es una apuesta de riesgo calculado, en la que el beneficio que se espera es mayor a ese riesgo... Por tanto, si a través de la guerra asimétrica tú consigues que el riesgo sea mayor al beneficio, el Imperio no vendrá, porque no le compensa.

—La estrategia del desgaste. Los yanquis en Vietnam, Egipto o el Yemen, los judíos en Líbano, Indonesia en Timor Oriental... ¿son todos ejemplos de cómo es la guerra asimétrica?

—Sí, se trata de desgastar al contrario sin desgastarte tú. Nada de choque frontal. ¿Que pasa una columna de blindados? Pues que pase... ya nos ocuparemos de la retaguardia, de los abastecimientos, las patrullas que circulan... Es, por ejemplo, lo que está pasando en Iraq. La guerrilla no ha ganado, pero los americanos ya han perdido. Esto no significa que países como Venezuela, Irán u otros tengan que renunciar a los fundamentos básicos de la soberanía nacional: uno es que no haya bases extranjeras en tu territorio y el otro es la bomba atómica... Yo recuerdo los grandes movimientos pacifistas de los años sesenta gritando: «¡La bomba va a traer la guerra...!». Y al final la bomba trajo la paz. Porque al que la tiene no le ponen la mano encima. Es la garantía de la independencia total. Es el arma más democrática que existe, porque iguala al pequeño que tiene la bomba con el grande que también la tiene.

—¿Cómo se te ocurrió escribir un libro sobre el Islam revolucionario?

—El Islam revolucionario no era originalmente mi vocación, pero mi especialidad en la facultad, mi tesis, fue sobre la sociología de la guerra. Y, después,

---

8. En mi siguiente viaje a Venezuela, rastreando la hemeroteca, encontré una crónica de aquel evento en el que participaron Jorge Verstrynge y su mujer, en el Complejo Cultural del Fuerte Tiuna. En el número 2, agosto 2005, de la revista *Ámbito Cívico-Militar*, página 20, incluso se publica una fotografía que recoge ese encuentro entre los Verstrynge y Hugo Chávez. En la foto, el ex popular demuestra su confianza con el presidente venezolano colocando su mano sobre el brazo del mandatario mientras charlan animadamente.

sobre el Islam revolucionario; es porque yo nací en un país árabe y les comprendo. Yo nací en Marruecos y después viví en Argelia. ¿Tú eres musulmán? —me pregunta directamente, y yo asiento—. Yo, la verdad, porque soy ateo, pero, si fuese creyente, habría sido musulmán. Sin ninguna duda.

—¿Y por qué relacionar guerra asimétrica e Islam?

—Son dos temas distintos en mi labor académica, pero que al final confluyen. Si analizamos la historia de las guerras, en Europa, vemos que tiene una evolución curiosa basada en una ley bélica que se llama «ascenso a los extremos». Es decir, cuando dos o más países se enfrentan entre sí siguen dos reglas: una se llama «Ley del duelo lógico», es decir, que por muchos bandos que haya, al final todos se reúnen en dos. Y la segunda, la de «ascenso a los extremos», dice que a lo largo del conflicto los bandos van a terminar utilizando el total de su poder bélico y la totalidad de la población de que disponen con tal de que ese sistema pueda seguir funcionando. Pero, claro, en 1945 el ascenso a los extremos lleva al máximo punto, que es la bomba atómica. Ya no puede ir a más, y a partir de ese momento se produce un descenso al extremo inferior, es decir, se moviliza más a la población y en lugar de acudir a medios de destrucción más masivos se acude a medios más sencillos: la guerrilla, el kamikaze, etcétera. Y la guerra del futuro es la guerra asimétrica. Y entonces me di cuenta de que la guerra asimétrica es una cosa muy antigua. Y que los árabes la habían utilizado ya, mucho antes incluso del nacimiento del Islam. Es una táctica bélica que han utilizado otros pueblos, pero los árabes fueron los primeros. En la actualidad, digamos que es la forma en que el Islam se defiende de las nuevas cruzadas, fundamentalmente norteamericanas, ya que no tiene otra, dado que cada vez que un país islámico ha intentado acceder a la bomba, se le ha impedido. Fue lo que dijo Yasser Arafat cuando le decían: «Es que usted hace atentados terroristas», y respondió: «Denme ustedes la aviación que tiene Israel, y yo no haré atentados terroristas».

—La guerrilla latinoamericana, que tiene tanta tradición, sería un ejemplo de guerra asimétrica...

—No creo. Yo creo que los que nos están dando la gran lección son los árabes. No hay comparación. Es decir, lo que está haciendo, por ejemplo, el pueblo iraquí en estos momentos, frente al Imperio, no tiene comparación en América Latina... Quizás en Cuba, pero solo en Cuba. Espero que nunca en Venezuela se llegue a ese punto. Y para no llegar a ese punto lo mejor es prepararse bien. Pero lo que está haciendo el pueblo iraquí es para decir: chapó. Está empantanando lo que se supone que es la primera potencia del mundo. Y yo, que soy medio francés, te digo que los franceses salimos de Argelia, después de estar allí ciento cincuenta años y meter casi seiscientos mil hombres, con el rabo entre las piernas, pero los gringos van a salir de Iraq sin rabo. Y eso es importante para la humanidad, porque le demuestra al gringo que no es el dueño. Y demuestra además que lo infinitamente débil es lo infinitamente fuerte.

—Hablamos de Islam revolucionario y mencionamos el ejemplo de Iraq, pero ¿no crees que en Iraq, más que hablar de un componente religioso en la resistencia, habría que hablar de una cuestión política, de un pueblo que defiende su tierra de un invasor extranjero, independientemente de la religión que tengan?

—No te quepa ninguna duda. Hablamos del país árabe más nacionalista. Del primero que se subleva contra el Imperio británico. Hasta tal punto que pidieron ayuda a los alemanes en 1940. Por tanto tuvieron dos cojones, con perdón. Iraq siempre fue el país más avanzado de Oriente Medio, donde hubo una revolución de clase media bastante avanzada, que respetaba la religión pero era laica, y siempre ha sido muy nacionalista. Pero el Imperio es tan imbécil que le ha entregado el país en bandeja a Ben Laden, cuando Iraq no tenían nada que ver antes con Ben Laden. Si los norteamericanos están empeñados en que Ben Laden sea Robin Hood, que así sea.

—En Palestina muchos pensamos que el apoyo de Israel a Hamas para que ganase las elecciones no solo se debía a un intento del MOSSAD para perjudicar a Al Fatah, sino que, incluyendo a Hamas en el listado de organizaciones terroristas internacionales antes de las elecciones, justificaría después el veto a las ayudas humanitarias para el pueblo palestino, que ahora sufrimos...

—No lo sé. No llego a tanto. Pero lo que sé es que Hamas fue en gran parte una creación del Estado de Israel para contrarrestar a Al Fatah, de la misma forma que Ben Laden fue una creación de la CIA para contrarrestar a los pro-soviéticos en Afganistán. Y que en ambos casos les ha salido mal. Como ha salido mal después en Iraq. Dijeron: «Vamos a ayudar a los chiies para cargarse a Saddam Hussein». Y les salió mal, como en Afganistán o en Palestina, porque estos son más duros de roer que los socialistas panarabistas de Nasser. Y no digamos ya cuando una persona como *Carlos*, Ilich Ramírez Sánchez, hace la síntesis entre los dos. Eso es puro explosivo, y no lo digo negativamente. Si una persona logra hacer la síntesis entre un Islam revolucionario y lo que el marxismo podía aportar y aportó durante un tiempo, como mecanismo de independencia de los pueblos, imagínate lo que eso puede dar de sí. Pero no es malo. En un momento en el que el derrumbamiento de la URSS hace que la ideología de la periferia, que era el marxismo, ya no pueda serlo, por ejemplo en Cuba, solo quedan dos alternativas. O el Islam, digamos que en el viejo continente, o la revolución bolivariana, en el nuevo continente. Esas son las dos únicas alternativas que hay actualmente al comunismo como ideología de la periferia, frente al Imperio.

Era un regalo del cielo que fuese el mismo Verstrynge quien sacase espontáneamente el tema de Ilich Ramírez en la entrevista. Así que aproveché ese guiño de la fortuna para profundizar en el tema:

—¿Y no crees que Comandante Carlos es el punto en común entre esas dos alternativas?

—No lo sé. Yo he leído a Ilich Ramírez Sánchez y me parece un tipo particularmente interesante. Me parece que es honesto en lo que dice, independientemente de los errores que haya podido cometer en el pasado. Yo soy medio francés, así que imagínate la gracia que me hace a mí Ilich Ramírez Sánchez desde el punto de vista terrorista. Pero debo reconocer que, intelectualmente, lo que él dice no es ninguna estupidez. Si la pregunta es si Ilich Ramírez es capaz de hacer una síntesis entre marxismo e Islam, yo creo que la ha hecho ya. Si la pregunta es si Ilich es capaz de hacer una síntesis entre bolivarianismo e Islam, pues ya no lo sé.

—¿Cómo dibujas tú la figura de Ilich Ramírez Sánchez, políticamente hablando?

—Yo creo que él lo ha sintetizado bastante bien en su libro *El Islam revolucionario*, cuando él dice que el Islam le trae al marxismo esa espiritualidad e idealismo y el marxismo le aporta al Islam esa capacidad analítica. Desde ese punto de vista, Ilich Ramírez Sánchez, si se le lee, puede aportar mucho. Pero no estoy seguro de que se le vaya a leer mucho. Ilich está en la cárcel, es un hombre marginado, y por mucho que tú puedas leerte su libro, o yo me lo lea, o hagamos algo sobre eso, yo creo que la única aportación que puede hacer Ilich Ramírez Sánchez es doctrinal. Seguir pensando sobre este tema, y seguir perfeccionando esa especie de síntesis entre Islam revolucionario y marxismo que él ha hecho. Como comprenderás, Ilich Ramírez ha sido lo suficientemente peligroso como para que no se le deje mover ahora ni una pestaña. De hecho, durante mucho tiempo no se le dejaba ni escribir en la cárcel.

—Estuvo dos años incomunicado, en un país europeo y «democrático», y ha sido multado por decir cosas como que la guerra de guerrillas que practicaba produce muchas menos víctimas que la guerra convencional...

—Sí, es verdad. Sobre todo el kamikaze produce pocas víctimas. O sea, el V. M., el llamado «voluntario de la muerte»... que ojalá no haya que recurrir nunca a él en Venezuela, porque es una cosa terrible. Pero Ilich Ramírez Sánchez tiene razón en una cosa, el V. M. sustituye un enfrentamiento de horas. Y ni siquiera es necesario que lleve una bomba. Puede haberse inoculado la peste, llega, te da un abrazo y acaba contigo. Claro, entonces el número de bajas disminuye considerablemente. Por ejemplo, si en un país enfrentado a una invasión «imperialista terrorista», intentas enfrentarte a él con medios militares convencionales, vas a tener miles de muertos. Como ocurrió en Iraq durante la primera guerra del Golfo, que hubo sesenta mil muertos, por cierto con bombas de aire-combustible con las que los americanos les bombardeaban cuando se estaban retirando de Kuwait. Sesenta mil muertos iraquíes y solo seis muertos en el bando americano. Evidentemente, enfrentarte al Imperio sobre la base de sus leyes de guerra es una locura, no puedes. Tu población va a ser aniquilada, o al menos de tu ejército no va a quedar nada. ¿Qué es lo único que puedes hacer? Cambiar las reglas. Yo no voy a enfrentarme contigo como tú quieres, sino como tú no quieres, y desde ese punto de vista la guerra asimétrica ahorra vidas. Claro que ahorra vidas, muchísimas vidas.

—Ilich habla también del atentado, o de la acción de guerra no convencional, como un marcador psicológico o ideológico...

—Bueno, todo el mundo sabe que la guerra asimétrica se basa en el terror, o sea, en la posibilidad de aterrorizar al que te ataca. Es a eso a lo que se refiere con lo de marcador psicológico. Por eso yo digo muchas veces a mis alumnos que aquel atentado terrorista que no se reivindica por aquel que usted cree que lo ha hecho, si no es reivindicado, es que no ha sido cometido por quien usted cree. Porque el que comete un acto terrorista inmediatamente dice: «He sido yo, yo soy quien tiene la capacidad del terror y por eso vas a negociar conmigo». Pero un atentado terrorista no reivindicado no sirve para nada.

—Los ejércitos democráticos, sin embargo, trabajan en bombas raciales que utilicen los parámetros étnicos, genéticos, alimenticios, etcétera, para seleccionar a las víctimas...

—Ya ha existido. En la República Sudafricana se ha trabajado sobre eso. Una bomba con marcador genético que a determinadas personas afectaba y a otras no. Pero, ojo, no son bombas explosivas, sino bombas biológicas. Allí sobre todo se trabajó un montón de tiempo en la guerra bacteriológica y la guerra biológica. Las poblaciones subsaharianas tienen unos marcadores genéticos específicos, y hay enfermedades que pueden ser contenidas bien por los blancos o bien por los negros, y si tú inoculas en la población civil cierto tipo de virus, evidentemente puedes apuntar a un sector racial de esa población y no a otro. Por ejemplo, la circuncisión es una buena medida de prevención contra el sida, un 60 por ciento menos de contagios. Es algo anecdótico pero es un ejemplo de una costumbre étnica que puede ser un referente preventivo contra una enfermedad concreta.

—Sabes que al presidente Hugo Chávez los escuálidos de la oposición lo atacaron mucho cuando se interesó por el estado de Ilich Ramírez y cada vez que lo cita. Como analista político europeo, ¿qué opinión te merecen esos ataques?

—Es que eso es injusto porque, cuando por ejemplo un español musulmán, o no musulmán, es detenido por los americanos en Iraq y es mandado a Guantánamo, es lógico que las autoridades españolas se interesen por él, porque es un ciudadano español. Entonces no entiendo yo por qué la oposición venezolana tiene que meterse con Chávez porque Chávez se ocupe de un venezolano que está en la cárcel en París. ¡Es que es su deber, porque ese hombre es un ciudadano venezolano! Seguramente Chávez no podrá sacarlo de la cárcel, ni lo pretenderá, Chávez pretenderá, me imagino, dar un poco de calor humano desde la nacionalidad de origen a ese detenido. Eso no se le puede negar a nadie. De todas formas, yo siempre les explico a mis alumnos, cuando les hablo de la revolución bolivariana, que la derecha española, que es una de las más duras de Europa, es hasta democrática comparada con la derecha venezolana... Comparada con la derecha venezolana, la española es marxista-leninista...

—También se ha atacado mucho a Chávez por su simpatía con el mundo árabe, por su actitud en la guerra del Líbano, su relación con Ahmadineyad, con el pueblo palestino, etcétera.

—Yo debo decirte, con toda franqueza, que comprendo que él tenga sus simpatías por el pueblo palestino, que tenga sus simpatías por Irán, yo también las tengo. Ahora, la relación entre Venezuela y el Estado de Israel no me parece normal, y creo que habría que normalizarla. O sea, puedes decir: «Pobres palestinos, están en el sitio en el que están»; o decir: «Pobres iraquíes, lo que les están haciendo»; o decir: «Irán tiene derecho a su energía nuclear, o incluso a tener armamento nuclear, por qué no, como cualquier otro país normal y soberano...». Eso es una cosa, pero no comprender la situación del pueblo judío es muy delicado. Yo entiendo que comprender las dos partes de mi discurso puede ser difícil para mucha gente, pero pido comprensión. Te voy a contar algo. En uno de mis viajes oficiales a Israel, un buen amigo, teniente coronel, me subió a un caza-bombardero Phantom y me hizo volar desde Eilat hasta la frontera siria en el norte. Tardamos como media hora. Y después se fue hacia Cisjordania y cruzó de este a oeste el país. Y tardó seis minutos. Entonces me dijo: «¿Te das cuenta ahora de que nosotros no podemos permitir que un avión que pueda bombardearnos despegue desde más cerca que Damasco?». Israel es un país extremadamente frágil. Tiene dientes nucleares, pero es muy pequeño, y hay cosas que no puede permitir. Ahmadineyad, por el que yo siento una gran simpatía, no puede ir por el mundo diciendo que en cuanto pueda se va a zumbar a los israelíes, porque ya está bien de zumbar a los israelíes. Los hemos violado, expoliado, expulsado... ¡vale ya!

—En este sentido, sabes que existe una gran polémica en torno a si Al Qaida o el mismo Ben Laden existen realmente o son solo la justificación de la CIA para hacer lo que les da la gana...

—Yo creo que Al Qaida existe, pero no existe como nos lo han querido vender. Al Qaida es un planteamiento genérico, de una serie de personas que intentan una revolución islámica, eso está claro. Y además están en su derecho de pedirla, ¿por qué no? Europa ha estado gobernada por una democracia cristiana durante cuarenta años. ¿Por qué no va a poder estar el mundo árabe, o los que sean, gobernado por el Islam o por un partido político musulmán? ¿Dónde está escrito en el cielo que eso está prohibido? Estará escrito en el cielo del Capitolio pero en los demás no, me entiendes... ¿Y? Ben Laden existe, claro que existe. Pero es una dinámica, dentro del mundo musulmán, como una franquicia. Ben Laden es una dinámica y una franquicia. Y habitualmente no suele decir: «Que se haga un atentado tal día, a tal hora, en tal sitio». Sino que dice: «Sería bueno que se luchara contra el Imperio en tal sitio, hágase». Y se hace o no se hace. Pero partir de que Al Qaida es una estructura piramidal con Ben Laden a la cabeza, como Führer o como presidente o profeta... eso no existe. Existe alrededor de Ben Laden una dinámica de reivindicación islámica frente a lo que escriben los neoconservadores norteamericanos, que es una auténtica cruzada contra el Islam, literalmente. Lo interesante de Ben Laden es que su debilidad es su fuerza. No dispone de Estado propio, pero al no disponer de Estado, está en todos lados.

Al final, Jorge Verstrynge no tenía ninguna vinculación directa con Ilich Ramírez, al contrario. Simplemente se había sentido fascinado por el enfoque revolucionario que el Chacal hacía del Islam. Hasta el punto de «piratearle» el título de su libro, y de sus argumentos. Pero no importaba, la relación de Verstrynge con el gobierno de Chávez sí era real.

Además, Verstrynge me entregó un ejemplar de su libro sobre la guerra periférica y el Islam revolucionario, que le dedicó cariñosamente al Chacal, para que se lo hiciese llegar a Ilich Ramírez. De hecho, delante de mí y de mi cámara, llamó por teléfono a Miguel Riera, editor de *El Viejo Topo*, para explicarle que en esos momento se encontraba «un camarada palestino-venezolano del Comité por la Repatriación de Carlos en casa» y que tenía la posibilidad de interceder para que la editorial El Viejo Topo pudiese traducir y editar en España el libro *El Islam revolucionario* de Ilich Ramírez.

Transcribí inmediatamente la entrevista y se la envié a Verstrynge para que me diese el visto bueno a su publicación, pero se me adelantó él. El ex popular la encontró tan interesante que, sin darme tiempo a reaccionar, la publicó al momento tanto en su propia página web como en su blog.[9]

Con su visto bueno la envié a mis periódicos venezolanos, y la repercusión no se hizo esperar. Mi entrevista a Verstrynge fue reproducida en montones de revistas, blogs y páginas web. Incluyendo medios tan ultraizquierdistas como Kaos en la Red,[10] Euskal Herria Sozialista[11] o Pintxogorria[12] entre otros.

Pero lo realmente fantástico es que varios medios de comunicación vene-

---

9. *http://jv-ciudadano.blogspot.com/2007/09/entrevista-jorge-verstrynge.html*
10. *http://www.kaosenlared.net/noticia.php?id_noticia=40702*
11. *http://euskalherriasozialista.blogspot.com/2007/09/entrevista-jorge-verstrynge-sobre-su.html*
12. *http://www.mundurat.net/pintxogorria/index.php?option=com_content&task=view&id=1028 &Itemid=142*

zolanos, como *El Vocero Bolivariano* o la influyente Noticias24,[13] también la reprodujeron entera. Lo que supuso que mi nombre árabe fuese más familiar en todos los ambientes revolucionarios. En especial, los cercanos a Ilich Ramírez.

El peor guardaespaldas del mundo

Fue el esfuerzo físico y psicológico, lo sé. Tarde o temprano tenía que pasarme factura.

Bravo debía hacer gestiones en varias ciudades y, aunque él no lo supiera, yo tenía mis buenas razones para seguirle a donde fuese y guardar sus espaldas. Pero soy un simple periodista, no un escolta profesional. Y llevaba meses robando horas al sueño, trabajando por las noches hasta muy altas horas, y luego madrugando para rezar mis oraciones, continuar escribiendo el Corán y comenzar cada nueva y frenética jornada con tres vidas paralelas. Y el cansancio acumulado me pasó factura cuando salía de cierto hotel, al que no volveré jamás.

Conducía demasiado cómodo, aunque con prisa por acudir a la cita con los tupamaros. Y lo normal habría sido notar la presión del arma en la cintura. De pronto me di cuenta de que no la llevaba encima, ¡me la había olvidado debajo de la almohada! Obviamente, en cuanto telefoneé a la recepción para decir que me había olvidado «algo» en mi cuarto, ya era demasiado tarde. Tenía la esperanza de que todavía no hubiesen ido a recoger la habitación, pero había transcurrido casi una hora de mi salida del hotel y había ocurrido lo que tenía que ocurrir...

—Perdón, verá... esto... Soy la persona que estaba alojada en la habitación 210 y creo que me he olvidado una cosita en la cama...

—¿Una cosita? ¡A la señora de la limpieza casi le da un infarto cuando se la encontró! Que sepa que ya ha venido la policía y que ya le están buscando. Así que lo mejor que puede hacer es entregarse...

Y por supuesto me entregué. Habría sido absurdo no hacerlo. Afortunadamente había seguido mi intuición, desechando la opción de comprar un arma ilegal para mantener mi tapadera como luchador armado con los tupamaros. De lo contrario, esta anécdota me habría costado un disgusto muy serio con la justicia. Había optado por mantener mi política de no cometer ningún delito en el transcurso de una infiltración, y gracias a eso iba a salir bien

---

13. *http://www.noticias24.com/actualidad/noticia/7979/verstrynge-el-chacal-y-la-guerra-asimetrica/*

parado de esta situación. Aunque tendría que enfrentarme a una bronca monumental, primero en la Brigada de la Policía Judicial donde habían trasladado el arma desde el hotel y después en el juzgado, donde debería pasar a recogerla. Lo realmente increíble de esa jornada, por fantástico que parezca, es que cuando estaba en el despacho de la Policía Judicial, soportando con estoicismo la bronca del inspector jefe al mando, un joven oficial entró en la habitación y se me quedó mirando con los ojos abiertos como platos. Después miró a su jefe, y otra vez a mí, y de nuevo a su jefe:

—Pero ¿tú sabes quién es este tío? —le dijo el poli joven al poli mayor. Y a continuación se giró hacia mí y me dijo—: ¿No te acuerdas de mí, de Ávila?

—Pues la verdad... así de golpe... —respondí.

—Joder, qué fuerte, este tío... —dijo el poli joven, volviéndose de nuevo hacia su superior— es Antonio Salas, el periodista.

Incluso a mí, que viví la situación, se me hace increíble este nuevo guiño de la providencia. Entre todas las comisarías de policía que hay en España, Allah quiso que fuese justamente aquella la que recogiese la pistola que me había olvidado en el hotel. Y que a la Brigada de Policía Judicial en la que tenía que presentarme acabase de llegar destinado uno de los inspectores de Policía que había asistido a mis conferencias sobre técnicas de infiltración, en la Academia de Policía de Ávila. Desde hacía unos años, los responsables de la academia del Cuerpo Nacional de Policía me habían contratado para impartir algunas clases a los alumnos de la escala ejecutiva, con la más absoluta confidencialidad. Y mi ángel de la guarda, siempre alerta, se ocupó de que uno de mis alumnos apareciese en aquel despacho, justo en ese momento, para explicar lo que yo no podía explicarle a su superior, que se quedó tan alucinado como yo por la increíble coincidencia.

—¿En serio eres Antonio Salas? ¿El de *Diario de un skin*? Joder, pues no te imaginaba así...

—Sí, bueno... me lo dicen mucho...

—Pero ¿qué haces aquí? ¿Estás infiltrado en algo de armas o de drogas? ¿Por eso llevas esas pintas?

—No sería muy serio si voy contando por ahí dónde estoy metido, ¿no cree?

—No, no, claro. Joder. Pues, chico, lo siento; si hubiéramos sabido que la pistola era tuya, la habríamos retenido aquí, pero hemos tenido que mandarla al juzgado. Tienes los papeles, ¿no? Pues no tendrás problemas para recogerla allí... pero anda que olvidarte la pistola...

Y no, no tuve problemas para recuperar el arma, aunque desde luego la bronca en el juzgado la tuve que encajar con resignación, y esta vez no había ningún funcionario que pudiese identificarme para suavizar la regañina.

Por supuesto, ni a Bravo, ni al Chino Carías, ni a ninguno de mis camaradas tupamaros les comenté absolutamente nada sobre mi increíble aventura en la comisaría y en los juzgados. Solo habría conseguido que se cachondeasen de mi incompetencia como terrorista y, en el peor de los casos, que desconfiasen de mi capacidad para la lucha armada. Además, se suponía que yo utilizaría un arma ilegal, como buen terrorista. Así que solamente ahora conocerán dicha incompetencia.

Movilizaciones por el Chacal en Caracas

Mientras yo olvidaba mi arma en un hotel y el Viejo Bravo intentaba cerrar sus negocios millonarios en España, mis compañeros del Comité por la Repatriación de Ilich Ramírez se movilizaban en Caracas. Y el 4 de julio, el día de la independencia norteamericana, se convocaba una concentración a favor de Comandante Carlos en la plaza Morelos (avenida México, Parque Central), frente a la sede de la Defensoría del Pueblo. El objeto de aquella concentración no era solo manifestarse a favor del terrorista más peligroso de todos los tiempos, sino entregar un documento, firmado por todos nosotros, al defensor del Pueblo venezolano, cargo que ostentaba entonces el doctor Germán Amundaraín, exigiendo la repatriación de Ilich a su país natal. Se pretendía así —utilizando varios artículos de la Ley Orgánica de la Defensoría del Pueblo, que establecen la asistencia a ciudadanos venezolanos en el exterior del país— conseguir que el gobierno chavista se implicase más enérgicamente en la repatriación.

El acto —organizado por el CRIR con la colaboración de la Juventud Comunista de Venezuela-Patria Joven, *Imagen y Comunicación Revolucionaria (ICR)*, el Foro Itinerante de Participación Popular, el Partido Comunista de Venezuela, el Movimiento Tupamaro, el Movimiento Social Ilich Ramírez, la Brigada Gabriel Bracho y la Coordinadora Simón Bolívar— reunió a algunas docenas de personas, que ondeaban una enorme pancarta que habían preparado para este tipo de eventos, con una fotografía triunfante y sonriente de Ilich Ramírez. Supongo que a muchos observadores internacionales les sorprendería esa imagen. Docenas de venezolanos gritando consignas a favor del terrorista más famoso del siglo XX, mientras ondeaban una pancarta con su imagen. Las cámaras de VTV se hicieron eco del evento.[14]

Aquella entrega de nuestras exigencias ante la Defensoría del Pueblo fue solo la primera de una serie de eventos y actividades organizados por el CRIR en Caracas. Actividades como elaborar unas plantillas con la imagen más emblemática del Chacal y realizar grafitis en pro de su repatriación por todo

---

14. El vídeo de la noticia está en Youtube: *http://www.youtube.com/watch?v= yoDVdmhW7Do*

Caracas, u organizar conferencias, proyecciones y concentraciones exigiendo su liberación en Francia.

En cuanto a los grafitis, yo tuve un serio enfrentamiento con alguno de mis compañeros, jóvenes comunistas del PCV y por tanto ateos, porque se les ocurrió realizar pintadas por la repatriación de Carlos en la Gran Mezquita de Caracas. Y respecto a las concentraciones, probablemente la más importante y de mayor repercusión fue la que se realizó coincidiendo con el 13º aniversario de la detención (secuestro, según el comité) de Ilich Ramírez en Sudán, en agosto de ese año. Para esta ocasión se hicieron camisetas confeccionadas con los colores de la bandera palestina y la imagen de Ilich en el pecho. Camisetas que luego he visto que lucían miembros de otros grupos armados bolivarianos, como La Piedrita, sin ninguna relación con el CRIR. Y que imagino escandalizarían a los palestinos que abominan de cualquier acto de violencia hecho en su nombre. No solo Ben Laden utiliza Palestina como justificación.

Pero, además, para esa celebración se instaló un toldo en la esquina de Principal, frente a la Casa Amarilla (Cancillería del gobierno), desde las 10:00 hasta las 18:00, con una exposición de artículos y fotografías sobre la vida de Ilich Ramírez, o al menos la imagen internacionalista que nos interesaba promocionar, y una réplica a tamaño natural de la siniestra jaula en la que era transportado desde la prisión de Clairvaux hasta los juzgados de París, cada vez que debía ser interrogado. La verdad es que la caja de acero, de aspecto inquietante, fue todo un golpe de efecto que despertó el interés del programa *En Confianza*, que conduce Ernesto Villegas en VTV, y unos días después varios miembros del comité y la famosa jaula participaron en dicho programa, en directo, desde los estudios de Venezolana de Televisión.

Ese día se recogieron más de trescientas firmas en apoyo a la repatriación de Carlos y se consiguió que la cancillería de Nicolás Maduro recibiese a una delegación de cinco personas para entregarle diferente documentación con nuestras demandas. A media tarde, y sabiendo que justo ese día Hugo Chávez presentaba ante la Asamblea Nacional sus propuestas para la reforma constitucional que tanta polémica internacional iban a suscitar, el CRIR se desplazó, con sus pancartas y camisetas, a las puertas del Palacio Legislativo, uniéndose a la masa de manifestantes chavistas que allí se encontraban esperando la llegada del presidente. La fortuna quiso que, cuando Chávez llegó al palacio, su coche se detuviese prácticamente ante la pancarta de Ilich Ramírez, y al salir del vehículo el mandatario venezolano hizo un gesto, puño en alto, que interpretamos como un saludo y una señal de aprobación a nuestra causa... Ciertamente, Chávez iba a implicarse mucho más a partir de entonces en su apoyo a Ilich Ramírez.

Meknes: los *spree-terrorist*

El 13 de agosto de 2007, solo cuarenta y ocho horas antes de producirse la concentración por la repatriación de Ilich Ramírez en Caracas, todas las agencias de prensa se hacían eco de la noticia de un nuevo intento de atentado terrorista en Marruecos. Un atentado «aislado y desesperado», como lo calificó la Agencia de Prensa Marroquí (MAP). Esta vez en Meknes. La misma ciudad que había pisado Domingo Badía, bajo su identidad como Alí Bey, en su camino desde Fez hacia Rabat. Y la misma ciudad que yo había visitado solo unos meses antes, ya como musulmán, rezando en sus mezquitas y visitando sus museos, sus restos arqueológicos en Volúbilis e incluso el mausoleo del Mulay Idris, el santo más venerado de Marruecos, bisnieto del profeta Muhammad y fundador de la primera dinastía real. El mausoleo y sobre todo la cripta subterránea con los restos del santo están prohibidos a los no musulmanes, y precisamente ese mes de agosto se celebra la peregrinación que dirige hacia ese mausoleo, situado a cuatro kilómetros de Meknes, a miles de creyentes de la Umma, incluyendo a la familia real marroquí. Yo, como musulmán, sí tenía derecho a visitarla.

Pero ese año la peregrinación a Mulay Idris se veía empañada por el nuevo atentado terrorista. A las 11:30 am del 13 de agosto, un autobús de turistas norteamericanos y australianos se detenía en la plaza Al Hadim, el centro turístico y comercial del casco antiguo de Meknes. Al igual que en Marrakech la plaza de Djemma Al Fná concentra todo el bullicio y la actividad comercial tradicional, en Meknes es la plaza Al Hadim la que acoge a todos los comerciantes, curanderos y vendedores ambulantes, y la que inicia la ruta por el zoco de la ciudad.

Hicham Doukkali, que ese día celebraba su trigésimo cumpleaños, lo sabía. Por eso había escogido la plaza de Al Hadim para intentar pasar a la historia de los mártires haciendo explotar una bombona de gas en un autobús lleno de turistas. Afortunadamente, el conductor del autobús se percató del aspecto sospechoso de Doukkali. El chófer cerró las puertas y le impidió entrar en el vehículo. Y finalmente el «terrorista» intentó perforar la bombona con un destornillador hasta hacerla explotar a unos metros del autobús. La prensa calificó de «heroica» la actuación del conductor que, como todos los trabajadores del sector del turismo en Marruecos, había sido alertado e instruido por los cuerpos y fuerzas de seguridad para permanecer siempre atentos a posibles amenazas terroristas. El turismo, especialmente el francés, es una de las principales fuentes de ingresos en el país, y la amenaza terrorista atenta en primer lugar contra la economía nacional.

El yihadista fue el único herido en el conato de atentado. Hicham Doukkali se destrozó una mano y una pierna y sufrió varias heridas de diferente consideración en torso y abdomen. Era un atentado a la desesperada, chapucero. La política marroquí de mano dura tras los atentados de 2003 dificultaba a los yihadistas la obtención de explosivos, y sobre todo detonadores. Pero desde que ese 2007 Ben Laden aceptó a los radicales magrebíes en Al Qaida, algunos estaban dispuestos a participar en la guerra contra Occidente, aunque fuese utilizando una bombona de gas como explosivo y un simple destornillador como detonador.

Doukkali fue trasladado al Hospital Militar Mohamed V, de Meknes, donde fue estabilizado y después interrogado. Vivía con su esposa en un confortable apartamento de un barrio residencial de Meknes. Ganaba unos 10 000 dirhams (unos 1000 euros) al mes y trabajaba desde 2003 en la oficina de recaudación fiscal de la ciudad. No tenía el perfil de terrorista suicida analfabeto, de escasos recursos económicos, que defienden algunos estudiosos.

Se había afiliado al Movimiento Justicia y Caridad, uno de los más fuertes de la oposición marroquí, e islamista, en 1998. Pasó un tiempo estudiando en Tánger, donde continuó en contacto con Justicia y Caridad, y después hizo la especialización en la escuela Hassania, en Casablanca, concluyendo su preparación en ingeniería en 2001. Y aunque desde 2003 trabajaba en el Ministerio de Finanzas, y más concretamente en la Subdirección de Impuestos de Meknes, sus compañeros le habían bautizado con el alias de *Abu Qatada*, debido a su discurso radical sobre el Islam. Doukkali incluso se había negado en alguna ocasión a hacer la oración con sus colegas, por considerarlos musulmanes tibios.

En los interrogatorios policiales, Doukkali habló por los codos e implicó a cuatro amigos en el atentado, aunque solo uno, Hassan Azougar, también ingeniero, sería procesado con él en julio de 2008. Ese año Doukkali sería condenado a cadena perpetua y Azougar a diez años de prisión.

Los medios marroquíes pusieron el acento, como siempre, en el hecho de que Doukkali era miembro del Movimiento Justicia y Caridad. A menos de un mes de las elecciones, era muy fácil instrumentalizar políticamente esta noticia. Los medios occidentales, siempre alarmistas, resaltaron en sus titulares: «Nuevo atentado terrorista en Marruecos», y la absurda aventura de Doukkali pasó a engrosar los listados de acciones de Al Qaida en el norte de África.

Mis hermanos musulmanes marroquíes me escribieron para contarme lo sucedido y enviarme un par de fotos del yihadista, tomadas con teléfono móvil justo después del atentado; asombrados, pero no necesariamente escandalizados por el intento de Doukkali de volar un autobús de turistas. E insistiendo en que yo tenía que conocerle, porque habíamos frecuentado las mismas mezquitas en Meknes.[15] Después de ver esas fotos (de muy baja calidad) sigo sin

---

15. Entre otras, ambos habíamos rezado en la mezquita de Lalla Jenata, en la Puerta Al Berdiyine de Meknes, que en marzo de 2010 saltó a los titulares internacionales al producirse

saber si realmente Doukkali y yo llegamos a coincidir algún día durante el rezo... Pero lo que sí sé es que, en mi humilde opinión, su caso tiene mucha más relevancia de la que se le dio en su día: fue un grito de advertencia que no supimos escuchar. La reconversión de los movimientos armados argelinos, marroquíes, tunecinos o libaneses en ese mutante que es Al Qaida en el Magreb Islámico (AQMI) creó una corriente de empatía ideológica en todo el norte de África para con los postulados antieuropeos y antioccidentales de la red de Ben Laden. Y no se trata ya de organizaciones más o menos estructuradas, capaces de conseguir explosivos, armas de fuego o sofisticados sistemas de destrucción. No se trata de miembros numerarios de tal o cual banda terrorista. Es mucho más maquiavélico que todo eso: Ben Laden y Aiman Al Zawahiri transmitían un mensaje de odio despiadado contra Occidente. Una invitación a luchar contra el infiel, a expulsar de las tierras del Islam a todo cruzado o judío.

Seguramente el sentimiento íntimo de esos yihadistas asesinos, que claman con pasión su odio a muerte al invasor occidental, queda perfectamente expresado en el tema «Guerra al invasor» del grupo de rock neonazi Estirpe Imperial, grupo donde llegó a tocar alguno de mis camaradas skin, como Javito, uno de los encausados en el macrojuicio contra Hammerskin-España. Evidentemente, cuando los skinheads NS clamaban con pasión que «No pisará vuestra tumba la planta del extranjero», se referían, precisamente, a los extranjeros en España. Pero nunca antes se evidenció con tal claridad cómo los extremos se tocan. En esas mismas letras de rock nazi, solo tendríamos que cambiar España, Francia, Reino Unido o Italia, por Marruecos, Mauritania, Argelia o Túnez, y los mensajes de odio xenófobo, de supremacía racial, de imposición de una religión por encima de las demás son exactamente los mismos en el discurso neonazi y en el discurso yihadista. «Y que no pise la tumba de los marabús, en suelo musulmán, la planta del infiel», habría cantado Javito si en lugar de en un aburguesado barrio madrileño hubiese nacido en Meknes, Argel o Nuakchot.

Igual que en los movimientos de supremacía blanca la identidad racial prima por encima de las identidades nacionales —y skinheads NS británicos, alemanes, franceses o españoles son por encima de todo blancos y nacional-socialistas—, un sentimiento de identidad islámica crea vínculos invisibles entre yihadistas de todo el norte de África. Hombres y mujeres que jamás han visto, ni verán, a Ben Laden ni a ningún miembro de Al Qaida, pero que apoyan su ideario. Están dispuestos a contribuir a ese sueño de reconquista, de recuperación de Al Andalus, en la medida de sus posibilidades. Y si no

---

la muerte de 41 personas y 86 heridos, tras derrumbarse su minarete, de cuatrocientos años de antigüedad, sobre la multitud de musulmanes congregados ese viernes para la oración.

pueden inmolarse con dinamita, C-4 o nitroglicerina, si no pueden secuestrar un avión para estrellarse contra un edificio, lo harán llevándose por delante todos los occidentales posibles. Utilizarán una bombona de butano, como Hicham Doukkali, una escopeta de caza o incluso un puñal.

En los archivos policiales israelíes existen muchos precedentes de lo que yo denominaría *spree-terrorist*, o «terroristas frenéticos». Igual que los *spree-killers* asesinan de forma indiscriminada en un brote homicida impulsivo, para luego suicidarse o no, existen «atentados» de palestinos desesperados que apuñalan, atropellan o golpean frenéticamente a ciudadanos israelíes, víctimas de una pulsión incontenible, originada directa o indirectamente en la ocupación. Ese mismo fenómeno empieza a producirse en otros países árabes.

Resulta preocupante el incremento de ataques espontáneos con arma blanca a turistas occidentales en países árabes que se ha detectado en los últimos años. En mi archivo se han ido acumulando los titulares de prensa:

- John Parkinson y Diana Knox: turistas austríacos apuñalados en el hotel Sofitel de Marrakech (mayo 2007).
- Los senderistas españoles Ángel Olmos López y Juan Cristóbal Sánchez, heridos graves con un machete en Mrit (Marruecos), por el integrista Mohamed Hamza (abril 2007).
- Sacerdote católico francés muere apuñalado en el puerto turco de Samsun (julio 2006).
- Turista británico apuñalado una docena de veces en la ciudad turística turca de Marmaris (julio 2009).
- Turista alemán apuñalado junto a la mezquita Al Husseini, en Ammán (marzo 2008).
- Turista israelí apuñalado por un trabajador libio en complejo turístico del Sinaí egipcio (abril 2009).
- Gregor Kerkeling, turista alemán asesinado a puñaladas en Estambul (marzo 2009).
- El joven Benjamin Vanse Veren, muerto, y su madre, grave, tras el ataque del integrista Abdelilá al Mazzinen en el barrio antiguo de Fez (febrero 2009).
- Cuatro miembros de una familia francesa asesinados en Aleg (Mauritania) (diciembre 2007).
- El cooperante estadounidense Christopher Languet, asesinado de un disparo a bocajarro mientras aparcaba su coche en Nuakchot (junio 2009), etcétera.

Para países como Marruecos o Túnez, con unos importantísimos ingresos millonarios en el sector turístico, o para otros como Mauritania, receptor de importantísimas ayudas de la cooperación internacional, cualquier ataque a extranjeros que pueda relacionarse con el terrorismo supone pérdidas de millones de euros. Por eso en la mayoría de las ocasiones ha intentado restarse importancia a estos ataques atribuyéndolos a criminalidad común. Sin embargo, en todos los casos (al menos hasta 2010) se trataba de ataques espontáneos, no planeados, de agresores musulmanes contra víctimas occidentales, en los que no se produce ningún robo. En 2010, con el secuestro de Albert Vilalta, Alicia Gámez y Roque Pascual en Mauritania, país que he visitado en cuatro ocasiones, ya nadie se molestó en intentar ocultar la relación del ataque con el terrorismo. Pero si accedemos a los testimonios, por ejemplo, de los españoles apuñalados en Mrit tres años antes, descubrimos que a ellos tampoco les cabe duda de que fueron víctimas de un ataque terrorista: «Fue la embajada de España la que nos aconsejó que no diéramos publicidad a lo sucedido y nos mantuviéramos en el anonimato —afirma Ángel Olmos, desmintiendo la versión diplomática española—. Se trataba, nos dijeron, de evitar el acoso de la prensa y tensiones innecesarias en las relaciones España-Marruecos».[16]

Con los murcianos Ángel Olmos López, Juan Cristóbal Sánchez, y sus más afortunados compañeros de viaje Juan Ballesta, Juana Sánchez y Esther Messeguer, el gobierno marroquí siguió la misma política que con los primeros españoles asesinados en un atentado terrorista en Marruecos. Ocurrió mucho más al sur, en mi querida Marrakech. El 24 de agosto de 1994. Ese día, un grupo de turistas españoles, entre los que se encontraban Salvador Torras, José Antonio Ocaña, Antonia Cuevas, Doris Ocaña y Antonio Benítez se habían alojado en el colosal hotel Atlas-Asni, en la zona nueva de Marrakech, aunque no demasiado lejos de la medina. Doris y Antonio Benítez estaban de viaje de novios, y sus cuñados los acompañaban.

A las 10:30 am, tres encapuchados entraron en el hotel disparando a todo lo que se movía. Salvador Torras y Antonia Cuevas murieron en el acto. Doris Ocaña recibió dos ráfagas de ametralladora en las piernas, pero sobrevivió. Los asaltantes utilizaban balas explosivas. Se trataba de jóvenes argelinos y marroquíes nacidos o afincados en Francia. Abdelilah Ziyad, alias *Rachid*, fue el organizador del comando. Hubo que esperar hasta 2008 para que se celebrase el juicio por este atentado, en el que además de Rachid fueron procesados otros miembros del comando, como el argelino Djamel Lunici, Tarek Fallah o el marroquí Mohamed Zinedline, que se fugó de la cárcel.

---

16. *http://www.elpais.com/articulo/espana/atentado/existio/elpepiesp/20081006 elpepinac_11/Tes*

La pista egipcia

Ese mismo agosto, mientras los «terroristas frenéticos» dejaban aflorar su pulsión homicida en el mundo árabe, Hugo Chávez recibía en su programa *Aló, Presidente* la visita de Ronald Lumumba y Abdul Hakim Nasser, los hijos de dos de los líderes más emblemáticos de la historia revolucionaria; Patrice Lumumba, líder africano que dio nombre a la universidad moscovita donde estudió Ilich Ramírez, y Gamal Abdel Nasser, fundador del panarabismo en Egipto, país al que yo me había desplazado ese mes, nuevamente, para seguir la pista de Mohamed Al Amir Atta. Mohamed Al Amir era el padre de Mohamed Atta, convertido en el mayor héroe del yihadismo radical tras el ataque a las Torres Gemelas. Según Yosri Fouda,[17] intrépido corresponsal de Al Jazeera en Londres que había podido entrevistar a Mohamed Al Amir algún tiempo antes, el padre de Mohamed Atta aseguraba que su hijo no había muerto el 11-S y que toda la versión oficial sobre el ataque al World Trade Center era un montaje norteamericano para justificar la invasión de Afganistán y sobre todo de Iraq. Al Amir aseguraba que el 12 de septiembre de 2001 recibió una llamada de su hijo, Mohamed Atta, asegurándole que todo lo que se estaba diciendo en los medios era falso, y yo me moría de ganas de que el padre de Atta me explicase eso personalmente. Por desgracia no fue posible. Gracias a algunos hermanos musulmanes egipcios pude averiguar que el padre del «comandante del 11-S», un conocido abogado, vivía y tenía su bufete en un acomodado rincón del barrio de Giza, en El Cairo. No muy lejos de las pirámides faraónicas más famosas del mundo. Y aunque me localizaron su oficina, desgraciadamente aquellos días Mohamed Al Amir se encontraba fuera de Egipto. Cuando volví a intentarlo, a principios de 2009, un inoportuno atentado terrorista en el principal zoco de El Cairo, el Khal al Khalili, desató nuevamente una feroz represión policial. Cada atentado terrorista en Egipto cuesta millones de euros a la principal industria del país: el turismo, y la policía reacciona siempre de forma implacable. Así que esta vez nadie quería ayudarme a buscar al padre de Mohamad Atta, que para colmo se había cambiado de residencia.

Esos viajes, sin embargo, me ayudaron a conocer las mezquitas, las librerías musulmanas y las particularidades del Islam egipcio. Y sobre todo a reconstruir la historia del doctor Aiman Al Zawahiri, número dos de Al Qaida, y un ejem-

---

17. Yosri Fouda es autor de un libro: *Mentes maestras del terrorismo*, y un documental: *The Road to 9/11*, imprescindibles para todo estudioso del fenómeno Al Qaida. Antes incluso que la CIA, Fouda vivió una trepidante aventura que terminó con la única entrevista concedida por Khalid Sheikh Mohammed y Ramzi Binalshibh, autores intelectuales del 11-S, hoy prisioneros en Guantánamo.

plo estupendo de cómo la política represiva, las torturas y las violaciones no son el mejor camino para luchar contra el terrorismo, sino para radicalizarlo. En Egipto conocí la biografía y la obra escrita de Al Zawahiri, y también la de Sayyid Qutb, imprescindibles para comprender el pensamiento yihadista actual. Y regresé a España justo para celebrar el sagrado mes de Ramadán con mis hermanos musulmanes. Un Ramadán que en 2007 se iniciaba el 13 de septiembre. Solo dos días después del sexto aniversario del «martes de gloria» del 11-S. Y el doctor Al Zawahiri esperó hasta esa fecha estratégica para emitir un comunicado inquietante dirigido a los simpatizantes de la organización de Ben Laden en el norte de África. El número dos de Al Qaida invitaba a «la recuperación de Al Andalus [que] es un deber para la nación en general y para ustedes en particular [los pueblos del Magreb]. Solo se podrá lograr ese objetivo desembarazando al Magreb islámico de los hijos de Francia y de España». Ese mensaje se incluía en un vídeo de ochenta minutos de duración, difundido por Al Qaida con motivo del aniversario del ataque a las Torres Gemelas.

En las mezquitas que yo frecuentaba, como en todas, evidentemente se comentó la noticia. Pero no con entusiasmo ni con solidaridad hacia Ben Laden, como pretenden los islamófobos. Para la mayoría de mis hermanos musulmanes, aquel mensaje del doctor Al Zawahiri no pronosticaba nada bueno. Por sus particulares características culturales, los árabes, y también los musulmanes, tienden a casarse relativamente pronto y a tener hijos en seguida. Por esa razón, la inmensa mayoría de mis hermanos en las mezquitas tienen familias, más o menos numerosas, que dependen de ellos. Tras el 11-M y el 7-J en Europa, como ocurrió tras el 11-S en los Estados Unidos, muchos árabes perdieron sus puestos de trabajo o les costaba más encontrar empleos temporales. Incluso entre los no árabes, cuya fe islámica se evidenciaba en su forma de vestir o comportarse (no comer cerdo, no beber alcohol, etcétera), también resultaba evidente la marginación social. Yo mismo puedo dar fe por experiencia propia de que, desde que realicé los tratamientos para oscurecer mi piel, me dejé una larga barba y utilizaba prendas como el *kufiya* o el gorro de *salat*, notaba un cambio de actitud a mi alrededor. Sobre todo en los aeropuertos. Mientras antes podía cruzar cualquier frontera sin llamar la atención de los policías de aduanas y sin tener que identificarme cada poco tiempo, tras la arabización de mi *look*, constantemente era requerido en los controles de policía para mostrar el pasaporte.

También notaba las miradas de desconfianza cada vez que subía a un avión o, ya en la Península, cada vez que tomaba un tren o un autobús. Eran miradas de soslayo, de reojo, clandestinas. Como dedos acusadores que me señalaban, marcándome como individuo sospechoso solo por llevar barba, un pañuelo palestino y un gorro de oración musulmán. Como si ese fuese, por definición, el uniforme de un terrorista.

En mi caso, eso era un cumplido. Pero puedo comprender lo incómodo que resulta para los árabes tener que soportar, constantemente, las miradas despectivas. La desconfianza evidente. Las acusaciones implícitas solo por ser de una raza o/y de una religión determinada.

Pese a todo, me sorprendió para bien, al regresar a Madrid, encontrarme con que el programa *Gran Hermano*, que en España emitía precisamente mi cadena, Telecinco, había incluido a dos concursantes musulmanes en esa edición. El instalador de aparatos de aire acondicionado senegalés Abdallá Mbengue y el caballero legionario español Dadi Mehad, ambos de treinta y cuatro años. Quizás suene extraño pero me gustó encontrar a dos hermanos musulmanes en esa edición del concurso más mediático de la televisión, porque significaba que las amenazas de Al Zawahiri no nos habían hecho mella, y nosotros, a diferencia de ellos, no marginábamos a una persona solo por pertenecer a una raza, credo o nación diferentes. Y eso sí es hacer la voluntad de Allah, porque dice el Sagrado Corán: «¡Oh, gentes! Sed conscientes de vuestro Sustentador, que os ha creado de un solo ente vivo, del cual creó a su pareja y de esos dos hizo surgir a multitud de hombres y de mujeres» (4, 1). Y el profeta Muhammad, en uno de los hadices transmitido por Al Bujari y otros, concluye: «No sed envidiosos unos con otros, no murmurad ni os odiéis unos a otros, sino sed hermanos en el servicio de Dios».

El 24 de ese mes, por cierto, coincidiendo en parrilla con esa edición de *Gran Hermano*, Telecinco emitía la película *Diario de un skin*, basada en mi investigación, así que durante las siguientes semanas me vería obligado a atender de nuevo los compromisos de promoción editorial. Una nueva edición del libro que había inspirado la película, y también la reedición de algunos libros de la colección Serie Confidencial de Antonio Salas que yo dirigía, implicaban nuevas entrevistas y promociones... Resultaba extraño participar en esas campañas de promoción mientras celebraba mi primer Ramadán en Europa. Supongo que ningún compañero se dio cuenta de que aquellos días no comía ni bebía nada desde la salida del sol hasta que se ponía.

Por las noches dejaba en el armario mi identidad como Antonio Salas, el periodista, y sacaba la de Muhammad Abdallah, el Palestino, para acudir a la mezquita y romper el ayuno con mis hermanos musulmanes. En el mes de Ramadán, las mezquitas duplican o triplican su aforo. Como en la Navidad cristiana, los creyentes menos practicantes acuden a algunos oficios religiosos que no suelen frecuentar el resto del año. En el Islam europeo, además, es frecuente que en Ramadán las mezquitas y centros islámicos hagan un esfuerzo económico para traer a imames saudíes, egipcios, etcétera, considerados grandes teólogos, y durante los viernes de ese mes las mezquitas se desbordan de musulmanes que quieren escuchar las prédicas de los recién llegados.

Tras la puesta del sol, además, las mezquitas abren todas las noches sus puertas. Y entre oración y oración compartíamos exquisitos platos de falafel, humus o cuscús con cordero. Y charlábamos. Los árabes son grandes parlanchines. Conversábamos sobre todo. Sobre la animada liga de fútbol árabe, sobre las licenciosas mujeres europeas o sobre la política belicista de Bush en Oriente Medio. Comentábamos el reciente llamamiento del doctor Al Zawahiri a la reconquista de Al Andalus, que iba a volver a colocar a todas las mezquitas españolas en el punto de mira policial. Y casi todos mis hermanos tenían anécdotas que contar sobre las miradas de desconfianza, e incluso desprecio, que nos seguían desde el 11-M. Ese mes de septiembre, además, comentábamos la denuncia que acababa de hacer la ONG Human Rights Watch (HRW), en su campaña de 2007, contra el uso de bombas de racimo en conflictos armados. HRW denunciaba esas terroríficas armas, que los israelíes habían utilizado en Palestina o Líbano, y, entre otros países, se fabricaban en España. Según ese informe, además, varios bancos españoles, como el Santander o el BBVA, ambos con presencia en Venezuela, financiaban ese negocio letal. No es difícil imaginar la opinión que podían tener los libaneses o palestinos afincados en España sobre las fábricas que construían las bombas de racimo que mutilaban a sus hermanos, padres o hijos en sus países de origen...

Reconozco que cuando un año antes el Ramadán me pilló en Venezuela, no me comporté como un buen musulmán. Me había limitado a visitar la Gran Mezquita de Caracas alguna noche, para comer y charlar con los musulmanes venezolanos en el improvisado comedor habilitado en los sótanos del templo, sin embargo todavía fumaba, bebía y comía durante el día. Pero ahora era distinto. Hacía mucho que me había propuesto convertirme en un buen musulmán, y además de haber dejado el alcohol, el tabaco o la carne de cerdo, cumplía radicalmente con el ayuno. Y no era fácil. Los burgueses occidentales estamos demasiado acostumbrados a las comodidades, y una penitencia en teoría sencilla como abstenerse de comer y beber durante el día, realmente requiere un esfuerzo de voluntad. Pero el hecho de conseguirlo, de superar el hambre y la sed durante todo el día, recibe el premio al llegar la noche, porque refuerza tu seguridad en ti mismo. «Lo he conseguido, puedo hacerlo y puedo hacer lo que me proponga.» Aunque a mí me maravillaban mucho más los hermanos musulmanes que desarrollaban trabajos físicos, en la construcción, en el campo, en los muelles... con un desgaste energético mucho mayor, y que aun así aguantaban el hambre y la sed hasta la puesta del sol. Aprendí a valorar la disciplina y la fuerza de voluntad de aquellos musulmanes. Tendríamos mucho que aprender de ellos. Como dice un antiguo proverbio árabe: «Con fuerza de voluntad, incluso un ratón puede comerse un gato».

En octubre de 2007, en las mezquitas del sur también volvió a hablarse de Hiyag Mohalab Maan, alias *Abu Sufian*, el líder de la supuesta célula de Al Zarqaui detenido en Málaga a finales de 2005. Abu Sufian y parte de su supuesta organización habían ingresado en la prisión de Soto del Real (Madrid), el 24 de diciembre de 2005. Según consta en el registro de Instituciones Penitenciarias, el 2 de febrero de 2006 había sido trasladado a Herrera de la Mancha (Ciudad Real), donde había transcurrido la mayor parte —y la más dura, según me contó— de su prisión preventiva. Hasta el 14 de mayo de 2007, en que es trasladado a la prisión de Valdemoro, de la que sale en libertad en espera de juicio el 10 de octubre de 2007, todavía en Ramadán. A partir de ese día Abu Sufian, el supuesto hombre de Al Zarqaui en España, se convertiría en otro de mis objetivos...

En esos últimos meses del año, Venezuela alcanzaba un protagonismo mediático sin precedentes. Incluso varios norteamericanos influyentes, como el actor Sean Penn o la modelo Naomi Campbell visitaban a Hugo Chávez en Caracas, expresando todo su apoyo a la causa bolivariana. Eso enfurecía aún más a la administración Bush, que identificaba ya abiertamente a Venezuela con uno de los países que apoyaban al terrorismo. Hasta tal punto que la cadena de radio norteamericana WSB incluiría la foto de Hugo Chávez junto a la de Mahmoud Ahmadineyad y la de Ben Laden en unos gigantescos carteles publicitarios plantados en las principales autopistas de Atlanta, para promocionar su programación. Imagino que muchos norteamericanos aplaudirían por ello al rey de España Juan Carlos I cuando, en noviembre de ese año, soltó su famoso «¿Por qué no te callas?», al presidente de Venezuela.

Ese mes, por cierto, el líder del Ku Klux Klan David Duke, uno de los ponentes invitados por Ahmadineyad al congreso revisionista en Teherán, visitó también la Librería Europa en medio de una feroz polémica, que viví de cerca. Y en su número 1647 (19 al 25 de noviembre de 2007) el semanario *Interviú* publicaba un extenso artículo titulado «La Chávez Connection. Lo que sí calla: Drogas y terrorismo», repasando la presunta vinculación de Venezuela con Hizbullah, ETA o las FARC, que saturaba los medios internacionales en aquel momento. En la página 17, mis colegas reproducían alguna de las fotografías que yo había tomado a Vladimir Ramírez durante nuestra primera entrevista, que sacaron de la web oficial del Chacal. La verdad es que tuve la tentación de comunicar al redactor jefe, Fernando Rueda, buen amigo, quién estaba detrás de aquella imagen. Aunque no lo hice. Hasta ahora. Sé que comprenderá mi silencio.

El año no iba a terminar en paz. El 11 de diciembre los simpatizantes de Al Qaida en el Magreb Islámico habían decidido seguir las órdenes de Al Zawahiri y de Ben Laden, y volver a golpear con fuerza en el norte de África. En Argel (Argelia), dos ataques simultáneos con coche bomba destruían la sede del Tribunal Supremo y las oficinas del Alto Comisionado de las Naciones Unidas para los Refugiados, y causaban 67 víctimas mortales. Como siempre, la inmensa mayoría eran hermanos musulmanes y vecinos de la misma ciudad donde se había ejecutado el atentado. Por alguna extraña razón, la inmensa mayoría de los atentados yihadistas solo producen «daños colaterales» entre los miembros de la misma Umma por la que los terroristas dicen luchar.

Aquellos espantosos atentados en Argel repetían las masacres que ya había cometido la naciente Al Qaida en el Magreb Islámico, en ese mismo país, en julio y septiembre de ese mismo año. El 13 de septiembre Abu Musab Abdel Wadud, líder de dicha organización, había hecho un siniestro llamamiento a todos los grupos yihadistas tunecinos, libaneses, argelinos, mauritanos o marroquíes para unirse a Al Qaida en el Magreb: «Quedarse fuera de esta alianza no tiene disculpa... la Umma no puede vencer a sus enemigos si no es capaz de renunciar a sus diferencias y de apreciar el valor que posee la unión frente al enemigo... De ellos (los muyahidín) debe partir la unión. ¿Es razonable que los muyahidín permanezcan dispersos?... No pararemos hasta liberar la tierra del Islam, desde Palestina hasta Al Andalus».

Sin embargo, las docenas y docenas de víctimas que perdieron la vida en aquellos atentados de Argel no impresionaron a mis camaradas del Comité por la Repatriación de Ilich Ramírez. Lo único que les hizo reaccionar, en diciembre de 2007, es que un tunecino, de nombre Nabil Soltane, había atacado al Chacal en los baños de la prisión, en presencia de tres guardias y dos reclusos más, que no habían intervenido. Para mis compañeros, el ojo hinchado que había producido el puñetazo de Soltane a Ilich era una muestra más de las intolerables torturas que sufría nuestro comandante en la cárcel donde permanecía ilegalmente secuestrado. Y utilizamos ese ataque, mediáticamente, para exigir una vez más la inmediata repatriación de Ilich Ramírez a Venezuela. Reconozco que me sentía mal al subir a la web del Chacal aquellas «denuncias de torturas» contra Ilich Ramírez, que me parecían ridículas al lado de las cosas que yo había visto en Palestina, Egipto o Marruecos, donde las torturas son algo bastante más serio que el ataque de otro preso en las duchas de la cárcel.

QUINTA PARTE

Año 2008 d. C., año 1429 de la Hégira[1]

---

1. El año nuevo musulmán, 1429, se celebró el 10 de enero de 2008.

Capítulo 7

FARC *versus* ETA:
gudaris y guerrilleros entre Colombia y Venezuela

قُلْ يَا أَيُّهَا الْكَافِرُونَ.لَا أَعْبُدُ مَا تَعْبُدُونَ ,وَلَا أَنتُمْ عَابِدُونَ مَا أَعْبُدُ. وَلَا أَنَا عَابِدٌ
مَّا عَبَدتُّمْ,وَلَا أَنتُمْ عَابِدُونَ مَا أَعْبُدُ.لَكُمْ دِينُكُمْ وَلِيَ دِين.

Di: ¡Oh infieles! No adoraré lo que vosotros adoráis. Vosotros no adoráis lo que yo adoro. Yo no adoro lo que vosotros adoráis. Vosotros no adoráis lo que yo adoro. Vosotros tenéis vuestra religión y yo tengo la mía.

El Sagrado Corán 109, 1-6

ما حكّ جْلدك مثل ظّفرك

¡Señor, perdóname solo a mí!
Proverbio árabe

El Chacal comparece ante la prensa internacional

Enero de 2008 llegó prometedor. A principios de mes ocurrieron dos cosas importantes. El miércoles 9 de enero, el CRIR decidió dar otra vuelta de tuerca en la campaña por la repatriación de Ilich Ramírez. Tras la noticia deliberadamente exagerada del «ataque» sufrido por Carlos en las duchas de la prisión, se nos ocurrió que sería una forma estupenda de llamar la atención de los medios internacionales que Carlos el Chacal, quien había sido el hombre más perseguido del mundo, convocase por primera vez en la historia una rueda de prensa. Y decidimos que el mejor lugar para llevar adelante nuestro proyecto era el Cuartel San Carlos, en Caracas.

El Cuartel San Carlos Libre es un referente en la historia revolucionaria de la Venezuela bolivariana. Construido en 1787 por Luis de Unzagay para proteger la entrada natural a Caracas desde el Caribe, es una sólida fortaleza con muros de 100 metros de largo flanqueados por garitas de vigilancia y abundantes celdas y habitáculos en sus dos plantas, que rodean un patio central.

Hasta 1994 fue utilizado como prisión militar y política, alojando a muchos guerrilleros de la primera hornada, que en 1967 protagonizaron una fuga histórica. Entre los rebeldes que se escaparon entonces del San Carlos se encontraban algunos personajes de la vida pública venezolana actual, como Teodoro Petkoff.

En la década de los setenta, nuevos guerrilleros del Partido Bandera Roja, Punto Cero o las Fuerzas Armadas de Liberación Nacional fueron condenados al San Carlos por actos de «terrorismo» en la lucha armada. Aunque en enero de 1975 se produjo una segunda fuga colectiva histórica. La llamada Operación Jesús Márquez Finol. Y ya en la década de los noventa, restituido su carácter de cárcel política, en una de sus celdas pasó dos años el teniente coronel Hugo Chávez Frías, tras su intento de golpe de Estado de 1992.

Tras la llegada al poder de Hugo Chávez, el Cuartel San Carlos se convirtió en un símbolo del final de la «represión derechista» contra los rebeldes bolivarianos y se transformó en un centro cultural, donde constantemente se realizan exposiciones, conferencias, presentaciones de libros y demás. Así que se trasladaron al San Carlos todos los paneles con fotografías, artículos de prensa, etcétera, sobre Ilich, así como la gran pancarta que encabezaba nuestras manifestaciones, que se desplegó sobre la escalera que conduce a las celdas de la primera planta. Y con esa miniexposición biográfica sobre el Chacal debidamente situada en el patio de armas, se convocó a los principales medios de comunicación venezolanos.

Vladimir Ramírez ya había pactado con su hermano mayor que le telefonease desde la prisión de Clarvaux ese miércoles a la hora fijada. Hora en la que ya se daban cita en la sala Fabricio Ojeda del San Carlos, mis compañeros periodistas de Venezolana de Televisión, YVKE Mundial, Radio Rumbos, Canal 4 Venevisión, Telesur, y también prensa escrita como el diario *Últimas Noticias* y otros medios nacionales y alternativos. Radio Nacional de Venezuela transmitió en directo toda la rueda de prensa y las comunicaciones de Ilich Ramírez, que durante unos treinta minutos respondió a las preguntas de los periodistas, algo que no había podido hacer desde que el tiroteo en la rue Toullier de París lo convirtió en 1975 en un prófugo de la justicia.

Aquella insólita «rueda de prensa» podría haber tenido una repercusión internacional mucho mayor, pero Allah conspiró en contra del terrorista más famoso de la historia, y la noticia fue del todo eclipsada por otros titulares generados en Venezuela. Ya que, casualmente, el 10 de enero de 2008 las FARC entregaban a Hugo Chávez, siguiendo su programa de liberación de rehenes, a Consuelo González y a Clara Rojas, mano derecha de Ingrid Betancourt, y secuestrada con ella en febrero de 2002. Después de la candidata a la presidencia de Colombia Ingrid Betancourt, Rojas era una de las rehenes de las FARC que despertaban más interés mediático, y su liberación unilateral colapsó los titulares internacionales. Tras seis años en poder de la guerrilla, todos los periodistas del mundo querían saber cómo se encontraba Clara Rojas, y la «rueda de prensa» de Ilich Ramírez quedó relegada a unas columnas marginales en algunos periódicos y a un comentario anecdótico en algún informativo de televisión.

Allah no quiso apoyar al Chacal en su primera comparecencia ante los medios. Pero a mí me sirvió de mucho, porque esa misma semana se puso en contacto conmigo Marcelo Mackinnon, un periodista que quería entrevistarme en mi calidad de *webmaster* y contacto con el exterior de Ilich Ramírez. La entrevista, en inglés, se publicó ese mismo mes en varios medios internacionales, y posteriormente también la versión en español.[1] No era la primera entrevista que me hacían en calidad de *webmaster* de Carlos el Chacal, ni tampoco la última. Pero sí era la primera que se publicaba en inglés y español simultáneamente. Y esa entrevista en concreto iba a ser importante cuando, un par de meses más tarde, las FARC intentasen comprobar mi identidad antes de acceder a llevarme a sus campos de entrenamiento en Colombia.

En uno de sus cuentos satíricos, el genial Mullah Nasruddin relata cómo todos los días cruzaba las puertas de la ciudad con las alforjas de su asno llenas de paja. La guardia del califa sabía que Nasruddin era un contrabandista, y todas las noches, cuando el Mullah regresaba a su casa, revisaban meticulosamente las alforjas, cernían la paja, cacheaban al sabio... pero nunca descubrieron el contrabando. Y, mientras, la riqueza de Nasruddin aumentaba. Años después, cuando el jefe de la guardia aduanera se retiró, acudió al enriquecido sabio para preguntarle: «Oh, Mullah. Sabemos que te has hecho rico gracias al contrabando. Pero nosotros siempre registrábamos tus ropas, las alforjas, tu bolsa, y nunca encontramos la mercancía... ¿Ahora puedes decirme qué era lo que pasabas de contrabando?». Y el sabio respondió: «Asnos». Sin proponérselo ni ser conscientes de ello, compañeros como Marcelo Mackinnon me sirvieron para colocar «de contrabando» la identidad de Muhammad Abdallah en conocimiento de diferentes grupos armados internacionales. No se trataba de transmitir un mensaje yihadista, ni un contenido político, ni una reivindicación terrorista en labios de aquel supuesto fedai palestino. El pro-

---

1. *http://english.ohmynews.com/articleview/article_view.asp?menu=c10400&no=381679&rel_no=1*
http://www.webislam.com/?idt=14888
http://samreality.blogspot.com/2008/01/ilich-ramirez-carlos-is-attacked-and.html
http://www.45-rpm.net/solidaridad/?p=1509&cpage=1#comment-107
http://www.kaosenlared.net/noticia/muhammad-abdallah-palestino-revolucionario-voz-ilich-ramirez-carlos-re
http://alseher.blogspot.com/2008/01/interview-with-muhammad-abdallah.html

ducto, en realidad, era el mismo palestino. Y sin la ayuda de todos esos camaradas, sinceros simpatizantes del movimiento revolucionario que nunca cola-
boraron conscientemente conmigo, yo no habría podido franquear la «guardia
aduanera» de grupos como las FARC o ETA...

Operación adiestramiento

Y es que precisamente ese enero los grupos armados bolivarianos habían
decidido aceptar mi solicitud para recibir adiestramiento de combate en sus
campos de entrenamiento. O eso me comunicó Comandante Candela cuando
me telefoneó a principios de año:

—Palestino, se abren los campos de entrenamiento, vente para acá. Te vas
a pasar una temporada preparándote con los camaradas. Acá están colombianos, árabes, peruanos, vascos... estamos todos.

Cuando trabajas como infiltrado y sobre todo cuando no tienes ningún tipo
de cobertura, una cosa es imaginar una situación y otra son tus reacciones
cuando esa situación se convierte en realidad. Colarse en los entrenamientos
guerrilleros con una cámara oculta sonaba bien en el planteamiento teórico de
la investigación... pero intentar hacerlo en la vida real infundía mucho miedo.
Además yo no soy Bear Grylls y, si surgían problemas, ¿cómo iba a escapar de
allí? Mi amigo Carlos, instructor de defensa personal y técnicas de combate
para varias academias de policía, me adoptó en su gimnasio unos días y me
dio algunos consejos útiles. Por supuesto, nada de lo que me enseñó me iba a
salvar la vida si los guerrilleros descubrían que era un infiltrado, pero al menos
me crearían una falsa aunque consoladora sensación de seguridad.

Lo cierto es que me asustaba regresar a Venezuela después de la noticia
sobre mi intento de secuestro. Y más aún la idea de convivir durante un tiempo indeterminado con grupos terroristas de diferentes nacionalidades. Porque
eso implicaba que, como estuvo a punto de ocurrir en Marruecos, mi tapadera como árabe musulmán podía irse al traste por una cuestión genital. Si iba
a convivir con otros árabes, era más que probable que tarde o temprano tuviésemos que compartir ducha, o *hamman*, así que había llegado el momento
que había intentado evitar durante toda la infiltración. Un peaje imprescindible si realmente quería pasar por musulmán: la circuncisión. Domingo Badía
sabía que la circuncisión era imprescindible para hacerse pasar por árabe en
un sociedad islámica, y pasó por ello antes que yo. La descripción que hacía
de su operación en Londres, justo antes de convertirse en Alí Bey y cruzar el
estrecho de Gibraltar rumbo al Magreb, era terrorífica. Pero habían pasado
doscientos años y la urología ha evolucionado mucho.

La verdad es que siempre había mantenido una relación muy cordial con mi pene. Nunca habíamos tenido problemas, así que la idea de cortarle un trozo de piel para completar mi disfraz árabe no nos hacía gracia a ninguno de los dos. Pero era preferible argumentar algún tipo de molestia ante el urólogo que decirle que necesitaba circuncidarme para hacerme pasar por musulmán.

Tampoco me tranquilizaban las advertencias del doctor al respecto de los riesgos que podía implicar la intervención. Lo lógico es hacer esta operación a los niños recién nacidos o en su más tierna infancia, y no a un adulto de mi edad. Pero preferí firmar la conformidad a dichos riesgos sin leer la letra pequeña. Tampoco quise escuchar sus advertencias cuando le dije que necesitaba operarme de inmediato, ya que iba a salir de viaje pocos días más tarde. Obviamente, no podía explicarle al urólogo que me disponía a viajar a América Latina para recibir entrenamiento paramilitar, así que le dije que necesitaba participar en unas competiciones deportivas poco tiempo después, y que necesitaba un tratamiento de urgencia. Con buen criterio, el urólogo advirtió que no se hacía responsable si se desgarraban las cicatrices tras la operación por hacer un ejercicio intenso, que como médico me prohibía. Pero en mi trabajo con frecuencia hay que desoír las prohibiciones...

Por otro lado toda la infiltración formaba parte de un documental de televisión, así que tenía que buscar una excusa razonable para grabar mi operación. Y solo se me ocurrió pedirle a un médico amigo que *in nomine amicitiae* me acompañase al quirófano. Mi amigo argumentó que estaba interesado en grabar la intervención para utilizarla en un congreso de urología. Pero no fue buena idea.

—¿Para un congreso? Claro, no hay problema... En ese caso vamos a hacerle un trabajito fino...

Cuando el urólogo pronunció aquella frase no me imaginaba lo que implicaba. Y es que, mientras en una operación de circuncisión normal, la intervención se concluye en media hora con media docena de puntos de sutura, en aquel «trabajito» que teóricamente se iba a proyectar en un congreso me tuvieron casi dos horas sobre la mesa de operaciones, y me regalaron más de veinte puntos.

Lo peor es que no podría volver al médico para ninguna de las curas, ni tampoco para extraer los puntos si se presentaba algún problema. Tendría que llevarme conmigo los desinfectantes, gasas esterilizadas, etcétera, para hacerme las curas yo mismo en Venezuela. Por fortuna las perspectivas de lo que me aguardaba en el nuevo viaje a América Latina no invitaban precisamente a tener una erección. Esta vez sí podía decir que me había dejado la piel en la investigación... Mi pene mutilado y yo salimos del quirófano casi con el tiempo justo de hacer las maletas.

Ese enero, además, Chávez puso en marcha su campaña de las tres erres: revisión, rectificación y reimpulso. Y, a mí, la primera de esas erres me iba a dar mucho juego para acentuar mi nueva relación con mis antiguos camaradas neonazis. De hecho, conseguí convencer a los responsables de alguno de los periódicos venezolanos en los que colaboraba para que publicasen algún texto revisionista sobre el holocausto judío, aprovechando la tensión entre Caracas y Tel Aviv, y la empatía de Chávez con el drama palestino. Y, con esa presentación, me las apañé para conseguir que mis viejos camaradas de Nuevo Orden recomendasen en la web neonazi más influyente en lengua hispana mis trabajos revisionistas. Es más, Nuevo Orden apoyaría mi supuesta intención de convocar un congreso mundial sobre revisionismo, similar al de Teherán pero en Venezuela. Chávez había sido el único presidente del mundo que se había enfrentado a Israel durante la segunda guerra del Líbano, en 2006, y parecía razonable que unos revisionistas venezolanos, de origen palestino, pudiesen convocar un nuevo congreso mundial antisionista. Por supuesto, nunca tuve la menor intención de organizar ese congreso, pero mis camaradas neonazis se tragaron el anzuelo, y de la noche a la mañana volvía a tener una situación privilegiada en la comunidad revisionista internacional, lo que me permitiría acceder a unos contactos e información fascinantes.

Al mismo tiempo, en España, el 14 de enero quedaba visto para sentencia el juicio de la Operación Nova. En 2004 la policía detuvo a 32 presuntos yihadistas, pertenecientes a una organización denominada Mártires por Marruecos, que supuestamente planeaban atentar contra la Audiencia Nacional, la sede del PP, la estación de tren de Príncipe Pío y el Tribunal Supremo en Madrid. Aquel día de 2008, cinco de ellas fueron condenadas.

Operativo tupamaro en Maiquetía

Tal y como me dijo Comandante Candela, el contacto con la guerrilla colombiana estaba dispuesto pero, lógicamente, tendría que volar a Caracas de nuevo... No me hacía mucha gracia volver a Venezuela después de conocer que habían planeado mi secuestro en el aeropuerto de Maiquetía un año atrás.

No soy ningún valiente. Ni tampoco un policía, un militar o un espía adiestrado para este tipo de situaciones. Solo soy un periodista. Y por mucho que mis camaradas tupamaros hubiesen insistido en que mi seguridad estaba garantizada, cuando el avión hizo la aproximación al Aeropuerto Internacional Simón Bolívar, en Maiquetía, mi corazón empezó a latir más deprisa. Y no porque me asuste volar.

Antes de embarcar, el Chino me aseguró que en agradecimiento a mis servicios como escolta de su papá en España, un buen grupo de tupamaros armados estaría esperándome en el aeropuerto, pero el recorrido entre el avión y la sala de llegadas de Maiquetía iba a tener que hacerlo solo. Así me lo habían advertido telefónicamente antes de subirme al avión en Madrid, y me lo habían confirmado durante la escala que hicimos en Quito. Eso tenía una ventaja y una desventaja. Por un lado, me daba un margen para cambiar las etiquetas de mis maletas antes de salir a la sala de llegadas, ya que lógicamente viajaba con mi pasaporte real. Pero, por otro, me dejaba totalmente desprotegido durante unos minutos, y todo apuntaba a que mi supuesto secuestro lo habían planeado dentro del aeropuerto. Así que, antes de bajar del avión, entablé conversación con un grupo de jóvenes venezolanas que volvían de unas vacaciones en Roma, vía Madrid. Unos chistes sobre españoles, unos juegos de ingenio y unas críticas feroces al tirano Chávez me permitieron ganar sus simpatías.

Las tres bellas y zulianas eran escuálidas hasta la médula, pero se apiadaron de mi lamentable aspecto. La cicatriz de la reciente circuncisión me hacía caminar con las piernas más abiertas de lo normal, como si estuviese imitando a John Wayne, así que les dije que había estado montando a caballo en España, y que eran las agujetas en la entrepierna las que me hacían caminar como un pato. La ocurrencia les hizo gracia y, solidarias con mi entrepierna, no solo me acompañaron hasta el control de pasaportes, sino también hasta la sala de equipajes. Allí me despedí de ellas tras intercambiarnos los celulares y me escondí en los servicios para colocarme la cámara oculta. Después sustituí las etiquetas de mis maletas, con mis datos reales, por otras que ya tenía preparadas a nombre de Muhammad Abdallah. Si todo iba según lo planeado, tras aquellas puertas estarían esperándome los tupamaros de Comandante Chino, y no era recomendable que al recoger mis maletas descubriesen otro nombre que no fuera ese. Una vez preparado, empujé el carro con las maletas hacia la sala de llegadas.

No tardé en reconocer al inconfundible Chino Carías en un extremo de la sala. A su lado la bella Ismar y dos o tres tupamaros más. En el otro extremo pude ver al Viejo Bravo, acompañado del enorme Chino II[2] y otros dos o tres tupas. Mi cámara oculta grabó el momento en que Bravo me intercepta mientras sus hombres me rodeaban, y me advierte:

—Vámonos, vámonos, vámonos de aquí porque, coño, hay un grupo detrás de ti, coño, que te quiere meter mano... Sí, vámonos, vente, vente...

Supongo que todavía me costaba mucho creer que realmente uno de los grupos armados bolivarianos hubiese decidido secuestrarme, en mi anterior viaje a Venezuela, por sospechar que yo pudiese ser miembro de Al Qaida.

---

2. Mi experiencia es que algunos alias se repiten entre los grupos armados bolivarianos, lo que puede llevar a peligrosas confusiones. En esta investigación conocí y conviví con varios «Chino», «Gato», «Candela», «Bravo» o «Navaja», entre otros. Por este motivo, para diferenciar a uno de otro, en ocasiones se añade un segundo alias o un número al sobrenombre revolucionario, como era el caso de Chino II.

Aun así, la advertencia del veterano coronel sonaba muy seria y consiguió asustarme. Aunque por supuesto no lo demostré. En este nuevo viaje a Venezuela todo iba a ser mucho más peligroso. Y mi ángel de la guarda iba a tener que hacer tantas horas extras como yo.

En una segunda línea de seguridad, el Chino y sus hombres cubrían el perímetro del primer grupo que me rodeaba. La verdad es que me sentía desbordado por aquella situación, y aun así seguro. Habría hecho falta todo un despliegue de medios para poder causarme algún daño en mi llegada a Maiquetía ese día. Por cosas como estas me resulta realmente difícil poder juzgar con objetividad las actuaciones y comportamientos criminales de mis camaradas tupamaros, que, como mis hermanos musulmanes, siempre fueron leales con quien consideraban un miembro más de la revolución y de la Umma respectivamente. Justo igual que lo habían sido los skinheads durante mi infiltración en el movimiento nazi. Este es el gran conflicto emocional y psicológico que implica una infiltración, pero, a pesar de haber sido perros de la misma manada, creo que tengo muy claro lo que es correcto y lo que no lo es; por eso había aceptado declarar como testigo en el juicio contra Hammerskin que se celebraría un año después. Y lo mismo haré ahora.

En cuanto los tupas me rodearon se hicieron cargo de todo mi equipaje y también de las cajas de piezas que traía para el coche de Beatriz, incluyendo una ventanilla nueva. Después me metieron en uno de los 4 x 4 de mis camaradas guerrilleros, con Bravo y el Chino II, mientras el resto de mi escolta se distribuía en otros vehículos y se unía a nosotros para escoltarnos hasta Caracas. Supongo que si no llevase en ese proceso la cámara oculta, resultaría difícil de creer, pero esa sorprendente recepción en el aeropuerto de Maiquetía era solo el preámbulo de todas las cosas increíbles que iban a suceder en este viaje.

Crispación bolivariana

A principios de 2008, la situación en Venezuela se adivinaba más tensa que en 2007 y 2006. Chávez arremetía contra George Bush y el imperialismo yanqui con más firmeza que nunca. Y la oposición hacía lo mismo contra Chávez. Para mi sorpresa, la inmensa mayoría de los medios de comunicación seguían siendo antichavistas. Casi el 90 por ciento de las emisoras de radio y la gran mayoría de la prensa escrita nacional atacaban ferozmente y sin piedad cada cosa que Chávez hacía o decía. Y lo que no hacía y decía, también.

La no renovación de la licencia para emitir en abierto a la cadena RCTV en 2007, que ahora seguía emitiendo por cable y que fue presentada al mundo como víctima de la censura chavista, aceleró la guerra mediática. Y mientras en Europa y los Estados Unidos se dibujaba la imagen de una Venezuela en la que el gobierno bolivariano prohibía las críticas de la oposición, la verdad era que la gran mayoría de los medios de masas disparaban contra el gobierno las críticas más feroces, que con frecuencia dejaban muy atrás las diferencias políticas para concentrarse en los ataques personales a Hugo Chávez.

Las cadenas aliadas del gobierno, como la estatal Venezolana de Televisión (VTV), el Canal 8, no podían competir ni remotamente con el poder mediático antichavista de Globovisión, Televen, Venevisión o la misma RCTV, que contaban con los mejores equipos, la mejor programación y los profesionales más mediáticos. Bastaba comparar la programación de VTV con la de Globovisión para intuir quién estaba detrás de cada cadena. Mientras Globovisión enlazaba con CNN para difundir las noticias, con el acento y el estilo de la cadena norteamericana, VTV emitía una programación televisivamente insoportable. Y a pesar de que hice buenos amigos en esa cadena, cuyas instalaciones llegué a visitar, hoy puedo decir con sinceridad que aunque pasé días enteros viendo los programas del Canal 8, esa programación, aburrida, sosa, anticomercial, era solo apta para los chavistas más convencidos.

Pese a que el eslogan de la cadena fuese «El canal de todos los venezolanos», lo cierto es que nadie que no fuese un chavista radical podría soportar la sucesión de inauguraciones de hospitales, de puentes o de escuelas protagonizada por tal o cual ministro chavista. O las crónicas sobre las misiones y los pseudodebates políticos. Solo por las noches, *La Hojilla* de Mario Silva ponía un punto de color más irónico y transgresor, pero igualmente chavista incondicional, en la programación del Canal 8. Aunque los domingos todo el país sintonizase VTV para ver *Aló, Presidente*.

Globovisión, por el contrario, contaba con los programas concurso, las películas, las telenovelas y los agresivos programas antichavistas, que dejaban al español Federico Jiménez Losantos y sus corrosivas críticas al gobierno socialista desde la COPE, o a los feroces ataques de la FOX contra el actual presidente Obama, en un juego de niños. Sin embargo, cuando por fin el gobierno bolivariano se concienció de que perdía por goleada la guerra mediática, decidió ejecutar una ordenanza que obligaba a todas las emisoras de televisión nacionales a conectar en cadena. Esto es algo que ocurre en casi todos los países del mundo para transmitir simultáneamente determinados mensajes del jefe de Estado, pero mientras en España, por ejemplo, esas emisiones simultáneas se limitan el mensaje de Navidad del Rey y a excepcionales eventos políticos, Chávez llegaba a enlazar en cadena fragmentos del interminable *Aló, Presidente*, lo que generaba situaciones absurdas y paradójicas. Como que los televidentes estuviesen viendo un debate político en Globovisión, en el que los contertulios afirmaban que Fidel Castro había muerto, y de pronto se cortase la señal del plató y entrase la de *Aló, Presidente*, en el instante en que el mismo Fidel Castro telefoneaba a Hugo Chávez en directo, para participar en su programa.

Más aún, en 2008 el gobierno bolivariano decidió pagar cuñas publicitarias en las cadenas de la oposición, con Globovisión a la cabeza, para intentar contrarrestar la información antichavista de dichas cadenas. Así que era habitual que alguien estuviese viendo los informativos de la CNN en Globovisión, o programas como *Grado 33* o *Aló, ciudadano*, en los que se afirmaba que existían restricciones de alimentos en Venezuela, o que en los supermercados faltaba carne, leche y productos de primera necesidad —noticias que, por cierto, se repetían en Europa sin que nadie las contrastase—, cuando de pronto, al pasar a publicidad, aparecían una serie de anuncios comerciales de los mercal o PEDEVAL (empresas de alimentos apoyadas por PDVSA), en los que se vendía leche, pan, etcétera, a costos realmente bajos, y donde yo mismo he hecho la compra alguna vez. Como es lógico, al final uno ya no sabía a quién creer, porque en las cadenas de la oposición aparecían las dos versiones de una misma noticia simultáneamente. En las cadenas chavistas, sin embargo, solo aparecía la versión oficial. Salvo en *La Hojilla*, donde Mario Silva repetía algunas noticias e informaciones emitidas en las cadenas opositoras, para después atacarlas con feroz y despiadada ironía.

En este viaje mi intención era acceder a las FARC y al ELN para recibir entrenamiento como terrorista, y así averiguar su presunta relación con otras organizaciones armadas como ETA, Hizbullah, Hamas o incluso Al Qaida, tal y como la prensa occidental venía publicando desde que se inició la liberación de rehenes de la guerrilla colombiana en Venezuela. Pero también aspiraba a conseguir llegar a los archivos personales de Carlos el Chacal. Su verdadera y desconocida historia nunca publicada.

Cosas que perdimos en el camino

En mi regreso a Caracas noté muchos cambios. Entre mis camaradas chavistas detecté dos tendencias muy diferenciadas. Unos se habían vuelto mucho más escépticos con el proceso bolivariano. Y aunque ninguno se atrevía a cuestionar al presidente Hugo Chávez, sí escuché muchas críticas a casi todos los miembros de su gobierno que, como la mayoría de los políticos, habían descubierto la erótica del poder y la tentación de la corrupción en su segunda legislatura. En mi país los políticos suelen corromperse mucho antes... Otros, sin embargo, se habían radicalizado mucho más en su fervor chavista. Y algunos amigos como Comandante Candela, que un año antes despreciaba la violencia, ahora estaban dispuestos casi a liarse a puñetazos con la irritante oposición a la primera oportunidad. La crispación se respiraba en las calles de Caracas. Pero era mucho peor de lo que yo imaginaba.

La primera noche de ese nuevo viaje, y después de hacerme las curas en mi pene recién tuneado al estilo árabe, cené con el Chino Carías, Comandante Candela y algún revolucionario más, en un conocido y lujoso restaurante de Las Mercedes, más cercano al glamur de la acomodada burguesía escuálida que a la austera sobriedad revolucionaria. Como era previsible, las estrategias mediáticas de la oposición fueron uno de los temas recurrentes en la conversación y, entre el segundo plato y el postre, uno de los líderes tupamaros presentes comentó con escalofriante naturalidad una «anécdota» que transcribo tal y como salió de su boca:

—Mientras Chávez no le pare bola y nos deje usar «mano izquierda» a los grupos armados, esta vaina no va a ningún lado. Porque en Europa solo escuchan a los escuálidos...

—¿Cómo «mano izquierda»? —pregunté ingenuamente.

—Verga, pana. Pues mano izquierda. ¡Plomo! ¿Tú te acuerdas de...? —y menciona el nombre de uno de los muchos personajes de la oposición que actualmente viven en Miami y que no recuerdo—. A ese lo agarramos una noche al salir de su casa allá en la plaza de Altamira. Lo metimos en un carro y lo llevamos para una quinta y allá lo desnudamos y nos lo cogimos uno por uno. Y luego trajimos un perro y se lo cogió también. Y lo grabamos todo en vídeo. Después lo soltamos. Y a los dos días le mandamos una copia del DVD y un billete para Miami... y para allá se fue el cabrón. Con todos los escuálidos golpistas y vendepatrias del 11 de abril. Eso es mano izquierda. Si el comandante nos dejase, los botábamos a todos fuera de Venezuela...

Me costó mucho asumir que unos camaradas que se preocupaban por mi seguridad, que siempre me trataron como a un hermano, fuesen capaces de secuestrar a un empresario opositor, violarlo, humillarlo y luego chantajearlo, para obligarlo a marcharse del país. De hecho, todavía no he conseguido asumirlo. ¿En qué punto del camino perdieron la fe? ¿En qué momento decidieron que la violencia era una mejor defensa para su ideología que sus argumentos? ¿Cómo es posible luchar contra un adversario que definimos como tirano, malvado, violento, si nos ponemos a su mismo nivel de tiranía? Acababa de encontrarme, en Venezuela, con el mismo fenómeno que había vivido en Europa durante mi infiltración en el movimiento antifascista, donde jóvenes que decían luchar contra el racismo, la intolerancia y la violencia neonazi se dedicaban a dar palizas a los skinheads NS, como una forma de expresar su activismo contra los intolerantes. Pero no se puede luchar contra la violencia con más violencia. El fuego no se apaga con fuego.

En este nuevo viaje a Venezuela me encontré a un Carías más escéptico con el proceso revolucionario. Aunque no era el único: las tensiones entre los diferentes grupos armados bolivarianos empezaban a radicalizarse. Después de ganar de nuevo las elecciones, los chavistas ya no estaban unidos ante un enemigo común, y la falta de un enemigo es lo que termina por enfrentar a los aliados entre sí. Eso iba a retrasar mucho mi acceso a los campos de entrenamiento porque, según mis camaradas, existía una puja por controlar el poder de las armas entre los diferentes movimientos armados en el país.

Sin embargo, sus contactos con la guerrilla colombiana seguían gozando de buena salud. Y eso era lo que yo necesitaba ahora. Según me explicó, cuando los elenos (definición coloquial de los miembros del Ejército de Liberación Nacional o ELN) les entregaban a los tupamaros grandes sumas de dinero, que les cambiaban de dólares a bolívares, euros o viceversa, «los billetes huelen a humedad, a enterrado. La guerrilla tiene sus bancos en la selva». Y los mismos tupamaros, que fueron los primeros en ofrecerse a armarme en Caracas y en proponerme negocios como intermediario para importar y exportar armamento entre Oriente Medio y América Latina, reconocían que tanto los elenos como las FARC en ese momento tenían «armas muy nuevas y muy modernas, ya pronto vas a verlas tú mismo...». Pero *pronto* es una palabra que no significa necesariamente lo mismo para un español y para un revolucionario.

Los tupamaros de Carías serían una de mis vías de acercamiento a la guerrilla colombiana y a ETA, pero no la única. En Venezuela todos los grupos armados parecían estar en contacto directo con las FARC y el ELN, y era evidente que los personajes más representativos de la guerrilla histórica venezolana tenían hilo directo con los colombianos. Yo les pedí ayuda a los más importantes: Douglas Bravo, Paúl del Río y el Viejo Bravo. Y también a los mejores amigos de ETA en Venezuela: la Coordinadora Continental Bolivariana (CCB).

Douglas Bravo, el legendario guerrillero venezolano, cuenta con el respeto y admiración de casi todos los grupos armados en América Latina. Y a pesar de que en muchas de las biografías de Ilich Ramírez se le menciona como el introductor de Carlos el Chacal en la lucha armada, tanto el uno como el otro me confesaron que esa información era falsa y que jamás se habían dirigido la palabra. Y creo no ser pedante si aseguro que nunca lo habrían hecho, de no haber llegado yo a Venezuela. Ilich me contó tiempo después que: «A Douglas Bravo yo solo me acuerdo de haberlo visto en Venezuela en el año 1958. Yo estaba carajito y me lo señalaban en la calle, un primo lejano de mi mamá, que fue criado en la casa y a quien lo consideraba como un hermano menor. Vi a Douglas varias veces en cuestiones políticas, pero no hablé nunca con él. También lo vi una vez en un accidente de automóviles. Él venía en un jeep y no entiendo cómo salió de ese accidente. Era un tipo con una sangre fría del carajo. Otra vez lo vi solo en el centro de Caracas, en El Silencio, en la tarde, y luego un par de veces en 1964. Estaba con Núñez Tenorio, ese gran ideólogo, un hombre intelectual de gran capacidad...».

Sin embargo, el 3 de julio de 2007, desde la redacción del *ICR*, uno de los periódicos que yo involucré en el Comité por la Repatriación de Ilich Ramírez, y por primera vez en sus vidas, Carlos el Chacal y Douglas Bravo pudieron conversar durante una de las llamadas telefónicas que hacía Ilich Ramírez al comité desde su prisión en París.

Mis primeros contactos con Douglas Bravo, a quien visité en su lujoso apartamento de Parque Central en varias ocasiones durante 2006, no pasaron de charlas informales. A pesar de que tuviese la amabilidad de regalarme alguno de sus libros, dedicado cariñosamente al «Camarada hermano y amigo Muhammad Abdallah. Lo respeto y le prometo que en estos países del continente levantaremos los espacios de la resistencia integral contra el capitalismo».

Cuando volví a visitar su casa en 2008, finalmente Douglas no solo tuvo la gentileza de concederme una entrevista, sino que me presentó a Enrique C., muy cercano también a la guerrilla colombiana. Él fue quien me puso en contacto con el profesor A. N., contacto de las FARC en Táchira, y que muy amablemente se ocuparía también de buscarme una reunión con los guerrilleros colombianos.

Además de ellos, también toqué a Paúl del Río, otro histórico de la guerrilla venezolana. Nacido en La Habana en 1943, Paúl del Río se trasladó con su familia a Caracas en 1944. Del Río es uno de los pintores y escultores más prestigiosos de Venezuela. Casualmente, su famosa escultura *La mano mineral* preside una plaza frente a la sede de la OPEP en Viena, la misma que Carlos el Chacal asaltó en 1975. Las otras tres «manos minerales» creadas por Paúl del Río se encuentran en Venezuela: en Cienfuegos y en la avenida Libertadores, justo frente a la sede de la OPEP en Caracas. Pero lo que le convirtió en un guerrillero legendario es que el 24 de agosto de 1963, y como componente del Frente de Liberación Nacional del Ejército, Paúl del Río secuestró a punta de pistola al futbolista más famoso del momento: el madridista Alfredo Di Stéfano. El argentino permaneció pocos días en poder de Paúl del Río y sus compañeros, siendo liberado posteriormente muy cerca de la embajada española en Caracas. Aquella operación le mereció un lugar de honor en la historia de la lucha armada venezolana, y desde entonces sus relaciones con otros grupos armados, como las FARC colombianas o la ETA vasca, eran inmejorables. Me costó trabajo conseguir grabar una entrevista con él.

Y en tercer lugar el Viejo Bravo se reveló como un inmejorable intermediario entre las FARC y quien esto escribe. De hecho, Bravo había estado en 2006 en un gigantesco campamento de las FARC en Colombia, en el que calculó que vivían unos cuatro mil guerrilleros, con túneles subterráneos, laboratorios, etcétera. Bravo tenía una relación directa con los oficiales de las FARC que periódicamente visitaban Caracas, y también se ofreció para tramitar mi solicitud de recibir adiestramiento guerrillero.

Además de aquellos tres canales, no perdía la esperanza de poder localizar a Carlos Alberto Ríos *Sidi*, a pesar de que habían sido sus indiscreciones las que podrían haber generado mi intento de secuestro en Maiquetía. Sidi había sido el primero en plantearme los cursos de guerrillero, explosivos y armamento durante mi anterior viaje a Venezuela, y me había puesto en la pista de la Coordinadora Simón Bolívar (CSB), la mayor alianza de ETA en Caracas.

La CSB es una influyente asociación bolivariana que desde las entrañas del barrio 23 de Enero se extendió por todo el país, y que es conocida por su activismo social, político y callejero. De alguna manera, en mi humilde opinión, la Coordinadora Simón Bolívar ejemplifica los ideales bolivarianos. Y ha protagonizado sucesos históricos que solo podían producirse en el 23 de Enero. La trágica crisis del Caracazo en 1989, el intento de golpe de Estado protagonizado por Chávez en 1992, el golpe de Estado al gobierno chavista en 2002, etcétera, son acontecimientos de la moderna historia de Venezuela que en el 23 de Enero se vivieron, probablemente, con mucha más intensidad que en ninguna otra parte del país. Y esas cicatrices en la memoria colectiva fueron curtiendo la piel de los bolivarianos, hasta gestar una organización vital, enérgica y autosuficiente como la Coordinadora Simón Bolívar.

En la red había localizado una serie de vídeos en los que Juan Contreras, director de la Coordinadora y de su emisora de radio Al Son del 23, entrevistaba a miembros de las FARC en algún punto de la selva colombiana. Así que era evidente que la CSB también tenía acceso a la guerrilla.

Pocos meses antes, dos dirigentes de la CSB —Dayana Carolina Azueje, profesora de la UNEFA, y su compañero Gabriel Tovar— habían muerto ametrallados cuando regresaban a su domicilio, en la avenida San Martín a la altura de plaza Capuchinos. Dayana y Gabriel habían participado activamente en las protestas de la CSB contra Globovisión y Fedecámaras (Federación de Cámaras y Asociaciones de Comercio y Producción de Venezuela), y sus rostros habían salido en todos los informativos. Esa era la razón, según los responsables de la Coordinadora, por la que los habían ametrallado. Todavía se les guardaba luto cuando yo visité por primera vez la sede de la CSB. Un complejo rodeado por una muralla y una alambrada, presidido por un edificio, la Casa de Encuentro Fredy Parra, desde la que emite la emisora de radio más revolucionaria de Venezuela: Al Son del 23, en pleno barrio 23 de Enero. Yo buscaba a Juan , su director. Y la bandera azul y roja de la CSB ondeaba a media asta.

Como no podía ser de otra manera, cuando llegué al edificio de la Coordinadora, puntual a la cita que había establecido con su director, Contreras todavía no había llegado. Me tocaría volver a esperar. Una, dos o las horas que fuesen necesarias. Así que tuve tiempo de admirar los pósters, afiches y láminas que decoran sus paredes, con todos los motivos revolucionarios que uno podría imaginar: desde el drama mapuche a la invasión de Iraq, pasando por la independencia de Euskal Herria, la ocupación palestina o los bombardeos israelíes al Líbano. Tuve tiempo de compartir uno y dos y seis cafés con los camaradas de la Coordinadora, y pasarme un rato jugando con *Daniela*, una pequeña mona, mascota de la Casa de Encuentro Fredy Parra, permanentemente encadenada a un árbol que se encuentra a la izquierda de la entrada. Pero también me dio tiempo a curiosear. Y cuando se me ocurrió husmear un poco por la parte de atrás del edificio, la adrenalina casi se me sale por las orejas. Muy lejos de las miradas indiscretas y curiosas, existía un amplio patio trasero presidido por enormes murales de varios metros de longitud, con las imágenes de Lenin, Fidel Castro, la bandera de Venezuela y... la ikurriña vasca. Y, lo que es más sorprendente, el símbolo de ETA: el hacha, la serpiente y el inevitable «Bietan Jarrai», así como otros grafitis en euskera... ¿Qué demonios significaba aquello? ¿Qué hacía el símbolo de ETA y aquellas proclamas en euskera en el patio trasero de una emisora de radio revolucionaria, en el barrio más peligroso y emblemático de la Venezuela chavista? Por supuesto, me las apañé para grabar aquella imagen increíble. Solo iba a tardar unos días en tener la respuesta a esas preguntas.

Porque, además de los colombianos, otras organizaciones armadas tenían vínculos directos con los movimientos bolivarianos. Aquellos grafitis en el 23 de Enero apuntaban directamente a la ETA vasca, pero no eran los únicos. Según mis camaradas, revolucionarios (o sea, terroristas) irlandeses, palestinos o libaneses habían recibido o impartido entrenamiento militar revolucionario en Venezuela. Sidi, el tupamaro-musulmán, me había mencionado hasta cuatro campos de entrenamiento guerrillero en las cercanías de Caracas. A los que había que añadir los talleres organizados por los diferentes grupos armados venezolanos, en los que se mezclaban oficiales de las fuerzas armadas regulares con violentos radicales incontrolados. Es imprescindible comprender que muchos de esos miembros de las fuerzas armadas, leales a Chávez, vienen de la escuela guerrillera que durante décadas se enfrentó a los gobiernos de derecha en Venezuela, e incluso participaron junto a Chávez en el golpe de Estado de 1992. Sin tener presente esta realidad histórica, es imposible entender la camaradería que existe, extraoficialmente, entre muchos militares y los grupos armados bolivarianos, o las organizaciones terroristas de izquierda extranjeras. En su corta visión del mundo, en blanco y negro, todo luchador armado contra el imperialismo es un aliado de la revolución...

De hecho, en medio de aquel *collage* de terroristas, guerrilleros, revolucionarios y paramilitares en el que me encontraba, tuve la oportunidad de conocer a personajes realmente muy cercanos al mismísimo presidente Hugo Chávez, que estaban dispuestos a ofrecerme también entrenamiento de comando, enfocado en especial a la lucha armada en Oriente Medio. Personajes como el coronel técnico del Ejército Nacional de Venezuela, Manuel Esteban A. T., y el también coronel V. José D. S., alias *Profeta*. Este último, compañero de armas de Hugo Chávez desde hacía veinticinco años y miembro de su escolta.

A Profeta, chavista hasta la médula y otro de los protagonistas de la recuperación del poder para el gobierno legítimo el 11 de abril de 2002, lo conocí en el Palacio Blanco, a solo unos metros del de Miraflores. Creo que una corriente recíproca de simpatía nació entre los dos en cuanto estrechamos nuestras manos por primera vez. Como me ocurrió con el Gato, teníamos muchos intereses comunes. Profeta había acompañado a Chávez en muchos viajes presidenciales por América, Asia, Oriente Medio, etcétera, y estaba muy concienciado con la lucha palestina. Y, de forma totalmente extraoficial, accedió a mediar también en mi adiestramiento, dentro de Venezuela. De hecho fue el primero en facilitarme los manuales militares sobre fabricación y manipulación de explosivos, técnicas de tiro y manipulación de armamento que tuve que estudiar durante las siguientes semanas, mucho más sofisticados que el famoso *Manual del guerrillero urbano* de Carlos Marighella, que todo ultraizquierdista conoce. Más tarde llegaría a mis manos el último manual de explosivos redactado por ETA, mucho más eficiente y letal que nada de lo que había leído antes. Otro de los instructores de armas y explosivos que conocería en ese viaje, Leo, vivía en pleno 23 de Enero...

Paracos: la guerra secreta en Colombia

Quizás yo no sea un periodista muy inteligente ni demasiado cultivado, pero tampoco me tengo por un absoluto ignorante. Entonces ¿cómo es posible que jamás hubiese escuchado la expresión *paraco* o *paramilitar colombiano*, antes de esta investigación? ¿Cómo es posible que nunca hubiese visto en Europa titulares, informativos, reportajes o documentales que se ocupasen de este horrible fenómeno como se merece? ¿Por qué no había encontrado referencias al paramilitarismo, con la misma facilidad con que había podido documentarme sobre las FARC, el ELN u otras guerrillas colombianas?

La verdad es que me encontré con el fenómeno de los paracos de forma absolutamente casual. Mientras aguardaba que mi contacto con las FARC se produjese, intenté documentarme con todas las fuentes posibles, y por suerte o por desgracia en Caracas viven miles de colombianos desplazados por los conflictos bélicos en su país. Pero ¿qué conflictos?

Las primeras informaciones directas sobre los paracos me llegaron de una fuente privilegiada, Edgar Caballero, miembro de la Secretaría del Congreso Bolivariano de los Pueblos (CBP), a quien conocí con su director Fernando Bossi en la sede social del CBP, en Parque Central. Caballero es uno de los miles de desplazados colombianos que llegaron a Caracas a finales de los noventa. Ocupando ese cargo en el CBP, no es de extrañar que en alguno de los eventos del Congreso Bolivariano, en 2004, pudiese verse en el auditorio a Rodrigo Granda, «canciller» de las FARC. Pero cualquier colombiano que demuestre la menor simpatía por la guerrilla, como Edgar, sabe que automáticamente se convertirá en objetivo de su reverso tenebroso: los paramilitares. Y lo menos grave que le puede ocurrir entonces es que tenga que abandonar tierras, casa, familia y trabajo para desplazarse fuera de Colombia, por ejemplo a Venezuela, intentando conservar la vida... o los miembros.

Por resumirlo breve y superficialmente, tras el asesinato del candidato liberal Jorge Eliécer Gaitán, el 9 de abril de 1948, se produce en Colombia una revuelta popular conocida como «el Bogotazo», que dejó más de trescientos muertos. El régimen militar, como ocurrió en casi toda América Latina, apostó por la política de mano dura para controlar a comunistas y sindicalistas, y el Frente Nacional, que custodió el poder de la derecha militar durante dieciséis años, originó una respuesta armada en las clases populares, especialmente entre los campesinos. En 1964 aparecen las FARC, en 1965 el ELN y en 1968 el Ejército Popular de Liberación (EPL), entre otros. Todos ellos movimientos guerrilleros que intentan seguir el modelo de Che Guevara y la revolución cubana, y que empezaron a atacar los intereses del ejército y del gobierno militar de Bogotá. Mientras tanto, intentaban afianzar su posición social ganándose las simpatías de las clases más humildes: campesinos, la mayoría de las veces, que durante generaciones habían explotado las tierras de la selva colombiana, que ahora se descubrían como fértiles plantaciones para la coca, una planta de poder conocida durante siglos por todas las culturas precolombinas, pero que procesada como base de la cocaína se convertía en el negocio más tentador.

Mientras el problema de la guerrilla crecía, el gobierno colombiano intentó aplicar el modelo norteamericano de la Doctrina de la Seguridad Nacional, pero no funcionó. Y en la década de los setenta surgen los paracos; grupos armados, ilegales, constituidos o subvencionados por empresarios, industriales y demás burguesía afectada por los ataques de las guerrillas de extrema izquierda. Por expresarlo de forma simplista, se trataba de organizaciones paramilitares de extrema derecha, que incluían funcionarios de la policía o el ejército, e incluso de la clase política colombiana. Y lo que surgió como un movimiento armado de autodefensa contra la guerrilla pronto se involucró con las mafias del narcotráfico, que veían peligrar sus plantaciones de coca o sus almacenes por los ataques de los insurgentes. Y el negocio más lucrativo del mundo no tardó en pervertir sus objetivos iniciales. Los paramilitares, teóricamente nacidos para proteger los intereses de los más poderosos, pasaron a protagonizar acciones directas contra los campesinos simpatizantes de la guerrilla. Cada ataque a un empresario, a un político o a un señor de la droga, afín a los paracos, implicaba salvajes represalias. Los paramilitares comenzaron a hacerse famosos por el uso de las motosierras como herramienta de castigo o de interrogatorio a los sospechosos. La crueldad de las masacres y genocidios protagonizados por los paracos en las selvas de Colombia se ilustran en el dramatismo de las fosas comunes, repletas de cuerpos mutilados, desmembrados, que aparecieron posteriormente.

En los años noventa, los diferentes grupos paramilitares que operaban dispersos por toda Colombia intentaron aunar esfuerzos constituyéndose las Autodefensas Unidas de Colombia (AUC). Las AUC podrían ser lo que ocurriría si mis ex camaradas nazis, skin NS y fascistas obtuviesen arsenales del más sofisticado armamento y el apoyo de algunas autoridades locales para emplearlo en sus cacerías de inmigrantes, antifas o «guarros». Pero multiplicado por mil. De hecho, la violencia y el terrorismo ultraderechista, que tras la muerte de Francisco Franco en España nos dejó casos tan dramáticos como la matanza de Atocha, palidecen ante la violencia y la crueldad sádica de los paracos colombianos.

Desde abril de 1997, las AUC aglutinaron y organizaron a numerosos grupos paramilitares, que junto con las motosierras aprendieron a utilizar sistemas como las mulas bomba o las bicicletas bomba, para llevar su mensaje a los campesinos. O para conseguir que abandonasen sus tierras fértiles para las plantaciones de droga. Tanto el gobierno de Colombia como la Unión Europea o los Estados Unidos consideraron a las AUC una organización terrorista, colocándola al mismo nivel que su enemigo más directo: las guerrillas izquierdistas.

Patrocinados por adinerados ganaderos, terratenientes y empresarios, el 70 por ciento de sus ingresos provenía del narcotráfico. Y no está de más reflexionar sobre el hecho de que cada raya de coca que se esnifa en Europa o América está contribuyendo a la lucha de los paramilitares, lo que significa que la mayoría de la juventud burguesa occidental, indirectamente, colabora a mantener las AUC. Como colabora con las mafias de la trata de blancas cada vez que pone el pie en un burdel.

Junto con el narcotráfico, las extorsiones y los secuestros engrosaban las arcas de los paracos, exactamente igual que ocurría con algunas guerrillas. Un ejemplo excelente de cómo dos ideologías opuestas y enfrentadas se justifican recíprocamente para cometer los mismos delitos que sus adversarios, en pro de sus respectivas ideologías. Los extremos se tocan.

Sin embargo, mientras tomaba nota de las explicaciones de Edgar Caballero, me horrorizaba al escuchar las historias más terribles que me han relatado en todos mis años de periodismo. Nunca, ni en Palestina, ni en Haití, ni en Líbano, ni en ninguno de los países que visité en América, África u Oriente Medio durante esta infiltración, me ofrecieron testimonios tan brutales, salvajes y horribles como los que recopilé en relación a los crímenes de los paramilitares colombianos. Atrocidades que nada tienen que envidiar a guerrilleras karen violadas y crucificadas por los militares en Birmania o a los «troceadores de personas» del Ejército de Resistencia del Señor (ERS), de Sudán.

En los últimos años del siglo xx y los primeros del xxi, las AUC fueron responsables de las masacres y torturas más atroces que una mente enferma podría imaginar. Y Edgar ponía a prueba mi credulidad con algunos de sus relatos sobre las mutilaciones, amputaciones y desmembramientos realizados por «los de la motosierra». Según el gélido razonamiento de los paracos, el uso de machetes, hachas o motosierras en los interrogatorios de sospechosos de colaborar con la guerrilla tenía tres ventajas:

1. Las amputaciones y mutilaciones sembraban el terror no solo en el torturado, sino entre toda su familia y vecinos.
2. Es más fácil y rápido hacer desaparecer los cuerpos descuartizados en pequeños hoyos o tirándolos a los animales, que cavando fosas para todo el cuerpo.
3. Son rituales de iniciación destinados a insensibilizar a los combatientes más jóvenes. El recluta que es capaz de descuartizar a un campesino vivo es capaz de cualquier cosa. Y existen testimonios estremecedores de niños obligados a ingresar en las AUC, y a pasar esas «iniciaciones» con la motosierra...

Organizaciones humanitarias independientes, como ACNUR, Amnistía Internacional o Human Rights Watch han denunciado las masacres de los paramilitares y han documentado el reclutamiento de menores de edad para sus filas. E incluso se han recogido espeluznantes testimonios que hablaban de «... campos de entrenamiento donde algunos jefes paramilitares llevaban a varios campesinos amarrados en camiones para utilizarlos en cursos de instrucción que enseñaban a descuartizar personas vivas...».

Entre 1982 y 2005 se calcula que los paramilitares cometieron más de tres mil quinientas masacres, asesinando a más de quince mil indígenas, campesinos, sindicalistas y militantes de izquierda, robando más de seis millones de hectáreas de tierra para el cultivo de droga y obligando a cientos de miles de colombianos a desplazarse fuera del país. Mayoritariamente a Venezuela. Por eso a mí me resultaría tan fácil encontrar testimonios atroces, en primera persona, de víctimas del paramilitarismo refugiados en Caracas.[3]

En 2003 las AUC llegaron a un acuerdo con el gobierno de Álvaro Uribe para desmovilizar a sus efectivos y deponer las armas. Pero esa desmovilización no fue completa ni total: treinta mil paracos de las AUC cesaron sus

---

3. En febrero de 2010 se encontró en el pueblo de La Macarena, región del Meta, a unos 200 kilómetros al sur de Bogotá, la mayor fosa común de América Latina, con más de dos mil cadáveres. La escalofriante noticia, sin embargo y una vez más, pasó prácticamente desapercibida en Europa.

operaciones, pero más adelante se demostraría que algunos de ellos seguían delinquiendo y controlando grupos paramilitares desde la cárcel. Otros directamente volvieron a tomar las armas y las motosierras, constituyendo grupos de puro crimen organizado donde no quedaba ningún residuo ideológico del pasado. Al narcotráfico, el secuestro y la extorsión, se unió el sicariato. Y odio decir que, según mi experiencia, los sicarios o asesinos profesionales no se encuentran solo en el extremo derecho de la lucha armada latina.

Tras los acuerdos de desmovilización, Colombia vivió un escándalo sin precedentes cuando varios periodistas de investigación, pero también investigadores judiciales, desenmascararon la relación de varios dirigentes políticos y funcionarios del gobierno de Uribe con las AUC. Hasta el extremo de que algunos políticos debían sus cargos en alcaldías, consejos y gobernaciones, e incluso en el Congreso de la República, a la presión de las autodefensas a sus oponentes políticos o a la población civil. El escándalo fue conocido como el caso de la parapolítica o la paranarcopolítica y llegó a salpicar al primo de Álvaro Uribe, el congresista Mario Uribe Escobar, y al vicepresidente del país, Francisco Santos, indultado posteriormente por falta de pruebas.

Antes de morir, Carlos Castaño, alias *el Profe*, fundador y líder de las AUC, publicó que existía un grupo llamado «los seis», compuesto por «hombres al nivel de la más alta sociedad colombiana. ¡La crema y nata del país!, que me asesoraban secretamente en la conducción del grupo paramilitar...». Pero, tras su muerte, las AUC dieron paso a un número indeterminable de grupos paramilitares independientes, como las temibles Águilas Negras, que continúan sembrando el terror en las selvas de Colombia... y de sus países vecinos. Un tema que realmente merecería una investigación en profundidad.

Necesitaría otro volumen para desarrollar este tema. Y para detallar los espeluznantes testimonios que pude recoger, y que sencillamente no podía creer. Como el de Ana María (nombre supuesto), una joven sindicalista que trabajaba como profesora en un pequeño pueblo campesino. Cuando llegaron los paracos: «Entraron en la escuelita dando una patada a la puerta. Y sin decir nada, sin mediar palabra, uno de ellos se acercó al niño que estaba sentado en el primer pupitre de la primera fila, el más cercano a mi mesa, y con un machete le cortó la cabeza y la arrojó sobre mi regazo diciendo: "Esto es para que me prestes toda tu atención... tenemos que hablar contigo."»

Testimonios horribles, de niños obligados a ver cómo sus padres eran mutilados, a padres obligados a ver cómo desmembraban a sus hijos y, lo que es peor, a participar en esas mutilaciones. Relatos increíbles que rebasan con mucho la imaginación de los novelistas góticos más delirantes. No conozco fantasía de terror que pueda acercarse a la brutalidad satánica de los testimonios de las víctimas del paramilitarismo. Y no encontré referencias concretas a esta forma de terrorismo en ninguno de los cursos que hice en España.

En Colombia existe una guerra secreta, que apenas asoma a los medios de comunicación. Con la misma generosidad con la que mis compañeros europeos y norteamericanos informan sobre los secuestros, atentados y asesinatos a manos de las guerrillas, se obvia la información sobre estos otros grupos terroristas y sanguinarios, de los que en Europa apenas sabemos nada. Y lo más triste es que en esa guerra entre las guerrillas y los paramilitares, el pueblo, como siempre, es el gran perdedor. Mientras los paracos escupen sus proclamas nacionalistas, y su objetivo de proteger la patria y al pueblo colombiano de las hordas comunistas, los guerrilleros proclaman con el mismo entusiasmo su lucha por la libertad del mismo pueblo colombiano, al que quieren proteger de los fascistas. Y, en medio, ambos continúan secuestrando, extorsionando y masacrando a ese pueblo por el que dicen luchar.

Cuando los paracos, o la guerrilla, escogía un objetivo sospechoso de colaborar con su enemigo, o al que simplemente querían expulsar de sus tierras para incautarlas, con frecuencia le enviaban una notificación por escrito de que había sido considerado «objetivo militar». Recibir una de esas cartas implicaba una sentencia de muerte, y el receptor solo podía esperarla de forma suicida, o abandonar casa, tierras y familia, para mantener la vida desplazado en otro lugar. En Venezuela conocí a varias víctimas de esos avisos, que me permitieron fotografiar las notificaciones que habían recibido, tanto de las guerrillas como de los paramilitares, y en el fondo no se diferencian demasiado.

Conocer el conflicto a tres bandas entre el gobierno colombiano, la guerrilla y los paramilitares es imprescindible para contextualizar el problema de los desplazados y las simpatías que todas las organizaciones bolivarianas sienten por las FARC o el ELN. De otra forma es imposible entenderlo y por tanto juzgarlo con objetividad. Pero también resulta extremadamente inquietante, porque implicaba nuevos riesgos añadidos a mi contacto con las FARC. Además de las autoridades venezolanas y el ejército colombiano, ahora debía evitar encontrarme con los paramilitares, que estaban mucho más cerca de lo que pensaba. Tengo claro que yo no soy tan fuerte como para superar un interrogatorio con una motosierra.

Primer encuentro con la guerrilla colombiana

No bastaba con que mis amigos tupamaros, guerrilleros y militares venezolanos avalasen mi identidad como Muhammad Abdallah, el luchador palestino. Los elenos y las FARC debían comprobar que realmente yo no era un espía norteamericano o colombiano al servicio de Uribe. Y en este momento, justo en este instante, es cuando todo el trabajo de cuatro años daba sus frutos. Mis artículos y reportajes publicados en *Rebelión*, *Aporrea* o *El Viejo Topo*, comentados en VTV, RNV o Kaos en la Red; mis entrevistas, especialmente la recién publicada por Marcelo Mackinnon en inglés, y, sobre todo, mi privilegiada posición en el Comité por la Repatriación de Ilich Ramírez, como *webmaster* y responsable de la presencia de Carlos el Chacal en la red, contribuyeron a dispersar todas las dudas que las FARC o el ELN pudiesen tener sobre mí. A estas alturas de la infiltración tenía suficientes hermanos y camaradas, tanto en la mezquita de Caracas como en los movimientos bolivarianos, para que las FARC, el ELN o cualquier otra organización terrorista encontrase sobrados testimonios que avalasen mi identidad palestina.

Así al menos me lo hicieron saber los tupamaros cuando me comunicaron que las FARC y el ELN habían dado el visto bueno para tener una primera reunión personal conmigo. En dicha reunión, último filtro, se evaluaría mi interés o no para visitar los campamentos de entrenamiento en territorio colombiano. Pero ahora llegaba lo peor: esperar. Tendría que aguardar a que los colombianos se pusiesen en contacto conmigo para establecer un día y un lugar donde celebrar esa reunión, en la que presentaría mi solicitud de entrenamiento con la guerrilla por escrito. Entrenamiento que antes que yo habían recibido miembros de ETA, el IRA y otros grupos armados.

Pero los días se sucedían, lentamente, sin que las FARC ni el ELN diesen señales de vida. Una semana... dos semanas... Mientras esperaba me concentraba en estudiar y en curar con mimo y dedicación las cicatrices de mi pene circuncidado, rezando porque estuviese en disposición de recuperar la capacidad de correr lo antes posible. No sabía en qué momento tendría que salir corriendo de Venezuela o de Colombia. Pero la paciencia no es mi mayor virtud. Llegué a dudar de que Douglas Bravo, Carías, Paúl del Río o el Viejo Bravo tuviesen realmente ningún contacto con las FARC, porque el tiempo pasaba y ningún colombiano se ponía en contacto conmigo.

Hasta que por fin, una mañana de febrero de 2008, me despertó el sonido de mi teléfono celular venezolano. En la pantalla aparecía un número desconocido: 002587666... Medio dormido respondí:

—¿Aló?

—¿Eres el Palestino? ¿El amigo de los camaradas tupamaros?

—Sí, soy yo.

—Soy la persona que estabas buscando para pasar al país vecino. Por lo de tu entrenamiento...

—¿Entrenamiento? —Me desperté de golpe al escuchar esa palabra y darme cuenta de que me estaba llamando el enlace de la guerrilla colombiana que llevaba semanas esperando—. Coño, pana, discúlpame. Claro, dime qué tengo que hacer.

—La reunión será mañana, en la mañana...

El desconocido me citaba para la mañana siguiente en una ciudad situada a unos 160 kilómetros de Caracas, hacia el oeste, en dirección a la frontera colombiana. Según me indicó, debería estar allí a las 9:00 am y esperar su llamada con nuevas instrucciones. No había podido grabar aquella llamada porque no la esperaba, pero ahora tenía que decidir si me atrevía a intentar grabar, con la cámara oculta, mi primera reunión con la guerrilla colombiana. Y me pasé todo el día valorando los pros y los contras de esa temeridad.

No sabía a lo que me enfrentaba. A pesar de las incondicionales y recíprocas simpatías que los grupos armados bolivarianos tienen con las FARC, no podía olvidar que se trataba de terroristas (o insurgentes) que no tenían ningún reparo en secuestrar o ejecutar al enemigo, y estaba claro que, si descubrían que intentaba grabarlos con una cámara oculta, aquello no iba a terminar bien. Para colmo la reunión se había establecido en una ciudad en la que no había estado nunca, y en la que no tenía ningún contacto. Pero, por otro lado, era consciente de que toda esta infiltración podía resultar increíble, ¿y cómo demostrar que mi contacto con los guerrilleros colombianos se había producido si no tenía ninguna prueba? Por no hablar del interés periodístico de esta información. Finalmente, decidí correr el riesgo e intentar grabar mi encuentro con el enviado de la guerrilla con mi cámara oculta. Por un lado, podría demostrar que tal encuentro se había producido y, por otro, me serviría para cubrirme las espaldas con los guerrilleros.

Llegué a la ciudad que me habían indicado puntual. Así que, como siempre en Venezuela, me tocó esperar, aunque no mucho. Parecía que mi interlocutor realmente no era nacional. A las 9:15 sonó mi digitel. En la pantalla otro número desconocido: 041277781... Era él. El encuentro quedaba establecido en una pizzería situada en el cruce de la calle Montes de Oca con Libertad, para las 11 de la mañana. Por lo visto, el tipo también llegaba desde otra ciudad. Así que tuve tiempo de buscar el local, situarme en la mesa que me resultaba más conveniente y preparar mi equipo de grabación con tranquilidad. Después venía lo que llevo peor... esperar.

En la mesa de al lado una pareja de enamorados comía arepas y bebía malta. Más allá un anciano leía con atención el diario *Vea*. Y a mí se me hacían interminables los minutos. En esos casos, y aunque pueda sonar extraño, me serenaba mucho sacar el *tasbith* traído desde La Meca que me habían regalado en Marruecos, y rezar. Tal vez fuese el *tasbith* lo único que conseguía detener unos instantes mi mente, siempre desbocada como un potro salvaje. Mientras pasaba las cuentas del *tasbith* tenía que concentrar mi cerebro en las 33 repeticiones de las tres jaculatorias islámicas, hasta completar un ciclo de 99, como 99 son los nombres de Dios. Y vuelta a empezar. Para mí resultaba tan sedante como un mantra.

Por fin, exactamente a las 10:55, un tipo de aspecto absolutamente normal entró en el local, buscándome con la mirada. Mi descripción no tenía pérdida, creo que era el único cliente de la pizzería con aspecto de guerrillero talibán.

El suyo, sin embargo, me sorprendió. Acostumbrado a la imagen de los guerrilleros de las FARC con su uniforme de camuflaje, sus botas de goma y su
fusil siempre al hombro, aquel tipo vestido con un pantalón vaquero, una
camisa verde, una gorra y una mochila azul a la espalda me pareció decepcio-
nantemente normal. Pero hay que ser muy imbécil para esperar que el enlace
de las FARC asistiese a nuestra reunión disfrazado de comando...

El guerrillero se presentó como Gustavo, nombre supuestamente tan falso
como el mío, y según la grabación nuestra conversación duró justo cincuenta y
cuatro minutos. Para mi sorpresa, el insurgente tenía unos ojos color miel con
una expresión mucho más serena de lo que yo imaginaría en un terrorista. Su
trato era encantador. Gustavo me describió la situación de la guerrilla en Colombia y los terribles enfrentamientos con los paramilitares y con el ejército regular
colombiano. Me pidió que redactase una carta exponiendo mis demandas por
escrito, por lo visto, el procedimiento habitual. En mi caso, según dijo, al tratarse de un miembro de la lucha armada palestina, *webmaster* del comandante Ilich
Ramírez y que además desarrollaba un trabajo periodístico al colaborar con
diferentes medios de comunicación revolucionarios, era probable que fuese derivado al campamento comandado por Raúl Reyes, responsable del trato con la
prensa de las FARC-EP y su aparato propagandístico.

Se mostró muy interesado por el Islam y por la causa palestina. Al parecer
yo no sería el primer palestino en recibir adiestramiento con la guerrilla colombiana. De hecho, según Gustavo, por los campamentos de las FARC habían
pasado casi todas las organizaciones armadas del mundo para intercambiar
conocimientos: desde la ETA vasca, al Sendero Luminoso peruano, pasando
por el IRA irlandés o los Tupamaros venezolanos. Sin embargo, Gustavo insistió en que estaban muy interesados en conocer la lucha islamista contra el
imperialismo. Incluso me sugirió la posibilidad de que, una vez en los campamentos, yo pudiese impartir algunas conferencias a los guerrilleros sobre
la situación de Palestina y de la lucha islamista contra Occidente. Y llegó al
extremo de pedirme si podría conseguirle un ejemplar del Sagrado Corán en
español, para poder leerlo. Y yo, claro, acudí en cuanto pude a la mezquita de
Caracas a solicitar un ejemplar del Corán para mi nuevo amigo de las FARC.
Aunque tardaría mucho tiempo en volver a tener noticias suyas.

En aquella primera entrevista, el enviado de la guerrilla me había dejado muy
claro que no intentase contactar con él. Ellos se pondrían en contacto conmigo
cuando se hubiese cursado mi solicitud a Colombia. Y yo, vuelvo a decir, llevo
muy mal lo de esperar. Mi falsa identidad como Muhammad Abdallah había
pasado el primer examen, pero ¿resistiría el segundo filtro de las FARC?

Como ya no podía hacer más que aguardar los resultados del «examen», decidí aprovechar la espera para acercarme a ETA en Venezuela. Aunque nada saldría
como esperaba. Los acontecimientos iban a precipitarse de forma impredecible.

Pulsión revolucionaria

Source, la «fuente de la CIA», me había dejado muy claro que no quería tener ningún contacto conmigo después de su boda. La última vez que nos vimos me dijo, y cito literalmente: «Estar a tu lado es demasiado peligroso, Toni, has llamado mucho la atención de gente muy peligrosa en Caracas. Así que, lo siento, pero no puedo ayudarte...». Según afirmó Source, eran los bolivarianos del grupo Alexis Vive, también del 23 de Enero, los que querían hacerme daño. Yo no tenía forma de confirmar o desmentir esa afirmación, pero no resultaba tranquilizadora. Sobre todo porque Source me dejó absolutamente abandonado a mi suerte en Caracas. No volvió a cogerme el teléfono, ni a responder a mis e-mails. En casa de su suegro, el ministro, también dio orden de que no se me diese información sobre su paradero, así que tenía que buscarme la vida yo solo. Y, mientras, las palabras del coronel Bravo a mi llegada a Maiquetía resonarían una y otra vez en mi cabeza: «Hay un grupo detrás de ti, coño, que te quiere meter mano».

La única forma que se me ocurrió de comprobar si la historia de mi secuestro era real fue la de acudir a la fuente original, Sidi. No me preocupaba tanto saber si aquello del secuestro era cierto (los secuestros exprés[4] en Venezuela son casi diarios), como averiguar qué es lo que sabían o lo que creían saber mis supuestos captores, para valorar el riesgo de continuar en mi empeño de contactar con las FARC o con ETA.

El 20 de febrero de 2008, solo veinticuatro horas después de que Fidel Castro anunciase su retirada de la política en Cuba conmocionando al socialismo internacional, conseguía localizar de nuevo a Sidi y reunirme con él por última vez. Necesitaba que me confirmase si era cierto que se había preparado mi secuestro en Maiquetía por considerarme un posible agente de Al Qaida. Pero Sidi tampoco contestaba al teléfono, ni daba señales de vida en Internet, así que no me quedó más remedio que prepararle una encerrona, con la colaboración inconsciente de su jefa Olga Costa. Yo sabía dónde trabajaba y dónde solía tomar café. Si realmente uno de los innumerables grupos armados bolivarianos había intentado secuestrarme, estaba claro que abordar a Sidi para interrogarlo encerraba algunos riesgos. Pero pensaba que si sorprendía a Sidi solo no iba a intentar nada. Además, él conocía mi relación con los Tupamaros del 23 de Enero, y sin duda creería que yo también estaba armado en Caracas. Así que esperé el momento apropiado: una reunión laboral a la que sabía que asistiría. Colé una cámara oculta en el local y esperé el momento en que el tupamaro-musulmán estuviese solo para abordarlo.

---

4. En 2005, el director Jonathan Jakubowicz plasmó la siniestra rutina de los raptos en Venezuela en la película *Secuestro Express*, interpretada por Rubén Blades y Mía Maestro.

Estaba claro que Sidi no esperaba mi presencia en la reunión, aunque intentó disimular. Argumenté que quería entregarle uno de mis libros sobre temas islámicos, recién publicado, y en el que lo incluía a él. El ego suele ser una herramienta muy útil para seducir a una fuente. Y conseguí apartarlo del grupo unos instantes. Lo justo para preguntarle, tal y como grabó mi cámara oculta:

—Me tienes que contar una cosa... ¿Qué fue eso de que me iban a secuestrar en el aeropuerto...? ¿Esa movida que me iban a hacer cuando iba para allá...?

—Sí, es verdad que te iba a secuestrar... Yo vi los informes sobre usted...

No dio tiempo a más. En ese instante empezaron a llegar los compañeros de Sidi y me hizo una seña para que dejásemos de hablar del tema. «Ya luego hablamos.» No sé qué me inquietó más, si que la fuente directa me confirmase que la historia de mi secuestro no era un rumor infundado o que me dejase a medias con la información. Pero no tenía otra opción que esperar a una mejor ocasión para insistir en el tema.

Esa noche se producía un eclipse total de luna en Venezuela. Fenómeno astronómico que grabé desde muy cerquita del cerro El Ávila. Y mientras observaba cómo nuestro satélite se iba oscureciendo, desapareciendo, engullido por las sombras, me sentía exactamente igual. Devorado por sombras negras y siniestras que se cernían sobre mí, en la soledad de un país extraño, que no conseguía llegar a comprender. Pasé la noche atormentado por atroces pesadillas, que se me antojaban la premonitoria advertencia de un peligro inminente.

Al día siguiente por la mañana, salí temprano hacia la oficina de Sidi, con la intención de volver a vigilar la entrada al edificio. Pensaba acecharlo hasta que apareciese, para intentar concluir nuestra conversación y averiguar quién había tratado de secuestrarme y qué posibilidades había de que eso volviese a ocurrir. Y, como cada día, compré los periódicos tanto chavistas como opositores, y también un ejemplar de la revista *Urbe*, el número 574, que acababa de llegar a los quioscos. No sabía cuánto debería vigilar hasta que apareciese Sidi, así que tendría tiempo para revisar la prensa. Busqué una mesa discreta en la misma cafetería que el día anterior, y, mientras esperaba, ojeaba los diarios y el ejemplar de *Urbe*. Al llegar a la página 18 me dio un vuelco el corazón. *Urbe* publicaba una noticia sobre Antonio Salas «Seudónimo de un reportero español que se infiltró en varios grupos neonazis y descubrió que la mayoría de los skinheads eran licenciados, abogados, etcétera», comenzaba el texto, ilustrado con una fotografía extraída de *Diario de un skin*, en la que aparezco encapuchado, junto a un grupo de nazis durante mi investigación del movimiento NS... De nuevo sentí que el suelo se abría bajo mis pies, y que me rodeaba aquella sombra siniestra y oscura, casi negra, pero negro mate, el que no refleja la luz. Como la que devoró la luna la noche anterior.

Sidi no acudió ese día a su puesto de trabajo, ni lo hizo en toda la semana. Casi me sentí aliviado. La impresión de ver mi foto en aquella revista venezolana me había producido un dolor físico en el pecho. Pocas veces me había sentido tan vulnerable. No volví a ver a Sidi nunca más.

Una semana de febrero

La última semana de febrero de 2008 fue una locura. De la misma forma en que me pasé semanas de brazos cruzados, esperando a que los colombianos se decidiesen a mover ficha en un sentido u otro, los últimos siete días de febrero no dejaron de ocurrir cosas. Y esa oleada de acontecimientos comenzó el viernes 22 de febrero.

Solo unas horas después del eclipse total de luna, un comando de la Coordinadora Simón Bolívar salía del barrio 23 de Enero con destino a la avenida Mohedano, en La Castellana, donde se encuentra la embajada de España en Caracas. No era ningún secreto lo que iba a ocurrir, de hecho la mayoría de los grupos bolivarianos estaba al corriente, aunque yo me enteré ese mismo día, mientras iba camino de la Gran Mezquita de Caracas como cada viernes.

La CSB y su director Juan Contreras, que en 2010 se presentaría como candidato electoral a su circunscripción, nunca han ocultado su simpatía por las que los Estados Unidos o la Unión Europea denominan «organizaciones terroristas». En su órgano de prensa, el periódico Desafío en su número 16, correspondiente a abril de 2007, dedicaba un cuarto de su portada al Comité por la Repatriación de Ilich Ramírez, y en la página 14 publicaba la biografía apologética de Carlos el Chacal escrita por Vladimir Ramírez para el blog que yo controlaba. Las fotos que ilustran el texto también están sacadas de mi web. Pero es que ocho páginas más adelante, en la 22, Desafío dedica otro cuarto de página a un anuncio propagandístico de ETA ilustrado con tres encapuchados de la banda terrorista y el siguiente texto: «Por la liberación de Euskal Herria. Fuera España y Francia del País Vasco. Por la Independencia, la Autodeterminación y la construcción del Socialismo. Gora Euskadi ta Askatasuna».

El comando de la CSB iba uniformado con unas camisetas de color verde militar, con la leyenda «Coordinadora Simón Bolívar» en el pecho, y el símbolo de ETA, el hacha y la serpiente, y el lema etarra «Bietan Jarrai»,[5] en la espalda. El mismo Juan Contreras me regaló una de esas camisetas, que conservo como una de las abundantes reliquias de esta investigación. Y en las mochilas de los bolivarianos del 23 de Enero, sus armas para el ataque a la embajada española: abundantes sprays de pintura y un par de bombas de humo.

---

5. *Bietan jarrai* significa «adelante con las dos», en relación a la astucia de la silenciosa serpiente y la contundencia mortal del hacha.

Perfectamente coordinados, los muchachos y muchachas de la CSB se situaron a lo largo de toda la fachada de la embajada española. Lanzaron los botes de humo para mantener a raya a la seguridad del edificio, y en pocos minutos cubrieron las paredes de grafitis a favor de ETA y en solidaridad con los pueblos palestino, vasco y mapuche. Ni los árboles del paseo se libraron de la pintura. Unos maniquíes, que representaban al presidente Zapatero y al rey de España, que el noviembre anterior había protagonizado el escandaloso «¿Por qué no te callas?» con Hugo Chávez durante la XVII Cumbre Iberoamericana celebrada en Chile, ardieron también ante la embajada española. Aquel «¿Por qué no te callas?» acrecentó la antipatía de los círculos bolivarianos por todo lo que oliese a España, hasta casi el mismo extremo que alcanzó en 2002, cuando trascendió la pretendida relación del gobierno de José María Aznar con los golpistas del 11 de abril. Pero esa antipatía, lógicamente, no afectaba a los separatistas vascos, por ser considerados de nacionalidad diferente a la española.

En realidad el «asalto» a la embajada cerraba las actividades que desde el día 18 venía organizando la CSB como parte de su «Semana de solidaridad con Euskal Herria»; vídeos, conferencias y «actividades», como el asalto a la embajada de España. Y no era la primera vez. Solo un mes antes, la CSB había organizado una concentración ante la misma embajada, en la que también se quemaron los maniquíes del Rey y Zapatero, se lanzaron petardos y se entregó un manifiesto firmado por la CSB y otras organizaciones bolivarianas, suscribiendo su apoyo a Batasuna y su solidaridad con los «pueblos que luchan».

Faltaban solo dos semanas para las elecciones generales en España, ese 9 de marzo, y la noticia del asalto a nuestra embajada en Caracas fue inmediatamente instrumentalizada desde un punto de vista político. Sobre todo por la derecha, que aprovechaba la coyuntura para reprochar al PSOE sus alianzas con Venezuela, a la par que sus desencuentros con los Estados Unidos, omitiendo el detalle en sus informaciones de que también ardió ante la embajada un maniquí que representaba al presidente Zapatero. Y, como era previsible, Hugo Chávez tuvo que soportar, gracias a sus seguidores más irreflexivos, una nueva oleada de críticas en toda la prensa occidental por su «apoyo a ETA y al terrorismo». No es casualidad que solo cuatro meses después, y al hilo de esa nueva serie de ataques a Chávez por su supuesta relación con ETA, la diputada y fundadora del partido Unión Progreso y Democracia Rosa Díez presentase una interpelación parlamentaria en Madrid, en torno a la protección del gobierno venezolano a etarras. Y todo ello gracias al asalto a la embajada organizado por la CSB. Una vez más, el presidente Chávez asumía la responsabilidad de unos actos gestados y ejecutados por grupos afines ideológicamente al gobierno, pero que en realidad no tenían relación con él. Y el asalto a la embajada de España era solo el principio. Como es lógico, la prensa venezonala se hizo eco en portada.

Ese domingo, el programa *Aló, Presidente* se emitía desde Los Llanos. Y Chávez, una vez más, insistía en que agradecía las muestras de cariño de sus incondicionales, pero no quería que le dedicasen calles, plazas, ni otros honores similares. Por supuesto, a los chavistas les daba igual lo que dijese Chávez, continuarían utilizando su nombre para bautizar plazas y avenidas, o asaltos como el de la embajada española. Aunque lo peor estaba por venir. Porque aunque ese domingo Chávez mencionó con optimismo la inminente nueva entrega de rehenes de las FARC a Venezuela, a través de la senadora Piedad Córdoba, una nueva incursión descontrolada de los bolivarianos enturbiaría un proceso que se había iniciado el 10 de enero anterior, cuando Clara Rojas y Consuelo González eran entregadas por las FARC a Venezuela. A pesar de que ello hubiese eclipsado la rueda de prensa de Ilich Ramírez en el Cuartel San Carlos.

Aunque ahora algunos puristas del chavismo radical lo intenten, es absurdo negar los vínculos de Chávez con las FARC. Gracias a esa relación directa y constante, Clara Rojas, en poder de la guerrilla colombiana desde el 23 de febrero de 2002, y Consuelo González de Perdomo, secuestrada el 10 de septiembre de 2001, ahora son libres. Es obvio que su mediación en dicha liberación concedió a Chávez una popularidad internacional evidente. Y también había servido para lavar un poco la imagen de la guerrilla, ya que Manuel Marulanda, líder de las FARC, había decidido liberar a sus rehenes unilateralmente, sin que el presidente colombiano Álvaro Uribe hubiese pactado ningún tipo de trato con los terroristas... que sepamos. A través de los micrófonos de VTV, Chávez había llegado a pedir permiso a Uribe para acudir él mismo a Colombia a reunirse con Marulanda para negociar la liberación de más rehenes. Obviamente era un farol. Ni Chávez haría jamás tal temeridad, ni Uribe lo permitiría. Lo que sí iba a permitir, forzado por la opinión pública internacional, es que las FARC entregasen a más rehenes a Venezuela. Eso sí, tratando de utilizar la entrega de rehenes en medio de la selva colombiana para ubicar la situación de los campamentos guerrilleros a los que atacar posteriormente.

Tras un par de intentos, abortados a última hora por las FARC al detectar la presencia de militares colombianos en los alrededores del punto de entrega, se había establecido una nueva liberación de cuatro rehenes más para esa semana frenética de febrero. Y por eso ese domingo Chávez estaba más que optimista en *Aló, Presidente*.

El lunes teníamos mucho trabajo en Caracas. Después de hacer la primera oración de la mañana y copiar una nueva página del Sagrado Corán, me ponía a estudiar los manuales de armamento que me habían entregado los coroneles bolivarianos. Pero a media mañana tenía que acudir al edificio El Pajarito, de la Asamblea Nacional, para reunirme con Comandante Chino, Gato, Javier Mendoza, Juan Pablo y otros tupamaros de los muchos que trabajaban para la alcaldía de Caracas. Los servicios que prestaban en la alcaldía caraqueña los componentes de diferentes grupos armados chavistas era una información confidencial, que no saldría a la luz pública hasta que en noviembre de 2008 Antonio Ledezma, feroz opositor a Chávez, se convirtió en nuevo alcalde de Caracas tras las elecciones municipales de ese año. Pero yo estaba viviendo esa realidad desde dentro. Y, aquel lunes, todo el mundo estaba nervioso en la Asamblea Nacional. En la madrugada, un artefacto explosivo había detonado en la sede de Fedecámaras, llevándose la vida de una persona. Precisamente la persona que estaba colocando el explosivo.

Fedecámaras es el acrónimo de la Federación de Cámaras y Asociaciones de Comercio y Producción de Venezuela, la principal organización patronal de Venezuela, que aglutina a empresarios de todos los sectores económicos del país. Y uno de los símbolos de la oposición antichavista para todos los bolivarianos. Fundada en 1944, esta poderosa organización influía definitivamente en la economía nacional, en especial desde el primer gobierno del presidente Rafael Caldera, pero tras el ascenso de Chávez al poder la tensión entre el gobierno chavista y Fedecámaras se fue radicalizando cada vez más. De hecho, se la considera responsable de diferentes paros empresariales como arma de presión contra Chávez, desde el año 2002. Aunque el más importante y demoledor para los ciudadanos de clase media y baja fue el paro petrolero de diciembre de 2002 y enero de 2003, otra herida sin cicatrizar en la memoria colectiva de Venezuela. Pero lo verdaderamente grave para los bolivarianos es que en el golpe de Estado que protagonizó la oposición en abril de 2002, sacando a Chávez a punta de pistola del palacio de Miraflores —más o menos como en 2009 la oposición sacó a Manuel Zelaya del poder en Honduras—, fue Pedro Carmona Estanga quien se autoproclamó nuevo presidente de Venezuela. Y Pedro Carmona, apodado *el Breve* por su corta estancia en Miraflores, era en aquel momento el presidente de Fedecámaras.

Es importante tener esta información para comprender lo que simboliza Fedecámaras en la guerra social entre escuálidos y chavistas. Y para entender por qué en la madrugada de ese domingo Héctor Amado Serrano Abreu, con cédula de identidad 6105..., más conocido como *Caimán* o *Caracaimán* en los círculos bolivarianos, intentó colocar una bomba en Fedecámaras.

Caimán era un viejo amigo de mis camaradas tupamaros. Pero además tenía credenciales (honoríficas) como inspector de la Policía Metropolitana, y tanto sus credenciales como su transmisor y su pistola reglamentaria, una Glock idéntica a la del agente Juan, se encontraron en el lugar de la explosión. Me consta que no era el primer agente de policía que a la vez era miembro de grupos bolivarianos armados. Policía y «terrorista» a un tiempo, como podría considerarse a muchos ex guerrilleros, tupamaros o miembros de cualquier grupo armado de la izquierda radical, que durante décadas lucharon contra los gobiernos de derechas en Venezuela, y que tras el triunfo de Chávez consiguieron empleos en los cuerpos de seguridad y las fuerzas armadas. Aunque con chapa o sin chapa, no podían olvidar su pasado.

En este caso, el policía y «terrorista» había cometido el error de intentar colocar una bomba llevando encima su placa y su transmisor. Así que es lógica la reacción de los medios de comunicación antichavistas, que encontraron en el atentado contra Fedecámaras nueva munición contra el presidente venezolano. Las optimistas palabras de Chávez en el *Aló, Presidente* de ese mismo domingo comenzaban a verse enturbiadas por sus propios seguidores. Pero eso no impidió que, desde la mañana siguiente, apareciesen por todo Caracas grafitis alabando a Caimán como un héroe revolucionario. Yo mismo pude fotografiarlos y grabarlos, aunque no comprenderlos. Caimán había muerto al intentar poner una bomba que le estalló en las manos... Yo no sé qué hay de heroico en eso.

Serrano había sido funcionario de la DISIP. De cuarenta y cuatro años de edad y padre de tres hijos de veintitrés, dieciocho y nueve años respectivamente, otros miembros de su familia servían todavía en la inteligencia venezolana. Caimán, sin embargo, se había entregado a la santería y tenía una pequeña tienda de servicios múltiples en el Centro Comercial de Propatria, donde realizaba pequeñas reparaciones, vendía artículos mágico-religiosos y mantenía una pequeña empresa de seguridad privada. De hecho, durante un tiempo había trabajado como escolta de un diputado de la Asamblea Nacional. En esa época de escolta había conseguido las credenciales ad honórem de la Policía Metropolitana que se encontraron en su cadáver después de que le explotase en las manos el C-4 que intentaba colocar en Fedecámaras.

El atentado alteró los ánimos en los movimientos bolivarianos. Y en la Asamblea Nacional todo estaba muy revuelto esa mañana. El Chino me dijo que afortunadamente ya había vendido el subfusil de asalto Uzzi que se empeñaba en colocarme por 10 millones de bolívares, «para tu seguridad», así que ahora estaba empecinado en que le comprase una Glock.

—Dale, Palestino, tú no puedes andar desarmado por acá. Cualquier día te agarran y no estamos nosotros para protegerte.

El Gato asentía con la cabeza... En vista de lo que ocurriría unas semanas más tarde, ese comentario era trágicamente profético. Pero tanto el uno como el otro coincidían en que era un mal momento para mover armas por Caracas. La muerte de Caimán implicaría que los diferentes cuerpos policiales de Venezuela tuviesen que justificar el sueldo con detenciones, así que no era oportuno mover los arsenales. Hasta la reciente reforma policial promovida por Chávez, en Venezuela existía un montón de cuerpos policiales distintos, que dependían de diferentes municipios y alcaldías, unos chavistas y otros antichavistas, que no siempre representaban a la ley y el orden, sino todo lo contrario.

En medio del caos, Comandante Gato me invitó a un café guayoyo, y por supuesto acepté. *Gato*, alias de Greidy Alejandro Reyes Sánchez (con cédula de identidad: 14274523...), era uno de los tupamaros con los que yo sentía más *feeling* en Caracas. No sé si era a causa de que coincidíamos en nuestro interés por la informática o por la historia, por la edad, o por la forma positiva de ver la vida. Gato era secretario de una de las comisiones de la Asamblea Nacional desde hacía cinco años. Aunque a veces simultaneaba su trabajo en la Asamblea con sus servicios como guardaespaldas, como hacían otros muchos tupamaros dispuestos a rentabilizar su formación armada en los tiempos de paz. El menor de cuatro hermanos, a sus veintisiete años, el Gato era un superviviente. De hecho, un par de años atrás había sobrevivido milagrosamente a una «balasera» que lo había acribillado. Con más de una docena de heridas de bala en el cuerpo, había conseguido evitar la muerte de forma casi sobrenatural, por eso lo considerábamos un tipo con siete vidas.

Mientras compartíamos cafés guayoyos aquella mañana, el siempre risueño Gato logró volver a asombrarme con sus comentarios. Confiaba en mí. Y sin ningún pudor me hacía confidencias, a veces realmente embarazosas. Según me explicó, desde el golpe de Estado de 2002 había unos quince mil fusiles circulando por el país, en manos de la oposición. Y ese armamento, según mi amigo, era una razón de peso para que los bolivarianos también se armasen. Comandante Gato, junto con otros camaradas, llegó a plantearme si yo podría ser el intermediario en la compra de armas en Oriente Medio, para traficarlas a Venezuela...

Pero la revelación más sorprendente de esa mañana se le escapó al Gato de la forma más espontánea.

—¿Contamos contigo en marzo o no?

—¿Para qué?

—Para lo de los blindados... Yo calculo que en marzo empezarán los asaltos.

—¿Los asaltos a los blindados? Pero ¿qué vaina es esa?

—¿Cómo te crees que se patrocinan las campañas de noviembre...?

En realidad no fue el primero ni el único en confesarme que muchas de las actividades políticas realizadas por grupos armados afines al chavismo se subvencionaban con atracos a bancos o, sobre todo, a furgones blindados. Y, con la mayor naturalidad del mundo, me estaba invitando a participar en los asaltos que, según él, comenzarían a producirse el próximo marzo con objeto de recaudar dinero para las campañas electorales de algunos candidatos chavistas, de cara a las elecciones municipales de noviembre de ese año. Tendría que buscarme alguna buena excusa para no verme obligado a participar en ellos. Durante mi infiltración en los grupos ultraizquierdistas españoles había utilizado la estrategia de escayolarme la mano para evitar participar en incendios a cajeros, asaltos a McDonald's, etcétera. Pero ahora no iba a ser tan fácil escurrir el bulto... Todavía tenía algunas semanas para encontrarla.

Aprovechando la corta distancia que separa la Asamblea Nacional de la redacción del periódico árabe-venezolano *El Vocero del Cambio*, decidí hacerle una visita a Fadi Salloum para ofrecerle nuevos reportajes sobre mis últimos viajes por Oriente Medio y el norte de África.

Lenin Ramírez, el hermano perdido

Al día siguiente di un paso más en mi acercamiento a los «archivos secretos de Carlos el Chacal». Es decir, a toda la documentación personal e íntima sobre su infancia y juventud, y también su madurez, que jamás había salido a la luz y que periodistas de los cinco continentes habían buscado ansiosamente durante treinta años. Porque el martes 26 de febrero de 2008, por fin pude estrechar la mano de Lenin Ramírez Sánchez, el otro hermano de Ilich, y su compañero de aventuras en Moscú.

La página web oficial de Ilich Ramírez estaba funcionando al cien por cien desde marzo de 2007, casi un año atrás. La otra web que habían montado los compañeros del Comité por la Repatriación de Ilich Ramírez llevaba meses sin actualizarse, y solamente yo continuaba manteniendo en funcionamiento el *website* oficial del Chacal. Así que Vladimir, su hermano pequeño y presidente del comité, estaba encantado con mi trabajo. Además, había conseguido contagiar mi entusiasmo a Marta Beatriz, mi amiga periodista, que como chavista devota por un lado y buena reportera por otro supo ver el enorme interés periodístico del tema. Sin ser consciente en ningún momento de que yo la estaba utilizando en mi infiltración, se volcó en cuerpo y alma en el comité, y con el tiempo llegaría a ser buena amiga del mismo Ilich. Ese martes me reuní con Vladimir en Parque Central, y apareció acompañado de su hermano Lenin, el gran ausente en la historia de Carlos el Chacal y el único testigo del ingreso de Ilich Ramírez en la lucha armada palestina.

Serio, distante, desconfiado, Lenin se parece tanto a su hermano Vladimir como un huevo a una castaña. Quizás porque Lenin ha tenido una formación y una experiencia vital más parecidas a las de su hermano mayor que a las de su hermano pequeño...

En cuanto me estrechó la mano me di cuenta de que estaba analizando cada una de mis palabras y movimientos. Él podía ser el principal problema para seguir adelante con mi investigación, y no Vladimir. Pero afortunadamente cuatro años trabajándome mi identidad palestina suponían un currículum vitae capaz de superar casi cualquier examen, y con Lenin aprobé con nota. Terminaría dando su beneplácito para que tanto Beatriz como yo nos convirtiésemos en los únicos portavoces lícitos del comité. Ella en Venezuela y yo en el resto del mundo. Y nosotros seríamos además los únicos autorizados para acceder a todos los efectos personales de su hermano Ilich, ese tesoro periodístico que se encontraba en un cofre, enterrado en una montaña de muebles, ropa y efectos personales familiares, que nadie había tocado en décadas.

Ese mismo día un comité humanitario venezolano, encabezado por el ministro Rodríguez Chacín, se preparaba para desplazarse hasta un punto secreto de la selva colombiana, donde recoger a un nuevo grupo de secuestrados que las FARC iban a entregar a Venezuela. Las coordenadas del lugar de recogida se mantenían en el más absoluto secreto, ya que en ocasiones anteriores la liberación había tenido que abortarse, al detectar las FARC los intentos del ejército colombiano de ubicar el lugar de la recogida para localizar así los campamentos guerrilleros. Y en ese ambiente de entusiasmo en que vivían los bolivarianos la nueva liberación de rehenes de las FARC, en el Comité por la Repatriación de Ilich Ramírez, con Lenin y Vladimir a la cabeza, empezamos a especular con la posibilidad de plantear a Hugo Chávez un plan disparatado, pero factible, para liberar a Carlos el Chacal de prisión.

El rehén más valioso de las FARC era la candidata presidencial Ingrid Betancourt, secuestrada por las FARC el 23 de febrero de 2002 cuando intentaba negociar la paz con la guerrilla, en compañía de su asesora Clara Rojas, liberada en enero gracias a la intercesión de Chávez. La clave de nuestro plan estaba en que Betancourt tenía doble nacionalidad, colombiana y francesa, y el presidente Sarkozy había expresado en reiteradas ocasiones su interés en mediar en la liberación de la rehén franco-colombiana. Algunos de mis camaradas en el comité especulaban con la idea de que si Chávez lograse convencer a las FARC para que le entregasen a Ingrid Betancourt, esta podría intercambiarse por Ilich Ramírez, consiguiendo así que el Chacal volviese a Venezuela.

Aniversario del Caracazo, entre asaltos y libertades

Si tuviese que señalar un día de especial frenesí en esta investigación, ese pudo ser el 27 de febrero de 2008. Ese miércoles se cumplía el decimonoveno aniversario del trágico Caracazo.[6]

---

6. Se conoce como «Caracazo» a los disturbios que se produjeron el 27 y 28 de febrero de 1989 en Caracas, cuando la Policía Metropolitana, la Guardia Nacional y el Ejército venezolano abrieron fuego contra los ciudadanos que habían asaltado supermercados y comercios de Caracas, desesperados por la feroz crisis económica que produjo el endeudamiento posterior al *boom* petrolero de los años setenta. Con los gobiernos de Herrera Campins y Lusinchi, la devaluación de la moneda, la inflación y la desconfianza de los inversores empeoraron cada año, y, con el gobierno de Carlos Andrés Pérez, un programa de ajustes macroeconómicos promovido por el Fondo Monetario Internacional arruinó a muchos venezolanos, incapaces de encontrar trabajo y mantener a sus familias. La tensión se hizo insostenible el 27 de febrero, en que las protestas populares desembocaron en saqueos a los comercios, y la posterior

Como todos los días, me levantaba antes del amanecer para hacer mis oraciones y estudiar el Corán. Después me ponía a estudiar los manuales de armamento y explosivos que me habían confiado los coroneles bolivarianos, y con cada página que avanzaba en aquellos manuales crecía mi tensión ante la ausencia de noticias de Gustavo, el enlace de la guerrilla colombiana. Pero, como si hubiese leído mis pensamientos, esa mañana me telefoneó desde un tercer número, diferente a los que había utilizado anteriormente. Habían pasado varias semanas desde nuestra reunión y, según me comunicó, ese había sido el tiempo que había necesitado para hacer llegar a la selva colombiana mi solicitud por escrito. Aquella llamada, me dijo, era para tranquilizarme y para decirme que se había autorizado mi entrenamiento con las FARC. Ahora solo faltaba preparar el viaje. Según Gustavo, entraría en Colombia por los «caminos verdes», es decir, a través de la selva, evitando los controles fronterizos.

Todo indicaba que en unos días más, estaría recibiendo formación militar con las FARC y/o el ELN en las selvas de Colombia. Tras agradecerle la llamada, le informé de que ya había recogido en la mezquita un ejemplar del Sagrado Corán en español, como me había pedido, y pareció entusiasmado con la noticia. Me insistió en que sería estupendo que yo pudiese dar unas nociones a los guerrilleros colombianos sobre el Islam y también sobre las técnicas de lucha palestina. «La guerrilla siempre está dispuesta a aprender nuevas cosas útiles para la lucha», me dijo. Pero en ese momento no fui capaz de ver todo lo que implicaba esa frase. Y tampoco fui consciente entonces de que mi ángel de la guarda estaba preparando un milagro casi comparable al del 11 de marzo de 2004, para evitarme un serio disgusto...

Supongo que no era una casualidad que las FARC y/o Chávez hubiesen decidido fijar finalmente en ese día la liberación de cuatro nuevos rehenes, que llevaban años en poder de la guerrilla. Cuatro ex legisladores colombianos —Gloria Polanco de Lozada, Orlando Beltrán Cuéllar, Luis Eladio Pérez y Jorge Eduardo Géchem Turbay— estaban a punto de ser entregados por las FARC a una comisión encabezada por el ministro venezolano Ramón Rodríguez Chacín y la senadora colombiana Piedad Córdoba. Con ellos, cuatro delegados del Comité Internacional de la Cruz Roja, dos médicos venezolanos y un cámara de Telesur, que emitía en directo la liberación de los rehenes por televisión, se habían desplazado a un punto secreto de la selva colombiana para recogerlos. Ese aniversario del Caracazo tendría que haber sido un nuevo día de protagonismo internacional para el gobierno bolivariano, que conseguía

---

represión policial y militar. El nombre está inspirado en el Bogotazo, la masacre que se produjo el 9 de abril de 1948 en Bogotá, cuando la policía también abrió fuego sobre la población civil en plena protesta social.

rescatar a cuatro secuestrados más de la guerrilla colombiana. Y lo sería, pero por otras razones...

Mientras los recién liberados volaban hacia Caracas, donde los aguardaba el Chávez libertador, yo tenía otras responsabilidades. El famoso periodista norteamericano John Lee Anderson se encontraba en Venezuela y quería reunirse con nosotros.

John Lee Anderson es un referente en el periodismo internacional. Nacido en California, en 1957, pronto se especializó en información relativa a América Latina. Su técnica para hacer perfiles biográficos es objeto de estudio en las principales facultades de Periodismo, y sus perfiles sobre Augusto Pinochet, Fidel Castro, Gabriel García Márquez o el rey Juan Carlos de Borbón son textos clásicos en muchos cursos universitarios. Periodista de investigación, con mayúsculas, para escribir su biografía sobre el Che Guevara se fue a vivir cinco años a Cuba, y gracias a sus investigaciones periodísticas se descubrió la tumba del Che en Bolivia, que permanecía perdida desde 1967.

Anderson se hallaba en Caracas para participar en el *Aló, Presidente* de Hugo Chávez, sobre el que también ha realizado uno de sus famosos perfiles, pero había descubierto la figura de Carlos el Chacal y se había mostrado interesado en la posibilidad de dedicarle uno de sus estudios. Y, como cualquiera que teclee el nombre de Ilich Ramírez en Internet, con lo primero que se encontró es con la página que yo controlaba: el *website* oficial de Carlos el Chacal. Así que no tenía nada de extraño que el famoso periodista tuviese interés en conocerme. El interés era mutuo.

Sin embargo, esa mañana yo tenía otro compromiso. Debía acudir al Cuartel San Carlos, donde se mantenía la exposición de fotografías y recortes de prensa sobre Ilich Ramírez desde la «rueda de prensa» celebrada allí mismo el 9 de enero. Además, y esto es más interesante, se mantenía una urna destinada a recoger fondos para la defensa del Chacal y unos cuestionarios de firmas de apoyo a su causa. ¿Qué nombres y cédulas de identidad suscribirían por escrito su apoyo al terrorista más famoso de la historia? Evidentemente, era interesante grabarlo.

Como ya expliqué con anterioridad, el Cuartel San Carlos es un edificio emblemático, depositario de una larga tradición guerrillera. Tanto Hugo Chávez como Paúl del Río cumplieron penas de cárcel entre sus muros, y el 9 de enero de 2008 acogió la primera «rueda de prensa» concedida por Ilich Ramírez. Así que se me ocurrió que aquel sería el mejor contexto posible para desarrollar otra de mis ideas. Le había propuesto a Vladimir Ramírez que el comité organizase un cine fórum, proyectando el documental emitido por Al Jazeera sobre la operación de la OPEP meses antes. Me lo había facilitado un contacto en la cadena qatarí en árabe, y posteriormente yo había conseguido localizarlo en inglés y español. Y a Vladimir le entusiasmó la idea. A él le permitía continuar su campaña mediática a favor de su hermano; a mí, reafirmar mi identidad árabe y lanzar un anzuelo. Una actividad pública como aquella, en el legendario Cuartel San Carlos, auspiciada por los movimientos bolivarianos y teniendo a Carlos el Chacal como protagonista, probablemente atraería a simpatizantes de la causa revolucionaria, de la lucha armada y quizás a alguien más...

Para comenzar con los preparativos conocí a Edulfo Rojas, otro veterano de la lucha revolucionaria venezolana, y uno de los responsables de las actividades culturales en el San Carlos Libre, junto con el famoso Paúl del Río. Pero en la Venezuela bolivariana las cosas van lentas. Muy lentas. El tiempo transcurre en «horita llanera», y esas horas no necesariamente tienen sesenta minutos, así que organizar algo en el San Carlos me iba a llevar más tiempo del previsto. Aun así no había problema: tenía muchas más vías de investigación abiertas al mismo tiempo. Única manera, según mi experiencia, de amortizar el nuevo viaje a Venezuela.

Mientras el helicóptero con los cuatro secuestrados liberados por las FARC se acercaba a Venezuela, un camarada me avisó de que en el centro de Caracas se estaba armando una buena «garimba». Otro grupo bolivariano del 23 de Enero, La Piedrita, con la incontrolable Lina Ron a la cabeza, estaba asaltando el Palacio Arzobispal de Caracas. Así que llamé a John Lee Anderson para posponer nuestro encuentro al día siguiente y salí disparado hacia el centro, saltándome los semáforos y haciendo chirriar sobre el asfalto los neumáticos del Seat Ibiza.

Una «Piedrita» en el zapato de Chávez

El barrio de La Piedrita, en la parroquia del 23 de Enero, acoge a otro de los grupos bolivarianos más activos e incontrolables de Caracas. Y nadie entra ni sale del barrio sin pasar por el puesto de los vigilantes armados que controlan los accesos. Los grafitis en las fachadas de los edificios y los carteles situados estratégicamente advierten al visitante: «Zona guerrillera». Y, por si nos quedase alguna duda, concluyen: «Bienvenidos a La Piedrita en paz, si vienes en guerra te combatiremos. Patria o muerte». En realidad no existen muchas diferencias entre el barrio La Piedrita de Caracas y cualquier barrio controlado por el IRA en el Ulster, una favela brasileña o un sector bajo el dominio de las bandas en el Bronx neoyorquino. Existe una justicia y una seguridad local, al margen de los cuerpos policiales y militares oficiales. Pero es más factible ver a un afroamericano en una concentración de skinheads que a un escuálido entrando en La Piedrita, así que parece evidente que los carteles de advertencia y los vigilantes armados solo pueden ir dirigidos a otros vecinos del 23 de Enero, con los que la convivencia vecinal no es del todo satisfactoria. Y es que entre los diferentes grupos armados que conviven en el 23 de Enero no todo es armonía y camaradería. Más bien al contrario.

Normalmente, quien a hierro vive, a hierro muere. Y los fallecidos por arma de fuego en Caracas superan con mucho las medias estadísticas criminales en América Latina. Pero en el 23 de Enero ese porcentaje estadístico es aún mayor. Y, aunque no son tantos como en los Estados Unidos, cada día se acercan más a los espeluznantes porcentajes norteamericanos. De hecho, Valentín David Santana Torres, uno de los líderes incuestionables de La Piedrita, presume de haber solucionado a plomo el asesinato de su hijo Diego, también muerto a plomo. Santana acusa directamente a José Tomás Pinto Marrero, alias *Comandante Pinto*, líder del Movimiento Tupamaro de Venezuela, de ser responsable del asesinato de su hijo, y José Pinto no duda en señalar a los de La Piedrita como responsables del intento de asesinarle de cinco tiros tras la muerte de Diego Santana.

En medio de ese intercambio de acusaciones y de tiros, puedo decir que una buena amiga, ex coordinadora del Convenio con Cuba en el Ministerio de Tierras de Venezuela, me relató el asesinato de uno de sus cuatro escoltas, todos tupamaros, acusado también de haber sido uno de los ejecutores del hijo de Santana. A raíz de esa muerte, otro de sus escoltas habría disparado contra Valentín Santana, mandándolo un año al hospital. Después de ese ataque a Santana, el tercero de sus escoltas, un hombre de Pinto, desapareció misteriosamente. Y el cuarto era mi amigo Gato, que sobrevivió milagrosamente a aquellos doce tiros. De haber tenido éxito el ataque contra Comandante Gato, habría sido el decimocuarto asesinato en el 23 de Enero entre grupos armados bolivarianos enfrentados entre sí. Después llegarían más. Como la ejecución de Arquímedes Franco, a cuyos autores aún buscaban mis camaradas tupamaros en el barrio de La Piedrita.

Por todo esto, Valentín Santana, supervisor de seguridad en la Universidad Central de Venezuela (UCV) desde hacía casi veinte años, es otro nombre clave en los movimientos armados bolivarianos. En una entrevista concedida al periódico *Quinto Día* el 6 de febrero de 2009, que le costó la libertad, Santana afirmó en relación al asalto al Palacio Arzobispal al que ahora me referiré: «Creo en un Dios revolucionario, con un fusil, un Dios que ama y castiga». Probablemente, si en lugar de venezolano Santana fuese iraquí, afgano o palestino y afirmase creer «en un Allah revolucionario, con un fusil, un Allah que ama y castiga», terminaría en una celda de Guantánamo acusado de yihadismo terrorista.

Los bolivarianos armados de La Piedrita, como los Tupamaros, enemigos mortales entre sí, presumen de haber limpiado de droga y violencia esta comunidad de casi tres mil personas, desde hace veinticinco años. Y por limpiar el barrio de violencia se entiende el ser más eficientemente violentos que los violentos a los que combatían. Ejecutados los traficantes y delincuentes del barrio y en vista de que ningún escuálido osaría cruzar las fronteras de La Piedrita delimitadas por sus grafitis y carteles amenazantes, La Piedrita salió del 23 de Enero para «dar guerra» en los barrios acomodados de Caracas. Sus acciones contra intereses opositores y medios de comunicación antichavistas con frecuencia tenían eco en la prensa nacional. «Queremos ser tan molestos como una piedrita en el zapato de la oposición.» Y como los demás grupos armados bolivarianos del 23 de Enero, La Piedrita no tiene ninguna intención de entregar las armas a pesar de que su lucha por llevar a Hugo Chávez a la presidencia de la nación triunfó hace más de una década.

Esa facción más extremista del chavismo cree posible una invasión norteamericana en Venezuela, o un nuevo golpe de Estado como el del 11 de abril, o un enfrentamiento bélico con Colombia o, en el fondo, cree que casi cualquier conflicto que enfrente el proceso revolucionario puede solucionarse «a través del punto de mira de un fusil». Y este sí es el problema profundo del proceso revolucionario. Medio siglo de tradición guerrillera está demasiado implantado en los corazones y las mentes de los radicales bolivarianos como para renunciar a las armas. Algunos apasionados seguidores de Chávez no solo están dispuestos a morir por él, lo cual siempre es heroico, sino también a matar por él. Incluso aunque el presidente nunca se lo haya pedido.

Y, si hay alguien experto en hacer cosas en nombre del proceso revolucionario sin que nadie se lo pida, es Lina Ron, líder suprema e indiscutible en La Piedrita.

Lina Ninette Ron Pereira, nacida en Anaco (estado de Anzoátegui) el 23 de septiembre de 1959, probablemente sea la líder de un grupo armado bolivariano más conocida de Venezuela. Cuarta hija del concejal izquierdista Manuel Ron Chira y la maestra Herminia Pereira, descubrió la dimensión política de la violencia cuando su padre fue detenido por homicidio. Estudió Medicina en la UCV, aunque abandonó la carrera en cuarto curso para convertirse en dirigente estudiantil en el Comité de Luchas Populares. Pero en cuanto Chávez llega al poder, Ron se convierte en una de sus defensoras más feroces, protagonizando todo tipo de incidentes diplomáticos. El primero, en septiembre de 2001 y que la catapulta a la fama, consistió en quemar una bandera de los Estados Unidos delante de la embajada norteamericana en Caracas, para celebrar los atentados del 11 de septiembre y la «lección que le habían dado al imperialismo yanqui». Lina Ron afirmó: «Lamentando la pérdida de civiles, que fue muy triste, los americanos se están chupando una cucharada de su propia medicina y están propiciando no la tercera, sino la cuarta guerra mundial. Ellos nos siguen considerando una colonia; lo que pasa es que del gallinero salió un gallo más gallo que el de ellos, que se llama Chávez».

Enfrentada con la oligarquía venezolana y los medios opositores, y al mismo tiempo con buena parte de los grupos revolucionarios chavistas, Lina Ron cuenta con su propio ejército personal en La Piedrita. Pero también dirige el Centro Cultural Cristóbal Altuve, que lleva el nombre de quien fuera su último esposo: un argentino del que heredó varios puestos en el mercado Boquerón, lo que le permite vivir holgadamente, dedicando su tiempo y esfuerzo al proceso revolucionario. La «Pasionaria chavista» ha realizado diferentes programas de televisión alternativos y es fundadora del partido Unidad Popular Venezolana (UPV), que apoya incondicionalmente al PSUV de Chávez. Sin embargo, su fama se debe a los diferentes asaltos y altercados violentos que ha protagonizado durante los últimos años y que han sido compilados en una biografía titulada *La incontrolable*, publicada por el periodista Douglas Bolívar en 2009.

Y desde luego, aquel miércoles 27 de febrero de 2008, aniversario del Caracazo y día de la nueva entrega de rehenes de las FARC a Venezuela, Chávez no le había pedido a La Piedrita que demostrase su fervor revolucionario de ninguna manera. Pero mucho menos asaltando el Palacio Arzobispal de Caracas. Sin embargo, un comando encabezado por Lina Ron y un buen grupo de estudiantes chavistas y miembros de los movimientos bolivarianos asaltaron el Palacio Arzobispal de Caracas, desalojando a todos los trabajadores sin que ninguno se atreviese a ofrecer la menor resistencia al asalto. Y durante dos horas los bolivarianos controlaron la sede eclesiástica de Venezuela.[7]

Como habían previsto, no solo yo sino todos los periodistas de Caracas fuimos alertados del asalto, y en pocos minutos una pléyade de cámaras, redactores y reporteros salió hacia el lugar. En esta ocasión, y haciendo gala de una maquiavélica estrategia, Globovisión emitió en directo el mensaje que una Lina Ron encendida por la pasión escupió a borbotones sin pararse a pensar en lo que decía en cuanto identificó el logotipo de la principal cadena de la oposición entre los micrófonos presentes. Sincera y directa, como siempre, Lina Ron fracasó en sus intentos por parecer diplomática. En su enérgico monólogo denunció los registros policiales que se estaban haciendo en el 23 de Enero en busca de los miembros de otro grupo armado bolivariano, Venceremos, autor de cuatro ataques con explosivos esos días, incluyendo el de Fedecámaras, y exigió que se hiciesen los mismos registros en las casas lujosas de los

---

7. A pesar de ser un devoto cristiano, el enfrentamiento entre Chávez y la jerarquía católica en Venezuela es conocido. Más cercana a la derecha opositora que a la izquierda revolucionaria, la relación de la Iglesia venezolana con el gobierno bolivariano se ha ido tensando más y más cada año. En enero de 2010, con la llegada del nuevo embajador vaticano, Pietro Parolin, a Caracas, Chávez llegó a sugerirle que hiciese un exorcismo en el Palacio Arzobispal, a causa de las injerencias en la política chavista que se habían gestado en su interior. Durante mucho tiempo, por ejemplo, allí estuvo acogido el líder estudiantil opositor Nixon Moreno, acusado en 2006 por la justicia venezolana de abusos sexuales a una agente policial durante unos disturbios estudiantiles. Moreno recibió el estatuto de asilado político por el Vaticano.

barrios altos de la oposición. Ron también reivindicó, sin pudor, la memoria
«del camarada Héctor Serrano», que a su juicio era un mártir de la lucha
bolivariana a la altura del fiscal Danilo Anderson... A pesar de que Caimán
había muerto al estallarle en las manos la bomba que intentaba colocar en
Fedecámaras, y al fiscal Anderson le pusieron una bomba lapa en el coche.

Y, lo que es más temerario, Ron soltó todo tipo de acusaciones contra el
canal Globovisión, acusándolo de conspirar contra el gobierno de Hugo Chávez
en connivencia con Fedecámaras y con la Iglesia católica venezolana. Llegó a
afirmar ante las cámaras, supongo que sin ser consciente de lo que estaba
haciendo, que los continuos ataques de Globovisión contra el proceso revolucionario «provocan que se les ponga una bomba» y concluyó que «Globovisión
es objetivo revolucionario». No contentos con eso, los camaradas de La Piedrita repartieron un manifiesto a las puertas del Palacio Arzobispal, donde
dejaban por escrito «nuestra disposición total a enfrentar con las armas»,
«nuestr(o)... reconocimiento... a las FARC y ELN» y «nuestro dolor... ante la
lamentable pérdida de los comandantes Raúl Reyes, Julián Conrado y sus
camaradas». Ese documento, que recogí en pleno asalto, lo firman siete organizaciones bolivarianas diferentes.

Por supuesto, las amenazas de Lina Ron, un regalo para la oposición antichavista, se emitieron en todos los canales y todavía continúan colgadas en
Youtube. Y, por si no fuera bastante, recordaba a todos la convocatoria a una
vigilia de protesta ante la sede de Globovisión, esa misma noche. La lectura del
manifiesto de La Piedrita a cargo del representante estudiantil Jorge Flores dio
fin al asalto de forma pacífica. Sin embargo, en ese momento me temí que
aquella noche del 27 de febrero los seguidores de Lina Ron perdiesen el control
en la vigilia e intentasen otro asalto al canal opositor, como habían hecho con
el Palacio Arzobispal. Porque la seguridad privada y armada de Globovisión no
lo iba a permitir tan pacíficamente como los sacerdotes católicos.

Mientras Lina Ron y compañía asaltaban el Palacio Arzobispal de Caracas,
los medios de comunicación venezolanos e internacionales todavía repetían
una y otra vez las imágenes de la liberación de los cuatro rehenes de las FARC.
Y todos podíamos ver a unos emocionados Gloria Polanco de Lozada, Orlando
Beltrán Cuéllar, Luis Eladio Pérez y Jorge Eduardo Géchem Turbay que reían,
lloraban, se abrazaban, todavía incrédulos de que el momento de su liberación
realmente hubiese llegado por fin. Después de años encadenados a una choza
de madera en medio de la selva y de los repetidos intentos frustrados para su
liberación, los cuatro secuestrados no terminaban de creer que ya eran libres.
Y solo repetían una y otra vez su agradecimiento a la senadora Piedad Córdoba y al presidente Hugo Chávez por haberlo hecho posible.

A media tarde, Telesur y VTV emitían en directo el emotivo reencuentro
entre los liberados y sus familiares en el Aeropuerto Internacional Simón

Bolívar de Maiquetía. Chávez acababa de apuntarse otro triunfo internacional, consiguiendo lo que ni la diplomacia ni el ejército ni el gobierno colombiano habían logrado. De nuevo sus gestiones con las FARC, a través de Piedad Córdoba, habían conseguido liberar a los secuestrados.

Por su parte, Globovisión tenía otros problemas más graves porque, tal y como había advertido Lina Ron, esa noche unas doscientas personas pertenecientes a treinta organizaciones bolivarianas diferentes se concentraron ante sus instalaciones, en la Florida, y la tensión se cortaba en el ambiente. Como era lógico, Globovisión emitía en directo el asedio de los bolivarianos a su edificio, mientras monseñor Jesús González de Zárate, arzobispo auxiliar de Caracas, resaltaba la gravedad del asalto a la nunciatura apostólica a manos de los mismos radicales seguidores de Hugo Chávez que ahora asediaban Globovisión... y la buena noticia de los liberados de las FARC se diluyó en medio de aquellos titulares.

Probablemente fue el fuerte dispositivo policial, que rodeó a los manifestantes para evitar altercados, el que evitó que la cosa fuese más allá de algunos insultos hacia los trabajadores del canal más crítico con Chávez y algunas consignas a manos de mis camaradas tupamaros, La Piedrita o la Coordinadora Simón Bolívar. No olvidemos que desde el Palacio Arzobispal Lina Ron había dicho que Globovisión era «objetivo revolucionario» y que «provocaba ponerle una bomba». Pero aunque la concentración estaba convocada hasta el amanecer, después de cuatro horas de estériles bravatas, Lina Ron y sus seguidores comenzaron a dispersarse hacia las 22:00. Menos de dos horas más tarde, pude ser testigo en directo de algo sorprendente, inaudito. Algo que solo podría ocurrir en la Venezuela de Hugo Chávez...

De vuelta en mi habitación, estaba viendo el programa *La Hojilla*, en el Canal 8 (VTV), donde Mario Silva repartía sopapos dialécticos a la oposición con un sentido del humor a veces realmente ingenioso. Y de pronto, de forma absolutamente espontánea e imprevista, su rostro cambió de expresión cuando el realizador le dijo, a través de los auriculares, que estaban recibiendo una llamada telefónica que debían pasar a antena. *La Hojilla* es un programa en riguroso directo. Ni siquiera Silva sabía, al dar paso a la llamada, que quien estaba al otro lado del auricular telefónico era el mismísimo presidente Hugo Chávez. Un Chávez casi más entristecido que enojado por el comportamiento descontrolado de sus seguidores.

Con muy buen criterio, el presidente se lamentaba de que el día en que toda la prensa internacional podría haber destacado la buena nueva de que Venezuela había conseguido liberar a cuatro rehenes más de las FARC, aquella noticia había sido eclipsada por los teletipos sobre el asalto a la nunciatura apostólica y la amenazante vigilia contra Globovisión. Titulares que, junto al atentado contra Fedecámaras y el asalto a la embajada española en Caracas, habían conseguido disolver la optimista noticia del día entre un montón de teletipos sobre violencia, anarquía y descontrol, protagonizados por los chavistas radicales. Y en directo, en los micrófonos de *La Hojilla*, yo pude escuchar por primera vez a Hugo Chávez plantearse públicamente si Lina Ron y algunos dirigentes de La Piedrita podían estar infiltrados por la CIA, porque su comportamiento violento y descontrolado no hacía más que perjudicar la imagen internacional de la revolución bolivariana. Sobra decir que ninguno de los medios internacionales que publicaron las noticias sobre el asalto al Palacio Arzobispal o el asedio a Globovisión se hizo eco de la condena explícita que el presidente Hugo Chávez elevó, sin intermediarios, de tales actos vandálicos.

Una vez más, y no sería la última, la tradición guerrillera y revolucionaria de los chavistas se volvía contra el presidente de la República, a quien los medios de oposición e internacionales culpaban de los actos violentos y descontrolados que ejecutaban sus seguidores. Y él mismo había tomado la iniciativa de coger su teléfono y llamar al programa más visto por los chavistas en el canal del Estado, para intentar que sus seguidores dejasen de realizar ese tipo de actos violentos. No me imagino a Obama, Sarkozy, Berlusconi o Zapatero llamando a un programa de la televisión nacional para intentar que sus incondicionales dejen de cometer actos vandálicos en su nombre. Eso solo lo hace Chávez. Pero, si ocurriese, estoy seguro de que ningún medio de comunicación obviaría esa noticia, como se hizo con el presidente de Venezuela, solo para mantener la idea de que el gobierno venezolano aprobaba aquellos actos violentos.

CCB: Congreso «revolucionario» en Quito

Mientras todos estos acontecimientos se sucedían en Venezuela, en la capital de Ecuador se celebraba el II Congreso de la Coordinadora Continental Bolivariana (CCB), entre el 24 y el 28 de febrero de 2008.

Sabiendo que acudirían a Quito miembros de las FARC, el Frente Sandinista, Tupamaros y también miembros de ETA, el encuentro tenía mucho interés, y como *webmaster* del Chacal yo estaba invitado. Por desgracia, aquella semana frenética de febrero en Caracas me impidió viajar a Quito, pero sí asistieron Paúl del Río y otros camaradas desde Venezuela, así que aguardaba con mucho interés las conclusiones del congreso. Paúl del Río, el hombre que secuestró a Alfredo Di Stéfano, nos había prometido que intentaría incluir en ellas alguna mención al caso de Ilich Ramírez y en él delegamos la representación de nuestro comité. Pero los responsables de la CCB tenían otros planes.

Desde 2003 y hasta que en 2009 se convirtió en el Movimiento Continental Bolivariano (MCB), la CCB era la heredera legítima de la hermandad de organizaciones de izquierda latinoamericana, inspirada por La Habana desde los años sesenta. Una red que intentó su reactivación mediante el llamado Foro de São Paulo, ideado por Fidel Castro tras la caída del comunismo. Finalmente, La Habana logró fortalecer su red internacional promoviendo el Congreso Bolivariano de los Pueblos, que en Caracas coordinaba mi camarada el colombiano Edgar Caballero con apoyo del gobierno chavista. La primera reunión para organizar el I Congreso, en agosto de 2003, incluso contó con la presencia de Hugo Chávez.

Según Carlos Casanueva Troncoso, director ejecutivo de la CCB: «En septiembre del 2003 un grupo de organizaciones, principalmente del ámbito cultural, histórico, académico y grupos políticos de izquierda, tanto de Colombia como de Venezuela convocan a la Primera Revisión de la Campaña Mirable desde Cartagena hasta Caracas, porque se estaban cumpliendo los doscientos años de la Campaña Mirable de Bolívar... Al terminar esta campaña, en septiembre del 2003 nos reunimos en Caracas en el Campamento Bolivariano por Nuestra América, para aprobar los documentos constitutivos, el manifiesto, el llamamiento y la plataforma de lucha de la Coordinadora Continental Bolivariana (CCB) y una estructura básica. Bajo esos principios que levanta y mezcla el sentimiento de patriotismo con el revolucionario actual de Nuestra América...».[8]

Desde el mismo momento de su fundación, la CCB se puso en el punto de mira de las agencias de inteligencia y servicios antiterroristas de todo el mundo. Según Casanueva, esa criminalización de la CCB se debía a: «Asumir en nuestra organización a todos aquellos movimientos, grupos o partidos que estén luchando en sus pueblos, bajo los mismos objetivos de liberación, de bienestar del pueblo, unidad continental y de culminar con la obra de nuestros libertadores por la segunda Independencia, sin distingo ni sin exclusiones de nadie, excepto a los fascistas... por ejemplo permite que ingrese las FARC y otros movimientos más...».

Es verdad, como también dice Casanueva, que la CCB «ha apoyado a la senadora Piedad Córdoba en el proceso de paz. La CCB ha hecho campañas por el intercambio humanitario... el trabajo en defensa de la Amazonía, de la lucha por el respeto a los derechos de los pueblos indígenas, de solidaridad con los pobladores sin techo, la conjunción con los cristianos de base», etcétera. Pero nadie ha criminalizado a la CCB por ese encomiable trabajo social, sino porque el apoyo a organizaciones consideradas terroristas por la mayoría de los gobiernos occidentales, como ETA o las FARC, llegó al descarado extremo de nombrar a los principales jefes de las FARC —Manuel Marulanda

---

8. Mariategui, 17 de julio de 2009: *http://mariategui.blogspot.com/2009/07/la-coordinadora-continental-bolivariana.html*

Tirofijo primero, y Alfonso Cano después— miembros de la Presidencia Honorífica de la CCB. El argumento de Casanueva me recordaba mucho mi infiltración en los grupos neonazis, en los que los líderes skinheads se lamentaban de la criminalización de sus organizaciones fascistas, sin que nadie hablase de sus campañas contra las drogas o los toros, de su trabajo voluntario en residencias de ancianos de raza blanca o de su voluntariado recogiendo chapapote en las playas gallegas durante el desastre del *Prestige*. Pero es que los nazis condenados tras mi infiltración nunca fueron procesados por sus ideas, sino por los delitos concretos que habían cometido. Una vez más, la extrema derecha y la extrema izquierda utilizan los mismos argumentos e incluso las mismas palabras para defender sus respectivas ideologías, acusando a las mismas autoridades de las mismas paranoicas persecuciones. Los extremos siempre se tocan.

El II Congreso de la CCB, celebrado en Ecuador ese febrero de 2008, fue un éxito rotundo. Acudieron miembros, representantes y simpatizantes de diferentes organizaciones revolucionarias de toda América Latina, y también de otras partes del mundo, como la ETA vasca. Y probablemente el evento habría tenido una amplia repercusión mediática de no haber sido porque, un día después de su conclusión, otra noticia acapararía los titulares de toda la prensa internacional. Una noticia que también llegaba desde Ecuador, pero desde un punto muy remoto en las selvas fronterizas con Colombia llamado Angostura, en la provincia ecuatoriana de Sucumbos...

El periodista que encontró la tumba del Che me examina

Un día antes de producirse esa noticia, el 28 de febrero, y mientras se clausuraba el congreso de Quito, estreché por primera vez la mano de John Lee Anderson, pero también la de Óscar Rotundo, un personaje que algún día, estoy seguro, dará que hablar.

Argentino de nacimiento y venezolano de adopción, Óscar Rotundo —no es su nombre real, pero es el que usa hace años— es corresponsal del famoso periódico izquierdista *Resumen Latinoamericano*, dirigido por Carlos Aznárez, a quien conocía de su época en Euskadi. Aznárez, entre otras muchas cosas, era el responsable del área latinoamericana de la revista *Ardi Beltza*, que el juez Baltasar Garzón procesó por su relación con ETA, y el aval que me había presentado Ernesto G. H., el aspirante a la alcaldía de Santander que me había escrito a la página web de Ilich Ramírez ofreciéndome su colaboración a favor del Chacal. Pero Rotundo era, sobre todo, el asistente del diputado Roy Daza, presidente de la Comisión de Política Exterior de la Asamblea Nacional venezolana.

Aunque mi interés en Rotundo estribaba en que era el secretario de la Coordinadora Continental Bolivariana (CCB) y un contacto reconocido de los nacionalistas vascos en Venezuela. Rotundo estaba muy implicado en la causa revolucionaria bolivariana, como antes lo había estado en la lucha revolucionaria peronista en su propio país, con grupos guerrilleros como la Fuerza Armada de Liberación (FAL), el Ejército Revolucionario del Pueblo (ERP) o los Montoneros. Baste decir —por ahora— que Óscar Rotundo había vivido un tiempo en Euskadi, sobre todo en Donosti, donde apoyaba a los grupos independentistas vascos hasta que empezó a detectar que la ETA se estaba desligando de los ideales que habían originado su lucha contra la dictadura franquista. Pese a ello, cuando volvió a América Latina para participar en las luchas revolucionarias de Centroamérica (con el Frente Sandinista en Nicaragua, o el Frente Farabundo Martí en El Salvador) siguió manteniendo buenas relaciones con sus antiguos camaradas vascos. Relaciones que continuaron cuando se estableció en Colombia, propiciando entonces una excelente camaradería con las FARC...

Con John Lee Anderson me cité en la redacción de uno de los periódicos bolivarianos en los que colaboraba, aprovechando una reunión en la que se encontraban Juvenal González, un veterano ex guerrillero y luchador social del 23 de Enero, y otros camaradas tupamaros y miembros del Comité por la Repatriación de Ilich Ramírez. En ese momento, sinceramente creo que yo era el motor del comité y el responsable de su presencia en la red. Y es probable que también el miembro de la asociación que manejaba un mayor volumen de información sobre el Chacal, porque, además de la documentación occidental, había comenzado a tener acceso a la información en lengua árabe. Por eso abrí una pequeña sección en la web íntegramente dedicada a la documentación sobre Carlos en árabe. Y eso era lo que había despertado la curiosidad de John Lee Anderson, hasta el punto de plantearse dedicar uno de sus famosos perfiles biográficos a Ilich Ramírez.

Con el famoso periodista norteamericano viví otra anécdota extraordinaria. Una prueba experiencial de que en este oficio de infiltrado todas las precauciones son pocas y cada hora invertida en cimentar sólidamente tu identidad como infiltrado al final ofrece sus frutos. Charlábamos animadamente con Anderson sobre la conexión de Ilich y la resistencia palestina cuando, volviéndose directamente hacia mí, me preguntó:

—Ok, Muhammad, entonces, ¿tú eres palestino? ¿De qué parte eres; de Gaza, Cisjordania...? Yo conozco Palestina.

—No, no creo que conozcas el pueblo de mi familia. Es un pueblo muy pequeñito, cerca de Yinín. Un lugar llamado Burqyn... —Prometo que respondí al famoso periodista con total seguridad. En cuatro años de infiltración, después de haber puesto a prueba mi falsa biografía en innumerables ocasiones, jamás, ni una sola vez, había encontrado a nadie, árabe o no, que pudiese poner en peligro mi coartada palestina en relación a mi supuesto origen. Nunca me había encontrado con nadie que conociese ese pequeño pueblo. Nunca hasta ese día.

—¿Burqyn? ¿Eres de Burqyn? ¡Pero si yo conozco mucho Burqyn! Tengo muchos amigos allá... —replicó Anderson con una espontánea sonrisa de satisfacción. Y yo sentí que el suelo se abría bajo mis pies...

—¿Ah, sí...? —balbuceé con un hilillo de voz, mientras notaba que todos mis músculos se ponían en tensión y calculaba instintivamente cuántos metros me separaban de la puerta.

—¡Claro! ¿Sigue el panadero?... ¿Cómo se llamaba?... Aquel que hace un pan tan tierno...

Fueron unos minutos interminables. Un examen que ponía a prueba mi capacidad de improvisación, y sobre todo mis conocimientos sobre el pequeño pueblo palestino en el que había ubicado el origen de mi familia materna. Y, si aprobé, fue gracias a los días que invertí en recorrer sus calles, sus plazas y sobre todo la antigua iglesia cristiana. Por eso pude convencer a John Lee Anderson y a los demás presentes en el examen de que realmente mi familia era originaria de Burqyn. Confío en que mi colega sepa disculparme por haberlo engañado. Estoy seguro de que recordará al muchacho de Burqyn que conoció en Caracas...

Pasada la prueba de Anderson, me sentía con más ánimo para continuar la infiltración, y mientras seguía esperando el día y la hora en que debiese cruzar a Colombia, con la guerrilla, a través de los «caminos verdes», me concentré en continuar estudiando los manuales de armas y explosivos, en seguir transcribiendo el Corán, y en preparar el cine fórum sobre Ilich Ramírez, cuyas proyecciones habíamos establecido para el 17 y 18 de marzo siguientes. Así que ese 29 de febrero (era año bisiesto) lo invertí en visitas a Venezolana de Televisión y a BetaVideo, una empresa de cambio de formato de vídeo en Las Mercedes, donde me garantizaron un formato de los documentales de Al Jazeera que pudiese proyectarse en Caracas sin ningún problema técnico.

Las expectativas no podían ser más halagüeñas. Tras mi conversación con Anderson, Juvenal González y cualquier camarada del 23 de Enero garantizaría mi origen palestino genuino; además, había iniciado el acercamiento al círculo de ETA en Venezuela, y las FARC y el ELN habían aceptado mi visita a sus campos de entrenamiento en Colombia. Pero esa noche del 29 de febrero todo se iría a la mierda y tendría que volver a empezar...

El día que mataron a Raúl Reyes

El 1 de marzo de 2008 todos los medios de comunicación de América Latina, y especialmente los venezolanos, abrieron los informativos de la mañana con una noticia que afectaba directamente a mi infiltración. Esa madrugada un comando del ejército colombiano había conseguido localizar un campamento de las FARC en Angostura, ya dentro de territorio ecuatoriano, donde se escondía Raúl Reyes, el número dos de las FARC. Sin esperar autorizaciones diplomáticas, a las 0:25 hora local, los militares atacaron sin piedad el campamento, bombardeando a los guerrilleros que en ese momento dormían. Después, el comando del ejército colombiano se enfrentó a los supervivientes. Al final, junto con Raúl Reyes, muerto mientras dormía, fallecieron veintidós guerrilleros, y tres guerrilleras fueron capturadas con vida.

Entre los veintidós muertos de la llamada Operación Fénix, en la selva de Angostura, se encontraron los cadáveres de cinco estudiantes universitarios que estaban en el lugar inoportuno en el momento inadecuado: Soren Ulises, Avilés Ángeles, Fernando Franco Delgado, Juan González del Castillo y Verónica Natalia Velásquez Ramírez. Solo una de las estudiantes mexicanas, que había asistido al II Congreso de la Coordinadora Continental Bolivariana en Quito y que después se había unido al campamento de Raúl Reyes, sobrevivió milagrosamente al ataque.

Lucía Morett Álvarez, de veintiséis años, y las colombianas Martha Pérez, de veinticuatro, y Doris Torres Bohórquez, de veintiuno (también llamada Diana González en algunos medios), fueron las únicas supervivientes al bombardeo y al tiroteo posterior. Y yo no me sacaba de la cabeza la idea de que, de haber pasado la entrevista con Gustavo solo unos días antes y de haber decidido acudir al congreso de Quito en lugar de quedarme en Caracas, lo más probable es que yo estuviese en ese campamento y por tanto muerto en ese bombardeo...

No era la primera vez. En solo un año el ejército colombiano había asestado otros tres duros golpes a la guerrilla, dando caza, como hacía el MOSSAD con los miembros de la resistencia palestina en Gaza y Cisjordania, a Martín Caballero, Tomás Medina Caracas y Jota Jota, tres altos mandos de las FARC. Pero Raúl Reyes era el plato fuerte. En la cúpula de las FARC por encima de Reyes solo se encontraba Manuel Marulanda, alias *Tirofijo*. Aunque Reyes era mucho más mediático que su superior.

Él era el encargado de las relaciones con otras organizaciones terroristas e insurgentes, no solo de América Latina, sino también de otras partes del mundo. Miembros de ETA o el IRA habían visitado sus campos de entrenamiento anteriormente y, como se descubriría más tarde, en esa ocasión visitaban el campamento de las FARC varios revolucionarios mexicanos, que murieron en el ataque. Yo mismo, un supuesto terrorista palestino, había recibido ya el visto bueno para visitar los campos de entrenamiento. Pero la muerte de Raúl Reyes desató una crisis internacional que todavía se mantiene, porque lo cierto es que el ataque al campamento de las FARC se hizo en suelo ecuatoriano, lo que suponía una incursión de una fuerza armada colombiana en un territorio extranjero.

Es justo reconocer que Álvaro Uribe presentó todo tipo de excusas a Rafael Correa inmediatamente después del bombardeo al campamento de las FARC, argumentando que sus tropas habían seguido a los guerrilleros sin ser conscientes de que cruzaban la frontera ecuatoriana, y que solo habían respondido al fuego guerrillero. Pero eso era incierto. Cuando pocos días después trascendieron las imágenes del cadáver de Reyes en ropa interior y del lugar del bombardeo arrasado por los proyectiles colombianos, parecía evidente que no hubo tal persecución por la selva.

El domingo 2 de marzo, solo cuarenta y ocho horas después de la muerte de Reyes, el programa *Aló, Presidente* se emitía desde el centro de Caracas. A mí me interesaba especialmente ver ese programa porque entre los asistentes estaba Dima Khatib y otros componentes del canal qatarí Al Jazeera, pero me encontré con algo imprevisto: Hugo Chávez protagonizó un ataque furibundo contra Uribe, y todos los televidentes de VTV pudimos escuchar cómo el presidente calificaba la muerte del guerrillero Reyes como un «cobarde asesinato» de un «buen revolucionario». «Él [Uribe] es un criminal. No solo es un mentiroso, un mafioso, un paramilitar que dirige un narcogobierno, un gobierno lacayo de Estados Unidos (...) dirige una banda de criminales desde su palacio...» Quizás fuese inspirado por la presencia de Dima Khatib y los compañeros de Al Jazeera, pero Chávez llegó a comparar la alianza de Colombia con los Estados Unidos con la función de Israel en Oriente Medio: «Colombia va a ser el Israel de América Latina». Vamos, que Chávez hizo gala ese domingo de la diplomacia que le caracteriza.

Mientras hablaba, un Chávez cada vez más furibundo advertía a Álvaro Uribe que no se le ocurriese intentar en Venezuela lo que había hecho con Ecuador, porque Venezuela consideraría aquello una declaración de guerra. Y en ese instante, dejándose llevar por la cólera y sin que Colombia hubiese agredido a Venezuela con el ataque a las FARC, ordenó a su ministro de Defensa que movilizase tropas en la frontera venezolano-colombiana. Al mismo tiempo ofrecía su apoyo incondicional a Correa en ese incidente en el que Venezuela acababa de involucrarse, como si realmente fuese una parte implicada en el conflicto. Reconozco que lo primero que pensé ante aquella advertencia de Chávez a Uribe es que quizás existían campamentos de las FARC en territorio bolivariano que pudiesen ser bombardeados por Colombia como había ocurrido en Ecuador. De lo contrario era difícil entender la enérgica reacción del presidente.

Tras aquella advertencia de Chávez a Uribe, y tras la movilización de tropas en la frontera con Colombia, la tensión se disparó en las calles de Caracas. Fue una nueva semana frenética. Se convocaron manifestaciones y concentraciones de apoyo a las FARC y de repulsa contra el gobierno de Uribe, en las que participé. Ecuador y Venezuela primero, y Nicaragua después, retiraron a sus embajadores de Bogotá, rompiendo formalmente las relaciones diplomáticas con Colombia. Y todas mis gestiones para acercarme a las FARC y a ETA, y para ingresar en los cursos de adiestramiento paramilitar, se vieron paralizadas.

Todos los días surgían nuevas informaciones en todos los informativos iberoamericanos sobre aquella crisis. La más importante del continente en mucho tiempo. Iván Márquez, miembro del Secretariado de las FARC, emitió un comunicado público afirmando que el ataque lo habían organizado los Estados Unidos desde la base norteamericana de Tres Esquinas, en Caquetá, desde donde habrían lanzado un misil al campamento de los guerrilleros. Y a continuación Márquez llamaba a un levantamiento popular contra Uribe en toda Colombia. Pero su llamamiento, por suerte, no tuvo ningún eco. Lo contrario habría implicado una guerra civil.

Casi inmediatamente, los teletipos comenzaron a mencionar los ordenadores personales de Raúl Reyes que el ejército colombiano había recuperado tras el bombardeo, y empezó a especularse sobre la información vital de las FARC que podrían contener aquellos ordenadores.

Según los rumores que circulaban entre los movimientos bolivarianos, ciudadanos de otros países se encontraban visitando el campamento de Raúl Reyes cuando fue bombardeado y murieron junto con los guerrilleros colombianos. Como me aseguró personalmente Óscar Rotundo unos días más tarde, en esos momentos algunos revolucionarios supervivientes, incluyendo un italiano, se encontrarían aún huyendo por las selvas de Ecuador.

—Ese día pillaron a los mexicanos. Si hubiesen bombardeado unos días antes —me dijo— habrían pillado a los chilenos, y unos días antes a los vascos...

Poco después, al volver a encontrarme con Rotundo en Caracas, me confirmó que en los primeros exámenes de los ordenadores de Raúl Reyes, Interpol había encontrado las fotografías de los vascos que habían visitado el campamento guerrillero pocos días antes del bombardeo, y también sus e-mails.

Irresponsablemente, yo no me resignaba a perder la oportunidad de infiltrarme en los campos de entrenamiento de las FARC en Colombia y, saltándome a la torera la advertencia de mi contacto, intenté comunicarme con Gustavo, mi entrevistador colombiano, devolviendo la llamada a los números desde los que me había telefoneado. Inútil. Eran celulares de alquiler en ciudades más cercanas a la frontera colombiana que a Caracas, así que supuse que mi entrevistador había regresado a Colombia. Intenté convencer a mis contactos tupamaros y revolucionarios para que me consiguiesen otra vía de acceso a la guerrilla, pero mi pataleta se zanjó unos días después con el comunicado emitido por el general Freddy Padilla de León, comandante general de las Fuerzas Militares de Colombia, en el que advertía: «Desde hoy, toda persona que tenga relación con las FARC se convierte inmediatamente en objetivo militar... Desde el mismo momento en que una persona está al lado de un terrorista se convierte en objetivo militar... una persona no puede ir a un campamento o tener vínculos con grupos al margen de la ley y salir tan tranquila y con la conciencia limpia...». Evidentemente, el general Padilla se refería a que entre los cadáveres encontrados en el campamento de Raúl Reyes había ecuatorianos, mexicanos, etcétera. Pero su declaración de principios me pareció un mensaje redactado para mí. Y mis esperanzas de llegar a los campamentos de las FARC en Colombia se volatilizaron... por el momento.

En Venezuela, mis camaradas revolucionarios recibían cada una de esas noticias con indignación. Aunque fue peor cuando surgió el tema de los primeros análisis de los ordenadores. Según las primeras noticias llegadas los días 3, 4 y 5 de marzo, técnicos del FBI e Interpol estaban analizando los ordenadores portátiles pertenecientes a los guerrilleros y repletos de información.

Mis camaradas y el mismísimo Hugo Chávez bromeaban una y otra vez con los «computadores antibombas» de las FARC, asegurando que, después de un bombardeo tan feroz como el que arrasó el campamento de Reyes, era imposible que los ordenadores pudiesen haber sobrevivido. Sin embargo, desde Bogotá llegaban teletipos constantemente, adelantando rumores sobre la información que unos informáticos forenses desplazados hasta Colombia estaban rescatando. ¿Qué secretos revelarían esos ordenadores y a quién involucrarían? Claro está, Hugo Chávez se llevaba todas las papeletas de la rifa.

Hasta que aparecieron en juego los ordenadores de Raúl Reyes, Chávez jamás había ocultado su simpatía por las FARC y el ELN, sobre todo este último, creado a imagen de la guerrilla liderada por el Che Guevara, inmortal símbolo de la izquierda revolucionaria en América Latina. En el colmo de la provocación, el 8 de noviembre de 2007 el comandante del Secretariado de las FARC Luciano Marín Arango, más conocido como Iván Márquez, apareció al lado de Hugo Chávez en el palco presidencial del palacio de Miraflores. Iván Márquez, responsable del Bloque Noroeste y Bloque Caribe de las FARC, teóricamente había aparecido en Caracas «de forma misteriosa», decía Chávez con descarada ironía, durante el proceso de negociación de la liberación de los secuestrados.

La presencia de guerrilleros de las FARC en Caracas y el diálogo de Hugo Chávez con la guerrilla colombiana son motivo de escarnio y escándalo mediático una y otra vez. Es lógico que mis compañeros europeos o norteamericanos o yo mismo podamos considerar ese diálogo como una complicidad terrorista, porque desconocemos que la presencia de las FARC, como de la ETA, en Caracas es muy anterior a Hugo Chávez. Puesto que lo que no suelen contar los detractores de Chávez es que la primera visita de Iván Márquez, junto con toda la cúpula de las FARC y el ELN a Miraflores, se produjo en 1991 cuando

Carlos Andrés Pérez presidía la nación. A mediados de ese año, los guerrilleros acudieron a la embajada venezolana en Bogotá para solicitar al gobierno venezolano que Caracas acogiese las primeras conversaciones de la Coordinadora Guerrillera Simón Bolívar (no confundir con la actual CSB), que unía a miembros de diferentes grupos armados, como FARC, ELN, ELP, etcétera. Y en junio de ese año Iván Márquez, Miguel Suárez, Andrés *Ariel* París, Pablo Catatumbo, Alfonso Cano y su esposa Lucía Ramírez y otros guerrilleros de las FARC acudieron junto con Francisco Galán, Lucía González y otros miembros del ELN a Caracas. Y permanecieron en Venezuela durante varios meses, acogidos por el gobierno de Carlos Andrés Pérez. Alojados primero en el hotel President y en las residencias Anauco Hilton después, se movieron libremente por Venezuela, como lo hacían desde tres años antes varios miembros de ETA...

Hasta quince dirigentes de la guerrilla colombiana salieron de sus campamentos clandestinos en la selva para acudir a Caracas. Sus pasaportes fueron visados directamente en la cancillería, para no revelar su presencia en Venezuela a las autoridades colombianas. Y Carlos Andrés Pérez también recibió en Miraflores a Alfonso Cano, actual comandante en jefe de las FARC. Existe una fotografía histórica, en la que aparecen los líderes de las FARC y el ELN reunidos en Caracas, ante la fachada del Instituto de Ideas Avanzadas de Sartenejas, en Baruta, donde celebraban sus reuniones, que deberían conocer todos los que denuncian la connivencia del gobierno de Venezuela con las FARC. Porque esa connivencia es real. Tan real como la que dicho gobierno ha tenido con la ETA española. Solo que en ambos casos es muy anterior a Chávez...

En enero de 2008, solo treinta y nueve días antes de la muerte de Raúl Reyes, Hugo Chávez había comparecido en la Asamblea Nacional, y durante su discurso trató frontalmente el tema de Colombia y las guerrillas. Recordemos que para entonces ya se habían frustrado varios intentos de recoger a los secuestrados liberados por las FARC en algún punto de la selva, al interferir las tropas colombianas, que querían aprovechar la entrega para ubicar a los guerrilleros. Y en esas semanas de negociaciones entre Venezuela y las FARC y en ese contexto, el 11 de enero Chávez dijo: «... y en ese esfuerzo, por supuesto, debemos seguir trabajando en distintos niveles con el gobierno de Colombia. Debemos seguir trabajando en distintos niveles con las FARC, con el ELN de Colombia. Nadie se moleste por ello, es imprescindible hacerlo. ¿Quién puede pensar en la posibilidad de algún acuerdo de paz si no hay contacto entre las partes enfrentadas? Lo digo aunque alguien pueda molestarse: las FARC y el ELN no son ningunos cuerpos terroristas, son ejércitos, verdaderos ejércitos. Son verdaderos ejércitos que ocupan espacio en Colombia y como tales hay que darles reconocimiento. Las FARC y el ELN de Colombia son fuerzas insurgentes que tienen un proyecto político, que tienen un proyecto bolivariano que aquí es respetado. Solicito a los gobiernos del continente que retiren a las FARC y al

ELN de la lista de grupos terroristas del mundo, porque esa denominación tiene una sola causa: la presión de los Estados Unidos». Y después añadía: «Entonces yo, señor presidente de Colombia, quisiera retomar con usted el diálogo, pero en un nuevo nivel, le pido que comencemos reconociendo a las FARC y al ELN como fuerzas insurgentes de Colombia y no como grupos terroristas, y así lo pido a los gobiernos de este continente y del mundo...».

Esta es la cita completa, de la que muchos medios internacionales extractaron solo la reivindicación de las FARC y el ELN como movimientos insurgentes, descontextualizándola del momento de negociación por la liberación de los rehenes en que fue pronunciada.[9]

Incluso el ministro Rodríguez Chacín, en el momento de recoger a Clara Rojas y a Consuelo González, comete la torpeza de dirigirse con total naturalidad a los guerrilleros de las FARC, olvidando —o quizás no— que una cámara de Telesur estaba emitiendo el histórico momento en directo. Y cuando las rehenes de las FARC suben al helicóptero, Rodríguez Chacín dice, dirigiéndose a los guerrilleros:

—Eh... en nombre del presidente Chávez... estamos muy pendientes de su lucha. Mantengan ese espíritu, mantengan esa fuerza y cuenten con nosotros.

—Bien... Para servirles —responden los guerrilleros.

A lo que Chacín replica:

—Cuídense, camaradas.

En realidad es una conversación bastante comprensible en esas circunstancias especiales. Pero es un ministro de Chávez quien pronunció aquellas palabras. Así que también es comprensible que la oposición y los medios antichavistas utilizasen esa conversación políticamente para denunciar que los ministros del gobierno llamaban «camaradas» a los terroristas colombianos.[10] Aunque todos esos críticos se olvidaban de mencionar la estancia de la cúpula de las FARC y el ELN en Caracas, acogida por Carlos Andrés Pérez, dieciocho años antes.

No, lo cierto es que la simpatía por las FARC del gobierno y de la misma mayoría del pueblo venezolano que vota a Chávez es antigua y evidente. Por ello no era extraño que, en esos primeros días de marzo de 2008, yo pudiese asistir a actos por todo Caracas convocados en honor a Raúl Reyes. Mientras, los chavistas más acérrimos aplaudían con entusiasmo cada nuevo ataque verbal de Chávez hacia Uribe: mafioso, narcogobernante, mentiroso, lacayo de Bush...

---

9. Puede consultarse el texto completo de ese mensaje en: *http://www.scribd.com/doc/1452296/Mensaje-del-Presidente-Hugo-Chávez-a-la-Asamblea-Nacional*

10. Vídeo en: *http://www.noticias24.com/actualidad/noticia/11102/las-escandalosas-palabras-de-despedida-del-ministro-rodriguez-chacin-a-las-farc/*

Pero todo cambió el 7 de marzo, cuando Rafael Correa, Álvaro Uribe y Hugo Chávez se vieron las caras personalmente en República Dominicana, durante la XX Cumbre del Grupo de Río. Mis camaradas bolivarianos y yo seguíamos el encuentro por televisión, convencidos de que, de un momento a otro, nuestro presidente Hugo Chávez arremetería contra Uribe, repitiéndole a la cara todas las cosas que llevaba una semana manteniendo en los medios de comunicación internacionales. Pero ante nuestro asombro e incredulidad, después de que el presidente colombiano volviese a disculparse por el ataque en territorio ecuatoriano y ofreciese un abrazo a Hugo Chávez, este lo aceptó sin replicar.

Nos quedamos estupefactos. No dábamos crédito. Aquel apretón de manos, aquella sonrisa cordial entre Chávez y Uribe hundió a algunos de mis amigos revolucionarios, que no podían entenderlo. Una de mis más queridas camaradas, revolucionaria y chavista hasta las cejas, no pudo disimular una lágrima que se deslizó por su mejilla. Aunque lloró en silencio, sin querer contagiar a nadie más su incomprensión. Se limitó a decirme, en un susurro:

—Lo hace por alguna buena razón, él tiene más información que nosotros...

Pero la fe de mi camarada era mucho más sólida que la de otros tupamaros, que encajaron aquel abrazo como un golpe directo a la mandíbula. Correa, en mi humilde opinión mucho más consecuente en su actitud, fulminó a Uribe con una feroz mirada, mientras aclaraba que le daba la mano como presidente, por el bien de sus pueblos, pero que como hombre no podía permitir aquel ultraje.

La crisis entre Venezuela y Colombia, sin embargo, continuó a medida que se filtraban a la prensa fragmentos de la información supuestamente encontrada en los ordenadores de Raúl Reyes, y que vinculaba a Chávez con las FARC mucho más allá de la mera negociación por la liberación de los rehenes. Cosa que, por otro lado, tampoco escandalizaba a ninguno de mis camaradas:

—Ahora los de Globovisión dicen que según el *laptop* de Reyes, Chávez le dio 300 millones a las FARC... ¡Carajo, teníamos que haberles dado 3000!

Las supervivientes al bombardeo del campamento, tratadas de urgencia en un hospital de Quito, serían posteriormente trasladadas a Nicaragua bajo la protección de Daniel Ortega, escapando así de la justicia colombiana. Las tres, sobre todo Lucía Morett, terminarían por convertirse en símbolos vivientes para la izquierda revolucionaria latinoamericana. Todavía lo son. Pero yo esperaba con ansiedad el regreso de Paúl del Río a Caracas porque a él, como a muchos de los asistentes al II Congreso de la CCB, la noticia del ataque al campamento de las FARC le había sorprendido en Quito y había decidido quedarse unos días más para esperar novedades. Además, no olvidemos que todos suponíamos que algunos guerrilleros supervivientes se encontraban todavía perdidos en la selva, intentando salir del país.

En cuanto pisó suelo venezolano, aceptó que grabase con él una entrevista, que me había negado antes de producirse aquellos acontecimientos. En aquel momento era tal el furor informativo y la tensión mediática que Del Río se sentía menos receloso, y aceptó.

Paúl del Río: el hombre que secuestró a Alfredo Di Stéfano

Acordamos realizar la entrevista en el Cuartel San Carlos Libre, aprovechando los preparativos para el cine fórum sobre Ilich Ramírez. Por esa razón, Vladimir Ramírez y algún otro compañero del comité se unieron a la entrevista durante la grabación de la misma.

A pesar de sus sesenta y cinco años de edad, y de su probada y reconocida sensibilidad artística, Paúl del Río mantiene la mirada fría y la actitud enérgica del guerrillero que secuestró, años atrás, al futbolista más famoso del mundo. De hecho, cuando el club blanco patrocinó el documental *Real, la película*, sobre la historia del club blanco, su director Borja Manso tuvo que escoger cinco historias que resumiesen los momentos más importantes del club merengue, para reconstruirlas en el documental. Y el secuestro de Alfredo Di Stéfano fue uno de esos capítulos. El actor Manuel Escolano se encargó de interpretar el papel del histórico guerrillero venezolano en el film. Y el mismísimo Paúl del Río fue invitado a la premier de la película en Madrid, en agosto de 2005. Rastreando la hemeroteca me encontré con algunas fotografías de la presentación del documental, en las que Paúl del Río posa haciendo un gesto que no llamó la atención de ningún periodista español, pero que es el mismo con el que yo he posado y fotografiado a muchos guerrilleros latinos; un saludo tupamaro, imitando con las manos la forma de una pistola... ¡plomo!

Ante el objetivo de mi cámara, Paúl del Río fue quien primero me narró los pormenores del II Congreso de la CCB que, según él, habían vigilado muy de cerca diferentes servicios de información: «Ahí estaba la seguridad ecuatoriana, que no trabaja para Correa, estaba la seguridad colombiana, estaba la CIA, los israelitas, los paracos... tomando fotos, grabando, y haciendo seguimiento. Así que no se fíen, porque esa... supongo, a lo mejor no te pican con la máquina esa [la motosierra], sino que te dan un tiro...».

—¿Cómo empezaste en la lucha armada?

—La lucha no la inventé yo, yo fui arrastrado. A la caída de la dictadura de Pérez Jiménez, el pueblo venezolano tenía una expectativa muy grande por la democracia, las libertades... pero todos esos sueños fueron traicionados por Acción Democrática y por Rómulo Betancourt, que lejos de abrirse a la democracia terminó de entregarles el país a los Estados Unidos y empezó a reprimir las manifestaciones, los reclamos del pueblo, que se sentía traicionado. Sus primeros años de gobierno fueron tan represivos y tan salvajes que hicieron olvidar rápidamente la dictadura de Pérez Jiménez. Y en el año 59, a raíz del triunfo de la revolución cubana, que para nosotros fue un gran aliento, empezamos a pensar que de alguna manera teníamos que responder a las agresiones de la policía política y del régimen de Betancourt, y comenzamos a organizarnos en aparatos armados clandestinos.

»Dos organizaciones pasaron a la clandestinidad y a las armas, declarando la insurrección armada: el Partido Comunista y el MIR. Y así empieza la lucha armada, los primeros focos guerrilleros en la montaña, las primeras escuelas guerrilleras. Y el comienzo de la lucha guerrillera urbana, que era totalmente inédita en América Latina. Por lo menos al nivel que nosotros logramos. Tuvo en las grandes ciudades, sobre todo en Caracas, un gran desarrollo la lucha guerrillera urbana. El PC llegó a tener tres o cuatro destacamentos muy importantes, y el MIR otros tantos. Yo a finales del año 62 fundé el destacamento Alberto Rua Mesones, en memoria de un compañero mío del liceo que asesinó la policía, y empezaron operaciones de más envergadura. Operaciones que causaron muchísimo impacto en Venezuela y en el mundo...

—¿Por ejemplo?

—Por ejemplo, si no me equivoco, creo que el primer secuestro de un avión por una razón política fue acá, en Venezuela, que lo realiza el PC. Un avión que sobrevuela Caracas, y reparte por la ventanilla volantes en contra del gobierno, y se va a cobijar a Curasao. Por supuesto Curasao lo entrega al gobierno venezolano. Unos años más tarde el MIR hizo otro tanto. Secuestra un avión, pero en Ciudad Bolívar, sobrevolaron Ciudad Bolívar, repartieron miles de panfletos de publicidad, y se fueron a Trinidad. También fueron capturados y devueltos. Estuvieron presos... Lamentablemente mi compañero no está hoy aquí porque es uno de los fugados del túnel de San Carlos. La jefa de la operación fue una compañera, Olivia Olivo, que murió años después de cáncer. También tuvimos operaciones como la toma del buque *Anzoátegui*, que la realizó el destacamento nuestro, que lo llevamos a Brasil...

»Eran operaciones exitosas porque generalmente eran muy limpias, donde a veces no había ni disparos. Sin combate, sin heridos, sin muertos... En ocasiones sí había compañeros presos, pero generalmente eran muy limpias. Como el secuestro del coronel Small, el secuestro del coronel Chenol, de la Misión Militar Norteamericana; la toma de la misma Misión Militar Norteamericana. También la operación que se hizo en el Museo de Bellas Artes, en la que había una exposición muy importante de los cien años de pintura francesa, con cuadros de Picasso, Matisse, etcétera, cuadros que se llevaron los compañeros. Una operación muy limpia, muy inteligente, no hubo tiros ni heridos. Los cuadros se devolvieron una semana después, se le dejaron en la puerta al señor Arturo Uslar Pietri intactos, sin una raya. Es decir, hubo operaciones realmente brillantes. Hubo operaciones de rescate de armamento, de toma de puestos militares, de toma de puestos policiales, etcétera. Eran operaciones donde, en aquella época, no nos correspondía de ninguna manera el título de terroristas, porque nunca utilizamos el terrorismo. No quiero decir que no se hayan puesto bombas, porque se pusieron muchas bombas, sobre todo en oleoductos y en algunas empresas norteamericanas, pero que no causaron víctimas civiles. Combates con la policía, con el ejército, con la guardia nacional, en las calles, en los barrios... Eran unas épocas muy duras. Con voladuras de puentes... esa era la guerrilla urbana.

En aquella época, entre los años 1952 y 1957, el gobierno de Pérez Jiménez había instaurado un trofeo internacional de fútbol que se jugaba anualmente en el Estadio Olímpico de la Ciudad Universitaria, al que se invitaba a los mejores equipos del mundo. En 1957 se creó la Copa de Europa y el Mundialito dejó de jugarse. Sin embargo, en 1963 se retomó el trofeo de Pérez Jiménez, bautizado ahora Trofeo Ciudad de Caracas. Y para participar en la competición el Real Madrid viajó a Caracas, en aquellos momentos una ciudad convulsa por las guerrillas... En ese contexto se produjo el secuestro de Alfredo Di Stéfano, que en aquel entonces era el jugador más conocido del mundo.

—Una de las más famosas sin duda fue la de Di Stéfano...

—Ah, sí, el secuestro de Alfredo Di Stéfano fue una de las operaciones más sencillas y más elementales que hicimos. No es la primera vez que lo digo, porque, ya a partir del año pasado, el que fuera comandante de esa operación, el camarada Luis Correa, autorizó que se diera a conocer su nombre, que lo tuvo oculto durante cuarenta y dos años. Yo fui el segundo al mando de la operación. Al comienzo eran el aparato armado del MIR y el aparato armado del PC, y había una cierta competencia a ver quién operaba mejor y hacía operaciones más importantes. Pero en función de la unidad se crearon las Fuerzas Armadas de Liberación Nacional, las FALN, y a partir de final de 1962 comenzamos ya a operar juntos bajo la bandera de las FALN. Por eso nuestra fundación acá en el Cuartel San Carlos Libre se llama Capitán de Navío Manuel Ponte Rodríguez, porque fue el que dirigió el alzamiento de Puerto Cabello, en el año 62. Fue capturado y preso acá en el Cuartel San Carlos, y en su segundo infarto muere sin atención médica, no sé si en este mismo calabozo o en el de al lado. Y en ese momento era el comandante supremo de toda la guerrilla venezolana, un militar, capitán de navío. Y fue sustituido por el comandante Juan de Dios Moncada Vidal, que todavía vive. Hay gente de fuera que ve extraño, como un fenómeno, a Chávez y la unión de civiles y militares en Venezuela, pero eso para nosotros siempre ha sido más o menos normal. Esas primeras grandes operaciones para tomar el poder son operaciones cívico-militares, donde participan militares, en ese caso de la armada, pero se abren los cuarteles y se les entregan las armas al pueblo, a los estudiantes, y combatimos juntos. Muchos oficiales de las fuerzas armadas se fueron a la guerrilla. Muchos murieron en combate. Era un fenómeno más o menos normal. Porque nuestras fuerzas armadas nunca han sido elitescas. No han sido una secta, sino que han tenido las clases populares siempre la oportunidad de entrar en las escuelas militares e ir ascendiendo de rango sin dependencia de su color o clase social...

—¿En el caso de Di Stéfano también fue una operación conjunta?

—En el caso de Di Stéfano fue una operación de las FALN, y el compañero Luis Correa era el comandante del destacamento César Augusto Ríos, que fue el que realizó la operación. Y de parte del MIR participé yo como segundo al mando de la operación. Y fue una operación sumamente sencilla. Fue simplemente irlo a buscar al hotel, a las 6 de la mañana, y llevárnoslo detenido. Una cosa muy sencilla. Hubo operaciones muchísimo más complicadas. Lo que pasa es que fue una operación muy escandalosa, porque Di Stéfano en esa época era el mejor jugador de fútbol del mundo. Era la estrella. Entonces, tuvo mucha publicidad, pero aparte de esa circunstancia no se caracterizó por ser una de las operaciones más brillantes. También fue totalmente limpia, sin muertos, ni heridos, ni presos... Por esa operación nadie cayó preso nunca.

—Además de en Venezuela, tú conociste la guerrilla en otros países...

—Fui de voluntario a la guerra contra Somoza en Nicaragua con el Frente Sandinista. Combatí en el frente sur. Y eso también es común en Venezuela. El sentimiento del internacionalismo lo heredamos hace muchos siglos. Nos lo enseñaron quizás los caribes. Y luego, en la lucha de la independencia, los venezolanos pelearon y ayudaron a liberar América del Sur, igual que los peruanos y los argentinos subieron, y los colombianos bajaron... es decir, que ese internacionalismo para los latinoamericanos no es extraño, es común. Con una particularidad que es importante también hoy en día, que son actitudes totalmente voluntarias. Llenas de idealismo y de sacrificio y espíritu de solidaridad e internacionalismo revolucionario.

—¿Repetirías aquellas antiguas operaciones?

—La operación de secuestro del señor Di Stéfano fue... eso estaba previsto. Les voy a contar una cosa que no es primicia pues la he contado en alguna otra ocasión, pero estaba previsto hacer ese tipo de operación porque eran operaciones que tenían mucho impacto en la opinión pública, y nosotros garantizamos el bienestar... no puedo decir el bienestar porque una persona secuestrada no puede sentirse bien, pero sí garantizábamos la seguridad física, y la pronta liberación. Porque aquí los secuestrados nunca estuvieron más de setenta y dos horas. Eran operaciones muy rápidas. De causar un escándalo. Pero para la represión del gobierno era brutal. Los allanamientos eran salvajes. Y se soltaba a los secuestrados. Fue el caso de los coroneles norteamericanos y fue el caso de Di Stéfano. Duraron setenta y dos horas. En el caso de Smolen[11] tuvo la intención de canjearlo por Nguyen Van Troy, que fue un combatiente vietnamita que había caído prisionero esas semanas anteriores en Vietnam, cerca de Saigón, tratando de hacer un atentado en un puente donde debía pasar McNamara... Esa operación se planteó como un canje de la vida de Van Troy por la vida de Smolen, sin embargo la dirección del PC, ante la arremetida de la represión, ordenó la libertad de Smolen sin que los norteamericanos cumplieran su compromiso. Realmente la operación detuvo durante tres días el fusilamiento de Van Troy, pero una vez que Smolen fue puesto en libertad, Van Troy fue fusilado inmediatamente. Esa historia la leen los niños de primaria en sus libros de texto. Nuestros niños no saben dónde queda Vietnam, pero los niños vietnamitas sí saben dónde está Venezuela gracias a esta operación.

—¿Y la operación Di Stéfano?

—El caso de Di Stéfano no fue por esa razón, pero sí el nombre de la operación, que se llamó Julián Grimau por un dirigente del Partido Comunista Español que había capturado Franco cuatro o cinco meses antes y lo había fusilado. Porque Franco en esa época, y años después, todavía fusilaba gente y aplicaba el garrote vil... Inclusive mi padre estuvo amenazado por el gobierno de la época a ser expulsado a España cuando tenía dos penas de muerte en España. Lo salvó la presión del movimiento anarquista internacional... En la película *Real Madrid* me pintan como un viejo arrepentido... Ellos me hicieron trampa en esa película, porque ellos cambiaron, yo llegué a acuerdos con ellos... Esto no lo estás grabando, ¿no?

Llegados a este punto, y sintiendo al guerrillero muy relajado, me atreví a sacar el tema de Ilich Ramírez, *el Chacal*, a quien Paúl se había referido como «Ilich, nuestro hermano mayor», y del que hablaba con la misma admiración y reconocimiento que mis camaradas tupamaros.

—Tu obra más famosa, la *Mano mineral*, está en la sede de la OPEP, que es donde Ilich salta a la fama. Es curioso, ¿no?

—Sí, lo que pasa es que yo iba por las buenas y él iba por la malas...

—A pesar de haber tenido vidas paralelas, tú has podido hablar con Ilich hace poquito, ¿no? ¿Cómo fue esa conversación?

—Sí, dentro de esa... tradición de internacionalismo revolucionario que afortunadamente tenemos los latinoamericanos, el caso emblemático es el de Ilich Ramírez Sánchez, a quien consideramos nuestro hermano mayor, por ser el internacionalista venezolano más prominente y que además ha tenido la desgracia de caer preso con el imperialismo francés, y estar condenado a

---

11. Se refiere al coronel Michael Smolen, segundo jefe de la Misión Militar de los Estados Unidos, secuestrado por las FALN el 9 de octubre de 1964.

cadena perpetua con pocas esperanzas, ¿no? Sin embargo, su espíritu lo mantiene como si nada. Esa es la grandeza, el mejor ejemplo que nos puede dejar
él desde su cuarto. Nunca nos conocimos personalmente, pero espero conocerlo, si no en esta vida en la otra. Hay muchos compañeros que me están
esperando y otros que irán después que yo... pero sí tuvimos la oportunidad,
aquí en el Cuartel San Carlos Libre, que se ha convertido un poco en un símbolo hasta del surrealismo revolucionario, porque entiendo que es la primera
vez que Ilich tiene la oportunidad de dar una conferencia de prensa, por teléfono, aquí en el cuartel, con la prensa venezolana, gracias a ustedes... a Vladimir, a ti, a los que lo han acompañado en ese comité de solidaridad que
ustedes tan dignamente representan y mantienen, y que nosotros apoyamos
de todo corazón...

En ese momento ocurrió algo que no esperaba, y menos ante el objetivo
de mi cámara, aunque la contundencia de sus siguientes declaraciones solo
puede explicarse en el contexto del conflicto diplomático y la furia que siguió
al bombardeo del campamento de las FARC.

—Entonces le voy a contar una anécdota que, lamentablemente, no es muy
agradable. Yo acabo de estar en el II Congreso Continental de Solidaridad
Bolivariano, en Quito (Ecuador), representando a nuestra fundación y participé en una de las mesas, la mesa de solidaridad. En esa mesa nos pronunciamos hermanos de las FARC, no de ahora, de hace cuarenta años. El señor
Bush los declara terroristas, imagínate qué nos puede declarar a nosotros:
amigos de los terroristas... bienvenido sea. Prefiero ser amigo de los terroristas y enemigo de él. En todo caso nos pronunciamos hermanos de las FARC,
hermanos del ELN y hermanos de la ETA, sin ningún problema. Y nosotros
como venezolanos, como fundación y por el hecho de que somos venezolanos
y Francia tiene esa deuda con nosotros, y nosotros tenemos esa deuda con
Ilich, planteamos que en las conclusiones del congreso se tomara en cuenta
nuestra petición de que se hiciera una parte de solidaridad, por lo menos con
la delegación venezolana, con la solidaridad de nuestro reclamo de repatriación
de Ilich a su patria. Lamentablemente, esa propuesta fue desechada, fue censurada a la hora de leer los acuerdos. A la hora de leer las propuestas, esa
propuesta se desapareció... pero nosotros seguiremos haciendo todo lo que
podamos por conseguir algún día la repatriación de nuestro hermano...

—Esto me interesa a mí a nivel personal, Paúl. ¿Cómo veis acá la lucha
palestina?

—Es que justamente nosotros entendemos que terroristas son ellos, terroristas son los israelitas, los Estados Unidos, los franceses, es la derecha
española. Terroristas son los colombianos. Entonces, por supuesto que la
causa del pueblo palestino, del pueblo libanés, es una causa que es nuestra
desde siempre. Se me olvidó decirlo en el II Congreso Continental de Soli-

daridad porque sí que había una gente de la ETA reclamando solidaridad para ellos, porque ellos habían ido hasta Ecuador para ofrecer su solidaridad a los pueblos latinoamericanos. No vi a los palestinos, no sé si estaban allí, pero sí somos hermanos de Hamas, de Hizbullah, de todos los pueblos del mundo que luchan contra el imperialismo, el fascismo y el racismo...

«Palestino, ¿tú conoces a Salas?»

Paúl del Río, que a su edad ya se asusta con muy pocas cosas, no tenía problema en reconocer lo que en el fondo todos los revolucionarios de América Latina sabían, y es que entre ETA, las FARC, el ELN, los grupos bolivarianos armados y otras organizaciones insurgentes de izquierdas existe una pacto tácito de colaboración. Una alianza invisible. Una hermandad y camaradería que se materializa en el intercambio de información y conocimientos, como por ejemplo los cursos tácticos y operativos, de armas y explosivos, que miembros de ETA habían recibido e impartido en campamentos de las FARC, o los cursos que miembros de las FARC habían recibido e impartido en campamentos de los grupos bolivarianos en Venezuela. Y yo mismo iba a comprobar lo relativamente sencillo que resulta para un revolucionario acreditado, como yo, acceder a esos cursos de armas y técnicas de combate, en cuanto la crisis provocada por el ataque al campamento de Raúl Reyes en Ecuador se calmase un poco.

Finalmente, y pese a esa tensión existente entre Colombia y Venezuela desde la muerte de Reyes, el domingo 16 de marzo se celebró el Concierto por la Paz, impulsado por el cantante Juanes en la frontera de Colombia y Venezuela.

Mis paisanos Alejandro Sanz y Miguel Bosé, el venezolano Ricardo Montaner, el dominicano Juan Luis Guerra, el ecuatoriano Juan Fernando Velasco y los colombianos Carlos Vives y el mismo Juanes unieron sus voces en el escenario improvisado en el Puente Internacional Simón Bolívar, en el paso fronterizo colombovenezolano de Cucutá. Los mexicanos Maná prefirieron declinar la invitación de Juanes. La también colombiana Shakira, sin embargo, envió un mensaje excusando su asistencia pero apoyando el espíritu del evento.

Como bien dijo Alejandro Sanz desde el escenario, aquel concierto era histórico. Un intento de suavizar la crispación política entre tres países, a través de la música. Un llamamiento a todos los jóvenes de Venezuela, Ecuador y Colombia para que no prestasen atención a ningún llamamiento a la violencia. Juanes lo expresó muy claramente al inicio del concierto: «Estamos en la frontera de dos países hermanos que días atrás experimentó una crisis. Pero vinimos a reafirmar nuestro deseo de paz. Colombia jamás tendrá paz si no la tienen Venezuela y Ecuador».

Sin embargo, pese a una intención tan noble y a haber pedido a Uribe que no asistiese al concierto (que al fin y al cabo se celebraba técnicamente en suelo colombiano), debido a que este había prohibido la participación de Chávez y Correa, mis camaradas bolivarianos veían con desprecio aquel evento por la paz. Y no solo porque tiempo atrás tanto Alejandro Sanz como Miguel Bosé hubiesen sido declarados personas no gratas en Venezuela, a causa de sus escarceos con la oposición antichavista que es quien controla los grandes medios, sino porque la acomodada familia de Juanes en su Medellín natal, según mis camaradas, pertenecía a la oligarquía colombiana afín a Álvaro Uribe. Y cualquier afinidad con Uribe en aquellos días se consideraba un enfrentamiento a Chávez.

Más de cien mil personas acudieron a aquel llamamiento musical a la paz que durante cuatro horas sustituyó las consignas políticas por notas musicales. Y, aunque naturalmente no podía manifestarlo en voz alta, yo me sentí muy orgulloso de mis compatriotas Bosé y Sanz, y de vivir aquel acontecimiento histórico que Globovisión, quién si no, emitía en directo para toda Venezuela.

Estaba viendo el concierto con algunos camaradas bolivarianos cuando, de nuevo, la providencia se propuso poner a prueba mis nervios. Ocurrió justo cuando Alejandro Sanz estaba en el escenario intentando, como todos los participantes en el evento que después se repetiría en Cuba, que la tensión entre guerrilleros, paramilitares, terroristas y los ejércitos de tres países no explotase. Entre una canción y otra, el cantautor español transmitía un mensaje al público: «El mensaje es claro, no queremos guerras, no queremos guerras entre nuestros pueblos. Y ustedes son la garantía...», cuando de pronto se forma un pequeño tumulto en el escenario. Y uno de mis camaradas pronunció una frase que a mí me dejó literalmente petrificado:

—Ya está aquí Salas otra vez... Donde no se infiltre este pana, no se cuela nadie...

Me quedé quieto. Inmóvil. Sin poder reaccionar. Lo que mi camarada acababa de decir parecía dirigido a mí, como si los Tupamaros hubiesen descubierto mi identidad real desde el principio y hubiesen decidido desenmascararme en ese momento. Y no pude ni responder para justificar o excusar mi infiltración en Venezuela, ni mis intenciones en esta investigación. Me sentí tan indefenso como cuando me colé con una cámara oculta en el despacho de José Luis Roberto, líder del partido ultraderechista España2000 y cofundador de la federación de burdeles de España, y empezó a hablarme del maldito Antonio Salas, que se les había colado en el movimiento nazi para escribir *Diario de un skin*...[12] O como cuando el recepcionista del hotel Intercontinen-

---

12. *El año que trafiqué con mujeres*, pág. 46 y ss.

tal de Madrid me dijo que la habitación del coronel Bravo estaba a nombre de
Antonio Salas. O como cuando, en la marcha chavista previa a las elecciones
de 2006, aquel vasco se puso a hablarle a mis camaradas bolivarianos del
periodista español Antonio Salas... Y esta vez no estaba en mi país. Estaba
solo, y en otro continente. ¿Adónde iba a huir? Si los Tupamaros realmente
habían descubierto mi identidad real, no existiría un lugar en todo Caracas
donde pudiese esconderme...

Estaba tan impresionado por la frase que acababa de pronunciar mi camarada, que no presté atención a los gritos del tipo que acababa de subirse al
escenario para arrebatar el micrófono a Alejandro Sanz y gritar al público:
«Venezuela, Hugo Chávez, Alejandro Sanz... es la esperanza...». Simplemente
apreté los puños y me quedé esperando alguna reacción de los camaradas
bolivarianos, con todos los músculos en tensión... ¿Sacaría alguno un arma?
¿Estarían observando mis movimientos? ¿Cómo reaccionaría Alí Bey en un
momento así? ¿Qué era lo más correcto en esa circunstancia, intentar huir a
la carrera o hacerles frente? Y, sobre todo, ¿cómo habían podido averiguar que
yo era Antonio Salas y que era un infiltrado? ¿O acaso solo lo sospechaban y
aguardaban a mi próximo movimiento? Mi cuerpo estaba paralizado pero mi
cerebro se había disparado intentando analizar todas las opciones para buscar
la reacción más apropiada... Apenas transcurrieron unos segundos, que me
parecieron interminables, antes de que mi camarada se girase directamente
hacia mí para darme la puntilla:

—Palestino, ¿tú conoces a Salas? Ese pana es increíble, puede colarse en
cualquier lugar y armarte un peo sin que te des cuenta...

No me lo podía creer, me habían descubierto y encima, sádicamente, estaban jugando conmigo. Por fortuna, la angustia duró solo unos instantes:

—¿No me oíste, Palestino? Que si conoces a Juan Salas.

—¿Juan Salas? ¿Cómo que Juan Salas? —pregunté desconcertado.

—Coño, pana, Juan Salas, claro, no lo ves... Este carajito es capaz de burlar
la seguridad de cualquier evento para llamar la atención...

Para entonces la seguridad del concierto ya había rodeado a Alejandro Sanz
y al tal Salas, que fue inmovilizado y conducido fuera del escenario. El tipo en
cuestión, cuyo nombre real es Juan Bautista Sales Sierra, era un alborotador
muy conocido en Venezuela, que se había hecho famoso infiltrándose en grandes eventos multitudinarios y burlando la seguridad de los mismos, para disfrutar de unos segundos de gloria.

El 4 de febrero de 2007, en plena celebración del 4-F, Juan Salas consiguió
burlar la seguridad del presidente de Venezuela y llegar hasta el mismo palco
desde el que Hugo Chávez estaba dando su discurso, emitido en directo por
televisión. Las cámaras de VTV recogieron el momento en que Salas se asoma
por detrás de Chávez, un segundo antes de que sus escoltas se abalanzasen

sobre él.[13] El mismísimo general Raúl Isaías Baduel, que en ese momento todavía era ministro de Defensa, es uno de los que interceptan a Salas, mientras Chávez continúa su discurso.

El 13 de septiembre de 2007, Salas se coló en el festival de Miss Venezuela, saltando al escenario en el instante en que era designada la triunfadora del concurso y arrebatándole la corona ante los ojos del público que atestaba el Poliedro de Caracas. Inmediatamente fue interceptado e inmovilizado por la seguridad del certamen.[14] Ya en 2002, en ese mismo certamen, y con solo doce años, había conseguido llegar hasta Enrique Iglesias y colgarse de sus pantalones...

El 19 de febrero de 2008, Salas saltó al campo de juego durante el partido UA Maracaibo-Boca Juniors de la Copa América, y abrazó a Riquelme, quien lo escoltó hasta que fue detenido por la policía.[15]

Alejandro Sanz respiró aliviado cuando la seguridad del Concierto por la Paz se llevó al exaltado que había irrumpido en el escenario, pero yo respiré mucho más aliviado que Sanz, al saber que la alusión al infiltrado Salas era solo una coincidencia... Otra más.

Dos amigos del Chacal: Luis Enrique Acuña y el Viejo Bravo

Por fin, al día siguiente se celebró el primer cine fórum sobre Carlos el Chacal en Caracas, anunciado durante días en todos los medios internacionales afines a la izquierda más radical.[16] Una actividad organizada por el Foro Itinerante de Participación Popular de Hindu Anderi, y nuestro Comité por la Repatriación de Ilich Ramírez. Primero se proyectó el documental sobre Ilich que Al Jazeera había emitido el sábado 10 de febrero del año anterior y, tras su proyección, una conferencia de Vladimir Ramírez donde insistió en presentar a su hermano como un héroe idealista y revolucionario, que había dedicado su vida a luchar por los más desfavorecidos. Algo que la audiencia estaba predispuesta a creer (especialmente algunos palestinos presentes en la

13. http://www.noticias24.com/actualidad/noticia/2851/incidente-en-la-celebracion-del-4-f/

14. http://www.noticias24.com/actualidad/noticia/8008/el-cuarto-show-de-juan-salas/

15. http://www.noticias24.com/actualidad/noticia/12178/juan-salas-ataco-de-nuevo-en-el-maracaibo-boca/

16. http://colectivolcs.blogspot.com/2008/03/proximo-martes-18-de-marzo-cineforo.html

http://foroitinerantedeparticipacionpopular.blogspot.com/2008/03/días-de-terror-documental-sobre-el.html

http://www.youtube.com/watch?v=RN7Gl2jVrHg y http://www.youtube.com/watch?v=mACDkxDinKo&feature=related

http://www.resumenlatinoamericano.org/index.php?option=com_content&task=view&id=902&Itemid=25&lang

sala, que tuve la oportunidad de conocer esa tarde). Pero lo más interesante llegó en el turno de preguntas.

De repente, en el fondo de la sala se puso en pie un hombre de aspecto robusto, pelo rizado y unos cincuenta y cinco años de edad, para hacer una defensa de Carlos el Chacal aún más entusiasta que la de su propio hermano pequeño. Decía haber conocido a Ilich en París, en la época del crimen de la rue Toullier. Yo llevaba varios años intentando encontrar amigos o compañeros de Ilich Ramírez en Venezuela, y ahora, gracias a la estrategia del cine fórum, eran ellos los que llegaban a mí. *Allahu akbar.*

Luis Enrique Acuña, también colombiano, aseguraba haber entablado amistad con el Chacal durante su estancia en París a través de Amparo Silva, una de las amantes de Carlos en la Europa de los setenta. Por supuesto, no dejé pasar la oportunidad para presentarme a Acuña, conseguir su número de teléfono y establecer una cita posterior para poder entrevistarle en profundidad. Acuña estaba entusiasmado. «Por favor, hacedle saber a Carlos que acá y en Colombia todos nos acordamos de él y apoyamos su lucha...»

—Luis, ¿cómo conociste a Comandante Carlos?

—En el año 1971, por intermedio de una gran amiga mía en París, y su hermana Cecilia y Guillermo, otro amigo, que conformaban una familia de colombianos, ahí conocí a Carlos, en el Quartier Latin, en un bar-restaurante donde tocaban música de Colombia... En ese lugar se encontraba Carlos con su novia, mi amiga Amparo Silva Masmela, de Onda Colombia.

—¿Cómo recuerdas a Carlos en ese época?

—A mí me impactó mucho la amistad de él, porque era un joven de un gran carisma y muy inquieto. Y lleno de mucho conocimiento, de gran nivel intelectual. Hablaba varios idiomas.

—¿Y cómo fue de intensa vuestra relación?

—Sí, una gran amistad, al extremo de que Amparo no me dejaba que me fuera a donde yo vivía, fuera de París, sino que me fuera con ellos a pernoctar a su apartamento.

—¿Cuánto tiempo estuviste viviendo con ellos?

—Unos dos meses. Yo estaba estudiando Economía Política en la Universidad de París.

—¿De qué hablaban?

—Él era una persona muy amena, muy intelectual. Y, por cierto, también tomábamos nuestro wiskecito en un carrito Volkswagen que yo tenía. Nos sentábamos a dialogar de Sudamérica, y por cierto él no me decía su nombre de Carlos, el me decía otro nombre, y decía que era peruano. Por supuesto él era muy reservado, pero Amparo Silva sí me comentó que él estaba estudiando en la Universidad Patricio Lumumba, en Moscú... Él era muy intuitivo, y sufría mucho por los países latinoamericanos, que pasábamos tantas necesidades y atropellos por los gobiernos imperialistas de antaño. Y él decía que su causa y su estudio radicaban en eso, en ciencias políticas, y que trabajaba con piedras preciosas.

—¿Y cuando se produjo el tiroteo en el apartamento de la rue Toullier...?

—Yo me enteré de eso por la prensa. Yo estaba en España entonces...

Luis Acuña hablaba del terrorista más peligroso del mundo con la admiración de un adolescente. En su particular visión de Ilich Ramírez, no existían atentados terroristas, sino «operaciones revolucionarias»; no existían víctimas inocentes, sino daños colaterales. Y en su obscenamente simplista percepción, aquel internacionalista venezolano, políglota y temerario, «parece un Francisco de Miranda moderno...».

El 28 de febrero mi colega Pedro Estrada, periodista de la revista española *FHM*, escribía a Muhammad Abdallah a través de la página web de Ilich Ramírez, para solicitarme información sobre Carlos el Chacal. Al parecer, mi compañero pretendía redactar un reportaje sobre el legendario terrorista, e hizo lo que se supone ha de hacer un reportero serio: contrastar la información. Y, para Estrada, como para John Lee Anderson y tantos otros periodistas internacionales, la persona más cercana a Ilich Ramírez era yo. No pude acceder a un cibercafé seguro hasta el 4 de marzo, fecha en la que leí su e-mail y lo respondí enviándole la información que me pedía. Y mientras lo hacía no podía dejar de sonreír. Porque *FHM* no solo era una de las revistas que primero me había dedicado un reportaje, tras la publicación de mis libros, sino que volvería a publicar mi entrevista, bajo un inmerecido titular que me resisto a reproducir, tras mi participación en el juicio contra Hammerskin-España. Intercambiamos algunos e-mails, e incluso me permití invitar a mi colega al cine fórum sobre Ilich Ramírez que estábamos preparando en Caracas. Evidentemente, Pedro Estrada no podía imaginar, al escribirse con Muhammad Abdallah, que en realidad se estaba escribiendo con el mismo Antonio Salas al que habían entrevistado anteriormente en *FHM*.[17] Confío en que sepa disculpar mi silencio, y que no haya aclarado esta situación hasta ahora.

Al primer cine fórum, que tuvo lugar en Torre Banorient, en la plaza Venezuela, debería haber seguido una segunda sesión celebrada el 18 de marzo en el Cuartel San Carlos, que fue a la que invité a mi compañero Pedro Estrada, de *FHM*. Pero, cuando ya estábamos todos reunidos para iniciar la proyección, alguien recordó que era importante contar con un proyector de vídeo cuando lo que se intenta es proyectar una película. Un detalle que había

---

17. La entrevista a Antonio Salas de *FHM*, publicada dos veces en la revista, puede consultarse en: *http://www.fhm.es/site/content/article.aspx?ID=28777*

pasado por alto la organización del Cuartel San Carlos... Así que nos dedicamos a celebrar el cine fórum sin proyección de cine.

Ante la enésima prueba de irresponsabilidad e ineptitud de mis camaradas bolivarianos, decidí irme con el Viejo Bravo a cenar algo. El coronel del ejército venezolano había acudido al San Carlos para asistir al cine fórum, pero se había quedado con las ganas. Así que me invitó a cenar.

Bravo, sus dos escoltas y yo nos acomodamos en una terracita del centro. Los guardaespaldas se sentaron en otra mesa, y pude percibir que al menos uno de ellos llevaba un arma bajo la camiseta. Hasta ese día no sabía que era posible esconder un arma bajo una simple camiseta.

Esa cena fue una sucesión de revelaciones, a cual más extraordinaria. El coronel es un hombre pequeño y enjuto. Muy discreto, casi invisible. A diferencia de su socio Issan, el de Hizbullah, nadie imaginaría a Bravo comandando unidades tácticas operativas. A pesar de que nos conocíamos desde mi primer viaje a Venezuela año y medio antes, y de nuestros numerosos encuentros tanto en Caracas como en Madrid, hasta esa noche nunca se había abierto tanto.

Y bajo aquel cielo caraqueño, el viejo coronel me aseguró que él también había conocido a Ilich Ramírez. Lo describió como un hombre alto, fuerte y elegante. Hablaba de él con afecto. Me aseguró que Issan, su socio, también había conocido a Ilich en Palestina, durante los años de lucha armada contra Israel.

Mientras compartíamos unas arepas, Bravo me confesó que había participado en el golpe de Estado —*versus* alzamiento popular— del 4 de febrero. El coronel era uno de los militares venezolanos que apoyó a Chávez en su primer intento de acceder al poder a través de las armas. Según Bravo, durante los combates en que los insurgentes de Chávez intentaban llegar a Miraflores, su unidad se encontró con un soldado leal al gobierno de Carlos Andrés Pérez, que con los nervios se había pegado un tiro a sí mismo en una pierna.

—Yo le pregunté a mi superior qué hacíamos con aquel tipo. No teníamos hospital ni médicos, ni tampoco teníamos la intención de hacer prisioneros. Y me dijeron que se le diera plomo, porque no podíamos llevarlo... y plomo le dimos...

El Viejo Bravo acababa de confesarme con toda serenidad cómo habían ejecutado, sumariamente, a un soldado enemigo herido. Y mientras me hacía esa confesión, y esto es lo que más me desconcertó, se dio cuenta de que había un indigente que miraba desde la calle cómo los clientes del restaurante estábamos cenando cómodamente. Bravo se levantó sin decir nada, se acercó al camarero y le compró un bocadillo y un botellín de agua para el mendigo. Como si fuese una rutina, el tipo que acababa de confesarme un asesinato le dio de comer al hambriento indigente y después continuó relatándome algunas anécdotas increíbles.

Y probablemente la que más me impresionó fue su peripecia con uno de los grupos armados bolivarianos. Según me dijo, un día lo reclamaron para encargarle un «trabajito».

—Me recogieron en mi casa, me metieron en un carrito y me llevaron fuera, hacia El Hatillo, porque el patrón quería proponerme dos posibles encargos. Al llegar allá me dijeron que tenían dos trabajos para mí, uno de 20 millones y otro de 30, y que yo decidiese cuál quería. Yo les dije que el de 20... Era matar al Chino... Chinito tiene que andar mosca, porque hay mucha gente que no lo quiere bien...

Yo no daba crédito. ¿En qué clase de mundo vivía esta gente? Bravo me estaba confesando que habían intentado contratarlo como sicario, por 20 millones de bolívares (unos 5700 euros), para que matase a su propio ahijado, mi camarada el Chino. Me costaba mucho trabajo poder creer estas cosas. Al menos, hasta que comenzaron a matar a otros camaradas tupamaros a mi alrededor. Entonces me empezaría a plantear que quizás Bravo no exageraba en sus anécdotas.

Como no exageraba al decirme que, por su cargo militar y su dilatada experiencia en la lucha armada, conocía todas las miserias de «los intocables» del chavismo; como Danilo Anderson, Nicolás Maduro o Juan Barreto. Doy fe de que en aquella conversación que mantuvimos en marzo de 2008 me adelantó muchos de los escándalos en los que se vería envuelto Juan Barreto, alcalde metropolitano de Caracas y principal valedor de los grupos bolivarianos en las instituciones oficiales, un año después. Cuando fuese acusado formalmente de corrupción, siendo apartado del PSUV y de toda la vida pública y política.

Bravo e Issan, el ex oficial de inteligencia de Hizbullah, no solo eran camaradas de armas, amigos y compañeros, también eran socios. Tenían una empresa de instalación de estructuras subterráneas, con ambiciosas expectativas comerciales en América y Oriente Medio. Por esa razón solían comer juntos en un restaurante árabe cercano a la plaza de Bolívar. Y allí comí con ellos en varias ocasiones. Solo después de muchas reuniones y pasado casi un año y medio de nuestro primer encuentro, Issan me confesó su relación con Hizbullah, su relación en el pasado con Ilich Ramírez y su amistad personal con Hassan Nasrallah y también con Leyla Khaled, la terrorista palestina más famosa de la historia, y la primera mujer que secuestró un avión. Según él, Khaled vivía en Beirut y, «si un día coincidimos tú y yo en Beirut, te prometo presentártela, y al jeque Nasrallah también...».

Nunca me permitió que nos hiciésemos una foto juntos. Afirmaba que el MOSSAD tenía puesto precio a su cabeza y no quería que los israelíes pudiesen localizar su paradero. Según me contó, nunca en detalle, durante años había trabajado como jefe de inteligencia de Hizbullah desarrollando misiones en Norteamérica y Sudamérica. Y afirmaba haber vivido dieciocho años en Nueva York. También me confirmó la historia de que le detuvieron en Portugal años atrás, y que habían sido Bravo y sus hombres quienes habían conseguido su liberación mediante un intercambio de rehenes, que yo no tengo forma de contrastar. De ahí su agradecimiento y su lealtad al coronel.

La fundación del PSUV

El 9 de marzo de 2008 se iniciaba el proceso electoral que llevaría a la fundación del actual Partido Socialista Unido de Venezuela (PSUV), heredero del Movimiento Quinta República fundado por Hugo Chávez, y yo viviría ese acontecimiento histórico en primera persona. Ese domingo, los 2 450 377 integrantes de las patrullas del MVR debían escoger a los 772 delegados que participarían el noviembre siguiente en el I Congreso del PSUV, y Vladimir Ramírez Sánchez era candidato.

Resulta difícil para un extranjero comprender los mecanismos políticos que generaron la junta directiva del PSUV. El sistema bolivariano pretendía ser el más democrático de todos, una democracia participativa en la que el pueblo estuviese representado activamente. Cada «batallón», compuesto por entre cien y trescientas personas, incluía un vocero, un suplente y cinco comisionados de propaganda, política e ideología, organización y logística, trabajo social y defensa territorial. Todos elegidos por los votos de la asamblea.

Los «batallones» de cada parroquia o sector (entre cinco y diez por parroquia) se agrupaban en circunscripciones. Por ejemplo, en el caso del sector de Club Hípico eran doce batallones, que unidos a los de Prado del Este, etcétera, formaban la Circunscripción 120. Cada municipio agrupaba a un número determinado de parroquias, y cada estado a un número determinado de municipios. Vladimir Ramírez Sánchez era el vocero principal de su batallón, delegado de su circunscripción y comisionado de estrategia comunicacional del estado Miranda. Y doy fe de que se sudó la camiseta en cada uno de sus cargos. A pesar de que la oposición y los analistas de contraterrorismo intentan atribuir a Hugo Chávez un trato de favor para con Ilich Ramírez y su familia, yo, que viví en persona los primeros pasos de Vladimir en el PSUV, no vi ningún atisbo de favoritismo por parte del gobierno bolivariano, en una carrera que comenzó precisamente ese domingo.

Aquel día se ponía en marcha la tercera y última fase para la formación del PSUV, que pretendía aglutinar en una única fuerza política a toda la izquierda revolucionaria venezolana. Y la inmensa mayoría de los partidos políticos bolivarianos, desde Unidad Popular Venezolana (UPV) de Lina Ron, al Movimiento Tupamaro de Venezuela (MTV) de José Pinto, pasando por la Liga Socialista o el Movimiento por la Democracia Directa, se integraron en un único partido socialista venezolano, bajo el liderazgo de Hugo Chávez. Sin embargo, algunos, como el PCV de Jerónimo Carrera o el Tercer Camino del indomable Douglas Bravo, declinaron la invitación y mantuvieron su independencia del PSUV.

Y ese 9 de marzo, además, se elegían las autoridades transitorias del PSUV entre 200 candidatos que habían sido depurados por Chávez a una lista de 69, entre los que los electores deberían escoger a 15. Y reconozco que me sorprendió que en un ambiente de tan aparente libertad democrática, en uno de los países donde se celebran más elecciones populares para casi todo, Chávez fuese quien redactase una lista cerrada con los 69 candidatos posibles. Sobre todo cuando, además, señaló con energía a una decena de nombres como «dirigentes naturales» que debían permanecer en la dirección del partido; como Diosdado Cabello, Jessy Chacón o su propio hermano mayor Adán Chávez. Todos ellos, apoyos importantes del presidente en sus años de revolución bolivariana, y por ello de comprensible permanencia en el PSUV. «Son de los pocos que no le han traicionado, y el Presidente necesita alguien cerca en quien poder confiar», me aseguraba una amiga bolivarianita.

Sin embargo, lo que no hizo mucha gracia a algunos de mis camaradas, pese a ser chavistas incondicionales, es que el presidente incluyese en esa lista algunos nombres de los más conocidos de VTV, como Aristóbulo Istúriz, Vanessa Davies o Mario Silva, con evidente proyección mediática en el país pero menos preparación, trayectoria y experiencia política que otros muchos miembros del PSUV. Yo, desde mi ignorancia, interpreté esa «jugada» de Chávez como el tardío pero necesario reconocimiento del factor mediático, en el que llevaba años perdiendo la batalla contra la oposición. La segunda «jugada», en ese sentido, sería el Encuentro Latinoamericano contra el Terrorismo Mediático, que se celebraría en Caracas a finales de ese mes, para contrarrestar la reunión semestral de la Sociedad Interamericana de la Prensa (SIP), de evidente afinidad con la oposición, y que precisamente celebraría dicha reunión en la capital venezolana en esas mismas fechas. La verdad es que a mí me resultaba fascinante poder vivir, desde dentro, todos esos acontecimientos históricos. Y esa feroz lucha política sin cuartel...

Como fotógrafo oficial y responsable de imagen del Comité por la Repatriación de Ilich Ramírez, Vladimir me pidió que le acompañase al centro de votación de El Hatillo, la mesa electoral de su circunscripción, para filmar y fotografiar su ejercicio del voto en compañía de su esposa Carla. Hacía solo una semana que su hijo Carlos Mauricio, el periodista deportivo, acababa de cumplir años. Y cuatro días después los cumplía Aurora Beatriz, su hermosa hija. Sobrino y sobrina respectivos de Carlos el Chacal, a los que también tuve la suerte de conocer. De hecho, conforme pasaban las semanas, cada vez conocía a más familia y amigos del Chacal, lo que me permitía tener más elementos de juicio sobre la vida y personalidad del terrorista más peligroso del mundo.

En el centro de votación, Vladimir saludaba a todo el mundo. Era evidente que se trataba de un personaje conocido y querido en su comunidad, y no resulta extraño. Vladimir es un hombre extremadamente amable y cordial, y un político accesible y cercano, como la mayoría de los políticos bolivarianos. Muy distintos a los políticos europeos o americanos, y a años luz de los africanos o asiáticos. Al menos mientras no descubren la erótica del poder.

Creo que después de tantos meses en Venezuela, en diferentes viajes a lo largo de los últimos años, llegué a ganarme a pulso la confianza de Vladimir. De hecho, no tenía reparo en hacerme muchas confidencias, tanto profesionales como personales, y no solo referentes a su hermano —confidencias que, como tales, respetaré—. Es evidente que me encontraba en una posición privilegiada. Estaba en disposición de conocer informaciones inéditas en todas las biografías existentes sobre el Chacal, como la triste historia de Orel, su desconocida hermana; pero también todas las mentiras, exageraciones e invenciones que han nutrido durante décadas dichas biografías. Aunque lo mejor estaba por llegar.

Elba Sánchez y el cofre del tesoro

Mi supuesta relación con Al Jazeera y con los medios árabe-venezolanos había llegado hasta la celda de máxima seguridad de Ilich Ramírez en París. Le habían enviado los periódicos con mis reportajes, y supongo que nuestra breve conversación telefónica en diciembre de 2006 había terminado de disipar sus dudas. Y, si alguna quedase, mi trabajo constante e intenso como responsable de su página web en Internet las eliminó todas. Llevaba exactamente un año dedicando muchísimas horas y muchísimo esfuerzo a mantener su *website* oficial en la red, y todo aquel esfuerzo —tantas noches sin dormir plantado ante el ordenador, rodeado de diccionarios, libros y documentales sobre el legendario Chacal— iba a dar ahora sus frutos. Porque fue el mismo Ilich Ramírez quien le sugirió a su hermano pequeño que nos utilizase a mí y a mi amiga la periodista bolivariana para ordenar su archivo personal y para recoger el testimonio de su mamá, una mujer de edad ya muy avanzada, antes de que fuese demasiado tarde.

Cuando Vladimir me dijo esto, no podía dar crédito a mi fortuna. Elba Sánchez, la madre del Chacal, era un personaje etéreo, casi un fantasma en todas las biografías escritas en todo el mundo sobre Ilich, a pesar de que había sido uno de sus mayores referentes, porque, cuando sus padres se separaron, Ilich y sus hermanos se trasladaron a vivir a Londres, con su madre, mientras que su padre se quedaba en Venezuela. Durante décadas, toda la familia se había preocupado de protegerla de la prensa internacional, manteniéndola lejos de todos los micrófonos y las cámaras, y ahora el mismo Chacal me pedía que recogiese su testimonio en exclusiva: el testimonio de la mujer que trajo al mundo al terrorista más famoso del siglo XX. Realmente, Allah es clemente y compasivo.

Justo una semana después de aquellas primeras elecciones del PSUV, me vi en el coche de Vladimir junto con Ligia Rojas y mi amiga Beatriz, camino de Valencia, mientras escuchábamos el *Aló, Presidente* a través de RNV en la radio del auto. Ligia se pasó todo el viaje entre Caracas y Valencia contando chistes verdes y chascarrillos picantes. Pero también recordando anécdotas de su relación con Elba Sánchez y con Ilich Ramírez que harían las delicias de todos sus biógrafos.

Realmente no es fácil comprender la estrecha relación y la larga amistad que han mantenido Ligia Rojas y la madre del Chacal durante todos estos años. Lo supe en cuanto pude estrechar la mano y besar las mejillas de Elba María Sánchez. A pesar de su edad —Elba nació en San Cristóbal (Táchira) en 1931—, cuando la conocí mantenía la clase, la belleza y el glamur que enamoró a Altagracia Ramírez. Los años habían dibujado los surcos del paso del tiempo en su rostro, pero sus ojos, que no temen mantenerte la mirada, continuaban expresando mucha fuerza.

Pasamos el día en Valencia, paseando, charlando y recordando anécdotas del pequeño Ilich, *Gordo* para su familia. Un mote cariñoso que hizo creer a todos los periodistas del mundo que Ilich había sido un niño obeso y traumatizado... nada más alejado de la realidad. Y por la tarde, ya de regreso en la casa de Elba Sánchez, grabé en vídeo su testimonio. Una conversación a tres bandas.

—Elba, ¿cómo puede describir a Ilich de pequeño?

—Un niño cariñoso, correcto, buen amigo. Como hijo era excelente. Bueno, yo tuve suerte con mis hijos. Los tres son maravillosos.

—¿Jugaba mucho?

—Sí, con sus hermanos. A su papá no le gustaba que salieran apenas. Dentro de la casa.

—¿Y en la casa? —interviene Vladimir Ramírez—. ¿Qué responsabilidades tenía Ilich, mamá?

—Bueno, ayudarme a hacer las compras... cuando no venía la señora a limpiar, él me ayudaba a limpiar. Pendiente de mi comida. Un buen hermano, pendiente de sus hermanos también. Bueno, los hermanos varones, tú sabes, cualquier cosa no les gusta... pero no, era una vida tranquila. Por eso a mí me ha pegado tanto este problema.

—¿Recuerda cuando se fueron a Londres?

—Bueno, cuando nos fuimos a Londres yo iba contenta y feliz porque me llevé a los tres. Y estudiaban y todo. Lamentablemente el papá los mandó... para Moscú los mandó. Y de allá cuando regresó, ya había hecho contacto con la gente esa comunista. Y ahí lo agarraron. Como era un muchachito... Claro, todo eso que llama la atención y que a un muchacho le gusta...

—A usted no le gustó cuando empezó a relacionarse con las amistades aquellas comunistas...

—No. Porque, no sé... un sentimiento de madre que se preocupa. Esto le puede traer problemas a mi muchacho, decía yo. Y así fue. Afortunadamente los otros dos no se metieron en nada de eso...

—¿Y cree que es verdad lo que dicen que él hizo, mamá? ¿Que se portó mal, que mató gente, que puso bombas...? —añade Vladimir.

—No, yo no sé nada de eso.

—Conociendo a Ilich, ¿crees que es capaz de hacer eso? —insiste su hijo pequeño.

—Yo no creo.

—Siempre lo vio muy solidario con las personas que tenían problemas... Porque Ilich empezó a viajar para defender a otros pueblos que tenían problemas...

—Bueno, como esos pueblos después no lo protegen ni nada, me parece que es un error. Lo que se puede hacer ya está hecho...

—¿De pequeño le llamabais el Gordito?

—Sí, porque era el más gordito de los tres, pero no era gordote, era gordito...

—También le decíamos el Toro —añade Vladimir—. Porque era fuertote, fornido... Él nunca fue gordo. Y, a Lenin, ¿cómo le decíamos, mamá, que aún le siguen diciendo?

—El Negro.

—¿Y a mí?

—El Bebé. Sí, porque él es el menor de los tres...

En ese momento de la grabación es Vladimir Ramírez, y no yo, quien tiene la iniciativa de pedirle a su madre un mensaje para el presidente Hugo Chávez:

—¿Por qué no mira a la cámara y le hace un llamado al presidente de la República, mamá? Vea a la cámara e imagínese que es el presidente de la República. Suponga que usted está hablando con él.

—Bueno, que por favor me ayude con mi hijo Ilich. Que me lo ayude a salir de la cárcel de... en Francia. Y que se venga para acá conmigo. Que yo estoy muy mayor para estar sola sin el hijo. Eso es lo que yo siento.

—¿Y no deberían ayudarlo las personas a las que él ayudó... los árabes...? —pregunto yo.

—No, pero esa gente se olvida, hijo, esos ya no... A la vista está que no han hecho nada.

—¿Considera que lo de Ilich es una injusticia?

—Sí.

—Él, cuando se fue, cuando estaba en Moscú, ¿le contó que él estaba ilusionado, que quería ayudar a esa gente, los palestinos?

—Sí, porque él era un muchacho muy sano. Entonces me decía: «Mamá... yo estuve en Moscú, porque yo fui a verlos a ellos», y entonces me decía: «Ay, mamita», o viejita también me decía... «Yo quisiera que tú vinieras a vivir a fuera de Venezuela.» Yo le decía: «Ay, hijo, este es mi país. Aquí tengo a mi mamá», mi mamá no se me había muerto todavía. «Tengo mi familia toda, y los tengo a ustedes.» «Sí, mamá, pero yo no quiero vivir más aquí.» «Bueno, hijo, eso sí lo siento, pero yo no puedo renunciar a mis otros dos hijos y a mi mamá»... Y así fue pasando el tiempo.

—Él le contaba las cosas que había visto, el sufrimiento del pueblo palestino...

—Yo le preguntaba ¿y cómo te fue por allá? Me decía: «Bueno, mamá, ahí bien, pero viendo sufrir a toda esa gente me da una lástima...». Él nunca me habló de guerrilla ni nada...

—¿Él era así de niño, mamá, que no le gustaban las injusticias...? —dice Vladimir.

—Sí.

—¿Él alguna vez se peleó en el Liceo Fermín Toro para defender a alguien o por alguna injusticia? —pregunto yo.

—No, que yo sepa, no. O no me acuerdo.

—He leído que le gustaba tocar la guitarra y cantar.

—Sí.

—¿Qué es lo que más le gustaba?

—Bueno, cantar música venezolana.

—Como a Chávez —repuse yo, intentando relajar la situación un poco. Y por primera vez vi la sonrisa de Elba Sánchez, que no pudo evitar la risa ante mi ocurrencia.

—Era muy mujeriego, ¿no? Le gustaban las mujeres...

—Sí. Menos mal... que tuve hijos que les gustaban las mujeres. Porque veo por ahí tantos muchachos que se voltearon, les gustan los compañeros...

—Un mensaje que le quisieras dar a Ilich... porque a lo mejor él puede ver esta grabación... —sugiere Vladimir.

—Bueno, que se siga portando bien, a ver si se consigue su libertad. Que yo como madre es lo único que le pido a la vida que me dé... la libertad de él. Yo ya estoy mayor, y no sé si en cualquier momento Dios me lleva. Y que el día que eso llegue, él estuviera conmigo...

De regreso a Caracas, Vladimir me confesó algunas diferencias que había tenido con un grupo de árabes del Frente Democrático para la Liberación de Palestina, que vivían en Valencia. Pero aún me dio tiempo esa noche de ver la repetición del *Aló, Presidente* en VTV. Ese domingo Mario Silva, el irónico presentador de *La Hojilla*, estaba invitado al programa de Chávez. Y es que Silva estaba llamado a tener un protagonismo político importante en el nuevo

PSUV, más allá de su función como principal ariete mediático contra la propaganda antichavista de Globovisión.

Después de aquella visita a Valencia, el siguiente paso estaba claro: Vladimir se había llevado el baúl con todas las fotos, documentos y objetos personales de su hermano Ilich a su nueva casa en Caracas, a la que llamábamos en broma «La quinta de Gaza» porque tenía que ser reconstruida casi por entero, y entre los cascotes, los sacos de cemento, los andamios y los palés de ladrillos, parecía una auténtica casa palestina después de una demolición israelí.

El gran día Vladimir, que estaba demasiado ocupado controlando a los obreros que trabajaban en su casa, me dejó hacer los honores. Aquel auténtico «cofre del tesoro» custodiaba toda la vida de Carlos el Chacal desde su nacimiento hasta su salida de Venezuela... pero también más allá. Y no lo habían abierto en muchos, muchos años. No tenía ni idea de lo que me iba a encontrar en su interior, pero el corazón me golpeaba el pecho con fuerza cuando Vladimir me pidió que examinase su contenido y me ocupase de ordenar y clasificar todas las fotografías, documentos y objetos personales de su hermano Ilich. Supongo que solo mis compañeros periodistas, y quizás algún que otro funcionario de los servicios de información, podrá comprender lo que sentí al levantar la tapa del «cofre del tesoro». De hecho, no pude evitar la tentación de grabar con mi cámara ese momento histórico.

El contenido de aquel baúl superaba con creces lo que imaginaba. Álbumes de fotos con toda la infancia del Chacal recogida en imágenes; sus notas y diplomas escolares, pero también los de su familia; postales y recuerdos de sus viajes, incluyendo banderas, pósters y hasta una daga árabe de hoja curva, sospechosamente parecida a la que utilizó Abu Musab Al Zarqaui para «degollarme» en mi habitación del hotel en Ammán... También encontré los documentos legales y docenas de fotografías de su matrimonio con la terrorista alemana Magdalena Kopp, y del nacimiento de su única hija legítima: Elba Rosa Ramírez Kopp, nacida el 17 de agosto de 1986 en Beirut. A algunas de las otras, nacidas en Venezuela fuera de matrimonio, las conocí tiempo después...

Además de aquella maravillosa documentación inédita, Vladimir guardaba toda la correspondencia de su hermano, durante años; cientos de documentos e informes que se habían utilizado en su defensa jurídica, y también docenas y docenas de artículos escritos por Ilich Ramírez desde la cárcel francesa para un periódico venezolano. Y lo increíble es que Vladimir quería que yo escanease, fotocopiase y clasificase toda aquella documentación. Realmente Allah se había empeñado en conspirar a mi favor.

Fueron días de mucho trabajo. Tenía que clasificar la correspondencia y los artículos de Ilich cronológicamente, ordenar los documentos, digitalizar los álbumes de fotos... Me pasé muchas horas en casa de Vladimir, fotografiando y filmando todo aquel tesoro, mientras Loli, su asistenta, nos preparaba algo de comer. Algún viernes llegaba por la mañana, interrumpía el trabajo para acudir al *salat* semanal en la Gran Mezquita de Caracas, y después volvía a casa de Vladimir para seguir clasificando aquel archivo de valor histórico incalculable. Evidentemente, desde ese momento disponía de un material extraordinario para la página web de Ilich Ramírez, que debía dosificar con prudencia. Utilizaba lo justo para que los terroristas que pudiesen encontrarse entre los lectores del *website* comprobasen que Muhammad Abdallah tenía acceso a documentos y fotografías nunca publicados, y que solo podía poseer alguien muy cercano a Carlos el Chacal.

Instrucción de combate

Puede que yo no sea muy brillante ni demasiado inteligente, como afirman mis críticos —prostituidores, traficantes o miembros de la extrema derecha (y a partir de ahora también de la extrema izquierda) afectados por mis infiltraciones—, pero desde luego presumo de una gran capacidad de trabajo. Sin embargo, y pese a la inaudita pereza, dejadez y negligencia de mis camaradas bolivarianos, embarcadores[18] hasta la exasperación, tenía tantos frentes abiertos en Venezuela que apenas me quedaba tiempo para descansar. Ahora, además de continuar estudiando y copiando el Corán y los manuales de explosivos y armamento que me habían confiado, tenía que copiar y clasificar miles de documentos sobre Ilich Ramírez, mantener las páginas web y, al mismo tiempo, seguir con mis estudios de árabe y con mi trabajo «oficial» como periodista. Sin olvidar todas las pistas que seguía hacia las FARC y ETA en Venezuela, y hacia los revisionistas nazis. Y, cuando menos lo esperaba, recibí una llamada telefónica de mis camaradas bolivarianos.

—Aló, Palestino, estate listo en treinta minutos, vamos a recogerte. Llévate botas y ropa de combate...

Lo de la ropa de combate no llegué a entenderlo, y la verdad es que tampoco tenía claro adónde pensaban llevarme. Y, si soy totalmente sincero, estaba tan abstraído clasificando las fotos, correspondencia y archivos personales de Carlos que ni siquiera pensé en que llevaba meses en Venezuela esperando recibir el adiestramiento paramilitar a manos de las FARC o de los grupos armados bolivarianos. Una condición indispensable para ganarme el respeto del Chacal y de los terroristas en activo. Hasta ese momento podía demostrar

---

18. En la jerga coloquial un «embarcador» es alguien que hace promesas que no cumple y que no tiene reparo en faltar a su palabra y dejar plantadas sus citas o compromisos de forma habitual.

mi formación teórica tanto en el yihad como en la lucha revolucionaria, pero para ganarse el respeto de los grupos armados hay que demostrar que se ha empuñado un fusil. Y ese momento había llegado de forma tan imprevista como todo lo demás.

Dos horas después de recibir aquella llamada, entré en el 4 x 4 y me presentaron al que sería mi primer instructor: el coronel técnico del Ejército Nacional de Venezuela, Manuel Esteban A. T., con cédula número 5606..., era un veterano oficial adscrito a la Casa Militar al que le faltaban varios dedos de la mano izquierda, por un detonador que había explotado antes de tiempo. Cuando estreché su mano, la que aún conservaba todos los dedos, el coronel tenía cuarenta y siete años de edad y le quedaba un año y tres meses de vida... murió el 24 de julio del año siguiente. Y cuando me metieron en su coche no sabía adónde me llevaban.

Solo lo intuí cuando, tras sentarme en el asiento trasero derecho del auto, pisé algo metálico en el suelo del coche y bajé la mirada. Bajo el asiento del copiloto asomaba el cañón de un subfusil de asalto israelí Uzzi, idéntico al que el Chino Carías se había empeñado en venderme a mi llegada a Caracas, y numerosos cargadores de fusil Kalashnikov. Maldije en silencio. No me esperaba que aquella llamada implicase el inicio de mi adiestramiento terrorista y no llevaba la cámara oculta preparada. Pero tampoco podía dejar pasar ese momento de la investigación sin filmarlo, así que utilicé la cámara de mi teléfono móvil para grabar las armas y los cargadores que asomaban a mis pies. Y también la conversación que mantenía con mi instructor, que ya me conducía a algún lugar no identificado, donde se iniciaría mi instrucción sin previo aviso. Quizás en alguno de los cuatro campos de adiestramiento de los que me había hablado Sidi en mi viaje anterior a Venezuela.

Al iniciar esta investigación había tenido la precaución de comprarme un teléfono móvil muy especial, previniendo que pudiese ocurrir algo así: la necesidad de grabar algo de forma imprevista, sin capacidad para preparar el equipo de cámara oculta. Así que adquirí un teléfono con sistema de grabación en vídeo mpeg4, que permitía una calidad similar a la cámara oculta. Y ahora aquella inversión se veía recompensada. Cuando pregunté por qué no me habían avisado con tiempo para prepararme un poco, la respuesta fue tan contundente como razonable:

—Razones de seguridad. Así seguro que nadie va a seguirte...

Habían pasado más de quince meses desde que Sidi me había hablado por primera vez de los cursos clandestinos de adiestramiento, los mismos cursos en los que se habían formado, extraoficialmente, miembros de ETA o de las FARC en Venezuela. Y ahora yo iba a seguir los mismos pasos que habían recorrido antes los terroristas vascos o colombianos.

Tardamos un buen rato en llegar a nuestro destino, después de hacer un

par de paradas. No puedo afirmar con un cien por cien de seguridad la ubicación del campo al que me llevaron, aunque estoy bastante seguro de que era
una instalación oficial e intuyo cuál... Pero sí puedo afirmar que yo no recibí
ningún apoyo institucional por parte del gobierno de Chávez, ni económicamente, ni en mi formación paramilitar. Y este es un matiz importante. No se
trata de que el gobierno me hubiese aceptado formalmente como aspirante a
terrorista palestino, sino que simpatizantes de la causa palestina, como lo eran
de la independencia de Euskal Herria o de la guerrilla colombiana, habían
aceptado mi solicitud de formación en tácticas de combate revolucionario. Y
se daba la circunstancia de que mis instructores, además de simpatizantes de
las causas insurgentes y revolucionarias, eran oficiales del ejército venezolano.
Y las armas y los cargadores que estaba pisando en el suelo de aquel vehículo
también habían salido de los arsenales del ejército.

Aunque aquella primera grabación la hice con el teléfono, las siguientes
las haría con la cámara oculta e incluso, posteriormente, me atrevería a sacar
la cámara de fotos para tomar algunas imágenes y vídeos del adiestramiento.
A nadie implicado en la lucha armada le sorprende que un nuevo aspirante
quiera tomarse unas fotos con su fusil o su lanzagranadas, igual que a mis
camaradas skinheads les encantaba fotografiarse con sus pistolas o sus bates
de béisbol. Por algún legado atávico de nuestra memoria genética masculina,
parece que todos los hombres, sin distinción de razas o ideologías, nos sentimos más viriles con un arma en las manos...

Aquellos días pusieron a prueba toda la teoría que había tenido que estudiar
en los manuales de armamento que me había entregado Profeta en la Casa
Militar a mi llegada a Caracas. Mis instructores creían que mi preparación
estaba destinada a la lucha armada como miembro de la resistencia palestina
en Oriente Medio. Por esa razón enfocaron mi adiestramiento al tipo de armas
que podría encontrar en esa región.

No quisiera excitar la imaginación de los lectores más jóvenes, pero, aunque
abomino de las armas, aquellos días aprendí a montar, a desmontar y a disparar con todo tipo de armas cortas. Tanto revólveres como pistolas. Y también
armas largas: fusiles, subfusiles y ametralladoras como la Uzzi israelí, el M-4
norteamericano, el FAL venezolano y por supuesto el famoso Kalashnikov, el
fusil de asalto más utilizado por los ejércitos revolucionarios, guerrillas y terroristas de todo el mundo. En mi entrenamiento, yo utilizaba el modelo AK-103,
con el que viví alguna que otra anécdota desagradable.

No había nada de glamur ni de heroísmo en aquello. Pegar tiros y mantener
la «herramienta» de trabajo a punto. En definitiva, aprender a matar mejor.
Exactamente en aquellos campos, quizás con aquellas mismas armas, miembros
de ETA y de otras organizaciones terroristas habían entrenado antes que yo.

Esos días también practiqué con fusiles de mira telescópica, ideales para disparos de precisión a largas distancias. Descubrí la insospechada importancia de los diferentes tipos de munición a la hora de utilizar un arma de fuego, y en qué situaciones es más oportuno utilizar un revólver o una pistola semiautomática. Recibí las primeras nociones sobre explosivos, falsificación de documentos, tácticas de guerrilla urbana. Aprendí a incrustar mensajes en Internet, a utilizar la «hora tupamara» (a través de Radio Rumbos), etcétera. Y recibí todo tipo de manuales, consejos y trucos para que un terrorista pueda desenvolverse por Occidente burlando controles fronterizos y policías, que obviamente no voy a comentar para no contribuir a la «conciencia forense» de ningún aspirante a terrorista. En aquel viaje aprendí todo lo que un yihadista podría necesitar para poder llevar su mensaje de terror hasta las burguesas ciudades europeas o americanas que creen, erróneamente, poder vivir al margen de las tragedias que el capitalismo y el materialismo occidentales han llevado a Oriente. El 11-S, el 11-M y el 7-J ya nos demostraron ese error.

Pertenezco a la generación que ya no vivió el servicio militar obligatorio en España, como sufrieron nuestros padres o abuelos, así que yo nunca había visto un fusil o una ametralladora, y menos aún un lanzagranadas, más que en las películas. Sin embargo, aprendí rápido. De hecho, mis instructores, tanto Coronel Manuel como Profeta, estaban convencidos de que yo tenía experiencia en combate, probablemente en algún campo de batalla de Oriente Medio, y yo les dejé en su error. Si continuaba con mis planes de investigar la presencia de ETA en Venezuela, era más recomendable que me tomasen por un terrorista con experiencia en la lucha armada, así que no solo permití el error, sino que lo fomenté.

Y quizás fue por ese nuevo bulo que empezó a circular entre los círculos bolivarianos, o tal vez por estar en el lugar apropiado en el momento oportuno, pero el caso es que, apenas un par de semanas después de iniciarse mi instrucción de combate, recibí otra llamada que llevaba semanas esperando y que llegó de forma tan espontánea como la que me condujo al campo de entrenamiento.

Cómo se graba un comunicado terrorista

Tras la muerte de Raúl Reyes, diferentes grupos armados habían emitido comunicados de solidaridad con las FARC en todo el mundo. Me sorprendía, y a la vez me indignaba, ver con qué simplicidad los camaradas bolivarianos percibían el mundo como una película en blanco y negro. Para ellos solo existían los buenos y los malos. Imperialistas y revolucionarios. Nosotros y ellos. Pero el mundo real suele estar plagado de combinaciones cromáticas, que además cambian de tono cuando se mezclan entre sí. En el mundo real no solo existen los grises.

Me escandalizó también escuchar en aquellos comunicados de solidaridad con la guerrilla colombiana la misma retórica simplista y ridícula que escucho en todos los comunicados de ETA, la resistencia palestina o Al Qaida. Yo puedo suscribir todas las denuncias de víctimas civiles en los bombardeos imperialistas, de abusos de poder, de torturas que salpican esos comunicados... pero lo que no comprendo es cómo los simpatizantes del terrorismo niegan a sus víctimas el mismo dolor que reivindican para las víctimas del terror de Estado. No comprendo cómo mis camaradas se solidarizaban con las víctimas de la invasión de Iraq, de los GAL o del bombardeo al campamento de Raúl Reyes, y despreciaban a las víctimas de Ilich Ramírez, de ETA o de las FARC... O aceptamos el dolor de todas las víctimas, o rompemos la baraja. Si justificas el terrorismo, o el yihad, con la indiscutible agresión de Occidente o del imperialismo, debes esperar eso mismo de tu enemigo. Y ese mensaje podría lanzarse a unos y otros. Quien utiliza la violencia como lenguaje de debate, solo puede esperar que le respondan con más violencia. Hasta que no quede nadie vivo para escuchar.

En Venezuela, el atentado contra Fedecámaras, el asalto al Palacio Arzobispal y el ataque a la embajada de España en Caracas habían obligado a los colectivos bolivarianos a replegarse y ocultar las armas durante al menos un mes. Es cierto que los grupos armados como la Unidad Táctica de Combate Néstor Cerpa Cartolini, el Colectivo La Piedrita, los Carapaica, el Colectivo Alexis Vive, los Guerreros de la Vega, el Frente Bolivariano de Liberación o mis camaradas Tupamaros, entre otros muchos, contaban con el respaldo extraoficial de las autoridades chavistas. Empezando por el alcalde metropolitano de Caracas Juan Barreto. Pero solo extraoficialmente. Todos eran conscientes de que la oposición recopilaba toda información posible sobre dichos grupos armados afines a Chávez para instrumentalizarla políticamente en los medios, acusando al gobierno de Venezuela de tolerar grupos armados descontrolados. Así que el Movimiento Revolucionario Túpac Amaru-Capítulo Venezuela, una de las muchas ramificaciones de los Tupamaros venezolanos, esperaría más de un mes antes de hacer grabar su propio comunicado.

Comandante Chino había protagonizado, en ocasiones anteriores, imágenes similares. Cubierto por un pasamontañas y rodeado de otros hombres encapuchados, armados hasta los dientes, los comunicados del MRTA-Capítulo Venezuela habían circulado por la red y por diferentes canales de televisión latinoamericanos y europeos en otros momentos relevantes de la historia revolucionaria. En períodos de crisis, como el golpe de Estado del 11 de abril, las elecciones nacionales o cualquier otro acontecimiento durante el que se temiese la injerencia norteamericana o nuevas «garimbas» opositoras, los Tupamaros grababan un vídeo de advertencia, renovando su juramento de lealtad a Chávez a través de las armas, aunque Chávez no se lo hubiese pedido. Y ahora había llegado el momento de emitir un nuevo comunicado. Por supuesto, en cuanto Comandante Chino me sugirió la posibilidad de participar en la grabación, asentí. Le había insistido mucho en mi interés por estar presente en el próximo vídeo. No creo que muchos periodistas hayan tenido la oportunidad de asistir a la grabación de un comunicado terrorista «desde dentro».

Cuando llegó el día de la grabación y como había ocurrido cuando se autorizó mi adiestramiento, nadie me advirtió con anterioridad. Una llamada breve en mi digitel me ordenó: «Estate listo en media hora. Te recogemos en la bomba de gasolina...». Y efectivamente, dos horas y media más tarde, «horita llanera», dos coches con varios camaradas tupamaros me recogían en la gasolinera acordada. Solo conocía a los comandantes Chino, Gato y Candela, y también a la hermosa Ismar A. Z. G., azafata de vuelo y boliviana de armas tomar, pero el resto del grupo eran caras nuevas para mí.

Salimos de Caracas en dirección sur. En ese momento todavía no tenía muy claro hacia dónde nos dirigíamos ni el riesgo que íbamos a correr. Los medios de comunicación llevaban semanas informando de la presencia de paramilitares colombianos en Venezuela. Según decían, tras la muerte de Raúl Reyes y la interrupción de las relaciones diplomáticas entre ambos países, grupos de Águilas Negras habían entrado en territorio venezolano para desestabilizar el país y para fomentar el negocio del narcotráfico en diferentes ciudades venezolanas.

Según me explicó Comandante Gato mientras continuábamos viaje hacia un lugar desconocido para mí, íbamos a grabar un comunicado muy importante. No se trataba solo de solidarizarse con los guerrilleros de las FARC o el ELN en su pérdida, sino que mis camaradas iban a hacer un llamamiento formal a todos los grupos armados de América Latina para crear una fuerza de lucha conjunta. El sueño de un ejército popular que aglutinase a miembros del EZLN mexicano, el Sendero Luminoso peruano, las FARC colombianas o el Movimiento Tupamaro, bajo una misma bandera. Una especie de Al Qaida, salvando las distancias, pero en versión laica y latina.

«Dispuestos para crear un batallón latinoamericano de combatientes revolucionarios de diversas organizaciones populares, preparados para la lucha y el combate en cualquier parte de Latinoamérica, y demostrar a los imperialistas que ECUADOR Y VENEZUELA NO ESTÁN SOLOS», decía el escrito del comunicado que Comandante Gato me permitió leer en el coche, antes de llegar a nuestro destino. Y yo estaba viviendo ese acontecimiento desde dentro, casi sin poder creérmelo. Solo la advertencia del Gato me hizo volver a la realidad con la contundencia de un gancho de izquierda directo a la mandíbula:

—Pero ten mucho cuidado, pana... Nos vamos a meter en territorio de paracos. Y si nos encontramos con un grupo de Águilas Negras, o les damos plomo o nos lo dan ellos. ¿Me entendiste, Palestino? ¡Plomo!

Tardé unos minutos en reaccionar. Comandante Gato me estaba advirtiendo que íbamos a grabar el vídeo del comunicado, haciendo un llamamiento desde Venezuela a todos los grupos insurgentes, *versus* terroristas, de América Latina en una remota finca propiedad de algún camarada, pero situada en una zona de la montaña donde se había detectado la presencia de paramilitares colombianos. Y en caso de encontrarnos con los paracos, entraríamos en combate... De pronto, todos mis esfuerzos, excusas y justificaciones para evitar participar en ningún tipo de delito durante esta infiltración podían irse al garete si nos encontrábamos con una patrulla de Águilas Negras o de autodefensas colombianas. Y, si eso ocurría, cometer un delito iba a ser la menor de mis preocupaciones.

En ese momento comprendí que esa era la razón por la que los Tupamaros habían aceptado, después de meses pidiéndoselo, mi compañía en esa grabación: el infundado rumor que habían hecho circular mis instructores. Prometo que yo jamás había tocado un fusil y que me había limitado a estudiar muy a fondo los manuales de armamento y explosivos que me habían entregado dos meses antes. Simplemente había prestado atención a sus explicaciones en el campo de entrenamiento. Sin embargo, ellos habían interpretado mi responsabilidad —en realidad mi desagrado— a la hora de manipular los fusiles, las pistolas o los lanzagranadas, y la profunda animadversión que me inspiraban las armas, como la veterana prudencia y experiencia de alguien familiarizado con la lucha armada... No me quiero imaginar qué clase de irresponsables reciben entrenamiento en esos campos.

No sabría calcular cuánto tiempo estuvimos en carretera, pero sí que ascendíamos la mayor parte del trayecto. De hecho, pude disfrutar de unas vistas preciosas mientras nos acercábamos al lugar establecido: una discreta finca, situada en la montaña, en el rincón más remoto de la región. Al llegar a un claro en la carretera nos encontramos con un tercer vehículo. Detuvimos nuestros coches y el Chino se acercó a hablar con los del tercer auto, antes de descargar del maletero de su patrulla, un 4 x 4 perteneciente al gobierno, varias bolsas con armas; ametralladoras y fusiles mayormente. Aproveché ese momento para ocultarme entre unos arbustos y colocarme la cámara oculta, pero me costó mucho activar el sistema de grabación. Mis dedos estaban torpes, temblaban demasiado. Tanto como cuando intentaba activar la cámara oculta en La Bodega, el local neonazi de los Ultrassur en Alcalá de Henares (Madrid), rodeado por doscientos cabezas rapadas. O cuando regresé a la Librería Europa, en esta nueva infiltración, para grabar a los revisionistas nazis.

No sé qué me atemorizaba más: que mis camaradas pudiesen descubrir que era un periodista infiltrado, armado con una cámara oculta, o la posibilidad de encontrarnos con un comando de paramilitares colombianos —y con sus motosierras— y que mis compañeros abriesen fuego...

—¡Dale, Palestino, no tenemos todo el día! ¿Qué andas haciendo?

La voz de Comandante Gato me hizo volver a la realidad. Tenía que unirme al grupo, que comenzaba a moverse en fila india por un pequeño camino que se internaba colina abajo. Y lo peor es que no me había dado tiempo a comprobar si la cámara estaba grabando correctamente... Le respondí lo primero que se me ocurrió:

—¡Ya va, pana! ¿No se puede ni mear tranquilo acá?

Recorrimos un camino bastante angosto durante algunos minutos, antes de llegar a la finca donde se iba a grabar el comunicado. Y parecía evidente que no era la primera vez que los Tupamaros utilizaban aquella quinta para sus reuniones, porque antes de llegar al perímetro un grupo de perros nos salió al paso olisqueándonos y uniéndose después a la comitiva mientras movían alegremente el rabo. Al llegar al lugar, ya no me cupo ninguna duda de que era el mismo contexto en el que se habían grabado otros comunicados de MRTA-Capítulo Venezuela, porque reconocí al instante el cobertizo que había visto en alguno de esos vídeos, que todavía pueden encontrarse por la red.[19]

Al llegar al cobertizo, Comandante Chino dio las órdenes precisas, y Carías, yo y dos tupamaros más apareceríamos en el vídeo, escoltando a Comandante Gato, que leería el comunicado. Comandante Candela y el resto de los tupamaros se ocuparían de grabar el vídeo y de distribuirse por los alrededores de la finca, para vigilar el posible movimiento de paramilitares colombianos en la zona o la llegada de algún curioso inoportuno. Nunca me había planteado que, cuando se graba un comunicado terrorista, además de los individuos que aparecen en el vídeo hay otros tantos vigilando los alrededores. Apenas tuve tiempo, mientras mis camaradas desplegaban una enorme bandera del MRTA y repartían las armas, de situar entre unos troncos del cobertizo el equipo de cámara oculta para intentar grabar todo lo que ocurría antes y después de la elaboración de un comunicado terrorista. No había podido comprobar si mi equipo estaba correctamente activado, así que me encomendé a Allah y «que sea lo que Dios quiera...».

El Chino fue quien repartió las armas. A mí me tocó una ametralladora Heckler & Koch, modelo MP5-A3. Un subfusil de asalto alemán, del calibre 9 mm, capaz de escupir ochocientas balas por minuto.

—Palestino, tú acá, a mi derecha —me indicó.

Sin embargo, en el último momento le extrajo el cargador a mi arma... Era toda una declaración de intenciones: quería tener controlada la situación hasta el último detalle. Puede que mis instructores le hubiesen dado buenas referencias de mí, pero al fin y al cabo no me había visto en acción, así que

---

19. *http://www.youtube.com/watch?v=hKWUD9j5lBg&feature=related*

—supongo— prefería tener el control de mi arma hasta que fuese necesario utilizarla, en el caso de toparnos con algún grupo de paracos. Por si acaso comprobé que no quedaba ninguna bala en la recámara del fusil. Todavía llevo colgada al cuello la bala que casi me vuela la rodilla derecha cuando un traficante apretó el gatillo de aquella pistola, tras sacarle el cargador, durante mi infiltración en las mafias del tráfico de mujeres...[20]

Meses atrás, durante una concentración chavista, los tupas se habían empeñado en que les explicara cómo colocarse el pañuelo palestino, tal y como lo usaban mis hermanos árabes en las revueltas de la intifada —el pañuelo palestino es ya un símbolo internacional de lucha revolucionaria—, así que les enseñé a colocárselo, tal y como me habían enseñado a mí en Palestina. Y ahora, en la grabación del vídeo, alguno de mis «alumnos» me demostró que había aprendido la lección. El resto utilizamos las tradicionales capuchas tupamaras.

Por fin, con el Gato situado en el centro y nosotros cuatro rodeándolo, mientras nuestros compañeros vigilaban los cuatro puntos cardinales alrededor de la quinta, Comandante Gato dio lectura al siguiente comunicado:

Los militantes combatientes del MOVIMIENTO REVOLUCIONARIO TÚPAC AMARU (MRTA) CAPÍTULO VENEZUELA queremos expresar nuestro más profundo dolor ante la masacre de la que fue objeto las FARC-EP en territorio de Ecuador por parte del ejército genocida del asesino presidente colombiano Álvaro Uribe, títere y lacayo del imperialismo norteamericano, quien ordenó el bombardeo al campamento guerrillero, donde fueron asesinados el comandante Raúl Reyes y el resto de la tropa combatiente guerrillera. A las FARC-EP y a sus familiares profesamos nuestra sentida condolencia.

Denunciamos que los hechos ocurridos en Ecuador desvelan el triste papel que juega el gobierno colombiano en América Latina, al igual que el papel jugado por Israel en Medio Oriente, en lo que significa el cuido celoso de los intereses del imperio norteamericano, cueste lo que cueste, sin importarle el asesinato de niños, mujeres y ancianos sin piedad alguna.

Repudiamos esa acción vil y cobarde, de ultraje y asesinatos por parte de Álvaro Uribe y sus militares sirvientes, subordinados al imperio del gobierno de Bush.

Condenamos esta práctica brutal y descabellada de estos soldados traidores entrenados con las armas del terror de la Escuela de las Américas, son los mismos métodos que se aplicaron en la masacre de Cantaura, estado Anzoátegui en Venezuela, donde no hubo combate sino un bombardeo intenso y posterior arrase de todo lo que se moviera por vía terrestre. Ante estos hechos, el MRTA CAPÍTULO

---

20. *El año que trafiqué con mujeres*, pág. 223 y 224.

VENEZUELA declara asesino a Álvaro Uribe por dicha matanza y exige que sea llevado a Tribunales Internacionales por delito de lesa humanidad. Como militares combatientes redoblaremos la vigilancia revolucionaria entendiendo que la masacre de los camaradas de las FARC-EP no es un hecho aislado, detrás está la mano peluda del FBI y la CIA.

Seguiremos junto a la comunidad internacional, contribuyendo en los esfuerzos que viene realizando nuestro gobierno bolivariano y revolucionario liderizado por el comandante Hugo Chávez Frías para el intercambio humanitario. A las órdenes de las FARC-EP están nuestros militantes combatientes, nuestras armas y capuchas, para la lucha diaria, constante y sistemática, contra el imperialismo y sus sirvientes traidores. Entendemos que la burguesía se derrota en la calle, junto a la lucha del pueblo, generando grandes movilizaciones de protesta y repudio ante sus mecanismos de terror.

Y por último, como militantes del MRTA estamos firmes y dispuestos para crear un batallón latinoamericano de combatientes revolucionarios de diversas organizaciones populares preparados para la lucha y el combate en cualquier parte de Latinoamérica, y demostrar a los imperialistas que ECUADOR Y VENEZUELA NO ESTAN SOLOS.

¡VIVA LAS FARC-EP! ¡VIVA MARULANDA! ¡VIVA EL MRTA!

¡HONOR Y GLORIA ETERNA AL COMANDANTE RAÚL REYES!

DIRECCIÓN NACIONAL DEL MOVIMIENTO REVOLUCIONARIO TÚPAC AMARU (MRTA) CAPÍTULO VENEZUELA[21]

La verdad es que no presté demasiada atención al contenido del comunicado hasta que pude hacerme con una copia por escrito, ya que durante la realización del vídeo estaba demasiado nervioso. Algo que se evidencia en mi comportamiento grabado en la cinta. Se me ve más atento a los alrededores de la finca que a lo que estaba ocurriendo en su interior. La idea de que uno de los grupos de psicópatas paramilitares, con sus motosierras, pudiese aparecer en aquellas montañas y mis compañeros decidiesen abrir fuego contra ellos me tenía aterrado.

Reaccioné cuando, tras la grabación del comunicado, Comandante Chino decidió grabar un segundo vídeo con unas declaraciones suyas sobre diferentes cuestiones políticas. El Chino quería advertir a los norteamericanos, y también a los colombianos, de lo que ocurriría si se atrevían a invadir Venezuela,

---

21. Reproducido entre otros en: *http://www.cedema.org/ver.php?id=2824*

http://vídeos.lugarlatino.com/vídeo/S7lDs4XzBJA/comunicado-del-mrta-capitulo-venezuela.html

http://vídeos.lugarlatino.com/vídeo/DGFUeOVzI-Q/movimiento-revolucionario-tupac-amaru-mrtavenezuela-1.html

como antes habían hecho con Panamá, El Salvador o Granada; y quería enviar un mensaje de solidaridad a Ilich Ramírez y también a los pueblos de Palestina y el Líbano para «redoblar el yihad». Me sorprendió esa alusión a la lucha islámica en labios de un revolucionario comunista y supuestamente ateo. Sin embargo, a continuación aclaró:

—La lucha no es solamente religiosa. Y la lucha no solamente es política. Sino que la lucha es contra el imperialismo norteamericano y los imperialismos aliados, como es el Estado terrorista y sionista de Israel. Contra ellos todas las organizaciones del mundo unidas para derrotarlos. Con las armas y las armas, con capucha, sin capucha, pero hay que atacarlos dondequiera que se encuentren. Así sea en sus casas...

Aquella proclama era una invitación formal al terrorismo, expresada con una claridad diáfana. Pero la grabación de aquel segundo vídeo me daba una nueva oportunidad para intentar un segundo tiro de cámara que pudiese demostrar que yo era un infiltrado en aquel grupo. Teniendo en cuenta que todos los participantes estábamos enmascarados, esa segunda grabación clandestina sería la única prueba de que yo había estado presente en su realización. Como saben bien mis lectores, acostumbrado a los continuos intentos de desacreditarme por parte de nazis, proxenetas, puteros, etcétera, y sospecho que a partir de ahora también por parte de ciertos intereses políticos afectados por mis reportajes, tengo la costumbre de publicar solo lo que puedo demostrar. Así que mientras se hacía la segunda película y yo ocupaba el lugar del Chino Carías en la primera grabación, me arriesgué a utilizar la sofisticada cámara de mi teléfono móvil. Un vídeo grabado desde dentro del grupo que estaba siendo filmado ahora.

Fue un riesgo innecesario. Al final mi equipo de cámara oculta estaba grabando correctamente desde los troncos donde lo había escondido, pero en ese momento yo no lo sabía, ni tenía forma de comprobarlo delante de todos aquellos tupamaros armados. Y en situaciones como aquella es cuando tienes que decidir, sobre la marcha, si asumes un nuevo riesgo o dejas pasar la ocasión. Por fortuna mi ángel de la guarda estaba atento a todos mis movimientos y, una vez más, Allah quiso protegerme.

Terminamos la grabación del segundo vídeo con unos comentarios de Comandante Chino que me hicieron reflexionar. En la grabación, el Chino desmarca absolutamente al presidente Hugo Chávez de toda responsabilidad en los grupos armados venezolanos. E insiste en que todas las organizaciones bolivarianas, pese a jurar lealtad al presidente de la República, mantienen la lucha armada de forma extraoficial y al margen de las leyes venezolanas. Lo que Comandante Chino no aclaraba en el vídeo, y siento muchísimo tener que reconocer, es que con demasiada frecuencia esos mismos grupos armados simultanean su «lucha revolucionaria» con los atracos, secuestros e incluso el sicariato: actividades criminales que no tienen nada que ver con el pensamiento revolucionario.

Al terminar la segunda grabación entregamos las armas, recogimos la bandera y las capuchas, y también las cámaras, tanto la que grabó el comunicado como mi cámara oculta. Volvimos rápidamente a los coches para regresar a Caracas, con la orden de no vernos en unos días por seguridad. Y yo, obediente, no volvería a ver al Chino, Gato o a Ismar hasta pasados unos días. Nos reuniríamos de nuevo en la oficina de Comandante Chino en la Asamblea Nacional, donde nuestro camarada Gato era secretario de una comisión. Recuerdo perfectamente la imagen de Greidy sentado sobre la mesa, intentando explicar al Chino, muy torpe con los ordenadores, cómo se abría su correo electrónico y cómo podría ver el vídeo del comunicado que habíamos grabado unos días antes, ya subido a Youtube. Fue la última vez que vi a mi camarada Gato con vida.

Mi participación en aquellos vídeos marcaría de nuevo un antes y un después en esta infiltración. Una cosa es repetir hasta la saciedad la misma cháchara pseudoideológica en tal o cual página web, como hacen el 99 por ciento de los pseudorrevolucionarios, y otra muy distinta aparecer con un pasamontañas y un subfusil de asalto en un vídeo que hace un llamamiento a la unión de todos los grupos terroristas en América Latina.

Como era previsible, aquellos vídeos alertaron a los servicios secretos colombianos. Pocos días después de aparecer en varias páginas web afines a la lucha armada y en Youtube, medios como *Noticiero Digital* o *Reporte Oriente* se hicieron eco de la noticia: «Inteligencia colombiana investiga vídeo». No era la primera vez que era consciente de que un servicio de información no español me incluía en una investigación antiterrorista, en calidad de sospechoso. Como *webmaster* de Carlos el Chacal ya tenía claro que estaba en el punto de mira de la inteligencia israelí y norteamericana, como mínimo. Pero aparecer en aquel comunicado terrorista del MRTA me ponía también en la lista de objetivos de la inteligencia colombiana. Aunque, al mismo tiempo, me haría consolidar mi posición en los grupos armados tanto latinos... como europeos.

Terrorismo mediático: la guerra de los periodistas

El 27 de marzo de 2008 había acompañado a Vladimir Ramírez y una compañera del CRIR a Los Teques, para entrevistarnos con el hoy ministro de Obras Públicas y Vivienda Diosdado Cabello, que en aquel entonces era gobernador del estado Miranda. De hecho, técnicamente, Diosdado Cabello fue presidente de Venezuela durante unas horas tras el golpe de Estado del 11 de abril, una vez recuperado Miraflores y mientras Chávez no era rescatado de su encarcelamiento por los golpistas. Y allí mismo, en su palacio de la gobernación de Miranda, la providencia o la voluntad de Allah quiso que me encontrase con mi amigo Lahssan Haida, el director del periódico *Noticias Internacionales* y presidente de la Asociación de Amistad Venezuela-Marruecos. Lahssan me confesó que estaba muy interesado en los eventos que iban a desarrollarse en Caracas los días sucesivos, y yo me ofrecí para cubrirlos como fotógrafo y camarógrafo. Caracas iba a ser el escenario de un nuevo enfrentamiento ideológico...

Como saben todos los analistas de todos los servicios de información, en el actual mapa geopolítico mundial Venezuela es una pieza clave. Además de poseer algunas de las mayores riquezas energéticas de América, las mayores reservas de gas del mundo y un potencial petrolero único en el continente, su influencia política en la región es evidente y sus alianzas con el mundo árabe extraordinarias. Por todo ello se ha convertido en uno de los objetivos fundamentales de las campañas de desinformación y guerra psicológica más enérgicas de la historia. O esto es lo que aseguran los servicios de información venezolanos, denunciando todo tipo de campañas mediáticas contra la credibilidad y la imagen del gobierno bolivariano.

Por eso no me extrañó que la Sociedad Interamericana de Prensa (SIP) escogiese el hotel Palace de Caracas para la celebración de su asamblea semestral, del 28 al 30 de marzo de 2008, denunciando la supuesta falta de libertad de prensa en Venezuela y enunciando todas las censuras que, según ellos, sufrían los periodistas en el país. Globovisión, lógicamente, dio una detallada cobertura al evento. Y, para contrarrestarlo, los medios oficialistas organizaron también en Caracas el Encuentro Latinoamericano contra el Terrorismo Mediático, que se celebraba al mismo tiempo, a solo unos cientos de metros del hotel que acogía la reunión del SIP. De hecho, en aquellos días se organizaron varias manifestaciones, en las que también participé y en las que los asistentes al encuentro chavista protestaban por lo que consideraban una política de desinformación, intoxicación y terrorismo mediático amparada por el SIP y ejecutada por los poderosos medios de comunicación opositores en Venezuela.

Sería muy interesante analizar con detalle quiénes participaron en aquel encuentro. Periodistas, sociólogos, escritores, políticos e intelectuales de izquierdas llegados desde España y de todos los rincones de América, para denunciar lo que definían como una constante y sistemática manipulación de la información en los grandes medios de comunicación, no solo en Venezuela, sino también en Europa y los Estados Unidos. Y, entre otros participantes a los que luego me referiré, tuve la oportunidad de reencontrar a Carlos Aznárez, director de *Resumen Latinoamericano* (la publicación donde colaboraba Óscar Rotundo) y viejo conocido de los círculos abertzales en Euskadi. O a Eduardo Rotte, alias *el Profesor Lupa*, que en aquellos días realizaba un breve espacio de parodias en VTV, ridiculizando a la oposición escuálida, y que resultó ser un viejo amigo y compañero de liceo de Ilich Ramírez.

En realidad, en aquella sala de conferencias estaban todos los que son, y eran todos los que estaban... Miembros y simpatizantes de ETA, las FARC o la resistencia palestina, tupamaros, carapaicas, senderistas... Entre los puestos de libros —imposibles de encontrar en librerías habituales—, los corrillos de tertulia y las actividades del congreso, creí reconocer a personajes muy conocidos de la lucha revolucionaria en América Latina, aunque finalmente fue con Vladimir Acosta con quien compartí manifestación.

El Encuentro Latinoamericano contra el Terrorismo Mediático redactó la Declaración de Caracas, exponiendo la guerra secreta que se libra en un campo de batalla poco conocido por el gran público: los medios de comunicación. Donde la información, más o menos tendenciosa, se utiliza como una bomba de relojería para favorecer la imagen de una opción política y desacreditar la del contrario. Creo que nunca antes de esta investigación me había planteado hasta qué punto los periodistas podemos ser simples peones, utilizados por los políticos y por los grupos de poder, para servir a sus intereses, con frecuencia sin tan siquiera darnos cuenta.

Historias como la presencia de Mustafá Setmarian en Caracas, los campos de entrenamiento de Al Qaida en Isla Margarita o las células de Hizbullah en Venezuela eran parte de aquellas campañas de propaganda mediática, que mis camaradas consideraban una forma de terrorismo. Y seguramente si yo no me hubiese tomado la molestia de intentar comprobar una por una todas y cada una de aquellas «exclusivas periodísticas» que todavía hoy continúan publicándose una y otra vez en Internet, también me las habría creído. Y, lo que es peor, quizás las habría reproducido en mis propios reportajes al hablar del terrorismo islamista en Venezuela. ¿Ocurriría lo mismo con las recurrentes referencias a la presencia de ETA en el país?

ETA en Venezuela: la realidad y la ficción

El 1 de abril de 2008, directo, sin rodeos, como es habitual en él, Paúl del Río me hizo una invitación inesperada:

—Aló, Palestino. ¿Tú no querías conocer a los camaradas de la ETA?

Y claro, saltándome a la torera todas las normas del sentido común y la prudencia, le respondí que sí...

Hasta ese día yo había seguido algunas pistas «convencionales», intentando acercarme a las asociaciones legales vascas de Venezuela, como el Centro Vasco Venezolano de Carabobo,[22] el Centro Vasco de Caracas[23] o la Asociación

---

22. *http://www.valenciakoeuskoetxea.com/home*
23. *http://www.euskoetxeacaracas.blogspot.com*

Venezolana de Amigos de Euskal Herria.[24] Sin embargo, en aquellas hermandades gastronómicas o culturales no había encontrado ninguna pista de ETA. Pero esa tarde de abril, el Foro Itinerante de Participación Popular de Hindu Anderi, la Fundación Antiimperialista Capitán de Navío Manuel Ponte Rodríguez, la editorial El Tapial, la CCB, el MRTA, el PCV y el Movimiento 28 organizaban dos actos en el Cuartel San Carlos Libre: un descarado homenaje al comandante Raúl Reyes y a los veintidós muertos en el bombardeo contra las FARC un mes antes, y la presentación del libro *Versos insurgentes*, una recopilación de poemas escritos por antiguos guerrilleros, del que era autor el mismo Paúl del Río, junto con Jesús Santrich, Milagros Chávez y Comandante Oktavio, recopilados por Alfredo Pierre. Y, según Del Río, los «camaradas de la ETA» iban a asistir al evento. Un evento en el que también estarían presentes, entre otros, Óscar Figuera, secretario general del Partido Comunista de Venezuela, o Amílcar Figueroa, presidente del Parlamento Latinoamericano. Una vez más, mis camaradas denunciaban la violencia contra inocentes a manos del terrorismo de Estado, deslegitimizando a todas las víctimas inocentes del terrorismo de ETA, las FARC, Hamas o Carlos el Chacal. Imperialistas y terroristas definen como víctimas inocentes o como daños colaterales legítimos lo que más les conviene según sus intereses políticos. Y todos mienten.

Se me planteaba ahora un problema muy, muy serio: mi acento. El mismo problema que habría tenido si, durante la última marcha chavista antes de las elecciones de diciembre de 2006, los vascos que le hablaban a mi camarada del periodista español Antonio Salas hubiesen escuchado mi castellano perfecto. Tendría que improvisar sobre la marcha. Así que preparé el equipo de cámara oculta y salí para el Cuartel San Carlos.

Nunca había visto un evento tan multitudinario en la antigua prisión militar. El patio interior estaba repleto de gente y, siguiendo la costumbre de la tradicional formalidad revolucionaria, el acto empezó «tarde, mal y a rastro», pero al menos empezó. Esta vez la organización no se había olvidado la megafonía.

Esa tarde-noche, el Cuartel San Carlos era un hervidero revolucionario. Había miembros de diferentes partidos de izquierdas y de numerosas organizaciones armadas y guerrilleras. Al acto habíamos asistido varios camaradas del Comité por la Repatriación de Ilich Ramírez, y allí nos encontramos con un grupo de no recuerdo qué organización cultural, dos chicos y una chica, que querían organizar una exposición sobre Carlos el Chacal y una recogida de fondos para su defensa, que me acapararon durante bastante rato. No había manera de zafarme de ellos y lo que me preocupaba es que la batería y la cinta de mi cámara oculta continuaban grabando. Y cada minuto que pasaba rodeado de

---

24. *http://earth.prohosting.com/avaeh*

aquellos jóvenes fans del Chacal era un minuto de tiempo que perdía de grabación, para poder registrar mi encuentro con los representantes de ETA. Además,
tenía que inventar algo para disimular mi acento español. Sabía que los etarras
eran los terroristas más desconfiados de todos los que vivían en Venezuela, y
estaba claro que en cuanto detectasen mi castellano llamaría su atención. Y, en
este oficio, llamar la atención es un peligro añadido.

Las cintas de la cámara y la batería tenían una autonomía de noventa minutos. Pasado ese tiempo tendría que buscar un lugar donde esconderme para
cambiarlas, así que no dejaba de mirar de reojo el reloj calculando cuánto me
quedaba. Y los carajitos no dejaban de hacerme preguntas sobre Palestina, sobre
la lucha en Oriente Medio y sobre el Chacal. Veinte minutos... media hora...
cuarenta minutos... Intentaba buscar alguna excusa para apartarme del grupo,
pero en Venezuela la prisa no es un concepto muy popular. Y era evidente que
resultaría muy sospechoso que interrumpiese la improvisada reunión del comité, con aquellos jóvenes aspirantes, siendo el *webmaster* del Chacal y el impulsor de dicho comité desde hacía más de un año. Incluso cuando me disculpé
con la excusa de ir al baño, uno de los jóvenes se me pegó:

—Chévere, te acompaño, yo también quería ir...

Aproveché que en el váter el muchacho se encontraba con algo importante
entre manos, para cambiar cinta y batería en un reservado y darme a la fuga:

—Yo ya voy saliendo, camarada. Nos vemos ahora.

Busqué entre aquel gentío a Paúl del Río o a alguien que pudiese presentarme al representante de «los vascos». Y por fin sucedió. Controlé que tenía
cinta y batería suficiente, y solo se me ocurrió forzar la voz, hablando muy
bajo y con un tono gutural, con la excusa de que había pasado la noche *rumbeando* y que me había quedado afónico... y coló.

Así fue como conocí a Vidal C., un tipo al que me presentaron como el
«coordinador» de los etarras en América Latina. Muy amable y comprensivo
con mi afonía, me facilitó su tarjeta de visita. Una tarjeta con membrete oficial
que lo identificaba como diputado del grupo parlamentario venezolano en el
Parlamento Latinoamericano, lo que me dejó atónito. ¿Un parlamentario venezolano coordinando a los etarras en el continente? La excusa de mi afonía
evidentemente disimulaba mi acento español, pero al mismo tiempo imposi-
bilitaba una conversación normal con el diputado. Sobre todo teniendo en
cuenta el barullo que había en el patio interior del Cuartel San Carlos. Pero
una vez más Allah estaba dispuesto a ayudarme, y, cuando me encontré entre
todo aquel gentío revolucionario a mi amiga Beatriz, le pedí ayuda con el
diputado:

—Mira, este camarada está con los gudaris vascos, acá en Venezuela, pero
fíjate cómo tengo la voz, casi no puedo hablar. A ver si te puede explicar a ti
cómo puedo contactar con ellos, o quizás acordar una entrevista...

No me siento muy orgulloso de haber utilizado a mi colega Marta Beatriz en esta investigación sin que ella sea culpable de nada, pero dadas las circunstancias no tenía otra opción. Y la periodista bolivariana no fue consciente, en ningún momento, de mis intenciones. Ni siquiera cuando charlaba animadamente con el diputado venezolano, mientras yo los grababa con mi cámara oculta, del todo ajenos a la misma. Según le explicaba el diputado, aquel no era el lugar ni el momento más apropiados para tratar ese tema, pero sí reconoció su colaboración con la banda terrorista y nos adelantó que el etarra más importante en Venezuela en esos momentos no se encontraba en Caracas, pero que si le llamábamos unos días después, nos pondría en contacto con él...

No hacía falta ser muy inteligente para saber a quién se refería el diputado venezolano, porque solo había un nombre que se repetía una y otra vez en todas las fuentes sobre ETA en Venezuela. Un nombre que ya había escuchado antes, en el barrio más peligroso de Caracas, y que ahora me obligaría a regresar allí.

Con aquella tarjeta personal que me había entregado el diputado me sentía con más ánimo para volver al 23 de Enero e insistirle a Juan Contreras, presidente de la Coordinadora Simón Bolívar, en mi deseo de conocer a Arturo Cubillas, el etarra más famoso de Venezuela y según mis fuentes buen amigo de Radio Al Son del 23. Aunque me costó mucho trabajo convencerlo, al final Contreras me puso en la pista de Cubillas, pero prometo solemnemente a quien esto pueda interesar que Juan Contreras, como los demás miembros de los grupos bolivarianos a los que utilicé en esta infiltración, desconocía por completo mi identidad e intenciones. Y en ningún momento traicionó la confianza de ningún etarra colaborando de manera voluntaria en esta investigación. Yo soy el único responsable de haber sacado al director de la CSB esta información, sin que él conociese mi identidad como Antonio Salas.

Considerado en España como el enlace de los etarras que llegan a la República Bolivariana, y por tanto la pieza clave de ETA en el país, José Arturo Cubillas Fontán, ahora ciudadano venezolano, está acusado de formar parte del Comando Oker de ETA-Militar. El Comando Oker es responsable de los asesinatos del ciudadano francés Joseph Couchot, acusado de ser miembro de los GAL y cometido el 16 de noviembre de 1984 en Irún; el de Ángel Facal Soto, condenado por ETA como supuesto traficante de drogas y perpetrado el 26 de febrero de 1985 en Pasajes, y el del funcionario de policía Máximo García Kleinte, ocurrido en San Sebastián el 15 de mayo de 1985.

A ese mismo comando pertenecían históricos de ETA, ya juzgados y condenados en España, como José Ángel Aguirre Aguirre o Idoia López Riaño, alias *la Tigresa*, un personaje tan sorprendente como contradictorio, que compartía confidencias en prisión con mi compañero Juanma Crespo, a través del cual he podido acceder a algunos de los poemas y textos inéditos de la Tigresa, nunca publicados y de un valor periodístico y criminológico evidente, para entender la psicología de una asesina en la que se mezcla la sensibilidad poética con la capacidad de matar.

El Comando Oker fue desarticulado en Guipúzcoa en octubre de 1985 cuando, presuntamente, preparaban un atentado contra el entonces ministro del Interior José Barrionuevo. Y, según parece, la Fiscalía de la Audiencia Nacional todavía mantiene abiertas cuatro causas de los años 1984 y 1985 contra él. Así que, con tan notable currículum terrorista, confieso que sentía una profunda inquietud al plantearme la idea de vigilar su puesto de trabajo, que según Contreras era el Ministerio de Agricultura y Tierras en Caracas, para «cazar» a Arturo Cubillas con mi cámara. Estaba seguro de que si los etarras de Venezuela me descubrían intentando «cazar» a su máximo exponente con mi objetivo, no iban a ser amables conmigo...

Además, a priori parecía una misión imposible, porque durante los últimos veinte años, en todos los periódicos españoles se publicaban con cierta frecuencia artículos, entrevistas y reportajes, exigiendo la repatriación de Cubillas a España, y nunca se había publicado ni una imagen actual. Solo existían dos fotografías en blanco y negro de su época en ETA-Militar, que eran reproducidas una y otra vez en esos artículos. Es más, en mi primer viaje a Venezuela, el agente Juan me había transmitido el interés que tenían mandos de la Guardia Civil cercanos a él por Arturo Cubillas y su paradero en Venezuela. Y era improbable que un simple periodista, que estaba trabajando totalmente solo y sin más recursos que los propios, consiguiese fotografiar al etarra más buscado en Venezuela, cuando ni la Guardia Civil ni el CNI ni todos los colaboradores venezolanos de los periódicos y cadenas de televisión españolas que tocaban el tema de ETA en Venezuela cuando era políticamente oportuno lo habían conseguido antes. A menos, claro, que existiesen razones para no buscar realmente a Arturo Cubillas.

Si yo había averiguado que el etarra más importante de Venezuela tenía su mesa de trabajo en el piso A del Ministerio de Agricultura y Tierras de Caracas, y su teléfono era el 50905... ¿cómo era posible que ni los servicios de información españoles ni compañeros periodistas mucho más capacitados que yo no hubiesen podido, supuestamente, llegar hasta él? ¿O sí lo habían hecho?

El edificio del Ministerio de Agricultura y Tierras se encuentra en la conocida avenida Urdaneta, entre esquina Platanal a Candilito, a media cuadra de la plaza la Candelaria. Urdaneta es una avenida ancha, pero no demasiado, y al otro lado de la calle, justo frente a la puerta principal del ministerio, existen diferentes lugares desde los que es muy fácil controlar las entradas y salidas del edificio con un simple teleobjetivo de 300 milímetros. Si alguien, mucho más capacitado que yo, de veras hubiese querido «pillar» a Cubillas, le habría resultado tan sencillo como a mí. Solo era cuestión de paciencia. Lo que ocurre es que en España nadie estaba verdaderamente interesado en que Cubillas contase cómo llegó ETA a Venezuela. Ni al gobierno socialista, responsable de esa llegada, ni a la oposición popular, más interesada en usar a ETA contra Chávez que en reconocer esa responsabilidad. Una vez más, el terrorismo se estaba instrumentalizando políticamente. Mentiras y más mentiras...

José Arturo Cubillas y el pacto secreto del PSOE

José Arturo Cubillas ha cambiado mucho en los últimos veinte años. Nacido en San Sebastián el 6 de diciembre de 1964 y con DNI español número 15983..., en los archivos periodísticos solo constaban las dos fotografías en blanco y negro extraídas de su ficha policial, y por tanto anteriores a 1989, fecha de su llegada a Venezuela. En las imágenes aparecía un joven activista político, del Comando Oker de ETA-Militar, de pelo ensortijado y mirada agresiva.

Pero ahora aquel joven etarra es casi un cincuentón de aspecto tranquilo, bajito y campechano. En estos años Cubillas ha perdido vista y ha ganado peso, y parece cualquier cosa menos un violento terrorista. Aun así, cuando improvisé un plan —no importa cómo— para llegar hasta él y me tendió la mano, dudé un instante antes de estrechársela. Fue solo un segundo, pero creo que se dio cuenta. Aquella mano redondeada y rolliza era la misma mano que, veinte años atrás, empuñaba un arma, fabricaba bombas... En realidad ya había estrechado en Marruecos, Líbano, Palestina o en la misma Venezuela las manos de otros terroristas de Hamas, Hizbullah o las FARC, mucho más sanguinarios, pero ETA es la banda terrorista que continúa activa en mi país. Y era consciente de que, al incluirlos en mi investigación, quizás me estaba poniendo la soga al cuello yo mismo. Añadir a los etarras a la lista de neonazis, traficantes y proxenetas que piden mi cabeza no era una idea agradable, pero a estas alturas de la infiltración tampoco resultaba agradable la idea de abortar la investigación solo porque tuviese miedo. Así que estreché la mano del terrorista vasco más buscado en Venezuela, poniendo mi mejor sonrisa y forzando la voz de nuevo como si me hubiese vuelto a quedar afónico.

En la actualidad, el antaño audaz gudari de cabello ensortijado lleva el pelo corto y usa lentes. Parece un funcionario. De hecho es un funcionario del gobierno bolivariano desde hace años. No está dispuesto a dejarse entrevistar y no le hace ninguna gracia hablar de su activismo en ETA, pero es que, según todos los movimientos revolucionarios bolivarianos en Caracas, Cubillas sigue siendo la cabeza visible de ETA en Venezuela y el primer receptor de los abertzales que recalan en el país. Solo Cubillas podría desempeñar ese papel, porque su ficha policial en Venezuela está limpia.

Cubillas llegó a Venezuela con otros diez miembros de ETA en 1989. Y tras ser realojado en el país por el presidente venezolano, tuvo varios empleos, todos ellos legales. Según su difusa biografía en Venezuela, trabajó como distribuidor de Txalaparta, una editorial vasca muy conocida por los lectores de izquierdas. En 1996 habría llevado en El Hatillo el restaurante de comida vasca Oker's. Bautizado así en recuerdo al comando etarra en el que militó. Además, y en compañía de su atractiva esposa Goizeder Odriozola —una rubia de larga melena lisa que no pasa desapercibida—, trabajó en el restaurante de la Casa Catalana de Caracas. Pero lo que verdaderamente ha escandalizado a algunos medios de la oposición venezolana y españoles es su integración en el funcionariado chavista desde hace más de cinco años.

Cubillas siempre se ha preocupado de llevar una vida dentro de la legalidad en Venezuela. El único incidente con la justicia que consta es una detención en 2002 a manos de agentes de la Dirección de los Servicios de Inteligencia y Prevención (DISIP) por «obstaculización de la acción judicial», aunque fue puesto en libertad cuatro horas más tarde por no figurar en la lista de etarras reclamados entonces por la Audiencia Nacional española.

Según la Constitución venezolana, pueden optar a la nacionalidad los extranjeros que obtengan una «carta de naturaleza» después de haber residido ininterrumpidamente en el país durante diez años, plazo que se reduce a cinco, por ejemplo, para los españoles. También se puede adquirir al cabo de cinco años de matrimonio con un natural del país. Y, en el caso de Cubillas, la nacionalidad venezolana le llegó por partida doble. Así que, desde hace dos décadas, Cubillas dispone de la cédula de identidad venezolana (equivalente al DNI español) número V-22646... Por esa razón, y como ciudadano venezolano de pleno derecho, el ex etarra podía optar a puestos de funcionario dentro de estamentos oficiales del gobierno. Y, según pude comprobar rastreando la Gaceta Oficial de la República Bolivariana de Venezuela (equivalente al BOE español) del jueves 20 de octubre de 2005, el Ministerio de Agricultura y Tierras resuelve designar al ciudadano venezolano José Arturo Cubillas Fontán, «Director Adscrito a la Oficina de Administración y Servicios, a partir del 19 de septiembre de 2005». Firma el nombramiento Antonio Albarrán Moreno, ministro de Agricultura y Tierras.

No es casualidad. En la misma Gaceta Oficial, pero exactamente diez meses antes, el jueves 20 de enero de 2005, el mismo Ministerio de Agricultura y Tierras notificaba el nombramiento de «la ciudadana Goizeder Odriozola Lataillade, titular de la Cédula de Identidad nº 10534..., como Directora General (E) de la Dirección del Despacho del Ministerio de Agricultura y Tierras, a partir del 19 de enero de 2005». Goizeder Odriozola Lataillade es la esposa de Arturo Cubillas. Venezolana hija de inmigrantes vascos llegados a Venezuela huyendo de la dictadura franquista, Odriozola es una activa periodista de izquierdas, que en los últimos años ha protagonizado una fulgurante carrera profesional en el gobierno chavista.

El lunes 6 de marzo de 2006 se notifica en la misma Gaceta Oficial de Venezuela un nuevo nombramiento de Goizeder Odriozola, ahora como «Directora General Encargada de la Oficina de Información y Relaciones Publicas» del citado ministerio. Y por fin, el 5 de septiembre de ese año, se hace público en el mismo medio el ascenso de Odriozola al puesto de «Directora General de la Dirección del Despacho del Ministerio del Despacho de la Presidencia». En esta ocasión firmaba el nombramiento de Goizeder Odriozola el ministro del Poder Popular para la Educación: Adán Chávez Frías, hermano del presidente de Venezuela, Hugo Chávez.

Según algunas fuentes, en esta época y en su oficina del INTI, su vicedirectora y mano derecha era Asunción Arana Altuna, viuda de José Miguel Beñarán Ordeñana, alias *Argala*, uno de los miembros de ETA más legendarios, que en 1973 formó parte del Comando Txikia que asesinó a Carrero Blanco. Una misión que, según me confesaría mi «mentor» Ilich Ramírez Sánchez meses después, tendría que haber ejecutado Carlos el Chacal personalmente... Argala moriría a su vez cinco años después del atentado contra el presidente del Gobierno franquista, víctima de un comando de extrema derecha en Francia. Su viuda llegó a Venezuela en el mismo grupo que Cubillas, en 1989.

El 17 de agosto, la Gaceta Oficial de Venezuela publica el nuevo ascenso de Goizeder, esta vez a «Directora General de la Oficina de Información y Relaciones Públicas del Ministerio del Poder Popular para la Agricultura y Tierras». Además, la esposa de Cubillas compatibilizaba su trabajo como funcionaria con su labor como periodista, y he podido encontrar sus artículos en medios de ideología tan evidente como el diario vasco *Gara* o el *Resumen Latinoamericano*, de Carlos Aznárez.

La situación de Cubillas y sobre todo de su esposa en el ministerio venezolano es un asunto recurrente en la prensa afín a la oposición antichavista. Y las referencias a la pareja, que periódicamente asoman a los titulares internacionales, han hecho que incluso la Asociación de Víctimas del Terrorismo (AVT) española pidiese al entonces ministro de Justicia Juan Fernando López Aguilar que pusiese en marcha «con urgencia» todos los procedimientos judiciales necesarios para la extradición de Cubillas. Pero eso no ha ocurrido todavía. Y si la administración popular de Aznar no quiso hacerlo, mucho menos lo hará una administración socialista. Para comprender por qué no se ha exigido a Venezuela la extradición de Cubillas y de otros conocidos etarras, debemos retroceder hasta el cuándo y el porqué de su llegada a Venezuela.

Arturo Cubillas Fontán había sido detenido en noviembre de 1987 por las autoridades francesas y deportado a Argelia. Allí permaneció, con otros diez miembros de ETA, mientras se producían las conversaciones de Argel entre los terroristas y el gobierno español, hasta su ruptura en 1989.[25] Argelia era

25. Puede consultarse una descripción detallada de ese proceso en *La historia de ETA*, de Antonio Elorza (coordinador), capítulo XI. Temas de Hoy, 2000.

uno de los paraísos para los terroristas de todo el mundo en los años setenta y ochenta y de hecho allí fue donde Ilich Ramírez Sánchez instruyó a varios miembros de ETA en las técnicas de terrorismo que después emplearían en España y Francia. Pero esto lo averiguaría unos meses más tarde, en otoño de 2008, cuando el propio Carlos el Chacal me lo contase personalmente.

Según averigüé en Caracas gracias a Cubillas, a Contreras y a otras fuentes cercanas a ETA en el país, la presencia de etarras en Venezuela no es fruto del azar, ni de una actividad terrorista clandestina. Muy al contrario. Se trata de un servicio que Venezuela prestó a España, a través de un pacto secreto firmado en 1989 entre el gobierno de Felipe González y el de Carlos Andrés Pérez. Dicho de forma más clara, ETA se asentó en Venezuela muchísimo antes de que Hugo Rafael Chávez Frías hubiese soñado siquiera con llegar al poder.

Las conversaciones de Argel entre el PSOE y ETA en 1989 terminaron por involucrar a Venezuela en un problema que inmiscuía exclusivamente a España y Francia. El entonces presidente de Venezuela Carlos Andrés Pérez, amigo personal y socio en diferentes negocios de Felipe González, se brindó para recoger la «patata caliente» que suponía para el presidente español un grupo de etarras refugiados en Argelia, y que era una de las condiciones del proceso de paz negociado entonces entre ETA y el gobierno socialista. Y de esta forma Venezuela, por expreso deseo del gobierno español, acogió a los primeros once activistas de ETA que llegarían al país: Enrique Pagoaga Gallastegui, Gabriel Segura Burgos, José Arturo Cubillas, Víctor Zuloaga Balzisketa, María Asunción Arana, Begoña Trasvías, José Luis Zurimendi Oribe, Juan Miguel Barbesi Torres, Kepa Viles Escobar, Ayerbe Múgica y Portu Espina.

La llegada de los etarras a Venezuela no se produjo de forma clandestina o ilegal. El mismísimo embajador de España en Caracas, Amaro González de Mesa, los recibió en la rampa 4 del Aeropuerto Internacional de Maiquetía, a su llegada en un avión del Ejército del Aire español.

De hecho, el mismo Arturo Cubillas relata personalmente su llegada a Caracas tres meses después del Caracazo, en el prólogo que escribió para el libro *Los sueños de Bolívar en la Venezuela de hoy*, de Carlos Aznárez. Recuerdo al lector que Aznárez es el director de *Resumen Latinoamericano*, y fue el responsable de la información sobre América Latina en la revista *Ardi Beltza*, una interesantísima publicación, dirigida por el ya fallecido Pepe Rey y que Baltasar Garzón cerró por su vinculación con ETA, dando paso a la similar revista *Kale Gorria*. Aznárez vino a Caracas para participar en el Encuentro sobre Terrorismo Mediático de marzo de 2008.

Pues bien, en el citado libro, publicado lógicamente por la editorial Txalaparta en la que trabajó Cubillas, el ex etarra recuerda: «Llegamos a Venezuela a finales de mayo de 1989, estaba amaneciendo cuando entramos en Caracas y lo primero que nos sorprendió fueron esos enormes anuncios publicitarios que copaban los tejados de los edificios, las carreteras y las laderas de los montes... como si fueran una parte más del paisaje. Nos traían desde Argelia, un país donde palabras como publicidad y consumismo no tenían significado. (...) En aquella época era manifiesta la "amistad mercantil" que unía al presidente de Venezuela Carlos Andrés Pérez con Felipe González y con diversos dirigentes del PSOE, así que no era nada extraño ver al "señor X" paseando por la isla de Orchila, u ofreciendo Galerías Preciados a precio de oferta de enero. Como tampoco lo era que Roldán "montara" un restaurante en Caracas o que Txiki Benegas se tostase al sol en Los Roques en muy buena compañía. Eran tiempos de "buenos negocios" y nosotros pasamos a ser uno de ellos...».

Funcionarios de la DISIP escoltaron al grupo de los once hasta el hotel Le Mirage, en Sabana Grande, uno de los barrios más turísticos y elegantes de Caracas, mientras se les buscaba residencias definitivas. Ya entonces el ministro del Interior en funciones, Alejandro Izaguirre, declaró a *El País* que «Venezuela ha brindado su hospitalidad a los activistas bajo el compromiso de que no infrinjan las leyes y mantengan una actitud de prudencia dentro del espíritu de convivencia democrática».

Con los gobiernos venezolanos de Lusinchi y Caldera, es decir, mucho antes de que Hugo Chávez ganase las elecciones en 1998, otros etarras fueron acogidos por Venezuela. Carlos Andrés Pérez, en las antípodas ideológicas del actual presidente Hugo Chávez, declaró: «Es exagerado llamar terroristas a los once activistas deportados. Si hablamos de que los vascos son terroristas, hasta Simón Bolívar (héroe de la independencia americana, conocido como El Libertador y nacido en Caracas en 1783 en el seno de una familia de origen vasco) resulta terrorista porque era vasco».[26] Curiosamente, nadie achacó a Carlos Andrés Pérez una empatía especial con el terrorismo. Ignoro si esto se debió a su afinidad política con Europa y los Estados Unidos, o a su amistad personal con Felipe González. Si hubiese tenido esta información cuando González acudió al curso de terrorismo de Jaca para darnos una conferencia magistral, se lo habría preguntado personalmente. Aunque en otro curso posterior sí tuve la oportunidad de conocer a Francisco Javier Rupérez Rubio, conocido político y diplomático español que reconoció haber vivido en primera persona el traslado de los etarras a Venezuela bajo el mandato socialista.

Para mi sorpresa, solo dos meses después de mi encuentro con Arturo Cubillas en Caracas, exactamente el 10 de junio de 2008, la diputada de UPyD, Rosa Díez González, firmaba una pregunta al Congreso de los Diputados español, en la que se hacía eco de diferentes informaciones publicadas en la prensa internacional a lo largo de todo el año. Dichas informaciones sugerían

---

26. *El País*, 7 de junio de 1989.

que el gobierno de la República Bolivariana de Venezuela, presidido por Hugo Rafael Chávez Frías, acogía y protegía a numerosos miembros de ETA, como Arturo Cubillas. Resulta paradójico que Rosa Díez haya sido miembro activo del PSOE, al que se afilió en 1977 y en el que permaneció hasta 2007. En el partido presidido por Felipe González, Díez llegó a ser diputada foral de Vizcaya, consejera del Gobierno Vasco (entre 1991 y 1997) y eurodiputada (entre 1999 y 2007). Pese a sus treinta años de actividad política en el partido que envió a los primeros etarras a Venezuela, en la página 47 del Boletín Oficial del Senado del 23 de junio de 2008 (Serie D, nº 39) se publicaba, resumida, su pregunta a la Comisión de Asuntos Exteriores.

Entre otras cosas la ex socialista Rosa Díez deseaba saber: «¿Qué gestiones diplomáticas ha llevado a cabo el Gobierno español ante el Gobierno venezolano, durante los cuatro últimos años, para atajar el trato de favor que este último dispensa a los miembros de ETA que residen en su territorio? ¿Qué gestiones diplomáticas ha llevado a cabo el Gobierno español ante el Gobierno venezolano, durante los cuatro últimos años, para lograr que las extradiciones de miembros de ETA imputados en graves delitos terroristas, solicitadas en 2002, se lleven a cabo? ¿Ha elevado el Gobierno español, durante los cuatro últimos años, alguna protesta ante el Gobierno venezolano con relación a la contratación por éste de miembros de ETA?», etcétera. En este momento creo que hasta yo estoy en disposición de responder a todas esas preguntas.

Más tarde, en febrero de 2010, el gobierno estadounidense filtró un informe basado en el análisis de los ordenadores de Raúl Reyes en el que acusaba al gobierno venezolano de colaborar con las FARC y ETA. Por unos meses las acusaciones de que Chávez protegía a los yihadistas se cambiarían por los insurgentes colombianos. El día 24 de ese mismo mes de febrero, el juez Eloy Velasco Núñez, de la Audiencia Nacional de Madrid, firmaría un auto de procesamiento contra varios etarras mencionados en los documentos extraídos de los ordenadores de Reyes, encabezados por Cubillas, a quien consideraba el enlace entre las FARC y ETA, y que desataría una nueva tormenta mediática y nuevas tensiones entre los dos países. Velasco decía en su escrito que Cubillas «se cree policialmente que se encuentra en la actualidad» en Venezuela. Yo puedo confirmarle al juez que, en efecto, esa información policial es correcta. Cubillas vive y trabaja de manera legal en Caracas, igual que otros miembros de ETA. Y en cuanto a los cursos de armamento en los que colombianos, vascos y venezolanos intercambian conocimientos terroristas, también doy fe de que son una realidad conocida y apoyada por todos los grupos bolivarianos. Yo mismo participé en esos cursos. Pero todos se realizan a espaldas del gobierno oficial de Hugo Chávez.

Y es que, desde su llegada a Venezuela, los etarras han conseguido mimetizarse sin problemas entre la abundante comunidad vasca del país, y es evidente que la hostelería ha sido uno de sus principales refugios. Arturo Cubillas no fue el único activista abertzale al frente de un restaurante vasco.

En pleno centro de Caracas, a unos metros del hotel Anauco, fundamental enclave cubano en Venezuela —donde se alojó Source antes de su boda—, y de las «torres gemelas» del Parque Central, se encuentra El Café del Museo. Entre los movimiento bolivarianos es un secreto a voces que, hasta hace muy poco tiempo, este restaurante, propiedad y punto de encuentro de varios activistas vascos en Venezuela, era un referente para los etarras que llegaban a la capital.

Lo mismo puede decirse del Txalupa, un prestigioso restaurante de pescados, mariscos y comida vasca en Chichiriviche, propiedad de Xavier Arruti, uno de los etarras llegados a Venezuela en los ochenta, y mejor posicionado en la sociedad venezolana. Arruti no solo trabaja como asesor de la alcaldía de Chichiriviche desde 2004, sino que es presidente de la Corporación para el Desarrollo Integral de la Costa Oriental de Falcón (Corfal). En 2002 la policía venezolana, a requerimiento de la policía española, detuvo a uno de los camareros de su restaurante: Sebastián Etxaniz Alkorta, alias *Sebas*, que terminaría siendo repatriado a España por su pertenencia a ETA.

Aunque seguramente uno de los más conocidos sea el Pakea, ubicado en un enclave privilegiado en lo alto del cerro El Ávila, la montaña que abraza la capital venezolana. El acceso al Pakea es muy complicado. Es necesario contratar coches 4 x 4 o darse un buen paseo a pie, pero merece la pena. Su dueño, Juan Manuel Bereciartua, llegó a Venezuela también en los ochenta, y está plenamente integrado en la sociedad caraqueña, como muchos de los clientes de su local, uno de los restaurantes vascos mejor considerados de Caracas, y en el que no es difícil ver a activistas abertzales disfrutando de un buen txacolí o una cocotxas.

Sin embargo, una cosa es ser vasco, e incluso independentista, y otra muy diferente ser un miembro de ETA. Y por mucho que la oposición venezolana y la derecha —y hasta la izquierda— española utilicen de forma recurrente el tema de ETA en Venezuela, lo cierto es que el gobierno chavista ha entregado a España a varios terroristas vascos que sí se encontraban de forma irregular en el país.

Los etarras en Venezuela: un instrumento político

El tragicómico y rocambolesco culebrón de la cooperación venezolana con España, en el asunto de los etarras, comienza el 20 y 21 de marzo de 2002, cuando José María Aznar y Hugo Chávez coinciden en la Cumbre de Monterrey sobre financiación del desarrollo. Aznar pidió a Chávez la entrega de casi cuarenta etarras que viven en Venezuela, incluyendo los que el PSOE le había mandado a Carlos Andrés Pérez para sacárselos de encima. El presidente popular le ponía a Chávez como ejemplo el caso de México, que evitaba los largos procesos de extradición y ejecutaba las entregas a la policía española de forma meteórica. Durante la presidencia de Ernesto Zedillo (1994-2000), fueron deportados veintiún miembros de ETA y extraditado uno. Y, en el momento de la Cumbre de Monterrey, el presidente Vicente Fox continuaba esa política, deportando a tres etarras en menos de un año. Chávez, menos entusiasta con Aznar que Fox, declaró que debería ser el Tribunal Supremo de Venezuela quien decidiese sobre la situación legal de los «refugiados vascos». Al fin y al cabo, los primeros etarras habían llegado al país a petición del antecesor de Aznar en la Moncloa, y no parecía muy serio cambiar el estatus legal de los refugiados, de acogidos a terroristas, dependiendo de quién ocupase la presidencia de España.

Ese mismo mes el entonces ministro del Interior Mariano Rajoy elogiaba efusivamente la colaboración de Hugo Chávez con España en relación a los etarras en Venezuela, ya que, cuatro días antes de la Cumbre de Monterrey, la DISIP ya se había puesto manos a la obra para localizar a siete de los etarras que vivían en el país, después de que un tribunal de Caracas ordenase la detención de Eugenio Barrutiabengoa Zabarte, acusado de seis asesinatos; Miguel Ángel Aldana Barrena, al que se le imputan diez homicidios; José Ayestarán Legorburu, doce crímenes; José Martín San Sebastián Aguirre, dos asesinatos; Jesús Ricardo Urteaga Repullés, otros dos, y Luis María Olalde Quintela, implicado en dos atentados. La Fiscalía también incluye en su relación a Ramón Sagarzazu, a pesar de que España había revocado años atrás su petición de extradición.

En aquellos primeros meses de 2002, la colaboración del gobierno de Venezuela para con la policía española fue impecable. Además de las conversaciones de Aznar con Chávez, el defensor del pueblo Enrique Múgica mantuvo contactos con el ministro de Exteriores venezolano, Luis Alberto Dávila, para solicitar su colaboración en la lucha contra ETA. Y la respuesta venezolana era tan positiva que el Partido Popular pidió al lendakari Juan José Ibarretxe que utilizase el ejemplo de Venezuela, durante su visita a Cuba de aquellos días, para solicitar al gobierno cubano la misma colaboración que Venezuela en la entrega de los etarras que permanecían exiliados en la isla.[27]

En mayo de ese año se celebra en Madrid la Cumbre de la Unión Europea-América Latina y Caribe, y Chávez se reafirma en su intención de cooperar en el asunto de los etarras en Venezuela. La primera repatriación no se hace

---

27. *El País*, 7 de abril de 2002: *http://www.elpais.com/solotexto/articulo.html?xref=20020407 elpepinac_6&type=Tes*

esperar. El 2 de junio de 2002 la cooperación venezolana se materializa con la entrega a España del primer etarra. Juan Víctor Galarza Mendiola fue arrestado por agentes de la DISIP en Valencia cuando se dirigía a su puesto de trabajo acompañado por su esposa, la española María José Ugalde, y su hija menor. Galarza Mendiola vivía en la urbanización Guayabito y era propietario de una armería, Comercial Sarrio, en la misma ciudad. Poseía también campos para prácticas de tiro que habitualmente utilizaban mis camaradas de los círculos bolivarianos.

Nacido en la localidad vizcaína de Larrabetzu el 19 de febrero de 1959, según su ficha policial Galarza Mendiola se enroló en ETA en 1982 como colaborador del Comando Vizcaya, y fue arrestado en julio de 1985 a raíz de la desarticulación de dicho comando y de la captura de José Félix Zabarte Jainaga, miembro liberado de este grupo. Fue condenado por la Audiencia Nacional en 1987 a seis años de cárcel y al pago de una multa por un delito de colaboración con el Comando Vizcaya de ETA, tras ser detenido junto a otros dieciocho presuntos miembros de dicho comando. Galarza ingresó en prisión acusado de colaboración con ETA, aunque posteriormente fue puesto en libertad. En las elecciones municipales de 1987 fue candidato de Herri Batasuna (HB) en Larrabetzu. Desde 1992 recayó sobre él una orden de busca y captura de la Audiencia Nacional para cumplir condena. Pero no pudo serle comunicada por encontrarse en «paradero desconocido». Su paradero era Venezuela.

Según fuentes de la izquierda abertzale, Galarza fue el primer comodín político para que Aznar y Chávez apaciguasen a la prensa. Porque lo cierto es que su nombre no aparece en la lista de los siete etarras cuya extradición pedía España. En realidad, Galarza Mendiola fue expulsado de Venezuela por su «estancia ilegal», amparándose en la orden de busca y captura cursada por la Audiencia Nacional a través de Interpol, pero no porque España hubiese pedido expresamente su extradición. Sería el primer error que tendría que pagar posteriormente el gobierno de Chávez...

El 17 de diciembre de 2002, Venezuela ejecuta una nueva entrega. Esta vez se trata de Sebas Etxaniz. Según las autoridades españolas, Sebastián Etxaniz Alkorta estaba implicado en ocho asesinatos entre el 9 de abril de 1981 y el 30 de junio de 1982 (tres guardias civiles, dos policías nacionales, un agente municipal, un coronel de artillería y un civil). Durante su estancia en España habría estado integrado en el Comando Vizcaya de ETA. El etarra salió de España en 1984 y se instaló en Venezuela. Años después su pista reaparece en Nicaragua resistiendo con lo que queda del movimiento sandinista. Continúa allí con la lucha armada y lo detienen en Managua (capital nicaragüense) el 25 de marzo de 1993 tras hacer volar un depósito de armas. Las autoridades del país centroamericano le intervienen un pasaporte falso venezolano bajo el nombre de Rafael Camilo Castellón, pero descubren su verdadera identidad y que está buscado por diferentes crímenes, entre ellos un triple asesinato: el teniente de la policía nacional Julio Segarra, una mujer embarazada y su marido en un garaje de Bilbao, el 4 de mayo de 1983. Y Sebas es extraditado a España, terminando con sus huesos donde deben estar todos los asesinos: pudriéndose en una celda.[28]

Un error judicial le permite salir bajo permiso y aprovecha para huir de nuevo a Venezuela el 13 de junio de 1995. Allí, su vinculación al movimiento Askapena —paralelo al abertzalismo vasco y muy cercano a Batasuna— le acerca a la Coordinadora Simón Bolívar y lo convierte en impulsor de la emisora de radio Al Son del 23, dirigida por mi camarada Juan Contreras, de la que se hace locutor y agente publicitario. Ahora es más fácil comprender el origen de los grafitis y murales a favor de ETA que pude grabar con mi cámara oculta en la parte trasera de edificio de la CCB...

Sebas Etxaniz Alkorta se convertirá en la segunda moneda de transacción diplomática entre Venezuela y España, tras su detención el 16 de diciembre de 2002 en el restaurante Txalupa.

En diciembre de 2004 la Audiencia Nacional condena a treinta y cinco años de cárcel a Sebastián Etxaniz por el asesinato, el 30 de diciembre de 1982, del jefe de la Policía Municipal de Barakaldo, José Aibar Yánez. Aunque posteriormente la misma audiencia absolverá a Sebas de las otras acusaciones, por haber prescrito los delitos. En mayo de 2005, por ejemplo, la Sala de lo Penal de la Audiencia Nacional absuelve a Etxaniz Alkorta de un atentado en 1982. La fiscal Blanca Rodríguez solicitaba para él una pena de cuarenta y dos años de cárcel, pero la Sección Primera de la Audiencia consideró que estos hechos estaban prescritos, no que el delito no se hubiese cometido. De hecho, la sentencia considera probado que en mayo de 1982 un comando constituido por Ángel Luis Hermosa Urra y otros terroristas disparó granadas anticarro y granadas antipersona, así como con fusiles, contra el acuartelamiento de la Policía de la calle Lasesarre, en Baracaldo (Vizcaya). La fiscal imputó a Etxaniz los delitos de depósito de armas de guerra, utilización ilegítima de vehículo de motor, atentado y lesiones graves y estragos, por su participación en los hechos.

La Sección Primera señala que cuando se reabrió el caso, a través del auto de 27 de octubre de 2004, ya habían transcurrido más de veinte años desde que se realizaron los hechos, en mayo de 1982. La sentencia recuerda que en febrero de 1995, cuando el acusado fue expulsado de Nicaragua, se reabrió el caso, el cual se volvió a archivar sin que se decretara el procesamiento de

---

28. *El País*, 1 de junio de 1993: *http://www.elpais.com/articulo/espana/NICARAGUA/ESPAnA/NICARAGUA/ETA/Nicaragua/entrega/primera/vez/Espana/presuntos/etarras/refugiados/territorio/elpepiesp/19930601elpepinac_3/Tes/*

Etxaniz ni tampoco el sobreseimiento provisional respecto a él. «Aunque Sebastián Etxaniz Alkorta haya declarado en concepto de imputado sobre estos hechos, no puede entenderse que este procedimiento se haya dirigido, en aquel momento, contra él, porque su declaración en ese concepto de imputado se produce en otra causa, no en ésta, y una vez que constó su contenido en este procedimiento no fue procesado», señala la sentencia.

De los siete etarras reclamados por Aznar a Venezuela en 2002, oficialmente la DISIP no fue capaz de localizar a ninguno, pese a que muchos de ellos son conocidos en los círculos más radicales de la izquierda chavista. Solo fue procesado Luis María Olalde Quintela, alias *Txistu*, y no porque le hubiese detenido la policía venezolana, sino porque en abril de 2003 el mismo Txistu se entregó a la Dirección de Derechos Fundamentales de la Fiscalía General de Venezuela. El etarra, natural de Azcoitia (Guipúzcoa), y de cuarenta y seis años en aquel momento, estaba acusado por las autoridades españolas de haber participado en 1979 en un atentado contra un vehículo de la Guardia Civil perpetrado por el Comando Urola, en el que murieron tres personas y otra resultó gravemente herida. Pero el 15 de mayo de 2003 el Tribunal Supremo de Justicia de Venezuela negó la extradición y ordenó «libertad plena» para Luis María Olalde. Ante una noticia como esa, no es extraño que muchos etarras que permanecían huidos por todo el mundo viesen en Venezuela una esperanza de futuro. Ese mismo año, por ejemplo, era detenido en el Aeropuerto Schiphol de Ámsterdam Alexander Casas Akarregi, miembro del Comando Vizcaya con orden de busca y captura, que se disponía a volar a Venezuela con un pasaporte falso a nombre de Joseba Alberdi Fernández.

Casas Akarregi se encontraba huido desde que, casi un año antes, sus compañeros Hodei Galarraga y Egoitz Gurrutxaga murieran en el barrio bilbaíno de Basurto al estallar la bomba que transportaban en un turismo alquilado por él. Según su ficha policial, el historial delictivo de Akarregi se remontaba a su participación en la *kale borroka*, hacia 1993. Todavía menor de edad, habría intervenido en la brutal paliza propinada al ertzaina Ander Susaeta durante la Semana Grande bilbaína por un numeroso grupo de radicales, al más puro estilo skinhead neonazi que tanto aseguran deplorar los antifascistas abertzales. En 2010, otros etarras serían detenidos mientras intentaban embarcar en un vuelo rumbo a Caracas...

En enero de 1995 se le condenó por estos hechos a dos meses de arresto mayor y a treinta días de arresto menor, por un delito de atentado y por una falta de lesiones. Un año antes de que se dictara la sentencia, en mayo de 1994, Akarregi fue detenido de nuevo, esta vez en relación a unos incidentes registrados en el juicio al militante de Jarrai Juan Carlos Tapia. Junto a él se encontraba Harriet Iragi, autor años después de tres asesinatos con el Comando Andalucía. En el momento de su detención en Ámsterdam, Casas Akarregi pretendía reunirse con sus camaradas vascos en el refugio venezolano. Pero no todos los etarras se sentían tan seguros en Venezuela. Y ese año menos aún. Porque en septiembre se producía una nueva repatriación de un etarra a España.

El 23 de septiembre de 2003 Venezuela entregaba a José Ramón Foruria, alias *Foru*, nacido en Markina el 13 de enero de 1949. Foru estaba acusado de colaborar con el Comando Éibar de ETA, que el 20 de septiembre de 1980 asesinó a cuatro agentes de policía que comían en un local. En enero de 2005 la Audiencia Nacional le condena a cuarenta años de cárcel. Las asociaciones de apoyo a los presos de ETA protestaron enérgicamente a partir de entonces porque se mantuviese a Foru en prisión pese a sus problemas de salud (cáncer de vejiga). Siempre me ha maravillado la sensibilidad que manifiestan sus defensores por las incomodidades que pueda sufrir en prisión alguien que no tuvo reparo en robar la vida a otros seres humanos y destrozar para siempre las de sus familias.

Paralelamente, en medios tan emblemáticos de la izquierda chavista como *Aporrea*, se condenaba el servilismo de Chávez para con el gobierno de Aznar al entregar a los independentistas vascos, muy bien considerados en los círculos bolivarianos.[29] Y la Coordinadora Simón Bolívar protagonizó protestas, similares al asalto a la embajada española que yo viviría en 2008, para manifestar su apoyo incondicional a los etarras, y su desacuerdo con la política de Chávez al respecto. Esa actitud se repetiría en 2008, 2009 y 2010 con nuevas campañas, murales y grafitis de la CCB en apoyo a ETA. Cada vez que Chávez colaboraba con la justicia española en la lucha contra ETA, los radicales bolivarianos clamaban al cielo y los medios de comunicación antichavistas, que son casi todos, guardaban silencio.

Miente que algo queda: ¿indemnizaciones chavistas a etarras?

La colaboración de Venezuela, al entregar a los tres etarras a España, acalló durante unos meses las críticas de la oposición, pero en noviembre de 2006 surge un nuevo escándalo que tuvo repercusión en toda la prensa internacional. A pesar de ser condenado por varios crímenes que no habían prescrito, los abogados de Sebastián Etxaniz y los de Juan Víctor Galarza, encabezados por Mario Alvarado, presentan una denuncia contra el gobierno de Venezuela por «repatriación ilícita» de sus defendidos, y a finales de año la prensa española primero y la del resto del mundo después divulgan la noticia de que el gobierno de Hugo Chávez ha autorizado una indemnización millonaria a los etarras Etxaniz y Galarza por su repatriación en 2002.

---

29. *http://www.aporrea.org/actualidad/n10238.html*

Según esta información, en el caso de Galarza la indemnización suma 132 000 euros en concepto de «daño moral por los sufrimientos causados a su persona y familiares» por los tres años que estuvo encarcelado tras la «deportación ilegal». En el de Etxaniz Alkorta, recibiría 193 000 euros más una pensión mensual de 750 euros para su pareja, actualizable sobre el IPC español, entre otras prebendas, «por las torturas recibidas». Además se afirmaba que cuatro de los etarras requeridos por España recibirían la nacionalidad venezolana «para evitar su extradición a España».[30]

El escándalo alcanzó todos los estratos diplomáticos y políticos de las relaciones hispano-venezolanas y, como ocurriría en 2010 con el auto del juez Velasco, el gabinete de Hugo Chávez se vio obligado a salir al paso de tales acusaciones para desmentirlas. A pesar de que la Constitución de Venezuela regula las condiciones legales para otorgar a un extranjero la nacionalidad venezolana, trámites que me consta han sido acelerados en más de una ocasión, como en las elecciones de 2006, el gobierno venezolano aseguró que no se daría la nacionalidad a los etarras.

En cuanto a la indemnización a Galarza y Etxaniz, el mismo canciller Nicolás Maduro reconoció la existencia de un acuerdo extrajudicial y ajeno al gobierno central, negociado en junio en la Comisión Interamericana de Derechos Humanos, con sede en Washington, en el que Caracas reconocía que las dos deportaciones fueron ilegales y arbitrarias y que causó perjuicios morales y materiales, además de establecer que en ese país había exiliados vascos de conducta intachable, que eventualmente podrían optar por nacionalizarse. Pero insistió en que la responsabilidad de dicho acuerdo recaía en exclusiva sobre María Auxiliadora Monagas, representante de Venezuela ante las entidades internacionales de derechos humanos, y que habría negociado las indemnizaciones «ilícitamente» en nombre del gobierno chavista. Siempre he pensado que los revolucionarios y chavistas de corazón no son capaces de comprender los peajes políticos que también tiene que abonar su presidente.

A principios de diciembre Monagas, que se quedó sola ante el peligro, se vio obligada a dimitir de su cargo, y el Ministerio de Exteriores venezolano entregó al embajador español en Caracas, Raúl Morodo, un documento con las garantías de que no se indemnizaría a los dos miembros de ETA ni se concederían las nacionalidades.

La noticia cayó como un jarro de agua fría en los ambientes abertzales y entre los abogados de los etarras, que defendían contra viento y marea la legitimidad del acuerdo. «Es falso. El borrador del acuerdo fue conocido por el vice-

---

30. *20 Minutos*, 5 de diciembre de 2006: *http://www.20minutos.es/noticia/179813/0/venezuela/eta/espana/*

presidente (venezolano) José Vicente Rangel, el entonces canciller Alí Rodríguez y el embajador de este país en España, Arévalo Méndez», declaró entonces Mario Alvarado. «Monagas no solo era la funcionaria autorizada por representar al Estado venezolano ante la Comisión, sino también ante la Corte Interamericana de Derechos Humanos y ante el organismo de derechos humanos de las Naciones Unidas.»[31] Sea como fuere, y de haber existido alguna vez el acuerdo de indemnización a los etarras, el pacto se rompió ante el escándalo internacional que produjo la noticia. El gobierno de Chávez intentó, en todo momento, distanciarse de la indiscutible presencia de ETA en Venezuela. Pero ni siquiera el todopoderoso presidente de la República Bolivariana puede evitar el torrente de simpatía y colaboración para con los etarras que existe en los círculos chavistas más radicales. Una simpatía, admiración y colaboración de las que yo he sido testigo muchas veces. Y que está originada en una imagen falsa, bastarda y obscena que de ETA tienen los grupos bolivarianos. Y este es el problema.

Mis camaradas bolivarianos, de espíritu rebelde, admiran el modelo que representan el Che Guevara y Fidel Castro en Cuba, y sinceramente opinan que es posible conseguir la paz a través de las armas. Son los hijos, o los nietos, de aquellos guerrilleros que vivieron los «años de plomo» contra las dictaduras derechistas en América Latina. Tiroteos y atentados que nunca cambiaron nada en Venezuela hasta que Chávez llegó al poder, a través de las urnas, y no de otro golpe de Estado.

Son jóvenes de sangre caliente que sienten una solidaridad sincera por causas como la guerra antiimperialista, la independencia indígena o la lucha palestina, y, para todos ellos, ETA es una causa justa. Mis camaradas revolucionarios, como mis hermanos musulmanes, son sinceros al implicarse en las causas que consideran justas, como la lucha armada en Colombia o Euskadi, o el yihad en Iraq, pero también son simplistas.

Los humanos, por desgracia, fundamentamos nuestra identidad en nuestra diferencia del «otro», el enemigo, satanizándolo y extrayéndole hasta el último rastro de humanidad. El enemigo es un ser diabólico, semihumano, capaz de las mayores atrocidades. Pero para él nosotros somos exactamente lo mismo.

---

31. http://www.diariocritico.com/mexico/2006/Diciembre/noticias/2992/etarras-espana-nacionalidad.html

http://www.cronica.com.mx/nota.php?id_nota=275110

http://www.eldia.es/2006-12-06/NACIONAL/NACIONAL2.HTM

http://www.iarnoticias.com/noticias_2006/latinoamerica/0916_venezuela_etarras_24dic06.html

http://www.laverdad.es/murcia/prensa/20061206/espana/chavez-rectifica-garantiza-gobierno_20061206.html

http://www.eitb24.com/portal/eitb24/noticia/es/politica/extradiciones--caracas-no-concedera-la-nacionalizacion-a-los-4-pr?itemId=B24_24096&cl=%2Feitb24%2Fpolitica&idioma=es

Esos jóvenes revolucionarios, como Wilfredo B., Tomás A. o Armando L., entre otros camaradas del 23 de Enero, que no tienen problema en dibujar el símbolo de ETA con sus *sprays* de pintura en las fachadas de Caracas, o en las embajadas de España o Bolivia, jamás han pisado Palestina, Líbano, Iraq o el Magreb. Y por eso se han creído todas las patrañas y mentiras que les cuentan los terroristas vascos para justificar su lucha armada. Se han creído que en Euskal Herria existe una ocupación española similar a la ocupación israelí en Palestina. Se han creído que es posible comparar la persecución policial en Euskadi con los bombardeos indiscriminados a la Franja de Gaza, la destrucción de casas, árboles o fuentes en Cisjordania, o con la ocupación de territorios y el muro de la vergüenza que sufren los palestinos. Y por eso, engañados con una falacia absurda e inmoral, se atreven a comparar la causa palestina con la lucha armada en Euskal Herria, y a apoyarla. Y aunque me escandaliza y me enfurece que mis camaradas bolivarianos se hayan tragado esa solemne estupidez, puedo llegar a comprender que eso ocurra en un país como Venezuela, con una tradición guerrillera tan arraigada. Lo que me dejó atónito es encontrarme en un país europeo tan sofisticado y cosmopolita como Suecia esa misma credulidad y connivencia hacia las mentiras de ETA.

Los Papeles de Bolívar

Es evidente que Venezuela es un país excepcional desde este punto de vista. Un país en el que los mismos revolucionarios que durante décadas empuñaron sus fusiles contra lo que consideraban dictaduras imperialistas ahora están en el poder gracias a las urnas, como en Palestina, y no a través de un alzamiento armado, como en Cuba. Un país donde ex guerrilleros acostumbrados a la lucha armada ahora ostentan los cargos policiales de mayor responsabilidad. Por lo tanto, y siempre desde su punto de vista, es absolutamente lógico y comprensible que esos personajes afines al poder político en Venezuela, como el ex subsecretario de Seguridad Ciudadana, mi pana Comandante Chino, consideren camaradas a los miembros de otras organizaciones similares como las FARC, ETA, Hamas, IRA o Hizbullah. Lo contrario sería antinatural. Aunque es imperioso que consigan desvincularse de la violencia si quieren consolidar la democracia en su país y dejar sin argumentos a sus detractores.

En varios eventos revolucionarios, manifestaciones, presentaciones de libros, conferencias, etcétera, había visto que los miembros y simpatizantes de todos esos grupos en Venezuela recolectaban folletos, revistas y publicaciones afines a su ideología, como munición intelectual para reforzar sus prejuicios ideológicos. Ningún revolucionario que se preciase como tal podía ignorar periódicos alternativos como *Desafío* (de la CSB) o *La Hojilla* (basado en el programa de Mario Silva en VTV), pasando por *Fuerza Punto 4*, el *Kikirikí*, *Los Papeles de Mandinga*, el satírico *La Réplica, Imagen y Comunicación Revolucionaria* o el *Tribuna Popular* (del PSV). Todos ellos quincenales o mensuales, en formato de periódico, que no podían competir en calidad técnica, distribución y recursos con publicaciones de la oposición, como el semanario *Zeta*.

Aunque lo que realmente me dejó atónito fue descubrir, en Venezuela, que las FARC-EP poseían una revista oficial de la que jamás había oído hablar en Europa. *Resistencia* es una publicación irregular, aunque con vocación mensual, de entre 34 y 38 páginas, con manufactura profesional, buen papel cuché y cuatro páginas en color, en las que se describe el conflicto colombiano desde el punto de vista de la guerrilla. En los números de *Resistencia* que conseguí en Venezuela —se vendía por la calle—, los guerrilleros de las FARC se solidarizan con causas como la palestina, la etarra o la del IRA. Como curiosidad, en la portada del número 33 (diciembre de 2004) de *Resistencia*, aparece un grupo de guerrilleros de las FARC leyendo sonrientes un ejemplar de *Resumen Latinoamericano*, la revista dirigida por Carlos Aznárez, uno de los responsables en Euskadi de la revista *Ardi Beltza*, cerrada por orden del juez Gárzon, que la consideró el órgano propagandístico de ETA.

Ante ese caudal de revistas, periódicos, fanzines y gacetas proterroristas que circulaban fluidamente en todos los encuentros revolucionarios, se me ocurrió que esta también podía ser una estupenda vía de acceso a los radicales. Porque está claro que mi presencia en Internet se hallaba perfectamente consolidada. Nada es más barato y sencillo que implantar una mentira en la red y dejar que se reproduzca por sí misma. Por eso todos los agentes de desinformación prefieren Internet antes que ningún otro contexto para expandir un engaño. Algunos incluso nos beneficiamos de los rumores, conjeturas y fantasías que, una vez incrustados en la red, se repiten una y otra vez hasta convertirse en leyendas urbanas. Pero ¿y fuera de la red?

Es cierto que mi perezosa generación, la de Google y Wikipedia, «investiga» acomodada ante el ordenador, lo que nos ha hecho mucho más manipulables que a nuestros predecesores. Pero existe otro tipo de terroristas, que también eran objetivos de mi infiltración, y que no creen en la red. Tipos de más edad, más curtidos y recelosos, como Issan, el ex oficial de inteligencia de Hizbullah. Más desconfiados con la vulnerable información digital, prefieren el papel impreso. Así que era el momento de intentar llegar también a ellos, combinando las nuevas tecnologías con el formato impreso tradicional.

Necesitaba un tipo de publicación que estuviese totalmente bajo mi control, y que pudiese repartir en eventos, manifestaciones o incluso en las mezquitas. Una publicación en la que pudiese unir todos esos enfoques de la lucha armada que estaba conociendo durante esta infiltración, y que además de consolidar mi identidad como muyahid palestino pudiese acercarme a los terroristas que no creen en lo que aparece en la red, y que suelen ser los más inteligentes y escurridizos. Y así es como nació *Los Papeles de Bolívar*.

Los Papeles de Bolívar es un fanzine impreso, con textos en inglés, francés, español, árabe y euskera, que supondría otra vuelta de tuerca en esta investigación. En cuanto empecé a gestar esta idea fui consciente de que implicaría mucho más trabajo. Tendría que ocuparme, totalmente solo, de la redacción, de las traducciones, de la maquetación, corrección e impresión de todos los textos, pero también de las fotocopias, el plegado, grapado y encuadernación de todos los ejemplares de cada edición. También tendría que mantener económicamente tanto la impresión de la gaceta, como los envíos postales y su distribución en las mezquitas, pero intuía que iba a merecer la pena el esfuerzo. Y suelo seguir a ciegas lo que me dice mi intuición. Lo que no podía imaginar es que solo un año más tarde un ejemplar de *Los Papeles de Bolívar* abriría todos los informativos de televisión en Bolivia, y sería la publicación más buscada en Internet por todos los expertos en antiterrorismo... Hoy todos ellos descubrirán quién estaba detrás de ese humilde fanzine, que disparó las conjeturas y especulaciones más absurdas durante meses en 2009.

El asesinato de mi hermano Greidy Alejandro Reyes, *Gato*

En la madrugada del 26 de abril de 2008 Greidy Alejandro Reyes, *Gato*, volvía a su casa en el callejón La Fe de la calle Las Palmas, también en la zona de El Cementerio. Había estado tomando unos tragos con unos camaradas en la Avenida Principal, no muy lejos de donde vivía la viuda de Omar, el vigilante de la mezquita asesinado casi dos años antes. Y, cuando regresaba a su casa, no se dio cuenta de que no caminaba solo. Varios sicarios colombianos —según mis fuentes— le seguían los pasos resguardados por la penumbra del callejón, sucio y mal iluminado.

Gato, el menor de cuatro hermanos, vivía con su familia y en cuanto su padre, Juan Reyes, escuchó los disparos en la calle, salió corriendo con un mal presagio incrustado en el alma. Pero ya era tarde. El cuerpo de mi camarada Gato yacía en el suelo en un charco de sangre y agonizante. A unos metros de él, su fiel perro *Tom* había recibido otro disparo en la cabeza al intentar proteger a su amo.

El señor Reyes avisó a Urgencias rápidamente, y Gato fue trasladado a la Clínica Atías, en las Acacias, pero ya llegó cadáver, siendo trasladado su cuerpo a la sala de autopsias de la Medicatura Forense de Bello Monte, aunque la causa de su muerte era evidente. Cuatro tiros a quemarropa. Esta vez el ángel guardián que lo había salvado milagrosamente años antes, a pesar de haber sido acribillado a balazos, faltó a la cita. Según el certificado de defunción, firmado por la doctora forense María Kecskemeti, Gato murió por «hemorragia interna-herida por arma de fuego al tórax y abdomen...».

Nosotros no podíamos saber si Gato tuvo tiempo de desenfundar su arma, porque los asesinos se la llevaron junto con el bolso de mano en el que portaba sus efectos personales. Por eso, oficialmente, el asesinato de Gato se archivó como un homicidio por robo, pero en los círculos tupamaros todos tenían claro que tras su muerte, como tras la de Arquímedes Franco, había otros intereses, y mis camaradas tupamaros juraron venganza.

Yo encajé mal la muerte de Gato. Me parecía increíble que solo unos días antes hubiésemos estado juntos en la Asamblea Nacional, bromeando sobre la incompetencia informática de Chino Carías. Recuerdo sus ojos brillantes, y su irónica sonrisa. Pero ahora estaba cosido a balazos sobre una mesa de autopsias.

Ni pude entonces, ni puedo ahora, comprender tanta violencia, tanta muerte y tanto dolor gratuito. En un país repleto de luz, de sol, de riquezas. Un país que lo tiene todo para ser un vergel y que sin embargo se ahoga en una viscosa mezcla de sangre y petróleo. Donde el odio entre hermanos ha vencido a la esperanza. Donde existen más armas que manos para empuñarlas. Armas de gatillo ligero que funcionan como un virus contagioso. Porque violencia llama a violencia. Y, como es tradición tupamara, quien mata a un hermano muere por otro hermano. En Venezuela oficialmente no existe la pena de muerte... pero solo oficialmente. Los asesinos de Gato ya estaban condenados por el tribunal de la calle, pero todavía no lo sabían.

Salí de Venezuela, tan rápido como pude, con la sensación de que la muerte esta vez había estado demasiado cerca. Los revolucionarios y los terroristas quizás están acostumbrados a ver cómo mueren sus camaradas alrededor, pero yo no. Y me planteaba seriamente abortar toda la investigación. Me fallaban las fuerzas. En otras infiltraciones, como los skinheads o las mafias, sabía que podía convencer a los neonazis, o a los prostituidores, de su error. Sabía que tenía argumentos irrefutables para demostrar a unos y otros su equivocación. Pero ¿cómo debatir contra un fusil? ¿Realmente existe alguna manera de convencer a los violentos de que las armas jamás traen la paz?

Al llegar a España me encontraría con una nueva y desagradable sorpresa. Mi supuesta esposa palestina, asesinada en Yinín en 2004, había resucitado milagrosamente ante las cámaras de televisión... y mi principal coartada para justificar mi odio a los israelíes y occidentales podía haberse ido al garete.

Cuando revisé los mensajes acumulados en mi correo durante mi estancia en Venezuela, uno me alarmó especialmente. Mi amiga Fátima, la *escort* de origen árabe que se había dejado fotografiar como mi esposa asesinada Dalal Majahad, me comunicaba, a todas luces ilusionada, que se había presentado a los castings del *reality show* más conocido del momento. Un programa que Telecinco había comprado a TVE y que tenía unos índices de audiencia espectaculares. Por eso aquel mensaje era muy alarmante, pero mucho más alarmante fue reconocer a mi supuesta esposa muerta en las promos del *reality* grabadas durante los castings de aspirantes al concurso, que eran emitidos en varios programas de la cadena. Llamé a Fátima muy enojado por su irresponsabilidad. Primero porque era un suicidio que una prostituta de lujo, que pretendía mantener en el anonimato su doble vida, se presentase a un *reality show*. Es absurdo creer que podría convertirse en una estrella de la televisión sin que algún cliente, o alguna compañera despechada, la delatase tarde o temprano. Y, en segundo lugar, porque habría sido catastrófico para mi investigación que algún hermano musulmán pudiese llegar a reconocerla como mi supuesta esposa asesinada en Yinín el 9 de marzo de 2004. Gracias a Dios las imágenes del casting de Fátima solo aparecieron en algún resumen de la selección preliminar y mi falsa primera esposa no fue elegida para entrar en el *reality*. Sin embargo, no había forma de saber si alguno de los muchos hermanos musulmanes que habían visto mi álbum de fotos podía haberla reconocido, descubriendo que mi coartada era un embuste.

Y, para acabar de deprimirme, ese mismo mes de abril se estrenó la película *Todos estamos invitados*, en la que Óscar Jaenada interpretaba al etarra amnésico Josu Jon. La vi solo, en un cine de la Avenguda Diagonal, recordando nuestro casual encuentro meses atrás en el local de Héroes del Silencio en Zaragoza. El destino a veces es caprichoso, pero casi siempre inescrutable. Reconozco que durante algunas semanas me sentía muy confuso. Y también exhausto. Agotado. No solo había invertido una auténtica fortuna en esta investigación, que no estaba subvencionada por otra fuente económica que mis lectores, sino que también había gastado todas mis energías. Llevaba demasiado tiempo simultaneando estudios y trabajo, tres vidas distintas, y un estrés psicológico que me había hecho perder peso, ganar canas y envejecer nueve años en tres. Omar Medina primero, Arquímedes Franco después y ahora el Gato habían sido acribillados a tiros a mi alrededor, cada vez más cerca. ¿Era eso algún tipo de señal del destino? ¿Quería Allah transmitirme algún mensaje? ¿La aparición de mi supuesta esposa muerta en los castings de un programa de televisión de gran audiencia era una invitación a que abandonase la infiltración? Prometo que en esos días de abril me sentía tan confuso como Josu Jon, el etarra amnésico interpretado por Óscar Jaenada. Sentía una tormenta mental en mi cerebro, pero sin embargo yo no había olvidado nada de todo lo vivido y experimentado desde el 11 de marzo de 2004.

Supongo que sonará extraño para los lectores que no conozcan el Islam, pero busqué consejo en mi imam y en el Corán. No tenía nada mejor. Por desgracia, no podía explicarle al director de mi mezquita cuáles eran realmente los demonios que habitaban en mi corazón y en mi mente. No podía decirle cuál era mi verdadera angustia. Pero tampoco fue necesario. En Khalil descubrí a un hombre excepcional, extraordinario. Y no solo porque sea médico de profesión, sino porque he sido testigo de su absoluta e incondicional entrega a los hermanos musulmanes más necesitados que llegaban a España sin dinero, sin papeles y sin conocer el idioma.

He visto cómo le robaba horas al sueño, o a su familia, para hacer de traductor, de asesor legal o incluso de niñera de otras familias, árabes o no, menos afortunadas. Me constan sus visitas a presos musulmanes, en diferentes centros penitenciaros, para asistirlos espiritualmente. Sus ayudas económicas a quienes tenían aún menos ingresos que él. E incluso cómo acogía en su casa y en su mesa a hermanos recién llegados que no tenían ni un rincón en el que dormir. Y probablemente no habría conocido esa dimensión de la caridad, uno de los preceptos fundamentales del Islam, si no la hubiese necesitado yo mismo. Khalil no solo me ayudó a recuperar nociones de la lengua árabe que había perdido y a profundizar en el estudio del Corán, sino que me dio grandes lecciones de humanidad, caridad y compasión.

Con él comprendí, finalmente, que no solo los ciudadanos inocentes sufren los daños colaterales del yihadismo terrorista. El Islam y los verdaderos musulmanes, como Khalil, son víctimas también del fanatismo homicida de un puñado de asesinos. Y sobre todo de los intereses políticos y económicos que instrumentalizan, desde las sombras, a ese puñado de imbéciles furiosos.

Mujeres y hombres buenas y buenos, creyentes en una fe que podemos compartir o no, que intentan cada día integrarse en una sociedad y en una cultura que no les es propia, y que los observa con desconfianza y rechazo. Soportan la ignorancia y los prejuicios con estoicismo, porque necesitan trabajar o estudiar en Occidente, o simplemente porque es el lugar que han escogido para vivir. La mayoría estudia nuestras lenguas, nuestras costumbres y nuestras creencias para adaptarse a ellas, aunque no las compartan. Pero desde el 11-S todo es más difícil para los musulmanes. Satanizados por los crímenes de unos cuantos asesinos, como todos los alemanes fueron estigmatizados por los crímenes del III Reich.

En 2001, Occidente, y en especial los Estados Unidos, desató sin piedad una feroz campaña propagandística contra el Islam. Tras la caída del Muro de Berlín y de la amenaza comunista necesitábamos otro adversario, otro enemigo temible al que satanizar y en quien proyectar todos nuestros males. Y ese enemigo es el Islam.

Es verdad que existe Ben Laden y hombres y mujeres, árabes o no, que lo consideran un referente de la lucha contra Occidente y su imperialismo. Es verdad que algunos de esos hombres y mujeres son capaces de hacer cosas terribles: robar, violar y asesinar inocentes en el nombre de Allah. Pero de la misma forma en que otros hombres y mujeres terribles roban, violan y matan en el nombre de Dios, de la democracia o de la libertad de Colombia, de Euskadi, de Venezuela o de cualquier otra causa. Se puede matar en el nombre de cualquier cosa. Ilich Ramírez es un ejemplo.

Me resultaba muy difícil compatibilizar la imagen del psicópata asesino que transmitían todos los medios de comunicación occidentales y todos sus biógrafos, salvo Nydia Tobón, con la del pequeño Gordo, buen hermano, buen hijo e idealista revolucionario que me transmitía su familia. Y de pronto se me ocurrió que quizás a aquel temible terrorista, acusado de más de ochenta asesinatos, le haría ilusión tener una fotografía reciente y bonita de su madre, a la que no veía hacía lustros. Así que seleccioné una foto en la que Elba Sánchez aparecía especialmente hermosa y sonriente, entre todas las que le había hecho durante mi visita a su casa en Valencia, y encargué una ampliación. Después consulté a Isabelle Coutant cómo podía hacérsela llegar a Ilich en prisión, y aproveché el próximo viaje a Portugal para enviarla desde allí. Según me confesaría más adelante, aquella foto de su mamá fue la última clave para ganarme la confianza del temible Chacal. Creo que realmente le conmovió el detalle de que le enviase aquella fotografía...

Capítulo 8

Salat en Suecia

إِذَا جَاءَ نَصْرُ اللَّهِ وَالْفَتْحُ. وَرَأَيْتَ النَّاسَ يَدْخُلُونَ فِي دِينِ اللَّهِ أَفْوَاجًا .سَبِّحْ
بِحَمْدِ رَبِّكَ وَاسْتَغْفِرْهُ إِنَّهُ كَانَ تَوَّابًا

*Cuando la asistencia de Dios y la victoria os lleguen, y veas hombres entrar por legiones
en el seno de la religión de Dios, canta las alabanzas de tu Señor e implora su perdón, y en
verdad a él le gusta perdonar.*

El Sagrado Corán 110, 1-3

الصبْر مِفتاح الفرج

La paciencia es la llave de la solución.
Proverbio árabe

Las chicas (musulmanas) son guerreras

Me esforcé mucho por ser un buen musulmán. O al menos por parecerlo. Me
acostumbré a llevar siempre encima un pequeño Corán para aprovechar los tiempos muertos en el avión, en el metro, en un taxi, estudiando. Había sacado todos
los CD de música de mi coche y los había sustituido por grabaciones del Corán,
recitado en árabe y español, que me servían para aprovechar también los desplazamientos por carretera para continuar estudiando y «hacer oído». Y también me
acostumbré a llevar siempre encima el *tasbith*, porque cuando sentía que el corazón me iba a explotar, que mi cerebro iba a reventar en mil pedazos a causa de
la presión, recitar mientras pasaba las cuentas del «rosario» árabe era lo único
que me ayudaba a centrar mi mente otra vez. Descubrí que la concentración que
implica el uso del *tasbith* me producía un alivio indescriptible cuando la angustia,
el miedo y la soledad se hacían insoportables. Así que no me preocupaba que al
visitar tal o cual ciudad pudiesen registrar mis cosas y observar con lupa todos
mis movimientos. No me importaba incluso que existiese algún tipo de análisis

terrorista que pudiese detectar rastros de alcohol o de carne de cerdo en mi sangre. Desde mi conversión al Islam no he vuelto a probar ninguna de las dos cosas. Tampoco dejé de rezar ningún día y no falté ningún viernes a la mezquita. Todo en mi aspecto y en mi comportamiento, por rigurosa que fuese la observación o seguimiento a que me sometiesen, reflejaba una obediencia escrupulosa al Islam. Para entonces la Guardia Civil ya me había fotografiado en una de las mezquitas, preguntando al CNI si me tenían fichado...

Supongo que por eso mi imam y otros hermanos se habían empeñado en casarme desde el primer día en que pisé la mezquita, y no iban a cejar en dicho empeño. Así que, durante meses, me presentaron a diferentes candidatas. Un joven viudo, devoto musulmán y que al mismo tiempo tenía nacionalidad occidental (venezolano) y residencia española era una tentación demasiado grande para mis hermanos, empeñados en que conociese a sus hijas, sobrinas o hermanas. Y no necesariamente porque mis interlocutores creyesen que yo podía ser un buen marido para sus familiares, sino porque esa boda suponía conseguir la residencia automática para una de esas jóvenes, y la posibilidad de traerla de manera legal a Europa. Y al mismo tiempo, pensé, a mí me otorgaba una cobertura legal real como árabe...

Al principio yo me aferraba al dolor de mi luto. Dalal, mi supuesta primera esposa, había sido asesinada en Yinín en marzo de 2004, y mientras ninguno de mis hermanos hubiese reconocido a Dalal en la joven árabe que se había presentado a los castings de aquel *reality*, podía seguir utilizando esa coartada. Otras veces utilizaba los sorprendentes anuncios que pueden encontrarse en algunas mezquitas europeas, donde mujeres musulmanas —algunas de ellas occidentales conversas— insertan su fotografía y su descripción para buscar un buen marido, y argumentaba que estaba conociendo a alguna de aquellas anunciantes. Y así pude burlar, al menos durante un tiempo, las pretensiones de volver a casarme que tenían mis hermanos musulmanes. En esa época tuve oportunidad de conocer a muchas chicas árabes, y vi desmoronarse todos mis prejuicios sobre la mujer en el Islam. Prejuicios, tópicos y encasillamientos tan falsos como todos los demás. Porque hablar de la mujer en el Islam es algo tan impreciso y subjetivo como hablar de la mujer en el cristianismo, el judaísmo o el ateísmo.

Con el agravante de que, con mucha frecuencia, se atribuyen al Islam prácticas y tradiciones como la ablación de clítoris, la lapidación o el burka, que en realidad son atrocidades preislámicas, es decir, anteriores a la revelación del Corán, pero que han seguido manteniéndose en países con una mayoría musulmana o sin ella, generando una gran confusión. Por supuesto, que su origen sea muy anterior al Islam no justifica ni un ápice a ningún musulmán que practique o consienta dichas monstruosidades. Pero tampoco a ningún cristiano, judío, animista o ateo que las permita.

Es verdad, sin embargo, que en algunos colectivos religiosos —como los judíos ortodoxos, los cristianos amish o los sikhs hindúes—, el decoro en el vestir y el cubrirse el cabello son una norma social muy rígida. Incluso en un país europeo moderno y cosmopolita como el mío, en pleno siglo XXI se regula el atuendo considerado correcto para visitar monumentos y recintos religiosos, sea el o la visitante una persona creyente o no en esa religión. Y en general todos comprendemos, o al menos toleramos, ese recato.[1]

De la misma forma en que en países como Siria, Jordania o Líbano es fácil ver a dos hermanas de la misma familia, una cubierta con *hiyab* y otra vestida como cualquier hip-hopera norteamericana, en algunos países africanos, con otra tradición diferente a la europea y donde las mujeres acostumbran a descubrir sus pechos, resulta chocante la costumbre de las mujeres europeas de taparlos. Supongo que las europeas tienen tanto derecho a cubrir sus senos (que en Occidente tienen una obvia componente erógena) cuando viajan a África, como una oriental a cubrir su cabello (con la misma componente erógena) cuando viaja a Europa. Al menos cuando respetar tu tradición, como ocurre al cubrirse los senos o el cabello, no agrede a nadie ni interfiere en el cumplimiento de las leyes locales. Taparse la cara, obviamente, sí lo haría.

Sin embargo, una cosa es la preferencia en el vestir, y otra la supuesta sumisión y fragilidad de la mujer islámica. Nadie que haya visto el coraje y resolución de mujeres árabes como la saharaui Aminatu Haidar puede dudar de su fortaleza, por mucho que vista un velo musulmán. Y lejos de la imagen dócil y sometida con la que tanto generalizan los medios occidentales, durante esta infiltración he tenido el honor de conocer mujeres audaces, independientes, aguerridas y luchadoras, capaces de enfrentarse a las situaciones más duras sin renunciar ni a su identidad femenina ni al Islam. Como la activista afgana Suraya Pakzad, fundadora de la organización Voz de las Mujeres Afganas y considerada una de las cien personas más influyentes de 2009 por la revista *Time*; como la tunecina Cherifa Ben Hassine, presidenta de la Asociación de Mujeres Musulmanas por la Luz del Islam An-Nur; como la cachemir Farah Pandith, asesora principal del secretario de Estado de la Casa Blanca para asuntos islámicos, o como la norteamericana Afeefa Syeed, consultora del Departamento de Estado de los Estados Unidos, fundadora de la Academia Al Fatih y candidata demócrata para el Distrito Potomac de la Junta de Supervisores del Condado de Loudoun. Cualquiera de ellas merecería una biografía exclusiva.

---

1. En 2010, por ejemplo, generó cierta polémica en España la normativa publicada por la Junta Mayor de Cofradía (JMC) del ayuntamiento de Torrelavega. Esta precisaba de forma casi matemática la longitud y características de las faldas, escote o mangas que se consideraban «recomendables» a las «manolas», o mujeres que pretendiesen participar en las procesiones callejeras de Semana Santa. Todas ellas, por supuesto, obligatoriamente vestidas de negro, y cubiertas con tocado de reja y mantilla.

Pero no hace falta irse tan lejos. En España también es fácil encontrar ejemplos de mujeres luchadoras y consecuentes, que no temen ser líderes en un mundo tan masculinizado como el musulmán. Como Salima Abdeslam Aisa, diputada del partido Coalición por Melilla, y la primera política española que juró su cargo vistiendo un *hiyab*; o Amparo Sánchez, presidenta del Centro Cultural Islámico de Valencia, y la primera directora de una organización musulmana en España; o Ndeye Andújar, cofundadora y vicepresidenta de la Junta Islámica de Cataluña, y, desde julio de 2008, directora de Webislam, el portal musulmán de Internet más importante en habla hispana.

Presumo de haber establecido una gran amistad con varias chicas musulmanas; palestinas, marroquíes, kuwaitíes, etcétera, en estos años. A algunas las conocí en la mezquita, pero a otras en una manifestación, en una cafetería o en las clases de árabe. La mayoría eran jóvenes integradas al cien por cien en la sociedad, para las que no suponía ningún conflicto su fe, profundamente arraigada en el Islam, con su interés por la moda, la música o la sexualidad. No encontré ninguna diferencia entre aquellas jóvenes árabes, que salían a bailar, al cine o a cenar conmigo, y cualquier muchacha británica, francesa o española, que pueda ser una devota católica, protestante o judía, y que al mismo tiempo disfrute de la música o de la moda. Salvo, quizás, que mis amigas no tomaban alcohol, ni drogas y ni siquiera fumaban.

Algunas de ellas utilizaban el *hiyab*. Otras no lo hacían, según me confesaban, exclusivamente por no llamar la atención en Occidente. Y esto fue algo que me sorprendió muchísimo. Al principio me costaba comprender que chicas tan femeninas y coquetas como cualquier joven occidental deseasen calzarse aquella prenda que los europeos todavía consideramos un símbolo de sumisión e integrismo. Por eso, cuando mi amiga Naima, una estudiante universitaria marroquí profundamente religiosa, enamorada de Ricky Martin, y cuyo mayor sueño era ser agente del FBI, me decía que siempre esperaba ansiosa las vacaciones de verano y fin de año, para poder volver a su país y ponerse el *hiyab*, me rompía los esquemas: «No quiero que mis compañeros me señalen por el campus por ir vestida como una terrorista».

Puedo dar testimonio de que, a pesar de encontrarnos en pleno siglo XXI, cuando he caminado por una calle de algunas ciudades pequeñas, en países europeos como Portugal o España, acompañado por alguna de mis amigas árabes que usaban el *hiyab*, yo también he notado las miradas y los cuchicheos. Y con frecuencia, sobre todo después de que la prensa se hiciese eco del último atentado yihadista en cualquier rincón del mundo, podía adivinar el temor o el reproche en esas miradas. Mi barba, cada vez más larga, y el *hiyab* de mis acompañantes seguramente rememoraban en el imaginario de algunas personas la sombra del binomio Islam-terrorismo al que nos han acostumbrado los medios de comunicación desde el 11-S. Y por esa razón algunas de mis amigas, estudiantes en tal o cual universidad europea, se quitaban el *hiyab* para ir a la facultad o para salir a la calle. Para ellas, según me explicaban, el *hiyab* es un símbolo de identidad y nunca una imposición machista. Más que una prenda de ropa, es un símbolo de su naturaleza. Supongo que algo parecido a las cazadoras bomber de mis camaradas skin, el pañuelo palestino de mis camaradas antifas o las boinas ladeadas de mis camaradas revolucionarios.

Y reconozco que si bien todas mis amigas árabes me obligaron a replantearme mis prejuicios una vez más, hubo una que terminó de destrozarme los esquemas, ayudándome a comprender aún más los absurdos tópicos occidentales sobre la mujer en el Islam. Arquetipos anquilosados en los medios occidentales más conservadores, que van más allá de una mera desinformación. Intentan completar una imagen absolutamente satanizada de todo lo que tenga relación con el Islam, con una intención puramente geopolítica y estratégica. Porque ese intento de talibanizar el Islam es tan injusto como pretender que toda mujer occidental es una sometida cristiana amish.

De padre árabe y madre española, Yamila (cuyo nombre significa *hermosa* en árabe) es una devota musulmana. Su origen está en el golfo Pérsico, aunque su residencia actual se encuentra en Al Andalus, y combina perfectamente el exotismo árabe con el desparpajo andaluz. De su mano aprendí algunas lecciones de humildad y a abrir todavía más mi mente. Porque aunque Yamila apenas sabía nada de mí, surgió una química muy especial entre nosotros. Y a través de ella descubrí otro aspecto para mí desconocido de la mujer musulmana.

Demasiado ocupado en mi formación como yihadista, descuidé otros aspectos sociales, y quizás por eso, en el fondo, también me creí durante mucho tiempo la propaganda occidental que dibuja a unas mujeres musulmanas dóciles y sumisas, entregadas a parejas dominantes y sin ningún tipo de sexualidad. De hecho, nunca había fantaseado con ninguna mujer árabe, porque no me había parado a pensar que debajo del *al-amira*, el *hiyab*, el *chador* o la *shayla* pudiese existir una mujer sexualmente plena y activa. Cargada de erotismo y sensualidad. Hasta que conocí a Yamila.

Como joven europea de veinte años, Yamila tiene las mismas necesidades, la misma pasión y la misma coquetería que cualquier otra chica europea cristiana, judía o atea. Pero Yamila es musulmana. Y eso no supone ningún conflicto. Mujer de carácter y con las ideas muy claras, puede combinar a la perfección el *hiyab*, que usa a diario en la universidad, con la lencería más sexy y atrevida. Simplemente siente que cada cosa tiene su momento y su lugar. Y no existe ninguna contradicción en sus estudios del Corán y su peregrinación a La Meca —desde que la conozco ya ha ido dos veces—, con su naturaleza como mujer. A Yamila debo agradecer que me ayudase a abrir mi mente también en este sentido. E incluso un poco más allá. Porque de la misma forma en que Yamila, como la mayoría de las jóvenes árabes y/o musulmanas en Occidente, puede compatibilizar su fe en el Islam con su sexualidad femenina, otras mujeres árabes y/o musulmanas han conseguido compatibilizar su fe, con la lucha armada.

Cuando dejas de delegar a un buscador de Internet o a un titular informativo tu comprensión sobre el Islam, descubres que no se diferencia tanto del cristianismo, el judaísmo, el hinduismo o cualquier otra religión. Ni para bien ni para mal. Porque en estos tiempos en que las miserias de tantos sacerdotes pedófilos o pederastas ensucian la credibilidad de la Iglesia en Occidente, como los casos de monjes proxenetas o traficantes enturbian el budismo en Oriente, el Islam tampoco se libra. La misma actitud hipócrita de los millones de cristianos que consumen los servicios sexuales de mis amigas prostitutas en los burdeles de toda Europa o América es la que se manifiesta en lugares como la Luna Roja, en Rawalpindi, donde yihadistas pakistaníes han convertido la prostitución transexual en una costumbre socializada, mientras cubren a sus mujeres con el inhumano burka. O en los locutorios de teléfonos eróticos marroquíes, donde las compañías europeas están estableciendo sus operarios por ser más baratos, y donde jóvenes musulmanas tienen que relatar a los pajilleros europeos o norteafricanos que demandan sus servicios las fantasías sexuales más tórridas...

El escándalo de miles de niños irlandeses violados por sacerdotes católicos, que tanto indignaba a mis compañeros de estudio coránico, no tiene nada que envidiar a los casi mil quinientos casos documentados de abusos sexuales a niños en Afganistán, solo el pasado año 2009, a manos de ultraconservadores islamistas talibanes. Realmente, es repugnante que en algunos países de tradición islámica un anciano octogenario pueda casarse con una niña que podía ser su nieta. En los burdeles europeos esos mismos ancianos, católicos o protestantes, solo quieren follárselas. Porque las seis niñas mexicanas vírgenes, de diez o doce años, que el narcotraficante Mario Torres me vendía para mis ficticios prostíbulos durante mi infiltración en las mafias de trata de blancas no iban a ser desposadas con ningún viejo talibán...[2] Con una cruz o una media luna sobre el pecho, los hombres somos iguales en todos los rincones del mundo. Sobre todo en nuestras miserias. ¿Y las mujeres?

Mientras los medios de comunicación continúan ofreciéndonos una imagen pusilánime y socialmente nula de la mujer en el Islam, la realidad es que en diferentes partes del mundo, organizaciones armadas como Hamas, Yihad Islámico o Hizbullah adiestraban a mujeres en la lucha cuerpo a cuerpo, la fabricación de explosivos y el manejo de armas de fuego. Mujeres dispuestas a enfrentarse a una compañía de Cascos Azules, a un comando del MOSSAD o a una unidad de marines norteamericanos, sin un asomo de temor. Y sin necesidad de quitarse el *hiyab*.

---

2. *El año que trafiqué con mujeres*. Capítulo 12, «El traficante de niñas», pág. 298 y ss.

En Iraq, en Irán, en Palestina, existen organizaciones armadas femeninas como las Brigadas 'Izz Al-Din Al-Qassam, dispuestas a morir y a matar por su nación o por su fe. En Occidente siempre han existido mujeres guerreras en las filas de las FARC, ETA, el IRA o las Brigadas Rojas, a las que consideramos terroristas, pero a las que nunca se ha reputado de sometidas o pusilánimes. Son literalmente mujeres de armas tomar. Y una de ellas, la más famosa, a la que también tuve la oportunidad de conocer, se ha convertido en un símbolo universal de la lucha armada revolucionaria, tanto en Palestina como en el resto del mundo.

Madres, hijas, hermanas... Terroristas con nombre de mujer

El 11 de marzo de 1978 un comando de once fedayín de la resistencia palestina interceptó un autobús israelí, con 36 pasajeros, cerca de Haifa. A causa de la refriega con el ejército israelí que intentó capturar a los miembros del comando, los ocupantes israelíes fallecieron, al igual que nueve guerrilleros palestinos participantes en la operación. Lo sorprendente e histórico de este episodio es que el jefe de aquel comando, al menos así ha entrado en la historia, era una mujer: la comandante Dalal Al Maghribi, que ese día alcanzó a través del martirio un lugar de honor en la historia de la resistencia palestina. Su nombre ha bautizado escuelas femeninas, campamentos de verano, programas de televisión e incluso una calle de Gaza. Su foto se convirtió, inmediatamente, en un símbolo de la fuerza de la mujer palestina contra la ocupación israelí. Dalal le demostró a los varones palestinos, incluso a los patriarcas tribales más machistas y chovinistas, que la mujer puede hacer algo más que cuidar a los niños y dar «reposo al guerrero». Les enseñó que era capaz de empuñar un fusil o activar un explosivo contra los ocupantes israelíes con la misma eficiencia y ferocidad que cualquier varón. Y, por desgracia, otras muchas siguieron su ejemplo. Un ejemplo que años después se repetiría en Iraq, Irán o Líbano. E incluso en un campo de batalla diferente: Europa o América.

Exactamente igual que en todos los ejércitos occidentales, en las llamadas organizaciones terroristas, las mujeres reclaman su derecho a la igualdad con el varón y las mismas oportunidades para matar en nombre de una bandera. Pero, a diferencia de la mujer en ETA, las FARC o el IRA, en algunas organizaciones islamistas, sobre todo en la resistencia iraquí y palestina, la mujer muyahida[3] está dispuesta a morir matando. El último ejemplo feroz de esa capacidad asesina se produjo el pasado marzo de 2010 en el metro de Moscú,

---

3. Femenino del término *muyahid*, luchador o guerrero islámico.

donde «las viudas negras», musulmanas afectadas por la muerte de sus novios o esposos en el conflicto de Chechenia, dieron un golpe mortal al Kremlin. Y la existencia de esa figura, la mártir, debería obligarnos también a replantear esa visión simplista, pedante y soberbia que muchos analistas del terrorismo tienen sobre el martirio en el Islam. Porque, obviamente, la muyahida que decide inmolarse en una operación de martirio no espera que veinte, ni treinta, ni cuarenta muchachos vírgenes la aguarden en el paraíso para satisfacer sus fantasías eróticas. Los hombres con frecuencia imaginamos en las motivaciones de los demás las propias.

En Palestina, por ejemplo, tras la segunda intifada, la resistencia se ahogaba en luchas internas, los enfrentamientos de sus dirigentes y sobre todo las hábiles y eficientes operaciones de guerra psicológica de la inteligencia israelí. Las misiones que el Frente Popular para la Liberación de Palestina (FPLP) protagonizó en los años setenta y ochenta han pasado a la historia, y la falta de infraestructuras operativas ha reducido la resistencia a un puñado de misiles caseros lanzados desde Gaza o Cisjordania, algún tiroteo esporádico contra las patrullas israelíes, o los niños palestinos apedreando los tanques judíos.

En ese contexto, las mujeres palestinas tomaron el relevo constituyendo grupos aislados de guerrilleras, como las audaces componentes de las Brigadas 'Izz Al-Din Al-Qassam, una sección del brazo armado de Hamas, compuesto íntegramente por mujeres. En una entrevista con el semanario de Gaza *Al-Risala*, publicada el 18 de agosto de 2005, la comandante de la primera de las unidades de las Brigadas 'Izz Al-Din Al-Qassam dijo que las mujeres se estaban entrenando con armas ligeras y «anhelaban el martirio». La comandante, que mantiene su identidad en el anonimato por razones obvias, dijo además, en tono demasiado sexista para mi gusto: «Criamos a nuestros hijos y realizamos nuestros deberes domésticos, el deber de alentar devoción a la religión, así como también a los otros deberes cotidianos, y el resultado final de ellos es el yihad por la causa de Allah. El yihad es un deber que a cada musulmán se le exige cumplir si puede. Nuestra unión a la organización militar es una de las tareas cotidianas esenciales... Es un honor para nosotras competir con los hombres, aun cuando su papel es más avanzado. Ellos son los hombres en el campo de batalla, valerosos, y hombres de sacrificio, pero estamos tratando de aliviarlos de algo de la carga. Detrás de cada hombre está una mujer que fortalece sus manos».

Para la comandante, la lucha por la libertad de Palestina implica, si es necesario, ofrecer la propia vida, y en este sentido todas las guerrilleras de las Brigadas 'Izz Al-Din Al-Qassam contemplan el ejemplo de Reem Al-Riyashi como un modelo. «La mártir Reem Al-Riyashi es como una corona en nuestras cabezas y una pionera de la resistencia. Nadie puede medir la magnitud de su sacrificio.»

Reem Al-Riyashi fue la primera mártir palestina de Hamas que se inmoló en una operación contra la ocupación israelí. Hasta ese momento las guerrilleras «suicidas» que se habían inmolado en Palestina formaban parte de las Brigadas de los Mártires de Al Aqsa o de otras organizaciones de resistencia palestina, no necesariamente musulmanas. A diferencia de las mártires anteriores, Reem Al-Riyashi, de solo veintidós años de edad, era madre.

Hasta enero de 2004, Hamas, y su fundador Ahmad Yassin, se opuso sistemáticamente a la inmolación de mujeres, como ocurría en el caso de otras organizaciones palestinas, por ejemplo, Al Fatah o Yihad Islámico. Yassin argumentaba que su función en la batalla contra Israel era otra y que había suficientes hombres para cometer los atentados. Pero Reem Al-Riyashi cambió esa política cuando se inmoló en el cruce Erez, en Gaza, intentando llevarse consigo a todos los israelíes posibles. El jeque Yassin aseguró entonces que el suicidio de Al-Riyashi marcaba una nueva etapa en la lucha de Hamas. Antes de hacer estallar su cinturón de explosivos, la joven dejó un vídeo en el que aparece vestida con los colores de Hamas y una ametralladora Kalashnikov en la mano, mientras lee una proclama según la cual: «Siempre quise ser la primera mártir de Hamas. Seré feliz cuando las partes de mi cuerpo se conviertan en esquirlas que maten al enemigo sionista».

Para los observadores occidentales, acciones como la de Reem Al-Riyashi son fruto del desvarío, la locura o el fanatismo religioso. Según los analistas israelíes, Al-Riyashi era una musulmana integrista e irracional. Sin embargo, olvidan que Reem fue la séptima mártir palestina, y que las seis anteriores no eran musulmanas miembros de Hamas, sino que pertenecían a organizaciones laicas, como Al Fatah, donde cristianas, musulmanas o agnósticas comparten su lucha por la recuperación de los territorios ocupados, y no por una imposición del Islam.

El martirio es el último recurso para la resistencia, cuando se han agotado todas las vías de lucha posibles. Cuando los gritos, las lágrimas o las piedras arrojadas contra los tanques ya no amortiguan la angustia de una mujer que ha perdido a sus hijos, a sus padres o a su marido a manos del ejército israelí; que ha sido torturada o vejada en las prisiones o cuya casa ha sido destruida, sus tierras incautadas y su historia robada por la ocupación. No se trata de justificar esos actos, sino de comprenderlos para intentar eliminarlos.

Unas operaciones suicidas, y por tanto desesperadas, que en Palestina se iniciaron el 27 de enero de 2002, cuando Wafa Idris, de veintisiete años y voluntaria de la Media Luna Roja, es decir la Cruz Roja árabe, hizo estallar la bomba que llevaba en el bolso, en un centro comercial situado en el corazón de Jerusalén. Además de Idris, murió Pinhas Toukatli, un israelí de ochenta y un años y 131 personas resultaron heridas. La Brigada de los Mártires de Al-Aqsa reivindicó el atentado. Wafa Idris era una refugiada huérfana y de clase baja. Pero, tras ella, abogadas, estudiantes universitarias y, en definitiva, mujeres de toda edad, estrato social y nivel cultural tomaron el camino del martirio como única forma posible de expresar su rabia, su angustia y su desesperación contra la ocupación israelí. Después, otras mujeres iraquíes o afganas han seguido su ejemplo.

No son mujeres oprimidas, desvalidas y ninguneadas por los varones, como pretende la propaganda occidental. Sino guerreras consecuentes... pero con frecuencia tan manipuladas psicológicamente como sus compañeros de martirio, por los mismos intereses geopolíticos o económicos.

En sus declaraciones al semanario *Al-Risala*, la primera comandante de las Brigadas 'Izz Al-Din Al-Qassam añadió: «Los gobernantes sionistas que hablaron sobre la Gran Tierra de Israel necesitan aprender la lección que la resistencia y sus hombres heroicos les enseñaron. Hoy ellos están progresivamente perdiendo sus recursos. No tenemos ningún deseo de matarlos mientras salgan de las tierras que nos robaron a nosotros. Estos son nuestros derechos y queremos obtenerlos. Si no se quieren ir por su propia voluntad, serán derrotados y [todo lo que quedará de ellos] serán restos de cadáveres... Sí, [yo también] tengo hijos que son mártires, un hijo que está prisionero, e hijos que fueron heridos, pero todo eso es de menor importancia [cuando es] por la causa de Allah. Gracias a Dios, no tengo ningún remordimiento y puedo soportar el sufrimiento de estas pérdidas. Estoy muy contenta de haber ofrecido [un sacrificio] y haber cosechado los frutos. La sangre de mi hijo no fue derramada en vano, y el encarcelamiento de mi [otro] hijo no es en vano. La resistencia se convirtió en una fruta madura. Este histórico giro es un prólogo a la gran victoria y a la reconquista del resto de las tierras».

Realmente, las palabras de la comandante dan que pensar. Y es que tras cada operación de martirio, como me explicó en Ramallah mi amigo el doctor Sehwail, «hay una historia personal, única e irrepetible». No sirven los tópicos ni los prejuicios simplistas que utilizamos en Occidente para intentar etiquetar esta terrible realidad a la que, en último extremo, tienen que enfrentarse las tropas occidentales desplazadas en Oriente Medio. Cada caso de muyahida mártir en Iraq, Afganistán o Palestina es diferente y único. Y probablemente sean los casos palestinos los mejor estudiados hasta la fecha, ya que la inteligencia israelí dedicó a esta nueva forma de terrorismo la atención que merecía desde el principio.

Como ya he dicho, Wafa Idris fue la primera terrorista suicida palestina. Desde entonces, investigadores del fenómeno calculan que al menos veinte ataques suicidas han sido perpetrados por mujeres en Israel.

La segunda terrorista suicida palestina, Dareen Abu Aisha, estudiante de la Universidad al-Nayah de Nablus, hacía detonar su cinturón repleto de explosivos en un puesto de control cercano a Jerusalén el 22 de febrero de 2002.

Cinco soldados israelíes resultaron heridos. Dareen dejó grabado un vídeo en el que afirmaba haber decidido convertirse en mártir, indignada por la visita en 2001 del primer ministro israelí Ariel Sharon a la mezquita de Al Aqsa, un gesto provocativo que desató la segunda intifada: «Que el cobarde Sharon sepa que cada mujer palestina dará a luz a un ejército de mártires, y que su papel no se limitará a llorar a un hijo, un hermano o un esposo (muertos por los israelíes), sino que ella misma se convertirá en una mártir», afirmó Dareen en su vídeo de despedida.

El 29 de marzo de 2002 Al-Akhras de Aayat, una excepcional estudiante del instituto de enseñanza superior de Belén y refugiada en el campo de Dehaishe, se suicidó en un supermercado de Kiryat Yovel en Jerusalén. Dos civiles israelíes murieron y veintidós fueron heridos en el ataque. Según el MOSSAD, la joven fue reclutada por Tanzim del Fatah y probablemente estaba embarazada de una relación prematrimonial, aunque no llegó a demostrarse ese rumor.

El 12 de abril de 2002 Andalib Suleiman Al-Taqatiqah, una operaria de Tanzim de veintiún años, hacía estallar su cuerpo en el mercado de Mahane Yehuda en Jerusalén. El ataque dejó seis civiles muertos y sesenta heridos. La inteligencia israelí también intentó justificar este martirio con un embarazo prematrimonial.

El 19 de mayo de 2003 Hiba Azem Daraghmeh, una mujer-bomba enviada por el Yihad Islámico Palestino detona en Kanyon ha-Amakim, un paseo comercial de Afula (al sureste de la ciudad de Haifa). Tres civiles israelíes muertos y cincuenta heridos. Hiba Daraghmeh era una estudiante muy religiosa que había perdido a su hermano, a manos israelíes, poco antes.

El 4 de octubre de 2003, la abogada Hanadi Tayseer Jaradat, de veintinueve años, detonó su cinturón explosivo en un restaurante de Haifa, matando a diecinueve israelíes e hiriendo a otros cincuenta. Su hermano menor había muerto en sus brazos en una incursión israelí a la septentrional ciudad cisjordana de Yinín en junio de ese año.

Zainab Abu Salem, de dieciocho años, se subió cargada de explosivos a un autobús en Jerusalén, el 23 de septiembre de 2004, provocando dos muertos y dieciséis heridos.

Pero el caso de mayor repercusión mediática se produjo el 14 de enero de 2004, cuando la citada Reem Al-Riyashi detonaba la bomba que llevaba pegada al cuerpo en una zona industrial en la vecindad de la travesía de Erez, en la Franja de Gaza. El ataque dejó tres soldados y un civil muertos y diez heridos. Según la prensa israelí, la joven de veintidós años había intentado borrar con su martirio una infidelidad conyugal, cosa que su marido desmintió. Su caso alcanzó una especial repercusión ya que se trató de la primera mártir miembro de Hamas, que además era madre de una niña de tres años y un varón de dieciocho meses.

Según me explicaría posteriormente mi amigo el doctor Mahmud Sehwail, el martirio femenino no se diferencia en nada, básicamente, del masculino. Tras cada inmolación hay un drama familiar y un trauma psicológico. «Si pudiésemos acabar con los traumas que suponen la vida en Palestina actualmente, terminaríamos con los mártires y con la violencia.»

Por fortuna, por decirlo de alguna manera, en esa carrera de dolor y sufrimiento que es todo conflicto armado, no todas las guerreras aspiran al martirio. Para bien o para mal, en el ideario del terrorismo femenino internacional existe un nombre, por supuesto palestino, que destaca por encima de todos los demás. Una mujer que se convirtió en un icono internacional. Un modelo admirado por miles de jóvenes árabes, e incluso occidentales. Musulmanas o no. Un mito viviente que ha sido equiparado en innumerables ocasiones con el Che Guevara. Una mujer de la que primero me habló el jefe de inteligencia de Hizbullah en Caracas, mi amigo Issan, y luego mi mentor Ilich Ramírez. Ambos la conocían bien. Y, con esas inmejorables referencias, no tuve ningún problema en que me concediese una entrevista. Su nombre: Leyla Khaled, la primera mujer que secuestró un avión en la historia del terrorismo internacional.

Leyla Khaled, «la Che Guevara palestina»

En julio de 2008 todas las miradas se volvieron hacia el Líbano, al producirse el octavo intercambio de rehenes entre Hizbullah y el ejército israelí. Consecuentes con su política de que «un israelí vale por cien árabes», Tel Aviv entregó los restos de más de doscientos palestinos y libaneses muertos durante la guerra de 2006, y a cinco miembros de Hizbullah que permanecían presos en Israel, a cambio de los cuerpos de Ehud Goldwasser y Eldad Regev, dos soldados judíos capturados durante dicha guerra. Entre los miembros de Hizbullah liberados se encontraba el famoso Samir Al Quntar, del Frente Popular para la Liberación de Palestina, condenado en 1980 a cinco cadenas perpetuas y cuarenta y siete años adicionales de prisión, tras ser considerado culpable de varios crímenes en Israel. Según la sentencia, en 1979 Al Quntar comandó una incursión de Hizbullah en el norte de Israel, matando a un policía y secuestrando a un civil israelí, que luego también fue asesinado, y a la hija de este, de poco más de tres años, que también murió en la operación. Acusado del agravante de infanticidio, afirma la sentencia que Samir Al Quntar reventó la cabeza de la niña contra una roca. Según Hizbullah, la niña murió en un intercambio de disparos con las tropas israelíes. De una forma u otra, la muerte de la pequeña fue a causa del ataque del comando libanés, pero eso no evitó que, tras su liberación, Samir Al Quntar fuese recibido con todos los honores en Beirut por el mismísimo jeque Nasrallah y la plana mayor de Hizbullah, pasando a dirigir posteriormente el comité libanés de solidaridad con «los cinco de Cuba». La liberación, emitida en directo por Al Jazeera, la siguieron con enorme atención todos mis hermanos musulmanes, pero muy especialmente Issan, que me sugirió que era un buen momento para conocer a Leyla Khaled:

—Los del MOSSAD ahora no se atreverán a hacer nada contra ella...

Cuando Issan me hablaba de Leyla Khaled, durante nuestros encuentros en Caracas, lo hacía con una profunda admiración. A pesar de que Issan es un musulmán chiita devoto y Leyla Khaled es una suní no practicante, más cercana al ateísmo marxista que al Islam, Issan la consideraba una guerrera reputada, a la que veía como una igual. Nunca detecté ni un ápice de reproche machista en sus palabras, salvo, quizás, las alusiones al supuesto idilio que, según se rumoreaba en las filas de Hizbullah, Leyla Khaled había mantenido con Ilich Ramírez en los años setenta, cuando ambos coincidieron en las filas del FPLP. Debo decir que Ilich me desmintió este rumor.

Issan me prometió que algún día me presentaría a Leyla en Beirut, donde ciertamente Khaled había vivido muchos años. Sin embargo, en 2008 la famosa guerrillera ya no estaba en Líbano, sino que se había mudado con su familia a Ammán (Jordania), así que no necesité que me acompañase para conseguir una entrevista con la terrorista palestina más famosa de todos los tiempos. Leyla Khaled no es inaccesible, aunque sí extremadamente desconfiada. Rozando la paranoia. Sabe que lo único que la ha mantenido con vida, a salvo de un nuevo asesinato selectivo de la inteligencia israelí, es su fama internacional y su condición de mito histórico. Pero, para mí, conseguir esta entrevista no fue difícil. Como corresponsal en el mundo árabe de la prensa venezolana, tenía la mitad del camino hecho. Como *webmaster* de Ilich Ramírez, tenía la otra mitad.

Supongo que, de alguna manera, para Leyla Khaled vivir en Jordania es sentirse un poco más cerca de casa. Un amplio porcentaje de la población de Jordania, como mi amigo Wassin, son refugiados palestinos o descendientes de los palestinos que huyeron de su tierra cuando fue ocupada por las tropas israelíes. Semilla de fedayín, no es de extrañar que tras muchos años de exilio en Beirut, Leyla Khaled finalmente haya establecido su residencia en Ammán, en compañía de su marido, el médico Fayez Rashid Hilal, y sus dos hijos. A pocos kilómetros de la frontera cisjordana. Tan cerca y tan lejos. Porque desde que su familia salió de Palestina en 1948, como otras muchas familias que huían de la ocupación israelí, Leyla Khaled no ha podido volver a pisar suelo palestino.

Nacida en Haifa el 9 de abril de 1944, se hizo activista por la liberación de Palestina desde 1959, por influencia de sus hermanos. Con solo quince años, Khaled se convirtió en una de las primeras en sumarse al Movimiento Nacionalista Árabe, de tendencia panarabista, fundado por George Habash en los años cincuenta, cuando todavía era un estudiante de Medicina en la Universidad Americana de Beirut. La rama palestina de este movimiento se convirtió en el Frente Popular para la Liberación de Palestina después de la guerra de los Seis Días, en 1967. Khaled también ejerció durante años como profesora en Kuwait.

La imagen de Leyla Khaled, con un Kalashnikov y un anillo hecho con la anilla de una granada de mano, se convirtió en un icono mundial. Un símbolo de resistencia, lucha y rebelión equiparable a la imagen del Che Guevara en América Latina. De hecho, muchas organizaciones de resistencia utilizaron conjuntamente la imagen de Leyla Khaled y del Che como símbolo de sus operaciones revolucionarias.

El 29 de agosto de 1969, Khaled hacía historia al participar en el secuestro del vuelo TWA 840, convirtiéndose así en la primera mujer que secuestraba un avión en la historia del terrorismo internacional. Después de este secuestro, Khaled se sometió a la primera de varias operaciones de cirugía plástica destinada a ocultar su identidad, para poder continuar en la lucha armada.

El 6 de septiembre de 1970, el FPLP le había encomendado otro secuestro de un avión. El comando estaba formado por Leyla y por el internacionalista latino Patrick Argüello, un joven comunista tan fascinado por la lucha palestina como lo había estado el venezolano Ilich Ramírez. Argüello nació en los Estados Unidos, en marzo de 1943, de padre nicaragüense y madre norteamericana. Su familia regresó a Nicaragua en 1946, estableciéndose primero en Momotombo y después en La Paz y Managua. Y allí vivieron hasta 1956, cuando el dictador Anastasio Somoza es asesinado, y sus hijos Luis y Anastasio endurecen la represión contra la izquierda rebelde. La familia Argüello regresó a Los Ángeles (EE UU) para escapar de esa represión. Allí cursó estudios en la escuela Belmont, y mientras recordaba los abusos, palizas y asesinatos del régimen de Somoza contra sus amigos y compañeros en Nicaragua, y como muchos jóvenes en los años sesenta, comenzó a sentirse fascinado por la revolución cubana y la figura del Che Guevara.

En 1967, Argüello recibió una beca para estudiar en Chile. Ese año vivió con gran pesar el asesinato de varios de sus amigos de juventud, que habían ingresado en la guerrilla sandinista, y el asesinato del Che Guevara en Bolivia, solo dos meses después. Así que cuando regresó a Nicaragua intentó ingresar en el Frente Nacional de Liberación, pero el líder sandinista Carlos Fonseca desconfió del origen norteamericano de Argüello y, creyéndolo un infiltrado de la CIA, fue enviado a Ginebra (Suiza) para trabajar con otros nicaragüenses exiliados.

A principios de 1970, el líder sandinista Óscar Turcios buscó contactos en otros grupos marxistas que pudiesen ofrecer a los guerrilleros sandinistas la instrucción necesaria para el combate. De esta forma, los sandinistas contactaron con la resistencia palestina y así fue como Argüello y otros sandinistas fueron enviados a campos de entrenamiento de los fedayín cerca de Ammán para recibir entrenamiento guerrillero entre abril y junio de 1970. Dos de los compañeros sandinistas que se adiestraron con Argüello fueron Juan José Quezada y Pedro Aráuz Palacios, ambos muertos en combate tras regresar a Nicaragua, en 1973 y 1977 respectivamente. Sin embargo, Argüello contactó con el Frente Popular de Liberación de Palestina y se ofreció como fedai.

Aquel 6 de septiembre de 1970, el FPLP planeaba una audaz operación, tan ambiciosa como lo fue la del 11-S para Al Qaida, aunque mucho menos espectacular. En este caso también se trataba del secuestro simultáneo de cuatro aviones, aunque el objetivo no era estrellarlos contra ningún edificio. Y el FPLP emparejó al novato Argüello con la veterana Leyla Khaled para hacerse con uno de los aparatos.

Haciéndose pasar por un matrimonio, con pasaportes falsos hondureños, en realidad Patrick y Leyla se habían conocido una semana antes de la operación, y hasta que no estuvieron sentados en la segunda fila de clase turista en el avión, Leyla no le reveló su verdadera identidad al joven nicaragüense, que se impresionó vivamente al saber que estaba compartiendo comando con la famosa Khaled. Es imposible saber si eso influyó en los catastróficos resultados del operativo. Porque cuando el avión ya estaba acercándose a la costa británica, ambos secuestradores se pusieron en pie mostrando sus armas a la tripulación e intentando hacerse con el control de la cabina del piloto.

Los testimonios de la comisión de investigación de incidentes aéreos son contradictorios, aunque parece que, ante la negativa de la tripulación de colaborar con los terroristas, Argüello llegó a arrojar una de sus granadas al pasillo, pero no explotó, y un pasajero aprovechó la ocasión para golpearlo en la cabeza con una botella. Otros pasajeros también se abalanzaron sobre Leyla y en el forcejeo la palestina no pudo alcanzar las granadas que llevaba escondidas en su sujetador. Mientras el avión hacía un aterrizaje de emergencia en el aeropuerto de Heathrow, se producía (supuestamente) un intercambio de disparos y Argüello recibía cuatro impactos de bala.[4]

---

4. Tras su muerte, Argüello recibió el reconocimiento que no tuvo en vida. En 1972, cuando el Ejército Rojo japonés y FPLP protagonizaron el brutal ataque al aeropuerto Lod en Tel Aviv, que pasó a la historia del terrorismo internacional, la operación fue reivindicada por el Escuadrón Mártir Patrick Argüello, en homenaje al internacionalista muerto dos años antes. A finales de los setenta se publicó una edición de un minimanual del guerrillero urbano, en San Francisco (EE UU), dedicado a Argüello. En 1983, después de la revolución nicaragüense, los sandinistas pusieron su nombre a la Planta Geotérmica en Momotombo. Sin embargo, después del 11-S, el gobierno conservador nicaragüense de Arnoldo Alemán quitó el nombre de la planta, alegando que había sido un error bautizarla en honor a un terrorista. En los noventa un grupo musical afín a la banda Baader Meinhof grabó la canción «Kill Ramírez»,

Khaled tuvo más suerte: fue reducida por los pasajeros y la tripulación, y entregada a las autoridades británicas tras el aterrizaje, convirtiéndose en titular de primera página en todos los informativos del mundo. Pero el FPLP no estaba dispuesto a perder a su guerrillera más mediática, y una serie de atentados y secuestros convencieron a los británicos de que era mejor liberarla. El 1 de octubre de ese año, y en el transcurso de un intercambio de prisioneros con el FPLP, Leyla Khaled recuperó la libertad, convirtiéndose en una leyenda viva del terrorismo internacional. Actualmente es miembro del Consejo Nacional Palestino y aparece con regularidad en el Foro Social Mundial. Y reconozco que, a pesar de su pequeña estatura, su rictus casi siempre serio y la fuerza de su mirada me impusieron mucho respeto en cuanto estreché su mano, sin atreverme a besar sus mejillas. Supongo que Khaled me recibió solo por mis excelentes referencias venezolanas y palestinas, pero en ningún momento bajó la guardia.

Varios medios de comunicación venezolanos estaban interesados en esta entrevista a Leyla Khaled, así que la enfoqué en ese sentido. En realidad se trata de dos entrevistas, realizadas en días diferentes, unidas en una.

—¿Cómo empezaste tu trayectoria como guerrillera?

—Antes de empezar con el Frente Popular de Liberación de Palestina (FPLP) yo ya era miembro del Movimiento Nacionalista Árabe (MNA). Y entre los líderes del MNA estuvieron los que fundaron el FPLP, y la mayoría de los miembros se pasaron al FPLP, por eso yo soy miembro del FPLP.

—Aunque sé que te lo han preguntado mil veces, ¿cómo fue tu primera operación, en 1969? Te convertiste en la primera mujer en el mundo que secuestró un avión de pasajeros...

—Esa primera acción tenía como objeto dar una campanada y llamar la atención de la gente sobre la liberación de Palestina. Y también tenía como objetivo liberar a los prisioneros de las cárceles israelíes. Porque la comunidad internacional consideraba hasta entonces a los palestinos como meros refugiados que necesitaban ayuda humanitaria, y olvidaban los derechos políticos que teníamos. Yo fui nombrada para esta misión por mi jefe de entonces, junto con otro compañero, para secuestrar un avión que iba de los Estados Unidos a Tel Aviv pasando por Roma. Así que nos subimos al avión en Roma, y media hora después del despegue en Roma fuimos a la cabina y tomamos el mando. Y empecé a hablar por la radio con las distintas estaciones con que conectába-

---

que incluía el verso: «Patrick Argüello, Leyla Khaled / desaparecido en la cola del avión...». Y Ghassan Kanafani dijo de Argüello: «El mártir Patrick Argüello es un símbolo de una causa justa y la lucha para lograrla, una lucha sin límites. Él es un símbolo para los oprimidos...». En las memorias de Leyla Khaled se sugiere que Patrick engendró a tres niños, aunque en el estudio biográfico sobre Argüello escrito por Yurow afirma que no encontró ninguna prueba de ello.

mos, diciéndoles quiénes éramos, por qué lo hacíamos y cuáles eran los objetivos que pretendíamos conseguir con ello. Y cuando estaba llegando a Tel Aviv le pedimos al piloto que descendiese y nos dejara ver Palestina. El piloto estaba sorprendido porque le dijimos que era la primera vez que veíamos mi tierra. Y luego ya le pedí que fuera a Damasco, en Siria. Después del aterrizaje en Damasco evacuamos a los pasajeros e hicimos explotar la cabina del avión...

Me dio la impresión de que, hasta ahora, Leyla Khaled respondía mecánicamente. Aburrida de que siempre le hiciesen las mismas preguntas, pero en cuanto pronuncié el nombre de mi «mentor» Ilich Ramírez Sánchez, alias *Carlos el Chacal*, alias *Comandante Salem*, la Khaled dejó escapar una sonrisa de complicidad... Fue la primera vez que la vi sonreír.

—En aquella época, como ahora, la izquierda latinoamericana ya sentía mucha simpatía por la causa palestina, y personajes vinculados al FPLP como el nicaragüense Patrick Argüello o el venezolano Ilich Ramírez, *Comandante Carlos*. Tú los recuerdas muy bien, ¿verdad?

—La causa palestina era muy atractiva, y atrajo de hecho a otros movimientos de América Latina. En esa época el sandinismo estaba todavía luchando por la independencia, así que teníamos buena relación con el movimiento sandinista. Y Argüello fue uno de los miembros que vinieron a luchar con nosotros. Yo solo le conocí por un breve período de tiempo, antes del intento de secuestrar otro avión israelí en 1970. Desgraciadamente, él resultó muerto. También tuvimos a gente de Venezuela como Carlos... (Sonríe.)

—¿Y qué recuerdas del Comandante Salem?

—Cuando yo conocí a Carlos era todavía un hombre muy joven, y después se convirtió en un hombre muy carismático y valiente. Cuando ante los tribunales franceses le preguntaron sobre su relación con la causa palestina, él respondió que no estaba allí para responder preguntas sobre la causa palestina, ni que los palestinos pudiesen ser culpados de nada...

—¿Has seguido la evolución de la política de Chávez en Venezuela, que tanto ha apoyado a los pueblos árabes?

—Sí. Nosotros siempre seguimos con interés la política de los países amigos, y sabemos que Venezuela está de parte de todos los pueblos ocupados y que luchan por su libertad. Y sabemos que Hugo Chávez nos ha demostrado su amistad a los palestinos, libaneses, iraquíes... Somos conscientes de que hay ciertos países en América Latina que podemos poner como ejemplo, como Cuba, que ha resistido el embargo durante cuarenta años. Y también ponemos como ejemplo de que hay fuerzas progresistas en diferentes países latinoamericanos que han llegado al poder, como Bolivia o Venezuela...

—Hace solo unas semanas vivimos en Venezuela una crisis muy tensa con Colombia, y nuestro presidente comparó a Colombia con el Israel de América Latina...

—Sí, hemos seguido este conflicto y hemos visto cómo los colombianos, siguiendo las directrices de los Estados Unidos, estaban haciéndoles el trabajo sucio en esa frontera. Y apreciamos la actitud que tomó Hugo Chávez en relación con eso.

Ni que decir tiene que me hice unas fotos con Leyla Khaled, que ocuparon un lugar preferente en mi álbum, y que despertarían la envidia en muchos de mis hermanos musulmanes. No todo muyahid puede presumir de haber estrechado la mano de una leyenda viva como Leyla. Tras nuestro encuentro, continuaría teniéndola al día de la evolución del Comité por la Repatriación de Ilich Ramírez a través de su correo electrónico.

Pero al regresar a Madrid, a principios de ese mismo mes de julio, me esperaba otra sorpresa. Hacia las 3 o las 4 de la madrugada, ya que existen cinco horas y media de diferencia entre Caracas y Europa, recibí una llamada telefónica de mis camaradas. Comandante Chino y Comandante Candela acababan de enterarse de la noticia, y me telefonearon antes incluso de que los medios europeos se hubiesen hecho eco: un comando militar colombiano, gracias a una brillante operación de inteligencia e infiltración en las filas de las FARC, había conseguido liberar a Ingrid Betancourt, a tres ciudadanos norteamericanos y a otros once militares y policías colombianos en poder de la guerrilla colombiana. La llamada Operación Jaque marcó un antes y un después en la lucha antiterrorista en Colombia, porque nunca antes se había desarrollado una labor de infiltración destinada a la liberación de un grupo de rehenes como aquel. Pero a mis camaradas no les hizo ni pizca de gracia. De hecho, al Chino se le escapaban las lágrimas de rabia y frustración.

Yo alucinaba con aquella reacción y tardé unos minutos en comprender que, para todos mis camaradas, Ingrid Betancourt era una moneda de cambio que solo Hugo Chávez podía negociar. La operación de la inteligencia colombiana, muy probablemente apoyada por la DGSE francesa y la CIA norteamericana, nos había dejado sin la mejor baza de Venezuela para negociar la repatriación de Ilich Ramírez desde Francia. Y cuando esa misma noche Ingrid Betancourt y los demás rehenes colombianos comparecieron en una rueda de prensa internacional, al lado del presidente Uribe, las esperanzas de repatriar al Chacal a su patria sufrieron un duro revés.

«¿Aló, Muhammad?... Soy Ilich»

Ilich Ramírez Sánchez recibió la noticia de la liberación de Ingrid Betancourt en su nueva «residencia», ya que había sido trasladado desde la prisión de máxima seguridad de Clairvaux a la de Poissy, en París, donde disfrutaría de mayores libertades. Desde hacía tiempo seguía mis pasos en Internet a través de su esposa y abogada, Isabelle Coutant-Peyre, o de mis camaradas del CRIR. Y, sin yo saberlo, mis camaradas, especialmente Marta Beatriz y Vladimir, le habían manifestado su preocupación por los riesgos que asumía con mis constantes viajes a Oriente Medio o al norte de África, mis largas barbas y mi vocación de martirio.

Antes incluso de ser trasladado desde Clairvaux, Ilich Ramírez había tenido un gesto increíble hacia mí, al dedicarme uno de sus textos. Según me explicaron Vladimir y los demás, cuando Chacal escribió su *Comunicado a mis camaradas y hermanos de la resistencia palestina*, estaba pensando en mí. Afirmaban que, cuando escribía: «Los voluntarios residentes fuera de Palestina deben utilizar sus capacidades profesionales, culturales, lingüísticas, de nacionalidad... para sembrar la causa palestina en los cinco continentes. Cortarse la barba y vestirse de manera apropiada para el trabajo en el Occidente, es necesario...»,[5] se estaba refiriendo directamente al camarada palestino-venezolano porque, aseguraban, «Ilich tiene muchos planes para ti...». Y yo, por supuesto, no les creí. Y no lo haría hasta que el mismo Ilich Ramírez Sánchez me confirmase personalmente que había escrito ese texto pensando en mí. Algo que iba a ocurrir ese mismo verano. Porque, al ser trasladado a la prisión de Poissy, en París, había recibido los mismos derechos que el resto de presos comunes, que no disfrutaba en Clairvaux. Ahora ya podía utilizar la cabina telefónica de la prisión para telefonear a cualquier número, no necesariamente a los autorizados por vía judicial. Y cuando su hermano me pidió un número de móvil, porque Ilich quería hablar conmigo, sufrí un ataque de pánico.

Como es natural, esa misma mañana me compré un teléfono móvil con una tarjeta prepago, imposible de rastrear, que estaría destinado en exclusiva a las llamadas de Ilich Ramírez. Ese fue el número que di a los camaradas venezolanos para que se lo facilitasen a Chacal, junto con mi número de digitel. Aunque sabía que, por una cuestión puramente económica, Ilich preferiría utilizar el número europeo.

Estaba claro que no podía dejar pasar esa oportunidad única. Pero era evidente que tenía que grabar la conversación como fuese. Aunque grabar una conversación telefónica a través de un teléfono celular, sin que se acople el sonido, es más complicado que hacerlo a través de un fijo. Así que tuve que inventar un sistema de grabación para esta ocasión.

En la madrugada del 23 de agosto de 2008 me llamaron de Venezuela para advertirme que Ilich me llamaría ese mediodía. Era sábado. Habían transcurrido solo setenta y dos horas desde el terrible accidente de un avión de Spanair

---

5. *http://ilichramirez.blogspot.com/2008/08/comunicado-del-comandante-ilich-ramirez.html*

y un año, ocho meses, dos semanas y un día desde aquel 8 de diciembre de 2006, en que un cúmulo extraño de coincidencias posibilitó que hablase por primera vez con Ilich Ramírez y que mi cámara grabase ese momento. *Allahu akbar*.

Me pasé la mañana haciendo varios ensayos con el «prototipo» de mi sistema de grabación, y todo parecía funcionar perfectamente. Pero una cosa son los ensayos y otra la hora de la verdad. A medida que pasaban los minutos, sentado delante del teléfono esperando a que me llamase el Chacal, mi corazón latía como un tambor africano.

Por fin, exactamente a las 15:14 suena el teléfono. En la pantalla del móvil: «número desconocido». Tiene que ser él. En ese instante me hago consciente de que al otro lado de la línea está marcando mi número el terrorista más famoso del siglo XX y el tambor de mi pecho se marca un solo de percusión que haría palidecer «la mula» de Ian Paice. Me tiemblan las manos... Me pongo tan nervioso que no soy capaz de activar la grabadora digital. Me lío con el micrófono. La grabadora se me cae al suelo. El teléfono sigue sonando. Intento desenredarme del micro y activar la grabadora. Chacal se cansa de esperar, no tiene mucha paciencia, y cuelga. Y yo me siento el periodista más estúpido y ridículo del mundo.

Al segundo me suena un aviso de mensaje. Es el buzón de voz. Ilich me ha dejado grabadas un par de frases, exactamente a las 15:15: «Aló... Me dio el teléfono tuyo Marta Beatriz, ayer en la tarde. Debió haberte informado de que te llamaría a esta hora. Trataré más tarde. Un abrazo, viejo, hasta pronto». Y yo me siento todavía más ridículo.

A las 16:53 me llama de nuevo. El corazón vuelve a repiquetear como una batería de heavy metal. Intento tranquilizarme. Fracaso. Conecto la grabadora, pero estoy tan nervioso que en lugar de pulsar el botón de responder a la llamada pulso el de colgar. Y le cuelgo el teléfono al terrorista más legendario antes de Ben Laden. Me siento tan imbécil que me entran ganas de llorar. Pero no me da tiempo. De nuevo llega un aviso de mensaje... Es el segundo que me deja Ilich Ramírez en el buzón de voz... Dice, en tono evidentemente malhumorado: «Ilich de nuevo... Te llamo más tarde. Chao».

Dicen que a la tercera va la vencida. Pero, en mi caso, ni con esas. Por razones que ya me da demasiada vergüenza reconocer, tampoco fui capaz de coger la tercera llamada que me hizo el Chacal ese 23 de agosto, exactamente a las 17:59. Los nervios volvieron a desbordarme y fui incapaz de activar mi sistema de grabación antes de que colgase la llamada. En su tercer mensaje en mi buzón de voz, más enfadado que en los anteriores, me dice tan solo: «Te llamo mañana entonces. Hasta mañana». La providencia, por alguna razón incomprensible, se había empeñado en que yo no consiguiese hablar con el Chacal ese primer día. No tengo forma de saber si Carlos interpretó la imposibilidad de contactar conmigo como un cierto desinterés por mi parte. O quizás supuso que estaba embarcado en alguna misión yihadista más urgente que atender la llamada del viejo terrorista desde la prisión donde está recluido. El caso es que su interés por hablar directamente conmigo no mermó.

Pero eso yo no lo sabía, y esa noche no pude pegar ojo. Me sentía como el hazmerreír más incompetente de toda la historia del periodismo mundial. Había tenido al terrorista más famoso llamando con insistencia a mi teléfono y no había sido capaz de activar el sistema de grabación a tiempo de cogerle la llamada. Y ahora solo tenía tres mensajes suyos en mi buzón de voz, cada vez más enojado. Conservo la grabación de los tres mensajes para mi vergüenza y escarnio.

Probé mi sistema una y otra vez, hasta conseguir perfeccionarlo. Y cuando Ilich Ramírez volvió a telefonearme, en la mañana del domingo, toda la conversación quedó perfectamente registrada. Busqué una excusa para justificar que no le hubiese cogido el teléfono el día anterior, y pensé en el terrible accidente que había colapsado el aeropuerto de Barajas pocos días atrás y que bien podría haberme afectado directamente, y funcionó:

—¿Aló?

—Aló.

—¡Oh, Ilich!

—Ilich... (ininteligible) ¿qué tal, hermano?

—Amigo, me tienes que perdonar. Ayer tuve un montón de problemas en Barajas, en el aeropuerto...

—¿No me digas? Con tu barba, con tu barba seguro...

Así comenzó aquella primera conversación que según la grabación duró 39 minutos y 44 segundos. En aquella primera llamada comentamos los envíos postales que le había hecho a la prisión de Clairvaux, aunque no todos le habían sido entregados. Pero también hablamos de mi encuentro con Leyla Khaled y de mi entrevista a Jorge Verstrynge, del libanés Issan y de los tupamaros venezolanos, del húngaro-boliviano Eduardo Rózsa y otros antiguos camaradas que habían contactado conmigo a través de la página web. Charlamos sobre mi primer encontronazo con la policía, al salir de la mezquita de Tenerife, y de sus contactos con el Movimiento por la Autodeterminación e Independencia del Archipiélago Canario (MPAIAC) y su brazo armado, las Fuerzas Armadas Guanches, fundado por el lanzaroteño Antonio de León Cubillo Ferreira, a principios de los años sesenta. Es posible que ni el mismo Cubillo sepa que, durante su exilio en Argelia, su vecino en un piso franco del FPLP en Argel era el legendario Ilich Ramírez Sánchez, que en aquella época también entrenaba en Argelia a los gudaris de ETA que más tarde asesinarían a Carrero Blanco.

Ilich, además, me dio instrucciones para hacerle llegar a la nueva prisión en la que se encontraba paquetes postales con mis libros, documentos o DVD con programas emitidos por Al Jazeera y que le interesaban especialmente. Yo debía grabar esos programas y hacérselos llegar a través de Nadine Picquet, la directora de la cárcel de Poissy. También me dio instrucciones para gestionar los derechos de traducción de su libro *El Islam revolucionario* al español, y me ordenó que todas las gestiones legales pasasen a través de su esposa y abogada Isabelle Coutant-Peyre. Pero hubo dos cosas especialmente sorprendentes en aquellos primeros casi cuarenta minutos de nuestras conversaciones. Una fue su regañina porque le habían devuelto las cartas que me había escrito semanas antes, cuando le envié la foto de su mamá. Carlos el Chacal había respondido a mis envíos, escribiéndome al apartado postal que aparecía en el remite de mis cartas. El problema es que yo había utilizado mi apartado de correos, y mi nombre árabe. Ignoraba que el servicio postal español no autorizaba la entrega de una carta a un apartado de correos si no va a nombre del propietario legal. Así que en ese momento de la conversación se produjo una situación paradójica, que transcribo literalmente de la grabación:

—Mira, vamos a terminar de decir la cuestión, te envié, te envié a la dirección que venía en el remite... Lo envié a esa dirección al apartado postal, y me lo devolvieron por una cuestión de dirección desconocida...

—No, claro... —De pronto tenía que improvisar una excusa para justificar que le hubiesen devuelto sus cartas, y solo se me ocurrió una—. Claro... por el nombre... Es que el apartado no es mío, me dejan usarlo pero no es mío, es de un camarada. Entonces... tendrías que no poner nombre...

—No, no puedo enviar una carta sin nombre.

«¡Maldita sea mi suerte!», pensé. El comandante estaba intentando iniciar una correspondencia directa conmigo, sin los intermediarios de Venezuela, y el servicio postal español estaba devolviendo sus cartas porque el apartado de correos lo había contratado a mi nombre y no al de mi álter ego árabe. El control carcelario lógicamente no le permitía enviar cartas sin identificar al receptor, así que de nuevo me enfrentaba a esa familiar y desagradable sensación: aceptar un nuevo riesgo explícito o abortar la posibilidad de dar un paso de gigante en la investigación. Tenía al Chacal al teléfono, esperando una explicación, y en fracciones de segundo debía decidir si utilizaba mi nombre real, asumiendo el riesgo de que me reconociese como el periodista español autor de *Diario de un skin*, o colgaba el teléfono y me olvidaba del asunto. Y estaba claro que solo podía hacer una cosa, aceptar el riesgo. Así que con un hilo de voz, como si por decir mi nombre en un tono más bajo pudiese protegerme de ser descubierto, dejé a la voluntad de Allah que Ilich Ramírez pudiese reconocer o no el nombre de Antonio Salas...

—Ok... Bueno... pues... ponlo a nombre de... Antonio Salas.

Y de esa forma, desde aquel 23 de agosto de 2008, el terrorista más peligroso del mundo iniciaría una fluida relación epistolar conmigo, enviándome directamente fotos, documentos, escritos, etcétera, sin necesidad de pasar ya por la mediación de su hermano o los camaradas del comité en Venezuela. Cada una de sus cartas es, sin duda, un documento periodístico de valor incalculable. Y un continuo subidón de adrenalina cada vez que abría mi apartado de correos y me encontraba un nuevo paquete de Ilich Ramírez Sánchez *Carlos*, destinado a Antonio Salas.

Otra cosa que me sorprendió, en aquellos primeros cuarenta minutos de conversación grabada con Ilich, es que manifestaba reiteradamente sus escasos recursos económicos. A pesar de que todos los medios de la oposición venezolana, y a su rebufo toda la prensa internacional, denunciaban una y otra vez el apoyo incondicional de Hugo Chávez a Ilich Ramírez, con quien mantenía una «fluida correspondencia», su parentesco con el ministro de Energía y Petróleo de Venezuela y presidente de PDVSA Rafael Ramírez, o su supuesta fortuna secreta conseguida a través del soborno y la extorsión durante su época como «revolucionario profesional», lo cierto es que Chávez solo respondió a una carta del Chacal al principio de su primer mandato, Rafael Ramírez no tiene nada que ver con Ilich Ramírez y el legendario Carlos no cuenta con más ingresos que los que le envía su familia o simpatizantes. De hecho, se quejaba de que apenas podía pagar sus llamadas telefónicas: «Coño... Hablando contigo me he gastado ya 30 euros... Si te llamase mañana, me habría costado 20...», me dijo en esa primera conversación, para pedirme, a continuación, si yo podía conseguir alguna ayuda económica en las mezquitas o en la comunidad palestina española, para él. Realmente me dejó sin palabras. El hombre que había cobrado rescates multimillonarios a los principales gobiernos del siglo XX, que había comandado un ejército internacional de recursos incalculables, me estaba pidiendo que le enviase tarjetas telefónicas para poder telefonearme desde prisión, o alguna ayuda económica para comprarlas en París.

Consumado fumador de buenos cigarros, su principal vicio, me dejó saber cuánto le gustaría que pudiese conseguirle alguna cajita de habanos, que debería hacerle llegar a través de Iruani Luna, segunda secretaria del consulado venezolano en París. Y, por supuesto, hice que unos amigos me trajeran de Cuba unos cigarros que le hice llegar. Ahora que había mordido mi anzuelo, no era cosa de dejar escapar la presa por falta de cebo.

Para terminar, Ilich insistió en solicitar un permiso al departamento francés de Instituciones Penitenciarias para que yo pudiese ir a visitarlo a París personalmente. En su nueva prisión ya no se encontraba en régimen de aislamiento y podía recibir visitas. De hecho, según me contaría, recibía solo la visita de un viejo compañero de armas, que ya había cumplido su pena de prisión, y del hijo del presidente de la república bretona. Antes de eso, en todos los años que pasó incomunicado en Clairvaux solo había conseguido una autorización para la visita de su sobrina...

En otro de sus cuentos iniciáticos, el Mullah Nasruddin relata cómo todas las mañanas acudía al zoco para pedir limosna, y cómo a la gente le encantaba burlarse de él con el siguiente truco: le mostraban dos monedas, una diez veces más valiosa que la otra, y le pedían que eligiese cuál prefería. Nasruddin, siempre escogía la de menor valor. Y todos se reían de él. La historia del bobo del zoco se extendió por todo el condado, y día tras día grupos de hombres y mujeres mostraban a Nasruddin dos monedas, escogiendo el Mullah siempre la de menor valor. Pero un día apareció en el mercado un hombre generoso, que harto de ver a Nasruddin siempre ridiculizado le dijo: «Cada vez que te ofrezcan dos monedas, escoge la de mayor valor. Así tendrás más dinero y los demás no te considerarán un idiota». A lo que el sabio Mullah respondió: «Usted parece tener razón. Pero si yo elijo la moneda mayor, la gente va a dejar de ofrecerme dinero para probar que soy más idiota que ellos. No se imagina la cantidad de dinero que ya gané usando este truco. No hay nada malo en hacerse pasar por tonto si en realidad se está siendo inteligente».

Desde nuestra primera conversación telefónica, yo adopté con Ilich Ramírez el rol del joven admirador bobo y devoto, dispuesto a obedecer sin rechistar todas sus órdenes, siempre que no implicasen delitos, igual que había hecho con otros terroristas. Nadie se preocupa mucho de un tonto trabajador, obediente e inofensivo. Y, por fortuna, Ilich me reservaba para trabajos legales y políticos, como ser su altavoz en la red, gestionar su archivo o llevar su voz a ciertas reuniones internacionales. Solo en una ocasión tuve que echar mano de todo mi ingenio para desobedecer una de sus sugerencias. Ilich quería que yo me ocupase de abrir una cuenta bancaria en Europa, y controlar desde aquí los ingresos y donaciones a su nombre. El sistema bancario venezolano, y por tanto las cuentas que gestionaban sus hermanos Lenin y Vladimir, tiene unas tasas y limitaciones internacionales que dificultan mucho el envío de dinero a Francia, así que con frecuencia las ayudas que su familia reúne para la defensa de Ilich o para su manutención en prisión se envían en efectivo a través de amigos o funcionarios de la embajada que viajan a Francia. Convertirme en el administrador de Ilich Ramírez sí podría rozar el delito, según la opinión de un amigo abogado, así que aludí a mi situación irregular en Europa y a mis repetidos incidentes con la policía que controlaba las mezquitas para evitar esa responsabilidad.

Es evidente que esa primera conversación con Carlos marcó un antes y un después en mi infiltración. Desde ese día mi relación con el terrorista más famoso del siglo XX sería directa y fluida. No solo a través del correo, sino que desde el 23 de agosto me llamaría por teléfono todas las semanas, a veces incluso varias veces por semana. Y yo tendría que ingeniármelas para grabar todas aquellas conversaciones, donde, como y cuando se produjesen. De hecho fue Ilich quien sugirió: «... Es bueno que grabaras lo que hablemos nosotros, para no repetir ciertas cosas que no es necesario...», y yo di gracias a Allah por su autorización explícita. Como comprenderá cualquier compañero periodista, cada una de aquellas conversaciones exclusivas tenía un valor incalculable desde el punto de vista histórico, político, policial y periodístico. Y no podía dejar que quedase ni un minuto sin registrarlo convenientemente. Así que inventé un sistema de grabación para poder utilizar con los teléfonos móviles, y que pudiese llevar siempre encima. Preparado para grabar las nuevas conversaciones con Ilich Ramírez donde y cuando se produjesen. Por supuesto, a partir de ese día son muchas las anécdotas. Porque Chacal podía telefonearme en cualquier momento: mientras yo estaba en clase de árabe, haciendo la compra en un supermercado, conduciendo, durmiendo o en una reunión laboral. De hecho, todas esas y otras muchas situaciones se dieron. Y cuando sonaba el teléfono asignado para Ilich, estuviese donde estuviese, tenía solo unos segundos para salir corriendo, buscar un lugar lo más tranquilo posible (un servicio, una cabina telefónica, el interior de un coche, etcétera), sacar mi sistema de grabación y registrar todas sus llamadas.

Imposible resumir aquí las docenas de horas de conversación con Ilich que grabé durante el resto de 2008 y buena parte de 2009, en las que me hizo todo tipo de confesiones y confidencias, incluyendo crímenes explícitos y concretos, su relación con los autores del 11-S, su papel en la lucha armada palestina, etcétera. Me convertí en su principal enlace con el mundo exterior a través de la red informática e incluso en su canal de participación en reuniones internacionales de miembros de la lucha armada, que se produjeron a partir de entonces... La infiltración en la internacional del terrorismo ya no era un proyecto de investigación, se había convertido en una peligrosa realidad.

Confidencias del Chacal

Durante el sagrado mes de Ramadán, que ese año comenzó el 1 de septiembre, Ilich se interesó varias veces por mi cumplimiento del ayuno y las oraciones preceptivas, y en la llamada telefónica que me hizo el 20 de septiembre de 2008 fui yo quien sacó el tema.

—Ilich, ¿qué tal llevas el Ramadán?

—Bien, no fumo.

—¿No? Pues en tu caso es duro eso...

—No, no fumo. Como, porque tengo que comer, porque soy diabético, pero no fumo. Eso es todo. No fumo desde... en todo el mes no fumo. Y empezaré de nuevo para el 29 al 30...

Obviamente, Ilich Ramírez, alias *Comandante Salem*, tiene una forma muy personal de entender y practicar el Islam. Lo que no evita que, tanto en la prisión de Clairvaux como en la de Poissy, disfrutase del respeto de la comunidad musulmana de presos. Hasta tal punto que en una de nuestras conversaciones[6] me confesó que le propusieron dirigir la oración en la mezquita de la prisión:

—... Bueno, me acaban de dar una cosa que es de La Meca, un perfumito de esos, es del que se encarga los viernes de arreglar la zona de oraciones. Ayer esperamos por el imam y entonces el tipo que estaba allí antes de encargado (ininteligible)... Meca. Y no hay nadie. Y me dicen que me encargue yo. Digo, coño, cómo me voy a encargar yo de eso. Si me encargo yo de eso, tú vas a ver en los días siguientes en el *New York Times* que Carlos... no vale la pena darle armas al enemigo para que golpee a los creyentes. Yo arreglo las cosas, a mí la gente me escucha, ¿me entiendes?

Curiosamente, un tiempo después a mí también me propondrían ser el imam de una nueva mezquita recién constituida en España...

Y no es la única particularidad ideológica o religiosa de Ilich. Su forma de entender el comunismo, el socialismo o el fascismo también es muy atípica. Probablemente más de uno de sus seguidores incondicionales se escandalizaría al escuchar el afecto y la simpatía con que se refería el mítico comunista venezolano a los nazis. De hecho, su primera defensa de la extrema derecha la hizo en nuestra segunda conversación.[7] Hablábamos justo sobre sus dificultades económicas, cuando me dice, literalmente:

—Esta semana, como no tenía dinero, me llegó un camarada que vino a verme ayer, le dieron un permiso excepcional, un tipo de derechas. Hijo del presidente histórico (ininteligible) de los nacionalistas bretones, que fue el presidente de la república bretona durante la guerra. Y... le dieron un permiso excepcional para la visita. Y había enviado 200 euros. No dura mucho pero para llamar rápidamente está bien...

—¿Y es de derechas? —pregunté yo, ingenuo.

—Son de derechas, sí. ¿Cuál es el problema que sean de derechas? —respondió Ilich a todas luces enojado por la pregunta—. Hombre, los de izquierdas que estoy conociendo, mi hermano... Yo he conocido tipos nazis que eran buena gente. Y he conocido comunistas traidores. Yo no dejo de ser comunista pero, coño. A mí eso de derechas o izquierdas, mi hermano... Dos cosas me interesan, exclusivamente... lo demás, cada quien se hace la paja como quiera. Primero, estás contra el sionismo y estás contra el imperialismo americano. Si estás con eso, estamos de acuerdo. Lo demás no me interesa. Si eres budista, tengas barba, no tengas barba, seas judío, no me importa... Lo demás es secundario, chico.

A continuación, Ilich Ramírez argumentó, con razones históricas, la exis-

---

6. Conversación entre Ilich Ramírez y Antonio Salas, 29 de noviembre de 2008.
7. Conversación entre Ilich Ramírez y Antonio Salas, 30 de agosto de 2008.

tencia de nazis sionistas durante la Segunda Guerra Mundial, que mantuvieron buenas relaciones en Palestina «hasta finales de 1943». También resaltó el componente socialista, nacionalsocialista, del Reich, y lo diferenció de los elementos racistas posteriores. Y de pronto mencionó a un personaje, citado muy de pasada en alguna de sus biografías, y al que yo tenía olvidado totalmente.

—Mi suegro, el papá de Magdalena Kopp, era uno de esos... y esa gente era de esos, eran verdaderos socialistas anticapitalistas...

La relación del suegro de Ilich Ramírez con el III Reich era una cuestión que nunca se había desarrollado en ninguna de sus biografías. Y tendría una relevancia fundamental en conversaciones futuras, cuando Carlos el Chacal me confesase la colaboración que su organización terrorista había recibido de oficiales de la temible STASI (Ministerio para la Seguridad del Estado) desde Berlín Oriental, con un pasado nazi, durante los años setenta y ochenta. Ilich me confesaría también la relación que su organización había mantenido durante años con oficiales de las SS, de origen palestino.

—Mira, mi hermano, nadie me ayudó más, dándome información... que viejos SS, Waffen SS, de Alemania, que controlaban los servicios de policía regional. La policía federal estaba con los americanos, con la OTAN, y la policía regional, había muchos antiguos Waffen SS. Te estoy hablando a mediados de los años sesenta, había treinta y cinco mil palestinos en Alemania Occidental, de nacionalidad alemana. Muchos de ellos eran veteranos de la guerra... de los ciento veinte mil voluntarios que fueron a luchar con los alemanes, contra los ingleses y contra los franceses. Y esta gente me contactó en Bagdad, en 1978, principios del 78, hace exactamente treinta años. Un capitán SS que hablaba árabe y alemán perfectamente, casado con una alemana, de origen árabe. Antiguo oficial del ejercitó iraquí, palestino del ejército iraquí, que en el 41 se alistó con el general Gailani, en Bagdad. Bueno, fueron derrotados por el ejército británico, por la aviación. Y entonces esta gente fueron a pelear allá con los alemanes. Con Husseini, el muftí de Jerusalén... unas ciento veinte mil personas. Y esa gente, chico, no solamente me contactan, (ininteligible)... dice... yo sé quién es usted, tal, tal, me presento... Un tipo, cincuenta y tantos años, muy en forma, y hablaba inglés perfectamente. Yo soy fulano de tal, tal, tal... caballero, mucho respeto, honor al vencido... pero, le digo, pero yo soy comunista. No, sabemos que es comunista, pero te hemos escogido a ti porque hay que ayudar a la guerrilla en Europa. Esa gente es buena gente. Hay que ayudarles. Le vamos a dar información, estamos a la orden. Y nos dieron mucha información. De ahí viene que la gente de la STASI no nos quería... Ellos se la daban de muy vivos, se consideraban los mayordomos de los rusos... pero a los alemanes orientales que venían con pendejadas, no teníamos relación ninguna con ellos. De ninguna manera. Y además, no necesitábamos sus informaciones porque las informaciones las agarrábamos directamente de la policía alemana. Y estos eran bien nazis...

Yo escuchaba —y grababa— pasmado. Cuando en *Diario de un skin* dediqué un capítulo a los neonazis islámicos,[8] e incluso mencioné la historia de Hadj Amin Al Husseini, el gran muftí de Jerusalén, y su alianza con Adolf Hitler en 1941, no había hecho sino arañar superficialmente un aspecto de la historia mucho más importante de lo que imaginaba. Carlos el Chacal, icono de la extrema izquierda, me estaba confesando que durante años había colaborado directamente con oficiales de las Waffen SS, que desde las sombras de Berlín Oriental apoyaban a las bandas terroristas (Baader-Meinhoff, Brigadas Rojas... ¿ETA?) que aterrorizaban a los civiles europeos en los años setenta y ochenta. ¿Dónde queda la ideología política? ¿Dónde termina la violencia fascista y comienza la comunista? ¿Realmente existía alguna diferencia entre ultraizquierda y ultraderecha? Ilich Ramírez, quizás la voz más autorizada para opinar al respecto, abría ante mí una nueva dimensión de la historia del terrorismo en el siglo xx. Y, una vez más, todos, derecha, izquierda, nazis, comunistas, revolucionarios... todos mienten. La vinculación del terrorista más famoso del mundo antes de Ben Laden con las Waffen SS nos obligaría a reescribir la historia... Y las revelaciones de Carlos el Chacal no habían hecho más que comenzar.

Una y otra y otra vez, Ilich me pedía que intentase recolectar dinero en las mezquitas para su causa: «Pídele a los palestinos, que me deben mucho». Y durante muchos meses, tanto en 2008 como en 2009, me habló de todo tipo de temas: de su trabajo montando los sistemas de comunicaciones del gobierno de Damasco, de las organizaciones yihadistas actuales y su relación con ellas, de su conocimiento sobre Ben Laden y el 11-S, del atentado de la AMIA, de su captura en Sudán... Hablamos sobre Hassan Nasrallah, Nicolae Ceaucescu y Eduardo Rózsa, pero también sobre Raúl Reyes, Douglas Bravo o Hugo Chávez... Y también, y mucho, de Magdalena Kopp, su ex esposa y madre de su única hija legítima, Rosa.[9] Una histórica del terrorismo europeo de los años setenta y ochenta sobre la que tampoco se ha escrito, según Ilich, la historia completa...

—Una llamada mía bastaría para condenarla a cadena perpetua... La que mejor disparaba con la bazoca era ella...

Y como es lógico, siendo yo español, también hablamos mucho de ETA.[10]

---

8. *Diario de un skin*, página 251 y ss.

9. En 2007, Magdalena Kopp publicó su autobiografía *Die Terrorjahre* («Los años del terror»), con la editorial alemana DVA. En ella presenta a su ex marido Ilich Ramírez, padre de su hija Rosa, como un psicópata asesino. Pese a ello, a mí Ilich siempre me habló con respeto y cariño de ella. Aunque le reprochaba el no haberse quedado en Venezuela con su familia, me aseguraba que ese libro era fruto de las presiones que había sufrido a manos de agentes del MOSSAD infiltrados en la DISIP...

10. Conversación entre Ilich Ramírez y Antonio Salas, 6 de septiembre de 2008.

Antes de esta infiltración yo no podía ni imaginar que Carlos el Chacal había sido el elegido para cambiar la historia de España, aunque, en el último momento, un giro del destino le hizo alterar su protagonismo en la historia:

—Ah, claro, yo jugaba un papel fundamental en eso. Porque había relaciones... Este, por la cuestión de Carrero Blanco, querían que yo fuera el que hiciera la cuestión. Es decir, soy yo el que debía haber hecho lo de Carrero Blanco... pero no pude despegarme... porque los camaradas vascos no tenían la experiencia. Pidieron ayuda. Entonces estábamos en plena batalla aquí y fue... No podíamos, no podíamos, sencillamente no podíamos pasar unos meses allí para preparar eso, madre. Y los muchachos que lo hicieron allá los conozco. Conozco a algunos de ellos, no... Entrenó gente de ETA también en el Yemen..

Según me confesó, él había sido el responsable de la instrucción de muchos etarras en los campos de entrenamiento de Argelia, mucho antes de que Arturo Cubillas y otros miembros de ETA terminasen en Venezuela. Sin embargo, y esto es apasionante, también me contó algo que parece sacado del guión de la película *The Assignment (Caza al terrorista)*, aunque quizás sea al revés... Al coincidir en la prisión de París con varios miembros de ETA capturados por la policía francesa, esos militantes vascos le aseguraban que miembros de la banda habían conocido en Argelia a un supuesto Ilich Ramírez... que no era el auténtico.[11]

—... Hay camaradas vascos en prisión que me hablan de otros camaradas vascos que le hablaban de mí en Argelia, que le presentaban a un tipo como si fuera yo, y yo estuve en Argelia por última vez en el año 78 y estos hablan del 80...

¿Quién era el falso Ilich Ramírez que, a partir de 1978, continuaba entrenando a terroristas vascos en Argelia? Otra página pendiente de ser escrita en esta historia. Como todavía está por concluirse la vinculación de algunos etarras con el Islam, otro asunto fascinante que conocí de labios del Chacal. Porque, según Carlos, en las prisiones francesas en las que lleva encerrado más de una década, también conoció a etarras que se habían convertido al Islam, y que una vez liberados frecuentaban las mezquitas de Euskal Herria... que no son pocas.

Aunque, al final, hasta el mismísimo Ilich Ramírez, que legitimaba la ETA que luchaba contra la dictadura franquista, abominaba de los actuales terroristas vascos.[12]

—Los de ETA antes eran serios, ahora se dan por culo, etcétera. Antes eran gente muy seria... ahora van a la deriva. Son representantes de la sociedad española corrupta...

---

11. Conversación entre Ilich Ramírez y Antonio Salas, 4 de abril de 2009.
12. Conversación entre Ilich Ramírez y Antonio Salas, 21 de marzo de 2009.

Cuando, en alguna ocasión, y como hacían todos mis camaradas revolucionarios en América Latina y mis hermanos musulmanes en Oriente Medio, me mostraba escéptico sobre la existencia de Al Qaida o de Ben Laden, y su relación con el 11-S, Ilich me respondía visiblemente molesto:

—Eso es mentira. Esa fue una acción yihadista... yo conozco a la gente...

Ilich Ramírez, que coincidió con Ben Laden en el espacio y el tiempo, Sudán a mediados de los ochenta, no solo me aseguró que había conocido personalmente a los que planearon el 11-S, sino que justificaba con un razonamiento frío e inmisericorde el atentado del «martes santo», y cualquier otra acción terrorista:

—La revolución es hoy, antes que nada, islámica... Un atentado vale más que todos los panfletos para fracturar la espesa pared de la ignorancia y de la indiferencia, más que toda una biblioteca de sabios análisis... Un atentado resuena como un trueno en la sombra espesa de las conciencias obesas, embrutecidas en el confort del egoísmo más estúpido... El terrorismo es una especie de himno a lo humano... Osama Ben Laden es el héroe de todos los oprimidos.

Supongo que para la forma de razonar de Carlos el Chacal, el yihad global al que llama Ben Laden no se diferencia tanto de la lucha armada que él lideró en los años setenta y ochenta, cuando el FPLP cometía atentados terroristas en nombre de la causa palestina en cualquier rincón del planeta. Quizás los actuales expertos en terrorismo deberían recordar ese precedente antes de aterrorizar a la opinión pública con una amenaza que no es nueva.

Resulta imposible resumir en tan pocas líneas tantas horas de conversaciones entre Ilich Ramírez y yo, sobre los temas más variados. Y no solo de la historia del terrorismo, sino que, teniendo en cuenta que Carlos el Chacal vive pendiente de la actualidad, cada semana comentábamos los últimos acontecimientos relevantes de la actualidad política en América Latina, Europa u Oriente Medio. Y ese año y el siguiente la actualidad iba a ofrecernos muchos temas de conversación.

El 22 de septiembre de 2008, por ejemplo, el director francés Olivier Assayas presentó en el prestigioso Festival de Cine de San Sebastián su última película, *L'heure d'été*. Y, durante la presentación, anunció a la innumerable prensa internacional congregada en el festival su próximo proyecto: una ambiciosa trilogía sobre la vida de Ilich Ramírez Sánchez, que se rodaría en Francia, Alemania, Líbano y Yemen, entre otras localizaciones, a partir de enero de 2009. Para el papel protagonista se pensaba en el español Javier Bardem. A Ilich no le hizo ninguna gracia la noticia.

Lo que sin embargo sí le alegró fue haber retomado, a través de mí, el contacto con su viejo amigo y compañero de aventuras Eduardo Rózsa Flores, que ese otoño tuvo la amabilidad de enviarme algunos de sus libros desde Hungría... Entre ellos *47 versos sufís* y *Lealtad, versos de la guerra*, que evidenciaban la aparente sensibilidad del ex guerrillero y actual vicepresidente de la Comunidad Islámica en Hungría. Rózsa tuvo la amabilidad de incluirme una dedicatoria manuscrita en sus libros. Este detalle tendrá su relevancia posteriormente. Como relevancia tendrá el hecho de que Rózsa recibió mis libros en su domicilio, en Hungría, y desde allí me envió los suyos.

Durante el Ramadán de ese año 2008, nuestra relación fluyó de forma natural. Rózsa se sintió halagado cuando le conté que varios hermanos me habían pedido su libro de versos sufíes en la mezquita para practicar el español. Y es que el Ramadán de 2008 lo viví de forma mucho más intensa que el de 2007 o 2006, aunque menos que en 2009. Cada año el noveno mes musulmán coincidía más cerca del verano a causa del ciclo lunar islámico, más corto que el lunar cristiano. En 2004 coincidió a mediados de noviembre, en 2005 y 2006 en octubre, y los dos años posteriores en septiembre. En 2009, el Ramadán cayó en el veraniego agosto. Eso implicaba que los días eran más largos, y por tanto resultaba mucho más duro soportar sin comer ni beber desde la salida hasta la puesta del sol. Los occidentales no deberíamos infravalorar el poder de la fe, y la fuerza de voluntad de los musulmanes durante el Ramadán es una forma de expresión de esa fe.

De hecho durante el Ramadán descubrí que situaciones en las que nunca había reparado, como el frescor que te llega al paladar tras cepillarte los dientes, durante ese mes me producían un alivio especial. Como solía acudir a la mezquita un buen rato antes de la oración para aprovechar ese ambiente de serenidad y recogimiento y estudiar el Corán o, como en este caso, disfrutar de la poesía de Eduardo Rózsa, al principio buscaba un lugar cerca de los ventiladores para aliviar la sed y el calor con el chorro de aire fresco. Pero terminé dándome cuenta de que el sonido de los ventiladores me estropeaba el audio de las grabaciones de cámara oculta, y finalmente me sentaba lo más cerca posible del imam de turno.

La noche vigésimo séptima de Ramadán, llamada la noche del Destino por considerar que marca el momento en que el profeta Muhammad recibió la revelación, me quedaba haciendo la vigilia en la mezquita con los hermanos más devotos. Durante la noche rezábamos, charlábamos y comíamos juntos en una comunión que nunca había conocido. Aunque los primeros años terminaba con un terrible dolor de rodillas, a causa de la sucesión de posturas del rezo musulmán durante horas, aquellas noches de Ramadán me ayudaron a comprender mucho mejor el sentimiento de hermanamiento y fidelidad de la Umma. Una fuerza imparable que cuesta mucho trabajo comprender en un Occidente materialista y agnóstico.

El nuevo yihad está en Iraq

Ilich Ramírez, por haber nacido donde y cuando lo hizo, en el seno de una familia comunista y en la Latinoamérica del furor revolucionario de los años cincuenta, conoció la causa palestina y se involucró en ella. Pero si en lugar de a mediados de los sesenta hubiese llegado a Oriente en la actualidad, muy probablemente se habría involucrado en la resistencia iraquí, como hizo el jordano Abu Musab Al Zarqaui. La invasión occidental de Iraq, encabezada por Bush, Blair y Aznar tras la firma de las Azores, ofreció a miles de voluntarios una causa noble por la que luchar. Pero a medida que pasaban los años y trascendían los daños colaterales a la invasión, esos argumentos eran cada vez mayores y no tiene nada de extraño que muyahidín de todo el mundo quisiesen viajar a Iraq para hacer su yihad.

El 12 de octubre de 2009, un grupo internacional de activistas por la paz, encabezado por la ex ministra de Asuntos de la Mujer de Iraq, Nawal Al-Samarrai, envió un escalofriante informe a la Asamblea General de Naciones Unidas sobre la atroz realidad que están viviendo las mujeres en algunas regiones del país a causa de la ocupación. En Faluya, bastión de la resistencia y una de las ciudades más castigadas por los bombardeos, las mujeres tienen pánico a quedarse embarazadas, ya que desde que comenzaron los bombardeos norteamericanos, con uranio empobrecido o fósforo blanco, el número de bebés que nacen con terribles malformaciones genéticas es aterrador. En su informe, Al-Samarrai exponía cómo en el Hospital General de Faluya, en el mes de septiembre anterior, se habían producido 170 nacimientos, de los cuales el 24 por ciento falleció en menos de una semana. Un 75 por ciento de esos bebés fallecidos presentaban malformaciones genéticas severas: dos cabezas, un solo ojo, espina bífida, piel cubierta de escamas, intestinos fuera del cuerpo, ausencia de algunas extremidades, etcétera. Según el mismo informe, remontándose al mismo mes, pero de 2002, antes de la invasión, en el mismo hospital se habían producido 500 nacimientos, de los cuales solo seis de los bebés murieron durante la primera semana de vida y solo uno de los casos presentaba deformidades...

Ante esta terrorífica realidad, no resulta tan difícil comprender la rabia y la furia de los muyahidín empeñados en acudir a Iraq para luchar contra los norteamericanos, británicos, españoles o demás ejércitos que encabezaron la ocupación. Aunque es otra manipulación mediática identificar a toda la lucha armada y a todos los grupos violentos de Iraq con Al Qaida, con los muyahidín o incluso con la resistencia. En Iraq convive un abanico inclasificable de bandas de crimen organizado, ex militares, voluntarios extranjeros, policías corruptos y yihadistas, con objetivos, creencias y modus operandi muy diferentes. Y ni siquiera todos ellos son musulmanes.

Como ocurre en Palestina, en Iraq existen milicias armadas, como las patrullas paramilitares de Bartala, Tel Qef o sobre todo Qaraqosh, que son cristianas. En esta ciudad del norte del país, las calles están flanqueadas por trincheras y alambradas, pero no hay ninguna mezquita y sí nueve iglesias cristianas. Ninguna mujer lleva velo, y las tiendas venden alcohol y carne de cerdo. Pero las armas de sus milicianos son las mismas que las empuñadas por los muyahidín.

Identificar a la resistencia iraquí exclusivamente con Al Qaida, con el yihadismo o con el Islam es faltar a la verdad. Ojalá el problema fuese tan sencillo. Sin embargo, es cierto que muchos jóvenes musulmanes, conocedores de la terrible situación de Iraq, acudieron como voluntarios, para hacer un esfuerzo (yihad) por proteger al más débil. Y por eso, como ocurrió con Al Jattab en Afganistán, o con Ilich Ramírez en Palestina, jóvenes de todo el mundo —árabes o no— se unieron a la resistencia. Y es entonces, y no antes, cuando la organización de Ben Laden ve en Iraq una nueva oportunidad, como la que habían perdido en su santuario de Afganistán. Como ya es sabido, en Iraq nunca hubo armas de destrucción masiva, ni Saddam Hussein tuvo nunca ninguna relación con Al Qaida antes de la invasión. Fue después, cuando los occidentales ya habíamos masacrado a la población civil, cuando Ben Laden ofreció su ayuda, y algunos sectores de la resistencia la aceptaron. En Iraq, Al Qaida volvía a tener un excelente campo de adiestramiento para sus hombres y al mismo tiempo podía reclutar simpatizantes para su causa yihadista. Pero le salió mal.

Con el paso de los años descubrimos que la mayor parte de la resistencia iraquí, como la palestina, luchaba por la tierra, no por una religión. Por causas puramente sociológicas, entre la resistencia iraquí había tantos musulmanes como católicos puede haber en el ejército francés, español o británico. Pero a nadie se le ocurriría decir que ese ejército combate por la Biblia. Y Ben Laden no tardaría mucho en darse cuenta de que, cuando termine el conflicto en Iraq, no va a conseguir llevarse con él el ejército yihadista que soñaba. Por eso empezaría a mirar con más atención el norte de África, y terminaría por aceptar la propuesta de fidelidad que le llegaba de los grupos salafistas africanos, considerados más despectivamente en Oriente Medio. Ese es ahora el nuevo tablero donde jugar la partida contra el terrorismo yihadista.

Dejando al margen a Ben Laden, que poco tiene que ver con Iraq, es indiscutible que para un joven musulmán occidental, acostumbrado a las películas de acción, los videojuegos de guerra o los circuitos de *airsoft*, la posibilidad de convertirse en un héroe de acción, empuñando un fusil de asalto, un lanzagranadas o un bazoca, transformado en un Robin Hood islámico que lucha contra el invasor infiel y protege a las desvalidas huérfanas y viudas iraquíes, era una fantasía tentadora. Incluso entre algunos de mis hermanos menos consecuentes con el Corán, porque ni siquiera en eso somos tan distintos.

Los adolescentes y jóvenes musulmanes no son necesariamente ni más fanáticos ni más consecuentes que ningún otro creyente. Pero a casi todos les seducía la posibilidad de verse a sí mismos empuñando un fusil y cubiertos por un pañuelo palestino, imitando las aventuras de Al Jattab, Al Zarqaui o Yuba. Solo hacía falta que alguien llegase a la mezquita y les facilitase un poco el viaje, para que la mayoría de los jóvenes musulmanes con algo de sangre en las venas se dejase seducir por las promesas de gloria, honor y reconocimiento, e ingresasen en las filas de la resistencia iraquí. Y según informes policiales a los que he tenido acceso, que sospecho de inspiración israelí, uno de los principales reclutadores de muyahidín españoles para la resistencia iraquí era mi hermano Abu Sufian...

Abu Sufian: el hombre de Al Zarqaui en España

Hiyag Mohalab Maan, alias *Abu Sufian,* nació en Ramadi (Iraq) el 11 de noviembre de 1980. Según me explicó él mismo, vivió en Ramadi hasta 1990, cuando se trasladó a Bagdad, para después viajar a Jordania e Inglaterra. Sin embargo, la mayor parte de su familia (tíos, abuelos, etcétera) continúa viviendo en Nasriya, en el suroeste del país.

Alto, elegante y amanerado, vestía traje de corbata, lucía un pulcro afeitado y daba la impresión de llevar varios días sin comer. Cuando lo conocí me di cuenta de que no podía distanciarse más de la imagen que tenía de un yihadista iraquí. Supongo que yo también me había dejado influenciar por la información que publicó la prensa tras su detención y esperaba a alguien parecido al temible Decapitador. Pero el supuesto hombre de Al Zarqaui en España se parecía más a un flemático *gentleman* londinense que a un miembro de la feroz resistencia iraquí.

Abu Sufian empezó a llamar la atención de la policía española a principios de 2005. Según informaciones policiales a las que tuve acceso, había entrado en Europa a través de Gran Bretaña utilizando un pasaporte falso a nombre de Ezaki Kousaidi. Dicho pasaporte había llamado la atención de los policías de fronteras al detectar que le había sido arrancada una página, en opinión de los investigadores, para que no constasen los lugares que había visitado.

Según dicha información policial, en España Abu Sufian mantenía una relación muy íntima con el español José Antonio D., detenido el mismo día que Abu Sufian ya que en ese momento vivían juntos en un chalé propiedad del primero en Nerja (Málaga). El español no solo mantenía a Abu Sufian, sino que constan envíos de dinero a la cuenta del iraquí en Londres el 15 y 25 de octubre de 2004 y el 19 de enero de 2005, de 10020, 10020 y 10050 euros respectivamente. Tras su detención, y según recogió la prensa, el Ministerio del Interior no tuvo ningún reparo en afirmar que esas cantidades de dinero eran fruto de la relación sexual y o sentimental mantenida por el español y el iraquí. Y según esos mismos investigadores, ese dinero lo reenviaba Abu Sufian a la resistencia iraquí en Basora, y concretamente al grupo de Abu Musab Al Zarqaui, a través de uno de sus tíos. No se trataría del primer caso de yihad financiado por prostitución masculina. Otro gancho directo a la mandíbula de nuestros absurdos prejuicios sobre el Islam, una religión en la que hay tantos homosexuales clandestinos como en el cristianismo. Aunque ambos credos la condenen como un pecado grave.

En la mezquita de La Unión, como en otras mezquitas de Málaga y siempre según la información policial, Abu Sufian llamó la atención de los informadores de la policía por su discurso radical, y sospecho también que por su nacionalidad iraquí. En 2005, solo un año después del 11-M, la sensibilidad española hacia cualquier sospechoso de simpatizar con el terrorismo estaba a flor de piel. Así que no hizo falta mucho para que la policía obtuviese una orden judicial encaminada a pinchar los teléfonos del iraquí. De esta forma se intervinieron sus conversaciones telefónicas con parientes de Basora, presuntamente muy cercanos al mismísimo Al Zarqaui. En concreto, en una conversación mantenida el 20 de julio de 2005, siempre según la investigación policial, Abu Sufian pregunta a su contacto por «el acuerdo secreto entre Siria y Al Qaida, en relación al paso clandestino de muyahidín hacia Iraq para unirse a la resistencia».

Ese mismo mes de julio, siendo ya objeto de seguimiento por parte del CNI, Abu Sufian viaja a París para reunirse con otros individuos sospechosos de yihadismo, especialmente con un tunecino de nombre Asan, con quien discutiría la posibilidad de contactar con aspirantes a yihadistas en Túnez, y la fabricación de «aparatos».

Desde París pasa por Wick, en Escocia, antes de regresar de nuevo a España el 12 de octubre de 2005. Por aquel entonces José Antonio D. y Abu Sufian ya vivían juntos en un apartamento de alquiler de Nerja, antes de trasladarse al chalé donde serían detenidos dos meses después.

Además de sus conversaciones telefónicas, la policía y el CNI controlan sus comunicaciones electrónicas. Abu Sufian utilizaba para eso un cibercafé de la calle Gacela de Nerja, Europa@web, donde pasaba muchas horas conectado a la red. El seguimiento de sus movimientos en Internet refleja abundantes visitas a páginas yihadistas, como la del Ejército de los Muyahidín, una de las organizaciones de la resistencia iraquí, que casualmente había dado de alta dicha página el 7 de julio de 2005, el día del 7-J en Londres...

Abu Sufian, como yo mismo y como millones de personas interesadas por la ocupación, visitaba también con frecuencia la web Ansar Jihad, perteneciente a la organización terrorista Ansar al Islam; la página IaIraq, propiedad del Ejército Islámico Iraquí, o la web Montada, donde también existía abundante información sobre la resistencia. Probablemente, si Abu Sufian supiese lo cerca que tenía al servicio secreto español (y también al israelí), no se le habría ocurrido utilizar nombres falsos para sus perfiles de Internet, como Lee Martin, o Alí Martin Laa, como se registró en el locutorio de Nerja. Ni habría abierto una carpeta en la que almacenaba «cuestiones relacionadas con vídeos sobre la Jihad».[13]

Abu Sufian adoptó muy pronto en Málaga un protagonismo que le iba a salir muy caro. Hombre de gustos muy refinados, buena cultura y mucha experiencia viajera, no tardó en reunir en torno a sí a un grupo de «admiradores» seducidos por su liderazgo. Según estas mismas fuentes policiales, en una conversación mantenida el 13 de septiembre de 2005 con el marroquí Bouchaib Kaka, Abu Sufian presumía de haber sido detenido en varios de los países que había visitado, lo que le había «dado fuerza para hacer el yihad en el nombre de Dios», asegurando que «él se encargaría de que [los infieles] tuviesen todos los males». Sé por experiencia que Abu Sufian tiene la boca muy grande, y no es difícil que diga exabruptos como ese y mayores.

Cuando el 26 de junio de 2005 Abu Sufian mantiene una conversación telefónica con Abdullatif Jibril, los oídos de los servicios de información españoles están atentos, y según esa conversación el tal Jibril habría viajado a Bélgica con un pasaporte falso pagado por Abu Sufian... o más bien por el dinero de José Antonio D., dándole órdenes de que se dirigiese primero a Canadá, y después a los Estados Unidos para reunirse con un «hermano» que le estaría esperando en Nueva York... No tiene nada de extraño, por tanto, que la inteligencia norteamericana y la canadiense aparezcan también involucradas en esta historia.

Tras la redada que se produjo en diciembre de 2005, y a la que ya me he referido, y tras haber cumplido dos años de prisión preventiva, solo dos de los hombres de confianza de Abu Sufian continuaban en espera de juicio, y bajo la atenta mirada de los servicios secretos españoles (y de otros países): el marroquí Oussama Agharbi y el bielorruso Andrey Misura, alias *Amin Al Ansari*, considerado un «experto en armas químicas» por los investigadores.

Según las informaciones policiales, Oussama había manifestado en varias conversaciones con Srifi Nali y con un tal Abdu, interceptadas por los investigadores entre el 24 y el 30 de octubre de 2005, su intención de viajar a Siria clandestinamente. Y también su disposición de viajar a Afganistán para convertirse en mártir. Algo que, me consta, en algún momento han pensado muchos jóvenes musulmanes que ven en los canales árabes los efectos de la

---

13. *Jihad* denota la pronunciación anglófona de la letra jota, con la que Abu Sufian está más familiarizado, para el sonido *yihad*.

presencia de tropas occidentales en Afganistán, Iraq, Líbano, etcétera. En cuanto al supuesto experto en armas químicas, teóricamente formado en la guerra de Chechenia según los informes policiales, un siniestro destino se cernía sobre él. Sus continuos viajes por España, visitando diferentes mezquitas en todo el país, llamaron mucho la atención...

A finales de 2008, Abu Sufian, que ya había cumplido dos años de prisión preventiva, se encontraba en una situación desesperada. En espera de juicio por su supuesta relación con organizaciones terroristas internacionales, lógicamente se le había retirado el pasaporte. Y, además, tenía que presentarse todas las semanas en los juzgados de Madrid para firmar. En esa época redactó un extenso documento, destinado al juez Fernando Andreu, que había instruido su causa, intentando explicar su punto de vista. Y cuando lo conocí me entregó una copia. No es solo todo un alegato sobre su inocencia, sino también un documento periodístico muy interesante, porque nos permite conocer la trastienda, los efectos secundarios de una detención por presunto terrorismo yihadista en un país europeo.

Resumiré algunos de los párrafos de ese extenso documento de Abu Sufian que más me llamaron la atención, y que reflejan la psicología y la percepción que tenía el supuesto hombre de Al Zarqaui en España de su detención, respetando su redacción original. El español no es perfecto pero resulta comprensible.

Señor Don Frenando Andréu

En primer lugar y relatando lo sucedido, he venido a España como turista con un amigo Español, al que ustedes conocen bien puesto que lo llevaron junto conmigo, a dicha persona la conocí en Londres y con el posteriormente comencé a viajar alrededor del mundo, un día el me invitó a España a lo cual yo accedí, y donde des afortunadamente se ha producido un grave error, había venido en varias ocasiones (dos exactamente) y a la tercera ocasión fui arrestado en la ciudad de Málaga, donde fue el comienzo de una cadena de sufrimientos que vengo padeciendo hasta ahora.

Fui arrestado a las 5:00 am, quiero recalcar que estaba muy enfermo que no disponía de abrigo que hacía mucho frío y que la forma de actuar fue desconsiderada ya que en ningún momento se llamo a la puerta por el contrario rompieron la puerta e invadieron arbitrariamente mi casa y nos prendieron siendo extremistas y arrancándonos del lugar en el que nos encontrábamos, desplegándose cientos de personas que no se identificaron como policía, entraron en mi habitación, me llevaron fuera y me esposaron tumbando me en el suelo frío donde patearon mi rostro haciéndome sangrar y tragarme mi propia sangre hasta que parase por si misma, estas personas extremistas y fanáticas apoyaron su pie en mi nuca durante aproximadamente 15 minutos, me obligaron a sentarme sobre heces de perro y durante 2 horas estuve esposado y arrodillado sin posibilidad siquiera de levantar mi cabeza ya que cada vez que lo intentaba recibía un golpe para volver a esa misma posición, cabe decir que además de esta humillación tenía una bolsa plástica sobre mi cabeza que impedía que respirase correctamente, y tomando en cuenta que tengo problemas de respiración dicha acción se me dificultaba aún más (...)

Una vez que terminó el saqueo de mi casa y mientras me conducían al coche que me transportaría hasta Madrid estas personas que insisto no se identificaron (pero que actuaron como "policía" abusiva) dejaron las puertas de mi casa abierta y evidentemente cuando pude regresar 2 años después en ella no había nada, estaba totalmente desvalijada ya que si lo hicieron delante de mi, cuanto más cuando yo no estuviera, inmediatamente denuncié este hecho y la respuesta por parte de la policía fue que no era el trabajo de ellos y que me dirigiera a la Audiencia Nacional, y sin ninguna educación ni respeto hacia mi persona me pidieron salir ya que como ya me habían dicho ese no era asunto de ellos (...)

Lo más extraño de la situación y lo más «peligroso» dentro de dicho vehículo voy a relatar lo a continuación me presentan al «Oficial» (Israelí), la mujer que conducía el vehículo (que decía ser también Oficial) Británica, exactamente Escocesa, además de estas personas se encontraba un hombre Español que no pronunció palabra alguna.

Durante dicho trayecto el «Oficial» se dirigió a mi de forma violenta insultando mis creencias, mi familia, mi nacionalidad, no podía responder a dichos ataques verbales ya que era abofeteado y obligado a responder lo que quería oír, me insultaba en lengua árabe (un árabe perfecto), esto no formaba parte de una investigación (hago referencia a la violencia verbal dentro del vehículo) ya que no existe ningún documento al respecto. Además esta persona disfrutaba y se divertía mucho humillándome, le faltaba únicamente saltar, se reía mientras todo esto sucedía. Ninguna de las «preguntas» que se me hacían fueron hechas delante de un abogado de-negándome así parte de mis derechos, ya que como las respuestas eran obligadas era de eso de lo que se aprovechaban para tomar algún tipo de nota. En ningún momento del trayecto esta persona paro de insultarme y agredir mi integridad como persona llegando incluso a amenazarme de muerte mostrándome un arma...

El documento completo describe todas las penalidades que Abu Sufian asegura haber sufrido antes, durante y después de su detención y sus dos años de prisión preventiva. Y creo que como mínimo tengo la obligación de dar a conocer su punto de vista, aunque solo sea porque es el que no suele trascender a los grandes medios de comunicación. En ese momento me llamaba mucho la atención su alusión a un oficial agente del MOSSAD y otra del MI6 en el coche que lo traslada de Málaga a Madrid tras su detención. Pero durante nuestro primer encuentro personal no conseguí que me hablase sobre ello.

Cuando me presenté ante Abu Sufian bajo la tapadera de activista palestino-venezolano, el iraquí se mostró comprensiblemente desconfiado y reticente. Aunque le enseñé mis libros sobre temas árabes y un montón de periódicos árabe-venezolanos con mis artículos, no solo no le impresioné, sino que estaba tan asustado que se negó a llevarse los ejemplares que intenté regalarle.

—No deberías ir con eso. Si te coge la policía española con eso, puedes tener problemas...

En otro de sus cuentos, el Mullah Nasruddin relata cómo, trabajando de barquero, en cierta ocasión contrató sus servicios un erudito para que lo trasladase a la otra orilla de un lago en su barca. Mientras navegaban, el erudito le preguntó: «¿Conoce usted la gramática, la filosofía?», y el Mullah le respondió: «En absoluto». A lo que el erudito replicó: «Pues sepa que ha perdido usted la mitad de su vida...». Mediada la travesía cuando se levantó un temporal que hizo zozobrar la barca y, mientras se hundía, Nasruddin preguntó al erudito: «Y usted, ¿sabe nadar?». A lo que el aterrado sabio respondió: «En absoluto». «Pues sepa —concluyó Nasruddin— que va a perder usted su vida entera...»

En algunas circunstancias, como en esta, mis años de formación coránica, mis estudios de árabe y mi tapadera como activista palestino-venezolano, refrendada por aquellos periódicos y libros que intentaba obsequiar al iraquí, no sirvieron para nada. Porque lo único que en ese momento necesitaba Abu Sufian era un gesto amable...

Su única obsesión era conseguir que un médico pudiese tratarle de los dolores de espalda, que atribuía a su estancia en prisión. Se lamentaba de que en su situación no disponía de tarjeta sanitaria, ni de documentación —imprescindible para conseguir un empleo—, y de que los servicios sociales hacían caso omiso a sus demandas. Me inspiró lástima, y me ofrecí para intentar conseguir algún consejo médico para él, basándome en los análisis clínicos, redactados en el Hospital Universitario 12 de Octubre, que me entregó. Según dichos análisis, Abu Sufian sufría un cuadro «depresivo mayor».

En realidad, lo único que hice fue enviarle los análisis a un médico amigo y pedirle su opinión. Me recomendó que tomase ciertos fármacos y me indicó cómo podía solicitar una receta. Eso fue suficiente para ganarme, poco a poco, la amistad de Abu Sufian, «el hombre de Al Zarqaui en España».

Puedo dar fe de que los servicios de información seguían los pasos de Abu Sufian muy de cerca, porque tras nuestro primer encuentro yo mismo fui seguido por tres personas. Por supuesto, los agentes no podían imaginar que en mi primera reunión con Abu Sufian yo llevaba la cámara oculta, que no solo grabó al presunto terrorista, sino a los tres tipos que me siguieron después.

La última entrevista de Eduardo Rózsa Flores

Durante mis conversaciones con Ilich Ramírez, de vez en cuando surgía el nombre de Eduardo Rózsa, con quien yo ya mantenía una fluida relación cibernética. De hecho, fue Rózsa Flores quien me demostró el enorme potencial de las redes sociales en la difusión del mensaje yihadista y/o revolucionario. El vicepresidente de la Comunidad Islámica en Hungría era el *webmaster* de varias páginas web y blogs, además del suyo personal: *http://eduardorozsaflores.blogspot.com*. Pero también disponía de perfil en prácticamente todas las redes sociales, a través de las cuales se comunicaba con personas afines a su ideología de todo el planeta. Eduardo fue quien me invitó a construir mi perfil personal en redes sociales muy conocidas, como la comunidad de MSG, y otras menos habituales, como WAYN, en las que acepté su invitación para ser agregado.

Cuando Ilich Ramírez deseaba transmitir algún mensaje a Eduardo Rózsa, simplemente me lo comunicaba en cualquiera de nuestras conversaciones telefónicas, y yo me ocupaba de hacérselo llegar a él a través del Messenger o por correo electrónico. Pero también por correo epistolar. Envié a Rózsa tanto algún ejemplar de *El Islam revolucionario* de Ilich, como mis propios libros sobre temas islámicos, autoeditados como parte de mi tapadera. Y Rózsa, como ya he dicho, tuvo la amabilidad de enviarme dedicados de su puño y letra algunos de los libros que él había publicado en Hungría o/y España. Aquellas dedicatorias manuscritas, junto con otras muestras caligráficas de Rózsa, me serían útiles más adelante para solicitar un informe psicografológico a una de las principales organizaciones de pericia caligráfica de Madrid...

Su biografía realmente era impresionante. Nacido en 1960 en Santa Cruz de la Sierra (Bolivia), huyó con su familia de las guerras en la América Latina de los setenta y terminó en Hungría, donde se dedicó al periodismo. Trabajó en la guerra de los Balcanes como corresponsal de la BBC británica o el diario español *La Vanguardia*, en cuya hemeroteca pude rescatar las <u>crónicas que redactó Rózsa</u> en la época, compartiendo corresponsalía con nombres tan emblemáticos del periodismo como Manu Leguineche, Arturo Pérez-Reverte o mi compañero Julio César Alonso. Quería buscar en esos reportajes periodísticos la raíz ideológica de quien se convertiría en camarada del Chacal, porque, como Ulrike Meinhof o Ibn Al Jattab, un día el periodista decidió que la pluma no era suficiente para luchar por sus «ideales», y tomó el fusil. Rózsa terminó comandando la Brigada Internacional en la guerra de los Balcanes, con más de 380 soldados, venidos de más de veinte países para luchar por la independencia de Croacia. Como el Che Guevara, Patrick Argüello, Ilich Ramírez y otros internacionalistas famosos, Eduardo Rózsa acabó empuñando las armas en un país lejano, para luchar, supuestamente, por un pueblo que no era el suyo.

Eduardo Rózsa había sido activista en misiones humanitarias en Sudán o

Iraq, actor y productor de documentales, agente secreto y dirigente de la Comunidad Islámica en Hungría. Y en 2001 la directora húngara Ibolya Fekete había llevado al cine su sorprendente vida. Ibolya, que ya tenía una larga experiencia en cine documental, no encontró un actor capaz de expresarse en inglés, húngaro, español, francés, etcétera, como el políglota personaje de su película, así que finalmente fue el mismo Eduardo Rózsa quien se interpretó a sí mismo en la película sobre su vida: *Chico*.

Esa fascinante biografía, unida a la estrecha relación que habían mantenido en el pasado Ilich Ramírez y Eduardo Rózsa, convertían al boliviano en objeto de mi interés. Así que, una vez más, utilicé su vanidad y la excusa de mi gaceta revolucionaria para proponerle a Rózsa la posibilidad de protagonizar un número monográfico de *Los Papeles de Bolívar*. Después de mis pesquisas en la hemeroteca del diario *La Vanguardia* y de leer los libros que me había mandado Rózsa, tenía claro que el tipo bien merecía un número de mi humilde boletín. Rózsa, impresionado por la apariencia del mismo, con textos en inglés, francés, euskera, árabe y español, y por su distribución en mezquitas, locales revolucionarios, etcétera, aceptó. La humildad y la discreción no eran sus mayores virtudes.

Así que convencí a la directora de *ICR*, uno de los periódicos bolivarianos para los que trabajaba como corresponsal en el mundo árabe, del interés de aquel personaje al que intencionadamente califiqué como «una especie Che Guevara boliviano en Hungría». Después, a lo largo de varios días y a través de Internet, realicé esa larga entrevista a Eduardo Rózsa, sin saber que iba a terminar incluida en un sumario judicial por intento de magnicidio, y que sería comentada y reproducida en todo el mundo...

Rózsa se entusiasmó con el trabajo que me había tomado para preparar la entrevista y en lo documentadas que estaban mis preguntas, y parece que le gustaron demasiado, porque, como había hecho Jorge Verstrynge, no esperó a que el periódico venezolano ni mi boletín publicasen la entrevista. En cuanto redactó las respuestas, publicó la entrevista en su propio blog. Es más, incluso la tradujo al húngaro para poder publicarla en revistas culturales y páginas web de su país,[14] sin darme tiempo a reaccionar. Por lo menos tuvo la amabilidad de mandarme un montón de fotografías suyas, exclusivas, para ilustrar la entrevista. Fotos de su época de combatiente, de su juventud, de sus viajes a Iraq, de eventos que presidía en las mezquitas, etcétera. Un material periodístico que seis meses más tarde tendría un valor incalculable.

---

14. Entre otras:
http://ellenkultura.info/interju-rozsa-flores-eduardoval/
http://www.euroastra.info/node/20857
http://eduardorozsaflores.blogspot.com/2008/10/muhammad-abdallah-interj-rzsa-flores.html

Rózsa se presentaba como un idealista romántico, un poeta sensible, un devoto musulmán y un idealista de la lucha armada. Más o menos la misma imagen que intentan transmitir todos los asesinos que pretenden justificar la violencia con cualquier tipo de causa noble y altruista. Esto es solo un resumen de la larga y detallada entrevista que le hice a <u>Eduardo Rózsa</u>, la última que concedió a un medio internacional, y que se publicó en el número 6 de *Los Papeles de Bolívar*.

—Tu padre, Jorge Rózsa, era húngaro de ascendencia judía y un comunista convencido, sin embargo tu madre, Nelly Flores, una boliviana de profundas creencias religiosas... ¿Cómo influyó ese contraste en tu infancia?

—Yo creo que los contrastes siempre ayudan. El comprometido quehacer tanto en lo político, en lo social, como en lo artístico de mi padre me influenció tremendamente. Un ejemplo, tendría yo unos ocho o nueve años cuando mi padre me llevaba a las acciones de difusión cultural en las barriadas más pobres de Santa Cruz, iba él, yo, sus alumnos de la Escuela de Bellas Artes a dar clases de dibujo, pintura, historia del arte a jóvenes humildes que no tenían la posibilidad de acceder a esos conocimientos. En esas oportunidades yo trababa amistades con los chicos de esas barriadas, y aprendí a valorar a la gente, por su conducta y valores generales y no por su procedencia social. Mi madre, por su parte, me transmitió la moralidad clásica cristiana, que me dio munición, me alimentó en lo moral, hasta bien entrada mi juventud, cuando fui tomando ya mis decisiones propias... Creo que tengo y puedo decir que he tenido una gran suerte de haber nacido en esa familia. De ahí proviene todo lo que soy hoy en día...

—Cuando llegaste a Hungría escapando de la dictadura chilena, ingresaste en una escuela militar. Y en alguna ocasión has dicho que tu intención era regresar a América Latina con experiencia militar para seguir los pasos del Che en Cuba. ¿Cómo te influyó la imagen del Che Guevara? ¿Podías imaginar entonces que terminarías emulándolo, pero años después y en la mismísima Europa?

—Pues, para ser sincero y claro: la figura de Che Guevara, estoy convencido, marcó (de uno u otro modo) a todas las generaciones que tuvieron algún contacto con esa historia, allá por los años sesenta... Mi padre fue expulsado del PC boliviano a raíz de la guerrilla y de su quehacer, como uno de los que habían asumido la tarea de ayudar en cuanto a la logística, en cuanto a lo que se refiere al apoyo logístico a la guerrilla en Bolivia. Cuando Monje, entonces primer secretario del PC, se retracta y niega la ayuda acordada, acatando órdenes llegadas de Moscú, y deja a la guerrilla a la deriva y sin ningún apoyo organizado en la retaguardia, algunos, como mi padre, no acatan esta indignante y asquerosa decisión, y entre otras cosas, ellos serán quienes se encargarán de la evacuación de los pocos sobrevivientes de la empresa guerrillera hacia Chile. Yo crecí con la imagen grabada en mi cerebro de un Che abandonado a su suerte, por un lado, y la de los caciques del partido por el otro, que con el pasar del tiempo se convirtieron en algo así como bichos feos y asquerosos para mí, conociendo bien (primero en Chile, luego en el exilio en Suecia, más tarde en el otrora «campo socialista») sus deplorantes actividades, la inmoralidad, la autosuficiencia de quienes se suponía eran la vanguardia de los movimientos revolucionarios en ese entonces, y para ir más allá [se suponía que] ellos iban a salvar el mundo. Siendo ya un adolescente, me doy cuenta de que eso no era así, que se trataba de gente egoísta, más preocupada de cuidar su «carrera» en los niveles burocráticos del partido, que de la verdadera causa, la revolución latinoamericana. El Che, para mí, entre otras cosas, fue una víctima más del estalinismo. Y como militar, un ejemplo. Ejemplo como pensador militar, y ejemplo en lo moral también. Es otra cosa que con el pasar del tiempo y los cambios que hemos vivido en los últimos decenios, algunas de sus postulaciones teórico-militares no «funcionen» ya, pero la esencia, el valor del ejemplo dado con su actitud y su sacrificio permanecen inalterables.

—Me sorprende haberte leído que, después de algún tiempo en las escuelas militares húngaras, fuiste enviado a completar tu formación a la academia F. E. Dzerzhinsky, en la antigua Unión Soviética, donde te sentiste decepcionado del «socialismo real», del que tu padre y tu tío Jorge te habían hablado. ¿Por qué?

—En parte ya he respondido a tu pregunta, querido amigo. Una cosa son los discursos, las palabras... los libros de teoría. Otra cosa es la realidad. Puede ser que exista una realidad, en la que el socialismo sea una cosa verdadera, correcta y justa. Que esa no fue la realidad del experimento bolchevique-comunista, es una cosa clara y obvia para mí. La inmoralidad, la mentira, los crímenes cometidos en nombre del «socialismo real» son imperdonables. Habrá que usar mucho detergente para lavar esa ignominia. Te hablo de la realidad. No de las ideas. No de la necesidad, que sí existe, de construir una sociedad más justa. Pero esto pasa por tomar, en primera instancia, en cuenta los verdaderos deseos del pueblo. No nos olvidemos que lo que se hace no se hace contra, sino por los pueblos, en interés de nuestras naciones. Aprendí a detestar a las famosas «élites» político-ideológicas del campo socialista, por un muy simple motivo: estos deplorables seres estaban más interesados, ¡no!, estaban *solamente* interesados en mantenerse en el poder, con sus privilegios, con sus ventajas. Para ellos, el «socialismo» era solo una cobertura, que nada tenía que ver con lo que los de abajo, el pueblo, sentían y anhelaban. He llegado a la conclusión de que no se puede hablar de socialismo, ni *hacer* socialismo, si no se respetan plenamente la libertad y el derecho a la autodeterminación, sea esto de los individuos que componen la sociedad, o de los pueblos o naciones en general. Si no, entonces ¿qué nos diferencia de lo y de quienes decimos odiar?... Si cometemos los mismos errores o crímenes que aquellos. Esto es intolerable.

»Una cosa es tomar el poder. Con las armas o sin ellas. Imponer una dirección, encausar un proceso. Pero ulteriormente no se pueden tomar todas las decisiones (sean necesarias o no) en lugar del pueblo, que es por y para quien hemos *hecho* la revolución, tomado el poder, ganado una guerra de independencia, lo que sea. Por esto para mí uno de los ejemplos más valiosos es el de la revolución sandinista en todo su desarrollo. Y creo que no tengo que explayarme en el porqué de esta mi afirmación. Nadie tiene el derecho de suplantar al pueblo. Nosotros somos sirvientes, empleados, esclavos (si se quiere) de una causa, y no tenemos más derechos que nadie. Lo que tenemos sobre nuestras espaldas son las obligaciones, las tareas a cumplir. Ni un gramo, ni una pizca de derecho más que otros. Esta es la esencia del porqué de mi "desilusión" en cuanto a la experiencia socialista en Europa Central y en la ex URSS.

—Más tarde estudiaste literatura comparada, lingüística y politología en la Universidad de Budapest, y empezaste a trabajar para la agencia cubana de noticias Prensa Latina, y después para el diario español *La Vanguardia*... ¿Cómo fueron tus inicios como periodista?

—Pues, siendo lo suertudo que soy, di con mis huesos (en sentido figurado, claro) en el ojo del huracán. Es como si alguien, con el diploma fresquito de biólogo digamos, en el primer día de trabajo en un laboratorio, con el ojo en el microscopio, encontrase una nueva especie, algo que tendrá influencia en toda su ulterior carrera profesional. Como novato en el periodismo, con las partículas de la cáscara del huevo todavía pegadas a mi piel, me tocó vivir y cubrir algunos acontecimientos claves en la otrora Centroeuropa «socialista». Rumanía, entrevistas con intelectuales disidentes de la minoría húngara oprimida por ese demente dictadorzuelo que se llamaba Ceaucescu, manifestaciones en Praga, más bien desfiles de carnaval, organizadas por ultraliberales, pacifistas y otros bichos raros, o sea nada serio. La caída del Muro de Berlín. Algo que sabíamos que se iba a producir, por algo fuimos llamados allí, para estar presentes a la puesta en escena de esa comedia, que algunos todavía se obstinan en llamar «los cambios democráticos» de Europa del Este. ¿De qué cambios hablan? Que de democráticos ni un pelo. Lo único que pasó fue el cambio de ropaje y caretas de la oligarquía «comunista», de la nomenklatura, que de muy «socialista» pasó a ser muy capitalista. Basta dar un vistazo a los nombres de los directores-propietarios de las empresas (otrora estatales) privatizadas con los primeros albores del supuesto cambio democrático. Aquí no pasó nada. ¿El pueblo? Recibió dos cáscaras de banana y un pasaporte para viajar «libremente». Eso fue todo. Aparentemente la clase dirigente comunista dejó el poder político, pero adquirió un poder económico tal, que hasta el día de hoy les hace inevitables y en realidad siguen siendo los mismos bandido quienes mandan en estos pobres países. De Berlín y Praga, pasé a Albania,

donde me tocó encontrarme con un país sumido en la miseria, y todavía bajo
el terror de la dictadura estalinista. Ni hablar allí de «democracia socialista»,
allí no existían ni esos mínimos derechos y libertades de las que se podían
hasta vanagloriar algunas de las democracias populares de ese entonces. Todas
estas experiencias (siendo solo espectador de lo que pasaba) me fueron haciendo hervir el agua en la cabeza... demasiada mentira, demasiadas injusticias, y
todo eso en medio de Europa, con toda esa tradición, cultura y civilización...
y mi América Latina estaba lejos, tan lejos...

—Siendo precisamente corresponsal de prensa, y después de una temporada en Albania, llegaste a Croacia en 1991. Quizás una de las noticias más
duras sobre las que te tocó informar fue la muerte de tu compañero Zarko
Kaic, de la televisión croata. El famoso periodista español Manu Leguineche
dijo de ti que fuiste un periodista que tomó partido... ¿Qué te impulsó realmente a cambiar la cámara por el fusil y convertirte en el comandante de las
Brigadas Internacionales en Croacia?

—Parecerá prepotente, o a lo mejor hasta autosuficiente, pero fue una toma
de decisión, tal vez la más simple o sencilla que yo haya tomado en mi vida
hasta este momento. Después de casi tres meses de trabajar como corresponsal,
casi cada segundo del día, por decirlo de alguna manera, en la primera línea,
ver todo el sufrimiento y la rabia de una nación prácticamente desarmada, pero
así enfrentada al entonces cuarto ejército más fuerte de Europa, combatiendo
por su libertad e independencia, esto por un lado, por el otro: todas esas organizaciones internacionales que no son más nada que un circo de grillos bien
pagados, que no hacían nada... ¿y si lo hacían?: como la ONU, al imponer el
embargo a la importación de armas para *toda* Yugoslavia, con lo que condena-
ban prácticamente a los croatas, y a las demás naciones oprimidas, a defender-
se (exagerando un poco) con piedras y palos. Si la mal llamada «comunidad»
internacional no se hubiese comportado tan cobarde y mezquinamente, Bosnia
(un poco después que Croacia) no hubiese sufrido lo que sufrió, no habrían
violado (los serbios) sistemáticamente a varias decenas de miles de mujeres
bosniacas, no hubiesen asesinado tanto niño, tanto anciano, a tanta gente inde-
fensa... Bueno, este era el cuadro. Lo que tuve que ver como periodista. Estaba
en el lugar preciso, en el momento preciso, con la causa justa ante mis ojos.
Era lo que había estado esperando desde que tengo uso de la razón.

—¿Crees entonces que en algunas ocasiones la lucha armada está justificada, por encima de la simple labor informativa de un periodista? ¿No crees
que actualmente en Palestina, Iraq, Afganistán, Sudán, Chechenia, Cachemi-
ra, o más recientemente Georgia, podrían hacer falta tantos voluntarios como
lo fuiste tú en Croacia?

—Vaya, cómo no va a ser justificada la lucha armada... No quiero decir que
todo periodista tire la pluma o la cámara y que se enrole en el primer despe-

lote que se le ponga enfrente. Pero quien no toma partido, pudiendo hacerlo, teniendo los conocimientos y la capacidad necesarios para ayudar a quien lo necesita, es un ser egoísta, y por lo tanto despreciable. Y acoto, que tengo mi experiencia... bastante negativa sobre lo que es el trabajo mediático de una buena parte de los que se llaman corresponsales en zonas conflictivas: son simples y asquerosos mercenarios del mercado de la información. Gente que trafica con cadáveres, los usa, los fabrica y los vende. Y no entro a tocar otros aspectos, que esto duraría horas... la mentira, la intencionada tergiversación, la manipulación... Vaya, que no quepa duda de que siempre será más sano recibir una bala como voluntario peleando por una causa justa, que vivir alimentándose de carroña y vendiendo carroña al mejor postor.

—Reconocerás que en tu vida todo es extraño, incluso tu espiritualidad. De origen judío, has sido miembro del Opus Dei, y siempre has defendido apasionadamente tu paso por la Obra de monseñor Escrivá de Balaguer, sin embargo ahora eres el vicepresidente de la Comunidad Islámica en Hungría. Me gustaría mucho conocer tu forma de entender a Dios entre esos contrastes... ¿Cómo fue tu conversión al Islam?

—No creo que sea extraño que alguien busque su camino. Yo lo venía buscando desde bien jovencito. Siempre tuve la necesidad de Dios, de la fe en Dios. Mi paso por la Obra del Opus Dei me favoreció en todos los sentidos, conocí gente magnífica, aprendí a conducirme disciplinadamente en cuanto a mi vida espiritual, pero en otros sentidos también. Fue gente que me ayudó, espiritualmente, como nadie lo había hecho antes. Solo puedo reconocer lo que hicieron para encaminarme. Yo no veo ninguna contradicción: estamos hablando del mismo Dios, ¿no? Estamos hablando de los mismos valores universales, creo yo... ahí no veo ninguna contradicción. Simplemente se trata de etapas de la vida de una persona que ha tenido la suerte de haber sido «tocado» ya varias veces por el amor de Dios. El Islam es la culminación de ese proceso. Yo partí por un camino, di algunos giros por aquí por allá, pero ahora, como parte integrante de la Umma, puedo decir que he llegado a casa. Soy parte de un proyecto universal, iniciado con la revelación del Santo Corán a nuestro querido Profeta, y como tal, intento comportarme, llevar una vida encausada, e intento ayudar a mis hermanos, estén donde estén.

»Mi conversión se inició en una mezquita del Sarajevo asediado por los serbios, allá por el año 1995, antes del tratado de Dayton que puso fin a la guerra en Bosnia. Estaba allí para hacer entrega directa de un paquete que contenía mapas, fotos, datos recopilados en la frontera húngaro-serbia, sobre el tráfico ilegal de armas que se hacía en esa zona, eran armas que iban a parar en manos de las bandas de serbios salvajes que estaban masacrando a la población bosniaca... Me invitaron a una mezquita, llegué allí poco antes de la oración vespertina. Nunca antes había estado durante la oración en una mezquita, idea no tenía de nada, así que me ubiqué en la fila trasera, intenté seguir el ritmo de la oración, y lo que se me ocurrió orar fue una frase muy simple: Dios es Uno, Dios es Uno... Sentí una gran satisfacción y alegría de estar allí, y hasta un poco de orgullo. Afuera la cañoneada serbia despedazaba a esa ciudad mártir y heroica.

—¿Qué opinión tienes como musulmán y como soldado sobre el 11-S, Al Qaida, etcétera?

—Son muchas las interrogantes sobre el 11-S. No pasa semana sin que reciba algún análisis o alguna versión privada (nuevas ya no hay, quiero decir con nuevos y desconocidos elementos) sobre lo que sucedió ese día en Nueva York. Estoy convencido de que los responsables, en primera instancia, de que no dispongamos de una versión consistente, segura y firme sobre lo aconte-cido son gentes, empleados de la administración norteamericana. Ellos, la administración en sí es la que o ha impedido el que saliera a la luz todo el material sobre la investigación, o tergiversa desde el primer momento la infor-mación. Estoy también convencido, y esto es cosa de simple cálculo, de que como todo lo acaecido después del 11-S solo ha favorecido o a los grupos de interés que deseaban esa atroz, injusta e inmoral guerra contra Iraq (guiados más que nada por motivos e interés de corte visiblemente económico) y al ilegal «Estado de Israel», esto, el 11-S, no puede haber sido obra de nadie res-ponsable perteneciente a nuestra Comunidad; me refiero a la Umma.

»Puede ser que hayan sido personas, las que realizaron esa acción, de orígenes y hasta de fe musulmana, pero de que fueron manipuladas o dirigi-das por los arriba mencionados círculos o agencias es otra de las cosas de las que estoy absolutamente convencido. Si analizamos los resultados (ulteriores a la acción del 11-S) vemos claramente que tanto en lo militar (momentánea-mente puede ser), como en lo político, la situación es casi cien por cien nega-tiva. La Umma fragmentada, los musulmanes que no se entienden entre sí (cierto es que esto no solamente data desde el 11-S), varias naciones musulma-nas ultrajadas, ocupadas, y un sinnúmero de países del área islámica con bases militares extranjeras en su territorio. Centenares de miles de hermanos y her-manas asesinados, miles de torturados, destrucción y terror... Bueno estos son los resultados, si se quiere, directos del 11-S. Si alguien dice que esto es posi-tivo, y los hay quien... he oído decir por ahí que esto ayudará a concientizar a las masas musulmanas... ¡Por favor! No confundamos nuestra fe con ideolo-gías. En primer lugar eso es *Haram*,[15] y en segundo lugar es innecesario. En el Santo Corán y en nuestra tradición está *explícitamente claro* (perdón por la redundancia) qué es lo que debe regir la vida y el accionar de cada musulmán,

---

15. *Haram*: lo prohibido, pecado según el Islam.

ya sea en lo privado, como en cuanto a ser social, o en plano más amplio: como miembro de la Comunidad Universal Islámica, esto es: la Umma. Los que dicen lo contrario, o no son buenos musulmanes, o están locos, o son agentes de quienes dicen combatir (o todas las cosas a la vez).

»Una cosa fue el movimiento de los fedayines en Afganistán, combatiendo con todo derecho al invasor, otra cosa es la cuasi "yihad" planteada por algunos grupos... y aquí contrapongo a dos personalidades: Ben Laden por un lado, más propagandista y político que otra cosa, y al respetado y querido mártir Ibn Al Jattab por el otro. Yo me quedo con el combatiente, con el guerrero. Es a lo mejor solo cosa de "gustos". Yo por mi parte prefiero dar la cara en cada uno de mis actos, y como tal admiro y respeto a quienes han hecho lo mismo al combatir al enemigo. Estoy absolutamente convencido de que el "terrorismo" a la larga siempre será contraproducente para quienes utilizan sus métodos.

—Como líder musulmán en Hungría, supongo que vives la situación de los musulmanes en el mundo y en Europa en especial. Existen varios conflictos armados en países musulmanes, y una división entre la Umma que no había existido nunca... En lugar de unirnos todos en una lucha común, los musulmanes estamos más divididos y enfrentados que nunca antes, ¿qué solución tiene esto?

—En parte ya he respondido a esta pregunta. Solo puedo acotar que como ferviente musulmán, lleno de amor hacia nuestro querido Profeta (SAW), dolorido por las sangrantes heridas en los cuatro costados de la Umma, deposito en manos del Único (الواحد Al-Wāḥed), el Creador (الخالق Al-Jāliq), El que controla todas las cosas (القهار Al-Qahhār), El dador de sustento y fuerza (المقيت Al-Muqīt), toda mi confianza, ¡y no puede ser de otra manera! La señal ciertamente llegará hoy o mañana y cada uno de nosotros tiene que estar preparado para poner los medios de su parte. La solución a nuestros problemas está a la vista, ya no hay que esperar mucho. ¿Mientras tanto? Repito: armarse de fe, y que cada cual, según las capacidades y posibilidades que tenga, se prepare para cumplir con lo que nos será encargado. *Allah akhbar!*

—¿Has seguido desde Europa la evolución política y social de Venezuela? ¿Tienes alguna opinión sobre la revolución bolivariana que lidera el comandante Hugo Chávez?

—Conozco solo en parte lo que sucede en Venezuela, no nos llega mucha información, y hasta no hace mucho tiempo atrás, no tenía información diaria o fresca sobre el acontecer venezolano. A través de Internet puedo seleccionar yo las noticias que quiero leer o ver, así me estoy formando una idea actualizada, independiente y justa, creo yo, sobre lo que pasa en tu país y en el resto de América Latina. Si bien es verdad que soplan vientos, si no totalmente nuevos, al menos frescos en nuestro continente, aún queda mucho por hacer para que todos los pueblos y naciones americanos disfruten plenamente de los derechos que les corresponden. El camino es largo pero de nuevo se ha encaminado esa nuestra nación mezo-americana por las grandes alamedas que llevarán a la libertad, al progreso y a conquistar un mundo necesariamente más justo y que será de todos y para todos, sin excepciones.

—En la película *Chico* se recoge el momento en que conoces a Ilich Ramírez, sin duda el venezolano más internacionalista. ¿Hasta qué punto refleja la película tu relación con Comandante Carlos?

—Yo creo que *Chico* refleja correctamente, claro, solo en parte, lo que fue de mi amistad con el Comandante Carlos. Tuve el derecho asegurado hasta en el más ínfimo detalle para influir sobre la escritura del guión, así que todo lo que está en la película pasó por mi mano también. Quise que se expresara mi opinión sobre el comandante, y que se intentara derrumbar ese mito negativo que se ha construido sobre su persona y sobre sus actos. Habiendo hablado con centenares de personas desde que se presentó el film, puedo asegurarte que, en una amplia mayoría, las reacciones son más que positivas; ahora me refiero exclusivamente a las partes relacionadas con mis encuentros y conversaciones con el comandante. Mucha gente me ha expresado hasta gratitud por haberles mostrado «la otra cara de la moneda». Yo la única intención que tenía era la de aclarar algunas de las mentiras difundidas durante años sobre el paso del comandante por Hungría.

—Y para terminar... Después de una vida tan intensa y llena de experiencias, como periodista, soldado, agente secreto, luchador social, poeta, intelectual, actor... ¿Qué planes tienes para el futuro?

—Creo que no tengo motivos para acongojarme. Este nuestro mundo va de mal en peor y con esto lo que quiero decir es que tenemos bastante trabajo por delante, y eso no es poco. Por lo tanto hay que ponerse las pilas, como dicen en España, y trabajar. Trabajar por el Islam, trabajar para ayudar a quienes lo necesitan, pelear si es necesario, donde y por la causa justa que así lo requiera. ¿Sobre mis planes? Tengo un nuevo libro, un poemario listo ya para ser publicado, tengo otros proyectos para escribir, y también hay una nueva película en camino. *Insallah!* Para la tranquilidad de quienes vieron *Chico*: esta vez no tendré ningún papel, no voy a actuar en esta nueva película, que está basado el guión en mi primer libro, *La guerra sucia*, y tendré algún trabajo como consultante durante el rodaje. ¿En lo restante? Será lo que Dios quiera. Entre otros ejemplos, tengo el del Quijote delante de mí... imagen entrañable y positiva. Lo demás no vale un comino.

Pero Rózsa mentía. O al menos no me había confesado toda la verdad de sus planes inmediatos. Aunque aún era pronto para saberlo.

«No difundas este mensaje... es clandestino»

En noviembre, mis viejos amigos del grupo SKA-P, a los que conocí durante mi infiltración en el movimiento antifascista, celebraban un multitudinario concierto en Caracas, que nada tenía que envidiar al organizado por Juanes en la frontera colombo-venezolana meses antes. Solo que ellos contaban con el apoyo incondicional del gobierno de Venezuela. Tanto es así que su tema «El Libertador», dedicado a Simón Bolívar pero reinterpretado en clave chavista, se convirtió en el nuevo himno de la juventud bolivariana. La letra de la canción no es casual. VTV, que había madurado mucho en sus armas para la guerra mediática, supo ver el potencial bélico de esta bomba de alta potencia y editó un videoclip con imágenes del presidente Hugo Chávez sobre la <u>canción de SKA-P</u>: se convirtió en un misil subliminal que constantemente irrumpía en la programación de VTV a partir de noviembre de 2008.

Y exactamente a las 12:43 del día 5 de ese mes, solo veinticuatro horas después de que Barack Obama se convirtiese en el cuadragésimo cuarto presidente de los Estados Unidos, llegaba a la bandeja de entrada de mi correo electrónico un e-mail del Chino Carías que iba a originar otro brusco giro en la dirección de esta investigación. Reproduzco el correo tal y como me llegó:

Fecha: 05/11/08 12:43
Asunto: un saludo camarada
Enviado por: hotmail.com

Camarada el mensaje que te voy a enviar en el próximo mensaje es un encuentro de grupos rebeldes y sociales en la ciudad de Estocolmo, Suecia. El objetivo es reinvindicar el papel de la lucha armada y su vigencia histórica. Haré todo lo posible para hacerte llegar tu invitación como combatiente del pueblo palestino. No difundas el mensaje ya que es de caracter clandestino.

Efectivamente, en su siguiente comunicado Comandante Chino me adelantó que, una semana después, organizaciones revolucionarias de izquierdas de todos los rincones del planeta se darían cita en un encuentro mundial en Suecia, y estaban interesados en que Ilich Ramírez Sánchez participase telefónicamente, a través de mí. «A ti te van a enviar tu invitación —añadía el Chino—. Yo les hablé de ti, de tu trayectoria, esperan con gran entusiasmo tu participación en el foro. Van alrededor de sesenta compatriotas.»

El líder tupamaro y ex subdirector de Seguridad Ciudadana de Caracas me estaba invitando formalmente a acompañar a la delegación venezolana en un encuentro internacional de organizaciones comunistas, revolucionarias y también de la mayoría de los grupos armados que profesaban esa ideología política, entre los que aseguraba que se encontrarían sandinistas, FARC, etarras, tupamaros, palestinos, zapatistas, senderistas, elenos, etcétera. Se trataba del VII Foro Socialista internacional de Suecia, organizado por ABF-Estocolmo.

Por supuesto, ni por un instante pensé que aquella inesperada invitación de los tupamaros venezolanos, que me pilló totalmente desprevenido, se debiese a mis méritos como terrorista. Ni siquiera las buenas referencias que daban de mí mis instructores de armas, ni mis libros y artículos sobre la lucha palestina, justificaban aquella invitación a un evento internacional «de carácter clandestino». No hace falta ser un lince para deducir que lo que verdaderamente interesaba a los organizadores del evento era contar con la presencia de Ilich Ramírez, *Carlos el Chacal*, y sabían que eso podían conseguirlo a través de mí. Cualquiera de los seguidores del *website* oficial de Ilich Ramírez estaba al tanto de mi relación permanente con el legendario Carlos, sobre todo desde el mes de agosto, cuando el Chacal empezó a llamarme personalmente todas las semanas, desde su prisión en París.

Ahora restaba preguntar al comandante Ilich Ramírez si, en su opinión, yo debía participar en el evento de Suecia para facilitar su intervención en el mismo. Y así se lo pregunté en su siguiente llamada telefónica. Ilich Ramírez se mostró muy interesado en el acto. Me sugirió que aceptase la invitación y que la compartiese con Eduardo Rózsa. Así que acto seguido le planteé al vicepresidente de la Comunidad Islámica en Hungría la posibilidad de reunirnos en Estocolmo. Sin embargo, Rózsa me dio largas.

El Chacal, por su parte, no solo aceptó participar en el acto de Suecia, sino que incluso redactó un comunicado, en español y francés, que debería leerse en la reunión, tanto si él conseguía entrar telefónicamente como si no.

ILICH RAMÍREZ SÁNCHEZ
Cárcel de Poissy, noviembre 2008
Mensaje para los camaradas y amigos del Séptimo Foro Socialista:
La presencia del presidente de los Tupamaros de Venezuela, el veterano guerrillero Alberto Carías, me permite reiterar mi solidaridad con todos los que resisten a los imperialistas y a los sionistas, portadores de ideologías criminales y terroristas. Vuestras iniciativas de denuncia de la represión de Guantánamo a la Palestina son un soplo de aliento para quienes estamos secuestrados en las mazmorras de los yanquis y de sus cómplices.
Un abrazo caluroso a los doctores y los paramédicos suecos, voluntarios en los dispensarios de los campos de refugiados palestinos, y en particular a la heroica enfermera mutilada en el sitio de Tell El-Zaotar, al norte de Beirut.
¡Hasta la Victoria Siempre!
¡Patria, socialismo o muerte!
VENCEREMOS
Salud Camaradas
Carlos

Aquella invitación suponía otra oportunidad periodística extraordinaria. La posibilidad de conocer, desde dentro, un encuentro internacional entre diferentes grupos armados, sus nombres, sus relaciones, sus pactos. Y, lo que es más extraordinario, una reunión que no iba a producirse en ningún remoto país africano, en ningún suburbio asiático, ni siquiera en ninguna selva latinoamericana, sino en una de las capitales más cosmopolitas de la vieja Europa. Sin embargo, aceptar dicha invitación implicaba nuevos riesgos. Tendría que viajar una vez más solo y sin ninguna cobertura a un país extranjero cuya lengua, cultura y riesgos desconocía. Y, lo que es peor, en esta ocasión no tenía absolutamente ningún contacto al que poder recurrir en caso de que las cosas se complicasen. No habría plan de contención. Dependería en exclusiva de mis recursos. Y de mi pasaporte...

Por un momento pensé en acudir a la embajada de Suecia. Como relato en *El año que trafiqué con mujeres*,[16] en enero de 2004 tuve la oportunidad de asistir en Madrid a un ciclo de conferencias sobre el modelo sueco que penaliza al cliente de la prostitución y no a la mujer prostituida, organizado por la embajada sueca en España y presentado por Ana Botella, concejala de Asuntos Sociales y esposa del aún presidente José María Aznar, y por el todavía ministro de Trabajo Eduardo Zaplana. Ana Míguez, directora de Alecrín y una de las presentadoras de mi libro dos meses después, me presentó a Ana Botella, que resultó ser conocedora de mi *Diario de un skin*, y ambas me invitaron a acompañarlas tras las conferencias en una recepción organizada en la embajada de Suecia. Allí puede conocer también al excelentísimo embajador señor Lars Grudberg y a su esposa Gunnel, y a la ministra de Democracia, Integración e Igualdad de Género de Suecia Mona Shalin, que visitaba Madrid aquellos días para asistir a las conferencias sobre prostitución. Así que estuve tentado de intentar recuperar el contacto con el embajador sueco en España, para pedirle cobertura en mi inminente viaje a Estocolmo. Pero tras valorar los pros y los contras llegué a la conclusión de que sería un error similar al que cometí cuatro años antes, al pedir ayuda a mi antiguo contacto en el MOSSAD, antes de viajar a Palestina. Se supone que iba a infiltrarme entre terroristas y no ayudaría a mi tapadera tener a los servicios de información suecos detrás de mi sombra. Además, después de que fuese un mando de la policía española quien me delatase a los Hammerskin durante mi infiltración en el movimiento neonazi, mi desconfianza hacia los servicios de información está justificada.

Estaba desesperado, así que finalmente decidí acudir al agente Juan y a alguno de sus compañeros en los servicios de información españoles. Juan sabía en qué andaba yo metido, pero no quería que ninguno de sus compa-

---

16. *El año que trafiqué con mujeres*, pág. 364 y 365.

ñeros compartiese esa información, así que evidentemente estaba pidiendo a los funcionarios un ejercicio de fe imposible.

—A ver si lo he entendido bien... ¿Quieres que le diga a mis «primos» que necesitas un pasaporte falso, pero que no les diga quién eres ni para qué lo quieres? —El agente Juan contenía solidariamente la sonrisa para no carcajearse en mi cara al repetir mis palabras.

—Sí, lo sé, suena disparatado, ¿no? Pero entiéndelo, no me hace ninguna gracia meterme en la boca del lobo, en un país que no conozco y en el que no tengo ni un solo contacto, y encima utilizando mi pasaporte. Si por casualidad llegan a verlo, descubrirían mi identidad real y toda la investigación se iría al carajo...

—Habértelo pensado antes, chaval. Ahora no estás tratando con rapadillos neonazis ni con simples traficantes. Y esto te queda grande. Puedes conseguir fácilmente un pasaporte en el mercado negro, pero ya sabes que lo vas a tener que pagar. Y, si quieres uno europeo o americano, te va a costar más caro que uno africano, por ejemplo. Pero el problema es que si te pillan usando un pasaporte falso, no te libra ni Garzón... estarías cometiendo un delito. Yo puedo orientarte, ayudarte, decirte por dónde tienes que buscar; pero si lo haces, yo no quiero saber nada...

—No necesito tu ayuda para conseguir un pasaporte falso, Juan, pero es que no quiero eso. Quiero que todo sea legal, y sé que un juez podría autorizarlo si alguien de tu servicio presiona un poco... sé que hay formas...

—Las habría, Toni, si fueses un funcionario o trabajases para Defensa o incluso para Interior. No habría ningún problema en prepararte una identidad para que fueses a Suecia con las espaldas cubiertas. Y si supieran hasta qué punto estás metido, estoy seguro de que incluso te darían cobertura allí. Sería muy sencillo... pero tendrías que darles algo a cambio. Por muy buenas referencias que yo les dé de ti, y aunque supiesen que estoy pidiendo ese favor para Antonio Salas, ningún mando se va a mojar si no les explico adónde vas y lo que vas a hacer. Y, además, comprometiéndote por escrito a darles a ellos la información y a no publicarla en un libro...

Juan me lo dejó tan claro como el agua. Si quería ayuda de los servicios de información, debería trabajar para ellos y no para mis lectores. Así que volvía a estar solo. No podía esperar ningún apoyo oficial, y tendría que buscarme la vida para viajar a Suecia con mi pasaporte real. Aunque el agente Juan me dio una información esperanzadora.

—Piensa que podía ser peor. Al menos, desde 1996 Suecia pertenece al espacio Schengen...

—¿Y eso qué significa?

—Que es territorio europeo. Es decir, que no necesitas tu pasaporte para viajar hasta Suecia desde Barcelona. Puedes hacerlo utilizando solo tu DNI, y eso siempre es más fácil de falsificar que un pasaporte.

—Joder, Juan, ya te he dicho que no quiero usar ningún documento falso...

—Yo no te he dicho que uses un documento falso, sino que les hagas creer a tus amigos que vas a utilizar un documento falso, por si te lo pillasen. Las mafias de la prostitución mueven a las chicas por toda Europa utilizando simplemente los NIE, las partidas de nacimiento, y los documentos falsos que les preparan. No es necesario un pasaporte si se mueven por Europa con una identidad europea. Mientras sean países del Tratado Schengen puede hacerse. Y como todas las bandas de crimen organizado lo hacen, lo lógico sería que un terrorista como tú también utilizase un DNI falso... Si te deshaces de tu pasaporte, que tiene más cuños de países árabes que el de Ben Laden y les convences de que te mueves por Europa con un DNI español comprado en el mercado negro, al menos te curarías en salud por si en algún momento te lo pillan... No se me ocurre otra cosa, Toni, lo siento.

Yo también lo sentía, pero era la opción más razonable. Así que decidí seguir el consejo del agente Juan, y en la siguiente conversación telefónica con Chino le comenté alguna de mis anécdotas reales con la policía española, como aquella cinematográfica detención e identificación en pleno centro de Tenerife, al salir de la mezquita. Y, en base a esa información real, le hice creer que, ante tal presión policial, me había visto obligado a comprar un DNI español falso en el mercado negro para moverme por Europa.

—Así que dile a los suecos que no hagan ninguna reserva a nombre de Muhammad Abdallah, y que tampoco intenten averiguar en qué vuelo llego ni con qué compañía voy... porque tendré que usar otro nombre, por seguridad. Diles que ya me ocupo yo del viaje por mi cuenta...

En teoría, con esta argucia perdía un billete de avión gratis, pero ganaba en seguridad. Al menos en una ficticia sensación de seguridad, porque no tenía ni la menor idea del lío en que estaba a punto de meterme, y de lo cerca que iba a estar de que se descubriese mi infiltración. Porque mi anfitrión en Suecia iba a ser un veterano y desconfiado guerrillero, que había combatido en Palestina y en Líbano... Me iba a costar mucho esfuerzo y todo mi encanto convencerle de mi identidad palestina.

Mi anfitrión en Suecia: la desconfianza del Negro

En cuanto mi avión hizo la aproximación al Aeropuerto Internacional de Estocolmo-Arlanda, preparé mi equipo de cámara oculta. Veinticuatro horas atrás, justo un instante antes de embarcar en su vuelo Caracas-Estocolmo con escala en Fráncfort (Alemania), Carías me dijo que él llegaría antes a Suecia. Pero como otros participantes en el encuentro llegaban casi a la misma hora que yo, nos estarían esperando en el aeropuerto. Y así fue.

Una vez más, en cuanto recogí mi equipaje activé la cámara oculta. Gracias a eso está grabado mi encuentro con la nutrida recepción que nos aguardaba al otro lado del control policial sueco.

En cuanto me asomé a la sala de llegadas reconocí al Chino Carías, que se encontraba en la cafetería rodeado de un grupo de personas. Nada más verme, se acercó rápidamente para darme un abrazo y, tomándome por el codo, me apartó discretamente del grupo para preguntarme si había tenido algún problema con la policía en el viaje. Negué con la cabeza y le pregunté qué había ocurrido para que me preguntase eso...

—Me detuvieron en Fráncfort, dos horas (ininteligible) porque yo era terrorista. Me sacaron en la computadora, me pusieron la cara en la computadora, me estaban esperando. Me desnudaron y todo. Me decían: «Asesino, matón, vete de aquí, vete para tu país. Aquí no te queremos». «Pero yo no vengo para aquí, voy para Suecia.» «No vuelvas a agarrar este país como...»

—¿Escala? —completé yo.

—Escala. El tipo hablaba castellano y era alemán. «Tú has matado mucha gente», me decía. Coño, estaba más cagado...

Yo también me «cagué» con la confidencia que me estaba haciendo Comandante Chino nada más tomar tierra en Estocolmo. Tampoco hace falta ser un experto en contraterrorismo para saber que si la policía alemana había interceptado a Comandante Chino en su escala en Fráncfort, identificándolo como terrorista, era más que probable que en esos mismos momentos los servicios de inteligencia suecos nos estuviesen vigilando.

—Qué aventura, Chino. Ya empiezas la aventura antes de llegar... —le dije, intentando quitar hierro al asunto y mirando a nuestro alrededor con la esperanza de poder identificar a algún funcionario del espionaje sueco que estuviese fotografiando o grabando nuestro encuentro. Pero, claro, no vi a ningún tipo con gabardina y sombrero vigilándonos mientras hacía que leía el periódico... ¿Cómo si no identificar a un espía?

—¿Sí, verdad? —continuó el Chino—. Pero me calmé. No caí en la provocación... Ah, porque él me dice: «¿Qué hace él, qué hace José Sánchez Cheo, qué hace?». Le digo: «Terrorista igual que yo...», y el tipo me miraba con rechera... A mí me estaban esperando. Y me enseñaban fotos: «¿Quién es este tipo?», estaba arrecho... «¿Quién es este tipo?», me decía el policía...

Justo después de decir esto, se nos acercó un hombre de aspecto bonachón y sonriente, de tez muy oscura, casi mulato, y Chino me presentó a José Sánchez, alias *Negro Cheo*. Se trataba de un tipo bajito, rechoncho y de aspecto cordial, que debía su alias, obviamente, al oscuro color de su piel. Pero en cuanto me di cuenta de cómo me miraba el Negro, a pesar de sus bromas y cordialidad, intuí que algo iba mal.

Permanecimos un rato en la cafetería del aeropuerto con un grupo de salvadoreños pertenecientes al Frente Farabundo Martí para la Liberación Nacional (FMLN). A principios de los ochenta, el Frente Farabundo Martí había aglutinado a diferentes movimientos guerrilleros durante la terrible guerra de El Salvador, alzados en armas desde diez años antes contra el gobierno derechista y sus aliados norteamericanos. Pero en un ejemplar ejercicio de madurez, en la década de los noventa el Frente Farabundo Martí evolucionó de la lucha armada a la lucha política, y en noviembre de 2008, a solo cuatro meses de las elecciones generales en El Salvador, el FMLN buscaba en el Foro Socialista de Estocolmo alianzas y apoyos para su candidato presidencial, Carlos Mauricio Funes Cartagena, quien por cierto ganaría las elecciones convirtiéndose en presidente de El Salvador el 15 de marzo siguiente.

Los camaradas salvadoreños tuvieron la oportunidad de relatarme algunas anécdotas de la feroz guerra de guerrillas que azotó El Salvador durante dos décadas y la enésima injerencia norteamericana en América Latina, que se produjo en su país. Pero sus explicaciones se interrumpieron cuando una atractiva mujer morena atravesó la puerta de la sala de llegadas. Se trataba de María Mirtala López, parlamentaria del Frente Farabundo Martí y una de las conferenciantes invitadas al Foro Socialista de Estocolmo. Casualmente, habíamos coincidido en el aeropuerto de Madrid, unas horas antes, sin que ninguno de los dos supiésemos que nos esperaba el mismo destino en Estocolmo.

Según me explicaron, además de los salvadoreños, se esperaba la presencia en Estocolmo de guerrilleros chilenos, colombianos, peruanos y de otros puntos de América Latina. Herederos de la filosofía del Che Guevara.

Por fin, tras los saludos de rigor y acordando reunirnos en el foro, nos despedimos en el aparcamiento del aeropuerto de Arlanda. Los salvadoreños del Farabundo Martí salieron hacia Estocolmo directamente, los venezolanos nos fuimos en dirección contraria, aún más al norte, a Uppsala. Allí tiene su casa el Negro y en ella nos íbamos a quedar los venezolanos aquellos días por varias razones. Entre otras, porque teníamos pendiente una visita a la sede del Partido Comunista de Uppsala y a la mezquita de la misma ciudad, que es la mezquita más septentrional del planeta.

Uppsala está a casi 80 kilómetros al noroeste de Estocolmo y, a juzgar por el frío, creo que no demasiado lejos de la residencia oficial de Santa Claus. Siendo la cuarta ciudad más importante del país, alberga la universidad más antigua de Suecia y una notable vida cultural. Allí nacieron el director Ingmar Bergman, el cantante Andreas Lundstedt, y algunas de las situaciones que Stieg Larsson imaginó para su trilogía *Millenium*. Y allí es donde yo iba a pasar esa semana, rodeado de ex guerrilleros latinoamericanos.

Hacía rato que había anochecido. La carretera estaba nevada y Negro conducía con mucha prudencia, así que tuvimos tiempo de charlar durante el trayecto. Se me acabó la batería de la cámara y la cinta. Pero, en cuanto la charla dentro del coche empezó a ponerse peligrosa, me di cuenta de que iba a tener que apañármelas para grabar como fuese aquella conversación:

—Mira, Negro, este es el camarada palestino del que te hablé. Un carajo bien arrecho...

—¿Tú eres palestino? —me dijo el mulato, mirándome desde el retrovisor con desconfianza.

—Sí, nací en Venezuela, por casualidad, pero mi mamá y mis abuelos eran palestinos.

—¿Dónde naciste?

—En Egido, ¿conoces? Cerca de Mérida.

—¿O sea, que eres gocho? Pues no tienes acento...

—Nací gocho, pero después de morir mi mamá las cosas no iban bien y siendo yo muy chico nos fuimos para España. Mi papá tenía familia en las Canarias, y viví muchos años en España, por eso el acento. Pero antes de nacer ya era palestino...

—Pues acá los camaradas palestinos no te conocen... Les pregunté a camaradas de la OLP y de Hamas acá y no saben quién eres...

Al escuchar aquello, todos mis músculos se tensionaron y todas mis alarmas se dispararon. Aquel tipo había estado investigándome antes incluso de mi llegada a Suecia, y eso no era buena señal. Instintivamente, coloqué la mano en la palanca de la puerta y miré por la ventanilla. Pero incluso aunque hubiese pensado en tirarme del coche, ¿adónde iba a ir? Fuera solo se veía oscuridad y nieve. Estábamos en algún punto de la autopista de Estocolmo a Uppsala y no tenía donde esconderme. No tenía ni un solo contacto en toda Suecia al que acudir. Así que intenté tranquilizarme y averiguar de dónde venían las sospechas del Negro...

—¿La OLP? ¿Por qué me iban a conocer en la OLP? —le pregunté muy inquieto.

—Chino nos dijo que tú eras el representante de la OLP en Europa, y los camaradas palestinos de la OLP dicen que no te conocen... —insistió el Negro Cheo con remarcada desconfianza.

—¡Verga, pana, qué dices! Yo no estoy en la OLP —repliqué mirando a Chino con reproche—. Pero ¿tú qué le has dicho al camarada?

—Sí, hombre, lo de Ilich, que tú eres el que lleva el tema de Comandante Carlos en Europa, ¿eso no es la OLP? —respondió Carías, restando importancia a la confusión. Y a mí me dieron ganas de estrangularlo en ese mismo momento.

—Joder, Chino, serás huevón, no te enteras. La OLP es la Organización para la Liberación de Palestina, lo de Arafat, y lo del comandante es el Comité por la Repatriación de Ilich Ramírez, el CRIR.

—Verga, chico, qué más da la vaina. Pues eso, el CRIR...

Chino Carías, poco familiarizado con el conflicto palestino, me había colocado en la primera organización de resistencia palestina que le resultó familiar, y se quedó tan ancho. Y lo que en otras circunstancias no pasaría de una confusión absurda, de una anécdota inocente, en este caso había predispuesto la desconfianza del Negro, antes incluso de que yo pusiese un pie en Suecia. Y esa desconfianza se iba a mantener durante casi toda mi estancia en el país, obligándome a utilizar todos mis recursos.

En realidad, el Negro Cheo es un tipo fantástico. Muy amable, extremadamente cordial, periodista colaborador en diferentes medios suecos y latinoamericanos y un estupendo anfitrión. Sin embargo, también era capaz de fulminarte con la mirada. Esa misma mirada fría que descubrí en docenas de miembros de diferentes grupos armados que había conocido durante la investigación, y que en el aquel momento ya se había prolongado durante cuatro años y medio. Personas que saben lo que es empuñar un arma para dirigirla contra otro ser humano.

Unos kilómetros más adelante se me ocurrió intentar reconducir la conversación, después de sacar mi teléfono móvil para grabar lo que ocurriese a continuación, confirmando lo que me había dicho el Chino antes de volar hacia Suecia:

—Al final, ¿vienen los camaradas de Hizbullah? —pregunté.

—No —respondió el Negro muy cortante—. Pero yo tengo contacto permanente con ellos. Pero ellos quieren saber quién eres tú...

El corazón volvió a golpearme como un loco en el pecho intentando abrirse camino hacia la boca. Y, por enésima vez en esta infiltración, sentí que el tema me quedaba grande. Yo no estaba capacitado para enfrentarme a situaciones como esta y tenía la sensación de que, incluso dentro del coche, a oscuras, todos se iban a dar cuenta de mi sudor frío y mi agitada respiración... Y la cosa iba de mal en peor. Porque aunque yo decidí que era mejor estar calladito, concentrándome en no sufrir un ataque de pánico, los venezolanos seguían charlando, recordando sus tiempos de lucha armada en América, Europa y Oriente Medio... Y en un momento determinado también grabé nueva información sobre la relación del Negro con Hizbullah. Y parecía que no exageraba al afirmar que tenía un contacto directo con los terroristas más peligrosos del mundo, según los expertos israelíes:

—(Cuando estábamos en Líbano...) la misión era aprender a poner bombas en los barcos... bombas abajo. Tienes que saber bucear... Por ejemplo en Beirut, donde está la embajada americana, que tiene una salida por el mar. No sé ahora, por ese entonces tenía una salida por el mar...

Por increíble que me sonase la historia, tiempo después encontraría una fotografía del Negro durante su entrenamiento submarino en Beirut, que me obligaría a conceder más credibilidad a su testimonio, y que incluí en mi álbum de fotos...

Cada kilómetro que me alejaba del aeropuerto de Arlanda me sentía más y más desbordado por la situación. Me limitaba a concentrarme en que no descubriesen la cámara, y a valorar cómo podía ganarme la confianza de mi anfitrión, que me miraba de reojo por el retrovisor del coche. Los venezolanos, sin embargo, no dejaban de charlar de los viejos tiempos, y así fue como me enteré de que el Negro había sido compañero de armas —o eso decía— del Viejo Bravo, tanto en Venezuela como en Oriente Medio. De ahí venía su relación con el Chino Carías y los demás tupamaros. Según aquella conversación, el Negro había participado en el primer secuestro de un avión en la historia de Venezuela, muchos años atrás, y también en algunos atracos a bancos. Siempre, eso sí, para subvencionar la lucha revolucionaria... o esa era la excusa. A raíz de su situación de perseguido por la justicia venezolana pre-chavista había terminado por refugiarse en Suecia, donde se había casado, tenido hijos y rehecho su vida, desestimando la idea de regresar a su país. Así que el Negro se había convertido en el «hombre en Suecia» de mis camaradas tupamaros. Igual que más tarde conocería a los supuestos «hombres en Suecia» de las FARC, los sandinistas, etcétera.

No sé si fue por el frío polar, por la oscuridad o por el subidón que me había producido el primer interrogatorio del desconfiado Negro Cheo, pero cuando llegamos a Uppsala no conseguía tranquilizar mi sistema de alarma. Tenía la sensación de que en cualquier momento me iba a tocar salir corriendo para salvar la vida. Pero ¿adónde iba a ir si realmente descubrían mi tapadera? Así que solo me quedaba poner mi destino en manos de Allah y estar muy alerta a todo lo que ocurriese a partir de entonces. Y no tuve que esperar ni cinco minutos para que el Negro me demostrase que mi inquietud estaba justificada, como siempre, al advertirme que el venezolano no se fiaba ni un pelo de mí.

En cuanto llegamos a la casa del Negro conocimos a su hija pequeña, Isamar, futura actriz y fruto de la relación del ex guerrillero con su abogada. Al igual que Ilich Ramírez Sánchez, el Negro había seducido a su defensora en prisión y había terminado por casarse con ella.

Mientras nos mostraba nuestras habitaciones, donde un colchón tirado en el suelo y una manta serían nuestros lechos los próximos días, el Negro le hizo un encargo a su hija. Antes de que terminásemos de acomodar el equipaje, la joven regresaba con una vecina palestina. El Negro quería ponerme a prueba de nuevo y le había pedido a la joven, hija de uno de los miembros de Hamas en Suecia, que me hablase en árabe para averiguar si yo era quien decía ser... Afortunadamente mi instinto ya me había advertido de que este viaje iba a ser complicado, y el examen no me pilló de sorpresa.

Mi árabe es poco y malo, pero el suficiente como para mantener una conversación básica como aquella. ¿De dónde eres? ¿Cómo te llamas? ¿De dónde es tu familia? ¿Cuál es tu profesión?... Salí airoso de la prueba, aunque el acento latino de mi árabe clásico (fusja) arrancó una sonrisa a la joven palestina, que se burló de mi pronunciación, pero que creyó debida a mi nacimiento en Latinoamérica y a que estudiaba compulsivamente el Corán —escrito en árabe clásico—, además de frecuentar mezquitas latinas y españolas. La palestina sonrió confiada, los venezolanos también, y hasta la hija del Negro. Pero él no. Que hablase en árabe no le había parecido suficiente prueba y estaba dispuesto a demostrarme su desconfianza a la primera oportunidad...

Hicimos una cena frugal en casa, mientras los venezolanos, a golpe de ron, intercambiaban relatos de los «años del plomo» y confesiones de guerrilleros. Y de pronto alguien sacó el tema del asesinato del Gato, el abril anterior. No estoy seguro de que el Negro hubiese conocido personalmente a Greidy, aunque sí conocía el vídeo del comunicado tupamaro que habíamos grabado tras la muerte de Raúl Reyes y en el que aparecía yo empuñando la MP5-A3 al lado del Chino.

Mis camaradas comentaron algunas anécdotas del Gato en vida, y yo me sumé al anecdotario intentando integrarme en la conversación. Pero cuando el Negro preguntó si ya habíamos vengado su muerte, vino lo peor. La respuesta de mis camaradas tupamaros me dejó absolutamente aterrorizado:

—Claro, camarada. Fueron cinco o seis carajos, delincuentes comunes. Pero ya finamos a tres. A uno lo pillamos con una Glock encima. Era bien arrecho el carajito. Un sicario colombiano de diecisiete años. Verga, panas, cuando lo teníamos arrodillado el cabrón aún tuvo las bolas de decirnos. «Vosotros sois los panas del Gato... pues bien muerto está.» Era valiente el cabrón pero lo matamos igual. Al último lo estuvimos esperando Cabeza y yo tomando unas cervezas a la puerta de su casa, en la zona de Cementerio. Venía motorizado el cabrón, y en cuanto nos vio supo para lo que estábamos allá, y se echó la mano al cinto, así, pero no iba armado. Ahí se jodió. El huevón nos dice: «Bueno, yo ya sé para lo que están ustedes acá. Hagan lo que tengan que hacer, pero a mi mujer y a mis hijas no les hagan daño». Y yo, para que se fuera bien arrecho *pal* infierno nada más, le dije que a su mujer y a sus hijas ya nos las habíamos hecho antes. Y ahí mismo le dimos plomo...

Mi camarada, mi hermano, estaba describiendo cómo habían ejecutado a los asesinos del Gato, sin que se le alterase la voz en lo más mínimo. Y aunque yo no tenía forma de comprobar la verosimilitud de su relato, le creí. Seguramente por eso mismo, por la frialdad y desapasionamiento con que describía el asesinato de aquellos menores, supuestos sicarios colombianos, en venganza por la muerte de nuestro camarada. Pero lo más espeluznante, lo que de verdad me revolvió el estómago, era la serenidad con la que relataba los detalles. Y aún me quedaba escuchar lo peor.

—La vaina es que ya nos estábamos marchando por la calle abajo y escuchamos a la gente gritando, y a una muchacha que gritaba: «¡Aún está vivo, llamen una ambulancia!». Coño, pana, tuvimos que dar la vuelta y subir otra vez hasta donde estaba el carajo tirado, y allí mismo rematarlo así: ¡blam, blam, blam! Coño, ahora sí se murió el carajo...

Y mientras describía cómo remataban al sicario, mi camarada se levantó gesticulando y mostrándonos cómo le habían puesto un pie en el pecho al colombiano, para inmovilizarlo mientras lo remataban con tres tiros en la cabeza.

«Palestino, ¿hacia dónde cae La Meca?»

No me costó ningún esfuerzo levantarme muy temprano a la mañana siguiente para hacer mis oraciones del primer *salat* del día. Casi no pegué ojo en toda la noche pensando en el relato que había escuchado sobre la ejecución de los asesinos del Gato. Como había ocurrido antes con Arquímedes Franco, y antes aún con Diego Santana, hijo del líder de La Piedrita. La muerte de un miembro de un grupo armado implica que sus camaradas se venguen matando a algún miembro del grupo contrario, que se vengará matando de nuevo... y así sucesivamente.

Solo conseguí apartar de mi cabeza aquellos pensamientos cuando saqué la brújula de mi mochila y busqué en el mp4 islámico que siempre llevaba conmigo la dirección de La Meca desde Uppsala. Después hice mis lavaciones, extendí la pequeña alfombra traída desde La Meca que me habían regalado años atrás en Marruecos y alejé de mi mente aquellos pensamientos oscuros para concentrarme en las oraciones...

بِسْمِ اللَّهِ الرَّحْمَنِ الرَّحِيمِ, الْحَمْدُ لِلَّهِ رَبِّ الْعَالَمِينَ. الرَّحْمَنِ الرَّحِيمِ. مَالِكِ يَوْم الدِّينِ...

Cuando terminé me acomodé en la cocina, a esperar que se levantasen mis compañeros, y aproveché ese par de horas para estudiar compulsivamente la guía de Suecia y los mapas que me había comprado antes del viaje. Intentaba memorizar el máximo de información posible sobre el país, por si las cosas se complicaban y tenía que buscarme la vida por mi cuenta... Comprendo que esta afirmación pueda parecerle exagerada o paranoica a quien no esté familiarizado con el submundo de la lucha armada. Pero yo estaba solo con mi cámara oculta en un país extranjero, rodeado de personas que ya sabían lo que es quitar la vida a otros seres humanos. Y cualquier precaución me parecía poca. Sobre todo después de lo que ocurriría en cuanto mis camaradas se levantaron para desayunar.

—Coño, Palestino, buenos días. Sí que madrugaste...

—Sí, pana, he preparado café, ahí tienen.

En cuanto el Negro entró en la cocina, mirándome con el rabillo del ojo e intentando quitar importancia a la pregunta, me soltó a quemarropa.

—Oye, Palestino, ¿ya rezaste? ¿Hacia dónde cae La Meca?

Tampoco hace falta ser muy listo para darse cuenta de la profunda mala intención de aquella pregunta. El Negro era muy astuto. Había conseguido secuestrar un avión y esquivar a la policía muchos años. Con aquella pregunta tan elegante y aparentemente intrascendente estaba poniendo a prueba mi coartada como musulmán radical. Me estaba preguntando, en realidad, si era consecuente con lo que decía ser; si me había levantado a las 6 de la madrugada para hacer mis oraciones diarias; si todo lo que le habían contado mis camaradas venezolanos era cierto... Y todo eso con una simple e inocente pregunta. Porque, si yo no sabía dónde estaba situada La Meca desde Uppsala, significaba que no me había tomado la molestia de averiguarlo para realizar mis oraciones. Y por tanto mi identidad era un fraude.

Esta es una de esas situaciones en que se demuestra que en el oficio de infiltrado no basta con aparentar las cosas. No es suficiente con que parezca que eres... tienes que ser. De lo contrario, en ocasiones como esta la tapadera del infiltrado habría sido desvelada. Si yo me hubiese limitado a hacerme pasar por musulmán, a rezar solamente en las mezquitas o cuando me viesen otros musulmanes, no habría podido responder al Negro al instante, sin un ápice de duda, mientras señalaba con el dedo en dirección sur-sureste:

—Hacia allí, pana.

Volví a superar el examen.

—Este carajo es un musulmán bien arrecho, Negro, y un revolucionario comprometido... —intervino el Chino, zanjando la cuestión y ofreciendo al Negro una taza de café. Más tarde, después de rotar los turnos en la ducha, salimos hacia Estocolmo. El VII Foro Socialista internacional iba a comenzar.

Durante todo el viaje de Uppsala a Estocolmo, un trayecto que haríamos dos veces al día durante toda la semana, el Negro se mostró como un excelente anfitrión. Puede que no se fiase de mí, pero eso no le impedía pasarse el día bromeando con todos. No obstante, en ese primer desplazamiento hacia la capital hicimos una parada a medio camino para saludar a un camarada uruguayo que llevaba años refugiado en Suecia, trabajando como camionero. El tipo en cuestión era un ex miembro de la guerrilla uruguaya, que no tenía muy buena opinión del Movimiento Tupamaro, a cuyos miembros consideraba «unos niños ricos, universitarios de la oligarquía uruguaya con aspiraciones revolucionarias pero que nunca habían pasado hambre». Un punto de vista diferente a todo lo que había escuchado antes sobre los tupamaros uruguayos.

Aprovechamos la estancia en Estocolmo para ir de compras. El Chino y otros camaradas querían sacar partido a los fondos que el Fondo Único Social había donado para este encuentro socialista, y lo primero que visitamos fue una armería, donde Chino quería comprar una funda rápida para la Glock que le habían «confiscado» a uno de los sicarios que, según la justicia tupamara, habían matado al Gato.

Más tarde, nuestro anfitrión nos mostró la sede donde el tribunal de los prestigiosos premios Nobel escoge anualmente a los mejores científicos, literatos y pensadores del mundo. De alguna manera, en aquella ciudad en la que nos encontrábamos se decidía cada año quiénes eran las celebridades de la ciencia, la cultura y las humanidades más importantes del planeta. Pero ninguno de nosotros podía imaginar en aquel momento que el nuevo presidente de los Estados Unidos, elegido solo dos semanas antes, fuese el próximo Premio Nobel de la Paz.

También nos enseñó el antiguo banco Kreditbanken, en Norrmalmstorg, donde se produjo un robo con rehenes entre el 23 y el 28 de agosto de 1973, que cambió la historia de la psicología criminal. Tras su secuestro, cuatro rehenes, tres mujeres y un hombre, defendieron a sus captores, hasta el extremo de que una de las secuestradas incluso llegó a mantener una relación sentimental con uno de ellos. Ese caso inspiró al criminólogo y psicólogo Nils Bejerot el término «síndrome de Estocolmo», para definir esa relación de empatía entre secuestrador y secuestrado, tan familiar ahora para los psiquiatras forenses de todo el mundo. Y sobre todo para quienes han tratado a las víctimas de organizaciones como las FARC, experta en secuestros de larga duración.

Y también nos enseñó el cine Grand, en la avenida Sveavägen, donde el 28 de febrero de 1986 fue asesinado a tiros el primer ministro sueco Olof Palme. El emblemático y accesible líder izquierdista fue ejecutado mientras volvía a casa con su mujer, sin guardaespaldas, tras haber ido a ver una película como cualquier otro ciudadano sueco. Su asesinato aún no ha sido resuelto. Precisamente muy cerca del Grand, en la avenida Sveavägen, se encuentra la sede de la ABF, donde ya se estaba celebrando el VII Foro Socialista mundial.

VII Foro Socialista mundial

En cuanto llegamos a la sede de la ABF, un enorme edificio en el centro de Estocolmo, nos cruzamos casualmente con la parlamentaria del Frente Farabundo Martí, María Mirtala, que en ese momento salía del edificio en compañía de una mujer de unos cincuenta y cinco o sesenta años. Un beso, los saludos de rigor y, solo cuando ya nos habíamos despedido y entrábamos en la ABF, el Negro nos comentó:

—¿Veis la mujer que va con la camarada Mirtala? Fue compañera del comandante Ilich Ramírez en la Patricio Lumumba de Moscú. Ella estaba con los salvadoreños...

Me quedé con el dato, con la intención de entrevistar más tarde a aquella desconocida, pero no volví a tener oportunidad... Había muchas más cosas que hacer en aquella reunión de las que sospechaba.

La ABF (Arbetarnas Bildningsförbund) o Asociación para la Educación de Adultos impulsa desde su fundación en 1912 infinidad de iniciativas sociales en Suecia, aglutinando en torno a ella a más de 55 organizaciones de izquierdas.[17] Sin embargo, ha recibido muchas críticas por su vinculación con grupos revolucionarios considerados terroristas por los Estados Unidos o la Unión Europea. Tal vez porque el término *terrorista* con frecuencia lo utilizan algunos gobiernos para definir a ciertos individuos o colectivos rebeldes e insurgentes, que por el contrario son considerados héroes para la ABF. En otros casos, sencillamente se trata de bandas de psicópatas asesinos. Y quizás entre los miles de personas que habían acudido al Foro Socialista de la ABF había un poco de todo. Incluyendo al fundador de Radio Islam, el marroquí Ahmed Rami, a quien había tenido la oportunidad de escuchar en la Librería Europa de Barcelona y que reside como refugiado en Estocolmo desde hace muchos años. Me preocupaba la posibilidad de toparme con él en aquellos pasillos y que pudiese recordarme de su conferencia en España. Iba a ser incómodo explicar eso...

En cuanto entramos en el edificio, nos encontramos con un hall atestado de personas llegadas desde todos los rincones del mundo, que curioseaban por las docenas de puestos de libros, revistas y vídeos de ideología comunista, que se vendían y/o distribuían allí. Por todos lados podían verse pósters, afiches y carteles del Che Guevara, Marx, o «los cinco de Cuba». Compilaciones de firmas en apoyo a tal o cual «preso político» o terrorista condenado en alguna prisión internacional y recogidas de fondos para la misma causa.

Así que abrí la mochila y extraje un montón de ejemplares de los periódicos venezolanos con mis artículos, y del último número de *Los Papeles de Bolívar*, tanto una edición en árabe como otra en castellano que intencionadamente había dedicado a la biografía de Ilich Ramírez, para colocarlos en uno de los puestos con otras publicaciones de las FARC, los sandinistas, los tupamaros y otras organizaciones revolucionarias latinoamericanas. De hecho, el Negro se ocupó de repartir mis periódicos y fanzines por varios *stands* colaborando, sin quererlo, con la integración de mi personaje en la comunidad revolucionaria reunida en Estocolmo. Más tarde me iba a ser útil que muchos latinoamericanos refugiados en Suecia, que habían pertenecido a la lucha armada, conociesen mis artículos en aquellos periódicos y mi identidad como *webmaster* y representante en Europa del Comité por la Repatriación de Ilich Ramírez.

---

17. Más información en *www.abfstockholm.se.*

Y por si esa tapadera no fuese suficiente, de repente Comandante Chino me llamó desde un extremo del vestíbulo pidiéndome que me uniese a un grupo de personas que estaban visionando unos vídeos de comunicados revolucionarios en una pantalla.

—Vente *p'acá*, Palestino, que te voy a presentar al camarada peruano Antonio Romo. Mírate a ver si reconoces a alguien ahí... —me dijo el Chino, sonriendo cómplice mientras me presentaba al tipo de perilla, de unos treinta años, que estaba proyectando en ese momento el vídeo con el comunicado que habíamos grabado en Venezuela, en abril de ese año.

—Un honor conocerle, señor Muhammad —me dijo el peruano, sin que yo pudiese salir de mi asombro.

No tengo ni idea de qué relación tenía el Chino con el peruano, ni cómo llegó nuestro vídeo a visionarse en Estocolmo. Pero, desde luego, el hecho de aparecer encapuchado y armado al lado de los hombres del Chino en aquel comunicado terrorista me había hecho ganar muchos puntos.

No es posible resumir la descomunal actividad que se producía en el foro. Más de 75 conferencias, mesas redondas y coloquios simultáneos trataban cuestiones como la independencia de Kosovo, el Sahara o Euskal Herria; la invasión de Iraq, Afganistán o Palestina; la injerencia norteamericana; el Fondo Monetario Internacional; el movimiento antiglobalización, etcétera. Yo estaba desbordado. En cada una de las plantas del edificio existían diferentes aulas donde de manera simultáneamente se impartían diferentes conferencias y mesas redondas, con miembros de las organizaciones revolucionarias y de resistencia más emblemáticas del mundo. Y aunque yo formaba parte de la comisión venezolana, y por tanto estaba asignado a un aula de la cuarta planta, tuve la oportunidad de hacer muchos contactos interesantes en aquellas jornadas.

Los puestos de libros de la planta baja, donde se repartía mi humilde fanzine y los periódicos venezolanos con mis artículos sobre el mundo árabe, fueron el reclamo y tapadera perfectos para atraer a conferenciantes participantes en las jornadas como el ultracatólico irlandés y ex IRA John O'Brian, nombre sin duda falso, interesado en la posibilidad de comprar o vender munición a las guerrillas latinas o de Oriente Medio a través de mí; o el iraquí doctor Azizi Filu (no estoy seguro del apellido porque me lo escribió en árabe y su grafía no era muy clara), que asistía con su hija y era capaz de mantener la sonrisa a pesar de las atrocidades que los ejércitos norteamericano y europeos, incluido el español, habían cometido en su país. Cada uno de ellos con toda una apasionante historia vital a sus espaldas, imposible de resumir en tan poco espacio.

También tuve la oportunidad de conocer a muchos miembros de la lucha armada en América Latina, así como a políticos de izquierdas desplazados a Suecia para participar en el foro. Desde su prisión en París, el comandante

Ilich Ramírez, *Carlos*, no dejaba de telefonearme, entusiasmado por lo que le iba describiendo y esperando impaciente su momento de dirigirse a los asistentes a la mesa sobre América Latina a través de mi teléfono móvil.

Pasaron muchas cosas interesantes, que quizás puedan ser útiles a analistas más cualificados que yo. Por ejemplo, en una de las llamadas le comenté a Ilich que también se encontraba en la sala Francisco Chavarría, el encargado de Negocios de la embajada de Nicaragua en Suecia, y me pidió que lo pusiese al teléfono. Pero Chavarría, aunque me facilitó su tarjeta y fue muy amable conmigo, no quiso hablar con el Chacal. Fue el único de todos los políticos, empresarios y militantes con los que Ilich me pidió hablar en Estocolmo que no quiso ponerse al teléfono. Quien sí se puso y estuvo unos minutos charlando con Ilich fue Zulima Rojas Mavares, la equivalente de Chavarría pero en la embajada venezolana en Suecia. Tras la conversación, Chacal me ordenó que consiguiera su tarjeta, y eso hice.

Mi primera impresión fue que en aquel foro socialista, desbordado por internacionalistas de izquierdas llenos de buenas intenciones y convencidos de que podían cambiar el mundo, había también otros infiltrados. Personas muy alejadas de las utópicas pretensiones comunistas, y más movidos por intereses económicos o de venganza. Si yo hubiese sido un terrorista auténtico, en Estocolmo habría hecho los contactos pertinentes para establecer un puente de colaboración entre mis camaradas latinos, palestinos, libaneses o vascos. Y por primera vez comprendí por qué Ilich Ramírez podía relacionarse, durante los años setenta y ochenta, con todas las organizaciones terroristas del mundo. No es tan difícil. Basta con estar en el lugar apropiado en el momento oportuno. Y encontrar el punto en común de todas las organizaciones armadas cristianas, islámicas, judías o incluso ateas: la necesidad de matar, más y mejor, como una forma de propaganda ideológica.

El Chacal habla a los comunistas del mundo

En cuanto la organización nos notificó el aula donde se celebraría la Mesa Latinoamericana, organizada por RESOCAL, la Red de Solidaridad con América Latina, salí disparado para preparar las cámaras. No quería que la intervención de Ilich Ramírez me pillase desprevenido. En cuanto entré en el aula ya había dos tipos más preparando cámaras de vídeo. Así que procedí a buscar dos lugares estratégicos para situar las mías. Coloqué los trípodes, conecté los micrófonos y enchufé las tomas de tensión, mientras el aula, con apenas 35 sillas, se llenaba absolutamente de público. En cinco minutos la sala ya triplicaba su aforo. Miembros de diferentes organizaciones de izquierdas, y con toda probabilidad uno o dos agentes del servicio secreto sueco, entre otros, se apiñaban como hormigas en un local del todo insuficiente para un evento de estas características, y, siguiendo el estilo informal y espontáneo que nos caracteriza a los latinos, una voz con acento colombiano se alzó entre la masa: «Compañeros, acá no se cabe, vámonos para el pasillo...».

¡Ea!, dicho y hecho. Un centenar de revolucionarios componentes de la Mesa Latinoamericana, número que continuaba creciendo, arramblaron con las sillas de esa y de otras aulas vecinas y tomaron el amplio pasillo, improvisando una sala de conferencias al más puro estilo okupa, mientras los cámaras nos quedamos con cara de gilipollas y con nuestros equipos enfocando a una sala ahora vacía. Así que había que reaccionar rápidamente. Agarré mis cámaras y trípodes y me arrojé en medio de la masa humana, que buscaba un lugar donde acomodarse, con la misma febril ansiedad con la que mi abuela buscaba las mejores ofertas el primer día de las rebajas de enero.

Entre codazos y empujones improvisé como pude en la nueva ubicación, para tener dos tiros de cámara en el pasillo. Solo surgía un nuevo problema: al cambiarnos de lugar nos habíamos quedado sin el sistema de megafonía que tenía que ampliar la voz de Carlos el Chacal, desde mi teléfono móvil, para hacerla audible a todos los asistentes. Pero Allah es compasivo. De repente se me acercó el técnico peruano que había estado proyectando los vídeos de nuestro comunicado terrorista, y debo agradecer a Antonio Romo, con quien seguí en contacto por Internet posteriormente, el milagro. De alguna manera, el camarada peruano consiguió hacerse con unos altavoces, un amplificador y un micrófono en la sede de la ABF, y gracias a él, y solo a él, pudo hacerse audible la mesa redonda de América Latina en la improvisada sala de conferencias, en aquel pasillo de la ABF.

A partir de ese momento todo fue una previsible sucesión de incompetencia e improvisación... Mi teléfono móvil no hacía más que sonar una y otra vez. Desde París, Carlos el Chacal empezaba a impacientarse esperando el momento de su intervención en el foro. Yo trataba de explicarle que aquello era un caos y que ahora estábamos montando las conferencias en el pasillo, pero a Ilich Ramírez no le gusta esperar.

Comandante Chino, que había sido invitado junto con el ex concejal Carlos Herrera y David Arraez en la representación venezolana, abrió el caótico acto con la primera conferencia de la mesa. Y lo primero que hizo fue «denunciar el secuestro del comandante Ilich Ramírez». Pero cuando llegó el momento de leer el comunicado enviado por el Chacal, cayó en la cuenta de que se lo había olvidado en Uppsala. Así que miró al Negro buscando una solución. El Negro me miró a mí y yo volví a mirar al Chino para que se enrollase un poco y me diese tiempo para conseguir un ordenador e imprimirlo de nuevo en una de las aulas de la ABF.

Ahorraré los detalles. Mi ángel de la guarda se había empeñado en que, pese a la conspiración de los incompetentes, todo saliese bien, y finalmente Comandante Chino leyó el comunicado de Ilich y nos las apañamos para que Carlos entrase por teléfono, soltando su discurso en castellano y en inglés. Supongo que hacía la llamada desde algún tipo de locutorio público en la prisión de París, porque desde su lado de la línea se colaban risas, gritos y murmullos de otros presos o de sus visitantes, lo que no dejaba de restar dramatismo al mensaje del terrorista más peligroso del mundo, dándole a la llamada una aureola ridícula y chapucera. Pese a ello, su improvisada intervención arrancó entusiastas aplausos del público. Aunque sospecho que la mitad no tenía ni idea de quién era el tipo al que acababan de escuchar.

Tras la intervención de Comandante Chino y el Chacal, siguieron las demás conferencias y comunicados a cargo de los otros participantes en la mesa de América Latina que estaba siendo emitida en directo por FMLN-Suecia a través de Internet.

María Mirtala, la atractiva parlamentaria del Frente Farabundo Martí que había conocido en el aeropuerto, se lamentó de que había preparado una conferencia completa, que incluso se había tomado la molestia de traducir para los suecos no hispanoparlantes, y que ahora tenía que resumirla a un breve comunicado debido al tiempo perdido en el cambio de ubicación. Su aportación estaba muy polarizada por las inminentes elecciones en El Salvador que terminarían por llevarlos al poder unos meses más tarde. Valentín Pacho, representante de los trabajadores peruanos en la Federación Sindical Mundial, fue interrumpido en varias ocasiones por los aplausos, al recordar las invasiones de los europeos y los americanos en América Latina. Sus reflexiones sobre la destrucción de los imperios maya, azteca e inca por parte de los europeos, y cómo ahora los inmigrantes latinos en Europa son tratados como invasores cuando vienen a buscar trabajo —y no el oro o las mujeres de los nativos como hicimos los españoles— entusiasmaron a los presentes. Igual que las aportaciones de José Robayo Zapata, del Partido Socialista de Ecuador, que pidió un minuto de silencio por una camarada caída, Alba, fallecida pocos días antes.

Aunque a mí me despertó especial interés la conferencia de Alberto Pinzón, médico, investigador y antropólogo colombiano, que hizo una previsible reivindicación de la guerrilla de las FARC o del ELN. Pinzón, que se definía como un «luchador por la paz», participó —y esto es lo realmente interesante— en los diálogos del Caguán, en 2002, entre el presidente Pastrana y las FARC. Así que sabía de lo que hablaba. En su intervención, Pinzón aportó unas cifras aterradoras sobre la ignorada masacre que está generando en Colombia el conflicto armado, lejos de la atención de la prensa europea: «Ochenta mil asesinados políticos, quince mil fusilados o ejecutados, treinta mil desaparecidos, quince mil sindicalistas asesinados, en 2007 treinta y nueve directivos sindicales ejecutados. Quinientas autoridades indígenas (caciques) ejecutadas durante el mandato de Uribe hasta ahora... En el último año 2007, cien mil torturados detenidos políticos, cuarenta y cinco de ellos murieron. Estas son cifras sacadas del informe de Amnistía Internacional del octubre anterior, camaradas, corroboradas en Bruselas».

Aunque mis cámaras estaban grabando todas las conferencias para después poder visionarlas con más calma, no pude prestar a Pinzón toda la atención que merecía, porque Ilich Ramírez continuaba llamándome desde París para averiguar qué tal había salido su intervención. Tuve que hacer auténticos trucos de magia para conseguir grabar también esas llamadas, prácticamente todas, con el sistema que había inventado ex profeso para este fin. Pero como es lógico me resultaba mucho más complicado utilizarlo allí, con tanta gente alrededor. Así que tenía que meterme en alguna aula, en algún lavabo, o buscar algún rincón discreto donde activar el grabador y el micrófono para registrar estas llamadas. Salvo dos o tres, que me fue imposible grabar, todas han quedado registradas en mi archivo.

Y fue justo allí, en Suecia, después de su intervención en el foro de la ABF, donde Ilich por primera vez me preguntó directamente por mi estado civil.

—Aprovecha la visita, *mihijo*, que las suecas están bien lindas —me dijo con evidente picardía—. Yo conocí alguna muchacha ahí, oye, qué pedazo de hembras... ¿Tú estás casado?

—No, Ilich, soy viudo. Mi esposa era palestina —respondí, intentando encajar en mi mente y en mi voz la imagen de mi amiga Fátima, superpuesta con la triste historia real de Dalal Majahad, la joven palestina asesinada en Yinín un día después de la publicación de mi libro *El año que trafiqué con mujeres* y dos días antes del 11-M.

—Coño, pana... ¿Una mártir?

—Sí.

No hizo falta decir nada más.

Radio Café Stereo: ¿agentes de las FARC en Suecia?

Además de las actividades en la ABF, la comisión venezolana tenía una apretada agenda de contactos y actividades en Suecia. De hecho, durante esos días acompañé a mis camaradas a varias reuniones con miembros de tal o cual organización revolucionaria. Asistimos a locales sociales, clubs latinos e incluso medios de comunicación bolivarianos establecidos en Europa hace años. Uno de los más importantes y controvertidos, sin duda, Radio Café Stereo.

Cuando me hablaron de Radio Café Stereo y su supuesta vinculación con las FARC puse una excusa para buscar algún cibercafé donde intentar encontrar alguna referencia sobre esta emisora de radio colombiana, que emite desde Estocolmo. Y lo que descubrí no era nada tranquilizador. Su *website*[18] está alojada en la web de la Asociación Jaime Pardo Leal, llamada así en homenaje al abogado y político comunista colombiano asesinado el 12 de octubre de 1987, tras denunciar la presunta relación entre el gobierno de Bogotá y los narcotraficantes y paramilitares colombianos.

Su director, que se oculta tras el alias de *Miguel Suárez*, es colaborador frecuente de medios alternativos como Kaos en la Red, *Aporrea*, *Rebelión*, etcétera, donde sus artículos con frecuencia aparecían publicados al mismo tiempo que mis reportajes sobre Palestina, Venezuela o el mundo árabe, lo que suponía una buena coartada para mi identidad en esa visita. Había llegado al exilio en Suecia después de haber sido detenido en la 3ª Brigada en Cali y torturado durante tres meses por su supuesta relación con los insurgentes.

La idea de crear Radio Café Stereo nace a finales de los noventa en el seno de la Asociación Jaime Pardo Leal, cuando un grupo de exiliados colombianos, como Miguel Suárez, se empeña en contar a los suecos lo que está ocurriendo en Colombia. Y, sin medios ni experiencia radiofónica o periodística, comenzaron a emitir por Internet música, entrevistas y noticias colombianas, hasta terminar por convertirse en un respetable medio alternativo.

El 24 de agosto del 2004, el diario *El País de Cali* publicó un artículo en donde afirmaba abiertamente que Radio Café Stereo era una emisora de las FARC: «Además del comunicado conocido el domingo en la noche, también se esperan pronunciamientos en los próximos quince días, a través de órganos oficiales de las FARC —como la revista *Resistencia* y Radio Café Stereo—, así como de ONG proclives al grupo guerrillero». Según reconoció posteriormente el diario, los servicios de inteligencia colombianos eran los que habían sugerido la relación de la emisora sueca con las FARC.

Tiempo después, un par de reportajes sobre Radio Café Stereo del periodista sueco pero asentado en América Latina Dick Emanuelsson terminaron por echar más leña al fuego. Y como es lógico esto inquietó profundamente a los miembros de Café Stereo, no solo por las presiones que pudiesen sufrir por parte de las autoridades suecas, sino porque todos ellos tienen familia en Colombia. Y ser marcados como miembros de las FARC implicaba ponerse ellos mismos, y también sus familias, en el punto de mira de los paramilitares. A estas alturas de la investigación, ya sabemos lo que eso significa.

Salvando las diferencias, la emisión de los comunicados de las FARC por parte de Radio Café Stereo había recibido las mismas críticas que la emisión de los comunicados de Al Qaida por parte de Al Jazeera. Y ambas habían sido consideradas voceras de organizaciones terroristas por esa razón. Y también,

---

18. *http://www.ajpl.nu/radio*

salvando las distancias, los exiliados colombianos en Suecia, que desde Radio Café Stereo se proclamaban abiertamente comunistas y antiuribistas, se convirtieron en fichas del juego político, de una forma similar a los exiliados vascos en Venezuela. Al menos tras la primera visita a Estocolmo del ministro de Defensa colombiano, Jorge Alberto Uribe, para reunirse con su homóloga Leni Björklund y con la responsable de Relaciones Exteriores, Laila Freivalds. El eje de sus conversaciones fue el terrorismo en Colombia, y lógicamente los exiliados de Radio Café Stereo volvieron a situarse en el punto de mira, por su «propaganda a la causa de la guerrilla».

Así que, cuando me dirigía con mis camaradas venezolanos a los estudios de Radio Café Stereo en Estocolmo, no sabía qué me inquietaba más: si la presunta relación de la emisora con los terroristas colombianos o que los servicios secretos de Uribe nos «fichasen». Sobre todo porque los camaradas de Café Stereo se habían empeñado en entrevistarme, como responsable del CRIR y de la web de Carlos el Chacal... Así que tendría que improvisar sobre la marcha.

Al llegar al local nos encontramos con un grupo de exiliados colombianos, más o menos implicados en el conflicto armado de su país, incluyendo a Alberto Pinzón, el participante en el foro de la ABF junto con el Chino Carías, y disfrutamos de una cena ligera y una profunda tertulia política, que me ayudó a entender un poco más los argumentos de la insurgencia colombiana y el terrible drama que vive el país a espaldas de la opinión pública internacional.

A diferencia de mis rechonchos camaradas venezolanos, los colombianos aparentaban una mejor forma física, no sé si es importante. Y a diferencia también de lo que había sido el encuentro con otros grupos revolucionarios en Suecia, el recibimiento que tuvimos en Radio Café Stereo me pareció frío. A pesar de que el Negro era colaborador habitual de la emisora. Pero me pareció más frío aún, casi gélido, el tratamiento que nos dio Milton Caballero, del programa «Voz Bolivariana», y Rafael, del programa «La Ponzoña». Ellos eran los encargados de entrevistarnos, al Chino como director del movimiento armado tupamaro, y a mí como representante del CRIR y webmaster del Chacal. Así que tuve que inventarme una excusa para no salir en antena. Obviamente, si hubiese accedido, mi voz —sin distorsionar— habría quedado grabada y no podía permitirme dejar ese cabo suelto en Suecia. Así que argumenté que quizás el Canal 8 de Venezuela o Al Jazeera pudiesen estar interesados en una grabación en vídeo de aquella entrevista, por no hablar del interés de subir aquel momento a nuestras páginas web, y una vez más la vanidad se reveló el mejor elemento de manipulación. Todos estaban encantados de que me ocupase de grabar con mis cámaras el programa, en lugar de participar en él. Más tarde les haría llegar copia de esas imágenes, que también terminarían en Youtube.

Milton Caballero, lógicamente, orientó la entrevista al Chino y al Negro sobre las inminentes elecciones municipales en Venezuela, pero también sobre la opinión que tenían los grupos armados bolivarianos, como los Tupamaros, sobre las FARC, el ELN y las guerrillas colombianas en general. Caballero tocó temas como la estatua a Manuel Marulanda *Tirofijo*, que mis camaradas de la Coordinadora Simón Bolívar acababan de inaugurar en el barrio 23 de Enero de Caracas; la presencia de paramilitares colombianos en Venezuela o el caso Granda. Y el Chino nos sorprendió a todos al relatar, con todo detalle, la entrega del insurgente colombiano al gobierno de Bolivia por parte de policías venezolanos y al reconocer su amistad personal con él. Pero Comandante Chino, probablemente, les sorprendió aún más al hacer una defensa abierta y descarada de las FARC y de la lucha armada, calificando a los guerrilleros colombianos de «hermanos». Así que yo no respiré tranquilo hasta que salimos de la emisora, y de Estocolmo, rumbo de nuevo a Uppsala. En España, una apología tan descarada de ETA en un medio de comunicación ya nos habría colocado a los servicios antiterroristas de la policía y la Guardia Civil, y a varios agentes del CNI, en la puerta de la emisora a los cinco minutos de comenzar el discurso. Aunque no descarto la posibilidad de que en Suecia hubiese ocurrido lo mismo.

Propaganda de ETA en Uppsala

Al día siguiente la agenda de contactos que nos había preparado el Negro nos llevaría a la sede del Partido Comunista de Uppsala. Ilich Ramírez había sido muy claro al expresar su interés especial en conversar con el presidente de los comunistas de Uppsala, pero no me quedó muy claro si dicho interés se debía a que Mario Sousa[19] era a la vez miembro de la Junta Directiva del Partido Comunista de Suecia, o a su origen portugués y la relación que Ilich ya me había confesado haber tenido con dicho país.

Mario Sousa resultó ser un tipo risueño y cordial, de complexión tan atlética como los colombianos de Radio Café Stereo. Un aspecto que contrastaba con la descuidada forma física de mis camaradas venezolanos. Si alguien tuviese que apostar quiénes eran los terroristas entrenados, los tupamaros venezolanos probablemente no serían los escogidos.

Compartimos unas horas muy interesantes con el presidente del Partido Comunista en Uppsala, quien al conocer mis frecuentes visitas a las mezquitas de su país de origen me facilitó algunos contactos que me serían útiles posteriormente. Tanto en Portugal como en Suecia, donde Sousa mantenía

---

19. *www.mariosousa.se*

una excelente relación con una delegación oficial del gobierno palestino, es decir, con Hamas. De hecho, mientras curioseaba por las estanterías de la sede comunista, encontré muchas publicaciones, folletos y propaganda sobre Hamas, y sobre la causa palestina en general. Desafortunadamente, la inmensa mayoría de aquellos textos estaban en sueco, y para mí resultaban tan inaccesibles como si hubiesen estado redactados en chino. Aunque me inquietó mucho más descubrir otra cosa.

En una de las repisas, justo al lado de la mesa de trabajo de Sousa, había un montón de folletos. En cuanto vi la ikurriña vasca impresa en ellos tomé uno, y así me encontré con la propaganda de ETA que se distribuía en las sedes comunistas suecas. El folleto en cuestión no tiene desperdicio, y dibuja una imagen tan falsa y bastarda del conflicto vasco como la que expanden entre mis jóvenes camaradas bolivarianos los exiliados vascos en Venezuela. Si yo no fuese español y no conociese perfectamente la realidad del terrorismo vasco en España, también habría sentido simpatía por aquellos «luchadores por la libertad de un pueblo oprimido por el imperialismo español» que vendían los vascos en aquella propaganda. De hecho, el entrañable presidente del Partido Comunista de Uppsala había caído en la trampa, pese a ser portugués y por tanto mucho más cercano a la realidad del problema vasco que los suecos nativos. Pero Sousa presumía de su amistad con los independentistas vascos, con el mismo orgullo que reconocía su relación con Hamas.

Antes de acudir a la sede del Partido Comunista habíamos calculado la hora de nuestro encuentro con Sousa, y había emplazado a Ilich-Carlos para que nos llamase entonces. Y tan puntual como un reloj suizo, como siempre, a la hora establecida mi teléfono volvió a sonar. Aproveché mientras Sousa estaba entretenido hablando con el Chacal para llevarme alguno de aquellos folletos a favor de ETA.

Tras esa conversación, nos hicimos unas fotos con mi cámara posando con las banderas del partido comunista sueco e incluso con una réplica de un fusil M-14 que había en el local y que al Chino le hizo mucha gracia.

—Hazme una foto con el fusil, pana, acá con el camarada Sousa... ¡Plomo!

Y yo se la hice, claro.

Islamistas en Suecia

La excelente relación de los comunistas suecos con los islamistas palestinos de Hamas resultó ser una realidad. Y, casualmente, en Uppsala se encontraba la mezquita situada más al norte del globo, o al menos de ello presumía el imam de Uppsala. Como si aquella gran mezquita edificada en 1995 delimitase la última frontera del Islam antes de llegar al polo norte del planeta.

Me encantó visitarla. Después de tantos días de tensión permanente, sobresaltos y exámenes de mi identidad palestina, tener la posibilidad de hacer el *salat* en una mezquita suponía un momento de serenidad y descanso para mi agotado cerebro. Así que disfruté especialmente la oración. No todos los musulmanes pueden decir que han rezado en la última frontera del Islam...

Mahmoud Samara, imam de la mezquita de Uppsala, fue la primera persona a quien escuché comparar el problema del terrorismo islamista con el caso del terrorismo católico del IRA en Irlanda. Durante los años que llevaba investigando el terrorismo internacional en cuatro continentes no conseguía comprender cómo ningún analista de los que había conocido se había percatado de los paralelismos entre ambos terrorismos, que a mí me parecía importante. Tuve que viajar hasta el extremo más alejado del Islam en el mundo para encontrar a un imam que sí se había dado cuenta de esa conexión:

—Uno de los suecos conversos al Islam entró en una ocasión en la mezquita y preguntó: «¿Por qué es que cuando los judíos cometen un atentado terrorista contra los palestinos se dice solo que los israelíes han hecho esto o lo otro, pero no se dice que lo hicieron los judíos?». Él añadió que lo mismo ocurría con el IRA en Irlanda del Norte, pues sus acciones nunca eran atribuidas a los «católicos» o «cristianos». Así pues, señalaba el hombre: «¿Por qué cuando un musulmán comete una acción de este tipo los medios de comunicación rápidamente especifican la religión del individuo en cuestión o incluso la achacan al propio Islam?».

En realidad el Islam llegó a Suecia en el siglo XVIII, a través de su alianza con el Imperio otomano, donde existió una libertad de culto que facilitó las conversiones. Y durante ese siglo muchas tesis y estudios sobre el Islam fueron redactados en universidades suecas, como la de Uppsala.

En Suecia, como ocurre en el resto de Europa, no existe un Islam único y uniforme, sino que, igual que en el cristianismo, coexisten diferentes ramas, tendencias e ideologías. Según pude constatar, hay corrientes musulmanas, más o menos integristas, que orbitan fundamentalmente en torno a la Asociación Islámica de Estocolmo, el Consejo Musulmán de Suecia y la Asociación Islámica de Suecia. Organizaciones que, pese a compartir su esencia teológica, mantienen una relación tan tensa como el resto de organizaciones islámicas que he podido conocer en España, Francia, Portugal o cualquier otro país europeo.

A pesar de los desesperados intentos de la prensa, el público y los analistas occidentales por etiquetar y clasificar de forma sencilla el «problema del Islam», ni en Suecia ni en ningún otro país europeo puede considerarse que todos los musulmanes son iguales.

En la Suecia del siglo XXI existe ya una segunda y hasta una tercera generación de musulmanes, descendientes de los inmigrantes que llegaron en el siglo XX desde países europeos con una alta población islámica, como Bosnia, Albania o Turquía. Pero también coexiste otra corriente llegada desde Oriente, sobre todo de Iraq e Irán. Además, abundan en ciertas mezquitas los musulmanes procedentes de países africanos como Somalia o el Magreb. Y, como ocurre con los iraquíes o los turcos, muchos de esos musulmanes exiliados a Suecia desde África o Asia ni siquiera son árabes, por ejemplo, los kurdos o los bereberes.

No existen cifras demasiado precisas sobre el número de musulmanes tártaros, árabes, persas, chechenos o africanos que viven en Suecia. Pero en el año 2000 se aventuraba la cifra de unos 350 000. Y aunque en 2009 el Consejo Musulmán de Suecia informó de 106 327 miembros inscritos oficialmente en su asociación, las cifras oficiales oscilan entre los 450 000 y 500 000. De los cuales más del 90 por ciento serían suníes, seguidos de un 8 por ciento de chiitas y un resto perteneciente a otras confesiones musulmanas.

Esos porcentajes no se diferencian demasiado de los que podemos encontrar en cualquier otro país europeo. Y lo mismo ocurre en relación a las conversiones de nativos al Islam. Según un estudio de la doctora Anne Sofie Roald, más de 3500 suecos se habrían convertido al Islam desde la década de los sesenta, pero esa cifra se habría disparado en los últimos años debido al incremento de la inmigración, y a los matrimonios interraciales e interconfesionales. Sobre todo los de mujeres suecas con varones musulmanes, que se convierten a la religión del esposo. También existe el caso contrario pero es menos frecuente.

Junto con la mezquita de Uppsala, existen otros muchos grandes centros religiosos islámicos en Suecia; como las antiguas mezquitas de Bellevue y Nasir en Gotenburgo; las de Malmo y Trollhättan; o las de Fittja, Branderbergen o Imam Alí en Estocolmo. En torno a ellas, cientos de miles de musulmanes suecos se han organizado en diferentes asociaciones y movimientos, como la Asociación de Jóvenes de la UITA, la asociación de mujeres musulmanas de IKF (Islamiska Kvinnoförbund i Sverige), etcétera.[20] Y las competencias y rivalidades a la hora de pujar por las subvenciones oficiales y por el control de las mezquitas es tan evidente en Suecia como en el resto de Europa. Los musulmanes, como cualquier otro grupo humano en un país extranjero, tienden a unirse por razas, nacionalidades e ideologías, para así enfrentarse a otros musulmanes con razas, nacionalidades o ideologías diferentes. Igual que ocurre con los cristianos, judíos o ateos de todo el mundo.

---

20. Varias de ellas con su propia página web, que pueden ser útiles al analista que quiera ampliar información:
   Consejo Musulmán de Suecia: *http://www.sverigesmuslimskarad.se*
   Asociación Musulmana de Suecia: *http://www.islamiska.org/s/sverige.htm*
   Asociación IslamGuide: *http://www.islamguiden.com*

Y en medio de todo ese caos de tendencias, sectas y corrientes musulmanas distintas, también se generan polémicas que trascienden a la comunidad islámica. Como las tensiones protagonizadas por el jeque Hassan Moussa, imam de la Gran Mezquita de Estocolmo, en Medborgarplatsen, acusado por el diario *Svenska Dagbladet* en mayo de 2004, poco después del primer gran atentado terrorista islámico en Europa, el 11-M, de ocultar a los suecos su relación con los Hermanos Musulmanes de Egipto. En Suecia, como en el resto de Europa, tras el 11-S y el 11-M todos los dedos acusadores apuntaban a cualquier imam que pudiese ser relacionado con cualquier grupo islamista.

Me marcharía de Suecia con la sensación de que, efectivamente, en algunas de las mezquitas de Estocolmo, Uppsala o Gotemburgo se ocultaban miembros de organizaciones consideradas terroristas por la Unión Europea, Israel o los Estados Unidos. Yo mismo tuve contacto, directo o indirecto, con miembros o simpatizantes de Hizbullah o Hamas en el país. Sin embargo, la inmensa mayoría de las personas pertenecientes o simpatizantes de organizaciones armadas con los que conviví en Suecia no eran musulmanes. Y si tenían alguna relación con organizaciones islamistas, como el ex miembro del IRA que se me acercó en la ABF, o el mismo Chino, era para interesarse en hacer negocios con armas, municiones o explosivos, que no entienden de religión, con posibles compradores o vendedores pertenecientes a cualquier tipo de organización terrorista.

Mi salida de Suecia fue tan tensa y complicada como mi llegada. Por una cuestión de horarios de vuelos, fui el último «venezolano» en salir del país. Así que el Negro se empeñó en acompañarme al aeropuerto para asegurarse de que tomaba el avión de vuelta a España, pero había surgido un problema con mi billete y tuve que echar mano de todo mi ingenio y recursos para distraer su atención mientras cambiaba el vuelo de regreso a Barcelona en lugar de a Madrid, sin que él pudiese ver el nombre al que estaba reservado el billete. Acababan de comunicarme que ese diciembre, el histórico revisionista nazi Joaquim Bochaca iba a impartir una conferencia sobre «Los protocolos de Sión» en la Librería Europa...

Al final, el Negro y yo compartimos unas horas más. Esa noche no nos habíamos acostado: nos la pasamos charlando, ya que los otros componentes de la delegación venezolana partían hacia Caracas a primera hora de la mañana y consideramos que no merecía la pena dormir. Además, Ilich me había pedido que le preparase al Negro una página web destinada a crear una delegación del CRIR en Suecia, así que yo dediqué esa noche a diseñar un blog, destinado al Comité Sueco por la Repatriación de Ilich Ramírez: *http://comitesueciacarlos.blogspot.com*. Aunque Carlos dio su visto bueno unos días después, y yo lo subí a la red el día 22, el Negro nunca llegó a explotarla.

Lo importante es que esa noche no dormimos, así que a la mañana siguiente, tras embarcar nuestros camaradas venezolanos, Negro y yo nos quedamos

solos. Teníamos sueño. Estábamos cansados. Y quizás por esa razón, por primera vez, el ex guerrillero sueco-venezolano bajó la guardia y empezó a hablar por
los codos. De esa forma fue como pude grabar toda su historia; desde los primeros atracos a bancos en Venezuela, a su participación en combates junto a las
milicias de Hizbullah en Líbano, pasando por la «ejecución» en Francia de su
camarada Pierre Goldman a manos de las autoridades galas, etcétera. Una historia personal tan siniestra como apasionante, que me alegré de dejar atrás cuando el sistema de megafonía del aeropuerto advirtió de la salida de mi vuelo.

Crucé el control policial y aún dispuse de unos minutos para tomarme el
enésimo café de la jornada, mientras miraba de reojo un gran monitor de
televisión que emitía los informativos suecos. Me despejé de golpe al reconocer en aquellas imágenes el rostro de Mikel Garikoitz Aspiazu Rubina, alias
Txeroki. No entendía ni una palabra de lo que estaba diciendo la presentadora
de los informativos suecos, pero no hacía falta. Las imágenes hablaban por sí
mismas. El jefe del aparato militar de ETA, responsable del atentado en la
terminal 4 del aeropuerto de Madrid-Barajas, que no me había pillado por los
pelos regresando de Venezuela, acababa de ser capturado en Francia.

Supuse que alguno de mis camaradas en Caracas o en Uppsala lamentaría
profundamente aquella noticia. Lo que yo lamenté, sin embargo, era haber
dejado de beber. Si no, habría brindado con un buen trago de vodka por la
captura de aquel asesino disfrazado de revolucionario, y a la memoria de sus
últimas dos víctimas inocentes, hermanos latinos, en la T-4 de Barajas.

Los grupos armados pierden Caracas

Solo unos días después de mi viaje a Suecia, Venezuela celebraba sus elecciones regionales y municipales. El 23 de noviembre los venezolanos acudían una
vez más a las urnas, para escoger a sus 603 gobernadores, alcaldes y legisladores, entre 17308 candidatos aspirantes. No dispongo de espacio suficiente
para hacer un análisis detallado de esas elecciones, así que me limitaré a lo
que más me afectó a mí y a mis camaradas. Y es que Chávez, aunque salió
favorecido en otras regiones, perdió el control de la alcaldía metropolitana de
Caracas. Antonio Ledezma, llamado despectivamente *Er Vampirin* por los chavistas, se hacía de nuevo con la alcaldía mayor de Caracas, como candidato de
la opositora Alianza Bravo Pueblo (ABP). Alcaldía que ya había ostentado en
1995 y por la que había vuelto a optar en 2000, siendo derrotado en aquella
ocasión por el candidato chavista Freddy Bernal (de MVR).

Perder la alcaldía mayor de Caracas supuso un duro golpe para el PSUV
de Hugo Chávez. No solo por las obvias razones políticas, sino porque en
cuanto Ledezma llegó a su despacho, descubrió cómo durante años los grupos

bolivarianos como mis camaradas los tupamaros de Comandante Chino o los de Comandante Pinto, La Piedrita de Valentín Santana y Lina Ron, o los motorizados de Arquímedes Franco, entre otros, habían recibido importantes ayudas económicas y un trato de favor evidente por parte del gobierno. Y ese trato de favor había llegado a su fin.

Ledezma purgó la alcaldía de miembros de los grupos bolivarianos, y denunció que al menos 7700 personas habían sido contratadas por el anterior alcalde socialista Juan Barreto, cobrando sueldos sin desempeñar trabajos reconocidos, por un monto anual de 117 millones de bolívares fuertes (más de 43 millones de euros al cambio oficial). Entre ellos se encontraban todos mis camaradas tupamaros: Chino Carías, Gato, Carlucho, Cabezamango, Singer, etcétera. Pero también miembros de otros grupos armados como La Piedrita, los Guerreros de la Vega, los Carapaica y hasta quince miembros relevantes del Colectivo Alexis Vive.

En un extenso artículo de Daniel Lozano publicado en *La Nación* y reproducido por un *website* sobre temas de inteligencia,[21] se detalla minuciosamente la relación de todos los grupos armados bolivarianos con la alcaldía de Barreto, y el *shock* que supuso para ellos el triunfo de Ledezma. Lo gracioso de ese artículo es que aparece ilustrado con una fotografía extraída del comunicado tupamaro que grabamos en abril de 2008, donde aparezco yo mismo con mis camaradas armados.

Según Lozano: «Ledezma ha nombrado una Comisión de la Verdad independiente, que estudia toda la documentación para determinar las acciones judiciales a seguir. Y surgen más sorpresas todos los días. Como un documento al que ha tenido acceso este cronista, dirigido al anterior director de Recursos Humanos, con fecha de 19 de febrero de 2008, en el que se le solicita la inscripción de nueva gente ingresada ya que "se le hizo una limpieza a la lista anterior y excluimos de la misma a las personas que están en contra del proceso y se sustituyeron por otras que están con el proceso revolucionario". El pedido, que contaba con la autorización del entonces alcalde de Caracas Juan Barreto, llevaba la firma de su asesor, Richard Peñalver, un nombre maldito para los antichavistas. Actual concejal del Partido Socialista Unificado de Venezuela, fue acusado de ser uno de los francotiradores que disparó desde el Puente Llaguno contra la manifestación opositora que se dirigía a Miraflores el fatídico 11 de abril de 2002. Aquel día murieron 14 personas y 110 fueron heridas. Una grabación del canal Venevisión lo situaba en medio de la acción, disparando con saña. Fue juzgado y resultó absuelto. Peñalver tenía en su nómina propia a varias personas, entre ellas uno de los miembros des-

---

21. *http://intelligenceservicechile.blogspot.com/2009/08/venezuela-los-guardianes-de-la.html*

tacados de la Esquina Caliente, el grupo violento de motorizados que se ha desgajado de La Piedrita. Otros de los que cobraban por esta vía han participado en la toma violenta de varias sedes de la alcaldía mayor en estas últimas semanas, acciones con las que pretenden coaccionar al nuevo gobierno municipal. Ellos aducen que se trata simplemente de un conflicto laboral, ya que el 31 de diciembre, cuando se hizo el recambio de autoridades, dejaron de percibir sus sueldos».

Lo cierto es que la pérdida de la alcaldía caraqueña supuso un duro revés para los grupos armados bolivarianos. Pero eso no impediría que mis camaradas continuasen protagonizando los informativos de la oposición, cada vez que ejecutaban una acción de protesta contra Globovisión o algún otro exponente del ejército mediático antichavista.

Esos días posteriores a las elecciones, por cierto, pude ver a Jorge Verstrynge en el Canal 8 de Venezuela. El asesor de Chávez y de sus fuerzas armadas en cuestiones de «guerra asimétrica» había regresado al país.

Guerra en Gaza

En España, sin embargo, yo continuaba con mi rutina en las mezquitas, aprovechando mis desplazamientos por la Península para visitar diferentes centros islámicos y conocer la enorme pluralidad musulmana que convive, no siempre fraternalmente, en Europa. Y, de hecho, unos hermanos musulmanes me propusieron la posibilidad de realizar mi *Hayy*,[22] la peregrinación mayor a La Meca, uno de los preceptos básicos del Islam que debe cumplir todo musulmán. La idea de hacer la peregrinación a la ciudad santa del Islam, invitado por hermanos musulmanes que tenían casa propia en La Meca, era una oportunidad fantástica. La crisis económica que comenzó a sentirse ese año nos puso a muchos en una situación muy incómoda. Yo me había gastado ya una auténtica fortuna en esta investigación, y el *Hayy* supone una inversión económica muy, muy alta, a menos que tengas recursos en La Meca para evitar a las mafiosas agencias de viajes que se hacen multimillonarias con el negocio de las peregrinaciones de los fieles. La picaresca, los timos y los abusos de la fe no solo se dan en torno a la pompa y boato del cristianismo o el judaísmo. En todas las religiones, incluyendo el Islam, existen los negocios de la fe. Así que aque-

---

22. La palabra árabe ﺣﺞ, que define la acción de cumplir con el quinto pilar del Islam, la peregrinación a La Meca, se transcribe indistintamente en Occidente como *Hagg*, *Hach*, *Hajj* o *Hajg*, pero yo considero que la más correcta sería *Hayy*.

lla oportunidad era única. Solo debería pagarme el viaje de avión hasta Arabia Saudí y a partir de ahí tendría el apoyo de mis hermanos musulmanes en La Meca.

Además, la bella Yamila, valga la redundancia, había estado poco antes en La Meca. Incluso me había enviado algunas fotos que se había tomado ante la sagrada piedra de Kaaba. Y a pesar de nuestros coqueteos y la pulsión sexual que existía entre ambos, me brindaba su colaboración desinteresada para facilitarme la peregrinación. Porque Yamila me demostró que la lujuria no está necesariamente reñida con la espiritualidad. Así que en diciembre de 2008 yo estaba bastante resuelto a continuar siguiendo los pasos de Alí Bey hasta la mismísima ciudad sagrada de La Meca, pero Allah, o la providencia, tenían otros planes para mí.

El 1 de diciembre de 2008, Ernesto G., el ex candidato a la alcaldía de Santander y admirador de Ilich Ramírez, me enviaba una información muy interesante: en enero de 2009, Beirut acogería un foro internacional antiimperialista, similar al de Suecia o incluso de mayor interés. La organización del foro internacional facilitaba tres direcciones de contacto en París, Beirut y Caracas. Y la organizadora en Venezuela era una vieja conocida mía: Isabel Frangie, de la Organización de Solidaridad Árabe.

Carlos el Chacal se mostraba tan entusiasmado porque viajase a Beirut en su representación, como de mi viaje a Estocolmo. O más. Porque en una de nuestras conversaciones semanales me sorprendió facilitándome el nombre de un contacto suyo en Líbano y su teléfono: «Él puede ponerte en contacto con mi gente allá...». Las perspectivas del foro de Beirut no podían presentarse más halagüeñas... O sí. Porque esta era la oportunidad que esperaba para solicitar una reunión con el jeque Hassan Nasrallah.

Issan, el ex jefe de inteligencia de Hizbullah con quien había compartido tantas horas en Caracas, me había prometido dos entrevistas al poco de conocernos: Leyla Khaled y Hassan Nasrallah. La primera ya se había cumplido, y el foro de Beirut parecía la oportunidad perfecta para conseguir la segunda. Y teniendo en cuenta que probablemente Hassan Nasrallah, y no Ben Laden, es el hombre más buscado del mundo por el MOSSAD y la CIA, desde un punto de vista periodístico aquella oportunidad era única. En cuanto cometí el error de comentárselo a Ilich Ramírez, en otra de nuestras conversaciones, su respuesta fue muy inquietante:

—Ilich, si quieres, podemos organizarlo para que tú hables con él a través de mi celular, si al final me organizan la reunión con el jeque Nasrallah...

—Una llamada telefónica de mí hacia allá es condenarlo a muerte, porque a los diez minutos los están bombardeando... Mira, hermano, allá te van a llevar de un sitio a otro varios días... Es el hombre más buscado del mundo, chico, más que Ben Laden...

Un viejo proverbio árabe dice: «No abras los labios si no estás seguro de que lo que vas a decir es más bello que el silencio». Ilich había buscado una forma elegante de decirme que no contase esas pendejadas por teléfono, sabiendo que todas las llamadas de Carlos el Chacal eran monitoreadas por la inteligencia francesa. Así que decidí ser más prudente y concentrarme en los preparativos de mi regreso a Beirut. Pero esta vez mi principal problema era económico. Isabel Frangie me ofreció su casa en Beirut para alojarme durante el foro, así que en principio solo tenía que pagarme el billete de avión. El problema es que Issan me prohibió alojarme en casa de nadie si quería aspirar a reunirme con el jeque Nasrallah:

—Por razones de seguridad te alojarás cinco días en un hotel, y los hermanos de Hizbullah se pondrán en contacto contigo cuando lo consideren oportuno, nada de estar en casa de nadie que no conocemos...

Cuando en uno de nuestros encuentros le comenté a Abu Sufian, el supuesto «hombre de Al Zarqaui en España», mi intención de entrevistar al jeque Nasrallah en Beirut, su reacción fue espontánea. Mi cámara oculta también grabó su grito de «¡Oh, qué bien, wauuu!», y su inminente cambio de actitud cuando se dio cuenta de su reacción... «Oh, hermano, no... pero Nasrallah es un extremista... ¿no?» Estaba claro que Abu Sufian todavía no confiaba en mí. Sin embargo, desde nuestro primer encuentro, manteníamos una relación fluida a través de Internet y de mensajes sms.

En Nochebuena, no sé si por su educación occidental, o porque todavía no se fiaba de mí, me mandó una felicitación de Navidad vía sms. Y yo reaccioné sin pensar, como debería haber reaccionado el radical yihadista que se supone que soy, regañándole por haberme felicitado la Navidad cristiana: «Hermano, los musulmanes tenemos otras fiestas que celebrar, y entre ellas no está la Navidad, porque sabemos que el profeta Isa no murió en la cruz». Inmediatamente recibí la respuesta de Abu Sufian por sms, que no me resisto a reproducir:

«Wow! que religioso eres!:-/ ;-) pero no exageramos tanto hermano mio B-) navidad es para todo la gente, bueno de verdad tu tienes razón hermano J eres mejor que yo! De verdad. Yo estoy haciendo muchos pecados pero mucho %-) yo no soy correcto! ;-)»

Él no sospechaba que yo estaba muy al corriente de esos pecados a los que se refería y que habían servido, según el Ministerio del Interior, para que Al Zarqaui hubiese recibido en Basora el dinero recaudado por Abu Sufian en España, de sus relaciones con españoles como José Antonio D. Pero en este momento mi camarada no tenía un céntimo, así que no iba a poder ayudarme a reunir el dinero para asistir al encuentro de Beirut y para entrevistar a Nasrallah. Ni él, ni ningún otro hermano musulmán, porque si la crisis económica nos golpeó fuerte a los occidentales, para los inmigrantes —legales o no— que llegaron a Europa intentando mejorar su calidad de vida, fue un cataclismo. Para la mayoría de mis hermanos magrebíes y subsaharianos que trabajaban en el sector de la construcción, por primera vez desde el 11-M ser acusados de terroristas ya no era el peor de sus males. Ahora lo más urgente era poder dar de comer a sus hijos. Y teniendo en cuenta que muchos de mis compañeros de mezquita no estaban regulados, ni siquiera podían disfrutar del paro, las subvenciones o las ayudas estatales que sí podíamos solicitar los nacionales. Un antiguo refrán árabe dice: «Yo me quejaba porque no podía comprarme zapatos, hasta que conocí a un hombre que no tenía pies».

Aun así no iba a tener oportunidad ni de plantearme cómo conseguir esos fondos en otro lugar, porque de nuevo la providencia me obligaría a alterar todos mis planes y el destino de mi próximo viaje.

El día 27, en plena Navidad, Israel ponía en marcha toda su feroz maquinaria militar para bombardear sin piedad la Franja de Gaza, una vez más. Era la Operación Plomo Fundido, oficialmente una respuesta a los ataques terroristas palestinos, con cohetes Qassam.

Los Qassam, llamados así en homenaje al jeque Izzedin al-Qassam, líder de la resistencia palestina contra los británicos en los años treinta, son rudimentarios cohetes artesanales. En 2001 la resistencia palestina decidió reciclar los explosivos no detonados de los proyectiles israelíes para utilizarlos contra el ejército de ocupación, y así nació la primera generación de cohetes Qassam. Pero desde 2001 hasta 2004, ninguno de los proyectiles palestinos lanzados contra las ciudades del sur de Israel consiguió ninguna baja. Las primeras víctimas mortales de un Qassam se produjeron el 28 de junio de 2004 en Sderot. Desde entonces, y aunque los palestinos perfeccionaron sus cohetes aumentando su alcance de tres a diez kilómetros y su carga explosiva de cinco a veinte kilos, estos siguen sin tener ningún sistema de navegación, y por tanto su probabilidad de acertar en un objetivo es más cuestión de azar que de pericia. Por esa razón, según las cifras oficiales de Ministerio de Asuntos Exteriores de Israel, tras más de tres mil cohetes Qassam lanzados por la resistencia palestina, desde junio de 2004, dieciséis israelíes murieron víctimas de esos ataques terroristas. Es decir, 188 cohetes Qassam por cada víctima mortal israelí. A pesar de ello, numerosos periodistas occidentales no dudan en llamar «misiles» a los artesanales cohetes palestinos, cuando se refieren a ellos en sus titulares. Como llamaron bomba a la «caja sonora» que intentó dejar Hizbullah-Venezuela ante la embajada norteamericana en Caracas.

El mismo día 27, a las 22:14, entraba en mi correo electrónico un e-mail de Karl Penhaul. Penhaul es un audaz reportero colombiano, corresponsal de la CNN en Colombia y buen amigo del Chino Carías, a quien había entrevistado en Venezuela en alguna ocasión. Penhaul me conocía como «el Palestino», así que en cuanto comenzaron los bombardeos y decidió salir de Bogotá rumbo a Tel Aviv para cubrir la nueva guerra en Gaza, nos escribió un mail conjunto al Chino y a mí para pedirnos contactos en Palestina.

Fecha: 27 de diciembre de 2008, 22:14
Asunto: URGENTE -- gaza/Israel
Enviado por: yahoo.com

Reciban un gran saludo. salgo hoy 27 de diciembre rumbo a Tel Aviv (via Madrid) para cubrir el nuevo bombardeo de Israel a Gaza y la reaccion de Hamas y el pueblo palestino. CNN obviamente tiene oficina en Jerusalem pero les agredezco entre los dos cualquier buenos contactos de confianza que tienen en la zona que me ayuda a contar la historia desde todas las perspectivas especialmente de la perspectiva palestina.

Un abrazo y estamos e contacto en estos días. karl.

FROM: KARL PENHAUL
TEL: (BOGOTA) [+571] 214...
CEL: [+57] 310 867...

En cuanto recibí el mail de Penhaul decidí salir también para Palestina, haciendo una escala en Zaragoza para pedir a mis amigos palestinos contactos en la Franja de Gaza que pudiesen ayudarnos tanto al corresponsal de la CNN como a mí. Desgraciadamente, ni Penhaul a través de Tel Aviv ni yo desde la frontera egipcia pudimos entrar en Gaza. El ejército israelí había acordonado todo el perímetro fronterizo de la franja para evitar miradas incómodas de la prensa que pudiesen constatar la masacre que se estaba desarrollando en su interior. Ningún periodista occidental pudo cubrir los bombardeos desde dentro... ninguno salvo uno. Y precisamente un compañero español, Alberto Arce. Arce es de esos periodistas que hacen que uno se sienta orgulloso del oficio.

Cuando las tropas israelíes cerraron todas las fronteras a Gaza, Arce ya estaba dentro. Había llegado por mar unos días antes para rodar un documental sobre la franja y, cuando comenzaron las incursiones israelíes y todos los demás periodistas occidentales accedieron al requerimiento israelí de abandonar Gaza, él se quedó. Y se quedó hasta el final. Permaneció dentro de la ciudad las tres semanas que duró la carnicería. Y cuando regresó —yo pude estar con él poco después— ya no era el mismo. No volvería a ser, ni lo pretendería, un periodista distante y objetivo, capaz de informar sin tomar partido sobre el conflicto árabe-israelí. Arce se convirtió en un activista a favor de la causa palestina, como no podía ser de otra manera, y automáticamente se ganaría el estatus de «non grato» para Israel.

Karl Penhaul y yo no tuvimos tanta suerte. Yo volví a Zaragoza, con mis hermanos palestinos. Allí, toda la comunidad árabe aragonesa, como del resto del mundo, vivía pegada a la pantalla de la televisión. Al Jazeera había conseguido introducir a un grupo de temerarios reporteros, casi kamikazes de la información, dispuestos a arriesgar la vida por informar de lo que estaba ocurriendo donde no llegaban las cámaras de la CNN ni de ninguna otra emisora occidental. Porque Arce seguía dentro, pero solamente podía realizar crónicas telefónicas de lo que veía. A pesar de que grabó horas y horas de información, no pudimos conocer sus imágenes hasta que consiguió sacar las cintas de Gaza, una vez concluida la ofensiva.

En España, yo me involucré absolutamente en las movilizaciones propalestinas. Fueron tres semanas agotadoras. Trabajaba con diferentes ONG organizando las campañas de protesta internacional contra los bombardeos que, como siempre, no sirven absolutamente de nada. Me pasaba noches enteras grabando los informativos de Al Jazeera, para luego distribuir las imágenes entre las organizaciones propalestinas con presencia en Internet. O fabricando pancartas, camisetas o folletos denunciando lo que estaba ocurriendo en Gaza. Mientras, en los Estados Unidos, Barack Obama miraba hacia otro lado, argumentando que hasta que jurase el cargo el 20 de enero de 2009 no debía inmiscuirse en las decisiones políticas de George Bush, que seguía siendo el presidente en funciones, y cuyo apoyo a Israel es incondicional.

Fui testigo de comportamientos obscenos por parte de algunos compañeros «periodistas» que, al inicio de los bombardeos, llegaron a sugerir que «no se trata de una incursión israelí, sino que los mismos árabes fanáticos se están matando entre ellos». Esos «periodistas», comprometidos ideológicamente con la derecha más reaccionaria y con los intereses israelíes y norteamericanos, intentaron, una vez más, dibujar una imagen estereotipada del conflicto, cargando con todas las culpas, incluso de su propia masacre, a los palestinos. Pero gracias al trabajo de periodistas como los de Al Jazeera, muchos de los cuales fueron heridos por francotiradores israelíes mientras hacían su trabajo, a principios de enero de 2009 ya se habían filtrado suficientes imágenes como para saber lo que estaba pasando de verdad en Gaza. Y millones de personas en todo el mundo se echaron a la calle para manifestar su protesta. Naturalmente, Israel no se dejó amedrentar por esas protestas multitudinarias, ni por las constantes resoluciones de la ONU que desautorizaban los bombardeos. Y continuaron la Operación Plomo Fundido hasta arrasar por completo la Franja de Gaza... una vez más.

En plenos bombardeos, viví una situación especial con mis amigos de Zaragoza. Los palestinos zaragozanos, entre los que me incluía, frecuentaban una cafetería de la plaza Roma donde jugábamos al ajedrez, discutíamos de política y contemplábamos a través de Al Jazeera el maltrato occidental para con los pueblos árabes. Pero nunca habíamos visto algo tan despiadado como lo de Gaza. Allí casi siempre estaba mi amigo Ibrahim Abayat, o Muhammad, o Samir... o tres hermanos originarios de Yinín: Mutasem, Nasser y Yamal, el mayor de los tres. Yamal es un hombretón rudo y curtido, que roza la cincuentena. Yo había conocido a su madre, a sus hermanos, a sus sobrinos y a toda su familia en uno de mis viajes anteriores a Palestina. De hecho, había sido acogido por dicha familia como uno más. Y sé que Yamal, como todos sus hermanos, es un hombre de paz. Sin embargo, recuerdo perfectamente cómo uno de los días de mayor crudeza en los bombardeos israelíes, mientras discutíamos en aquella cafetería de la plaza Roma sobre la necesidad de buscar ayudas, de recaudar fondos, de recoger medicinas o alimentos para enviar a Gaza, Yamal explotó y dio un puñetazo en la mesa de la cafetería.

Apretando los puños y los dientes, no podía contener las lágrimas que caían a borbotones por sus mejillas tostadas y cubiertas de arrugas.

—Ayudadnos, necesitamos ayuda —decía—, pero para armas, necesitamos armas... No limosnas. Hay que parar esto.

Y para mí fue un *shock*. Quebrado por el dolor, la rabia y la impotencia. Mi amigo, un hombre pacífico, un buen musulmán, absolutamente integrado en la comunidad europea desde hacía muchos años, suplicaba ayuda, pero no para reconstruir lo que los israelíes estaban destruyendo, ni para aliviar los cuerpos mutilados y desmembrados de los niños palestinos. Mi amigo suplicaba ayuda para armar mejor a la resistencia y detener así la masacre. O por lo menos para vengarla. Recordé uno de los poemas que había escrito Eduardo Rózsa: «Más vale perder hoy una batalla, que llorar eternamente por el combate nunca iniciado».[23]

—Si te han arrebatado tu casa, tu familia, tu trabajo —decía—, que por lo menos te quede la dignidad de vengar a tus muertos...

Justo en ese preciso instante, mientras las lágrimas descendían por las mejillas de mi hermano palestino, comprendí por primera vez que todos mis utópicos alegatos contra la violencia; todos mis argumentos racionales contra el uso de los fusiles y las bombas; toda mi enérgica repulsa a toda forma de lucha armada son fruto de mi condición de acomodado burgués occidental. Yo puedo permitirme ser pacifista y abominar de la violencia. Puedo argumentar, desde mi cómodo teclado de ordenador, que las armas y las bombas solo generan dolor y venganza. Y además sé que es así. Pero puedo hacerlo porque soy un periodista europeo que vive en un cómodo apartamento alejado de todo conflicto. Hoy sé que si yo hubiese estado en Gaza, o en las selvas de Colom-

---

23. *47 versos sufís*, pág. 20.

bia, o en las calles de Bagdad, probablemente mi comportamiento y mi percepción sobre el terrorismo sería muy diferente.

Al ver, junto con mis hermanos musulmanes, la imágenes que transmitían heroicamente desde Gaza los reporteros de Al Jazeera, los cuerpos mutilados, los niños acribillados, comprendí por primera vez a los terroristas. Creo que las lágrimas que caían por las mejillas de aquel hombretón, mientras suplicaba armas para luchar contra los israelíes, me hicieron entender más que todos los cursos de contraterrorismo, todos mis viajes y todas mis horas de estudios coránicos. En la rabia, la impotencia y la frustración que contenían aquellas lágrimas estaba una de las puertas al terrorismo. Y allí no había retórica política. Ni argumentos ideológicos. No había discursos eruditos y reflexiones filosóficas. No había propaganda de izquierda o derecha. Solo había odio y rabia. La necesidad compulsiva e irracional de matar a quien te mata. Y, si no puedes acceder a él, cualquier otra persona que apoye o justifique a tu agresor puede ser una víctima lícita de tu venganza. Solo hay que dejarse llevar y apretar el gatillo una vez. Eso sí, cuando das ese paso ya no hay vuelta atrás.

Yo también lloré de impotencia ese día.

SEXTA PARTE

Año 2009 d. C., año 1430 de la Hégira[1]

---

1. El año nuevo musulmán, 1430, se celebró el 29 de diciembre de 2008.

Los que lanzan piedras a la luna

قُلْ أَعُوذُ بِرَبِّ النَّاسِ, مَلِكِ النَّاسِ, إِلهِ النَّاسِ, مِن شَرِّ الْوَسْوَاسِ الْخَنَّاسِ,
الَّذِي يُوَسْوِسُ فِي صُدُورِ النَّاسِ. مِنَ الْجِنَّةِ وَالنَّاسِ.

Di: Me refugio en el Señor de los hombres, el Rey de los hombres, el Dios de los hombres,
del mal de la insinuación del que se escabulle, que insinúa en el ánimo de los hombres, sea
genio o sea hombre.

El Sagrado Corán 114, 1-6

الرفيق قبّل الطريق والجار قبّل الدار

El compañero antes del viaje, y el vecino antes de la casa.
Proverbio árabe

«Tenemos derecho a matar israelíes...»

Cuando acudí a la mezquita de la M-30 el 2 de enero de 2009, primer viernes
desde que comenzaron los bombardeos a Gaza en la Operación Plomo Fundido,
me encontré un coche de policía en la puerta. Nunca antes había visto coches
patrulla vigilando las mezquitas de forma tan descarada: aunque la vigilancia
policial es constante, normalmente era discreta. Ese viernes, sin embargo,
las policías europeas habían colocado patrullas en todas las mezquitas importantes de Europa intentando prevenir posibles revueltas originadas por la masacre
que se estaba produciendo en Palestina. Como no podía ser de otra manera, los
sermones de todos los imames del mundo en el *salat* de ese viernes versaban
sobre lo que estaba ocurriendo en la Franja de Gaza. Y los hermanos musulmanes nos mirábamos unos a otros apretando los dientes y los puños para
contener la rabia. Era muy fácil para cualquier organización terrorista encontrar
apoyos contra Israel y sus aliados occidentales en aquellos días.

El 5 enero recibí un e-mail enviado por Eduardo Rózsa a nueve personas, entre ellas yo. Se trataba de un artículo que había escrito para su web, en castellano, manifestando su repulsa por los bombardeos a Gaza.[1] El e-mail llevaba adjunto un <u>virus troyano</u>, un programa espía que fue detectado por el antivirus del cibercafé en el que estaba trabajando esa mañana.

Entre los otros ocho receptores de ese correo electrónico y del programa espía que ocultaba se encontraban Alejandro Melgar y Alejandro Brown Ibáñez. Yo nunca había escuchado esos nombres anteriormente. Aunque a partir del siguiente mes de abril los veía con frecuencia en la prensa internacional. Todavía no tenía ni idea del lío en el que me estaba metiendo Rózsa al incluir mi dirección entre esos nueve receptores de sus correos electrónicos.

Mientras, en Venezuela, mi supuesta patria, miles de personas se echaron a las calles como en el resto del mundo para protestar por los bombardeos israelíes a Gaza, como en 2006 lo habían hecho por los bombardeos israelíes al Líbano. En la gran manifestación de Caracas, mis compañeros del Comité por la Repatriación de Ilich Ramírez acudieron a la marcha blandiendo la enorme pancarta con el rostro de Carlos el Chacal, rodeado de banderas palestinas. La misma pancarta que habíamos utilizado en otras manifestaciones y concentraciones por la repatriación del Chacal, y que se mantenía desplegada en el Cuartel San Carlos, junto con la exposición permanente sobre la vida de Ilich Ramírez.

Una vez más, como hizo durante la guerra Israel-Hizbullah de 2006, Hugo Chávez fue el primer presidente del mundo que, el 6 de enero de 2009, retiró a su embajador en Tel Aviv, expulsó al embajador israelí en Caracas y criticó enérgicamente la masacre, creando así un nuevo conflicto diplomático entre Israel y Venezuela, y alentando el rumor de su alianza con los terroristas.

En un <u>comunicado oficial</u> emitido el mismo día en que comenzaron los bombardeos podíamos leer, entre otras cosas: «El Gobierno Bolivariano expresa su solidaridad al Pueblo palestino y eleva su voz ante la comunidad internacional, para emprender una campaña masiva de repudio a estas infames acciones violentas, a través de las cuales se busca aniquilar la esperanza de vida de un Pueblo entero». Con esta actitud, Chávez se convirtió otra vez en el héroe de millones de árabes en todo el mundo.

Hamas agradeció públicamente a Hugo Chávez su gesto de solidaridad. Y, desde Beirut, el jeque Hassan Nasrallah, líder de Hizbullah, conminó a todos los gobiernos occidentales a seguir el ejemplo del mandatario venezolano, expulsando a los embajadores israelíes. Algo que solo hizo un puñado de dirigentes sensibilizados con el drama palestino, como Evo Morales. Mi «men-

---

1. *http://eduardorozsaflores.blogspot.com/2009/01/eduardo-rzsa-flores-por-la-derrota-del.html*

tor» Ilich Ramírez, sin embargo, tan astuto como un zorro, hizo una lectura muy diferente de la expulsión del embajador israelí:[2]

—Eso fue una cuestión magnífica, pero estratégicamente no me parece que sea lo mejor. Te voy decir... si pudiera Venezuela, con relaciones diplomáticas reforzadas... Lo que había que hacer es abrir en Haifa y en Ramallah, y en Gaza, o antenas consulares... y llevar la cuestión bolivariana más allá...

Como bien apuntaba Chacal, habría resultado mucho más útil, desde el punto de vista táctico, contar con enclaves estratégicos, protegidos por la inmunidad diplomática, en los territorios ocupados. Él lo sabe bien. Durante décadas se movió impunemente por todo el mundo gracias a la protección que le ofrecían sus contactos con presidentes africanos, asiáticos o europeos. Chávez, sin embargo, optó por el gesto populista y recogió los frutos. Entre ellos, una nueva andanada de acusaciones internacionales de proteger a terroristas. Aunque esta vez yo ya no me las creí.

No es casualidad que el 9 de enero, Dima Khatib entrevistase al canciller Nicolás Maduro para Al Jazeera, azuzando aún más la pasión del mundo árabe por Hugo Chávez. El 10 de enero los estudiantes iraníes se manifestaban ante la embajada de Venezuela en Teherán para agradecer a Chávez su comportamiento. Al día siguiente en Ramallah, Yinín o Belén, miles de palestinos se manifestaban, blandiendo retratos de Chávez y pidiendo que se convirtiese en el nuevo presidente de Palestina. Y lo mismo ocurría un día después en Beirut, donde incluso llegaría a inaugurarse más tarde un restaurante en el centro de la capital, llamado هوغو تشافيز, o sea, «Hugo Chávez» en lengua árabe. Una de las calles de Bire, al norte del Líbano, también fue bautizada con el nombre del presidente venezolano.

Era tal el entusiasmo de musulmanes y árabes con Chávez, que el 13 de enero de 2009 el diputado islamista kuwaití Walid al Tabtabai propuso trasladar la Liga Árabe desde El Cairo hasta Caracas. «El presidente Hugo Chávez demostró ser más árabe que muchos árabes —afirmó— al ordenar la expulsión del embajador israelí».

Como el lector podrá suponer, en las llamadas de Ilich Ramírez durante aquellas semanas el conflicto de Gaza era uno de nuestros temas de conversación recurrentes. Y sirvió para que conociese un poco mejor la particular psicología y los razonamientos lógicos, fríos, gélidos, letales, de Carlos el Chacal. Lo que sigue es un fragmento de una de nuestras conversaciones, sin cortes ni añadidos.[3] Tal y como lo registró mi sistema de grabación:

—¿Hay consulado de Israel ahí? —me preguntó el Chacal.

—Hay consulado en Santa Cruz, sí... —mentí yo.

---

2. Conversación entre Ilich Ramírez y Antonio Salas, 17 de enero de 2009.
3. Conversación entre Ilich Ramírez y Antonio Salas, 10 de enero de 2009.

—Sería bueno hacer una manifestación ahí, pero sin violencia, sin todo tipo de violencia...

—Sí, pero a veces es difícil, porque la gente se calienta...

—Pero no hay que permitir eso, ¿te das cuenta? Porque eso es en interés de los sionistas. Por ejemplo acá, en la de hoy, se hizo (ininteligible) los Hermanos Musulmanes, que han organizado serios... para evitar que provocadores o comemierda o marihuaneros vengan a molestar ahí. A hacer provocaciones, o a tirar piedras y eso.

—Claro...

—No hay que confundir las cosas, mi hermano. Cada tipo de acción tiene su oportunidad y su lugar, ¿entiendes?

—Exactamente.

—Una manifestación de ese tipo, ciudadana, de indignación, de defender los derechos del pueblo palestino, denunciando las masacres infames y el atentado contra el derecho internacional, no se puede hacer cuando uno vaya rompiendo vitrinas, y quemando carros y haciendo pendejadas... no hay razón. Y sobre todo, mira, evitar... he estado hablando con una gente por teléfono... evitar todo tipo de agresión contra sinagogas y ese tipo de cosas. Los lugares de culto hay que respetarlos. El hecho de que los sionistas masacren a la gente y ataquen las mezquitas no nos autoriza a hacer lo mismo. Tenemos el derecho a matar a los israelíes porque allí no hay civiles en Israel, en Israel todo el mundo es militar. Pero las sinagogas no las atacamos. A menos que sea utilizado, como fue el caso de Estambul, esas dos sinagogas que eran utilizadas por el MOSSAD, eran una cobertura para el MOSSAD, ¿entiendes? Pero eso es excepcional, uno no tiene derecho a atacar los lugares de culto...

—¿El MOSSAD ha usado sinagogas? —pregunté asombrado.

—¡Claro, en Turquía! ¿Por qué en Estambul las atacaron hace unos años? ¿Recuerdas?

—No, no recordaba...

—Hacia el 2006 fue, noviembre de 2006. Atacaron dos camaradas allá... turcos fueron y... con carros bomba y estallaron y... hicieron una masacre a los tipos del MOSSAD...

Según su razonamiento, y dado que todos los israelíes deben cumplir con un servicio militar obligatorio y después pasar a la reserva del ejército, susceptibles de ser movilizados en cualquier momento, teníamos «derecho a matar a los israelíes». Sin duda ese razonamiento lo compartían sus camaradas turcos. Porque aquella fue la primera vez que Ilich Ramírez mencionó en nuestras conversaciones al Frente Islámico de Combatientes del Gran Oriente (IBDA-C).[4] Unos días después me pondría en contacto con ellos, obligándome

---

4. En turco: Islami Büyük Doğu Akıncıları Cephesi.

a abrir una nueva línea de investigación en esta infiltración, que requeriría también tiempo, dinero y esfuerzo. Se sumaban así a las docenas de grupos terroristas con los que iba estableciendo contacto a medida que profundizaba en mi viaje a la internacional terrorista.

Los atentados a los que aludía Ilich se produjeron ciertamente en noviembre, pero no en 2006 sino tres años antes. El 15 de noviembre de 2003, dos coches bomba estallan de manera simultánea junto a sendas sinagogas en Estambul, y causan 30 muertos y 277 heridos. Cinco días después, otros dos coches bomba explotan en el centro de Estambul, uno a escasos metros del consulado general británico y otro frente a las oficinas del banco británico HSBC. Esta vez se cobran 32 vidas y producen 450 heridos.

Tras el nuevo atentado, y como había ocurrido cinco días antes, la agencia anatolia recibió una llamada de un comunicante anónimo, que dijo hablar en nombre de Al Qaida y el grupo local Frente Islámico de Combatientes del Gran Oriente, y que de nuevo se atribuyó la autoría de los atentados. «Estos ataques son una acción conjunta de IBDA-C y Al Qaida. Nuestros ataques contra objetivos masónicos continuarán. Los musulmanes no están solos», dijo la voz anónima. Y esta vez las autoridades turcas olvidaron su escepticismo.

El IBDA-C fue fundado en los años setenta por el místico de origen kurdo Salih Izzet Erdiş, más conocido como comandante Salih Mirzabeyoglu. Nacido en Erzincan el 10 de mayo de 1950, Mirzabeyoglu conoció al poeta, filósofo y escritor Necip Fazil Kisakürek cuando tenía quince años, y su pensamiento le influiría profundamente durante toda su vida; Kisakürek llegó a iniciarle en la orden sufí de Naqshbandi, aunque en los setenta Mirzabeyoglu fundó su propia organización, a medio camino entre la orden militar y mística. Según me explicaría Carlos el Chacal en una de nuestras conversaciones semanales:[5]

—Es gente buena... no son sectarios. Son sunitas... Cuando yo lo oí por primera vez dije: «¿Qué vaina es esa?». Pero no. Son los Caballeros del Gran Oriente, o sea que viene del sol, del Oriente. Porque los turcos llegaron del sol, del Oriente, del Gran Oriente, ¿te das cuenta? ¿El pueblo turco de dónde vino? Por allá, del desierto de Gobi, que es el Gran Oriente. Esa es la referencia. Pero cuando uno lo traduce al español o al inglés, a nivel occidental, suena como la vaina masona, pero no tiene nada que ver. Son antimasones, por cierto, están en guerra con los masones. Porque el sistema que hay en Turquía fue impuesto por la francmasonería sabbataísta...

En la década de los noventa, los Caballeros del Gran Oriente evolucionaron de la retórica filosófica a la acción directa, siendo responsabilizados de casi un centenar de actos violentos y atentados terroristas. Mirzabeyoglu ya había sido

---

5. Conversación entre Ilich Ramírez y Antonio Salas, 21 de marzo de 2009.

detenido en otras ocasiones, pero en diciembre de 1998 los cargos fueron más graves. Se le acusaba de liderar el Frente Islámico de Combatientes del Gran Oriente, que intentaba implantar la ley islámica en el país y derrocar el gobierno: en 2001 fue condenado a la pena de muerte, pero en 2004 se le conmutó la pena capital por la de cadena perpetua.

En prisión, Mirzabeyoglu soportó todo tipo de torturas y vejaciones y, según él, varios intentos de asesinato. Esto terminó de consolidar su imagen de héroe y mártir, mitificado por sus seguidores como un icono comparable al Che Guevara en Occidente. Autor de medio centenar de libros sobre poesía, religión, filosofía o mística, desde la prisión continúa siendo un mito. Hasta el punto de que muchos de sus seguidores le han considerado el Madhi, el mesías de las profecías islámicas. Según me confesó Ilich Ramírez en otra de nuestras conversaciones telefónicas, le consta que Mirzabeyoglu conoció personalmente a Ben Laden, durante una reunión de yihadistas celebrada en Sudán en los años ochenta, porque él también estaba allí. Y además, según el Chacal, los abogados turcos de Ramírez son los mismos que defienden a Mirzabeyoglu, así que el vínculo y la amistad son evidentes. Y por ello, también, Ilich justificaba ante mí el ataque a aquellas dos mezquitas judías en noviembre de 2003.

En realidad, Ilich Ramírez había retomado el contacto con los seguidores de Mirzabeyoglu, como conmigo, poco antes, al ser trasladado a la prisión de París y tener de nuevo acceso al teléfono. De hecho, había aceptado que los turcos le grabasen unas declaraciones sobre la situación de Gaza, la política turca, etcétera, que serían divulgadas en una de sus publicaciones: *Baran*. Y en enero de 2009, en el número 106 de la revista *Baran*, toda la portada estaba dedicada a Ilich Ramírez y a su primer mensaje. A partir de entonces, prácticamente todos los meses *Baran* dedicaba un espacio a las reflexiones del comandante Ilich Ramírez. Y por lo menos dos de las grabaciones de sus declaraciones aparecieron en Internet. El director de *Baran*, Fazil Duygun, no tardaría mucho en contactar conmigo por indicación de Ilich Ramírez: llegó a invitarme a viajar a Estambul...

Todos somos Gaza

A pesar de la afirmación de mi mentor —«Tenemos derecho a matar a los israelíes»—, por supuesto, yo me quedaría con la primera recomendación: las manifestaciones sin «ningún tipo de violencia». El Chacal me había dejado muy claro, una y otra vez, que yo debía formar parte del aparato legal y no cometer delitos. Ilich no quería quedarse sin su hombre en la red. Así que mi misión era otra. Y siempre la cumplí.

Fueron días extenuantes. Trabajaba con el sol y estudiaba de noche. Resistí mientras pude el esfuerzo que implicaba mi asistencia a las clases de lengua árabe, mi trabajo como periodista «normal», el mantenimiento diario de las webs, mi trabajo como corresponsal venezolano, la actividad en las mezquitas, la edición de *Los Papeles de Bolívar*, etcétera, hasta el desmayo... literalmente. Así que cuando llegó la guerra de Gaza tuve que asumir que era imposible mantener todos los frentes abiertos, y me vi obligado a abandonar las clases y mi vida «normal» de una vez por todas. Porque ahora debería quedarme prácticamente toda la noche pendiente de Al Jazeera para grabar todas las informaciones sobre los bombardeos y sobre las reacciones de América Latina al respecto, distribuyendo después esa información entre ONG, partidos políticos de izquierdas o páginas web afines no familiarizadas con la lengua árabe. De hecho, sin proponérmelo, me convertí en el intermediario entre algunas ONG laicas propalestinas, de ideología abiertamente izquierdista, y los imames de algunas mezquitas.

Probablemente, las viudas y viudos, las huérfanas y huérfanos, comprenden mejor a otros huérfanos y viudos que quienes no lo somos. Por eso, y contra lo que yo pensaba, muchas de las víctimas del 11-M y el 11-S contemplaron con horror y no con satisfacción la masacre de Gaza.

Los voluntarios y sobre todo las voluntarias de esas ONG se lamentaban de que los imames no se sentían cómodos tratando con mujeres, y menos aún si eran no musulmanas, aunque eso fuese en detrimento de las campañas de apoyo a Palestina, así que me pedían mi intercesión. Pero fracasé. No fui capaz de conseguir una colaboración entre mezquitas y ONG más allá de la participación en algunas manifestaciones, marchas y concentraciones. Y eso se debía, como casi todo, a un problema de mutua desconfianza. Pero también de miedo a la policía por parte de los imames. Y esto es muy interesante porque refleja otra dimensión nunca tratada del problema.

En las ONG nos esforzábamos mucho por conseguir dinero para enviar a los contactos que teníamos en Gaza; profesores, médicos, sanitarios... Me pasé muchas horas fabricando pancartas, estampando banderas y haciendo camisetas con proclamas solidarias para con Palestina. Mi sudor iba estampado en esas proclamas.

Los voluntarios de dichas ONG, ciudadanos europeos, agnósticos o judeocristianos en su práctica totalidad, no tenían nada que temer de las autoridades europeas por ondear aquellas pancartas o por recaudar dinero para Gaza. Sin embargo, los imames de las mezquitas, incluso aquellos con los que tengo una mayor relación, no opinaban igual. En todas las mezquitas de Europa se colocaron urnas y cestas para recoger dinero en apoyo a la causa palestina. Pero cuando le pregunté a mi imam por qué no uníamos esfuerzos con las organizaciones humanitarias europeas para enviar más dinero a Gaza, su respuesta me desarmó:

—Muhammad, los europeos pueden mandar dinero a Palestina por los cauces normales porque nadie les va a hacer nada. Pero en Palestina gobierna Hamas, que según la Unión Europea y los Estados Unidos es una organización terrorista. Y si a nosotros nos descubren enviando dinero para que el gobierno legítimo de Palestina pueda reconstruir hospitales, comprar medicinas o comprar alimentos, nos acusarán de subvencionar el terrorismo. Nos lo hacen siempre... Así que no podemos usar los bancos que usan ellos...

El argumento de mi imam me pareció demoledor. Es verdad que Hamas ganó legítimamente las elecciones en Palestina y por tanto es el gobierno responsable de las infraestructuras y reconstrucción del país. Sin embargo, como Hizbullah, solo es partido político legítimo en su nación, mientras que está considerado una organización terrorista en el exterior. Por tanto, desde un punto de vista legal, enviar dinero a Hamas —aunque fuese con la intención de aliviar el tormento que estaban viviendo en Gaza— podía interpretarse como un delito de colaboración económica con una organización terrorista. Y de hecho esa es la acusación más frecuente en casi todos los procesos a supuestos terroristas islamistas en Europa. Así que, por temor a la policía, las colectas realizadas en las mezquitas tenían que hacerse llegar a Gaza por medios tradicionales menos rápidos y seguros que una simple transferencia bancaria, como el *hawala*, consistente en que el inversor entrega una suma de dinero en un país a una persona de confianza y, en el punto de destino, un pariente o amigo de esa persona entrega la misma cantidad al receptor... sin recibos ni registros. «Busquen un imam de confianza en Gaza», me sugería Ilich Ramírez. Me invitaba también a no hacer ascos a la solidaridad que nos llegaba de las organizaciones ultraderechistas, como el Movimiento Social Republicano, Democracia Nacional, etcétera, que utilizaban la mala prensa de Israel durante la guerra de Gaza para extender su mensaje racista y xenófobo, sin saber que yo volvía a estar entre sus filas. En Barcelona, hasta la Librería Europa se sumó a la solidaridad con Palestina y, casualmente, la última conferencia celebrada, en diciembre de 2008, en su pequeño salón de actos la pronunció el famoso revisionista Joaquim Bochaca, y trató sobre «Los Protocolos de Sión» y la supuesta conspiración judeomasónica internacional.

Durante tres semanas asistimos impotentes a las imágenes que los reporteros de Al Jazeera y otras cadenas árabes conseguían grabar en Gaza, jugándose literalmente la vida. Las de Alberto Arce no nos llegarían hasta más tarde. Y asistíamos también a los apestosos negocios políticos que se cobraban y pagaban con vidas palestinas. En mi país, como en casi todos los países europeos, mientras la derecha apoyaba abiertamente a los israelíes, la izquierda lo hacía... también, pero no abiertamente. Tan memorable como la comparecencia de José María Aznar el 13 de febrero de 2003, dando su palabra de que Iraq tenía armas de destrucción masiva, fue la de Rodríguez Zapatero ese mes de enero de 2009, asegurando que España apoyaba a los palestinos en el conflicto. Lo que no contaba Zapatero, pero se ocuparon colegas periodistas de revelar, es que Israel continuaba siendo uno de los mejores clientes de las fábricas de armas españolas.

El 10 de enero, el diario *Público* revelaba un informe remitido por el Ministerio de Industria al Congreso de los Diputados sobre la venta de armas españolas al exterior, en el que Israel aparecía como el tercer mejor cliente del mercado de armas españolas, solo por detrás de Libia y Marruecos. No deja de ser curioso que el país con el que España tiene una mayor tensión política a causa de Ceuta y Melilla sea el mejor comprador de armas españolas...

Las cifras estaban muy claras. En el segundo semestre de 2008, España exportó a Israel material bélico por valor de 1551933 euros. De ese material, el 94,13 por ciento se dirigía específicamente a engrosar los arsenales de las fuerzas armadas israelíes. ¿De qué material se trata? También el informe lo dice. El grueso de la exportación (1460888 euros) corresponde a «equipos de formación de imagen o de contramedida», es decir: cámaras, equipos de formación de imágenes de infrarrojos y térmicas, equipos sensores de imagen por radar utilizados para la localización nocturna de objetivos... Guerra de última tecnología. Y de propina, 91045 euros en «armas de cañón de ánima lisa con un calibre inferior a 20 mm», o sea, fusiles, pistolas, ametralladoras, silenciadores, cargadores y visores.

Lo más relevante es que esa cifra de exportación de armas a Israel supera cualquier venta anterior. Solo en esos seis primeros meses de 2008 se vendió a Israel más que en todo el año 2007, cuando la venta global alcanzó la cifra de 1515934 euros, y más del triple que en 2006, cuando la cifra de ventas se limitó a 441335 euros. Cifras estas últimas, por supuesto, que también provienen de los informes remitidos por el Gobierno —concretamente por la secretaria de Estado de Comercio, Silvia Iranzo— al Congreso de los Diputados. Por cierto: en esos años 2006 y 2007, lo que España vendió a Israel fueron «bombas, torpedos, cohetes y misiles», así como explosivos. Entre ellos las terribles bombas de racimo que se usaron en Líbano y se volverían a utilizar en Gaza.

Con la misma audacia que Aznar y su promesa de que en Iraq existían armas de destrucción masiva, Zapatero tuvo que comparecer de nuevo una vez conocida la enorme cantidad de armas que España vendía a Israel, para garantizar que esas armas «no matan palestinos»... Supongo que mi presidente creía de veras que nuestras armas las utilizaban los militares hebreos para practicar la caza de pichón. Por desgracia, las balas y la metralla de las bombas españolas, como las de los terroristas, no disciernen entre eso que los militares llaman «objetivos lícitos» y «daños colaterales». Para mis hermanos palestinos, musulmanes o no, resultaba duro saber que quizás sus amigos y familiares en Gaza estaban siendo desmembrados por armas «made in Spain».

Finalmente, del 16 al 18 de enero de 2009, mientras los racimos de bombas continuaban masacrando Gaza, se celebró el <u>Foro de Beirut</u>. Y solo otra cuestión acaparó tanto interés en el foro como las matanzas de Gaza: «La crisis global del capitalismo, que no es solo financiera sino también económica, social, cultural y moral, y que pone en peligro la supervivencia de la humanidad». Las resoluciones del encuentro internacional quedaron recogidas en un documento final, divulgado internacionalmente.

Cuando cumplió sus objetivos (y no antes), Israel (y solo Israel) decidió suspender los bombardeos a Gaza el 18 de enero, solo cuarenta y ocho horas antes de que Barack Obama fuese investido oficialmente como el nuevo presidente de los Estados Unidos. No creo que sea una casualidad. Hasta ese momento Obama había evitado involucrarse en el conflicto escudándose en que la gestión norteamericana todavía estaba en manos del presidente saliente. Pero tampoco importa mucho. Para entonces, Gaza estaba destruida. La organización israelí B'Tselem cifró en 1387 los palestinos muertos durante los bombardeos, 774 de ellos civiles y 320 menores de edad. El número de heridos era incalculable. Otras organizaciones cifraban en más de mil quinientas las bajas palestinas.

En cuanto al bando israelí, la guerrilla palestina respondió a los ataques aéreos de los cazabombarderos F-16 y los helicópteros AH-64 (Apache) —ambos de fabricación norteamericana—, las incursiones por tierra de los carros de combate Merkava y los bombardeos de la armada israelí con misiles tierra-aire y el sistema de armamento de proximidad Typhoon, aumentando el lanzamiento de sus cohetes artesanales Qassam sobre las ciudades de Beer Sheva, Ashdod, Sderot o Ascalón, en el sur de Israel. Como consecuencia de los cientos y cientos de cohetes Qassam lanzados desde Gaza, la resistencia palestina consiguió matar a cuatro israelíes: tres civiles inocentes y un militar, también inocente.

Además de esas cuatro víctimas de los cohetes Qassam, la incursión terrestre en Gaza costó la vida a otros diez israelíes, en los enfrentamientos con la guerrilla de Hamas. Aunque la mitad de ellos fueron víctimas del «fuego amigo» de sus propios compañeros en Jabalia y Bet Hanun.

En términos globales, los israelíes consiguieron matar a casi 1400 palestinos, mientras que los palestinos acabaron con la vida de una decena de israelíes. Más o menos 140 palestinos muertos por cada israelí. Aparentemente no es difícil valorar cuál de los dos bandos perdió más en el enfrentamiento. Sin embargo, la resistencia palestina, más acostumbrada al sufrimiento y a las bajas humanas, se sintió triunfadora al final del conflicto. Quizás nunca antes había recibido tantas muestras de cariño y solidaridad simultáneas en todos los rincones del mundo, donde cientos de miles de ciudadanos salieron a las calles en manifestaciones por la paz en Palestina.

En Madrid, muchos de los actores, cantantes, políticos, artistas, escritores y profesionales que en 2003 se habían manifestado contra la guerra de Iraq se echaron a la calle para dar voz a su simpatía con el pueblo palestino. Claro que con la simpatía no se come, ni se cicatrizan las heridas de los miembros mutilados. Al igual que mi querido amigo Yamal, uno de los palestinos de Zaragoza, Ilich Ramírez también era de la opinión de que lo que había que enviar a Palestina era «dinero y armas», no simpatías. Sin embargo, hasta él me reconoció que la reacción internacional era un triunfo para Hamas. En su llamada telefónica del 24 de enero de 2009, intentó animarme a su manera, por lo impresionado que me había notado esas semanas a causa de las masacres en Gaza...

—Aló, Assalamu Alaykum.

—Ualayku Assalam, kaifa halk iaIlich?

—¿Cómo estás? ¿Te pasó la tristeza?

—Bueno, es que si te pones a trabajar, y ves Al Jazeera, y te pones a trabajar en las webs y a subir las fotos de lo que ha pasado...

—Hermano, eso no es nuevo. Esto tiene más de sesenta años... Lo que pasa es que ahora se ve en directo... Coño, yo he visto vainas... he llevado civiles desangrándose y no puede ser... yo sé lo que es... Pero ganamos, ganamos... El pueblo aguantó. La resistencia fue fuerte. Apenas 48 personas de Hamas, combatientes, murieron. Tú sabes que ellos no mienten en eso, porque esta gente son mártires, van al cielo...

Sin embargo, cuando cada madrugada yo subía a diferentes webs de organizaciones no gubernamentales propalestinas las imágenes de Al Jazeera o las fotografías de los cuerpos de niños sin piernas, sin brazos, con todo el cuerpo quemado por sabe Dios qué clase de bombas experimentales, no me sentía ganador. Ese mismo 24 de enero, Ilich Ramírez me adelantó, en exclusiva, otra primicia que unos días más tarde sería recogida por toda la prensa internacional:

—Voy a escribir una carta a Obama.

—¡A Obama! —respondí sorprendido. El nuevo presidente de los Estados Unidos acababa de jurar el cargo solo unos días antes.

—Sí, te voy a decir por qué. Él cerró Guantánamo y después piensa cerrar todas las cárceles secretas de la CIA en el mundo. Ahora hay un camarada suizo que está perdido. Lo raptaron en un ferry entre... Italia y Grecia. Fue una operación de la OTAN, ¿eh? Estaban americanos, franceses y de todo. Lo sacaron del camarote y lo desaparecieron. Y el capitán al año ha hecho declaraciones y lo han encontrado muerto al capitán... Entonces estamos buscando al señor este, al camarada Bruno Breguet. Es suizo, él es suizo. Pasó diez años preso en Israel, del 70 al 80. Y después pasó casi cuatro años preso en Francia. Cayó con mi ex mujer. Estuvo arrestado aquí en París en el 82... En todo caso... Me llegaron informaciones así... y vainas, que el tipo había muerto... en una base americana en el sur de Hungría...

Al mencionar Hungría, supuse que me ordenaría que pidiese a Eduardo Rózsa alguna gestión en su país, ya que Rózsa me confirmó que conocía al desaparecido, pero esa orden no llegó. Y, como me había adelantado, cinco días más tarde Ramírez escribió una carta al presidente Obama solicitando el cuerpo de su camarada secuestrado por la CIA, y me envió una copia de dicha carta para que la incluyera en su página web.[6] Unos días después toda la prensa internacional se hacía eco de la carta que Carlos el Chacal había escrito a Obama.

En esos días, más bien en aquellas madrugadas, arañaba algunos minutos a las escasas horas de sueño para montar el número de *Los Papeles de Bolívar* que dedicaría a Eduardo Rózsa. En cuanto le mandé la maqueta, antes de imprimirla y fotocopiarla, me respondió entusiasmado. No solo porque dedicase un número de *Los Papeles de Bolívar* a su trayectoria, sino porque había dedicado otro número a su admirado camarada y hermano musulmán Ilich Ramírez:

De: Eduardo Rózsa Flores <crnelflores@gmail.com>
Asunto: Re: Postas de Ilich para ti
Para: M A
Assalamu Alaykum
Querido Hermano y camarada,
    gracias por el envio, ya pensaba que a lo mejor nunca iba a ser publicado. Ha sido una grata sorpresa ver que han sacado todo el cuadernillo con la entrevista y me siento más orgulloso aun de saber, que el numero anterior estuvo dedicado a mi querido y respetado Ilich, a quien por cierto, te pido le transmitas mis saludos acompanados de un gran abrazo.
    En un proximo mail te enviare la direccion postal de mi hermana, quien vive en Bolivia, para solicitarte le envien una cantida razonable del material, para que ella se lo haga llegar a nuestros hermanos de la comunidad islamica en esa.
    Un gran abrazo. Massalama

    Por cierto, en mi blog, he puesto traducido ese material referente a la carta del comandante Carlos a Obama, sobre la suerte de Bruno.
    Aqui va el link
    Magyar vonatkozás Carlos levelében!!!
    Ilich Ramírez Carlos levelet irt Barack Obamának
    http://eduardorozsaflores.blogspot.com/2009/03/ilich-ramirez-carlos-levelet-irt-barack.html

En aquellos días convulsos en que se celebraban manifestaciones propalestinas en todo el mundo y la antipatía hacia Israel alcanzaba niveles nunca vistos anteriormente, la noticia del asalto a la sinagoga Tiferet Israel de Cara-

---

6. *http://ilichramirez.blogspot.com/2009/02/ilich-ramirez-escribe-barack-obama-para.html*

cas no extrañó a nadie. El 21 y 22 de enero un grupo de motorizados, proba-blemente pertenecientes a la organización que presidía mi camarada Arquí-medes Franco hasta que fue asesinado, hizo pintadas en el muro exterior de la sinagoga, insultando a los judíos por la reciente masacre de Gaza. Unos días después, un grupo de quince personas, fuertemente armado, sometió a los vigilantes del templo y permaneció dentro del recinto durante varias horas. En ese tiempo arrasaron la nave, profanaron la sagrada Torá, realizaron pin-tadas en las paredes con símbolos como el número 666 o la imagen del diablo, proclamando «Fuera, muerte a todos» o «Israel maldito, muere». No sé por qué razón no me extraña nada que todas las miradas se dirigiesen a los irresponsables grupos bolivarianos del 23 de Enero. Una vez más, la opi-nión pública internacional responsabilizaba a Hugo Chávez del asalto a la sinagoga, como si él mismo hubiese llevado a su espalda la escalera para saltar el muro que rodea el edificio...

Mientras la comunidad judía internacional y los medios antichavistas aprovechaban el ataque como nueva arma política, la policía bolivariana intentaba descubrir a los responsables. Pocos días después, el mismo presi-dente Hugo Chávez comparecía en VTV para comunicar la detención de siete policías y cuatro civiles, acusados del asalto a la sinagoga. Uno de ellos, el que comandó el ataque, era un ex funcionario policial que había trabajado como escolta del rabino de Caracas. «Hay once personas detenidas y nada tiene que ver el gobierno con esto. Hubo voceros de la oposición y algún canal de televisión que de inmediato apuntaron al gobierno: "Ese es Chávez el culpable". Bueno, resulta que ya hay once personas detenidas y no tiene nada que ver el gobierno con esto», declaró Chávez. Pero como es compren-sible, la oposición no podía perder esa baza tan pronto, y mientras se con-vocaban manifestaciones de la comunidad judía venezolana en las calles de Caracas y otras ciudades del país, la propaganda antichavista volvió a resca-tar las historias sobre las supuestas alianzas de Chávez con el yihadismo terrorista. Y de nuevo la célula de Al Qaida en Isla Margarita, la supuesta presencia de Ben Laden en el país y los terroristas de Hizbullah-Venezuela volvieron a los titulares internacionales.[7]

---

7. Para mi sorpresa, en enero de 2010, poco antes de que resucitase el fantasma de ETA en Venezuela, Hugo Chávez volvía a ser acusado de «proteger a uno de los terroristas más buscados del mundo». En esta ocasión, la oposición le atribuía la protección de Abu Nidal, uno de los nombres históricos del terrorismo palestino, inspirador de Septiembre Negro y contemporáneo en la lucha armada de Ilich Ramírez. Aunque en los archivos antiterroristas consta su muerte en Iraq, este mismo año varios medios antichavistas lo localizaban en Vene-zuela: *http://www.infobae.com/mundo/496807-0-0-Denuncian-que-Ch%E1vez-protege-uno-los-te-rroristas-m%E1s-buscados-del-mundo*

Titulares que Teodoro Darnott, el líder de Hizbullah-Venezuela, pudo seguir desde el Helicoide de la DISIP en Caracas, donde permanecía encerrado a la espera de que se juzgase su caso en el Tribunal de Apelación unas semanas después, en su última esperanza por recurrir la sentencia condenatoria a diez años de cárcel, emitida contra él y contra José Miguel Rojas Espinoza el 19 de enero anterior. Y, aprovechando que había recibido un «generoso» permiso carcelario para acceder a Internet unas horas a la semana, volvió a contactar conmigo.

Hizbullah-Venezuela: teocracia *on line*

Cuando retomé contacto con Darnott, en febrero de 2009, me encontré a un hombre radicalizado en su delirio místico. A pesar de no hablar ni una palabra de árabe, estudiaba el Corán, en español, con devoción. Incluso impartía algunas charlas a los compañeros de presidio que querían escucharle, intentando compartir su delirante proyecto de transformar Venezuela en una teocracia islámica. Supongo que tuve mucha suerte de que no hubiese contactado con otros hermanos musulmanes familiarizados con el Corán mucho más cualificados que yo, porque Darnott había leído algunos de mis artículos sobre cuestiones místicas y religiosas en el Islam, la figura del profeta Isa, los milagros del profeta Muhammad, las profecías del Último Día o el martirio en el yihad, y me tomó por el experto en teología islámica que no soy. Durante semanas tuvimos un intercambio de e-mails muy fluido, y finalmente decidió hacerme depositario de sus memorias, que había comenzado a redactar en prisión. El fundador de Hizbullah-Venezuela había decidido que yo era la persona más cualificada para recibir su legado. Me pidió que las leyese y le diese mi opinión. Que hiciese las correcciones que creyese oportunas. Y además me confió que, para su sorpresa, se había convertido en un yihadista famoso internacionalmente gracias a su detención.

El mérito no es de Darnott. La prensa de la oposición y sus aliados europeos y norteamericanos se habían ocupado de convertir a aquel pobre hombre y a su reducido grupo de incautos seguidores en una peligrosa banda terrorista internacional subvencionada por el todopoderoso Hizbullah auténtico de Hassan Nasrallah y por el mismísimo Hugo Chávez. Y cuando se le ocurrió la estupidez de preparar un artefacto explosivo, sin metralla, para hacerlo estallar ante la embajada norteamericana en Caracas, atrajo la atención mediática que tanto ansía su vanidad y le dio a la oposición el argumento final para considerarlo un terrorista islamista sanguinario. A las autoridades venezolanas no les quedó más alternativa que darle un escarmiento ejemplar: diez años de cárcel por terrorismo islamista. La primera condena de ese tipo en Venezuela. A mi juicio desproporcionada, porque Darnott, sin quererlo, se había convertido en una moneda política. Utilizado por la oposición para «demostrar» la colaboración de Chávez con los terroristas islamistas, y utilizado por Chávez para demostrar con qué mano dura podía tratar a esos terroristas.

Y aquel pobre diablo, que soñaba con un país regido por la sharia desde las selvas guajiras del Zulia, que no hablaba árabe y cuyo ejército de muyahidín se limitaba a un puñado de indígenas conversos y a unos *frikis* cibernautas, fue transformado por la prensa en un mártir del yihad, que había intentado poner una «bomba» en la embajada yanqui. Así que Darnott comenzó a recibir en su correo electrónico y en su Facebook felicitaciones entusiastas de todo el mundo. Sin proponérselo, había atraído hacia sí la atención de auténticos yihadistas. Incluso auténticos terroristas que se encontraban en Iraq, Afganistán, Pakistán, Marruecos, Indonesia, Palestina, etcétera, a los que había llegado la noticia, se creyeron que una filial del admirado Hizbullah libanés había tratado de dar una lección a los infieles opresores yanquis en Venezuela, el país liderado por ese hombre santo que es Hugo Chávez, «el amigo de todos los árabes». Y ahora, su jeque, el sheikh Teodoro Darnott, sufría las consecuencias de su heroísmo en prisión.

Si yo, que solo soy un aficionado, me di cuenta del enorme potencial que tenía esa situación desde el punto de vista de la inteligencia antiterrorista, la DISIP también lo hizo. Por eso permitía que Darnott continuase accediendo a su correo electrónico y contactando con terroristas de todo el mundo... como yo. De esa forma la inteligencia venezolana tenía acceso a una información fantástica sin mover a un solo agente ni invertir un solo bolívar. Terroristas de todo el mundo se ocupaban de enviar sus correos electrónicos, sus webs y sus direcciones IP al mismísimo edificio central de la DISIP en el Helicoide de Caracas. Sería estúpido para la inteligencia bolivariana perder esa baza. Y también sería estúpido que la perdiese yo. Sabía que en cuanto se ratificase su condena, Darnott sería trasladado a un centro penitenciario, sin acceso a ordenador, para cumplir la pena. Así que no tenía mucho tiempo.

Me ofrecí a construirle un *website* similar al de Ilich Ramírez, con la posibilidad de traducir sus textos al inglés, francés o árabe automáticamente, con la posibilidad de leer o escuchar el Corán, con sus fotos y todos sus escritos y reflexiones unidos, por primera vez, en una web oficial del movimiento teocrático que representaba. Y así nació *www.teocraciavenezuela.blogspot.com*, la nueva página oficial de Hizbullah-Venezuela. Lo bueno es que todo lo que llegase a Darnott a través de esa página pasaría por mí... Espero que el hermano Darnott sepa disculparme por no haber sido del todo sincero, a pesar de que mi intención es honesta. Pero también sé que con toda probabilidad Darnott no habría colaborado voluntariamente conmigo, creyéndome algún agente de la CIA o del MOSSAD. Además, si la inteligencia venezolana hubiese interceptado mi confesión a Darnott, todo se habría ido al garete.

Con el control de la web de Hizbullah-Venezuela, se me ocurrió la feliz idea de incluir en su portada uno de los versos del libro *47 versos sufís*, de Eduardo Rózsa, consciente de su gran vanidad. Y, como era previsible, Rózsa me agradeció el improvisado «homenaje»...

Desde Estambul, mis nuevos hermanos del Frente Islámico del Gran Oriente, con quienes me había puesto en contacto Ilich Ramírez, seguían con atención el nuevo *website* islamista venezolano. Y nuestro intercambio de información fluía adecuadamente. En la revista *Baran* se harían eco en varias ocasiones de mi trabajo. Sobre todo después de enviar a su director, Fazil Duygun, alguno de mis supuestamente eruditos libros sobre islamismo.

El Chacal: una obra de arte en Barcelona

El 4 de febrero de 2009, según me informaba mi querido amigo el doctor Mahmoud Sehwail, tendría la oportunidad de estrechar de nuevo su mano, y esta vez en España. El Seminario por la Paz y la Fundación Zaragoza 2008 habían organizado un ciclo de conferencias en conmemoración del bicentenario del asedio de Zaragoza, bajo el título «Ciudades sitiadas: la población como rehén de guerra», y una de las conferencias estaría dedicada a Palestina. Con magnífico criterio, la organización había preparado una charla conjunta que sería presentada por el doctor Sehwail, palestino, y por Gila Svirsky, escritora israelí y presidenta de B'Tselem: Centro Israelí de Información sobre Derechos Humanos en los Territorios Ocupados.

Por supuesto, me reuní con el doctor Sehwail en su hotel antes de la conferencia, y nos pasamos unas horas charlando. El director del TRC venía a España con la intención de presentar un informe escalofriante. El estudio que su organización acababa de realizar con los niños supervivientes a los bombardeos de Gaza, y también con otros niños palestinos que habían vivido indirectamente la guerra desde los otros territorios ocupados. El TRC había estudiado a más de mil sujetos, y el estrés postraumático, el fracaso escolar, los trastornos del sueño y el terror patológico eran el menor de sus problemas tras los ataques israelíes. No solo remito al lector, sino que recomiendo encarecidamente la página web de TRC, para quien desee conocer cuáles son los «daños colaterales» de una guerra en la población infantil.[8]

Invité a mi amigo Ibrahim Abayat a unirse a nosotros en el hotel del doctor y asistí fascinado a la conversación entre el psiquiatra y el «terrorista palestino más peligroso», enriqueciéndome de su intercambio de opiniones. Para-

---

8. *http://www.trc-pal.org*.

dójicamente, el doctor Sehwail había tratado en una de las cárceles palestinas donde atiende a los detenidos a uno de los primos de Ibrahim, que había salido mal parado de los enérgicos interrogatorios del MOSSAD. Después, Ibrahim y yo escoltamos al doctor hasta la sala de conferencias, donde nos encontramos con la comunidad palestina zaragozana en pleno. Y allí fui testigo de cómo, hasta en un lugar tan alejado de Bethlehem como Aragón, las diferencias irreconciliables entre Hamas y Al Fatah se evidenciaban. El grupo de palestinos más cercano a Ibrahim y a Al Fatah ni siquiera se saludó con el grupo que acompañaba a su primo Aziz Yubran Abayat, miembro de Hamas... Y de nuevo mi cámara registró aquella situación absurda e incomprensible.

Pero a pesar de la desconfianza inicial, unos y otros finalmente aplaudieron con entusiasmo a la judía israelí que compartía mesa con el doctor Sehwail. Y es que Gila Svirsky[9] se merecía todos nuestros aplausos, porque es una luchadora tenaz, una guerrera valiente, tanto que no necesita más armas que su palabra para combatir la ocupación. Sus Mujeres de Negro son una de las organizaciones pacifistas más activas en Israel. Muchas de las imágenes que llegan a los informativos de todo el mundo, documentando los abusos de algunos militares israelíes en Palestina, se han grabado con las cámaras que su asociación reparte en los territorios ocupados para documentar y denunciar los atropellos que puedan producirse.

Ese mismo febrero, mientras bordeaba el colapso nervioso intentando inútilmente que mis días tuviesen veinticinco horas, y mis horas setenta minutos, la imagen más famosa de Ilich Ramírez volvía a surgir en los medios internacionales. El emblemático artista Thomas Bayrle había escogido para una de sus obras aquella fotografía del Chacal que dio la vuelta al mundo, y que muestra a Ilich mirando a cámara con sus características gafas oscuras. Y el influyente Museo de Arte Contemporáneo de Barcelona (MACBA) iba a acogerla.

A Ilich le hizo ilusión cuando le conté, en nuestra conversación semanal, que el famoso artista alemán había dedicado un espacio de su exposición retrospectiva a su figura. Y más aún cuando le envié unas fotos que tomé en «su sala» en el MACBA. Carlos el Chacal había sido un icono de la lucha revolucionaria (o del terrorismo), y como tal lo reivindicaba Bayrle al incluir una composición de varias fotografías de Ilich, tratadas con su particular estilo, en aquella selección de trescientas piezas acogidas por el museo barcelonés.

La divina providencia, empeñada en continuar jugando a las coincidencias, decidió que, justo al mismo tiempo que el MACBA convertía en arte la imagen del Chacal que sembró el terror en los años setenta y ochenta, comenzase el rodaje de la última producción cinematográfica basada en su vida. Aunque en

---

9. *www.gilasvirsky.com*

principio el director francés Olivier Assayas pensó en el oscarizado Javier Bardem para dar vida a Ilich Ramírez, finalmente —supongo que por incompatibilidad de agenda— sería el también venezolano Edgar Ramírez quien diese vida al terrorista más famoso del siglo XX. Edgar Ramírez, conocido por su trabajo en *El ultimátum de Bourne*, *Che, el argentino* o *Dominó*, es probablemente el actor venezolano más internacional del momento. Y nadie dudó que el más cualificado para encarnar a su paisano, con quien comparte apellido. Pero donde la providencia quiso evidenciar su sentido del humor, de otra forma más ingeniosa, es en la elección de una de las actrices del reparto. En la película, y convertida en amante muy cercana a Carlos el Chacal, tiene cierto protagonismo Nydia Tobón, la autora colombiana del único libro-testimonio escrito a favor de Ilich, que compartió su período en París antes del crimen de la rue Toullier que lo haría famoso. Pues bien, por un nuevo guiño del azar, el papel de Nydia Tobón lo interpretaría una vieja conocida mía: la actriz colombiana Juana Acosta, que precisamente interpreta a la novia de Antonio Salas en la película *Diario de un skin*. Al final, aunque solo fuese en la ficción cinematográfica, el Chacal y yo terminaríamos compartiendo algo más que una página web...

El agotador rodaje de la película, en realidad pensada como una trilogía en formato de tv-movie, se realizaría en diferentes países del mundo durante los meses siguientes, e Ilich se mostraba muy interesado en que le fuese enviando a prisión toda la información, noticias o imágenes que pudiese ir consiguiendo sobre la evolución del film. Le preocupaba, no solo la imagen que pudiesen dar de él, sino cómo iban a tratar los atentados terroristas por los que todavía espera ser juzgado.[10]

Edgar Ramírez no sería el primer actor que interpretaba a Ilich Ramírez. Si ya antes mencioné a actores de la talla de Aidan Quinn o Bruce Willis, tampoco faltan en la lista nombres como Tony Lo Bianco o Yorgo Voyagis y aún otro, quizá el menos conocido: Sebastiano Di Negri, que interpretó a Ilich en la ya comentada *Chico*, sobre la vida de Rózsa. En el film se recrean los encuentros entre el húngaro-boliviano y el Chacal en la Hungría de los años setenta, y su particular relación. Ilich me ordenó que le pidiese una copia de esa película a Eduardo Rózsa y que, en cuanto me la enviase, se la hiciese llegar a Isabelle Coutant para estudiar la posibilidad de utilizarla en su propia defensa. Ilich Ramírez todavía tiene pendientes muchos juicios, y alguno de ellos afectaba directamente a la época que pasó en Hungría.

---

10. En 2010, concluido el rodaje y el montaje de la película, Ilich Ramírez interpuso una denuncia contra la productora del film, intentando paralizar su difusión. Argumentaría que en la película se valoraban atentados que todavía no han sido juzgados, y de los que se le hacía responsable. Los tribunales franceses no le dieron la razón.

Así que, con mucha discreción, intenté sonsacar a Rózsa al respecto en nuestra comunicación por Internet. Acababa de descubrir unas imágenes de Ilich Ramírez, grabadas con cámara oculta por la policía secreta en Hungría, y quería saber si Rózsa estaba relacionado con esa grabación: «Ese vídeo del que tú hablas creo que lo conozco —me respondió Rózsa—, pero tienes que saber que yo, siempre que me encontré con Ilich, lo hice solo con él o con alguno de sus compañeros. Nunca en presencia de la gente de la Seguridad húngara. El que hizo de traductor en esa época para mí sigue siendo un desconocido...».

Tupamaros y senderistas en Perú

En esos días de febrero en los que en Caracas se celebraría el vigésimo aniversario del Caracazo, mi camarada Comandante Chino viajaba a Lima para intentar sellar alianzas entre grupos bolivarianos venezolanos y peruanos, y para participar en la Primera Convención del Partido Patria Libre del Perú, una organización legal pero que incluía a muchos miembros del Movimiento Revolucionario Túpac Amaru, considerado una organización terrorista en el país.

Comandante Chino, tan prudente y diplomático como siempre, no tuvo reparo en utilizar su conferencia en la convención para abogar por la lucha armada y para recordar la «heroica» muerte del comandante Néstor Cerpa Cartolini cuando dirigía el comando tupamaro que tomó la residencia del embajador de Japón en Perú, en diciembre de 1996. Aunque todavía no lo sabía, el Chino ya tenía pegados a su culo a los agentes del servicio secreto peruano, que controlaban todos sus movimientos en el país. A mí, sin embargo, no me hizo falta tanto esfuerzo. El mismo Carías me envió el texto de su comunicado, para que yo me ocupase de subirlo a Internet. Y, además, me mandó casi cincuenta fotografía tomadas por él durante el encuentro y un vídeo. En las imágenes aparecen personajes como Luis Villar Gamboa, que ya cumplió una pena de dieciséis años de prisión por terrorismo; José Carlos Abarca, que cumplió doce; y Aníbal Apari, esposo de la mundialmente famosa Lori Berenson.

Nacida en Nueva York el 13 de noviembre de 1969, Lori Helene Berenson, también conocida como Lori Berenson Mejía o Lori Berenson Kobeloff, es una de las pocas ciudadanas norteamericanas condenadas por terrorismo en América Latina. En su caso, a veinte años de prisión. Berenson fue una joven neoyorquina muy implicada en los problemas sociales de su comunidad. Trabajadora voluntaria en los comedores de beneficencia y en los bancos de sangre, cuando estudiaba en el prestigioso MIT conoció los movimientos revolucionarios de izquierda en América Latina, y como buena idealista se dejó seducir por ellos. Así ingresó en el Comité de Solidaridad con El Salvador (CISPES) y terminó viajando a América Latina para comprometerse, realmente, en la lucha revolucionaria. Durante las negociaciones de 1992, Lori Berenson, oculta bajo el alias de *Angelita*, ya era traductora de Leonel González, líder del movimiento guerrillero salvadoreño Frente Farabundo Martí para la Liberación Nacional, al que pertenecían los camaradas con los que conviví en Suecia. En algún momento de su viaje solidario, Lori Berenson sin duda sintió el mismo ardor revolucionario que llevó a otras aspirantes a «che guevaras» como la palestina Leyla Khaled a secuestrar un avión, o a la holandesa Tanja Nijmeijer a unirse a la guerrilla de las FARC.[11]

Integrado el Farabundo Martí en la política salvadoreña, Lori viajó a Perú para conocer al Movimiento Revolucionario Túpac Amaru en sus mejores «años del plomo», en los que las reivindicaciones políticas se mezclaban con secuestros, asesinatos, asaltos a bancos, etcétera, tanto por parte de los Tupamaros peruanos, como los uruguayos o mis camaradas venezolanos. Para legalizar su estancia en Perú, Lori consiguió credenciales como periodista, y su fotógrafa era Nancy Gilvonio, la esposa de Néstor Cerpa Cartolini. En el piso que alquiló Lori en un barrio residencial de Lima, que yo mismo he visitado, se alojaban numerosos miembros del MRTA. Cuando ambas camaradas, Berenson y Gilvonio, fueron detenidas el 30 de noviembre de 1995, varios miembros del MRTA se ocultaban en ese apartamento. Tras un tiroteo con la policía, en el que Berenson asegura que las utilizaron como escudos humanos, tres miembros del MRTA y un policía perdieron la vida. Y en el apartamento se descubrió un arsenal de armas que incluía más de tres mil cartuchos de dinamita, y planos muy detallados y un modelo a escala del Congreso peruano, así como varios uniformes militares que, aparentemente, los Tupamaros iban a utilizar para secuestrar a varios miembros del Congreso y canjearlos por presos del MRTA.

Lori Berenson fue condenada a veinte años de prisión. Cuando un año después de su detención el comando tupamaro liderado por Néstor Cerpa Cartolini asaltó la residencia del embajador de Japón e intentó negociar con sus rehenes la liberación de varios camaradas tupamaros detenidos, Lori Berenson era la tercera en la lista de demandas de Cerpa Cartolini. Pero el comando del MRTA fue masacrado por los grupos de asalto de la policía peruana, y Lori continuó en prisión.

---

11. En 2008, fue detenida en España María Remedios García Albert, vecina de San Lorenzo de El Escorial, Madrid, señalada por el contenido de los ordenadores de Raúl Reyes, el enlace de las FARC en España. A ella también la sedujo el atractivo fervor revolucionario de la guerrilla. En este momento está en espera de juicio.

Y si los intentos de la embajada de los Estados Unidos en Lima, Amnistía Internacional y los movimientos revolucionarios continúan teniendo el éxito que han tenido hasta ahora, la guerrillera norteamericana no saldrá a la calle hasta 2015. Mientras, cualquier cibernauta puede seguir sus reflexiones a través de la web: *http://www.freelori.org*

Además, solo seis meses antes, la organización terrorista Sendero Luminoso reaparecía en los titulares de Perú con un feroz atentado en Huancavelica, que costó la vida a diecinueve personas. Por todo ello, no resulta extraño que los servicios de información peruanos estuviesen siguiendo al Chino en esa primera visita a Perú, y en las dos siguientes... De hecho, el periódico peruano *La República* publicaría, meses más tarde, fotografías tomadas por los servicios de información peruanos mientras seguían los movimientos de Comandante Chino Carías en el país. Y, por si ello no fuese bastante, un año más tarde Carías escogería precisamente la televisión peruana para «sacarse la capucha». En una entrevista televisiva de <u>Frecuencia Latina</u>, mi camarada confesaba ser el líder del MRTA-Capítulo Venezuela que se ocultaba bajo la capucha en varios comunicados distribuidos a través de Internet, como el que grabamos después de la muerte de Raúl Reyes. Por lo tanto fue Carías, y no yo, quien se identificó públicamente como Comandante Chino.

Entre yihadistas y mormones

Y si mi camarada Chino Carías abogaba sin pudor por la lucha armada, Abu Sufian, el supuesto «hombre de Al Zarqaui en España», no quería ni oír hablar de nada relacionado con el terrorismo. Y prometo que yo lo intenté una y otra vez. Sin embargo, siempre que me reunía con Abu Sufian me encontraba un joven muerto de hambre y sin un euro en los bolsillos, eso sí, sin perder por ello su dignidad ni su flema británica. Confieso que cada vez que repasaba mis grabaciones de cámara oculta, intentando encontrar pruebas de sus conexiones terroristas internacionales, lo que más me impresionaba era la voracidad con que devoraba los bocadillos de tortilla española. Abu Sufian, según me explicaba, tenía incautado su pasaporte hasta que llegase la hora de su juicio. Al no disponer de documentación, no podía encontrar un empleo ni tampoco acceder a una tarjeta sanitaria, y malvivía con los 300 euros al mes que le enviaba su familia. Tampoco podía desplazarse lejos de Madrid, ya que todas las semanas debía presentarse en los juzgados para firmar.

Para entonces, todos los presuntos terroristas detenidos, y por tanto estigmatizados, en la Operación La Unión habían sido puestos en libertad sin cargos, a excepción del iraquí Abu Sufian, el tunecino Chafik Jalal Ben Amara y el bielorruso Andrey Misura, considerado el «más peligroso de la organización» por sus supuestos conocimientos de «guerra química», que según fuentes policiales había adquirido en Chechenia. Los tres serían procesados en un juicio que finalmente se establecería para el 15 de abril de 2010 y en el que la Fiscalía pediría ocho años de prisión. Aunque no todos llegarían a él con vida.

Además de mis encuentros personales con el supuesto líder de la célula de Al Zarqaui en España, siempre grabados por mi cámara oculta, Abu Sufian y yo mantuvimos una activa relación vía Internet y mensajes sms durante mis viajes. Y me resulta muy difícil explicar su forma de entender la ocupación de Iraq, al menos cuando yo lo conocí, sin crearle un perjuicio con sus hermanos musulmanes. Así que me limitaré a decir que, al menos tras su salida de prisión, Abu Sufian no encajaba aparentemente en la psicología de un yihadista. Todo lo contrario. Sin embargo, las informaciones policiales, las escuchas y los expedientes del caso parecían demostrar que Abu Sufian había sido una influencia definitiva para que varios aspirantes a muyahid, como el mismo Andrey Misura, se hubiesen unido a la resistencia iraquí. De hecho, tras su llegada a Málaga en 2005, en plena efervescencia de la indignación del mundo árabe por las noticias que llegaban de la ocupación iraquí, Abu Sufian no tardó en conseguir atraer la atención de muchos hermanos que frecuentaban la mezquita de La Unión. Muy diferente a los cientos de subsaharianos o magrebíes, con menos recursos económicos y formación académica, que llegan a Europa ilegalmente buscando un futuro mejor, Abu Sufian tenía pasaporte británico, clase, formación y mucha experiencia viajera. Según me dijo, cuando le expliqué que yo era venezolano: «Yo aún no conozco Venezuela, pero conozco Brasil, Uruguay, Bolivia, Argentina, Chile...».

Sin embargo, no habían sido sus viajes por América Latina los que habían preocupado a la inteligencia española (ni a la israelí o la británica), sino sus contactos en Oriente Medio. Según me explicó, cuando fue detenido en diciembre de 2005, en el coche que lo trasladó de Málaga a Madrid iba escoltado por una agente del MI6 (el servicio secreto británico) y un agente del MOSSAD.

—[El israelí...] me decía: «Yo ya estuve en Jordania detrás de ti...». Pero Muhammad, yo estuve con mi hermano tres días, allí, y le decía: «¿Estuviste con nosotros?». Él decía: «Tú estabas tal día, con un tío tomando zumo de naranja» y zas, zas me pegaba... Yo estaba esposado y le decía: «Si eres hombre, suéltame»...

Al llegar a Madrid, siempre según su relato, la policía española se hizo cargo de su custodia. Pero, mientras estaba en la comisaría, apareció un fotógrafo de prensa que los habría fotografiado a todos a cara descubierta. Según Abu Sufian, él había sido el único en negarse, tapándose la cara cada vez que el reportero intentaba inmortalizar su rostro. Sabía que antes de que existiese ninguna sentencia, su cara impresa en la prensa acusándolo de terrorista destruiría su imagen y su presunción de inocencia. Pero a mí aquella historia del fotógrafo en la comisaría me sonaba muy extraña. Al menos hasta que, rastreando la hemeroteca, me encontré varios artículos publicados en esa época sobre la <u>detención de Abu Sufian</u>, en los que, ciertamente, aparecían los rostros de todos los todavía sospechosos, la mayoría ni siquiera procesados posteriormente, que en el acto serían etiquetados en sus respectivas comunidades como «terroristas».[12] No es extraño que la mayoría de aquellos detenidos por terrorismo tuviesen que soportar que sus coches fuesen destrozados, sus familias insultadas, sus viviendas cubiertas de pintadas ofensivas... Es lógico. Solo había pasado un año y medio del 11-M y todos estábamos muy sensibilizados con el tema. Y si a alguien lo detienen por terrorismo islamista... por algo será, ¿no?

Suponiendo que Abu Sufian no me mintiese en lo del MOSSAD —como no mentía en lo del fotógrafo—, e informaciones posteriores me sugieren que no lo hizo, ¿qué pinta un agente israelí en una operación del CNI y la policía española?

A pesar de que Abu Sufian me aseguró que Oussama «está mal, no está bien de su cabeza, ya estaba mal antes de la prisión, pero ahora está peor», y que Andrey «... él nunca fue a Chechenia. A Azerbaiyán sí, a Irán sí, pero a Chechenia jamás...», esa no era la opinión de los investigadores. Para ellos estaba acreditado que en el momento de la detención Andrey Misura se encontraba en busca y captura por varios servicios secretos europeos, y además estaba preparado para acudir a Iraq como muyahid... Pero el destino del joven musulmán bielorruso, considerado «un terrorista potencialmente peligrosísimo» por la inteligencia española, no estaba en Iraq, ni en Chechenia, ni en ningún lado...

No fue fácil seguirle la pista. El joven Andrey se movía mucho. Durante meses, me consta, se movió por toda España, reuniéndose con diferentes imames y utilizando la hospitalidad de las mezquitas en Baleares, Galicia, León, Catalunya, etcétera. El rumor, que me llegó a través de fuentes policiales, es que Andrey Misura y Abu Sufian habían hecho contactos con la Iglesia de los mormones en Málaga. Algunos investigadores especulaban con la hipótesis de que los supuestos yihadistas pudiesen planear utilizar la cobertura de la Iglesia de Jesucristo de los Santos de los Últimos Días, mormones, para viajar a Salt Lake City, centro neurálgico de la Iglesia mormona en el estado de Utah, y desde allí poder moverse libremente por los Estados Unidos. Y evidentemente a los servicios de información les inquietaba esa conjetura... Aunque no dejaba de ser pura especulación.

---

12. *ABC*, 27 de diciembre de 2005, pág. 19; *Diario Sur*, 27 de diciembre de 2005, pág. 8, etcétera.

II Cumbre de ASPA: los líderes de América Latina en Qatar

Los bombardeos a Gaza traerían cola, al menos durante unas semanas. Aunque Israel está bastante acostumbrado ya a las críticas internacionales, y si bien en la guerra convencional contra los palestinos se había visto obligado a pactar una tregua —por el reciente nombramiento de Barack Obama—, no ocurría lo mismo con las operaciones psicológicas y la propaganda. Tel Aviv arrancó motores. Además de las escasas manifestaciones en apoyo a la política israelí en el conflicto —que se habían dejado ver en algunas capitales, como Madrid—, artículos, reportajes y documentales de televisión pretendían demostrar que no existen tales abusos israelíes sobre los palestinos, sino que son los mismos palestinos quienes se masacran entre sí. El más célebre de esos documentales se titula *Pallywood*.

Producido por el historiador estadounidense Richard Landes, cuatro años antes, *Pallywood* pretende realizar una revisión crítica sobre las imágenes más famosas del sufrimiento palestino, desde la segunda intifada hasta la actualidad. Landes asegura que, analizando los vídeos originales de supuestos abusos o masacres israelíes en Gaza o Cisjordania grabados por diferentes periodistas internacionales y que han dado la vuelta al mundo en los informativos de todas las cadenas, estos resultan ser un fraude. Landes no tiene reparo en someter a revisionismo casos tan famosos como el de Muhamed Al Durah, asesinado a tiros el 30 de septiembre de 2000, en Netzarim, cuando él y su padre quedaron atrapados en un fuego cruzado entre palestinos e israelíes. Las imágenes de Jamal intentando cubrir a su hijo con su propio cuerpo mientras suplicaba a los tiradores que no disparasen dieron la vuelta al mundo. Padre e hijo murieron acribillados ante las cámaras de televisión. Landes afirma que dichas imágenes son un montaje, y que Muhamed Al Durah y su padre murieron tiroteados por los propios palestinos...

Con dudosa sensibilidad, en España el documental *Pallywood* fue emitido por Libertad Digital Televisión, en su espacio Documentalia, presentado por Fernando Díaz Villanueva. Y decidió hacerlo el domingo 1 de marzo de 2009, cuando las heridas de los recientes bombardeos israelíes en Gaza aún sangraban frescas y recientes.[13] Me pregunto si Richard Landes también considerará que las imágenes aportadas por la israelí Gila Svirsky y su fundación son propaganda antijudía...

Supongo que las lágrimas de rabia e indignación que derramó alguno

---

13. El documental *Pallywood* puede visionarse todavía en la web de Libertad Digital. Concretamente en: *http://www.libertaddigital.com/mundo/vea-aqui-pallywood-el-documental-que-nadie-se-atreve-a-emitir-1276350557/*

de mis hermanos palestinos al ver ese documental y sentirse acusados de falsear sus propias desgracias son muy similares a las lágrimas e indignación de las familias y víctimas de los norteamericanos muertos en las Torres Gemelas, acusados por los defensores de la conspiración de haber sido los verdaderos artífices del 11-S para justificar el robo del petróleo iraquí. O las de los españoles asesinados en los trenes de Madrid, acusados por otros defensores de otra teoría de la conspiración de haber cometido la masacre del 11-M para ganar unas elecciones. O las de los supervivientes judíos del Holocausto, acusados por los nazis de haberse inventado ese calvario...

Pero en el otro extremo de la política, intuyo también las lágrimas de las viudas y huérfanos de las FARC, de las familias de tantos secuestrados que llevan años encadenados a una choza húmeda en las selvas de Colombia, al ver cómo en marzo de 2009 mis entusiastas camaradas de la Coordinadora Simón Bolívar celebraban un homenaje a Manuel Marulanda, el máximo líder de las FARC, en el primer aniversario de su muerte. La CSB, más consecuente con su ideología que con la diplomacia internacional, había erigido un monumento a Tirofijo en pleno barrio 23 de Enero. Obviamente, el debate sobre si los grupos bolivarianos apoyan a las FARC, como a ETA, Hizbullah o Hamas, es improcedente. No hay nada que debatir.

Y mientras la izquierda chavista homenajeaba a las FARC y la derecha española ejercía el revisionismo histórico con el drama palestino, desde el Helicoide de la DISIP en Caracas, el sheikh de Hizbullah-Venezuela, Teodoro Darnott, emitió un comunicado solidarizándose con el pueblo de Gaza y condenando la ocupación israelí. Y una vez redactado me lo envió para que lo subiese a su web oficial. Se acercaba el momento en que el Tribunal de la Corte de Apelaciones ratificase o no su condena a diez años de cárcel, y Darnott anunció una huelga de hambre.

Deduzco que los funcionarios de la DISIP, que sin duda revisaban el correo electrónico de Darnott, realmente eran fieles a Chávez. De lo contrario ya se habría filtrado a algún medio de la oposición que el líder de la «sucursal» venezolana de Hizbullah compartía algo más que la nacionalidad con Ilich Ramírez, el terrorista más famoso del siglo XX. No es difícil imaginar el jugo que podrían sacar los enemigos de Chávez a la filtración de que Darnott y Carlos el Chacal tenían el mismo *webmaster*... un palestino llamado Muhammad Abdallah, relacionado con la mayoría de las organizaciones terroristas de América Latina y del mundo árabe...

Ese mes de marzo de 2009, otro regalo que me hacía la divina providencia: América Latina y los países árabes estarían más cerca que nunca, porque justo ese mes se celebraría en Qatar la II Cumbre del Sur-Países Árabes (ASPA). Además de Hugo Chávez, el ecuatoriano Evo Morales, la argentina

Cristina Fernández de Kirchner, el brasileño Lula da Silva o el paraguayo Fernando Lugo, entre otros, se reunieron con los presidentes árabes Muammar Al Gaddafi (Libia), Bashar Al Assad (Siria), Mahmud Abbas (Palestina) u Omar Al Bashir (Sudán), bajo el auspicio del «emir rojo» de Qatar. Y como es lógico la cadena qatarí, con más razón que nunca, dedicaría muchas horas al evento. Hugo Chávez se convertiría en la estrella indiscutible del encuentro. Y tanto en las emisiones en directo de Al Jazeera como en las fotos de la prensa árabe o latina que daban cobertura a la cumbre, no me costó trabajo reconocer al entrañable Raimundo Kabchi, siempre al lado de Chávez, haciéndole de traductor y asesor de confianza en sus reuniones privadas con los presidentes árabes.

En realidad esa cobertura, por lo que a mí respecta, comenzó unos días antes. El 20 de marzo, <u>Dima Khatib entrevistó a Hugo Chávez</u>: una larga y profunda entrevista, que fue emitida simultáneamente por Al Jazeera y por VTV. Entre 60 y 70 millones de árabes, televidentes habituales de la cadena qatarí en veintiún países, tuvieron la oportunidad de escuchar al líder bolivariano. Yo, como siempre, me ocupé de grabar la entrevista en VTV en castellano, y también la versión árabe de Al Jazeera, y para mi sorpresa, como siempre sin previo aviso, en medio de la entrevista de mi admirada Dima Khatib, Chávez mencionó su anécdota con Ilich Ramírez: «... en el año 2000. Estábamos convocando entonces la cumbre de la OPEP, y desde entonces claro, yo comencé a leer y a enterarme de las posiciones de país de la OPEP; de los países del golfo Pérsico, de Irán, los países africanos como Libia, Argelia, Nigeria... Estudiar la posición de cada uno porque nosotros llegamos dispuestos a contribuir a que la OPEP resucitara. Y lo logramos. Gracias a Dios y a la colaboración de todos... Iraq... Y entonces aquella gira... aquella gira... Diez años después uno puede pensar que fue una gira espeluznante. Como me lo dijo en un papelito, que me hizo llegar por esos días Carlos Ilich, *el Chacal*, que está preso en París... Un papelito que alguien metió en mi saco, no supe cómo, en una reunión en París, una noche, regresando de esa gira. Una noche de mucha gente, en la casa de América Latina. Cuando llego al hotel y veo que tengo un papel aquí. Una carta de Ilich. Él es venezolano como tú sabes. Y entonces recuerdo que me dice: "Me preocupan sus giras espeluznantes". Hombre, llegamos hasta Bagdad, a hablar con Saddam, con Gaddafi, con todos, todos...».

Evidentemente, Ilich Ramírez se interesó mucho por esa entrevista a Hugo Chávez y por la mención que había hecho el presidente a su «carta». Me pidió que le enviase una copia en DVD a la prisión con la versión en español emitida por VTV y la emitida por Al Jazeera en árabe. Después extraje el fragmento en el que Chávez menciona su anécdota con el Chacal, para subirlo a la web oficial de Carlos, pero solo pude hacerlo en la versión original emitida por VTV. En la traducción al árabe, emitida por Al Jazeera, habían omitido esa parte por razones que desconozco.[14]

En la II Cumbre de ASPA, entre otras cosas, se alcanzó un compromiso de apoyar al presidente de Sudán, Bashir, contra quien la Corte Penal Internacional había emitido una orden de captura el 4 de marzo anterior, por presuntos crímenes contra la humanidad en Darfur, a raíz de una solicitud del fiscal argentino Luis Moreno Ocampo. Para mi sorpresa, y a pesar de que Bashir había sido quien lo había entregado a los servicios secretos franceses, Ilich Ramírez elogiaba la decisión de ASPA de oponerse a la orden de la Corte Penal Internacional... aunque eso no significaba, en absoluto, que hubiese olvidado la traición de Bashir. Este es un fragmento de esa grabación.[15]

—Sabes que fue la cumbre de países hispanos y árabes...

—El presidente estuvo bien a la hora de apoyar al Sudán... Esa famosa justicia internacional es la cuestión más inmunda que hay, y Venezuela es signataria fundadora de esa vaina, en Roma. Los traidores que están metidos allí, esos, los escuálidos de mierda vestidos de rojo. Traidores...

—¿No es raro que apoye a Bashir, que fue el que te entregó a ti?

—Ese no es el problema, es una cuestión de principios. Al tío ese lo vamos a guindar... la gente nuestra, la gente que estaba con nosotros, que nos apoyaba, un día lo van a trincar a esos carajos por traidores... Pero eso no le autoriza a ningún argentino comemierda ni a jueces extranjeros a intervenir en la política ni en la justicia sudanesa... Sudán es un país independiente...

Chávez compartía la opinión del Chacal, al menos en lo relativo a lo ilícito de la injerencia de los Estados Unidos o la Unión Europea en la política interna de Sudán —no así en lo de «guindar» al presidente de Sudán por traidor—. Su intervención en la cumbre de la ASPA no pudo ser más celebrada.[16] De hecho, se tomó algunas licencias que trastocaron a los compañeros de Al Jazeera encargados de emitir en directo su discurso.

Convertido en un héroe para todo el mundo árabe y musulmán, era previsible que los responsables de Al Jazeera no dejasen pasar la oportunidad de

---

14. Vídeo de esa intervención en: *http://ilichramirez.blogspot.com/2009/04/el-presidente-hugo-chavez-vuelve.html*

15. Conversación entre Ilich Ramírez y Antonio Salas, 4 de abril de 2009.

16. La comparecencia de Hugo Chávez en la II Cumbre de ASPA, tal y como fue emitida por Al Jazeera, puede consultarse aquí:
http://www.youtube.com/watch?v=H4FCSPCRFM8&feature=related
http://www.youtube.com/watch?v=5DMNnVuybVI&feature=related
http://www.youtube.com/watch?v=NLYrpp1EtKo&feature=related

tener a Hugo <u>Chávez en los estudios centrales de Qatar</u>. Y así fue. El 1 de abril de 2009, Chávez compareció ante las cámaras de «La Isla» para responder a preguntas de los televidentes, políticos, economistas e incluso presidentes de varios países árabes. Fue una especie de *Aló, Presidente*, pero desde las entrañas del golfo Pérsico y para todo el mundo árabe.

Esa misma semana, la prensa venezolana publicaba la noticia de que Venezuela iba a establecer relaciones diplomáticas con Palestina, y anunciaba la inmediata apertura de una embajada de Ramallah en Caracas, para el mes siguiente. Y, en efecto, en abril la Autoridad Nacional Palestina (ANP) abriría una oficina de representación diplomática en Caracas. Sin embargo, el 24 de marzo sería la mezquita de Caracas, como antes lo fue la sinagoga judía, la víctima de un asalto y un robo. Pero esta vez la prensa internacional no le prestó ninguna atención ni intentó politizar el asalto, idéntico al de la sinagoga producido semanas antes.

Y por si no me sintiese lo suficientemente angustiado por la presión de la infiltración, el anuncio de que todas las compañías telefónicas españolas cortarían la línea a los abonados no identificados este año disparó la cuenta atrás de esta investigación. Como es obvio, el teléfono que yo utilizaba funcionaba con una tarjeta prepago, y no tenía ninguna intención de asociar dicho número con mis datos. Así que, en cuanto la compañía telefónica decidiese cortar las líneas de los abonados no identificados, perdería ese teléfono y por tanto la posibilidad de seguir recibiendo las llamadas de Ilich y de los demás contactos de Muhammad Abdallah. Sin embargo, las llamadas de Ilich se truncarían de golpe por razones muy distintas.

Además, se acercaba la fecha del juicio contra Hammerskin España y, aunque mi intuición me decía que mi declaración en ese juicio iba a resultar muy peligrosa para mi seguridad y para mi tapadera, todavía no podía imaginarme la encerrona que los neonazis me estaban preparando, aprovechando el juicio...

Hizbullah-Venezuela: un castigo ejemplar

Con todos los ojos árabes puestos en Venezuela, solo unas horas antes del maratón de Chávez en Al Jazeera recibí este mail de Teodoro Darnott. Entusiasmado con el funcionamiento de la nueva web oficial de Hizbullah-Venezuela, me adelantaba la inminente resolución de su recurso de apelación, y me informaba de que temía por su vida. Este es el mail tal y como lo recibí, sin quitar ni añadir nada. Igual que jóvenes abertzales vascos, bolivarianos colombianos o musulmanes árabes destrozan su juventud por dejarse manipular por los ideólogos del terrorismo, el casi adolescente José Miguel Rojas perderá toda su juventud pudriéndose en una cárcel venezolana por haber compartido su delirante sueño de una teocracia en Venezuela, pero Teodoro Darnott no decía ni una palabra de él:

Fecha: 31 de marzo de 2009 17:53
Asunto: Agaradecimiento

Wa alaykum salam warahmetulaaahi wabarakatuh
Buen trabajo amado hermano. De verdad es más de lo que esperaba. Estoy muy contento y agradecido por este servicio a Allah a su causa y a mi persona. Desde ya se que va a significar un gran impacto. Insha Allah por medio de esta pagina muchas personas lleguen a entender la idea del nuevo pensamiento político, el nuevo orden y el nuevo sistema para Venezuela y América Latina. Lo que si hay que hacer es una buena promoción hacia los buscadores.

Te cuento que mañana seré trasladado supuestamente al tribunal. Pero con estos órganos de seguridad y inteligencia uno no sabe a que atenerse. Pienso lo peor, pero no me amilano.

Mi vida esta amenazada por los que adversan mi causa, es posible que hasta se halla pagado dinero para que me trasladen a un lugar donde sea asesinado.

Desde aquel día en que te dije que estaba en ayuno aun no como. Pero el no ingerir líquido es lo que me tiene peor. No quiero que mi vida sea tomada por la mano de un criminal común. Si he de morir que sea por la causa de Allah y estoy conforme. Te escribo esto solo para que tengas conocimiento. Si algo me sucede es algo preparado de ante mano.

Los ultraderechistas que están presos junto conmigo no cesan de desear mi muerte y de buscar la forma de cumplir sus propósitos. Hace unos días a un banquero que están preso en este lugar le pedían por mensaje de texto información sobre mi persona.

Hay gente en el exterior presionando para salir de mí. Sobre todo los judíos están muy preocupados por que pueda yo lograr levantar un movimiento islámico de lucha yihad en América Latina. Ellos se sienten amenazados por tal idea. Me han hecho exámenes psicológicos sin autorización del tribunal. Todo para saber si tengo el perfil de combatiente. En realidad si represento un peligro para la seguridad y orden publico buscaran suprimirme como parte de la política de seguridad de estado.

El ayuno también me debilita a tal punto que ya ni siquiera me siento bien estando sentado. Estoy muy débil. Amado hermano si no vuelvo a escribirte es porque algo me ha pasado. Si es así no borres le página que me hiciste. Déjala que continué en el tiempo. No soy lo importante sino el ideal que predico y si este nace en estas tierras, eso vale más que 50 vidas que Allah me pueda dar.

El ideal teocrático en latino América ha de ser como una semilla de Mostaza, como dice la parábola, la más pequeña de todas las semillas pero luego crece hasta hacerse un gran árbol.

Si logro salir bien de la prueba de mañana, luego te escribiré para contarte.

Que Allah te bendiga precioso hermano.

Salam Muslim Teodoro Darnott Abdullah

Dos días después, el 2 de abril, Darnott volvía a escribirme para comunicarme que la suerte estaba echada y ya no había más esperanzas de recurrir la sentencia:

Bismillahi Rahmani Rahim

Ashadu anllah ilaha i lah lah Ashadu anna Mohammada Rasulluhlah

As salamu alaykum warahmetulahi wabarakatuh

Ayer 1ro de Abril del 2009 en el palacio de «justicia» de la ciudad de Caracas se llevo a efecto la audiencia de apelación por el caso Hezbollah Venezuela. El acto se efectúo en la sala 1 de apelaciones con materia especial en anti terrorismo a nivel nacional. La apelación se inicio a las 12 del medio día.

Reunidas las partes un juez presidente de la sala y unos jueces auxiliares, el secretario los alguaciles, ministerio publico, la defensa, y los acusados se inicio la apelación.

La primera en presentar alegatos fue la defensora pública asignada a mi persona. Esta expuso que la apelación que presentaba estaba sustentada en la carencia de elementos firmes por parte del ministerio público como para mantener la sentencia en mi contra, también el hecho de las irregularidades vicios y emisiones cometidas durante todo el proceso, tanto de la investigación como del juicio.

Por su parte el ministerio publico solicito se ratificara la sentencia en mi contra, por motivos de que el ministerio publico cumplió hasta los extremos todas las exigencias de ley, presentando todos los elementos de prueba que confirman mi participación en el delito de terrorismo. Además agrego con pasión el fiscal, él señor Teodoro Drnott no solo esta involucrado en este delito, sino más aun, él es una amenaza real contra nuestra democracia, cuando abiertamente conspira contra el orden democrático establecido y pretende desestabilizar el sistema venezolano, para luego instaurar un nuevo sistema teocrático, lo cual es ajeno a nuestra condición democrática. El señor Teodoro Darnott, esta comprobado por la investigación que se le hizo, que ha creado una agrupación terrorista llamada Hezbollah Venezuela, con la finalidad de desestabilizar el sistema político de nuestro país mediante la conmoción pública y el terror, sumado a esto. El señor Darnott se encuentra asociado a poderosas organizaciones del terrorismo mundial. Por lo que constituye una amenaza real. Por estas rezones le solicito señor juez, no solo que mantenga la privativa de libertad contra Teodoro Darnott, sino que salve usted la democracia manteniendo esta persona tras las rejas, salve usted la democracia señor juez repitió. La democracia venezolana esta en peligro y es usted quien tiene la responsabilidad histórica de salvarla. Este no es un caso cual quiera se trata de un caso único en nuestra historia de un hombre que trata de importar el terrorismo islámico internacional a nuestra patria. De cambiar nuestro sistema político mediante la amenaza del terrorismo islámico.

Por mi parte argumente. Señores jueces y das personas presentes. El ciudadano fiscal no sabe lo que dice. La propuesta político que represento se denomina partido de Dios. (Hezbollah) si es un partido de Dios ya no puede ser ni delincuencia ni terrorismo como el estado venezolano trata de presentarlo. Lo cual constituye una ofensa a Dios y a la fe islámica por parte del estado venezolano al asociar a la yihad islámica. La lucha santa de Allah y de los musulmanes con delincuencia o terrorismo. Esto no solo me llena de indignación y dolor sino que me llena también de asombro que Venezuela pueda hacer esta infamia. Mucho más en medio de un proceso «revolucionario» que tiene un mensaje hacia el mundo de solidaridad con los musulmanes y que quiere estrechar vínculos con el mundo de Allah. Es más aun nuestro comandante presidente ha declarado de manera pública ante el mundo que la lucha de los musulmanes es la más justa del mundo. ¿Como es que ahora el estado representado por ese mismo presidente la considera terrorismo y delincuencia organizada?

Teodoro Darnott no soy un terrorista, pero si confieso públicamente que soy un yihadista. Un yihadista no es un terrorista sino un buen musulmán que cumple con el mandato de Allah cuando dice los verdaderos musulmanes son quienes luchan con sus bienes y con sus personas en el camino de Allah. El camino de Allah es el de la supresión del mal y el establecimiento del bien. Estoy percudido de que ese mal de que habla el sagrado Corán no es otro que la democracia. La voluntad humana la cual se expresa evidente mente en el vicio, inmoralidad, corrupción y criminalidad que mantiene nuestra nación en el estado en que esta. Pues esta realidad de dolor que vivimos de lágrimas y de sangre no es la voluntad de Dios sino la del pueblo. El estado venezolano a la verdad me condena a 10 años de prisión por se un buen musulmán lo cual creo que de mi parte es una ofrenda a Dios y a su bendita causa. Siendo de este modo una ofrenda a Allah y a su causa en el mundo hasta me parece poco que me condenen a 10 años por obedecer a Dios. Yo pido a este tribunal que se me aumente la pena a 30 años si es posible a más.

Es cuchadas las partes el tribunal de apelación se retiro para dentro de 10 días hábiles dar un veredicto. Salam

Muslim Teodoro Rafael Darnott Abdullah

Finalmente el tribunal ratificó la <u>sentencia de culpabilidad de Rojas y Darnott</u>, y la condena a diez años de cárcel.

Inmediatamente después de ratificarse la condena, Darnott recibió la noticia de que sería trasladado desde el Helicoide de la DISIP a un centro penitenciario convencional para cumplir la condena, perdiendo su acceso a Internet. Y en su último mail me nombró heredero de su legado, pidiéndome que mantuviese viva Hizbullah-Venezuela a través de su perfil en Facebook, su foro y su página web, para lo que me envió todas sus contraseñas... Y así, de la noche a la mañana, me encontraba a la cabeza de la primera organización terrorista condenada por yihadismo en Venezuela. Es imposible resumir la brutal cantidad de información yihadista que recibí a través de ese canal. Cientos de terroristas en todo el mundo, agregados al Facebook, la web o el foro de Hizbullah-Venezuela me enviaban comunicados terroristas, vídeos de atentados, campos de entrenamiento, etcétera, en Iraq, Afganistán, Chechenia... Habría necesitado todo un ejército de analistas especializados para poder procesar toda esa información.

Cuando ese mismo verano el canciller israelí Avigdor Lieberman hizo su primera gira por América Latina, todos los teletipos de todas las agencias de prensa del mundo volvieron a llevar a los titulares la peligrosa organización terrorista Hizbullah-Venezuela.[17] Lieberman realizó declaraciones incendiarias, utilizando la pseudo-organización fundada por Darnott para acusar a Hugo Chávez de una sucursal de la temida organización libanesa en su país. Pero es que, para entonces, Hizbullah-Venezuela era yo. Y, por suerte o por desgracia, de nuevo cientos de periodistas en todo el mundo amplificaron la denuncia de Lieberman, vendiendo a Hizbullah-Venezuela como una organización terrorista real. Así que de nuevo yihadistas de todo el mundo intentaron contactar con Darnott, considerándolo una especie de Hassan Nasrallah latino, pero con quien contactaban era conmigo. Y las conversaciones con algunos de esos yihadistas, en español, inglés o árabe, mantenidas a través del Facebook, Messenger o Google, darían para otra docena de libros tan gruesos como este.

Además de confiarme la dirección de Hizbullah-Venezuela, antes de desaparecer en una prisión venezolana Teodoro Darnott me puso en contacto con su hija Ana Cecilia Darnott. Al final, gracias a Dios, consiguió que al menos su hija le perdonase por haberla abandonado siendo una niña, e incluso terminó por visitarlo en el Helicoide, poco antes de su traslado. Con ella seguí en

---

17. *http://colombiareports.com/colombia-news/news/5075-hezbollah-has-active-cell-on-colombia-venezuela-border-israel.html*

http://laverdad.com/detnotic.php?CodNotic=16634

http://noticiaaldia.com/2009/07/israel-hay-una-organizacion-que-se-llama-hezbola-venezuela-se-creo-en-el-2006/

http://www.hoy.com.ec/noticias-ecuador/hezbola-no-es-nuevo-en-america-latina-361089.html

http://www.infobae.com/mundo/466250-101275-0-En-Israel-dicen-que-Hezbollah-opera-bases-militares-Venezuela

http://www.generaccion.com/magazine/articulos/?id=709

comunicación a través de Facebook, y tuvo la amabilidad de enviarme las
únicas fotos existentes de Darnott en su celda, en plena huelga de hambre,
después de haber sido condenado a diez años de cárcel. Son imágenes de mala
calidad, tomadas con un teléfono celular, pero su valor periodístico prima sobre
el técnico. Unos días después recibí un mail anónimo, enviado desde la cuenta de correo de Darnott pero que obviamente no había sido escrito por él, en
el que simplemente se me informaba de que Darnott: «No tiene comunicación
con el exterior... No podrá seguirse comunicando con usted por estos medios».
Después de recibir este mensaje anónimo no volvería a tener contacto directo
con el líder de Hizbullah-Venezuela nunca más.

Por una macabra coincidencia del destino, el mismo día 2 de abril en el
que el sheikh de Hizbullah-Venezuela me notificaba el desenlace de su juicio,
la muerte volvía a rondarme. De nuevo mis camaradas de la lucha armada
venezolana iban a dar cuerpo y sangre al viejo refrán popular: «Quien a hierro mata...».

El asesinato de mi camarada Andrés Alejandro Singer

El jueves 2 de abril de 2009, mientras me dirigía por enésima vez hacia Portugal para asistir al *salat* del viernes en la Gran Mezquita de Lisboa y para
enviar un nuevo paquete a Ilich Ramírez sin que pudiese rastrear al remitente, recibí una nueva llamada desde Venezuela. En cuanto vi el número de mi
camarada tupamaro en la pantalla del digitel tuve un mal presentimiento.

—¿Aló?

—¿Aló, Palestino? ¿Cómo le va? Soy su camarada del 23 de Enero.

—Sí, pana, ya reconocí tu número. ¿Cómo va la vaina?

—Mataron a Andrés, esta noche, junto al Sambil. Y a Carlucho lo dejaron
malherido...

Andrés Alejandro Singer Ferrer era otro de los camaradas tupamaros de
MRTA en Caracas. Escolta de Comandante Chino, Andrés tenía un arma y una
credencial (ad honórem) como subinspector de la Dirección de Inteligencia Militar (DIM). Como otros muchos miembros de los grupos armados bolivarianos
afines al gobierno, disfrutaba de esos privilegios relacionados con la seguridad.

A Andrés, hermano de la periodista Florantonia Singer, del diario *El Nacional*, lo había conocido en una de mis visitas a la Asamblea Nacional, y después
habíamos coincidido en varias manifestaciones, concentraciones y reuniones
junto con Comandante Chino. Y a su compañero Carlos Enrique Bolívar
Ramos, conocido como *Carlucho* en el movimiento tupamaro, también.

Esa madrugada Andrés (de treinta y cuatro años) había salido de rumba
junto con nuestro camarada Carlucho (de veintiocho). Y con ellos estaban dos

muchachas; Wendy Amneliezer Mendoza Medina (de veinticuatro) y Bárbara Rosibel Lander Zambrano (de veinticinco), que compatibilizaban sus estudios con su trabajo en el centro hípico El Potro, ubicado en Chacaíto, y vivían en el sector Boquerón. Y que se encontraban en el lugar inadecuado en el momento inoportuno.

Las dos parejas habían estado esa noche tomando unos tragos y rumbeando, en el U-bar Cafe, una conocida terraza dentro del Centro Comercial Macaracuay Plaza. Después, a eso de las 5:30 de la madrugada, se habían subido al todoterreno Toyota Four Runner, color arena, de Andrés, con matrícula NAL-32B, y habían tomado la autopista Francisco Fajardo, en dirección este-oeste.

Después de pasar el Distribuidor Altamira, en Chacao, cerca de la parte trasera del famoso Centro Comercial Sambil, otro coche se puso a su lado y comenzó a disparar contra mis camaradas a bocajarro. Casi treinta impactos de bala se contabilizaron en el Toyota de Andrés. Andrés, Wendy y Bárbara murieron en el acto, pero Carlos Enrique, aunque malherido, consiguió sobrevivir a los disparos y al impacto del coche al estrellarse, fuera de control, contra una mata de mangos y una verja metálica a la derecha de la carretera, en la parte trasera del Sambil... La policía de Chacao encontró a Carlos Enrique herido de varios disparos, deambulando por la autopista después del tiroteo. Era el único superviviente.

Inmediatamente, un equipo de la policía científica encabezado por el comisario Benito Artigas, jefe de la División contra Homicidios del Cuerpo de Investigaciones Científicas, Penales y Criminalísticas, se trasladó hasta el lugar del ataque. En el primer registro se encontró una pistola Glock de 9 mm, idéntica a la del agente Juan y a la que habían intentado venderme a mí unos meses antes. Quizás incluso era la misma. De ser así me alegro de no haberla comprado, porque, según el primer informe de balística, el arma pertenecía a un funcionario de policía que había sido asaltado y tiroteado anteriormente...

Los fiscales 5° y 53° del área metropolitana de Caracas, Víctor Hugo Barreto y Norka Amundaray, designados para el caso, consideraron la posibilidad de que Carlos Enrique, el único superviviente, hubiese sido precisamente el objetivo del ataque, que pilló a mi camarada Andrés y a las dos muchachas como «daños colaterales». Y es que Carlos Enrique, como la mayoría de mis hermanos en Venezuela, no era ningún angelito inocente. Carlucho había sido procesado y condenado por el asesinato de Carlos Guillermo Flores Pérez el 7 de diciembre de 2006, cuando lo arrojó desde lo alto del Centro Comercial Macaracuay. Pero, tras cumplir solo dos años de prisión, salió de nuevo a la calle.

Ya estaba harto de tanta muerte. De aquellas llamadas indeseables para comunicarme el asesinato de tal o cual camarada. De sus esquelas en los periódicos. De sus homenajes póstumos en el Facebook. Desde Omar Medina, hasta Andrés Alejandro Singer, pasando por Arquímedes Franco o Greidy

Alejandro Reyes *Gato*. Todos muertos. Asesinados a tiros en una espiral de violencia absurda e interminable. ¡Basta ya!

Pero no. No bastaba. La lista de camaradas y hermanos asesinados durante esta infiltración continuaría creciendo. Y no iba a tardar mucho. Exactamente dos semanas. Solo que esta vez se trataría de una masacre que haría tambalear los cimientos de todo un gobierno. Y a mí me haría replantearme seriamente que había tocado fondo en esta investigación.

La traición de España a sus espías

En España, al mismo tiempo, yo mantenía abiertas una docena de líneas de investigación en diferentes mezquitas, con musulmanes chiitas y suníes, takfires y morabitunes, tablighs y salafistas, sufíes y wahabíes, árabes y conversos, todos ellos enfrentados entre sí. Intentaba también procesar el brutal y salvaje torrente de información y datos que me llegaba a través de las páginas web de Ilich Ramírez y de Hizbullah-Venezuela. Evidentemente era imposible que una sola persona, que no estaba cualificada como analista de inteligencia, pudiese procesar tal cantidad de datos, vídeos, comunicados terroristas, fotos, etcétera, que me llegaban cada día a través de las redes sociales donde me habían introducido Eduardo Rózsa o Teodoro Darnott. Solo en mi perfil de Facebook y en el perfil oficial de Ilich Ramírez, que también controlaba yo, más de medio millar de presuntos yihadistas nos habían agregado, enviándonos todo tipo de material gráfico.

Y como no conocía más que a una persona que manejase una red de información similar, aunque en un contexto diferente al terrorismo, acudí a él. El agente Juan mantenía desde hacía más de una década un entramado de agentes y colaboradores, además de otros canales de «espionaje», en el continente africano y me había confesado que con frecuencia se veía desbordado por el torrente de datos e informes que llegaban a sus computadores. Me preguntaba si él tenía algún truco, algún sistema que le permitiese filtrar la información más valiosa o procesar más rápidamente los datos útiles, pero cuando acudí a él para pedir su consejo, me encontré con algo imprevisto.

Juan estaba en su oficina clandestina, rodeado de ordenadores, mapas de África y diccionarios, como siempre, pero esta vez se hallaba más ausente que de costumbre. Y de pronto disparó a bocajarro una pregunta que me desconcertó:

—¿Tienes algún contacto en Exteriores para conseguir unos visados?

—¿Cómo? Se supone que eres tú el experto en extranjería.

—Lo sé, pero es que los nuevos jefes de la poli me han dejado tirado. Bueno, en realidad no a mí, sino a una media docena de colaboradores que llevan años trabajando en África.

Sabía, como todos los periodistas, que algunos altos mandos de la policía dependían del gobierno de turno y que, cuando socialistas y/o populares ganaban unas elecciones, solían producirse cambios en la dirección. Lo que no podía sospechar es que un nuevo mando abortase una operación que había sido comprometida por su predecesor.

—¡Pero qué dices...!

—Digo que a los colaboradores que recluté para ellos les habían prometido que, después de trabajar un tiempo para nosotros, se les concedería un visado y un permiso de residencia. El caso es que el nuevo comisario jefe en General Pardiñas, un tal Santalla, me ha dicho que él no se hace cargo de promesas hechas por sus antecesores.

—Pero eso no es posible, tus agentes llevan años pasándolas putas por todo África por cuatro duros, para informar de los traficantes...

—Eso es lo que pensaba yo. Confiaba en ellos porque ya habían cumplido el trato en varias ocasiones. El caso es que ahora tengo un par de chicos en Argelia que llevan tres años currando, otro en Mali que ya lleva cinco y así sucesivamente. Y eso es la puntilla de un desastre anunciado, porque el nuevo equipo ha hecho lo imposible, no sé si por malicia o torpeza, por tirar abajo una red que me llevó muchos años construir. Te pongo un ejemplo y no es un chiste: para mejorar la productividad no se le ha ocurrido a este hombre cosa mejor que reducir las asignaciones económicas sin previo aviso, con carácter retroactivo y según se le ocurre...

—Eso de carácter retroactivo ¿significa que no le reduce la pasta de aquí en adelante, sino la que ya se les debe a los informadores en África?

—Eso. Y, por si fuera poco, pagan con un mes o incluso dos de retraso y tengo que adelantar yo la pasta. Cuando pregunto, me dicen que no sea pesado, que no se trata de un salario sino de una «ayudilla». Hombre, para mí puede ser un extra, pero el inmigrante que se juega la vida todos los días para proveer de información a esta panda, pues no sé yo si pensará igual...

Supongo que el hecho de que estas redes al servicio de la policía española eran información clasificada hasta este momento ayudó a que no se desatase un escándalo. Porque de verdad era escandaloso que Interior abandonase a su suerte a un grupo de «espías» que literalmente se estaban jugando la vida, durante años, solo motivados por la promesa de que un día cruzarían a Europa...

—Pero, digo yo, ¿no puedes quejarte a instancias más altas?

—Según tengo entendido, por el sillón de comisario general ya han pasado tres desde que llegó el PSOE, para ser ascendidos tras una breve estancia. Yo creo que van de paso y están contando los días para obtener prebendas por su fidelidad.

—¿Y el nuevo?

—Creo que para comandar tanques es muy bueno —dijo Juan con su característico sentido de la ironía.

La traición de ese servicio de información español a los subsaharianos que llevaban años jugándose la vida, para intentar evitar la afluencia de más inmigrantes ilegales a Europa, me reafirmó en mi desconfianza hacia los servicios secretos. Poco tiempo después de esta conversación, el agente Juan rompía su relación profesional con el Cuerpo Nacional de Policía, indignado por el tratamiento que el Ministerio del Interior español había dado a sus colaboradores. Sus agentes quedaron abandonados a su suerte en los rincones más remotos de África, adonde habían sido obligados a desplazarse para informar a la policía española, a través de Juan, sobre los movimientos de los traficantes y, puntualmente, de posibles grupos yihadistas que intentaban colarse en Europa infiltrados entre los inmigrantes... Ignoro qué habrá sido de ellos.

Objetivo: matar a Evo Morales

Y ese mes de abril de 2009 recibí el aviso desde Venezuela de que próximamente se desplazarían a España dos grupos de camaradas. Por un lado, unos compañeros que pensaban visitar en Euskal Herria y Galicia las casas en las que había vivido Simón Bolívar. Yo sería su escolta armado. Y sería testigo de cómo, desde Ziortza-Bolibar (Vizcaya), el alcalde José Aspiazu enviaría a Hugo Chávez una cariñosa carta y un cuenco de tierra del pueblo donde vivió el Libertador. Pero mucho antes que ellos, me advirtieron, vendría Issan, el oficial de inteligencia de Hizbullah, para continuar en Madrid los negocios iniciados por su socio el Viejo Bravo un año antes. Así que debía estar atento y dispuesto para escoltarlo también si así me era requerido.

El día 10 de abril, Eduardo Rózsa me escribía su último e-mail. En él me pedía que mandase algunos ejemplares de *Los Papeles de Bolívar* a su dirección en Bucarest. Y también me pedía que enviase algunos a Bolivia: «Salam Alaykum. Querido hermano, aquí te envío la dirección de mi hermana, y te rogaría enviarle a ella los ejemplares que puedas del número 6 de *Los Papeles de Bolívar* para que ella los distribuya. Un gran abrazo. Massalama». Según me indicaba Rózsa, debía enviar el paquete al Museo de Arte Contemporáneo en Santa Cruz de la Sierra, Bolivia, a nombre de Silvia Rózsa. Sin embargo, desbordado por todas las líneas de investigación que llevaba simultáneamente, yo no tuve tiempo de pasar por el cíber y ver su correo hasta unos días después. Así que el 15 de abril redacté una carta para Silvia Rózsa, y preparé el paquete con los ejemplares, que guardé en el coche con la intención de enviarlo el viernes siguiente. Pensaba acudir a la mezquita de Abu Bakr, en el barrio de Tetuán, y sabía que a solo unos metros existía una oficina de correos...

Madrid (España) 15 abril 2009
Assalamu Alaykum, iaSilvia

Apreciada Sra.

Supongo que nuestro querido y admirado hermano Eduardo ya le habrá adelantado que iba a escribirle. Me ha pedido que le envíe algunos ejemplares del último número de nuestro boletín informativo *Los Papeles de Bolívar* con la larga entrevista que le hice hace unos días. Nosotros la repartimos en las mezquitas, para que se conozca el trabajo, la vida y la obra del hermano Eduardo. Nos gustaría poder traerlo a España y Venezuela para impartir algunas conferencias y conseguir que se editen sus libros en nuestro país o al menos que se traduzcan al español para que se conozcan en toda América Latina.

Aquí le envío más o menos medio centenar de ejemplares por indicación de Eduardo. Por favor cuando los reciba envíeme un e-mail a *damahum@gmail.com* para saber que el paquete llegó correctamente. Y si desea que le envíe más ejemplares solo dígamelo. Le envío también un saludo afectuoso del comandante Ilich (Carlos).

Si desde acá podemos ayudar en algo más, hágamelo saber. Con nuestro deseo de salud, paz y bienestar, reciba el más cordial de los saludos.

Muhammad

El 17 de abril de 2009 estaba en Madrid, aguardando la llamada de Issan, y como había planeado acudí al rezo en la mezquita de Abu Bakr. Recuerdo que llegué un poco tarde a la oración y ya no encontré sitio dentro del templo, a pesar de que es un edificio enorme, con extensos oratorios en las dos plantas. Sin embargo, es tal el crecimiento de los musulmanes en España, que incluso en un edificio como la mezquita de Abu Bakr, o la de la M-30, no cabemos todos. Así que en estos casos los hermanos solían sacarnos unos cartones a los rezagados, obligados a seguir el *salat* en plena calle. Al terminar la oración, solamente tuve que cruzar la avenida para llegar a la oficina de correos y enviar el paquete a Silvia Rózsa, con los ejemplares de *Los Papeles de Bolívar*. Estúpido de mí, suponía que Rózsa quería que la comunidad islámica boliviana conociese su vida y su trabajo en Europa a través de su hermana... Pero es que Rózsa no se encontraba en Europa desde hacía meses.

En la misma calle Mariano Fernández donde está la estafeta postal, hay un locutorio con acceso a Internet que conocía bien. Y me dispuse a pasar las próximas horas atendiendo el correo y la web de Ilich Ramírez. Pero al entrar en mi dirección e-mail, el mundo se hundió bajo mis pies y caí por un profundo agujero negro... El sistema de alertas de Google me permitía recibir en mi correo toda noticia que se produjese en el mundo, asociada al nombre de cualquiera de los terroristas o revolucionarios conocidos con los que me relacionaba desde el 11-M (Aiman Abu Aita, José Arturo Cubillas, Ibrahim Abayat, Chino Carías, Ilich Ramírez, etcétera). Y ahora mi bandeja de entrada estaba literalmente colapsada por docenas y docenas de noticias publicadas ese día, en todo el mundo, asociadas al nombre de Eduardo Rózsa. En cuanto abrí la primera, mi corazón empezó a retumbar en el pecho como los puñetazos de un púgil en un saco de boxeo. Según aquel titular, el coronel Eduardo Rózsa Flores, al mando de un comando terrorista internacional que intentaba atentar contra el presidente Evo Morales, había sido abatido a tiros en medio de una operación antiterrorista, en Santa Cruz (Bolivia), junto con varios de sus hombres. El resto habían sido detenidos y trasladados a La Paz para ser puestos a disposición judicial.

Simplemente no podía creerlo. Pensé que se trataba de un error, de una confusión del sistema de alertas de Google. Era imposible que el coronel Rózsa estuviese muerto en Bolivia. Menos de una semana antes me había enviado un e-mail indicándome que mandase el paquete a su hermana. Pero en cuanto vi las portadas de los periódicos bolivianos, y las <u>fotografías de Rózsa</u> y de dos de sus hombres acribillados a tiros, no quedó lugar a dudas. Era él.

Esa misma tarde telefoneé a la embajada de Bolivia en Madrid, intentando averiguar qué había ocurrido, pero el agregado de prensa estaba tan confuso como yo. Según las primeras informaciones oficiales, tras un seguimiento del comando internacional encabezado por Eduardo Rózsa, el servicio secreto boliviano había valorado que los supuestos terroristas se encontraban en disposición de ejecutar un atentado contra Evo Morales, y esa madrugada, una unidad operativa antiterrorista desplazada desde La Paz rodeó el hotel Las Américas de Santa Cruz e intentó detener a los presuntos magnicidas. Según la información oficial, Rózsa y sus hombres, que «estaban fuertemente armados», abrieron fuego contra la policía y, tras un intenso tiroteo, tres de los terroristas fueron abatidos y dos más detenidos. «Se ignora si otros miembros del comando pueden haber escapado en la refriega.»

Salí del locutorio en estado de *shock* por la noticia y me puse a caminar, como un zombi, en dirección a la plaza de Castilla, por la calle Bravo Murillo, dejando a mi derecha la mezquita de Abu Bakr, donde algunos estudiantes del Corán rezagados acudían a clase. De alguna manera, mi *tasbith* apareció en mi mano, y mientras intentaba concentrarme en la oración pasaba sus cuentas para calmar mi mente: «Subhana Allah, subhana Allah...», pero me resultaba imposible tranquilizarme. La imagen del coronel Rózsa, por el que había llegado a sentir cierta empatía a través de sus poemas, semidesnudo y cubierto de sangre, en el suelo de su habitación, no se me iba de la retina. Recordé sus versos: «Solo pienso en la muerte, cuando asisto a la muerte de otros. Me sucede lo mismo que cuando siendo joven, la Bella Durmiente se despertaba, por los besos de alguno... de algún otro. (...) y despúes dicen que eres héroe».[18] Yo también pensaba ahora en la muerte, pensando en la muerte de otros. De Omar Medina, de Arquímedes Franco, de Greidy *el Gato*, de Andrés Singer... y ahora de mi hermano Isa Omar, Eduardo Rózsa. Si la providencia quería enviarme un mensaje, esta vez se había despachado a gusto...

En su celda de París, Ilich Ramírez no tiene acceso a Internet, pero sí a los informativos de televisión y a la prensa escrita. Y me telefoneó en cuanto se enteró de la noticia.[19] Esta vez volvió a costarme mucho trabajo activar mi sistema de grabación. Me temblaba demasiado el pulso:

—Pero ¿qué vaina es esa, chico?

—Yo no entiendo...

—Yo no creo. Yo creo que hay una trampa allí, viejo.

—Es que yo no me lo puedo creer.

—No, no, no. (...) Cuéntame lo que sabes.

—La noticia salió ayer. Yo llamé a la embajada de Bolivia en Madrid, pero no me han querido decir nada. Dicen que era un comando terrorista, que estaba dirigido por Eduardo, y que iban a atentar contra Morales. Pero coño, ayer estuve viendo en Internet los periódicos de Bolivia y... uf... salen las fotos del operativo, y es que estaban en paños menores. Los mataron en calzoncillos. Hay unas fotos y un vídeo, que sale Eduardo con un tiro en la cara y en el pecho...

—No, eso fue una trampa. Son los croatas, allí, mercenarios croatas. Son los croatas que están en el país. Hay mucho emigrante croata allí desde la Segunda Guerra Mundial, y esa gente está y quiere matar al presidente. Y llega Eduardo con sus buenas ideas y musulmán y todo esto y pro-Morales, y montaron una historia para que lo mataran... Eso es...

—Yo no comprendo...

—No, no, no. Eso es una manipulación. Y lo mataron como un pendejo. Estaba desarmado, ¿no? Mientras estaban durmiendo, seguramente... Mataron a dos solamente, ¿no?... Envíame toda la información que tengas... esta noche o mañana por la mañana para que me llegue lo antes posible...

Ilich Ramírez me llamó varias veces ese sábado, y me pidió que consiguiese todos los periódicos bolivianos y recopilase el máximo de información posible sobre lo que había ocurrido en Santa Cruz. Hasta que Carlos el Chacal me lo explicó, confieso que desconocía las particulares características étnicas y políticas del estado de Santa Cruz de la Sierra, en Bolivia, que aspiraba a independizarse del gobierno nacional, como Euskal Herria o Kosovo. Y naturalmente yo obedecí.

---

18. *Lealtad, versos de la guerra*, pág. 45.
19. Conversación de Ilich Ramírez y Antonio Salas, 18 de abril de 2009.

Esa misma tarde, cuando en un cibercafé de Toledo imprimía todos los artículos publicados y revisaba los informativos de la televisión boliviana, volví a sufrir otro amago de infarto. Delante de mí, en la pantalla del ordenador, el mismísimo director nacional de <u>informativos de ENTB</u>, don Julio Peñaloza, cubría la noticia del comando terrorista que pretendía matar a Evo Morales, blandiendo <u>mi entrevista a Eduardo Rózsa</u> en sus manos, ante las cámaras del informativo especial.[20] Y una y otra vez hacía alusión a dicha entrevista, al igual que los presentadores de otros programas de otros canales, que esgrimían mi artículo como primera fuente de información tras el tiroteo en Santa Cruz. Era inevitable. En cuanto todos los periodistas bolivianos se arrojaron a Google para intentar encontrar información sobre el líder del supuesto comando terrorista, con lo primero que se topaban era con la larga y profunda entrevista realizada por un tal Muhammad Abdallah, para un boletín con textos en árabe, euskera, inglés, francés y español llamado *Los Papeles de Bolívar*. No hacía falta ser un premio Pulitzer para seguir la pista del tal Muhammad Abdallah hasta Ilich Ramírez Sánchez, alias *Carlos el Chacal*.

A los cinco minutos, las visitas a la web oficial de Carlos se multiplicaron por cien, quizás por mil. Y el correo electrónico se vio desbordado de peticiones de entrevistas por parte de periodistas bolivianos, que intentaban averiguar mi relación con el supuesto magnicida. Me sentía desbordado por completo por la situación. Realmente, durante unas horas no supe qué hacer. A quién acudir. Pensé en presentarme en la primera comisaría de policía e identificarme como un periodista infiltrado que había perdido el control de la investigación; en coger el primer avión que saliese para el último rincón del planeta y abortar la infiltración; en tirar los teléfonos móviles al Tajo, recluirme en la primera mezquita y aguardar a que la policía boliviana se olvidase de mí... Y entonces me telefoneó el comandante Ilich Ramírez e intentó tranquilizarme:

—No seas pendejo. Tú no has hecho nada ilegal, tú estás limpio.

Y tenía razón. Llevaba cinco años infiltrado en los circuitos del terrorismo internacional, pero siempre dentro de las actividades legales. Había conocido y/o convivido con miembros de Hamas, las FARC, ETA, Hizbullah, Al Fatah, el IRA, etcétera, e incluso en ese momento controlaba como máximo responsable ese aberrante *bluff* llamado Hizbullah-Venezuela, pero no había cometido ningún delito. Así que cuando el comandante Ilich Ramírez me dijo que mi misión era aceptar esas entrevistas, y defender su nombre y el de Rózsa, obedecí una vez más. Obviamente no podía predecir los resultados de aquellas primeras entrevistas que concedí a varias publicaciones y programas de radio

---

20. El vídeo todavía está accesible en: *http://www.boliviaenvideos.com/2009/04/uno-de-los-mercenarios-eduardo-rozsa.html*

bolivianos.²¹ Hoy debo disculparme ante colegas bolivianos como Rafael Mendieta (Radio FIDES) o Mónica Heinrich (diario *El Deber*), entre otros, por no haber podido explicarles que yo era un compañero que estaba realizando una investigación periodística como la suya.

Incluso el influyente portal venezolano Noticias24 se hizo eco entonces del ejemplar de *Los Papeles de Bolívar* dedicado a Eduardo Rózsa que les había enviado.²² Y, como no podía ser de otra manera, los internautas latinoamericanos resultaron ser tan creativos e imaginativos como los españoles. Las conjeturas, especulaciones y divagaciones sobre la identidad real de Muhammad Abdallah en las webs y blogs latinos, se pusieron a la altura de las especulaciones sobre la identidad real de Antonio Salas en los *websites* neonazis españoles. Por fortuna para mí, con el mismo tino. En aquellos días pude leer, en los comentarios de esos periódicos, revistas y emisoras, todo tipo de afirmaciones delirantes. Para unos yo era uno de los hombres de Rózsa que habían huido del hotel Las Américas; para otros, uno de los hombres de Carlos el Chacal, que evidentemente estaba implicado en el intento de asesinato de Morales, etcétera.

Por supuesto, todas esas ciberconjeturas, como todas las tonterías que con tanta libertad se pueden colgar en Internet, no me preocupaban. Lo que sí me inquietaba era la previsible noticia de que, tras la operación antiterrorista en Santa Cruz, la policía había incautado los ordenadores personales de Rózsa y sus hombres, y procedía a un análisis informático forense de su disco duro. Y ahí supe que mi investigación podía estar comprometida. Sobre todo cuando el gobierno boliviano empezó a vincular con el comando de Rózsa a los miembros más influyentes de la alta sociedad y el gobierno de Santa Cruz, enérgicos opositores a Morales y promotores de la autonomía cruceña. En cuanto vi entre los nombres de los supuestos cómplices del supuesto comando terrorista liderado por Rózsa a personajes como Alejandro Melgar o Alejandro Brown —dos de los nueve receptores de los correos de mi hermano Isa Omar, junto conmigo—, me empecé a preocupar de verdad. Y más aún cuando localizaron un arsenal de armas en posesión de los terroristas, y docenas de fotografías de Rózsa y sus hombres, con todo tipo de pistolas, fusiles, ametralladoras, etcétera.

Es absolutamente imposible resumir en tan breve espacio el protagonismo político que ha tenido el Caso Rózsa en la prensa latina desde el 16 de abril

---

21. *http://aullidosdelacalle.blogspot.com/2009/04/caso-hotel-las-americas-lo-sucedido-en.html*
http://www.ernestojustiniano.org/2009/04/tv-y-radio-meridiano-ridculo/
22. *http://www.noticias24.com/actualidad/noticia/38100/la-inedita-entrevista-a-uno-de-los-presuntos-terroristas-que-planeaba-matar-a-evo-morales/*

de 2009 hasta el pasado 5 de abril de 2010. Durante los primeros meses todavía me tomaba la molestia de encuadernar por tomos, del grosor de una guía telefónica, los cientos y cientos de noticias que se publicaban en torno al caso. Las primeras semanas enviaba al comandante Ilich Ramírez tres, cuatro y hasta cinco paquetes a la semana repletos de informes, artículos y reportajes sobre el Caso Rózsa. En mi archivo apilé cajas y cajas de documentos generados desde la operación antiterrorista en el hotel Las Américas. Y remito a cualquier lector interesado a las hemerotecas de *El Deber, La Prensa, El Día, El Mundo, El Diario, Nuevo Sur, La Razón, La Estrella de Oriente, Los Tiempos,* el *Opinión,* o cualquier otro de los diarios bolivianos que yo consultaba, cada mañana, durante meses. Siendo testigo de cómo el Caso Rózsa era instrumentalizado políticamente con la misma desvergüenza e intereses partidistas que el 11-M en España.

Gobierno y oposición usaron durante un año el supuesto intento de atentado terrorista contra Evo Morales, tratando de ganar votos o restárselos al oponente. La oposición acusaba a Morales de haber ejecutado a unos inocentes veinticuatro horas antes de reunirse con Barack Obama en la V Cumbre de Organización de Estados Americanos (OEA) que se celebró, casualmente, el 18 de abril de 2009, en Trinidad y Tobago, y a la que por primera vez asistía también un presidente de los Estados Unidos. Era obvio que Evo Morales no podía desaprovechar su presunto intento de magnicidio para exigir a Obama los recursos y el apoyo que los Estados Unidos habían prometido durante la administración Bush a todos los aliados en la «lucha global contra el terrorismo». Sin duda el asunto Rózsa le cayó a Morales del cielo.[23] Y por su parte el gobierno de La Paz acusaba a la oposición cruceña de haber contratado a Eduardo Rózsa para que formase en Santa Cruz un ejército internacionalista, idéntico al que lideró en la guerra de Croacia, con objeto de imitar el modelo de Kosovo y obtener la independencia de Santa Cruz a través de la lucha armada. Unos y otros, como siempre, intentaron sacar partido político del terrorismo. Y lo consiguieron. Es lo bueno que tiene el terrorismo, políticamente al final todos ganan.

En su penúltimo guiño, la divina providencia quiso bromear de nuevo conmigo. Entre todos los reporteros del mundo, en julio de 2009 solo un periodista español acudía a La Paz para declarar ante la comisión de investigación del Caso Rózsa. Un reportero español que había convivido con mi hermano Isa Omar en la guerra de los Balcanes. Y ese reportero era Julio César Alonso, el compañero que, junto con Fernando y Santi, puso en marcha el equipo de investigación de Telecinco conmigo, en 2000. A veces el destino es así de irónico. En los

---

23. *http://terranoticias.terra.es/nacional/articulo/morales-obama-no-calle-repudie-3197671.htm*

medios bolivianos, Alonso insistía en seguir la pista del tal Muhammad Abdallah que había realizado la última entrevista a Rózsa. Solo ahora descubrirá que su antiguo compañero, Antonio Salas, estaba detrás de esa pista.

Para mí, sin embargo, verme involucrado de forma indirecta en un asunto tan turbio como el Caso Rózsa supuso un mensaje muy claro. Al iniciar esta investigación, el 11 de marzo de 2004, jamás pensé que podría llegar a ver mi nombre implicado en el intento de asesinato de un jefe de Estado, y las intrigas políticas que instrumentalizan la tragedia del terrorismo. Así que el mensaje estaba claro. Tenía que empezar a borrar mis huellas si quería salir del submundo del terror internacional tan airoso como me había mantenido hasta ahora. Otros hermanos musulmanes y camaradas revolucionarios no iban a tener tanta suerte.

Desgranar las conexiones internacionales del Caso Rózsa requeriría un volumen completo. Junto con mi hermano, murieron en la operación del hotel Las Américas el irlandés Michael Martin Dwyer y el húngaro-rumano Árpád Magyarosi, compañeros de redes sociales en el perfil de Rózsa. Y fueron detenidos, esa misma noche, el húngaro Elöd Tóásó y el boliviano-croata Mario Tadic. Obviamente, los gobiernos de sus respectivos países, y la Interpol, tomaron parte en el complejo drama.

En Venezuela la oposición antichavista se unió al prefecto de Santa Cruz, Rubén Costas, principal adversario de Morales, intentando involucrar a la inteligencia venezolana en el asalto al hotel Las Américas. Y entre mis camaradas bolivarianos se desató una auténtica crisis histérica. El 4 de mayo de 2009, un terremoto de 5,4 grados en la escala de Richter hizo tambalearse la ciudad de Caracas. Pero esa no fue la causa de que el viejo y leal Seat Ibiza, testigo de todos mis encuentros con etarras, revolucionarios, islamistas y guerrilleros colombianos en Venezuela, saltase por los aires. Alguien, hasta hoy no identificado, le había colocado un artefacto incendiario el mismo día del seísmo en Caracas. Todavía no sé si el incidente se debió a un servicio secreto, a un vecino escuálido o a algún otro grupo armado bolivariano...

Me incomoda reconocer que, cuando le envié a Ilich Ramírez las fotos del Seat Ibiza consumido por las llamas el día del terremoto en Caracas, sentí que realmente se preocupaba por mi seguridad. Igual que se había preocupado un año atrás por el perjuicio que pudiesen ocasionarme mis barbas, hasta el punto de escribir su *Comunicado a los camaradas y hermanos de la resistencia palestina*, inspirado en mí. Sentir que el hombre considerado el mayor asesino terrorista de todos los tiempos se preocupa por ti produce una sensación extraña y confusa. Aunque supongo que, en realidad, Carlos se preocupaba porque no quería perder a su hombre en la red, y a un infatigable y obediente colaborador. En una de nuestras conversaciones, cuando me confesaba que debía establecer prioridades a la hora de valorar en quién se gastaba el poco dinero de que disponía para tarjetas telefónicas, me confesó:[24]

—Tú eres prioritario.

Y supongo que Carlos el Chacal debía avalarme ante la comunidad islamista internacional con inmejorables referencias. O eso deduje yo cuando el 24 de mayo de 2009 recibí un e-mail de los turcos, invitándome formalmente a participar en un encuentro internacional que se celebraría en Estambul en noviembre y que supondría el histórico reencuentro, vía telefónica, de Leyla Khaled e Ilich Ramírez, los dos terroristas con vida más legendarios del siglo xx.

Probablemente, aquella invitación me abriría las puertas a una nueva línea de investigación fascinante, la de los guerreros del Frente Islámico del Gran Oriente, y su relación directa con Al Qaida, pero, tras la muerte de Eduardo Rózsa y el supuesto intento de asesinato de Evo Morales, yo había llegado al final de mis fuerzas y también de mis recursos. Había invertido en esta investigación hasta el último céntimo de mis ahorros, pero también hasta mi última gota de sudor. Y tomé la explosión de mi coche en Caracas como una señal del cielo, similar a la bala de calibre 9 corto que llevo colgada del cuello, y que casi me voló la rodilla, durante mi infiltración en las mafias del tráfico de mujeres... No aceptaría la invitación de los turcos.

¿Una nueva era?

El 4 de junio de 2009, desde la influyente Universidad de El Cairo, Barack Obama se dirige al mundo árabe y todos los musulmanes del planeta seguimos sus palabras conteniendo el aliento. Después de lo que la administración Bush supuso para el Islam, es lógico que los musulmanes tuviesen tantas esperanzas en el nuevo presidente de los Estados Unidos como las que habían demostrado sus propios electores. Y cuando Obama comenzó su mensaje con el saludo árabe, Assalamu Alaykum («Que la paz sea contigo»), cientos de millones de musulmanes creyeron que ese día, y en ese lugar, comenzaba una nueva era. Pero no fue así. Por desgracia, un solo hombre, ni aun siendo presidente del país más poderoso del mundo y estar tocado por la buena fortuna (*Baraka* en árabe significa «suerte»), no podía borrar de la memoria colectiva el 11-S, Afganistán, el 11-M, Iraq, el 7-J, Pakistán, etcétera. Demasiados huérfanos.

La explosión del coche en Caracas fue la última señal de advertencia que estaba dispuesto a desoír. Ya había asumido muchos más riesgos durante la infiltración de los que había previsto, aun siendo consciente de que el verdade-

---

24. Conversación entre Ilich Ramírez y Antonio Salas, 1 de mayo de 2009.

ro peligro comenzará en cuanto se publiquen estas líneas. Pero además es que faltaban solo unas semanas para que se iniciase el macrojuicio contra Hammerskin España, y tenía que decidir si finalmente prestaba declaración o no.

El plan inicial era mantener el contacto telefónico con Ilich Ramírez unos meses más, hasta que la nueva regulación de la telefonía móvil en España me obligase a identificarme ante la compañía o perder el número de la tarjeta prepago. Era una excusa perfecta para desaparecer, porque todos mis camaradas terroristas, empezando por Carlos, entenderían que yo no quisiese facilitar mis datos a la compañía telefónica. Pero Allah, clemente y compasivo, había decidido ponérmelo aún más fácil. Sería un tribunal francés quien se ocuparía de hacerme desaparecer, con la mejor cobertura imaginable.

Entre el 4 y el 7 de junio de 2009 se celebraban las elecciones al Parlamento Europeo, e Ilich Ramírez había decidido apoyar a un movimiento político radical francés: la Lista Antisionista, liderada por el famoso cómico Dieudonné M'Bala M'Bal, de padre camerunés y madre francesa. En uno de sus mítines políticos, en París, Ilich Ramírez se había permitido incluso la temeridad de entrar por teléfono, pidiendo el voto europeo para los antisionistas.[25] Durante nuestra última conversación telefónica, el 30 de mayo de 2009, hablamos de la repercusión internacional del Caso Rózsa, de diferentes organizaciones de muyahidín, de cuestiones religiosas, de su relación con las mujeres y su preferencia por las sirias, del movimiento independentista canario, de Hugo Chávez... pero, sobre todo, de su apoyo a la Lista Antisionista de Dieudonné M'Bala M'Bal. Según Carlos: «... en los barrios obreros e inmigrantes de París tienen mucha simpatía por mí», y hasta el legendario Chacal había decidido que había llegado el momento de sacar un rédito político a ese apoyo.

Por supuesto, la intervención telefónica de Ilich Ramírez en un mitin político apoyando a un candidato antisionista al Parlamento Europeo desató un escándalo en Israel. Y tras una queja formal de los israelíes ante el Elíseo, la justicia francesa decidió castigar la nueva osadía del Chacal, cortando sus llamadas telefónicas. No podía soñar una forma más justificada de desvincularme de mi relación con Ilich Ramírez. En este caso, hasta la justicia francesa había conspirado en mi favor.

En ese mitin de la Liga Antisionista y apoyando al cómico francés, junto al comunista musulmán Ilich Ramírez, se encontraban físicamente Yahia Gouasmi, presidente del Partido Antisionista de Francia, y Alain Soral, ultraderechista del Frente Nacional de Jean-Marie Le Pen. Una vez más, islamistas y fascistas unidos en su causa contra los judíos.

---

25. La intervención telefónica de Ilich Ramírez en el mitin de la Lista Antisionista puede verse en: *http://ilichramirez.blogspot.com/2009/06/vídeo-de-la-intervencion-del-comandante.html*

En España, como en el resto del mundo, esa alianza antinatura entre nazis y propalestinos crecía con la misma fuerza que en el país vecino. Y, como había ocurrido durante las manifestaciones en protesta por los bombardeos a Gaza, mítines políticos de partidos ultraderechistas como España2000, Democracia Nacional, el Movimiento Social Republicano, Alianza Nacional, etcétera, ansiosos por arañar protagonismo en las elecciones europeas, recibían el apoyo de cada vez más ciudadanos, hastiados por los problemas derivados de la inmigración ilegal y manipulados por el discurso antisionista de los nazis. De hecho la extrema derecha saldría muy reforzada en las europeas de 2009, utilizando el reclamo antisionista y antiinmigración, como ya profeticé seis años antes en *Diario de un skin*. Y fue gracias a esa simbiosis antinatural entre revisionistas antisionistas y nazis como la providencia decidió obrar un nuevo milagro. Quizás, una vez más, me salvó la vida.

Faltaban solo unas semanas para que comenzase el macrojuicio contra Hammerskin España, y, de forma absolutamente milagrosa, mis contactos con el movimiento neonazi retomados para esta infiltración me pusieron en conocimiento de la conspiración que los acusados en el proceso contra Hammerskin estaban gestando contra mí. La primera pista me llegó a través de la ex novia de uno de los líderes de Blood & Honour, la otra organización skin NS en la que me infiltré durante mi investigación. Según esta joven, integrante a su vez del movimiento femenino skingirl Edelweiss,[26] habían sido precisamente las chicas de Hammerskin las que habían puesto en marcha una colecta, meses antes, para reunir dinero con el que pagar a un sicario que evitase que Antonio Salas declarase en el juicio. Y una vez más, pese a todo lo vivido, me negué a creer la evidencia. «Estas cosas solo pasan en las películas», pensé.

Me empecé a preocupar cuando contrasté la historia con otras amigas skinheads, recuperadas durante esta nueva infiltración, interesándome por el rumor sobre el sicario que iba a silenciar al maldito periodista *Tiger88*. Y, para mi inquietud, mis fuentes confirmaron que, ciertamente, en un foro skingirl de Internet, restringido a las féminas de Hammerskin de más confianza, desde hacía meses figuraba una cuenta en la que hacer aportaciones para el sicario. Según otra skingirl, en ese momento habían recaudado 9000 euros.

Y si esta noticia, confirmada por tres fuentes distintas, no era suficiente para añadir todavía más tensión y presión a mi neurosis, el cuerpo de abogados que defendía a los skinheads procesados, nueve de los letrados más prestigiosos (y caros) de Madrid y Barcelona, estaba presionando al tribunal de la Audiencia Provincial para que me retirase la condición de testigo protegido. Los nazis

---

26. *Diario de un skin*, capítulo 5: «Ellas: cuando el skin lleva nombre de mujer», pág. 137 y ss.

llevaban seis años intentando descubrir cuál era la identidad real de Antonio Salas. Lógicamente, los afectados directos por mi infiltración, quienes habían sido mis camaradas skinhead, sabían que no se correspondía con ninguno de los falsos Antonio Salas que pululaban por Internet, porque ellos sí habían convivido con el auténtico. Y por primera vez en seis años tenían una oportunidad de descubrir al auténtico infiltrado, así que sus abogados presionaron enérgicamente a doña María Luisa Aparicio Carril, presidenta del tribunal que juzgaría a sus clientes, basándose en una sentencia del Tribunal Supremo, de ese mismo mayo. Sentencia del Supremo que retiraba la condición de testigo protegido a un miembro de los Latin King que había declarado contra sus compañeros en un juicio de la misma Audiencia Provincial, en junio de 2007. Los abogados de los nazis querían utilizar ese precedente judicial para convencer a la jueza de que retirase al testigo protegido 0304 su condición de anónimo, y pudiesen desenmascarar, por fin, al Antonio Salas real... Y, como es lógico, aquella noticia alteró mis prioridades en la investigación.

Allah, compasivo y clemente una vez más, se puso de mi parte. Y una de las jóvenes que me informó de la colecta de las skingirls para contratar un sicario que evitase mi declaración en el juicio finalmente aceptó presentar por escrito su testimonio e incluso prestar declaración ante el Tribunal de la Audiencia Provincial si fuese necesario, testificando el peligro inminente que supondría para mi seguridad que la jueza aceptase las demandas de los abogados e identificase al testigo protegido 0304. Mi abogada, una letrada excepcional, tendría que presentar al tribunal argumentos más razonables que los que alegaban los nueve abogados de Madrid y Barcelona que defendían a la cúpula de Hammerskin España. Pero hasta el inicio del juicio, el lunes 15 de junio de 2009, era imposible saber cuál sería la decisión del tribunal... Y la espera iba a resultar un infierno.

El otro punto de vista

Ese mes de junio de 2009, Virus Editorial publicaba *Rastros de Dixan: Islamofobia y construcción del enemigo en la era post 11-S*, el primer libro-vídeo, que yo sepa, que ha presentado la historia del terrorismo islamista en España desde el otro punto de vista, y cuya distribución en PDF, de forma más que generosa, los autores cedían gratuitamente.

Los autores, algunos viejos conocidos de mi época en la izquierda antisistema catalana, utilizaban la operación del CNI y la policía española el 18 de enero de 2008 en la mezquita del Rabal barcelonés, que había desarticulado una supuesta célula terrorista pakistaní que pretendía materializar un atentado en el metro de Barcelona. Al día siguiente toda la prensa catalana, española e internacional se hacía eco del abortado 19-E, equiparando casi esa siniestra cifra con el 11-S, el 11-M o el 7-J.

Es un libro breve, 142 páginas que revisan, partiendo de esa operación policial, el otro lado de la moneda. Cómo viven y sufren los familiares, amigos y vecinos de los acusados de yihadismo terrorista sus detenciones. *Rastros de Dixan* denuncia que la islamofobia que generó el 11-S, alentada por el 11-M y el 7-J, «es una enfermedad psicosocial, del mismo grupo que otras enfermedades como el racismo, la xenofobia, la homofobia o la judeofobia», y compara el temor que la población occidental siente por las mezquitas, con la paranoia medieval imperante en Europa hacia las sinagogas, consideradas conciliábulos judíos, llenos de conspiradores peligrosos. Y alertan enérgicamente contra la «teoría de Eurabia», o islamización de Europa, una paranoia alarmista acuñada por la judía egipcia Bat Ye'or y popularizada por la periodista italiana Oriana Fallaci, que a través de Internet encontró eco en miles de webs y foros antimusulmanes en todo el mundo. Pero ¿es solo una paranoia racista?

La defensa que los autores de *Rastros de Dixan* hacen de los once musulmanes detenidos en la mezquita del Rabal de Barcelona, cuando el operativo policial irrumpió en pleno *salat*, es conmovedora. Desde enero de 2008 hasta diciembre de 2009 defendieron ante todos los que quisieron escucharlos la presunción de inocencia de los once pakistaníes. Pero eso no impidió que en diciembre de 2009 se efectuase el juicio y fuesen condenados.

Abu Sufian, que continuaba malviviendo en Madrid, en espera de juicio, no tuvo esos defensores. Nadie escribió un libro apelando a su presunción de inocencia, ni a la de sus hermanos Oussama Agharbi, Chafik Jalal Ben Amara y Andrey Misura, el supuesto terrorista checheno perseguido por los servicios secretos de media Europa, que sin embargo se movía por las mezquitas de toda España. Abu Sufian continuó subsistiendo precariamente en Madrid con los 300 euros mensuales que le enviaba su padre desde Londres. Tenía que firmar todas las semanas en el juzgado. Cansado de esperar, a principios de 2010 era posible verlo ante la Audiencia Nacional, siempre vestido de traje y corbata, con una pancarta en la que exigía su juicio. Oussama fue expulsado de España en cuanto venció su permiso de residencia y volvió a su Marruecos natal. Andrey no tuvo tanta suerte. A las 7 de la mañana del 4 de octubre de 2009 el joven bielorruso fue asesinado —ejecutado, según mis hermanos musulmanes— en la población andaluza de La Línea, cerca de Gibraltar. Siete certeras puñaladas en el cuello se llevaron su vida, y con ella su presunta peligrosidad como letal yihadista internacional.

Según la información policial, Andrey Misura, nacido en Minsk (Bielorrusia), el 22 de enero de 1975, «habría estado relacionado con grupos chechenos de apoyo a miembros de AL QAIDA, habiendo estado entre 2000 y 2002 en Azerbaiyán y Pakistán, participando en operaciones militares... El 24 de noviembre de 2004 fue detenido por las autoridades francesas cuando viajaba en autobús desde Bruselas a Londres, utilizando un título de viaje austríaco a nombre de ALEXANDER SANDUKHADZE, manifestando no poder regresar a su país dado que era oficial del ejército y había estudiado todo lo concerniente a armas químicas... En 2005 es detenido en Portugal, portando una solicitud de asilo en Bruselas, con su fotografía y a su nombre, y una agenda con los teléfonos de ABU SUFIAN, OUSSAMA AGHARBI Y MOHAMED SRIFI NALI...». Las intervenciones telefónicas del grupo liderado por Abu Sufian interceptaron diferentes conversaciones del propio Misura, desde el teléfono de Abu Sufian, que, según su criterio, demostraban la intención del bielorruso de unirse a la resistencia iraquí, junto con Oussama... De hecho, en el momento de su detención, en 2005, se les incautaron dos tarjetas de identidad francesas a nombre de Ahmed Laghuer y Sadik Takal falsificadas, así como un carné de conducir francés, y fotografías y documentos destinados, presuntamente, a otras falsificaciones.

Cierto o no, para los servicios secretos europeos Andrey Misura era un peligro andante. Y para mis hermanos musulmanes no cabe duda de que su extraño asesinato, siete certeras puñaladas en el cuello, llevan el sello del MOSSAD. De hecho, me consta que algunos policías vinculados al caso también conjeturaron con esa posibilidad. Así que, convertido en un mártir del Islam, el 20 de octubre de 2009 imames, y presuntos yihadistas, llegados desde toda España, se dieron cita en el Cementerio Musulmán de Fuengirola para acompañar en el entierro a la madre y a la hermana de Andrey, que se alojaban en casa de Ahmed Touguani. Allí estaban, por supuesto, Abu Sufian y Oussama Agharbi, pero también Kaddour Benfatem, Raid Montaser Younes, Essadik Barhoun, Rachid Boutaib, Rachid Wouddah, Abdenaji El Azzouzi, Rida Ben El Montaser, Riadh Ben Salh Ben Bahri, Rachid Boutaib, Ahmed Touguani y otros muchos. Incluyendo a Félix Herrero, español converso, nuevo imam de la mezquita de La Unión y uno de mis profesores en uno de los cursos de realizados años atrás. Y la nota de color la ponían los misioneros mormones, a quienes supuestamente habían visitado Abu Sufian y Andrey, con intención de viajar a Utah, como estudiantes de la Biblia... Dos de esos *elder* mormones estaban presentes en el entierro del supuesto yihadista bielorruso...

Acompañé a Abu Sufian y a Chafik Jalal Ben Amara literalmente hasta el mismo tribunal de la Audiencia Nacional que los juzgó, en Madrid, el pasado 15 de abril de 2010, mientras a solo cien metros, en el Tribunal Supremo, cientos de compañeros seguían la comparecencia del juez Garzón. Incluso la secretaria del tribunal me tomó por uno de los encausados, al ver como los imputados me abrazaban ante la mirada de reproche de los policías. Aclarado el error, seguí el juicio a mis hermanos al otro lado del cristal de seguridad, rodeado de unos cincuenta estudiantes de Derecho del campus de Villanueva y de los periodistas de la agencia EFE que cubrían el proceso. Abu Sufian llegó altivo, elegante y rapado, como un mártir dispuesto a iniciar su viaje al cielo. Chafik, sin embargo, sesentón rechoncho y optimista, me contaba cómo había perdido dos de sus negocios tras ser acusado de terrorista y cómo sus hijos eran señalados por la calle, y no dejó pasar la oportunidad de invitarme a su tetería en Málaga, garantizándome que todos los platos de cocina eran *halal*. Paradójicamente, y al contrario que la inmensa mayoría de los expertos en terrorismo, hasta el día del juicio yo tenía el punto de vista de los acusados, supuestos terroristas, y no escuché la opinión de la policía hasta que seis agentes (incluyendo un miembro de la Científica y uno de los TEDAX) y cuatro peritos, todos ellos testigos protegidos, como yo, se sentaron en el mismo banquillo para prestar declaración contra Abu Sufian y Chafik. El juicio quedó visto para sentencia ese mismo 15 de abril. A la hora de escribir estas líneas Abu Sufian y Chafik aguardan a que el tribunal decida si, como pidió el fiscal Juan Moral, son terroristas merecedores de penas de cárcel o inocentes de todos los cargos. Decida lo que decida el tribunal, estoy seguro de que ni el uno ni el otro se habrían atrevido nunca a sacrificar sus acomodadas vidas occidentales por el yihad. Tienen demasiado que perder. Sin embargo, no era el caso de Andrey Misura y Oussama Agharbi.

Estoy convencido de que tanto Andrey como Oussama realmente soñaron con unirse a la resistencia iraquí, o afgana, o palestina, en aquellos meses convulsos de 2005. Y estoy seguro de que, de ser ellos los encausados, las escuchas policiales, los seguimientos y las intervenciones demostrarían su vocación de yihad (esfuerzo). De lo que no estoy seguro es de que eso pueda considerarse «terrorismo»...

Todos queremos ser Yuba

Es posible que muchos lectores occidentales no hayan escuchado hablar de Yuba, el francotirador de Bagdad.[27] Pero apuesto a que no hay ni un árabe, musulmán o no, que no haya conocido su «obra».

Yuba apareció sigilosamente en el panorama yihadista iraquí en noviembre de 2005, cuando a la salida de algunas mezquitas se repartía un DVD artesanal que recogía sus primeros nueve asesinatos. A manera de presentación, una voz en *off*, presuntamente vinculada al Ejército Islámico en Iraq, anunciaba: «Tengo nueve balas en esta arma, y tengo un regalo para George Bush. Voy a matar a nueve personas. Estoy haciendo esto para que lo vean los espec-

---

27. Por efecto de la pronunciación de la letra jota anglófona, en todo Occidente se ha traducido el nombre árabe جوبا como Juba, sin embargo yo prefiero ser fiel a la transcripción literal y traducirlo correctamente como Yuba.

tadores. Allahu Akbar, Allahu Akbar!». A continuación aparecen nueve vídeos de escasa duración, en los que se muestra cómo un francotirador abate a nueve soldados norteamericanos en Iraq.

Para los primeros iraquíes que vieron las «hazañas» de Yuba, aquellas imágenes de jóvenes soldados rasos asesinados cobardemente con un fusil de largo alcance eran un acto de justicia divina. Después de Hadiza, Abu Ghraib, Guantánamo y tantos y tantos atropellos, abusos, violaciones y asesinatos cometidos por los occidentales mientras buscaban las armas de destrucción masiva de Saddam, las ejecuciones del francotirador de Bagdad eran completamente justificables, y en pocas semanas las copias pirata del primer DVD de Yuba empezaron a circular por todo Iraq. Y pronto alguien las subió a Internet.

Un segundo DVD de Yuba apareció en 2006. En esta ocasión el vídeo recoge una entrevista al supuesto héroe de la resistencia iraquí y comentarios sobre el terror que se había apoderado de las tropas de ocupación, al descubrir que un francotirador los estaba cazando como a patos. También se incluyen algunas imágenes de la hipotética rutina del francotirador de Bagdad, añadiendo muescas a su lista de objetivos abatidos y escribiendo un diario. Y a continuación nuevas filmaciones de soldados norteamericanos abatidos por el fusil del justiciero misterioso. Obviamente, Yuba no trabajaba solo, ya que el análisis de las imágenes demuestra que el tiro de cámara que graba los vídeos no se corresponde exactamente con el mismo ángulo utilizado por el francotirador para ejecutar a sus objetivos. Pero no importa. Tampoco importa que Yuba anuncie que existe un número indeterminado de francotiradores como él, al servicio del Ejército Islámico iraquí. Yuba se convirtió en un icono, en un modelo, en un héroe para la resistencia en Iraq, y también para los simpatizantes de esa causa en todo el planeta.

Las imágenes de los asesinatos de Yuba comenzaron a inundar todos los portales de vídeos de Internet. Y no importaba que Youtube, Google-vídeos y demás cancelasen las cuentas de los usuarios que subían esas imágenes y las borrasen del servidor. En cinco minutos un nuevo usuario, desde una cuenta anónima, insertaba de nuevo el vídeo censurado. Y pronto apareció una página web atribuida al francotirador de Bagdad, más tarde depurada, actualizada y con la opción de ser consultada en japonés, inglés, español, francés, árabe, urdú, italiano, alemán y turco: *www.baghdadsniper.net*. En realidad, dicha página web presenta los contenidos del tercer DVD de Yuba, que comenzó a circular en diciembre de 2007, con mucha mejor presentación y calidad de edición que los anteriores.

Convertido en una leyenda, Yuba llegó a aventajar en admiración y popularidad a todos los héroes del yihad anteriores. Ni Abu Musab Al Zarqaui, ni Ibn Jattab, ni siquiera el mismísimo Osama Ben Laden alcanzaron el nivel de admiración de Yuba en el imaginario adolescente yihadista.

Más tarde también se publicó un <u>cómic sobre Yuba</u>, en cuyas viñetas se especulaba con la historia personal del héroe de la resistencia; para el dibujante, sin duda los americanos habrían asesinado a su esposa y a su hijo, y él decidió vengarse ejecutando infieles... Qué mejor argumento para justificar al principal terrorista de Iraq que la historia de una venganza justa. Supongo que no fui muy original cuando me inventé mi biografía como Muhammad Abdallah.

En cuanto vi los DVD en una tienda palestina, donde podían comprarse o alquilarse los vídeos de Yuba, como los vídeos con las últimas voluntades de los mártires de Hamas o el Yihad Islámico antes de inmolarse, intuí que el francotirador de Bagdad representaba, en esencia, uno de los factores más determinantes y menos estudiados del problema del terrorismo islamista. Pero cuando en 2009 mi querida Yamila me dijo que acababa de ver en un cine de Kuwait la película titulada *Yuba*, me reafirmé en mi intuición. Aún tuve que esperar algunos meses a que la película, recién estrenada en los cines del golfo Pérsico, saliese al mercado en DVD, y a que Yamila me consiguiese una copia y me la hiciese llegar. El DVD, producido en Dubai, ofrece una reinterpretación fascinante del mítico Yuba, en una película protagonizada por Mostafa Shaaban, Dalia Elbehery, Ahmed Azmi. Visioné el film en árabe, y el DVD no incluía subtítulos, así que pido disculpas si cometo algún error en mi sinopsis. Según mi criterio, *Yuba* (el film) cuenta en 103 minutos la historia de un *paparazzo* de origen palestino (Mostafa Shaaban), que trabaja para una lujosa agencia de prensa árabe, hasta que se ve envuelto en un escándalo. Despedido de su empleo, regresa a la tierra de sus orígenes, Palestina, encontrándose con la brutalidad del conflicto árabe-israelí en su peor momento. Y, hastiado de las injusticias contra sus paisanos, decide utilizar sus conocimientos como *paparazzo*, sustituyendo el teleobjetivo de su cámara fotográfica por un fusil de mira telescópica, y comenzando a ejecutar soldados israelíes. Cambiando el contexto de Iraq por el de Palestina, la primera película inspirada en el francotirador de Bagdad está llamada a crear escuela...

Estoy seguro de que Andrey Misura, Abu Sufian o cualquier otro joven, o no tan joven, árabe o musulmán, a partir de 2005 pudo caer fascinado por la heroica figura del solitario vengador de Bagdad, como antes otros muchos jóvenes árabes, o musulmanes, fueron seducidos por la imagen del robusto «león de Bagdad» Abu Musab Al Zarqaui, el «árabe negro» Ibn Al Jattab, o el mismísimo jeque Osama Ben Laden. Al menos en la misma medida en que los jóvenes europeos, o norteamericanos, éramos seducidos por nuestros héroes de las películas de acción. Pero los terroristas con los que yo he convivido no son héroes, sino necios asesinos torpes y absurdos, chapuceros, pedantes y vanidosos, capaces de anteponer su anhelo de gloria al dolor de una viuda, de un huérfano... Y esas películas llenas de efectos especiales no transmiten la realidad de la violencia. Una realidad sucia, maloliente, antiestética. Porque la guerra, simétrica o asimétrica, huele a pólvora y gasolina quemadas, a sangre y vísceras resecándose al sol. A lágrimas saladas... No hay honor ni gloria. Solo dolor y arrepentimiento.

Sin embargo, mi generación, y en mayor medida las que la siguieron, hemos aprendido a familiarizarnos con la estética de la violencia. Hemos sido educados en la creencia de que las armas no son malas si se utilizan para el bien... como si existiese una forma de hacer el bien empuñando un arma. Y desde muy niños hemos fantaseado con la ilusión de ser los héroes que matan a los villanos y salvan a los inocentes. Solo necesitamos una causa para materializar esa fantasía. Porque el ser humano es capaz de las mayores heroicidades, y también de los crímenes más atroces. Solo necesita una causa que justifique esos actos.

La idea de empuñar un arma y enarbolar una bandera por una causa justa seduce al 90 por ciento de los jóvenes de todo el mundo, en esa edad en que se buscan revoluciones por las que luchar. Y en un país extraño, en una sociedad ajena, cuando el único elemento de identidad común es el Islam, resulta inevitable que esa causa justa se encuentre en el yihad.

Probablemente, si yo fuese inmigrante en un país lejano y mi patria (o la patria de mis hermanos) fuese invadida por un ejército extranjero, me plantearía intentar ayudar a mis seres queridos. Es probable que tratase de reunir dinero para enviarlo a mi país, e incluso cabe la posibilidad de que colaborase con quienes deseasen viajar a mi patria para luchar contra el invasor. Tal vez incluso yo mismo llegase a especular con la idea de unirme a la resistencia. Pero todo eso, según las leyes vigentes, se considera terrorismo. Y como tal es perseguido y condenado.

Prometo que las conversaciones que yo he escuchado en muchas mezquitas de medio mundo no se diferencian tanto de las tertulias de sobremesa que se pueden disfrutar en cualquier hogar europeo o americano, donde los ánimos se van calentando a medida que el debate se enciende, azuzado por las terribles noticias que nos llegan en los informativos. Y si en el fragor de la disputa alguien nos ofrece la posibilidad de ser consecuentes y pasar a la acción, sin duda muchos caeríamos en la trampa. Porque los que mueven los hilos del terrorismo internacional jamás empuñan un fusil, ni se inmolan con un cinturón explosivo. Eso solo lo hacen los creyentes. Los que son capaces de morir, e incluso de matar, en nombre de una causa.

En este sentido, lo más lúcido que leí no provenía de ningún oficial de inteligencia experto en contraterrorismo, ni de ningún teólogo, ni por supuesto de ningún político. Se trataba de los trabajos de un antropólogo norteamericano, Scott Atran. Atran es uno de los pocos autores que han profundizado en el componente «heroico» del yihadismo terrorista. Con mucho más conocimiento académico que yo, Atran, profesor de Cambridge y consultor de la Casa Blanca, llegó en sus estudios de las religiones comparadas a las mismas conclusiones a las que he llegado yo a través de seis años de trabajo de campo.

No existen grandes diferencias entre quienes legitiman el uso de la violencia para defender una ideología. Todos ellos aspiran a ser héroes entre su círculo social. Solo hace falta el momento y el lugar oportunos, y todos podríamos convertirnos en lo que otros calificarán como terroristas.

En su libro *47 versos sufís*, Eduardo Rózsa escribía: «Ni yo mismo me entiendo. Sobrevivida una guerra, con el nuevo milenio encima, y el aburrimiento al que me acostumbro...».[28] Y solo hizo falta que alguien le ofreciese salir de ese aburrimiento, en su Santa Cruz natal, y volver a empuñar las armas, las malditas armas, para que Rózsa volviese a sentirse el héroe en lucha por una causa justa. Aunque le costase la vida, a él y a los jóvenes incautos que se creyeron sus patrañas pseudorrevolucionarias. Santa Cruz fue el Iraq de las milicias separatistas de Eduardo Rózsa. Como Euskal Herria es el Iraq imaginario de los abertzales seducidos por ETA.

Estoy convencido de que este factor, tan desatendido por los expertos en terrorismo, es clave. Pero no es el único. Probablemente casi todas las críticas que los autores de *Rastros de Dixan* hacen a la lucha antiterrorista tengan fundamento. Es verdad que existe un impulso islamófobo en Europa y los Estados Unidos acrecentado desde el 11-S, y que la mayoría de los musulmanes son mirados, y tratados, con más recelo y desconfianza. Porque los humanos tendemos a desconfiar de aquello que no comprendemos. Pero también es cierto que existen organizaciones criminales que se lucran con el negocio de la guerra, y que tienen la capacidad de seducir a jóvenes musulmanes, como a jóvenes revolucionarios, independentistas o neonazis, para convertirlos en peones ejecutores de sus manejos. Y mientras continuemos sintiendo el tacto de un arma, tan seductor como la piel de un cuerpo desnudo, seguirán existiendo muyahid, gudaris, guerrilleros y terroristas.

En mayo de 2004, todas las portadas del mundo publicaron las vergonzosas fotos de torturas a presos iraquíes en la prisión de <u>Abu Ghraib</u>, cercana a Faluya. Durante semanas, un grupo de soldados norteamericanos del turno de noche, en la galería 1A, torturó, humilló, vejó y dejó morir a un número indeterminado de prisioneros. Y, además, cometieron el error de fotografiarse y grabarse con sus teléfonos móviles ejecutando aquellas atrocidades. A pesar del escándalo internacional, solo siete militares de baja graduación, pertenecientes a la 372ª compañía de la Policía Militar, fueron procesados y condenados por las torturas de Abu Ghraib, pero todos los mandos salieron indemnes.

---

28. *47 versos sufís*, pág. 36.

Durante el juicio, uno de los acusados, el sargento Ivan Frederick, requirió los servicios de un perito en su defensa: el doctor Philip Zimbardo.

En verano de 1971, Zimbardo había realizado un experimento en los sótanos de la facultad de Psicología de la Universidad de Stanford, que revolucionó nuestro conocimiento sobre la psicología del comportamiento. En un principio el experimento debía durar dos semanas. Durante ese período, dos grupos de estudiantes recrearían en condiciones de laboratorio una especie de prisión. Todos los sujetos que se prestaron al experimento pasaron un filtro psicológico, que garantizaba que eran muchachos absolutamente normales. Uno de los grupos asumiría el rol de presos, y otro el de carceleros. Se repartieron uniformes parapoliciales para unos, y pseudopresidiarios para los otros, y los investigadores de la universidad se comprometieron a no intervenir mientras duraba el experimento, monitoreando el comportamiento de los sujetos a través de cámaras de vídeo. A partir de ahí todo dependería del comportamiento humano y de su instinto...

En su voluminoso libro *El efecto Lucifer*,[29] Zimbardo transcribe lo que recogieron esas grabaciones en vídeo. Y cómo un experimento que debería haberse prolongado durante dos semanas tuvo que ser interrumpido al sexto día. Ante las cámaras del laboratorio-prisión, los estudiantes que habían asumido el rol de presos se iban mimetizando tanto con su papel que su grado de sumisión y victimización escapó a todo lo que habían imaginado los psicólogos de Stanford. Pero lo peor es que los estudiantes que asumieron el papel de carceleros comenzaron a desarrollar un sadismo y una crueldad crecientes con sus compañeros, que aumentaba de manera proporcional al grado de sumisión de los reclusos. Las imágenes que nos legó el experimento de Stanford, en 1971, de jóvenes semidesnudos, con una bolsa triangular en la cabeza, por completo humillados y entregados a sus carceleros, son escalofriantemente similares a las fotos de Abu Ghraib. ¿Por qué?

En realidad, las fotos de Abu Ghraib solo son un punto más en la lista de «errores» cometidos por las tropas de ocupación en Iraq, como la masacre de Hadiza, la violación de la niña Abeer Qasim Hamza Al Janabi,[30] los versículos de la Biblia impresos en «los rifles de Dios» usados por los marines en Iraq[31] o el brutal vídeo del asesinato del fotógrafo de Reuters Namir Noor-Eldeen, desde un helicóptero Apache. «Errores» que motivaron y todavía moti-

---

29. Ediciones Paidós, 2008.

30. En la película *Redacted* (2007), Brian de Palma llevó al cine la terrible historia de Abeer Qasim Hamza, que con solo catorce años fue violada por una compañía de marines.

31. La compañía armamentística norteamericana Trijicon protagonizó recientemente un escándalo cuando se descubrió que los códigos que incluían sus miras de precisión para fusiles eran versículos de la Biblia. Para los fundamentalistas cristianos de Trijicon, aquellos fusiles, en Iraq, hacían «la obra de Dios» matando musulmanes.

van que jóvenes como Andrey Misura u Oussama Agharbi soñasen con servir a la justicia haciendo el yihad en Iraq.

Según el análisis del doctor Zimbardo, el experimento de la Universidad de Stanford permite diseccionar la psicología del mal, latente en todos los seres humanos. Todos. La persona más amable, compasiva y solidaria, en unas condiciones psicosociales apropiadas, puede convertirse en el más sádico torturador. O en un terrorista. Factores como la conciencia grupal, la desconexión moral, la deshumanización del detenido, la imagen del enemigo o la desindividualización resultan determinantes para convertir a una buena persona en un sádico. Zimbardo reclama nuestra atención sobre «el siglo de las matanzas». Nunca antes en la historia los seres humanos se habían matado tanto entre sí, ni de formas tan crueles, como ahora. La complicidad de civiles alemanes en el holocausto nazi, como la connivencia de israelíes «neutrales» con la ocupación de Palestina; las brutales matanzas entre hutus y tutsis; el genocidio de un millón y medio de armenios o los 20 millones de víctimas de las purgas estalinistas en la Unión Soviética. Cualquiera puede convertirse en un asesino. Solo hace falta estar en el lugar apropiado y en el momento oportuno. La socialización de la violencia hace el resto.

En su magnífico *Sed de sangre* (Crítica, 2008), la analista Joanna Bourke profundiza en esta cuestión analizando el «síndrome de John Wayne», con que denomina la influencia del cine y la literatura bélica en la creación de los patrones de conducta de los jóvenes combatientes norteamericanos en la Segunda Guerra Mundial, Vietnam o Iraq. Pues bien, yo apuesto a que existe también un «síndrome de Yuba».

El doctor Zimbardo, sin embargo, concluye su libro enunciando doce tipos de héroes: dos en el contexto de heroísmo militar y diez en el contexto civil. Hombres y mujeres dispuestos a un esforzado acto de rebeldía que trascienda los gobiernos, las religiones, las razas. Héroes capaces de mantener la lucidez aunque todo su contexto social esté enajenado, capaces de mantener la conexión moral por encima del odio al diferente, capaces de permanecer independientes en la corriente del grupo y, sobre todo, con la suficiente fuerza de voluntad para decir «no». No todo vale. No todo está justificado. Porque, cuando accedemos a ejercer la misma violencia contra ese «enemigo» que consideramos villano, maligno e indigno de toda piedad, nos estamos convirtiendo precisamente en eso que tanto afirmamos despreciar. En ese momento, nosotros mismos somos el enemigo.

A principios del siglo XX, dos jóvenes hermanos hindúes protagonizaron unas revueltas en Bengala contra el ejército de ocupación británico, que dominaba la India. Llamando a la lucha armada por la independencia del país, sus argumentos no se diferenciaban demasiado de los independentistas vascos, la resistencia iraquí o la guerrilla colombiana. Y mientras uno de los hermanos,

Berín, organizaba los grupos guerrilleros en las selvas de Bengala, el otro se establece en Calcula y publica un periódico subversivo, considerado plataforma de propaganda terrorista por los británicos. Y ese joven, de nombre Sri Aurobindo, cumplió pena de cárcel por dichas actividades subversivas. Pero a diferencia del egipcio Aiman Al Zawahiri (mano derecha de Ben Laden), o el marroquí Abdelfettah Raydi (muerto en el cibercafé de Casablanca), que se radicalizaron tras las torturas que sufrieron en la cárcel, Sri Aurobindo se dio cuenta, quince años antes que Gandhi, de que la violencia es un virus muy contagioso que se alimenta de sí mismo. Y su lucha contra la ocupación británica se libró en otros campos de batalla no cruentos.

Sri Aurobindo, al igual que Gandhi, Luther King, Sampat Pal Devi, Mandela o Aminatu Haidar, ha demostrado más valor y coraje que Yuba, Al Jattab, el Che Guevara o Al Zarqaui. Y que es posible vencer sin necesidad de ensuciarse las manos, ni el alma, con sangre inocente. Ni siquiera con sangre culpable. Que es posible mantener la dignidad, y el heroísmo, sin bajarse al nivel de aquel a quien consideramos el enemigo. Soy consciente, una vez más, de que yo puedo permitirme este lujo de lanzar un grito desesperado a la paz, a la cordura, por ser un burgués europeo que escribe estas líneas desde un cómodo apartamento del primer mundo. Y quizás mis hermanos musulmanes, o mis camaradas revolucionarios, esos que en estos mismos momentos son bombardeados por mensajes de odio, llamados a levantarse en armas contra el infiel, contra el imperialismo o contra el ejército de ocupación, consideren la mía una voz desautorizada. Pero solo soy el eco de voces mucho más legítimas que la mía, como la de Mohamed Bakri, que, desde el corazón de Al Quds (Jerusalén), nos llama a todos a ser Gandhi.

Sin embargo, soy consciente de que los atentados van a continuar en todo el mundo. El negocio de la guerra es demasiado lucrativo; y la etiqueta *terrorismo*, un comodín político demasiado rentable. Cambiarán los escenarios, y también los actores. El yihadismo terrorista se desplazará desde Iraq y Oriente Medio al norte de África, e incluso al África subsahariana, donde mutará influenciado por un Islam más animista y feroz. E Internet tendrá cada vez más protagonismo en el yihad, pero también en nuestra capacidad para desinformar a los aspirantes a yihadistas. ETA desaparecerá, como desapareció el IRA, las Brigadas Rojas y la Baader-Meinhof, y como desaparecerán las FARC. Aunque siempre surgirán brotes puntuales de jóvenes entusiastas que intentarán revivir los gloriosos «años de plomo» de sus abuelos, empuñando un fusil y tratando de imitar a sus héroes del imaginario de turno; llámense Yuba, Che Guevara, Ibn Jattab o Ilich Ramírez. Y que sufrirán ese síntoma del «síndrome de John Wayne», que es la ceguera ante la evidencia del absurdo. Por ejemplo: si, como mis camaradas revolucionarios, consideramos a Carlos el Chacal un héroe injustamente secuestrado en Francia, inocente de los crímenes que se le atribuyen... ¿dónde está su heroísmo, si su audaz lucha por Palestina solo es fruto de la propaganda occidental? Si, por el contrario, realmente lideró esas operaciones de lucha armada que lo convierten en héroe de la resistencia... la condena a prisión es una pena justa y legítima, por haber realizado acciones que en Francia, Europa y el resto del mundo se tipifican como delitos de terrorismo. Y lo mismo es aplicable a mis hermanos musulmanes. Con o sin islamofobia, la comisión de un delito es un pasaporte a la cárcel. Y quien lo comete asume el riesgo, como yo lo hago con cada infiltración.

En su voluminoso y enciclopédico *Sangre y rabia* (Taurus, 2008), Michael Burleigh repasa la historia completa del terrorismo, dibujando un futuro inquietante en el cual el yihadismo terrorista cobra el protagonismo asesino que antes protagonizó el terrorismo anarquista o de ultraizquierda. Y que cada año intentará ser más letal.

El Islam continuará creciendo, imparable. La inmigración y el incremento de la natalidad en la sociedad musulmana multiplicarán el número de mezquitas en toda Europa y América. Ante esa realidad, los demócratas occidentales podemos blindar las fronteras y ejecutar a todos los musulmanes, como los racistas de los que abominamos, o intentar asumir el mestizaje social que se nos viene encima. Por su parte, los musulmanes tendrán que aceptar que entre sus filas se esconden tantos asesinos despiadados, dispuestos a profanar el Corán matando en su nombre, como profanan la ikurriña quienes matan en nombre de ETA, o como profanaban la Escritura esos católicos y protestantes irlandeses que mataban, violaban y mutilaban de formas mucho más atroces que Al Zarqaui, esgrimiendo una Biblia. Y a ellos, a los imames de las mezquitas, les tocará la responsabilidad de convertirse en los principales luchadores contra el yihadismo. Porque, a través de una escucha policial, de un teleobjetivo fotográfico o de un seguimiento a distancia, es imposible comprender quién, cuándo y por qué podría caer seducido por el yihad terrorista. Por eso es muy importante que los pastores de ese rebaño, los imames, vigilen antes que nadie a sus corderos. Sobre todo a los que ocultan a un lobo. Y por desgracia son tantos los cientos de miles de musulmanes que llegan a Europa, y tan pocos los imames cualificados, que hasta un advenedizo infiltrado como yo llegó a recibir la proposición formal de convertirse en imam de una mezquita en España. En un pueblo pequeño, con una alta tasa de inmigrantes subsaharianos musulmanes que ni siquiera hablaban árabe, ni disponían de una formación coránica profunda, un tuerto como yo pudo haber guiado a los ciegos. ¿Y si ese tuerto tuviese unas ideas más radicales?

Aun así, yo quiero creer que es posible. Siento que, a pesar de la estética de la violencia que se me inculcó desde niño en películas, cómics o videojuegos, y del mensaje repetido machaconamente de que las armas son buenas si se usan por una buena causa, es posible descubrir el engaño. Esta corriente cultural, que en un mundo globalizado por Internet y la televisión por satélite ya ha llegado a las pantallas de televisión árabes, transformando a personajes como Yuba en modelos a imitar. Rezo porque esa mentira no los engañe a ellos como nos ha engañado a nosotros. Porque, con un fusil en las manos, no es posible dar un abrazo. Pero con ellas esposadas, tampoco.

Supongo que de nuevo es una utopía imaginar un mundo sin violencia, como imaginar un mundo sin prostitución o sin odio racial. Pero en el fondo no importa. Quizás no sea posible cambiar el mundo, pero lo importante es que, al intentarlo, cambiamos nosotros. Un antiguo proverbio árabe dice: «Trata de alcanzar la luna con una piedra... Nunca lo conseguirás, pero terminarás manejando la honda mejor que nadie».

EPÍLOGO

17 de junio de 2009, juicio contra Hammerskin

Testigo protegido 0304

El lunes 15 de junio de 2009, y con gran atención mediática,[1] comenzó el macrojuicio contra Hammerskin España. Quince procesados pertenecientes a la cúpula de la organización neonazi más importante en España, junto con Blood & Honour. Defendidos por nueve abogados, de Madrid y Barcelona. Algunos de ellos muy conocidos y caros, pero mis antiguos camaradas se lo podían permitir.

La mañana de ese lunes fue interminable. Mi abogada había presentado todos los argumentos que avalaban mi solicitud de mantener mi estatus de testigo protegido, pero nadie me garantizaba que la presidenta del tribunal fuese a aceptarlos o, por el contrario, atendiese la demanda de los nueve abogados de la defensa, amparados por el precedente del Supremo, e hiciese pública mi identidad. Hasta que no terminase la primera sesión del juicio, y los abogados pudiesen salir de la sala, mi destino era un enigma.

Yo no soy ningún valiente. Cuando la Guardia Civil me pidió mi colaboración en su investigación de los Hammerskin, acepté contribuir en la medida de mis posibilidades. En realidad no habrían necesitado mi ayuda. Los agentes llevaban meses siguiendo a los sospechosos, se habían pasado días enteros realizando escuchas telefónicas, habían identificado a docenas de skinheads que acudían a los conciertos racistas y xenófobos, y tenían, por supuesto, más y mejor información que la que yo pudiese aportarles. De hecho, todo el mérito de esa operación le corresponde en justicia a la Benemérita. En lo único en que yo podía contribuir a la investigación policial es en lo que ocurre más allá

---

1. *http://www.elpais.com/articulo/reportajes/Manual/perfecto/neonazi/elpepuesp/20090524 elpdmgrep_3/Tes*

http://www.que.es/madrid/200906161734-jefe-hammerskin-espana-niega-responder-holocausto. html

http://www.elpais.com/articulo/madrid/acusados/juicio/skins/tenia/arsenal/nazi/ elpepiespmad/20090616elpmad_1/Tes

http://www.que.es/madrid/200906231353-guardia-civil-define-hammerskin-como.html

de una escucha telefónica o del teleobjetivo de una cámara de vigilancia, dentro del clan. Y acepté prestar declaración, tanto en la comandancia como, más tarde, en los juzgados que llevaban la instrucción. Mi cámara oculta había grabado a varios de los detenidos durante mi infiltración. Increíblemente, los caros abogados que pagaron mis antiguos camaradas ni siquiera se habían molestado en visionar el vídeo de mi reportaje, que los mismos nazis habían colgado en Youtube. Y pagaron caro el error.

Pero una cosa es prestar declaración en la fase de instrucción y otra muy distinta sentarte en un estrado, a solo dos metros de los mismos neonazis que desearían verte muerto, y enfrentarte a casi una decena de abogados a los que han pagado para desacreditarte e invalidar tu testimonio. Hasta ahí, no tenía problema en aceptar los riesgos. E incluso estaba dispuesto a aceptar que un sicario, contratado por las skingirls (al menos por 9000 euros), podría estar acechando mi llegada a la Audiencia Provincial para evitar mi declaración. Y hasta estaba dispuesto a asumir que algún compañero periodista, especialmente ambicioso e irresponsable, podría sentir la tentación de considerar que desvelar la identidad de Antonio Salas era una exclusiva apetecible. En mi gremio también existen los miserables... Pero lo que no podía comprender es que existiese la posibilidad de que el tribunal tuviera que anular mi estatus de testigo protegido y revelar mi identidad. No, porque eso significaría que toda mi infiltración en el terrorismo internacional, y cualquier investigación posterior como infiltrado, se habrían ido a la mierda. Y a esas alturas yo ya tenía muy claro cuál sería mi próximo trabajo de infiltración, e incluso había creado ya el perfil de mi nueva identidad, operativa a partir de ese momento...

A pesar de aquellas horas de tensión, por fin a primera hora de la tarde se levantó la sesión del juicio contra Hammerskin y recibí la buena nueva. Doña María Luisa Aparicio Carril, presidenta de la Sala, había decidido que las amenazas que había recibido, la revelación de la existencia de una colecta para pagar un sicario y el derecho a la protección de identidad en mi caso primaban sobre las demandas de los abogados de los nazis. Y no se permitiría la revelación de mi identidad real. Mis antiguos camaradas tendrían que seguir especulando...

El 17 de junio de 2009, una escolta de la Guardia Civil me recogió en el punto convenido, con puntualidad británica. Supongo que mi aspecto denotaba el nerviosismo que sentía. Habían transcurrido seis años y medio desde que, el 22 de enero de 2003, se había presentado *Diario de un skin*. Por desgracia el inspector Delgado, que había presentado mi libro junto a Esteban Ibarra, falleció el 10 de abril de 2007 y no podría conocer el desenlace de aquella infiltración. Ni de la presente.

Todos mis compañeros de la prensa estaban pendientes de mi intervención en el juicio. No es frecuente que un periodista infiltrado participe como testigo en un macroproceso de estas características, y colegas de la prensa, radio y televisión se hicieron eco de mi testimonio.[2] Pero eso no me tranquilizaba. Me esperaba una prueba muy dura. Más de tres horas de feroz interrogatorio, a manos de nueve abogados dispuestos a desacreditar mi testimonio a toda costa. Que sus clientes volviesen a las calles dependía en buena medida de eso. Así que, mientras recorríamos la Castellana, en dirección a la Audiencia, con las sirenas del coche repicando y mis escoltas comunicándose por radio con sus compañeros en la Audiencia Nacional, saqué mi *tasbith* e intenté concentrarme en la oración y liberar mi mente. Las comunicaciones por radio de los agentes me llegaban entonces como un eco lejano:

—Atento, vamos a girar a la derecha. ¿Me confirmas que la calle está libre?

—Afirmativo, despejado. Repito, despejado...

Aun así, y por seguridad, entré en la Audiencia Nacional oculto en la parte trasera del vehículo. Y antes de bajarme del coche, dos agentes más de la Guardia Civil y después tres funcionarios del Cuerpo Nacional de Policía se unieron a mi escolta. Uno de los guardias, temiendo que pudiese haber algún *paparazzi* irresponsable interesado en vender una foto de Antonio Salas llegando al polémico juicio, me obsequió con su pasamontañas. Todavía lo conservo.

Flanqueado por una escolta pretoriana totalmente desproporcionada, entré en la sala del tribunal y me senté en el estrado mientras escondía mi *tasbith* en el bolsillo. A mi izquierda, una frágil mampara me separaba, apenas un par de metros, de mis antiguos camaradas. Sabía que allí mismo, casi al alcance de la mano, estaban Javito, Nando, Chopi y demás compañeros de ese año que viví como un skinhead neonazi. Y podía sentir perfectamente su odio atravesando la mampara para incrustárseme en la piel.

—Por favor, quítese la gorra —dijo María Luisa Aparicio desde la presidencia del tribunal, flanqueada por las magistradas Ángela Acevedo y Ana Mercedes del Molino.

Obedecí. Respiré profundamente y me preparé para un largo y extenuante interrogatorio. Primero me preguntaría el fiscal Conrado Sainz y después la acusación particular, representada por Inés del Pozo Villarreal. Esa era la par-

---

2. http://www.elpais.com/articulo/madrid/infiltrado/skins/reconoce/varios/acusados/elpepuesp/20090618elpmad_1/Tes

http://www.20minutos.es/noticia/474520/0/hammerskin/caza/negros/

http://www.elmundo.es/elmundo/2009/06/17/madrid/1245247674.html

http://www.europapress.es/madrid/noticia-periodista-infiltro-ultra-asegura-hammerskin-organizaban-cazas-hinchas-negros-20090617154323.html

http://www.europapress.es/madrid/noticia-periodista-propicio-desmantelar-parte-hammerskin-denuncia-estan-recaudando-fondos-sicario-20090615173903.html te sencilla. Luego llegaría el turno de los nueve abogados de los Hammerskin, que ya estaban afilando los cuchillos. Pero antes de comenzar, vi que una de las magistradas cuchicheaba algo al oído de la jueza. Entonces se volvió hacia mí y, con una sonrisa en la comisura de los labios, me preguntó...

—Señor Salas... no llevará ningún dispositivo de grabación encima, ¿no?[3]

---

3. Todos los miembros de Hammerskin España fueron condenados. Esta sentencia creaba un precedente judicial inédito a nivel europeo al condenarse, por primera vez, a un colectivo nazi con el agravante de asociación ilícita. A partir de ese juicio, la ley española podrá tratar a quienes ejerzan la violencia nazi con la misma contundencia que a quienes ejerzan el terrorismo. Sentencia completa del juicio a HS-E.

1. Los nombres propios que aparecen subrayados a lo largo del índice onomástico cuentan con material anexo relacionado en la galería de personajes de www.antoniosalas.org.

---

2. No se detalla la paginación porque recorre todo el libro de El Palestino.

3. No se detalla la paginación porque recorre todo el libro de El Palestino.

Capítulo 7

Operación Nova
«objetivo militar»
periódico *Desafío*
asalto a la embajada de España
Palacio Arzobispal de Caracas
manifiesto de La Piedrita
vigilia contra Globovisión
condena explícita
Interpol
fotografía histórica
Paúl del Río
comunicado terrorista del MRTA
Declaración de Caracas
Gaceta Oficial
Rosa Díez
auto de procesamiento
periódicos alternativos

Capítulo 8

Leyla Khaled
extenso documento de Abu Sufian
crónicas que redactó Rózsa
Eduardo Rózsa
canción de SKA-P
Los Papeles de Bolívar
Radio Café Stereo
folletos a favor de ETA
respuesta de Abu Sufian por sms

Capítulo 9

virus troyano
comunicado oficial
atentados a los que aludía Ilich
Foro de Beirut
Partido Patria Libre del Perú
La República
Frecuencia Latina
detención de Abu Sufian
Dima Khatib entrevistó a Hugo Chávez
Chávez en los estudios centrales de Qatar
sentencia de culpabilidad de Rojas
    y Darnott
fotografías de Rózsa
informativos de ENTB
mi entrevista a Eduardo Rózsa
Caso Rózsa
El Cairo, Barack Obama
Rastros de Dixan
atentado en el metro de Barcelona
cómic sobre Yuba
Abu Ghraib

Epílogo

macrojuicio contra Hammerskin España
sentencia completa del juicio HS-E

aleya: versículo del Corán.

alifato: serie de las consonantes árabes, conforme a un orden tradicional.

ayatolá: líder religioso de los chiitas islámicos.

Bismallah: primer verso del Corán.

burka: prenda que cubre completamente el cuerpo y rostro de la mujer en algunos países de tradición islámica, como Afganistán, y que no se debe confundir con otras prendas árabes como el hiyab; el nicab, velo que cubre el rostro; o el chador, prenda que cubre el cuerpo pero deja al descubierto el rostro.

fatwa: pronunciamiento legal, emitido por un experto en la ley religiosa del Islam, sobre una cuestión específica.

fedai, fedayín: es la versión laica del muyahid.

hadiz, hadices: narraciones, relatos, relaciones de los hechos y máximas del Profeta.

hamman: baño árabe.

Hayy: el quinto pilar del Islam, la peregrinación a La Meca.

Hégira: año nuevo musulmán.

hiyab: velo musulmán (también llamado *al-amira*, *chador* o *shayla*).

imam, imames: guía religioso árabe.

Kaaba: la piedra santa, lugar sagrado y de peregrinación religiosa más importante del Islam.

kufiya: pañuelo palestino.

madrasa: escuela musulmana.

mezzanina: sala para el rezo de las mujeres.

muecín: musulmán que convoca al rezo.

muftí: jurisconsulto musulmán con autoridad pública, cuyas decisiones se consideran ley.

muyahid, muyahidín: guerrero árabe (femenino: muyahida).

Mullah: en algunas comunidades musulmanas, la persona erudita en el Corán y la tradición islámica. Con frecuencia sinónimo de ulema.

salat: rezo en el Islam.

shahada: profesión de fe del Islam («No hay más dios que Dios, Muhammad es el mensajero de Dios»).

shahid: mártir.

sharia: la ley islámica.

sheikh: cargo o tratamiento religioso.

shisha o *narguila*: la tradicional pipa árabe.

sura: lecciones o capítulos del Corán.

tasbith: rosario musulmán. También conocido como *subha* o *masbaha*, dependiendo del país.

Umma: comunidad de musulmanes.

wudu: ritual de abluciones.

yihad: literalmente «esfuerzo», aunque en Occidente tiende a traducirse como «guerra santa», adoptando de manera incorrecta el género femenino.

Para contactar con el autor:
www.antoniosalas.org
muhammad.abdallah2004@gmail.com